中国石油

CNPC-LH01

中国石油大庆石化组织史资料

第三卷

（2016—2020）

中国石油大庆石化公司人事处（党委组织部）｜编

石油工业出版社

图书在版编目（CIP）数据

中国石油大庆石化组织史资料．第三卷，2016—2020 /
中国石油大庆石化公司人事处（党委组织部）编．

北京：石油工业出版社，2024．9． -- ISBN 978-7-5183-
6774-0

Ⅰ．F426.22

中国国家版本馆 CIP 数据核字第 20249BV259 号

中国石油大庆石化组织史资料．第三卷．2016—2020
中国石油大庆石化公司人事处（党委组织部） 编

项目统筹：白广田　马海峰

图书统筹：李廷璐

责任编辑：鲁　恒

责任校对：郭京平

出版发行：石油工业出版社

（北京市朝阳区安华里 2 区 1 号楼　100011）

网　　址：www.petropub.com

编辑部：(010) 64257021　64523611

图书营销中心：(010) 64523731　64523633

印　　刷：北京中石油彩色印刷有限责任公司

2024 年 9 月第 1 版　2024 年 9 月第 1 次印刷
787×1092 毫米　开本：1/16　印张：49.25
字数：780 千字

定价：668.00 元

ISBN 978-7-5183-6774-0

《中国石油大庆石化组织史资料.
第三卷. 2016—2020》
编审委员会

隋元春　董宏伟　董国治　韩永和　韩伟东　韩宏达
韩锡禄　雷　钧　雷雪峰　路永涛　窦　岩　缪春祥
樊三林　薛岐新　戴　岩　戴建军　魏文涛　魏宪堂

《中国石油大庆石化组织史资料. 第三卷. 2016—2020》 编纂人员名单

● 编纂领导小组 ●

主　　编：盛　开

副 主 编：邹鹏飞　孙　强　王慧勇

成　　员：刘　勇　李永军　赵雨峰　刘怀胜　王明明　王君海
　　　　　刘　斌　宋　凯　刘　婧

● 编纂办公室 ●

主　　任：王明明

成　　员：徐彦明　刘晓红　李　鹤　董璐雅　赵雪楠　杨　璐
　　　　　王熙媛

采编人员：（以姓氏笔画为序）

丁　妍	丁　锋	于庆国	于丽娜	于国军	于金宇
于洪晶	于淑艳	万宇明	马　岩	马宏丽	王　丽
王　宏	王　威	王　萍	王　敬	王子荣	王文英
王立新	王志刚	王岩峰	王金顺	王建秀	王晓琳
巨艳春	毛雅君	毛德君	叶文美	田　宇	田恩昇
田德贤	司朝霞	吕　行	吕　良	吕　欣	吕欣宇
朱刘苗	朱晓云	乔国东	刘　力	刘　涛	刘文全

刘东兴	刘丽宏	刘丽莎	刘明洋	刘忠华	刘彦霞
刘振萍	刘绮明	齐云峰	闫兵	关立恒	江小平
孙晶	孙鑫	孙启虎	孙昊阳	孙国清	孙洪岩
孙晓梅	贡玉辉	李会	李纪	李岩	
李岩（女）	李洋	李雪	李瑛	李磊	
李天宇	李光辉	李丽艳	李明国	李桂华	李爱武
李梦琪	李雪冰	李雪松	李增富	杨东	杨丽
杨欧	杨昕	杨云浩	杨冬梅	杨庆莉	杨欢乐
吴莉	何颖	佟松雪	辛治溢	汪小光	汪富文
怀茹	张刚	张君	张勇	张颂	张萍
张磊	张燕	张丹丹	张玉海	张丽颖	张君雁
张国发	张学彦	张春鹤	张桂茹	张海燕	张祥允
张晨学	陈岩	陈月玲	陈丽娜	陈淑清	武立秋
范永光	林艳青	周游	周胜国	周恩月	郑爱军
孟博慧	赵旭	赵侠	赵小群	赵飞燕	赵丽滨
郝艺	胡玉革	胡语轩	钟国强	侯晓飞	祝力
贾雪梅	夏英鑫	徐杨	高方毅	高恩军	郭玮
郭建军	陶德彦	曹凯	常铁宏	梁建	梁美凤
梁晓杰	葛晶	韩燕	韩薇	韩立清	韩兴林
程宇	鲁冬梅	蔡红梅	蔡宏宇	蔡瑞滨	裴衣非
谭立国	潘庆	薛瑞艳	魏庆	魏延方	

前　言

　　以人为鉴，可明得失；以史为鉴，可知兴替。企业的组织机构沿革和人事更迭情况，是企业发展史的一个重要组成部分。2012 年 4 月，按照中国石油天然气集团公司要求，大庆石化分公司启动了《中国石油大庆石化组织史资料》编纂工作，2016 年 3 月，《中国石油大庆石化组织史资料》（1961—2013）正式出版，全书上、中、下三册，200 多万字，比较全面系统地记述了大庆石化分公司自 20 世纪 60 年代黑龙江炼油厂建立以来至 2013 年末，50 多年来的组织机构变化和人事更迭情况，较为完整地反映了大庆石化在企业创业、扩建改建、扭亏解困、做大做强各时期的发展历程。2017 年 6 月，《中国石油大庆石化组织史资料》（2014—2015）续编出版，系统记述了大庆石化 2014 年 1 月至 2015 年 12 月期间企业的组织机构和领导干部变化等情况。2017 年以来，大庆石化分公司持续推进《中国石油大庆石化组织史资料》编纂工作常态化管理，续编完成《中国石油大庆石化组织史资料》（2016—2020），80 余万字，详细记述了大庆石化 2016 年 1 月至 2020 年 12 月期间的组织机构和领导干部变化情况，较为完整地反映了大庆石化生产经营、转型升级、企业改革的探索实践过程。

　　经过半个多世纪的发展，大庆石化分公司已成为东北地区资源条件好、社会环境优、业务门类多的国有炼油化工企业。"十三五"期间，大庆石化经历了新增产能的释放冲击，经历了市场格局的严峻挑战，经历了转型升级的探索实践，实现了各项事业的健康发展。2020 年，"油头化尾"标志性项目大炼油项目全面建成投产成功，"千万吨炼油、百万吨乙烯"生产规模真正形成，大庆石化跨入"千万吨级"炼化一体化企业行列，实现了转型升级的新跨越。截至 2020 年末，大庆石化已累计加工原油 2.85 亿吨，生产乙烯 1950 万吨，完成工业总产值 8435 亿元，累计实现营业收入 9169 亿元，上缴税费 1130 亿元。

　　铭记历史，把握今天，创造未来。《中国石油大庆石化组织史资料》对研究探索大庆石化组织建设的规律，充实完善中国石油天然气集团有限公司、黑龙江省和大庆市的史实资料都具有重要意义。编纂人员按照"实事求是"的原则和"广征、核准、精编、严审、及时"的工作方针，以档案文件的真实记录为依据，努力做到史料翔实完整、体例科学合理、文字简明精炼，经得起历史和实践的检验。真诚地希望本书发挥"资政、存史、育人、交流"的作用，让大庆石化员工了解企业的历史，在以往的经验中获取营养和动力，切实肩负起时代与企业赋予的责任与使命，共同谱写大庆石化蓬勃发展的新篇章。

2021 年 9 月

凡　　例

一、本书按照中国石油天然气集团有限公司下发的《〈中国石油组织史资料〉2016—2020 征编方案》《中国石油组织史资料编纂技术规范（2019版）》和中国石油大庆石化分公司制定的《〈中国石油大庆石化组织史资料〉编纂工作方案》进行编纂。

二、指导思想。本书以马克思列宁主义、毛泽东思想、邓小平理论、"三个代表"重要思想、科学发展观和习近平新时代中国特色社会主义思想为指导，坚持辩证唯物主义和历史唯物主义的立场、观点和方法，按照实事求是的原则和"广征、核准、精编、严审、及时"的工作方针，全面客观记述大庆石化的组织演变历程和人事变动情况，发挥"资政、存史、育人、交流"的作用。

三、收录时限。本书收录上限始自 2016 年 1 月 1 日，下限截至 2020 年12 月 31 日。

四、指代。本书中"集团公司"指代中国石油天然气集团公司、中国石油天然气集团有限公司，"股份公司"指代中国石油天然气股份有限公司，"大庆石化分公司"指代中国石油天然气股份有限公司大庆石化分公司。

五、资料收录范围。本书收录的内容包括两部分：一是组织机构沿革及领导成员名录等正文收录资料。二是组织机构沿革图等附录、附表及组织人事大事纪要、公司层面各种职能委员会及领导小组。

组织机构收录范围主要是依据行政隶属关系确定，领导名录收录范围主要按照干部管理权限确定。具体包括大庆石化领导机构和领导成员，机关部门及机关副处级以上附属单位领导机构和领导成员，基层单位及其副处级以上下属机构及其领导机构和领导成员。公司各层面按照法律程序设置的董事会、监事会组成人员也一并收录。

附录附表主要收录组织机构沿革图，基本情况统计表，机关工作人员名录，基层单位科级干部名录，技术专家、高级专业技术职务人员、高级技师、首席技师、技能专家名录，省部级以上先进集体、先进个人名录、技能竞赛优胜选手名录，市级以上党代表、人大代表、政协委员名录，党组织及党员情况统计表等。

组织人事大事纪要主要收录组织机构沿革、副处级以上领导干部任免、组织人事方面的重要事件等。

六、资料的收录原则。党政组织机构较详，其他组织机构较略；本级组织机构较详，下属组织机构较略；存续下来的组织机构较详，撤销或划出的组织机构较略；组织机构及领导成员资料较详，其他资料较略。

七、编纂结构体例。本书以收录时限内大庆石化的领导机构、机关部门、所属单位、公司层面职能委员会及领导小组、组织人事大事纪要、附录分别设章，以机关部门和基层单位的具体建制单位设节。大事纪要分年度列条目编排。

八、资料编排。本书采用文字叙述、领导成员名录、图表相结合的编纂体例进行资料编排。

（一）文字叙述的编排。文字叙述包括综述、分述和简述。分别置于卷首和各章、节下，起连接机构、名录、图表的链条作用。

卷首写有综述。主要记述大庆石化的基本简况、企业沿革发展、领导班子与人才队伍建设、党的建设与思想政治工作等方面的重大决策、所采取的重要措施和取得的主要成绩等。

领导机构、机关部门、所属单位等各章之首写有每个层次的分述，即本层次组织机构沿革情况概述或提要。主要围绕本层次组织机构的发展主线，采取编年纪事与本末纪事相结合的方式，简要概述本层次所涉及的重大管理体制调整、组织机构或业务重组整合、领导届次变化和组织机构的基本概况等。

各节下分别写有具体的组织机构沿革简述。主要记述该机构建立、撤销、分设、合并、更名、职能、业务划转、机构规格、领导班子组成及具体分工、党组织与党员情况、党代会、职代会召开、上级下属、人员编制、生产规模和业绩概况等。

（二）组织机构的编排顺序：一般按照编纂上限时（2016年1月）机构的规范顺序，再按机构成立时间先后或当时的规范顺序排序。领导机构和所属基层单位的领导机构，按行政机构、党的组织、纪委、工会依次编排。共青团组织与机关部门一起编排。以上顺序只作为本书的页面编排顺序，不作为其他排序依据。

（三）领导成员的编排顺序：按先正职、后副职和任职时间先后顺序分别排列。行政职务排序一般为正职、副职（包括总工程师、总会计师、总经济师、总审计师、安全总监、总法律顾问等）、厂长（总经理）助理、安全副总监、副总工程师、副总会计师、副总经济师、副总审计师、副总法律顾问等；党内职务编排顺序一般为正职、副职、常委（或委员）、纪委书记；基层单位纪委、工会组织仅收录纪委书记和工会主席。上级主管部门任命时已注明排列顺序或有规范惯例的，按文件排列顺序和惯例排列。一人兼任多职的，按职务名称分别编排。本书中，提前退出领导班子或享受相应行政级别待遇的领导人员，空一行列于行政领导名录后。

本书领导名录编排顺序不代表班子成员实际排序。

（四）其他。组织机构名称一般使用规范简称。名称过长或常用简称的，第一次出现时使用全称，之后注明用简称。目录和标题中的机构名称一般用规范的简称。

九、本书收录的领导成员资料包括其职务（含代理）、姓名、任职起止年月等人事状况。凡涉及女性、少数民族、兼任、主持工作、挂职、未到职或领导成员实际行政级别与机构规格不一致等情况的，在任离职时间括号内加备注。本书中姓名相同的，加注性别或出生年月以示区别。

十、本书收录的组织机构及领导成员，均在其后括号内注明其存在或任职起止年月。任离职时间在同一年内，写作"（20××.×—×）"；在同一个月内，写作"（20××.×）"。同一组织、同一领导成员，其存在或任职年月有两个或两个以上时段时，前后两个时段之间用"；"隔开；组织机构名称变更后，在排列时原名称在前、新名称在后，中间用"—"连接。

十一、组织机构设立和撤销时间，以上级机构管理部门正式下发的文件为准；没有文件的，以工商注册或资产变更等法定程序为准。

十二、领导成员任离职时间，均以干部主管部门任免文件或完成法定聘任（选举）程序时间为准。属自然免职或无免职文件的，将下列情况作为离职时间：被调离原单位时间，办理离、退休手续时间，去世时间，机构撤销时间，选举时落选时间，新的领导人员接替时间，副职升为正职时间，随机构更名而职务变化时间，刑事处罚、行政处分和纪律处分时间。为了便于资料核对和查档，本书对退休、免职、辞职、撤职、行政开除、另有任用等具体去向和需说明的情况，在页下注中加以说明。

十三、本书入编机构以人事部门机构文件为准，原则上只收录常设机构，各种临时机构、虚设机构等非常设机构不收录。

十四、本书资料收录的截止时间，不是组织机构和领导成员任职的终止时间。

十五、本书中对历史上的地域、组织、人物、事件等，均使用历史称谓。中国共产党各级党组织名称，一般省略"中共"二字，简称"党委""党总支""党支部"等。中国共产党第 × 次全国代表大会，简称"党的 × 大"；中华人民共和国第 × 届全国人民代表大会，简称"第 × 届全国人大"；中国人民政治协商会议大庆市第 × 届委员会简称"政协大庆市第 × 届委员会"，以此类推。

十六、本书采用行文括号注。行文括号注包括领导成员的人事状况，组织的又称、简称，专用语全称与简称的互注等。文中个别内容加页下注，进行补充说明。

十七、本书一律使用规范的简化字。采用公历纪年，年、月、日和记数、计量、百分比均使用阿拉伯数字。表示概数或用数字构成的专用名词用汉字数字。货币单位除特指外，均指人民币。

十八、本书收录的资料，仅反映组织机构沿革、领导成员更迭变动和干部队伍发展变化的历史，不作为机构和干部个人职级待遇的依据。由于情况复杂，个别人员姓名和任职时限难免出现错漏或误差，有待匡正。

十九、大庆石化分公司于 2020 年 1 月全面实行机构和领导人员岗位分级分类管理，停止使用"局级、处级、科级"等机构规格和领导人员管理方式，为便于读者理解及全文的可读性，在本卷中不分段编排，仍沿用"局、处、科"的记述方式，并于下一卷本中进行调整。

目　录

综　述

　　大庆石化分公司是中国石油天然气股份有限公司的地区分公司，是以大庆油田原油、俄罗斯原油、轻烃、天然气为主要原料，从事炼油、化肥、乙烯、塑料、液体化工、橡胶、腈纶生产，并具备工程技术服务、机械制造加工、生产技术服务、矿区综合服务等业务的大型石油化工联合企业。"十三五"以来，面对成品油过剩、生产经营任务繁重、突发新冠肺炎疫情等诸多不利因素，大庆石化分公司全面贯彻落实集团公司党组各项决策部署，坚持党的领导、加强党的建设，科学统筹，上下同欲，大力弘扬石油精神，攻坚克难，应势而动、顺势而为，依托主业，发展完善辅业，稳步实施"三大战略"，加快企业转型升级步伐，各项业务蓬勃稳健发展，实现了"十三五"圆满收官。

一、企业沿革与组织机构

（一）企业沿革

　　大庆石化分公司的前身为黑龙江炼油厂，始建于 1961 年 4 月，隶属黑龙江省石油工业管理局。1962 年 3 月，黑龙江炼油厂移交石油工业部管理。1964 年 3 月，黑龙江炼油厂更名为大庆炼油厂。从 1965 年 1 月起，大庆炼油厂由石油工业部直属企业改为大庆石油会战指挥部统一领导。1971 年 5 月，大庆炼油厂更名为大庆石油化工总厂。1983 年 9 月，大庆石油化工总厂划归中国石油化工总公司管理，行政级别为地（师）级。1987 年 3 月，大庆石油化工总厂与大庆乙烯工程指挥部合并成立新的大庆石油化工总厂，成为以大庆原油、轻烃和油田气为原料，集炼油、化肥、化纤、化工四大生产板块为一体，兼有科研、设计、机械制造、建筑安装等功能的国家特大型石油化工联合企业。1998 年 6 月，大庆石油化工总厂由中国石油化工总公司划归中国石油天然气集团公司管理。1999 年 9 月，按照集团公司要求，大庆石油化工总厂核心业务部分组建成立大庆石化分公司，机构规格为正局级。非核心部分作为大庆石化的存续企业，仍称大庆石油化工总厂，机构规格为正局级。1999年10月，中国石油天然气股份有限公司成立，大庆石化分公司划归股份公司管理，业务上由炼油与化工分公司管理。大庆石化分公司实行总经理负责制，各基层单位继续实行厂长（经理）负责制。大庆石化分公司按照上市公司的标准以及法人治理结构转变的要求，建立起符合公司制管理的架构、会计准则和管理信息系统。大庆石化分公司组建的同时，成立党委，由大庆石油化工总厂党委统一管理。2005年11月，大庆石化分公司党委隶属大庆石油管理局党委；2009年9月，隶属大庆油田党委。

2007年6月，大庆石化分公司与大庆石油化工总厂重组，大庆石化分公司对大庆石油化工总厂实施全面托管。从7月1日起，总厂的机构、人员和业务整体交由公司托管，总厂保留企业名称和法人、工商及税务登记资格。重组后的大庆石化分公司名称、机构规格不变。大庆石化分公司与大庆石油化工总厂始终实行一个领导班子、一套机关职能部门的管理体制，对大庆石化上市业务与未上市业务实行统一管理，一体化运作的经营模式。2017年11月，经集团公司批复同意，大庆石油化工总厂改制为一人责任有限公司，全称为中国石油大庆石油化工有限公司（简称大庆石油化工有限公司）。企业经营范围不变，仍由大庆石化分公司托管。大庆石油化工有限公司党的工作由大庆石化分公司党委管理。2018年9月，集团公司明确大庆石化分公司为一级一类企业。机关办公地点在黑龙江省大庆市龙凤区兴化大街2号。

（二）企业内设机构

大庆石化分公司积极落实各项改革举措，切实破除体制机制障碍，积聚稳健发展新动能。5年来，大庆石化分公司进一步压缩机构编制，落实组织机构设置规范，创新生产组织模式，持续优化人力资源配置，不断推进三级机构整合分类工作。通过业务整合、机构压减等措施，优化生产作业形式，实行四班两运转轮班作业等，盘活内部用工存量，内设机构不断优化，人员逐步减少。截至2020年年底，员工总数由2015年年底时的2.82万人减少到2.23万人。

机关部门。2015 年 12 月，机关职能处室 14 个，直属机构 5 个及机关附属单位 8 个，职能部门工作人员 217 人，直属机构工作人员 204 人，附属机构工作人员 158 人。一直以来，大庆石化分公司紧紧围绕科学发展主题、服务发展主线、人才强企主旨，不断优化管理层级，持续推进机关人员精减工作，在正式规范标准的基础上，进一步压缩机关人员编制。截至 2020 年年底，设机关职能处室 14 个，直属机构 4 个及机关附属单位 8 个，临时性机构 1 个。机关职能部门工作人员 178 人，机关附属机构工作人员 97 人，直属机构工作人员 72 人。

基层单位。2015 年 12 月，大庆石化分公司设 25 个基层单位、1 个矿区服务事业部及其所属 4 个正处级基层单位、2 个副处级直属机构。为确保企业可持续发展，继续推进机构改革和业务重组，优化简化组织结构，优化作业模式、优化劳动组织形式等工作，降低非创效和非生产岗位比例。按照机构精简计划，继续推进两级机构精简工作，进一步推进业务整合，压缩机构编制。重点撤并整合分工过细、地域相同、业务相近，规模小、业务简单、低端低效、关停退出的机构业务。通过整合物业管理中心和能源管理中心，撤销餐饮服务中心、检测公司、通讯中心及矿区机关职能部门；加大二级单位机关"大部制"改革力度，持续推进科室业务整合；创新生产组织模式，推进联合车间建设。5 年来，累计精简二级机构 15 个、三级机构 384 个，减少定员编制 7330 余人。不断优化人力资源配置，持续探索人员合理流动新机制。继续组织实施二线、三线人员向一线生产岗位和缺员岗位的调剂工作，共优化调剂 1683 人，既保证了生产单位一线岗位人员接续和储备，又有效盘活了内部用工存量。截至 2020 年 12 月 31 日，大庆石化分公司设基层单位 24 个，副处级直属单位 2 个。

二、建设发展情况

始终坚持发展是第一要务，紧紧依托生产主业，构建炼化一体式产业趋势，推动炼化一体匹配协调发展。积极抓好资源配置，不断优化生产空间，优化炼油产品利用，拓宽化工原料来源，充分释放装置潜能，增强产业链弹性，构建大优化格局，大力打造"油头化尾、油化相宜"的生产模式，有效增强了企业抵御市场风险能力和创效能力。到 2020 年 10 月，随着"油头化尾"标志性项目——大炼油项目的全面建成投产成功，大庆石化分公司达到"千万吨炼油、百万吨乙烯"的能级规模，跨入"千万吨级"炼化一体化企业行列，实现了转型升级的新跨越，对地方经济增长起到了巨大的推动作用。

（一）生产能力不断加强

2015 年末，大庆石化分公司拥有生产装置、公用工程及辅助设施 155 套，原油加工能力 1000 万吨 / 年，乙烯生产能力 120 万吨 / 年，合成氨生产能力 45 万吨 / 年，可生产燃料油、润滑油、合成氨、聚乙烯、聚丙烯、丙烯腈、丁辛醇、苯乙烯、聚苯乙烯、SAN 树脂、ABS（合成树脂）、顺丁橡胶、腈纶丝等 56 个品种 430 个牌号的产品。固定资产原值 452.69 亿元，净值 207 亿元。

从 2016 年到 2020 年这五年间，大庆石化分公司始终牢记习近平总书记视察黑龙江时的"油头化尾"重要指示和殷切嘱托，紧紧抓住推动企业转型发展的关键，全力推进炼油结构调整转型升级项目。项目自 2018 年 7 月正式启动，历时 26 个月，于 2020 年 8 月 30 日如期建成中交，10 月份，新建项目 12 套主体装置全部实现一次开车成功，为企业转型升级奠定更加坚实的基础。在积极推动转型升级关键项目建设的同时，大庆石化分公司充分发挥炼化一体优势，抓牢抓实原料进厂、生产运行、产品出厂等环节，有力推进装置检修、设备改造、技术攻关等生产保障措施，通过拓宽原料渠道、实施"减油增化"、落实乙烯装置大负荷生产方案、全力增产高效高附加值产品。在增产特色液蜡、石蜡、微晶蜡、光亮油、重质润滑油基础油、针状焦产品基础上，增产基础化工原料和乙烯裂解原料，实现炼化一体效益最大化。不断发挥乙烯产业链综合优势，做大做强聚乙烯、高端产品共聚单体 α-烯烃产业，打造"合成树脂高端基地"。5 年来，大庆石化分公司主要技术经济指标稳步提升，乙烯产量屡创新高，炼油业务不断发展，保证了主营业务发展质量更优。着力抓好厂际间原料互供，炼油按需供应化工原料，通过实施航煤改进石脑油、化工区大量加工尾油等措施，保证了装置高负荷生产，实现了资源利用最大化。坚持资源向效益好的装置倾斜，停产没有边际效益的装置，实现了装置运行最优化。坚持多方协调原料进厂，最大限度地争取原油配置计划和化工原料资源。突出抓好产销衔接，克服市场过剩、铁路运力紧张、突发新冠肺炎疫情等困难，加强与炼化板块、销售公司和下游客户的沟通协调，实施保价推价，统筹车辆调运流向，畅通生产经营后路，成品油、石蜡、橡塑等产品销售量同比大幅增长。5 年来，累计加工原油 2809.61 万吨，生产合成氨 220.56 万吨、乙烯 592.3 万吨，多种产品产量、能耗物耗指标连续创历史最好水平。仅乙烯产量就连续五年创新高，同比"十二五"乙烯增产 199.6 万吨，化工商品总量增加 445 万吨。累计营业收入 2262.48 亿元，累计实现利润总额 63.33 亿元，上缴税费 399.94 亿元。实现了重大产品质量事故为零，产品出厂合格率 100%。58 号半精炼石蜡、聚合级丙烯、聚乙烯树脂 2426H、精制丙酮氰醇 4 项产品获得全国用户满意产品。石油、化工、塑料、腈纶等系列产品荣获全国市场同行业"产品质量、服务质量、无投诉用户满意品牌"称号。

截至 2020 年末，大庆石化分公司拥有生产装置、公用工程及辅助设施 171 套，炼油一次加工能力 1000 万吨 / 年，乙烯生产能力 120 万吨 / 年，合成氨生产能力 45 万吨 / 年。可生产燃料油、润滑油、合成氨、聚乙烯、聚丙烯、丙烯腈、丁辛醇、苯乙烯、聚苯乙烯、SAN 树脂、ABS（合成树脂）、顺丁橡胶、腈纶丝等 64 个品种 502 个牌号的产品。产品出厂合格率始终保持 100%。固定资产原值 483.87 亿元，净值 192.36 亿元。

（二）生产运行平稳率不断提升

坚持树立"装置是创效之源、发展之基"的思想，把生产现场作为主战场，居安思危，筑牢安全平稳高负荷生产的坚固堡垒，苦练内功，持续提升运行水平，全面保证各装置"安稳长满优"运行生产。不断强化工艺指标和操作变更管理，实时监控生产装置及公用工程运行，防暑降温、防汛抗旱、防冻防凝、防雷防静电等措施有效落实，主要生产装置操作始终平稳。持续开展标准化和无泄漏装置创建活动，按股份公司考核标准，一重催、二重催、裂解一、低压、丙烯腈等多套装置实现全面达标。持续开展关键机组隐患排查和攻关，积极消除设备运行风险，保证关键机组平稳运行。先后完成热电厂 5# 主变压器更新和造气装置气化炉烧嘴、橡胶（二）装置换热器等设备技术攻关等一批隐患治理项目，设备运行可靠度持续提高，设备管理水平稳步提升，全面保证装置运行平稳，实现生产稳定向好。2018 年经历了历史上检修工作量最大、同步实施改造项目最多、安全环保控制最难的一次全系统装置大检修，炼油、化肥、化工系统全面同步停工。同步实施炼油改扩建、化工脱瓶颈项目，检修与改造深度融合，为保证检修工作"安全、高效、绿色"，大庆石化分公司提前一年编制检修计划，确定检修队伍，成立检修指挥部，组建 11 个专业组，细化开停工方案，抓好开停工统筹，严格界面交接，开停工井然有序。共检修生产装置 61 套，完成检修项目 10241 项，同步对 455 台设备开展腐蚀调查，40 余项节能及隐患治理项目顺利实施，18 套超期服役 DCS 控制系统更新升级，13 套操作系统迁至中心控制室，有针对性地从源头消除了制约装置长周期运行的隐患和瓶颈，提升了先进控制水平，为装置"安稳长满优"生产提供了坚实保障，生产装置长周期平稳运行水平不断提高。2018 年在全线停工检修 72 天的情况下，仍累计加工原油 540 万吨，生产合成氨 37 万吨、乙烯 106 万吨。坚持"大平稳出大效益"，持续深入开展日常设备隐患排查，振值超标机泵有效治理，无泄漏装置创建等，实施加热炉长周期攻关，试点建设智能仪表巡检平台，推进预知维修模块应用，整合完善腐蚀监测系统，2020 年末公司装置整体设备完好率达 99.83%，静密封点泄漏率 0.038‰。裂解（二）等 13 套装置创出长周期运行最好成绩，高压（一）、低压 A 线创出国内同类装置连续运行新纪录，主要生产装置操作平稳率 99.71%，2020 年加工原油 605.6 万吨，生产乙烯 131.1 万吨，乙烯产量再创造历史新高。

（三）科技创新能力不断增强

不断突出创新驱动，拓宽企业发展空间，坚持"业务主导、自主创新、强化激励、开放共享"的原则，大力开展科技攻关，加快成果转化推广应用，为大庆石化分公司稳健发展提供有力支撑。有效组织落实"十三五"发展规划，以结构调整、产品研发、质量升级、节能减排等为实施重点，为企业长远发展谋篇布局。积极推进千万吨炼油二次配套和化工原料多元化优化项目，改善炼油产品结构，推进成品油质量升级，全部达到国Ⅴ标准；加氢裂化催化剂首次成功应用、运行良好，实现了炼化能量系统优化技术升级，在炼油催化剂领域实现了重大突破。加快自主创新步伐，国家级科技支撑项目"百万吨级乙烯成套工艺技术、关键装备研发及示范应用"通过验收，并获集团公司科技进步奖特等奖、国家科技进步奖二等奖；自主研发的顺丁橡胶生产技术在四川石化成功应用，并实现开车一次成功。股份公司重大科技专项"炼化装置能量系统优化技术推广应用"项目，炼油厂"提高初侧油抽出量，降低常压炉燃料消耗"等 5 项优化方案实施，年创效 300 万元。集团公司重大专项"炼化能量系统优化、聚烯烃新产品开发与应用"通过验收，高腈 SAN 工业化试验效果明显，实现了普通、高腈 SAN 的工业化生产。不断深化炼化物联网系统应用，化工一厂先进控制系统、工控系统网络安全示范工程稳步推进，智能化工厂建设实现高标准起步。

　　遵循新发展理念，大力开展科研技术攻关，研发新产品，加快科技创新成果转化。辛烯等 α– 烯烃成套技术试验顺利实施，聚丁烯 –1 树脂生产技术开发及工业试验项目通过立项，大炼油项目建成投产，石蜡装置成型系统优化扩能改造、塑料厂低压装置 C 线粉末输送系统改造等项目完成，产品结构调整取得新的进展。不断扩大新开发产品总量、推动效益增长，全力打造附加值高且市场需求旺盛的乙烯"王牌"产品，先后完成 UHXP4806、DMDB4506、DMDA5104、箱包板材 ABS747A、打火机专用料 SAN355D 等 10 项新产品的研究开发工作，放大生产 DGDA6097、DNDA8320、DMDB4506 等 14 项新产品。由塑料厂自主研发的 IBC 桶专用树脂产品，质量受到全球最大 IBC 桶生产厂家德国舒驰公司的高度认可。作为国内第一家年产 500 吨腈纶新产品研发能力的科研基地的腈纶厂，先后开发出 DKF020 抗菌抗辐射、CTB–002 抗起球、ZHW 植物抗菌、丝素蛋白、超高收缩 5 种型号和不同产品特性的腈纶纤维新产品，完成了 3.33 分特扁平纤维、超高收缩率纤维的项目开发，根据客户需求，进行 DKF020 腈纶的小批量生产，创造了可观的效益。5 年来，科技创效能力不断增强，依靠科技创新促发展效果明显，为企业的可持续发展注入了不竭的能源和动力，企业核心竞争力不断增强。

三、劳动人事管理

以深化改革为动力，以人力资源优化为重点，持续强化和完善劳动人事管理工作，注重加强集约化、专业化、职业化人才管理，对人力资源进行深度优化，挖掘释放各类人才能力，激发人事管理体制机制新活力，为公司提升整体竞争能力提供坚强的组织和人才保证。

（一）干部队伍建设

积极构建干部队伍建设的长效机制，不断提高干部队伍的整体素质。持续完善干部选拔任用制度，严格遵循党管干部的原则，按照标准、规范选拔任用程序，选好用好各级领导干部。通过选前公开发布空缺职位和任职条件等情况，切实提高选人用人工作透明度。制定下发大庆石化分公司《三级领导干部管理办法》，进一步规范了三级干部选拔任用的资格条件和工作程序。将年轻干部培养选拔作为关键考核指标，纳入所属机构领导班子和领导干部综合考核评价体系，形成培养、选拔、考核的全链条良性工作机制，巩固和夯实了干部管理的制度基础。制定并实施大庆石化分公司《领导干部退出领导岗位管理规定》和《二级领导干部退出岗位管理补充规定》，对退出领导岗位的资格条件、薪酬待遇、日常管理等做出规定，建立健全了领导干部常态化退出的机制。持续加强年轻人才源头建设，有效落实《优秀年轻干部人选推荐工作方案》，积极拓宽选人用人视野，优化和改进人选产生方式，坚持组织主导、分类管理，按成熟度和专业分布掌握一批熟悉炼化生产、经营管理、多经业务、党务工作的优秀年轻干部，建立优秀年轻干部人才库，现有人才 184 人，"80 后"优秀年轻干部占比 32.1%，夯实了优秀年轻人才的储备基础。截至 2020 年末，公司"80"后二级干部达到 25 人，由 2019 年末占比 7.1% 增长到 10.7%；"70"后二级干部 89 人，由 2019 年末占比 30.6% 增长到 38.2%；二级干部队伍平均年龄由 2019 年末的 50.35 岁下降至 49.8 岁，干部队伍年龄结构持续改善。基层单位领导班子"80"后年轻干部 9 个，"80"后年轻干部担任班子党政正职的二级单位 4 个，占二级单位正职岗位的 1/12，干部队伍活力和二级班子功能不断增强。

认真贯彻执行党的路线方针政策，落实全面从严治党、从严管理干部的要求，持续完善领导干部考核评价体系，进一步推进领导干部管理工作的科学化、制度化、规范化。根据大庆石化分公司《所属领导班子和领导干部综合考核评价办法》，采用"领导班子和领导干部年度考核测评系统"网络平台，运用多维度综合测评、定量考核与定性评价、综合分析研判等方法，对基层单位领导班子及二级领导干部进行年度履职情况民主测评，对各单位干部选拔任用工作开展"一报告两评议"，提高日常考核比重，加大考核结果应用，公司二级单位选人用人工作满意度逐年提高。

全面落实集团公司《关于进一步加强和改进干部教育培训工作的意见》，突出抓好理想信念和党性教育，坚持把"三严三实"要求贯穿于干部教育培训全过程，充分发挥外部培训资源的综合效能，拓宽干部思路视野，改善干部知识结构，着力提升干部的领导力，进一步提升干部队伍整体素质。5年来，先后在北京石油管理干部学院举办基层党委书记培训班1期、二级干部培训班2期、中青年干部培训班3期，38名党群领导干部、68名二级副职干部、86名青年优秀干部和31名车间主任参加了培训。继续选派政治素质好、业务强的领导干部在大庆市政府挂职，在促进企业与地方政府协调沟通的同时，也使挂职干部的能力得到有效锻炼和提升。不断推进领导力提升工程，在二线、三级干部中推进领导力进阶培训，举办领导力基础培训班和拓展培训班共3期，培训干部237人次。

（二）技术技能人才队伍建设

积极加强技术技能人才队伍建设，畅通人才成长通道，激发人才队伍的生机和活力，形成结构合理、素质优良的后备人才队伍。先后制定下发大庆石化分公司《操作技能员工技能晋级计划实施方案》《高技能人才管理办法》《高技能人才积分晋级管理暂行办法》《技能人才创新创效奖励实施办法》《高技能人员管理细则》和《关于加强党委联系服务专家工作实施方案》等配套制度，就党委联系服务各类专家人才工作进行详细的部署和要求，并将工作情况纳入党建责任制考核，为技术技能人才队伍建设提供强有力的制度保障，为深入实施人才开发培养工程奠定了坚实基础。

5年来，持续做好青年科技英才培养工程，根据人才成长情况适时调整，建立青年科技英才库，截至 2020 年末有培养人选 241 人。认真组织开展集团公司级、企业级技术专家的评聘和年度履职考核工作，强化高技能人才考核和日常管理，组织技师及以上高技能人才签订年度工作任务书和聘期工作任务书，开展年度考核和聘期考核工作，注重指标量化和考核结果兑现，提升津贴执行标准，激励技术专家在人才培养和技术创新方面发挥作用，激励高技能人才立足岗位、务实奉献的工作热情，进一步拓宽了基层一线专业技术和生产操作岗位人员的成长空间。成立高技能人才联合会，构建"集团公司技能专家协会、公司高技能人才联合会、专家工作室、一线创新团队"四级作用发挥体系，形成"公司统筹指导、基层支持协调、高技能人才自主管理"的技术技能人才工作新格局。注重发挥技术技能人才在人才队伍建设方面的示范带动作用，以高技能人才"十百千"[①]工程建设为目标，以"左成玉国家级技能大师工作室"和实训基地为平台，组织技能骨干到生产现场集中攻关或开展技术咨询，通过带徒、授课和研讨等形式，为高技能人才开展技术研修和技术技能创新提供了平台，加速高技能人才培养，高技能人才队伍进一步壮大，为企业发展提供可靠的智力支持和人才保证。截至2020 年末，大庆石化分公司共有大专及以上学历员工 1.28 万人，其中高级职称 1247 人、中级职称 3214 人，装置专家 37 人；集团公司级技能专家 7人、企业级技能专家 18 人、首席技师 13 人、高级技师 99 人、技师 751 人。

（三）劳动用工及薪酬管理

持续深化改革，转变思想，大胆尝试，创新机制体制，成效显著。加快推进业务结构优化调整，集中资源发展主营业务，有序关停退出非主营和低端低效业务，5 年来，退出了通信、建筑工程质量检测、印刷等业务；分别完成了检测业务、编织袋业务、固体包装与仓储业务的重组整合；企业办社会职能移交深入推进，其中"三供一业"移交基本完成、医疗卫生业务完全移交、退休人员完成社会化管理，完成厂办大集体改革、驻京办清理等改革任务，业务结构持续优化，主营业务持续突出。持续推进机构编制精简优化，通过机构撤并整合和人员编制精减，5 年来累计减少二线、三级机

---

① "十百千"工程：大庆石化分公司提出的高技能人才队伍建设目标，即：集团公司技能专家 10 名，首席技师和企业技能专家 100 名，技师及高级技师 1000 名。

构 399 个，精减定员编制 6600 余人，其中管理岗位定员 573 人，组织体系得到持续优化，管理队伍持续精干。强化人力资源优化配置，集中组织二线、三线人员向一线生产岗位和缺员岗位的调剂工作，累计优化调剂人员 1683 人，在员工总量逐年减少的情况下，保证了主要生产单位的用工需求和人员储备。根据通信业务移交情况，组织完成 209 名通讯中心人员分流安置工作，畅通岗位退出渠道，为 235 名因年龄、身体等原因不能从事原工作的员工办理内部退养和离岗歇业手续，在解决员工困难的同时降低了人工成本。严肃用工纪律，解除 98 名违法违纪人员的劳动合同。2020 年末员工总量较 2016 年初减少 5973 人。强化用工成本控制意识，按照大庆石化分公司《劳务用工管理考核办法》，建立劳务费与奖金挂钩的考核机制，鼓励各单位压缩劳务用工数量和减少劳务费用支出，有效控制了临时劳务用工的使用，减少了劳务费用支出。清理清退劳务用工，通过内部调剂替代劳务用工岗位，5 年来固定劳务用工总量减少 716 人，完成了集团公司下达的总量控制计划。

加强薪酬管理，严格落实薪酬分配政策，有效发挥薪酬的激励和保障作用。严格执行工资总额计划，根据预算盈亏情况，编制薪酬发放计划，平稳实施年度薪酬发放工作。严格落实集团公司工效挂钩政策、人工成本预控制计划和提质增效专项激励约束办法，完善工效挂钩机制，以工效挂钩为重点，发挥薪酬激励约束作用，实现薪酬分配重点向为稳增长做出贡献的生产一线倾斜，合理调控二线、三线单位员工的收入水平，拉开收入分配差距，有效调动员工创效增效的积极性。针对 2020 年新冠肺炎疫情，严格执行国家关于疫情防控期间工资待遇的有关规定，及时明确隔离、滞留等不同情况下各类人员考勤和工资待遇，较好地完成了疫情防控期间员工工资待遇的保障工作，充分发挥了薪酬的激励和保障作用。

（四）员工技术技能培训管理

不断加强员工技能培训工作，优化培训项目，创新培训方法，分层次、多渠道、全方位开展员工技能培训，持续加强核心骨干人才培训，不断促进员工整体的素质提升，为企业发展提供强有力的人才支撑和智力保证。积极修订完善教育培训规章制度。5 年来，紧紧围绕"有质量、有效益、可持续"的发展方针，深入推进三大人才培训工程。陆续修订下发大庆石化分公司

《员工教育培训工作管理办法》《兼职培训师管理规定》和《职业技能竞赛奖励办法》，进一步完善了教育培训工作的制度管理体系。发挥基层单位培训主体作用，大力实施基层一线全员培训，持续加大对生产单位和基层一线教育培训经费的投入力度，改善基层单位的培训条件，培养一专多能的复合型技能人才。完成 MTBE、烷基化、裂解二套、回收装置和色谱仪、催化重整联合装置、制酸装置，化工一厂裂解汽油加氢等 15 个仿真系统开发升级项目。配合"大岗位、大工种"的推行开展岗位技能培训工作，促进一线员工达到新岗位模式的要求。坚持开展以赛促训活动，结合公司两年举办一次的生产技术运动会，组织各基层单位开展特色培训比武等活动，在同类车间、同类专业中，组织开展同行间技术比武，通过相互学习交流，促进共同提高。利用各类技能大赛赛前培训，结合员工知识和技能的短板，科学开展培训，营造全员大练兵的浓厚氛围，增强培训练兵的有效性，提升员工技术素质，带动全员队伍素质提升。积极承办国家级行业技术赛事及中国石油各类各专业技术技能大赛，员工多次在相关行业大赛上摘金夺银，多人次斩获国家级及中国石油"行业技术能手"等荣誉称号，充分展示了大庆石化分公司的培训管理水平和员工精湛的技术水平。积极应对疫情防控常态化影响，组织优化培训项目，积极推进远程培训工作，采取"线上 + 线下"的方式开展重点培训项目。深化"一岗精、多岗通"培训，推进主体生产装置"活流程"活动，员工安全管控能力和应急处置能力进一步提升。做好技能鉴定工作，不断提升鉴定工作的效率和质量。严格执行质量管理体系标准，持续开展各工种标准、题库和教材的开发修订及审核工作，有效增强鉴定标准及题库的针对性和实效性。积极开展高级工验证工作，增强员工对新工艺、新设备、新技术的掌握和应用。5 年来，共完成 158 个工种 20342 人次的技能鉴定任务，为提高操作服务人员队伍的整体素质奠定了基础。

四、生产经营管理

不断创新管理思维，建立健全体制机制，落实管理提升、提质增效等管理主题，充分发挥制度、管理、运营、工程技术服务等方面的优势，明确经营性企业发展定位，推进管理体系融合，有效提升合规管理水平，增强企业发展的内生动力。已连续 5 年保持盈利，高质量发展基础更加坚实。

（一）企业管理更加精细规范

坚持将依法治企贯穿企业管理全过程，强化制度建设和内控管理，开展重大风险领域识别和分析，抓好法律风险防控，完善合同管理流程，全面建成系统完备、运转有效的合规管理体系。创新招标管理模式，实施集中采购和统一招标管理，加快电子招标投标交易平台应用，提高招标质量和效率，实现依法治企与合规管理能力的双提升。持续完善大庆石化分公司《合规管理实施细则》，深入开展规章制度清理评价工作，推广使用集团公司合同标准文本，全面梳理二级物资采购、合同管理专业流程，完善相应业务流程和风险控制文档，优化物资采购业务，推动集团公司电子招标投标交易平台试点，合规管理水平明显提升，连续获得黑龙江省年度"守合同重信用企业"荣誉称号。积极开展全民所有制企业公司制改制工作，2017 年顺利完成大庆石油化工总厂和相应二级单位改制工作。加大了"三供一业"推进力度，生活区物业与宝石花物业顺利承接，职工医院移交大庆市人民政府；坚持关停并转同步实施，撤销通讯中心机构，退出通讯业务；撤销矿区机关职能部门，组建矿区管理部；撤销驻京办，全面完成人员安置和资产划转；关闭自办有线电视，《大庆石化报》改为网络版，媒体转型初见成效；化建公司、机械厂实现盈利，摘掉了"僵尸企业"的帽子，实现与上市业务共同发展，"处僵治困"责任指标全面完成，并通过国资委核查；整合安全环保监督和工程质量监督、工程检测和信息技术、餐饮和客运等部门和单位以及固体产品包装和仓储等业务，业务结构持续优化，推进未上市业务市场化改革，实施"五自"经营机制，适度调整下放经营自主权，激发了经营性企业活力，进一步推进了企业管理精细化。

（二）多种经营业务保持稳健发展

各经营性企业坚持职业化专业化发展方向，眼睛向内强素质，开拓市场求发展。积极推进经营性企业抱团外闯市场，争取最大限度地和兄弟单位签署合作框架，继续稳固大庆周边、哈尔滨石化、大庆炼化、大庆油田天然气公司等市场，强化与寰球工程、昆仑工程公司的合作，从源头抓起，形成战略联盟。化建公司在大庆周边、东北三省、四川、云南和陕蒙地区的市场布局基本形成，成功开发宁夏石化、华北石化、广东石化等企业设备制造市场，力矩紧固、炉衬等业务优势充分发挥，边际贡献日趋稳定。机械厂的高效换热器和加氢反应器，列入集团公司第四批《内部优势产品目录》，超大规格管束加工制造创下全工序自行加工制造新纪录，新产品工业化市场化前景更加广阔。检测业务技术服务保障水平明显提升，气体泄漏检测技术成熟应用，无损检测和计量检定市场竞争力不断增强，在大庆地区及周边市场地位持续巩固，成功开发四川石化、辽阳石化、广东石化等企业市场。信息技术中心积极拓展信息化项目、IT 技术支持与运维服务，完成了 28 家企业炼化应用集成系统上线工作，获得哈萨克斯坦炼油厂仿真培训系统开发项目，实现了海外市场开发新突破。各经营性企业发挥产品和服务优势，抱团外拓市场的意识更加强烈，战略联盟合作关系不断深化，经营状况更加稳定。装备制造业务外部市场拓展至西北、西南等地区，制造的新型石蜡成型机达到国内最先进水平，信息技术业务成功参与集团公司 D1 项目建设，实业公司高质量完成四川石化装置大检修高压清洗任务，开发气体产品市场覆盖 200 多家省内外石化企业和医疗机构，各经营性企业"造血"功能和市场外拓能力明显增强，创造了新时代大庆石化持续稳健发展新局面。

（三）加强管控开源节流降本增效

根据市场形势，结合企业特点，建立以生产优化、费用控制为主线的挖潜增效机制，形成了一整套抵御市场变化的开源节流办法和管理机制。坚持把生产优化作为增效重点，通过加大油田轻烃进厂和利用、增产尾油等措施，实现原料结构优化增效；落实蜡脱油装置加工减二减三线原料、石蜡系统原料罐区配套流程改造等措施，实施 ABS 装置化学附聚单元醋酸进料系统改造等项目，优化聚乙烯和聚丙烯产品等，实现产品结构优化增效；通过乙烯稳产高产、阶段性停产尿素和控制尿素负荷增加液氨出厂等措施，实现生产方案优化增效；通过优化汽电平衡和能源利用实现能源优化增效。坚持把费用管控作为降本关键，加强可控费用管理，加强资产管理，处置积压物资和低效无效资产；严格工程造价和预决算管理，实施物资集中采购和统一招标管理，强化招标管理，节约采购资金。推行"零库存"管理，平库利库减少资金占用，夯实存货资产，优化库存结构，压减存货。加强投资估算和概算审查，加大项目审计力度，工程结算审减。5 年来，牢固树立"过紧日子"思想，开源节流并举，把提质增效作为推进高质量发展的长期性战略举措，激活生产要素，增强竞争力，牢牢把握高质量发展主动权，累计实现利润总额 63.33 亿元，上缴税费 399.94 亿元。

五、党建与企业文化建设

全面加强党的建设和企业宣传思想文化建设等工作，切实履行企业的政治、社会、经济三大责任，为企业的快速发展提供强劲的思想引领和文化动力，保证各项生产经营、改革等快速协调稳定发展。

（一）党组织基本情况

截至 2015 年 12 月 31 日，大庆石化分公司党委下属基层党委 30 个、党总支 8 个、党支部 475 个，共有党员 13247 人。5 年来，大庆石化分公司始终坚持党的领导，加强党的建设，全面巩固党建工作基础，不断提升党建质量。积极落实集团公司党组的各项文件精神及工作部署，积极完善各级党组织建设，保证企业党建工作与生产经营工作同步延伸。在推进退休人员社会化管理移交过程中，向大庆市人民政府移交退休人员 23673 人，其中退休党员 5145 人。截至 2020 年 12 月 31 日，大庆石化分公司党委下属基层党委 25 个、党总支 15 个、党支部 292 个，共有党员 7957 人，其中在职党员 7814 人。

（二）企业党建和思想文化建设

大庆石化分公司党委始终在思想上政治上行动上同以习近平同志为核心的党中央保持高度一致，积极深入学习宣传贯彻习近平新时代中国特色社会主义思想和党的十九大精神，深化落实全国国有企业党建工作会议精神和集团公司党组关于落实全面从严治党要求加强党的建设的意见，持续推进党的建设，提升党建科学化水平，推动党的领导融入公司治理的制度化、规范化、流程化，为企业稳健发展提供坚强保障。持续深化"四好"班子建设，严格贯彻执行民主集中制，修订完善大庆石化分公司《领导班子议事规则》《"三重一大"决策制度实施细则》，明确决策事项范围、职权分配和议事程序，实现科学决策和民主决策。2016 年 12 月，组织召开中共大庆石化分公司第三次代表大会，顺利完成公司党委换届选举工作，督促和指导二级单位党委及基层党支部做好换届选举工作。积极组织开展两级党组织书记抓党建述职评议工作，持续推行党支部书记岗位资格认证工作，提升党支部书记队伍的整体素质。大庆石化分公司党委组织部编写的《集团公司党支部书记队伍建设意见》荣获集团公司优秀党建成果奖，在集团公司范围内，大庆石化党支部书记岗位资格认证工作已经成为特色品牌活动。

坚持把全面加强党的领导与公司治理有机统一，推动党建与生产经营深度融合，使党的建设工作真正融入企业生产经营的方方面面，筑牢党建基石，增添发展活力。充分发挥党委"把方向、管大局、保落实"的领导作用，大力弘扬石油精神，持之以恒抓好塑形工程，与践行"忠诚、务实、简单"的员工核心价值观高度融合，与倡导工匠精神劳模精神有机结合，扎实开展形式多样的主题实践活动，用石油精神凝聚全体员工共同价值观，调动全体员工爱岗敬业、创新创效的积极性主动性，以强大精神力量推进公司稳健发展。通过开展"战严冬、转观念、勇担当、上台阶"主题教育活动，累计实现挖潜增效 11 亿元。深入开展党风廉政建设和反腐败工作，坚持把作风建设作为永恒主题，积极推进党的群众路线教育实践活动、党建"三联"示范点创建、"三严三实"专题教育、"两学一做"学习教育、"不忘初心、牢记使命"主题教育等走实走深，形成党员干部学习教育的长效机制。认真落实中央和集团公司深化政治巡视的部署要求，组织开展巡察、合规管理监察、岗位廉洁风险排查等重点工作，不断严明纪律要求，高质量完成巡察及整改任务，风清气正、敬业担当的良好政治氛围更加浓厚。强化形势任务教育，开展融智学堂、"双十"读书活动，打造"一报一微一端"新媒体矩阵，弘扬了企业发展主旋律，以高质量党建引领企业高质量发展。企业先后荣获全国文明企业、全国五一劳动奖状、全国思想政治工作优秀企业、全国企业文化建设优秀单位、国家守合同重信用企业、全国质量管理先进企业、黑龙江省文明单位标兵等荣誉称号。

（三）维护企业稳定履行社会责任

坚持以人为本，让发展成果惠民共享。始终本着全心全意依靠员工群众办企业这一根本宗旨，努力为员工群众营造安居乐业的温馨家园，促进民生福祉不断进步。积极推进以职代会为基本形式的民主管理，充分发挥各级民主联系人的作用，畅通各种沟通渠道，最大限度地凝聚人心、汇聚力量，民主管理水平不断提升。坚持真心实意为员工群众办好事、办实事，实现生产运行岗位四班两倒，优化调整白班岗位作息时间，提高员工就餐标准，实行节日员工免费餐，增加菜品种类；建立完善员工多功能心理活动机构，为员工脱疲、解压、消困，促进员工身心健康；广泛开展文体活动，满足新时代员工对文化建设的需求；更新通勤车辆，改善员工通勤交通条件；扩容改造厂区周边停车场，增加厂区车位数量，员工停车更加便利；完善住宅小区功能、会战园项目配套工程道路铺装、景观绿化全部完成，如期交付入住；修缮厂西、兴化等老旧小区；推进数字化小区建设，增加视频监控点，提高生活区绿化覆盖率；不断规范厂内交通秩序，养护修补厂区道路，实施化工路南段照明改造，维修萨卧路等破损道路，改善了员工工作环境；完善维修老年活动场所，购置计算机、跑步机、足疗椅等设备，全面升级老年人学习和活动阵地；积极开展扶贫帮困，适时开展走访慰问、应急救助、金秋助学等活动，5 年累计发放救助慰问金 9921 万元。员工人均收入、企业年金、公积金同比均有所增长，员工幸福感和归属感不断增强，和谐企业建设取得丰硕成果。

加大安全环保监督检查力度，坚决守住安全环保"红线"，对重大安全环保隐患实行持续跟踪、销项管理。2018 年，建立起作业预约机制，实施危险作业升级管理，推行集中限时动火，明确风险管理"四条红线"①。不断加快环保项目建设步伐，热电厂 4#、5#、7# 锅炉脱硫脱硝改造、炼油厂动力站燃油锅炉烟气净化等达标治理项目建成投用；加强污染源在线监控系统建设，加大排污口监督检查力度，持续推进 VOCs 综合整治，炼油污水提标改造、化工污水提标改造、硫磺② 尾气治理、VOCs 管控项目均已完成投入运行，安全环保绩效持续改进。全面加强环境监测，规范处置危险废物。大庆

---

① "四条红线"：一是可能导致火灾、爆炸、中毒、窒息、能量意外释放的危险和风险作业；二是可能导致着火爆炸的生产经营领域的油气泄漏；三是节假日和重要敏感时段（包括法定节假日、国家重大活动和会议期间）的施工作业；四是油气井井控等关键作业。

② "硫磺"同"硫黄"，企业惯称"硫磺"。

石化分公司质量检验中心环保监测站通过了CNAS（中国合格评定国家认可委员会）的现场复评审，环保监测能力与水平得到国家认可，主要污染物减排指标全面完成。定期开展开放日活动，全方位展示企业形象，积极回应社会关切，接受公众监督。顺利通过中央环保督查回头看检查，被评为集团公司质量安全环保节能先进企业。

积极履行社会责任，把企业效益与社会效益相统一。积极组织开发生产安全清洁能源，及时增产春耕所需产品，为国家农业生产提供保障。面对突发的新冠肺炎疫情，以高度的政治感和责任感积极有效落实疫情防控措施，全力保障大庆市级定点医院用氧需求，积极向市区政府部门、学校及医疗机构捐赠防疫物资，修缮发热门诊，建立集中隔离观察点，表彰慰问防疫先进等，累计投入抗疫资金970多万元。组织党员捐款103.6万元，选派3名医护人员支援湖北孝感，用最快速度建成投用4条口罩生产线，生产口罩2000余万片，推进复工复产，助力疫情防控，切实履行起央企责任，向社会展示了大庆石化有担当、负责任、敢追梦的企业新形象。

第一章 领导机构

2015年12月底，大庆石化分公司有党政领导班子成员9人，总经理助理2人，安全副总监1人，副总师5人。

王德义任总经理、党委副书记，负责行政全面工作，负责安全环保、审计、监察等工作，分管总经理办公室（党委办公室）、人事处（党委组织部）、企业文化处（党委宣传部）、质量安全环保处。

杨大明任党委书记、副总经理，负责党委全面工作，分管党委办公室、党委组织部、党委宣传部。

黄成义任党委委员、副总经理，负责总体规划、技术进步、科研开发、技术改造工作，负责工程项目建设、工程造价、工程质量、工程技术服务工作，负责信息化管理、档案和科协等工作，分管科技与规划发展处、工程管理部、工程造价部、信息管理部、工程质量监督站、工程项目管理中心（乙烯工程指挥部）。

王东军任党委委员、纪委书记，负责纪委全面工作，分管公司纪委，协管监察处。

康志军任党委委员、副总经理，负责协助总经理做好深化企业改革和人事管理工作，负责劳动、人事、培训等工作，负责计划、经营、销售、大宗原料等工作，负责企管、制度、法律和矿区服务事业部管理等工作，分管计划处、法律事务与企管处、矿区服务事业部，协管人事处。

孙玉彬任党委副书记、工会主席，主要负责协助党委书记做好党委日常工作，负责工会、党校和共青团等工作，负责稳定、保卫、武装、离退休管理等工作，分管公司工会、团委、维护稳定工作办公室（武装部）。

宗义山任党委委员、副总经理、安全总监，负责协助总经理做好安全环保工作，负责生产（受控部分）、质量、消防和QHSE体系管理等工作，分管生产运行处，协管质量安全环保处。

马铁钢任党委委员、副总经理，负责机械、电气、仪表等设备的管理和状态监测工作，负责水汽工艺技术、防震管理、物资采购、招投标和经营性企业管理等工作，分管机动设备处。

孙庆生任党委委员、总会计师，负责财务、审计、内控、股权、资产（价值）、价格、清欠、预算、关联交易等工作，分管财务处、内控与风险管理处，协管审计处。

大庆石油化工总厂仍由大庆石化分公司整体委托管理，王德义任大庆石油化工总厂厂长。

2016年1月，大庆石化分公司决定：聘任康志军为公司总法律顾问，解聘孙玉彬的公司总法律顾问职务。

2016年2月，股份公司决定：王东军退休。

2016年7月，经研究并商得中共黑龙江省委同意，集团公司党组决定：魏志国任大庆石化分公司党委委员、纪委书记。

2016年8月，大庆石化分公司决定，对领导班子成员分工进行调整：

总经理、党委副书记王德义负责行政全面工作，并负责安全环保、审计、监察等工作，分管总经理办公室（党委办公室）、企业文化处（党委宣传部）、安全环保处。

党委书记、副总经理杨大明负责党委全面工作，分管党委办公室、党委组织部、党委宣传部。

党委委员、副总经理黄成义负责总体规划、技术进步、科研开发、技术改造工作，负责工程项目建设、工程造价、工程质量、工程技术服务工作，负责信息化管理、档案和科协等工作，分管科技与规划发展处、工程管理部、工程造价部、信息管理部、工程质量监督站、工程项目管理中心（乙烯工程指挥部）。

党委委员、副总经理康志军负责劳动、人事、培训等工作，负责计划、经营、销售、大宗原料等工作，负责企管、制度、法律和矿区服务事业部管理等工作，分管人事处、计划处、法律事务与企管处、矿区服务事业部。

党委副书记、工会主席孙玉彬协助党委书记做好党委日常工作，负责工会、党校和共青团等工作，负责稳定、保卫、武装、离退休管理等工作，分管公司工会、团委、维护稳定工作办公室（武装部）。

党委委员、副总经理、安全总监宗义山协助总经理做好安全环保工作，负责生产（受控部分）、质量、消防和QHSE体系管理等工作，分管生产运行处，协管安全环保处。

党委委员、副总经理马铁钢负责机械、电气、仪表等设备的管理和状态监测工作，负责水汽工艺技术、防震管理、物资采购、招投标和经营性企业管理等工作，分管机动设备处。

党委委员、总会计师孙庆生负责财务、审计、内控、股权、资产（价值）、价格、清欠、预算、关联交易等工作，分管财务处、内控与风险管理处，协管审计处。

党委委员、纪委书记魏志国负责纪委全面工作，分管公司纪委，协管监察处。

2016年10月，股份公司决定：黄成义退休。其分管的工作由副总经理宗义山负责。

2016年12月20日，中共大庆石化分公司第三次代表大会召开，222名党员代表参加会议。会议选举产生中共大庆石化分公司第三届委员会，由马铁钢、王德义、孙玉彬、孙庆生、杨大明、宗义山、康志军、魏志国等8人（以姓氏笔画为序）组成，杨大明为党委书记，王德义、孙玉彬为党委副书记。选举产生中共大庆石化分公司纪律检查委员会，由9人组成，魏志国为纪委书记。大庆石化分公司党委下属基层党委29个、党总支6个、党支部462个，共有党员13391人。

2017年7月，经研究并商得中共黑龙江省委同意，集团公司党组决定：康志军任大庆石化分公司党委副书记，免去王德义的大庆石化分公司党委副书记、党委委员职务。股份公司决定：康志军任大庆石化分公司总经理；免去王德义的大庆石化分公司总经理职务，调中国昆仑工程有限公司工作。集团公司决定：康志军任大庆石油化工总厂厂长，免去王德义的大庆石油化工总厂厂长职务。

2017年8月，对领导班子成员分工进行调整：

总经理、党委副书记康志军负责行政全面工作，负责安全环保、计划经营、审计、监察等工作，分管总经理办公室（党委办公室）、人事处（党委组织部）、企业文化处（党委宣传部）、计划处、安全环保处。

党委书记、副总经理杨大明负责党委全面工作，分管党委办公室、党委组织部、党委宣传部。

党委副书记、工会主席孙玉彬协助党委书记做好党委日常工作，负责工会、党校和共青团等工作，负责稳定、保卫、武装、离退休管理等工作，负责劳动、人事、培训等工作，分管公司工会、团委、维护稳定工作办公室（武装部），协管人事处。

党委委员、副总经理、安全总监宗义山协助总经理做好安全环保和计划、经营、销售、大宗原料等工作，负责生产（受控部分）、质量、消防和QHSE体系管理等工作，负责总体规划、技术进步、科研开发、技术改造工作，负责工程项目建设、工程造价、工程质量、工程技术服务工作，负责信息化管理、档案和科协等工作，分管生产运行处、科技与规划发展处、工程管理部、工程造价部、信息管理部、工程质量监督站、工程项目管理中心，协管计划处、安全环保处。

党委委员、副总经理马铁钢负责机械、电气、仪表等设备的管理和状态监测工作，负责水汽工艺技术、防震管理、物资采购、招投标和经营性企业管理等工作，分管机动设备处。

党委委员、总会计师孙庆生负责财务、审计、内控、股权、资产（价值）、价格、清欠、预算、关联交易等工作，负责企管、制度、法律和矿区服务事业部管理等工作，分管财务处、法律事务与企管处（内控与风险管理处）、矿区服务事业部，协管审计处。

党委委员、纪委书记魏志国负责纪委全面工作，分管公司纪委，协管监察处。

2017年10月，对部分领导班子成员分工进行调整：总会计师孙庆生不再协管审计工作，改由纪委书记魏志国协助总经理做好审计工作，协管审计处。

2017年11月，集团公司批复同意大庆石油化工总厂改制为一人有限责任公司，名称为中国石油大庆石油化工有限公司（简称大庆石油化工有限公司），中国石油天然气集团公司持股100%，企业经营范围不变，依旧由大庆石化分公司托管，设执行董事1人、监事1人。

同月，集团公司决定：康志军任中国石油大庆石油化工有限公司执行董事、总经理，并委派孙庆生为中国石油大庆石油化工有限公司监事。

2018年4月，经研究并商得中共黑龙江省委同意，集团公司党组决定：

刘国海、李秀伟任大庆石化分公司党委委员。股份公司决定：刘国海任大庆石化分公司副总经理、安全总监，李秀伟任大庆石化分公司副总经理；免去宗义山的大庆石化分公司安全总监职务。

随后，对领导班子成员分工进行调整：

总经理、党委副书记康志军负责行政全面工作，负责安全环保、计划经营、审计、监察等工作，分管总经理办公室（党委办公室）、人事处（党委组织部）、企业文化处（党委宣传部）、计划处、安全环保处。

党委书记、副总经理杨大明负责党委全面工作，分管党委办公室、党委组织部、党委宣传部。

党委副书记、工会主席孙玉彬协助党委书记做好党委日常工作，负责工会、党校和共青团等工作，负责稳定、保卫、武装、离退休管理等工作，负责劳动、人事、培训等工作，分管公司工会、团委、维护稳定工作办公室（武装部），协管人事处。

党委委员、副总经理宗义山负责销售工作，负责总体规划、技术进步、科研开发、技术改造工作，负责工程项目建设、工程造价、工程质量、工程技术服务工作，负责信息化管理、档案和科协等工作，分管科技与规划发展处、工程管理部、工程造价部、信息管理部、工程质量监督站、工程项目管理中心。

党委委员、副总经理马铁钢负责企管、制度、法律、内控和股权等工作，负责经营性企业管理工作，分管法律事务与企管处（内控与风险管理处）。

党委委员、总会计师孙庆生负责财务、资产（价值）、价格、清欠、预算和关联交易等工作，负责矿区服务事业部管理工作，分管财务处、矿区服务事业部，联系大庆华科股份有限公司。

党委委员、纪委书记魏志国协助总经理做好审计、监察等工作，负责纪委全面工作，分管公司纪委，协管监察处、审计处。

党委委员、副总经理、安全总监刘国海协助总经理做好安全环保、计划经营和大宗原料等工作，负责生产（受控）、质量、消防和QHSE体系管理等工作，分管生产运行处，协管计划处、安全环保处。

党委委员、副总经理李秀伟负责机械、电气、仪表等设备的管理和状态监测工作，负责水汽工艺技术、防震管理、物资采购和招投标管理等工作，分管机动设备处。

2018年8月，大庆石化分公司决定：聘任马铁钢为公司总法律顾问（兼）；解聘康志军的公司总法律顾问职务。随后，对部分领导班子成员分工进行调整：

总经理、党委副书记康志军负责行政全面工作，负责安全环保、审计、监察等工作，分管总经理办公室（党委办公室）、人事处（党委组织部）、企业文化处（党委宣传部）、安全环保处。

党委委员、副总经理宗义山负责销售工作，负责总体规划、技术进步、科研开发、技术改造工作，负责工程项目建设、工程造价、工程质量、工程技术服务工作，负责信息化管理、档案和科协等工作，分管科技与规划发展处、工程管理部、工程造价部、工程质量监督站、工程项目管理中心（乙烯工程指挥部）。

党委委员、副总经理、安全总监刘国海协助总经理做好安全环保工作，负责计划经营、大宗原料、生产（受控）、质量、消防和QHSE体系管理等工作，分管计划处、生产运行处，协管安全环保处。

2018年10月，经研究并商得中共黑龙江省委同意，集团公司党组决定：康志军任大庆石化分公司党委书记，免去杨大明的大庆石化分公司党委书记、党委委员职务。股份公司决定：免去杨大明的大庆石化分公司副总经理职务。

随后，对领导班子成员分工进行调整：

党委书记、总经理康志军主持党政全面工作，负责安全环保、审计、监察等工作，分管总经理办公室（党委办公室）、人事处（党委组织部）、企业文化处（党委宣传部）、安全环保处。

党委副书记、工会主席孙玉彬协助党委书记做好党委日常工作，负责工会、党校和共青团等工作，负责稳定、保卫、武装、离退休管理等工作，负责劳动、人事、培训等工作，分管公司工会、团委、维护稳定工作办公室（武装部），协管人事处。

党委委员、副总经理宗义山负责销售工作，负责总体规划、技术进步、科研开发、技术改造工作，负责工程项目建设、工程造价、工程质量、工程技术服务工作，负责信息化管理、档案和科协等工作，分管科技与规划发展处、工程管理部、工程造价部、工程质量监督站、工程项目管理中心（乙烯工程指挥部）。

党委委员、副总经理马铁钢负责企管、制度、法律、内控和股权等工作，负责经营性企业管理工作，分管法律事务与企管处（内控与风险管理处）。

党委委员、总会计师孙庆生负责财务、资产（价值）、价格、清欠、预算和关联交易等工作，负责矿区服务事业部管理工作，分管财务处、矿区服务事业部，联系大庆华科股份有限公司。

党委委员、纪委书记魏志国协助总经理做好审计、监察等工作，负责纪委全面工作，分管公司纪委，协管监察处、审计处。

党委委员、副总经理、安全总监刘国海协助总经理做好安全环保工作，负责计划经营、大宗原料、生产（受控部分）、质量、消防和 QHSE 体系管理等工作，分管计划处、生产运行处，协管安全环保处。

党委委员、副总经理李秀伟负责机械、电气、仪表等设备的管理和状态监测工作，负责水汽工艺技术、防震管理、物资采购和招投标管理等工作，分管机动设备处。

同月，根据矿区和大庆石化分公司机关调整等实际情况，对部分领导班子成员分工进行调整：党委委员、副总经理、安全总监刘国海分管安全环保监督站，党委委员、总会计师孙庆生分管矿区管理部。

2019 年 8 月，明确党委委员、副总经理、安全总监刘国海分管安全环保工程监督站。

2020 年 5 月，经研究并商得中共黑龙江省委同意，集团公司党组决定：孙玉彬任大庆石化分公司党委常务副书记；刘文智任大庆石化分公司党委委员。股份公司决定：刘文智任大庆石化分公司副总经理。

随后，对领导班子成员分工进行调整：

党委书记、总经理康志军负责党委、行政全面工作，并负责党的建设、发展改革、安全环保、外事、扶贫、审计等工作，分管总经理办公室（党委办公室）、人事处（党委组织部）、企业文化处（党委宣传部）、安全环保处、审计处。

党委常务副书记、工会主席孙玉彬协助党委书记负责党委日常工作、扶贫工作，负责党的建设日常工作和思想政治（新闻宣传）、保密工作、维稳信访、武装保卫等工作，负责工会、党校和共青团等工作，分管公司工会、团委、维护稳定工作办公室（武装部），协管党委办公室、党委组织部、党委宣传部。

党委委员、副总经理宗义山负责总体规划、技术进步、科研开发、技术改造工作，负责信息化管理、档案、离退休管理等工作，协助负责外事、人事、培训、社保等工作，分管科技与规划发展处，协管人事处。

党委委员、副总经理马铁钢负责企管、制度、法律、内控、股权、对标和提质增效等工作，负责销售工作，负责经营性企业管理工作，分管法律事务与企管处（内控与风险管理处），联系大庆华科股份有限公司。

党委委员、总会计师孙庆生负责财务、资产（价值）、价格、清欠、预算和关联交易等工作，负责矿区服务管理工作，分管财务处、矿区管理部。

党委委员、纪委书记魏志国协助负责党风建设和反腐败工作，负责纪委工作和党委巡察日常工作，分管公司纪委。

党委委员、副总经理、安全总监刘国海负责计划经营、大宗原料、生产（受控）、质量、消防和 QHSE 体系管理等工作，协助负责安全环保工作，分管计划处、生产运行处、安全环保工程监督站，协管安全环保处。

党委委员、副总经理李秀伟负责工程项目建设、工程造价、工程质量、工程技术服务等工作，负责物资采购和招投标管理工作，分管工程管理部、工程造价部、炼油工程指挥部。

党委委员、副总经理刘文智负责机械、电气、仪表等设备的管理和状态监测工作，负责水汽工艺技术和防震管理等工作，协助负责审计工作，分管机动设备处，协管审计处。

各领导班子成员在各分管领域党的建设、安全环保、风险防范、廉洁从业、巡视巡察整改、队伍稳定等方面履行"一岗双责"责任。

2020 年 8 月，经研究并商得中共黑龙江省委同意，集团公司党组决定：王一民任大庆石化分公司党委委员、党委书记；免去康志军的大庆石化分公司党委书记、党委委员职务。股份公司决定：王一民任大庆石化分公司总经理；免去康志军的大庆石化分公司总经理职务，调广东石化分公司工作。集团公司决定：王一民任中国石油大庆石油化工有限公司执行董事、总经理；免去康志军的中国石油大庆石油化工有限公司执行董事、总经理职务。

随后，对领导班子成员分工进行调整：

党委书记、总经理王一民负责党委、行政全面工作，并负责党的建设、发展改革、安全环保、提质增效、外事、扶贫、审计等工作，分管总经理办公室（党委办公室）、人事处（党委组织部）、企业文化处（党委宣传部）、安全环保处、审计处。

党委常务副书记、工会主席孙玉彬协助党委书记负责党委日常工作、扶贫工作，负责党的建设日常工作和思想政治（新闻宣传）、保密工作、维稳信访、武装保卫等工作，负责工会、党校和共青团等工作，分管公司工会、团委、维护稳定工作办公室（武装部），协管党委办公室、党委组织部、党委宣传部。

党委委员、副总经理宗义山负责总体规划、技术进步、科研开发、技术改造工作，负责信息化管理、档案、离退休管理等工作，协助负责外事、人事、培训、社保等工作，分管科技与规划发展处，协管人事处。

党委委员、副总经理马铁钢负责企管、制度、法律、内控和股权等工作，负责销售工作，负责经营性企业管理工作，分管法律事务与企管处（内控与风险管理处），联系大庆华科股份有限公司。

党委委员、总会计师孙庆生负责财务、资产（价值）、价格、清欠、预算和关联交易等工作，负责矿区服务管理工作，分管财务处、矿区管理部。

党委委员、纪委书记魏志国协助负责党风建设、反腐败和审计工作，负责纪委工作和党委巡察日常工作，分管公司纪委，协管审计处。

党委委员、副总经理、安全总监刘国海负责计划经营、大宗原料、生产（受控部分）、质量、QHSE体系、对标和消防管理等工作，协助负责安全环保工作，分管计划处、生产运行处、安全环保工程监督站，协管安全环保处。

党委委员、副总经理李秀伟负责工程项目建设、工程造价、工程质量、工程技术服务等工作，负责物资采购和招投标管理工作，协助负责提质增效工作，分管工程管理部、工程造价部、炼油工程指挥部。

党委委员、副总经理刘文智负责机械、电气、仪表等设备的管理和状态监测工作，负责水汽工艺技术和防震管理等工作，分管机动设备处。

各领导班子成员在各分管领域党的建设、安全环保、风险防范、廉洁从业、巡视巡察整改、队伍稳定等方面履行"一岗双责"责任。

2020年10月，经研究并商得中共黑龙江省委同意，集团公司党组决定：施铁权任大庆石化分公司党委委员；免去孙庆生、刘国海的大庆石化分公司党委委员职务；免去魏志国的大庆石化分公司党委委员、纪委书记职务。股份公司决定：施铁权任大庆石化分公司总会计师；免去孙庆生的大庆石化分公司总会计师职务，调大庆炼化分公司工作；免去刘国海的大庆石化分公司副总经理、安全总监职务，调大连石化分公司工作。

2020年12月，经研究并商得中共黑龙江省委同意，集团公司党组决定：周慧泽任大庆石化分公司党委委员、纪委书记。

2020年12月底，大庆石化分公司有党政领导班子成员8人。

王一民任党委书记、总经理，负责党委、行政全面工作，并负责党的建设、发展改革、国家安全、安全环保、提质增效、外事、扶贫、审计等工作，分管总经理办公室（党委办公室）、人事处（党委组织部）、企业文化处（党委宣传部）、安全环保处、审计处。

孙玉彬任党委常务副书记、工会主席，协助党委书记负责党委日常工作、扶贫工作，负责党的建设日常工作和思想政治（新闻宣传）、保密工作、维稳信访、武装保卫等工作，负责工会、党校和共青团等工作，分管公司工会、团委、维护稳定工作办公室（武装部），协管党委办公室、党委组织部、党委宣传部。

施铁权任党委委员、总会计师，负责财务、资产（价值）、内部互供产品价格、清欠、预算和关联交易等工作，分管财务处。

宗义山任党委委员、副总经理，负责总体规划、技术进步、科研开发、技术改造工作，负责信息化管理、档案、离退休管理等工作，协助负责外事、人事、培训、社保等工作，分管科技与规划发展处，协管人事处。

马铁钢任党委委员、副总经理，负责企管、制度、法律、内控和股权等工作，负责销售、对外销售产品价格和大宗原料外采工作，负责经营性企业管理工作，分管法律事务与企管处（内控与风险管理处），联系大庆华科股份有限公司。

李秀伟任党委委员、副总经理，负责计划经营、生产（受控部分）、大宗原料互供、质量、QHSE体系、对标和消防管理等工作，负责工程项目建设、工程造价、工程质量、工程技术服务等工作，协助负责安全环保和提质增效工作，分管计划处、生产运行处、工程管理部、工程造价部、安全环保工程监督站、炼油工程指挥部，协管安全环保处。履行安全总监职责。

周慧泽任党委委员、纪委书记，协助负责党风建设、反腐败和审计工作，负责纪委工作和党委巡察日常工作，分管工作纪委，协管审计处。

刘文智任党委委员、副总经理，负责机械、电气、仪表等设备的管理和状态监测工作，负责水汽工艺技术和防震管理等工作，负责物资采购和招投标管理工作，负责矿区服务管理工作，分管机动设备处、矿区管理部。

期间：大庆石化分公司总经理、党委副书记王德义，党委副书记、纪委书记、工会主席王东军，副总工程师朱连勋继续担任中共黑龙江省第十一次代表大会代表；大庆石化分公司总经理、党委副书记王德义继续担任黑龙江省第十二届人大代表。2017年4月，大庆石化分公司党委书记、副总经理杨大明，总经理、党委副书记王德义当选中共黑龙江省第十二次代表大会代表。2018年1月，大庆石化分公司总经理、党委副书记康志军当选第十三届全国人大代表。大庆石化分公司副总经理刘国海继续担任大庆市第十届人民代表大会代表。

第一节 党委（2016.1—2020.12）

截至2016年1月1日，大庆石化分公司党委由9人组成：杨大明任党委书记，王德义、孙玉彬任党委副书记，黄成义、王东军、康志军、宗义山、马铁钢、孙庆生任党委委员。

2016年2月，股份公司决定：王东军退休。

2016年7月，经研究并商得中共黑龙江省委同意，集团公司党组决定：魏志国任大庆石化分公司党委委员。

2016年10月，股份公司决定：黄成义退休。

2016年12月20日，中共大庆石化分公司第三次代表大会召开，222名党员代表参加会议。会议选举产生中共大庆石化分公司第三届委员会，由马铁钢、王德义、孙玉彬、孙庆生、杨大明、宗义山、康志军、魏志国等8人（以姓氏笔画为序）组成，杨大明为党委书记，王德义、孙玉彬为党委副书记。大庆石化分公司党委下属基层党委29个、党总支6个、党支部462个，共有党员13391人。

2017年7月，经研究并商得中共黑龙江省委同意，集团公司党组决定：康志军任大庆石化分公司党委副书记；免去王德义的大庆石化分公司党委副书记、党委委员职务。

2018年4月，经研究并商得中共黑龙江省委同意，集团公司党组决定：刘国海、李秀伟任大庆石化分公司党委委员。

2018年10月，经研究并商得中共黑龙江省委同意，集团公司党组决定：康志军任大庆石化分公司党委书记；免去杨大明的大庆石化分公司党委书记、党委委员职务。

2020年5月，经研究并商得中共黑龙江省委同意，集团公司党组决定：孙玉彬任大庆石化分公司党委常务副书记；刘文智任大庆石化分公司党委委员。

2020年8月，经研究并商得中共黑龙江省委同意，集团公司党组决定：王一民任大庆石化分公司党委委员、党委书记；免去康志军的大庆石化分公司党委书记、党委委员职务。

2020年10月，经研究并商得中共黑龙江省委同意，集团公司党组决定：施铁权任大庆石化分公司党委委员；免去孙庆生、刘国海的大庆石化分公司党委委员职务；免去魏志国的大庆石化分公司党委委员职务。

2020年12月，经研究并商得中共黑龙江省委同意，集团公司党组决定：周慧泽任大庆石化分公司党委委员。

截至2020年12月31日，大庆石化分公司党委由8人组成：王一民任党委书记，孙玉彬任党委常务副书记，施铁权、宗义山、马铁钢、李秀伟、周慧泽、刘文智任党委委员。

书　　记　杨大明（2016.1—2018.10）[1]

---

[1]　2018年10月，杨大明退出领导岗位。

康志军（2018.10—2020.8）①

王一民（2020.8—12）

常务副书记　孙玉彬（2020.5—12）

副　书　记　王德义（2016.1—2017.7）②

孙玉彬（2016.1—2020.5）

康志军（2017.7—2018.10）

委　　　员　杨大明（2016.1—2018.10）

黄成义（2016.1—10）③

王东军（2016.1—2）④

王德义（2016.1—2017.7）

康志军（2016.1—2020.8）

孙玉彬（2016.1—2020.12）

宗义山（2016.1—2020.12）

马铁钢（2016.1—2020.12）

孙庆生（2016.1—2020.10）⑤

魏志国（2016.7—2020.10）⑥

刘国海（满族，2018.4—2020.10）⑦

李秀伟（2018.4—2020.12）

刘文智（2020.5—12）

王一民（2020.8—12）

施铁权（2020.10—12）

周慧泽（2020.12）

---

① 2020 年 8 月，康志军调任广东石化分公司党委书记、总经理。
② 2017 年 7 月，王德义调任中国昆仑工程有限公司党委副书记、执行董事、总经理。
③ 2016 年 10 月，黄成义退休。
④ 2016 年 2 月，王东军退休。
⑤ 2020 年 10 月，孙庆生调任大庆炼化分公司党委委员、总会计师。
⑥ 2020 年 10 月，魏志国退出领导岗位。
⑦ 2020 年 10 月，刘国海调任大连石化分公司党委副书记、总经理。

第二节 行政领导（2016.1—2020.12）

截至 2016 年 1 月 1 日，大庆石化分公司有行政领导班子 7 人，王德义任总经理，杨大明、黄成义、康志军、宗义山、马铁钢任副总经理，孙庆生任总会计师。

大庆石油化工总厂仍由大庆石化分公司整体委托管理，王德义任大庆石油化工总厂厂长。

2016 年 10 月，股份公司决定：黄成义退休。其分管的工作由副总经理宗义山负责。

2017 年 7 月，股份公司决定：康志军任大庆石化分公司总经理；免去王德义的大庆石化分公司总经理职务，调中国昆仑工程有限公司工作。集团公司决定：康志军任大庆石油化工总厂厂长；免去王德义的大庆石油化工总厂厂长职务。

2017 年 11 月，集团公司批复同意大庆石油化工总厂改制为一人有限责任公司，名称为中国石油大庆石油化工有限公司（简称大庆石油化工有限公司），中国石油天然气集团公司持股 100%，企业经营范围不变，依旧由大庆石化分公司托管，设执行董事 1 人、监事 1 人。集团公司决定：康志军任中国石油大庆石油化工有限公司执行董事、总经理，并委派孙庆生为中国石油大庆石油化工有限公司监事。

2018 年 4 月，股份公司决定：刘国海任大庆石化分公司副总经理、安全总监；李秀伟任大庆石化分公司副总经理；免去宗义山的大庆石化分公司安全总监职务。

2018 年 10 月，股份公司决定：免去杨大明的大庆石化分公司副总经理职务。

2020 年 5 月，股份公司决定：刘文智任大庆石化分公司副总经理。

2020 年 8 月，股份公司决定：王一民任大庆石化分公司总经理；免去康志军的大庆石化分公司总经理职务，调广东石化分公司工作。集团公司决定：王一民任中国石油大庆石油化工有限公司执行董事、总经理；免去康志军的中国石油大庆石油化工有限公司执行董事、总经理职务。

2020年10月，股份公司决定：施铁权任大庆石化分公司总会计师；免去孙庆生的大庆石化分公司总会计师职务，调大庆炼化分公司工作；免去刘国海的大庆石化分公司副总经理、安全总监职务，调大连石化分公司工作。

截至2020年12月31日，大庆石化分公司有行政领导班子6人，王一民任总经理，宗义山、马铁钢、李秀伟、刘文智任副总经理，施铁权任总会计师。

2016年1月至2020年12月期间，大庆石化分公司对总经理助理、安全副总监、副总师、总法律顾问调整如下：

截至2016年1月1日，大庆石化分公司设总法律顾问1人，总经理助理2人，安全副总监1人，副总师5人。孙玉彬任总法律顾问，郑守林、冯悦暖任总经理助理，吴景哲任安全副总监，张欣林、孟昭月、戴建军、刘新国、朱连勋任副总工程师。

2016年1月，大庆石化分公司决定：聘任康志军为公司总法律顾问；解聘孙玉彬的公司总法律顾问职务。

2016年3月，大庆石化分公司决定：解聘郑守林的总经理助理职务，聘为总经理办公室正处级干部；解聘冯悦暖的总经理助理职务，聘为总经理办公室正处级干部。

2016年9月，大庆石化分公司决定：聘任柳迎斌为总经理助理。

2018年6月，大庆石化分公司决定：聘任范晓彬为大庆石化分公司副总经济师；聘任孔庆发为公司副总工程师；聘任刘松岩为公司安全副总监；解聘孟昭月的公司副总工程师职务；解聘刘新国的公司副总工程师职务。

2018年8月，大庆石化分公司决定：聘任马铁钢为公司总法律顾问；解聘康志军的公司总法律顾问职务。

2019年2月，大庆石化分公司决定：聘任陈开奎为公司总经理助理；聘任陈树相为公司副总工程师；解聘朱连勋的公司副总工程师职务，保留副总师待遇，调集团公司规划总院工作；解聘孔庆发的公司副总工程师职务，任总经理办公室正处级干部。

2019 年 7 月，大庆石化分公司决定：解聘戴建军的公司副总工程师职务，改任总经理办公室正处级干部。

2020 年 4 月，大庆石化分公司决定：免去张欣林的公司副总工程师职务，改任总经理办公室正处级干部；免去范晓彬的公司副总经济师职务，改任总经理办公室正处级干部；免去陈开奎的公司总经理助理职务，改任法律事务与企管处（内控与风险管理处）正处级干部，同时任华科股份有限公司董事。

2020 年 6 月，大庆石化分公司决定：李龙江任公司副总工程师；孟凡伟任公司总经理助理；田春光任公司副总工程师；魏弢任公司副总工程师。

截至 2020 年 12 月 31 日，大庆石化分公司设总法律顾问 1 人，总经理助理 1 人，安全副总监 1 人，副总师 4 人。马铁钢任总法律顾问，孟凡伟任总经理助理，刘松岩任安全副总监，陈树相、李龙江、田春光、魏弢任副总工程师。

一、大庆石化分公司（2016.1—2020.12）

（一）大庆石化分公司行政领导名录（2016.1—2020.12）

总　经　理	王德义	（2016.1—2017.7）
	康志军	（2017.7—2020.8）
	王一民	（2020.8—12）
副总经理	杨大明	（2016.1—2018.10）
	黄成义	（2016.1—10）
	康志军	（2016.1—2017.7）
	宗义山	（2016.1—2020.12）
	马铁钢	（2016.1—2020.12）
	刘国海	（2018.4—2020.10）
	李秀伟	（2018.4—2020.12）
	刘文智	（2020.5—12）
总会计师	孙庆生	（2016.1—2020.10）
	施铁权	（2020.10—12）
安全总监	宗义山	（兼任，2016.1—2018.4）

刘国海（兼任，2018.4—2020.10）①

正局级干部 杨大明（2018.10—2020.12）

副局级干部 魏志国（2020.10—12）

（二）大庆石化分公司助理、安全副总监、副总师名录（2016.1—2020.12）

总经理助理 郑守林（2016.1—3）②

冯悦暖（2016.1—3）③

柳迎斌（2016.9—2017.12）④

陈开奎（2019.2—2020.4）⑤

孟凡伟（2020.6—12）

安全副总监 吴景哲（2016.1—2018.1）⑥

刘松岩（2018.6—2020.12）

副总工程师 张欣林（2016.1—2020.4）⑦

孟昭月（2016.1—2018.6）⑧

戴建军（2016.1—2019.7）⑨

刘新国（2016.1—2018.6）⑩

朱连勋（2016.1—2019.2）⑪

孔庆发（2018.6—2019.2）⑫

陈树相（2019.2—2020.12）

李龙江（2020.6—12）

---

① 2020年10月至12月期间，由副总经理李秀伟履行安全总监职责。

② 2016年1月至3月期间，郑守林挂职大庆市高新技术产业开发区管理委员会副主任。2016年3月，任总经理办公室正处级干部。

③ 2016年3月，冯悦暖任总经理办公室正处级干部。

④ 2017年12月，柳迎斌调任辽河石化分公司党委委员、纪委书记。

⑤ 2020年4月，陈开奎改任公司法律事务与企管处（内控与风险管理处）正处级干部，同时任华科股份有限公司董事。

⑥ 2018年1月，吴景哲调广东销售分公司工作。

⑦ 2020年4月，张欣林任总经理办公室正处级干部。

⑧ 2018年6月，孟昭月任总经理办公室正处级干部。

⑨ 2019年7月，戴建军任总经理办公室正处级干部。

⑩ 2018年6月，刘新国任总经理办公室正处级干部。

⑪ 2019年2月，朱连勋调集团公司规划总院工作。

⑫ 2019年2月，孔庆发任总经理办公室正处级干部。

　　　　田春光（2020.6—12）

　　　　魏　弢（2020.6—12）

副总经济师　范晓彬（2018.6—2020.4）①

总法律顾问　孙玉彬（兼任，2016.1）

　　　　康志军（兼任，2016.1—2018.8）

　　　　马铁钢（兼任，2018.8—2020.12）

二、大庆石油化工总厂—大庆石油化工有限公司（2016.1—2020.12）

（一）大庆石油化工总厂领导名录（2016.1—2017.11）

厂　　长　王德义（2016.1—2017.7）

　　　　康志军（2017.7—11）

（二）大庆石油化工有限公司领导名录（2017.11—2020.12）

执行董事　康志军（2017.11—2020.8）

　　　　王一民（2020.8—12）

总经理　康志军（2017.11—2020.8）

　　　　王一民（2020.8—12）

监　　事　孙庆生（2017.11—2020.10）②

第三节　纪委（2016.1—2020.12）

　　截至2016年1月1日，大庆石化分公司纪委由9人组成：王东军任纪委书记，柳迎斌任纪委副书记，韩永和、孟祥山、曾志军、孟凡华、孟凡伟、秦志斌、刘传明任纪委委员。

　　2016年2月，股份公司决定：王东军退休。

　　2016年5月，大庆石化分公司党委决定：陈开奎任公司纪委委员；免去曾志军的公司纪委委员职务。

　　2016年7月，经研究并商得中共黑龙江省委同意，集团公司党组决定：

---

① 2020年4月，范晓彬任总经理办公室正处级干部。

② 2020年10月至12月期间，大庆石油化工有限公司监事空缺。

魏志国任大庆石化分公司纪委书记。

2017年4月，大庆石化分公司党委决定：韩永和任公司纪委副书记；免去柳迎斌的公司纪委副书记职务。

2018年11月，大庆石化分公司党委决定：赵立新任公司纪委委员；免去孟凡华的公司纪委委员职务。

2019年2月，大庆石化分公司党委决定：盛开任公司纪委委员；崔积峰任公司纪委委员；免去孟祥山的公司纪委委员职务；免去陈开奎的公司纪委委员职务。

2020年4月，大庆石化分公司党委决定：王威任公司纪委委员；免去崔积峰的公司纪委委员职务。

2020年10月，经研究并商得中共黑龙江省委同意，集团公司党组决定：免去魏志国的大庆石化分公司纪委书记职务。

2020年11月，大庆石化分公司党委决定：雷雪峰任公司纪委委员；免去孟凡伟的公司纪委委员职务。

2020年12月，经研究并商得中共黑龙江省委同意，集团公司党组决定：周慧泽任大庆石化分公司纪委书记。

截至2020年12月31日，大庆石化分公司纪委由8人组成：周慧泽任纪委书记，韩永和任纪委副书记，秦志斌、刘传明、赵立新、盛开、王威、雷雪峰任纪委委员。

书　　记	王东军（2016.1—2）①
	魏志国（2016.7—2020.10）
	周慧泽（2020.12）
副　书　记	柳迎斌（监察处处长，2016.1—2017.4）
	韩永和（监察处处长，2017.4—2019.11；纪委办公室主任，2019.11—2020.12）
委　　员	王东军（2016.1—2）
	柳迎斌（监察处处长，2016.1—2017.4；公司总经理助理，2017.4—12）

---

① 2016年2月至7月、2020年10月至12月期间，大庆石化分公司纪委书记空缺。

韩永和（纪检监察中心主任，2016.1—2017.4；监察处处长，2017.4—2019.11；纪委办公室主任，2019.11—2020.12）

孟祥山（法律事务与企管处处长，2016.1—2019.2）

曾志军（党委组织部部长，2016.1—5）

孟凡华（副处级纪检员，2016.1—2018.11）

孟凡伟（党委办公室主任，2016.1—2020.11）

秦志斌（党委宣传部部长，2016.1—2020.12）

刘传明（审计处处长，2016.1—2020.12）

陈开奎（党委组织部部长，2016.5—2019.2）

魏志国（2016.7—2020.10）

赵立新（副处级纪检员，2018.11—2019.11；纪委办公室副主任，2019.11—2020.12）

盛　开（党委组织部部长，2019.2—2020.12）

崔积峰（法律事务与企管处处长，2019.2—2020.4）

王　威（生于1972年，法律事务与企管处处长，2020.4—12）

雷雪峰（党委办公室主任，2020.11—12）

周慧泽（2020.12）

第四节　工会（2016.1—2020.12）

截至2016年1月1日，大庆石化分公司工会由11人组成：孙玉彬任工会主席，张义斌、马振祥任工会副主席，王利君、牛晓光、吴永焕、沙国典、李建伟、孙跃忠、李秀峰、吕洪国任工会委员。

截至2020年12月31日，大庆石化分公司工会由11人组成：孙玉彬任工会主席，张义斌、张满会任工会副主席，李建伟、孙跃忠、李秀峰、周文来、徐辉、王长征、张明玉、柳文杰任工会委员。

主　　席　孙玉彬（2016.1—2020.12）

副 主 席　张义斌（2016.1—2020.12）

马振祥（2016.1—2019.2）

张满会（2019.2—2020.12）

委 员　孙玉彬（2016.1—2020.12）

张义斌（工会副主席，2016.1—2020.12）

马振祥（工会副主席，2016.1—2019.2）

王利君（矿区服务事业部工会主席，2016.1—2018.6）

牛晓光（女，文体活动中心主任，2016.1—2020.11）

吴永焕（朝鲜族，炼油厂工会主席，2016.1—2020.11）

沙国典（化建公司工会主席，2016.1—3）

李建伟（工会生产管理高级主管，2016.1—2020.12）

孙跃忠（工会生活管理高级主管，2016.1—2020.12）

李秀峰（工会组织民管高级主管，2016.1—2020.12）

吕洪国（工会文体管理高级主管，2016.1—2019.6）

张满会（工会副主席，2019.2—2020.12）

周文来（工会综合管理高级主管，2020.7—12）

徐　辉（女，文体活动中心党群管理组主任，2020.7—
12）

王长征（文体活动中心副主任，2020.7—12）

张明玉（文体活动中心办公室主任，2020.7—12）

柳文杰（化工一厂工会主席，2020.7—11；党委宣传
部副部长，2020.11—12）

第二章　机关部门

截至 2015 年 12 月 31 日，大庆石化分公司机关设职能处室 14 个：总经理办公室（党委办公室）、人事处（党委组织部）、企业文化处（党委宣传部、团委、机关党委）、纪委（监察处）、财务处、计划处、生产运行处、科技与规划发展处、机动设备处、质量安全环保处、法律事务与企管处（内控与风险管理处）、审计处、工会、维护稳定工作办公室（武装部）。设机关附属单位 8 个：行政事务中心、档案中心、社会保险中心、技能鉴定中心、结算中心、调度中心、审计中心、纪检监察中心。设直属机构 5 个：工程管理部、工程造价部、信息管理部、工程质量监督站、工程项目管理中心（乙烯工程指挥部）。机关职能部门有管理人员 217 人，附属单位有管理人员 158 人，直属机构有工作人员 204 人。机关设机关党委 1 个，下属党总支 1 个，党支部 21 个，共有党员 526 人。机关办公地点为大庆市龙凤区兴化大街 2 号。

2016 年 3 月，大庆石化分公司决定，质量安全环保处更名为安全环保处。

2016 年 3 月，大庆石化分公司决定，将挂靠消防支队的公司安全监督站更名为安全环保监督站，主要负责公司安全工作的监督检查和环保工作的监督检查。

2016 年 8 月 30 日，中共大庆石化分公司机关委员会第三次代表大会召开，84 名党员代表参加会议。会议选举产生中共大庆石化分公司机关第三届委员会，由孔庆发、李宜辉、张义斌、陈开奎、孟凡伟、姜兴财、秦志斌等 7 人（以姓氏笔画为序）组成，秦志斌为机关党委书记。选举产生中共大庆石化分公司机关纪律检查委员会，由王晓枫、李想、罗亚凤、孟凡华、秦志斌等 5 人（以姓氏笔画为序）组成，秦志斌为机关纪委书记。截至 8 月底，机关党委下属党总支 1 个，党支部 22 个（包括 1 个临时党支部），共有党员 527 人。

2016 年 9 月，大庆石化分公司决定，进一步明确招标、科学技术协会和安全环保监督等职能业务的管理单位。公司招标中心由挂靠物资供应中心改为设在物资供应中心，负责招标业务办理的实施工作以及文件备案和资料归档等日常工作，是招标业务的实施单位；法律事务与企管处负责招标业务的管理和审核工作，是公司招标工作的归口管理部门。公司科学技术协会的常设机构为秘书办公室，秘书办公室由挂靠培训中心改为设在培训中心，负责公司学会学术管理、科普管理和《炼油与化工》编辑出版等工作。公司安全环保监督站由挂靠消防支队改为设在消防支队，负责公司安全环保监督管理等工作。

2018年6月，大庆石化分公司决定，调整机关党委等职能分工，公司机关党委和机关纪委的职能业务、人员编制由企业文化处（党委宣传部、团委、机关党委）划归人事处（党委组织部）。人事处（党委组织部）更名为人事处（党委组织部、机关党委），企业文化处（党委宣传部、团委、机关党委）更名为企业文化处（党委宣传部、团委）。机关工会和机关团委的职能业务、人员编制保留在企业文化处（党委宣传部、团委）。

2018年6月，大庆石化分公司决定，对信息化管理职能进行优化调整，整合科技与规划发展处和信息管理部的业务职能，实行一体化管理。信息管理部的一般工作人员划转到信息技术中心，科技与规划发展处可根据工作需要从划转的人员中借调3人从事信息化管理工作。

2018年8月，经大庆石化分公司机关党委同意，人事处（党委组织部）党支部更名为人事处（党委组织部、机关党委）党支部，企业文化处（党委宣传部、团委、机关党委）党支部更名为企业文化处（党委宣传部、团委）党支部。

2018年11月，大庆石化分公司党委决定，撤销中共大庆石化分公司工程项目管理中心总支部委员会；撤销中共大庆石化分公司驻京联络处总支部委员会；原党总支党员组织关系一并按工作业务划分转入中共大庆石化分公司机关委员会。

2018年12月，大庆石化分公司决定，组建炼油工程指挥部，撤销乙烯工程指挥部。炼油工程指挥部为临时性机构，设在工程管理部，与工程项目管理中心合署办公，人员统一调配。

2019年2月，大庆石化分公司决定，将设在消防支队的安全环保监督站改建为新的安全环保监督站，改列公司正处级直属机构，负责公司的安全环保监督等工作。

2019 年 2 月，大庆石化分公司决定，成立矿区管理部，列公司直属机构，机构规格为正处级。

2019 年 7 月，大庆石化分公司决定，安全环保监督站和工程质量监督站整合为安全环保工程监督站，列公司正处级直属机构，负责公司日常生产、装置检维修、大检修的安全环保监督考核以及建设工程项目的工程质量、安全环保监督考核。

2019 年 7 月，大庆石化分公司决定，将公司机关工会职能由企业文化处（党委宣传部、团委）划转到公司工会。

2019 年 11 月，大庆石化分公司党委决定，纪委（监察处）更名为纪委办公室，纪检监察中心更名为纪检中心。

2020 年 10 月，经大庆石化分公司机关党委同意，总经理办公室（党委办公室）党支部改建为总经理办公室（党委办公室）党总支；财务处党支部改建为财务处党总支；工会党支部改建为工会党总支；炼油工程指挥部党支部改建为炼油工程指挥部党总支。

2020 年 11 月，大庆石化分公司决定，技能鉴定中心更名为技能人才评价中心，对外名称为中国石油大庆石化技能人才评价中心。

截至 2020 年 12 月 31 日，大庆石化分公司设机关职能处室 14 个：总经理办公室（党委办公室）、人事处（党委组织部、机关党委）、企业文化处（党委宣传部、团委）、纪委办公室、财务处、计划处、生产运行处、科技与规划发展处、机动设备处、安全环保处、法律事务与企管处（内控与风险管理处）、审计处、工会、维护稳定工作办公室（武装部）。设机关附属单位 8 个：行政事务中心、档案中心、社会保险中心、技能人才评价中心、结算中心、调度中心、审计中心、纪检中心。设直属机构 4 个：工程管理部、工程造价部、矿区管理部、安全环保工程监督站。临时性机构 1 个：炼油工程指挥部。公司机关职能部门有管理人员 178 人，附属机构有管理人员 97 人，直属机构有工作人员 72 人。公司机关党委下属党总支 4 个，党支部 24 个，共有党员 640 人。

第一节 总经理办公室（党委办公室）
（2016.1—2020.12）

大庆石化分公司总经理办公室（党委办公室）是2007年6月由大庆石化分公司总经理办公室（党委办公室）与大庆石油化工总厂办公室（党委办公室）重组整合而成。列大庆石化分公司正处级机关职能部门。总经理办公室（党委办公室）主要负责党务、政务和日常事务性服务，重要事项催办督办，调查研究和信息管理，重要文件、会议材料的起草，文件收发，往来接待，档案管理等工作。负责对基层单位办公室的工作指导。

截至2015年12月31日，总经理办公室（党委办公室）内设岗位5个：综合管理、秘书、文书、接待管理、外事管理。设附属单位2个：行政事务中心、档案中心。定员130人，实际在册员工136人。总经理办公室（党委办公室）设1个党支部，隶属公司机关党委，共有党员47人，支部委员会由6人组成。

总经理办公室（党委办公室）设主任1人，副主任2人。行政事务中心和档案中心各设主任1人。孟凡伟任总经理办公室（党委办公室）主任，负责全面工作。雷雪峰任总经理办公室（党委办公室）副主任，负责接待、党委办公室基础工作。张清军任总经理办公室（党委办公室）副主任，负责文字材料、信息督办、保密外事、调研工作。赵德龙任行政事务中心主任，负责行政事务中心全面工作。张永林任档案中心主任，负责档案中心全面工作。

总经理办公室主要职责是：

（一）负责公司领导公务活动、行政重要会议、重大活动、机关生产值班人员的安排，负责公司决议、决定及指示执行情况的督办。

（二）负责公司行政综合材料、重要会议纪要的撰写及上报审核。

（三）负责公司综合管理信息的收集、编发和上报，负责公司内、外网站的管理。

（四）负责公司行政文电处理、公文核稿、文件制发和印信管理。

（五）负责公司年鉴、大事记的编纂及公司情报档案管理。

（六）负责公司与上级机关、地方政府和相关单位的有关工作联络。

（七）负责公司机关小车队管理、机关办公楼及直属办公场所的安全、保卫和机关事务管理。

（八）负责公司通信费、办公家具费、招待费等管理。

（九）负责公司计划生育、爱国卫生、红十字会、"双拥"、民政、街道和人大代表换届选举等工作。

（十）承办领导交办的其他工作。

党委办公室主要职责是：

（一）负责公司党委领导日常办公和公务活动的安排工作，负责公司党委综合性重大活动的组织、协调工作。

（二）负责组织安排公司党委会、党政班子联席会、党委书记例会、党群部门例会等会议的会务工作，并做好记录，撰写印发会议纪要。

（三）负责党委决议、决定以及有关会议确定事项及工作部署和日常工作落实情况的督察督办工作。

（四）负责公司党委工作计划、总结、报告等重要文件和公司党委领导讲话以及其他综合性文字材料起草、印发工作。

（五）负责审核公司党群系统和党委各部门以公司党委名义印发的文字材料。

（六）负责公司党委对外联络、协调、接待工作，负责突发事件信息管理和对外发布工作。

（七）负责公司党委重大情况的调查研究工作，负责公司党委综合信息的收集、整理、反馈和上报，编办相关信息通报，为领导提供信息参考。

（八）协助党委宣传部做好党委中心组学习的组织工作。

（九）负责外来文件和内部各单位呈报文件的收发、登记、呈批和归档工作。

（十）负责上行文、平行文、下行文的审核、制发、登记和归档工作。

（十一）负责机要文件的登记、呈批、呈办、传阅和管理工作。

（十二）负责公司党委的印章、介绍信、主要领导职章的保管和使用，负责公司党委系统的印章制发、启用、存档以及销毁工作。

（十三）负责做好保密工作。

2016年3月，大庆石化分公司决定：聘任郑守林为总经理办公室正处级干部；聘任冯悦暖为总经理办公室正处级干部。正处级干部付英杰退休。

2016年5月，大庆石化分公司决定：解聘雷雪峰的总经理办公室副主任职务。大庆石化分公司党委决定：免去雷雪峰的党委办公室副主任职务。接待、党委办公室基础工作由主任孟凡伟负责。

2016年6月，经大庆石化分公司机关党委同意，增补刘力为总经理办公室（党委办公室）党支部委员，并对支部委员会成员分工进行调整：孟凡伟为党支部书记，张永林为党支部副书记，刘雷鸣为组织委员，张清军为宣传委员，赵德龙为纪检委员，刘力为群工委员，李箐泉为青年委员，调整后总经理办公室（党委办公室）支部委员会由7人组成。

2017年5月，郑守林调至大庆市开发区管委会办公室工作。

2017年8月，大庆石化分公司决定：聘任柳文杰为总经理办公室副主任。大庆石化分公司党委决定：柳文杰任党委办公室副主任。

随后，总经理办公室（党委办公室）对领导班子成员分工进行调整：主任孟凡伟负责全面工作。副主任柳文杰负责党委办公室日常工作沟通协调及基础工作组织落实。副主任张清军负责接待事务、公司行政文字材料、调研报告撰写、制度修订组织工作。行政事务中心主任赵德龙负责行政事务中心全面工作。档案中心主任张永林负责档案中心全面工作。

2017年12月，经大庆石化分公司机关党委同意，增补柳文杰为总经理办公室（党委办公室）党支部委员，并对支部委员会成员分工进行调整：孟凡伟为党支部书记，张永林为党支部副书记，柳文杰为副书记，张清军为宣传委员，赵德龙为纪检委员，刘雷鸣为组织委员，刘力为群工委员。调整后总经理办公室（党委办公室）支部委员会由7人组成。

2018年6月，大庆石化分公司决定：聘任孟昭月为公司总经理办公室正处级干部；聘任刘新国为公司总经理办公室正处级干部。

2018年11月，大庆石化分公司决定：聘任赵德龙为公司总经理办公室副主任，负责行政事务中心全面工作；聘任张永林为公司总经理办公室副主任，负责档案中心全面工作。大庆石化分公司党委决定：赵德龙任公司党委办公室副主任；张永林任公司党委办公室副主任。

2018 年 12 月，经大庆石化分公司机关党委同意，对总经理办公室（党委组织部）党支部委员会成员分工进行调整：孟凡伟为党支部书记，张永林、柳文杰为党支部副书记，刘雷鸣为组织委员，张清军为宣传委员，赵德龙为纪检委员，刘力为群工委员。调整后总经理办公室（党委办公室）党支部委员会由 7 人组成。

2019 年 7 月，大庆石化分公司决定：聘任刘明新为公司总经理办公室副主任，负责文字材料工作；解聘柳文杰的公司总经理办公室副主任职务；解聘张永林的公司总经理办公室副主任、档案中心主任职务。大庆石化分公司党委决定：刘明新任公司党委办公室副主任；免去柳文杰的公司党委办公室副主任职务；免去张永林的公司党委办公室副主任职务。

2019 年 9 月，经大庆石化分公司机关党委同意，总经理办公室（党委办公室）党支部增补刘明新为支部委员。对支部委员会成员分工进行调整：孟凡伟为党支部书记，赵德龙为支部副书记，刘雷鸣为组织委员，李箐泉为宣传委员，张清军为纪检委员，刘力为群工委员，刘明新为保密委员。

2019 年 9 月，正处级干部冯悦暖退休。

2019 年 12 月，大庆石化分公司决定：李箐泉任公司总经理办公室副主任，负责接待工作；吴长金任公司总经理办公室副主任、行政事务中心主任，负责行政事务中心全面工作；张清军任公司档案中心主任，负责档案中心全面工作；免去赵德龙的公司总经理办公室副主任、行政事务中心主任职务。大庆石化分公司党委决定：李箐泉任公司党委办公室副主任；吴长金任公司党委办公室副主任；免去赵德龙的公司党委办公室副主任职务。

2020 年 1 月，正处级干部孟昭月退休。

2020 年 10 月，经大庆石化分公司机关党委同意，总经理办公室（党委办公室）党支部改建为总经理办公室（党委办公室）党总支。

2020 年 11 月，大庆石化分公司决定：雷雪峰任公司总经理办公室主任，免去孟凡伟兼任的公司总经理办公室主任职务。大庆石化分公司党委决定：雷雪峰任公司党委办公室主任；免去孟凡伟兼任的公司党委办公室主任职务。经大庆石化分公司机关党委同意：雷雪峰任总经理办公室党支部委员、党支部书记；免去孟凡伟的总经理办公室党支部书记、党支部委员职务。

2020 年 12 月，经大庆石化分公司机关党委同意，总经理办公室（党委办公室）党总支委员会由 5 人组成，雷雪峰为党总支书记，张清军为党总支组织委员，李箐泉为党总支纪检委员，刘明新为党总支宣传委员，吴长金为党总支群工委员。

2020 年 12 月，经大庆石化分公司机关党委同意，总经理办公室（党委办公室）党总支下设 2 个党支部并选举党支部委员。第一支部委员会由 5 人组成，雷雪峰为党支部书记，刘雷鸣为组织委员，孙熙中为宣传委员，董睿为纪检委员，刘力为群工委员；第二支部委员会由 5 人组成，吴长金为党支部书记，程莹为组织委员，李铁锋为宣传委员，金磊为纪检委员，周峻课为群工委员。

5 年来，总经理办公室（党委办公室）深入贯彻党的十八大、十九大精神，以习近平新时代中国特色社会主义思想为指导，按照集团公司办公室"1234"总体工作思路，始终把政治建设放在首位，切实加强理论武装，不断提高工作效率，大幅提升服务质量，紧紧围绕中心目标任务，扎实开展"不忘初心，牢记使命"主题教育，坚持传承与创新并举，坚持服务与规范并重，主动思考精心谋划工作，主动作为融入生产经营，决策支持水平全面提升、运转中枢作用持续巩固、综合协调职能有效发挥、服务保障能力切实增强、窗口服务形象明显改善，圆满完成各项工作任务。

截至 2020 年 12 月 31 日，总经理办公室（党委办公室）内设岗位 5 个：综合管理、秘书、文书、接待管理、外事管理。设附属单位 2 个：行政事务中心、档案中心。定员 115 人，实际在册员工 121 人。总经理办公室（党委办公室）设党总支 1 个，隶属公司机关党委，党总支下属党支部 2 个，共有党员 57 人。党总支委员会由 5 人组成，每个支部委员会由 5 人组成。

一、总经理办公室（党委办公室）领导名录（2016.1—2020.12）

主　　任　　孟凡伟（2016.1—2020.6；兼任，2020.6—11）[1]

　　　　　　雷雪峰（2020.11—12）

副 主 任　　雷雪峰（2016.1—5）[2]

---

[1]　2020 年 6 月，孟凡伟任公司总经理助理。2020 年 6 月至 11 月期间，孟凡伟兼任总经理办公室（党委办公室）主任。

[2]　2016 年 5 月，雷雪峰调任离退休管理中心主任。

张清军（2016.1—2020.12）

柳文杰（2017.8—2019.7）①

赵德龙（2018.11—2019.12）②

张永林（2018.11—2019.7）③

刘明新（2019.7—2020.12）

李箐泉（2019.12—2020.12）

吴长金（2019.12—2020.12）

正处级干部　付英杰（2016.1—3）④

郑守林（2016.3—2017.5）⑤

冯悦暖（2016.3—2019.9）⑥

孟昭月（2018.6—2020.1）⑦

刘新国（2018.6—2020.12）

戴建军（2019.7—2020.12）⑧

曾志军（2020.4—12）⑨

徐永宁（2020.4—12）⑩

孔庆发（2019.2—2020.12）⑪

张欣林（2020.4—12）⑫

范晓彬（2020.4—12）⑬

---

① 2019年7月，柳文杰调任化工一厂党委副书记、纪委书记、工会主席。

② 2019年12月，赵德龙调任人事处（党委组织部、机关党委）副处长。

③ 2019年7月，张永林调任维护稳定工作办公室（武装部）副主任。

④ 2016年3月，正处级干部付英杰退休。

⑤ 2016年3月至2017年5月期间，郑守林挂任大庆市高新技术产业开发区管理委员会副主任。2017年5月，郑守林调大庆市开发区管委会办公室工作。

⑥ 2019年9月，正处级干部冯悦暖退休。

⑦ 2020年1月，正处级干部孟昭月退休。

⑧ 2019年7月，戴建军由矿区管理部退出领导岗位后，改任总经理办公室正处级干部。

⑨ 2020年4月，曾志军由大庆华科股份有限公司退出领导岗位后，改任总经理办公室正处级干部。

⑩ 2020年4月，徐永宁由大庆华科股份有限公司退出领导岗位后，改任总经理办公室正处级干部。

⑪ 2019年2月，孔庆发由公司副总工程师退出领导岗位后，改任总经理办公室正处级干部。

⑫ 2020年4月，张欣林由公司副总工程师退出领导岗位后，改任总经理办公室正处级干部。

⑬ 2020年4月，范晓彬由公司副总经济师退出领导岗位后，改任总经理办公室正处级干部。

副处级干部 李 渤（2019.7—2020.12）①

二、总经理办公室（党委办公室）党支部、总经理办公室（党委办公
室）党总支（2016.1—2020.12）

（一）总经理办公室（党委办公室）党支部领导名录（2016.1—2020.12）

书　　记 孟凡伟（2016.1—2020.11）

雷雪峰（2020.11—12）

副 书 记 雷雪峰（2016.1—5）

张永林（2016.6—2019.7）

柳文杰（2017.12—2019.7）

赵德龙（2019.9—12）

委　　员 孟凡伟（2016.1—2020.12）

雷雪峰（2016.1—5；2020.11—12）

张永林（组织，2016.1—6）

柳文杰（2017.12—2019.7）

赵德龙（纪检，2016.1—2019.9）

张清军（宣传，2016.1—2019.9；纪检，2019.9—
2020.12）

刘明新（保密，2019.9—2020.12）

李箐泉（青年，高级主管，2016.1—2017.12；宣传，
高级主管，2019.9—12；宣传，2019.12—
2020.12）

刘雷鸣（群工，高级主管，2016.1—6；组织，高级
主管，2016.6—2020.12）

刘 力（群工，高级主管，2016.6—2020.12）

（二）总经理办公室（党委办公室）党总支领导名录（2020.12）②

书　　记 雷雪峰（2020.12）

委　　员 雷雪峰（2020.12）

---

① 2019年7月，李渤由客运中心退出领导岗位后，改任公司总经理办公室副处级干部。

② 2020年10月，总经理办公室（党委办公室）党支部改建为党总支。2020年12月，经公司机关党委同
意，成立党总支委员会。

张清军（组织，2020.12）

李箐泉（纪检，2020.12）

刘明新（宣传，2020.12）

吴长金（群工，2020.12）

总经理办公室（党委办公室）党总支所属党支部：

1. 总经理办公室（党委办公室）党总支下设第一支部名录（2020.12）

   书　　记　雷雪峰（2020.12）

   委　　员　雷雪峰（2020.12）

           刘雷鸣（组织，高级主管，2020.12）

           孙熙中（宣传，高级主管，2020.12）

           董　睿（女，纪检，主管，2020.12）

           刘　力（群工，高级主管，2020.12）

2. 总经理办公室（党委办公室）党总支下设第二支部名录（2020.12）

   书　　记　吴长金（2020.12）

   委　　员　吴长金（2020.12）

           程　莹（女，组织，高级主管，2020.12）

           李铁锋（宣传，工人，2020.12）

           金　磊（女，纪检，助理主办，2020.12）

           周峻课（群工，工人，2020.12）

三、副处级以上附属单位（2016.1—2020.12）

（一）行政事务中心（2016.1—2020.12）

行政事务中心为总经理办公室（党委办公室）附属单位，机构规格副处级。主要负责公司机关的后勤服务保障、办公楼日常运行维护、会议管理、信件报刊收发、办公区域保洁、球馆管理以及公司饮用水、办公家具、办公资料邮寄、通讯和通勤等费用管理等工作。截至 2020 年 12 月 31 日，人员编制 84 人，共有党员 12 人。党组织关系隶属总经理办公室党总支。

   主　　任　赵德龙（2016.1—2019.12）

           吴长金（2019.12—2020.12）

（二）档案中心（2016.1—2020.12）

档案中心为总经理办公室（党委办公室）附属单位，机构规格副处级。

主要负责公司档案工作的统筹规划、组织协调、监督指导、历史传承以及公司各门类档案的收集、整理、鉴定、保管和提供利用等工作。截至 2020 年 12 月 31 日，人员编制 17 人，共有党员 11 人。党组织关系隶属总经理办公室党总支。

主　　任　张永林（2016.1—2019.7）[①]

　　　　　张清军（2019.12—2020.12）

第二节　人事处（党委组织部）—人事处（党委组织部、机关党委）（2016.1—2020.12）

大庆石化分公司人事处（党委组织部）是 2007 年 6 月，由大庆石化分公司人事处（党委组织部）与大庆石油化工总厂人力资源部（党委组织部）重组整合而成。列大庆石化分公司正处级机关职能部门。

截至 2015 年 12 月 31 日，人事处（党委组织部）设组织建设、廉洁教育、班子建设、劳动组织、技术干部、教育培训、薪酬管理、劳务用工、档案管理、统计与综合等岗位以及社会保险中心和技能鉴定中心 2 个附属单位。定员 32 人，实际在册员工 30 人。人事处（党委组织部）设 1 个党支部，隶属公司机关党委，共有党员 31 人，支部委员会由 5 人组成。

人事处（党委组织部）设处长（部长）1 人，副处长（副部长）2 人。社会保险中心和技能鉴定中心各设主任 1 人。曾志军任处长（部长），负责全面工作。盛开任副处长（副部长），负责劳动组织、劳务用工和人事档案等工作。陈龙任副处长（副部长），借调集团公司海外项目。刘春华任社会保险中心主任，负责社会保险中心全面工作。李想任技能鉴定中心主任，负责技能鉴定中心全面工作，同时兼管培训工作。

人事处（党委组织部）主要职责是：

（一）负责公司党委组织工作的总体规划和年度工作计划的编制和实施，负责党组织建设、党员管理与发展工作，负责党费、党组织活动经费管理工

[①]　2019 年 7 月至 12 月期间，档案中心主任空缺，由总经理办公室副主任张清军主持工作。

作，负责组织党内评优工作。

（二）负责公司人力资源开发与管理规划的制定和实施。

（三）负责公司处级干部的选拔、培养、考核、任免及日常管理工作，负责领导班子建设、民主生活会、后备干部管理等工作。

（四）负责公司人才队伍建设，负责专业技术职务资格和技师资格的评审与聘任等工作。

（五）负责公司培训规划、计划的编制和组织实施工作，负责员工培训管理工作，负责培训费的管理工作，负责技能大赛管理工作。

（六）负责公司业务重组、组织机构设置、职责划分、岗位设置、定员定额等管理工作，负责劳动工时、劳动作业形式的管理工作。

（七）负责劳动用工计划编制、人员招聘、人员配置、劳务用工及用工总量管理等工作。

（八）负责劳动合同、劳动纪律、劳动争议、劳动监察、假期管理等员工管理工作。

（九）负责公司薪酬总额管理与控制工作，负责工资与津补贴管理工作；负责业绩考核工作。

（十）负责组织人事统计、人事档案、人力资源系统（ERP）等管理工作。

（十一）负责社会保险和技能鉴定的领导工作。

（十二）负责本部门工作中的内控及 QHSE 工作。

2016 年 5 月，大庆石化分公司决定：聘任陈开奎为人事处处长，曲少志为人事处副处长；解聘曾志军的人事处处长职务。大庆石化分公司党委决定：陈开奎任党委组织部部长，曲少志任党委组织部副部长；免去曾志军的党委组织部部长职务。

随后，人事处（党委组织部）对领导分工进行调整：处长（部长）陈开奎负责全面工作。副处长（副部长）盛开负责劳动组织、薪酬管理、档案管理和人事统计等工作。副处长（副部长）曲少志负责组织建设、技术干部、教育培训、劳务用工和综合管理等工作。社会保险中心主任刘春华负责社会保险中心全面工作。技能鉴定中心主任李想负责技能鉴定中心全面工作。副处长（副部长）陈龙借调集团公司海外项目。

2016年6月，经大庆石化分公司机关党委同意，增补陈开奎为人事处（党委组织部）党支部委员，并对支部委员会成员分工进行调整：陈开奎为党支部书记，盛开为组织委员，曲少志为宣传委员，李想为纪检委员，刘春华为群工委员，调整后人事处（党委组织部）党支部委员会由5人组成。

2016年10月，副处长陈龙调中国石油勘探开发公司拉美公司工作。

2017年6月，大庆石化分公司决定，将廉洁教育管理职责从人事处（党委组织部）划转纪委（监察处）。

2018年6月，大庆石化分公司决定，机关党委和机关纪委的职能业务、人员编制由企业文化处（党委宣传部、团委、机关党委）划转人事处（党委组织部），人事处（党委组织部）更名为人事处（党委组织部、机关党委）。

机关党委主要职责是：

（一）宣传贯彻党的路线、方针和政策，认真贯彻执行公司党委各项决议，围绕企业中心工作，充分发挥所属党支部（党总支）的战斗堡垒作用和党员的先锋模范作用，努力完成所担负的各项工作任务。

（二）负责严格执行公司党委各项规章制度，按照公司党委年度工作计划并结合机关工作实际制定工作方案，并负责对所属党支部（党总支）贯彻落实情况进行督促、检查和考核。

（三）负责指导机关各党支部（党总支）依法履行议事、协调、服务和监督等主要职能，促进党支部（党总支）建设工作。

（四）负责领导公司机关纪委开展工作，加强对党支部（党总支）的监督，严格党的组织生活，维护和执行党的纪律，促进党风廉政建设工作的开展。

（五）负责指导机关各党支部（党总支）加强对党员的教育、管理和监督，加强先进性建设，督促党员履行义务，保障党员权利不受侵犯。

（六）负责公司机关宣传及思想政治工作，注重引导机关员工认清发展形势，明确企业发展目标，增强责任感、使命感，充分调动工作积极性、主动性和创造性，提高机关工作人员服务意识及业务技能，适应企业发展需要。

（七）负责根据公司发展党员工作计划审批新党员及预备党员转正，指导机关各党支部（党总支）做好入党积极分子、预备党员的培养考核工作。

（八）负责组织机关各党支部（党总支）换届改选工作，依照相关规定对所属党支部（党总支）委员会委员的增补进行审批。

（九）负责机关党费、党组织活动经费使用、管理和审批工作。

（十）负责公司机关综合类荣誉的评比和表彰工作。

（十一）负责领导机关工会、共青团等群众组织依照各自的章程围绕机关工作实际开展工作。

2018年6月，大庆石化分公司党委决定：盛开任机关党委委员、党委书记、纪委书记；陈树相任机关党委委员；孟照海任机关党委委员。

2018年8月，经大庆石化分公司机关党委同意，人事处（党委组织部）党支部更名为人事处（党委组织部、机关党委）党支部。

2018年11月，大庆石化分公司决定：聘任刘春华、李想为人事处副处长。大庆石化分公司党委决定：刘春华、李想任党委组织部副部长；免去陈开奎的公司机关党委委员职务。

随后，人事处（党委组织部、机关党委）对领导分工进行调整：处长（部长）陈开奎负责班子建设、综合管理工作。副处长（副部长）盛开负责机关党委、劳动组织、薪酬管理和档案管理等工作。副处长（副部长）曲少志负责组织建设、廉洁教育、技术干部、教育培训和劳务用工等工作。副处长（副部长）刘春华负责社会保险和医疗保险等工作。副处长（副部长）李想负责技能鉴定工作。

2019年2月，大庆石化分公司决定：聘任盛开为人事处处长；解聘陈开奎的人事处处长职务；聘任邹鹏飞为人事处副处长、技能鉴定中心主任；解聘李想的技能鉴定中心主任职务。大庆石化分公司党委决定：盛开任党委组织部部长；邹鹏飞任党委组织部副部长；李想任机关党委委员、党委书记、纪委书记；缪春祥任机关党委委员；免去陈开奎的党委组织部部长职务；免去陈树相的机关党委委员职务；免去盛开的机关党委书记、纪委书记、党委委员职务。

随后，人事处（党委组织部、机关党委）对部分领导分工进行调整：处长（部长）盛开负责组织建设、劳动组织、薪酬管理和综合管理等工作。副处长（副部长）李想负责机关党委、教育培训、技术干部和档案管理等工作。副处长（副部长）刘春华负责社会保险和医疗保险等工作。副处长（副部长）邹鹏飞负责班子建设、劳务用工和技能鉴定等工作。

2019年3月，经大庆石化分公司机关党委同意：盛开任人事处（党委组织部、机关党委）党支部委员、党支部书记职务；免去陈开奎的人事处（党委组织部、机关党委）党支部书记、党支部委员职务。

2019年4月，经大庆石化分公司机关党委同意，增补邹鹏飞为人事处（党委组织部、机关党委）党支部委员，并对支部委员会成员分工进行调整：盛开为党支部书记，李想为组织委员，曲少志为宣传委员，邹鹏飞为纪检委员，刘春华为群工委员，调整后支部委员会由5人组成。

2019年12月，大庆石化分公司决定：赵德龙任人事处副处长；免去曲少志的人事处副处长职务。大庆石化分公司党委决定：赵德龙任党委组织部副部长；免去曲少志的党委组织部副部长职务。

随后，人事处（党委组织部、机关党委）对领导分工进行调整：处长（部长）盛开负责组织建设、劳动组织、薪酬管理和综合管理等工作。副处长（副部长）李想负责机关党委、技术干部和档案管理等工作。副处长（副部长）刘春华负责社会保险和医疗保险等工作。副处长（副部长）邹鹏飞负责班子建设、劳务用工和技能鉴定等工作。副处长（副部长）赵德龙负责教育培训等工作。

2020年6月，大庆石化分公司决定：孙强任人事处副处长、社会保险中心主任；免去刘春华的人事处副处长、社会保险中心主任职务，改任人事处副处级干部。大庆石化分公司党委决定：孙强任党委组织部副部长；免去刘春华的党委组织部副部长职务。

随后，人事处（党委组织部、机关党委）对领导分工进行调整：处长（部长）盛开负责组织建设、薪酬管理和综合管理等工作。副处长（副部长）李想负责机关党委、技术干部和档案管理等工作。副处长（副部长）邹鹏飞负责干部管理、劳务用工和技能鉴定等工作。副处长（副部长）赵德龙负责教育培训等工作。副处长（副部长）孙强负责劳动组织、社会保险和医疗保险等工作。

2020年7月，经大庆石化分公司机关党委同意，人事处（党委组织部、机关党委）党支部完成增补支委工作，并对支部委员会成员分工进行调整：盛开为党支部书记，李想为组织委员，赵德龙为宣传委员，邹鹏飞为纪检委员，孙强为群工委员。

2020 年 11 月，大庆石化分公司党委决定：雷雪峰任机关党委委员；王伟国任机关党委委员；免去缪春祥的机关党委委员职务；免去孟凡伟的机关党委委员职务。

2020 年 11 月，大庆石化分公司决定，技能鉴定中心更名为技能人才评价中心，对外名称为中国石油大庆石化技能人才评价中心。其业务由人事处领导，具体办事机构仍设在培训中心。

2020 年 12 月，大庆石化分公司决定：免去赵德龙的人事处副处长职务。大庆石化分公司党委决定：免去赵德龙的党委组织部副部长职务。

随后，人事处（党委组织部、机关党委）对领导分工进行调整：处长（部长）盛开负责组织建设、薪酬管理、教育培训和综合管理等工作。副处长（副部长）李想负责机关党委、技术干部和档案管理等工作。副处长（副部长）邹鹏飞负责干部管理、劳务用工和技能鉴定等工作。副处长（副部长）孙强负责劳动组织、社会保险和医疗保险等工作。

5 年来，人事处持续深化领导班子和干部队伍建设，干部履职能力和班子整体功能进一步增强。培训各级领导干部 9865 人次，二级领导班子履职考核优秀率比"十二五"提高了 0.8%。持续优化业务结构和组织结构，组织运行效率持续提高。压减处级机构 17 个、科级机构 380 余个，压减比例达 46.4%。深化两级机关改革，在正式规范标准的基础上，机关人员编制再压减 10%，精减公司机关管理人员近 100 人。严肃薪酬分配纪律，发挥薪酬激励约束作用。有效发挥了薪酬的激励约束作用，促进了二线、三线人员持续向一线岗位流动，有效激发了企业的活力和动力。持续推进人才队伍建设，人才使用效能明显提高。"十三五"期间，共计培养青年科技英才 227 人，选聘集团公司级技术、技能专家 11 人，公司级技术、技能专家 29 人，装置专家 40 人，首席技师 69 人，技师与高级技师 335 人。在国家和集团公司各类技能竞赛中获得金牌 2 枚、银牌 10 枚、铜牌 6 枚。

截至 2020 年 12 月 31 日，人事处（党委组织部、机关党委）设组织建设、干部管理、劳动组织、技术干部、教育培训、薪酬管理、劳务用工、档案管理、统计与综合、机关组织与纪检等岗位以及社会保险中心和技能人才评价中心 2 个附属单位。定员 25 人，实际在册员工 23 人。人事处（党委组织部、机关党委）党支部共有党员 30 人，支部委员会由 4 人组成。

一、人事处（党委组织部）—人事处（党委组织部、机关党委）

（2016.1—2020.12）

（一）人事处领导名录（2016.1—2020.12）

处　　　长　曾志军（2016.1—5）①

陈开奎（2016.5—2019.2）②

盛　开（2019.2—2020.12）

副　处　长　陈　龙（2016.1—10）③

盛　开（2016.1—2019.2）

曲少志（2016.5—2019.12）④

刘春华（女，2018.11—2020.6）

李　想（女，2018.11—2020.12）

邹鹏飞（2019.2—2020.12）

赵德龙（2019.12—2020.12）⑤

孙　强（2020.6—12）

副处级干部　刘春华（2020.6—12）

（二）党委组织部领导名录（2016.1—2020.12）

部　　　长　曾志军（2016.1—5）

陈开奎（2016.5—2019.2）

盛　开（2019.2—2020.12）

副　部　长　陈　龙（2016.1—10）

盛　开（2016.1—2019.2）

曲少志（2016.5—2019.12）

刘春华（2018.11—2020.6）

---

① 2016 年 5 月，曾志军调任大庆华科股份有限公司总经理、董事。

② 2019 年 2 月，陈开奎任公司总经理助理。

③ 2016 年 1 月至 10 月期间，陈龙借调集团公司海外项目。2016 年 10 月，调中国石油勘探开发公司拉美公司工作。

④ 2019 年 12 月，曲少志调任离退休管理中心副主任。

⑤ 2020 年 12 月，赵德龙调任物业管理中心党委委员、党委书记。

李　想（2018.11—2020.12）

邹鹏飞（2019.2—2020.12）

赵德龙（2019.12—2020.12）

孙　强（2020.6—12）

（三）机关党委领导名录（2018.6—2020.12）

书　　　记　盛　开（2018.6—2019.2）

李　想（2019.2—2020.12）

委　　　员　盛　开（2018.6—2019.2）

李　想（2019.2—2020.12）

张义斌（公司工会副主席，2018.6—2020.12）

孟凡伟（党委办公室主任，2018.6—2020.11）

秦志斌（党委宣传部部长，2018.6—2020.12）

李宜辉（女，财务处处长，2018.6—2020.12）

陈开奎（党委组织部部长，2018.6—11）

陈树相（生产运行处处长，2018.6—2019.2）

孟照海（科技与规划发展处处长，2018.6—2020.12）

缪春祥（生产运行处处长，2019.2—2020.11）

雷雪峰（党委办公室主任，2020.11—12）

王伟国（生产运行处处长，2020.11—12）

（四）机关纪委领导名录（2018.6—2020.12）

书　　　记　盛　开（2018.6—2019.2）

李　想（2019.2—2020.12）

二、人事处（党委组织部）—人事处（党委组织部、机关党委）党支部
领导名录（2016.1—2020.12）

书　　　记　曾志军（2016.1—5）

陈开奎（2016.5—2019.3）

盛　开（2019.3—2020.12）

委　　　员　曾志军（2016.1—5）

陈开奎（2016.5—2019.3）

盛　开（组织，2016.1—2019.4；2019.4—2020.12）

刘春华（群工，2016.1—2020.6）

李　想（纪检，2016.1—2019.4；组织，2019.4—
　　　　2020.12）

曲少志（宣传，高级主管，2016.1—5；宣传，
　　　　2016.5—2019.12）

邹鹏飞（纪检，2019.4—2020.12）

孙　强（群工，2020.7—12）

赵德龙（宣传，2020.7—12）

三、副处级以上附属单位（2016.1—2020.12）

（一）社会保险中心（2016.1—2020.12）

社会保险中心为人事处附属单位，机构规格副处级，主要负责社会保险和医疗保险管理等工作。截至 2020 年 12 月 31 日，人员编制 7 人，共有党员 5 人，党组织关系隶属人事处（党委组织部、机关党委）党支部。

主　　任　刘春华（2016.1—2020.6）

　　　　　孙　强（2020.6—12）

（二）技能鉴定中心—技能人才评价中心（2016.1—2020.12）

技能人才评价中心为人事处附属单位，机构规格副处级。主要负责企业技能人才评价工作的具体实施，履行企业评价机构职责。截至 2020 年 12 月 31 日，人员编制 3 人，实际在岗 12 人，共有党员 9 人。党组织关系隶属培训中心考试中心联合党支部。

主　　任　李　想（2016.1—2019.2）

　　　　　邹鹏飞（2019.2—2020.12）

第三节　企业文化处（党委宣传部、团委、机关党委）—企业文化处（党委宣传部、团委）
（2016.1—2020.12）

企业文化处（党委宣传部、团委、机关党委）的前身是企业文化处（党委宣传部），是 2007 年 6 月由大庆石化分公司企业文化处（党群工作部）

与大庆石油化工总厂企业文化部（党委宣传部）重组整合而成。列大庆石化分公司正处级机关职能部门。2010年8月，大庆石化分公司决定，将企业文化处（党委宣传部）、公司团委、公司机关党委（包括机关纪委、机关工会、机关团委）整合为企业文化处（党委宣传部、团委、机关党委），实行一个机构，多块牌子，合署办公。负责大庆石化分公司宣传思想、企业文化建设、基层建设、新闻管理、共青团及机关党委工作。并负责矿区服务事业部直属机构新闻中心业务指导及党组织管理。

截至2015年12月31日，企业文化处（党委宣传部、团委、机关党委）内设宣传教育、理论教育、企业文化、基层建设、政研管理、新闻管理与新媒体管理、统战文明、综合管理、机关组织与纪检、机关工会、团委组宣等岗位。定员14人，实际在册员工14人。企业文化处（党委宣传部、团委、机关党委）设1个党支部，隶属公司机关党委，共有党员52人，支部委员会由5人组成。

企业文化处（党委宣传部、团委、机关党委）设处长（部长）1人，副处长（副部长）3人。秦志斌任处长（部长）、机关党委书记、机关纪委书记，负责全面工作，分管理论教育、综合管理、政研管理、机关党委、机关纪委工作。张德祥任副处长（副部长），负责协助处长（部长）抓好基层建设工作。谷丰任副处长（副部长）、新闻中心主任，负责协助处长（部长）抓好宣传教育工作，负责新闻中心整体业务，包括报纸、电视、图片新闻、手机报业务。王为哲任副处长（副部长）、公司团委书记、机关工会主席，负责协处长（部长）抓好企业文化、新闻管理、新媒体管理、统战文明及对外宣传业务，负责公司团委、机关工会、机关团委工作。

企业文化处主要职责是：

（一）负责公司企业文化理念提炼和传播、行为规范制定和指导、视觉形象设计和宣传等工作。

（二）负责公司企业文化建设研究工作。

（三）负责公司《企业文化手册》的编写、修订和宣贯工作。

（四）负责配合相关部门开展主题文化建设。

（五）负责基层建设示范点创建活动的指导、先进选树和宣传推广。

党委宣传部主要职责是：

（一）贯彻落实党中央和上级党组织关于宣传思想文化工作的方针、政策和决策部署，研究制定新闻宣传、企业文化等业务规章制度并组织实施；负责公司党委意识形态责任制落实的组织协调工作。

（二）负责理论教育工作，承担公司党委理论学习中心组集中学习的组织工作；牵头抓好党建思想工作研究工作。

（三）负责日常思想政治和统战工作，组织理想信念教育、形势任务教育、职业道德教育等宣传教育，开展主题教育活动，抓好先进典型的宣传工作。

（四）负责协调推进公司精神文明建设和文明单位创建工作；牵头年终总结评比工作，负责先进集体评选。

（五）负责新闻中心业务指导工作；负责公司媒体融合发展建设、运行与管理工作；负责公司对外宣传和外部媒体采访管理工作。

（六）负责公司新闻发言人支持工作；负责公司新闻媒体突发事件应急预案的编制及演练，突发新闻舆情事件或突发事件新闻舆情应急处置工作；负责与省市、集团公司等宣传、网信部门及国内主流媒体、地方媒体的沟通联络；负责公司新闻发布工作的沟通组织协调；负责公司网评员队伍建设和网络敏感信息舆论引导工作。

团委主要职责是：

（一）负责公司团员青年宣传教育和青年思想政治工作。

（二）负责组织开展青年安全生产、创新创效、青年文明号创建活动等青工生产及岗位建功活动。

（三）负责公司青工技能提升和青年集体、个人典型选树等工作。

（四）负责开展符合青年特点、青年喜闻乐见的各类文化体育活动。

（五）负责团员和团干部队伍建设，团组织自身建设及换届选举等相关工作。

机关党委主要职责是：

（一）宣传贯彻党的路线、方针和政策，认真贯彻执行公司党委各项决议，围绕企业中心工作，充分发挥所属党支部（党总支）的战斗堡垒作用和党员的先锋模范作用，努力完成所担负的各项工作任务。

（二）负责严格执行公司党委各项规章制度，按照公司党委年度工作计划并结合机关工作实际制定工作方案，并负责对所属党支部（党总支）贯彻落实情况进行督促、检查和考核。

（三）负责指导机关各党支部（党总支）依法履行议事、协调、服务和监督等主要职能，促进党支部（党总支）建设工作。

（四）负责领导公司机关纪委开展工作，加强对党支部（党总支）的监督，严格党的组织生活，维护和执行党的纪律，促进党风廉政建设工作的开展。

（五）负责指导机关各党支部（党总支）加强对党员的教育、管理和监督，加强先进性建设，督促党员履行义务，保障党员权利不受侵犯。

（六）负责公司机关宣传及思想政治工作，注重引导机关员工认清发展形势，明确企业发展目标，增强责任感、使命感，充分调动工作积极性、主动性和创造性，提高机关工作人员服务意识及业务技能，适应企业发展需要。

（七）负责根据公司发展党员工作计划审批新党员及预备党员转正，指导机关各党支部（党总支）做好入党积极分子、预备党员的培养考核工作。

（八）负责组织机关各党支部（党总支）换届改选工作，依照相关规定对所属党支部（党总支）委员会委员的增补进行审批。

（九）负责机关党费、党组织活动经费使用、管理和审批工作。

（十）负责公司机关综合类荣誉的评比和表彰工作。

（十一）负责领导机关工会、共青团等群众组织依照各自的章程围绕机关工作实际开展工作。

2016 年 5 月，大庆石化分公司决定：解聘谷丰的企业文化处副处长、新闻中心主任职务；聘任王为哲为新闻中心主任；聘任何剑镔为企业文化处副处长。大庆石化分公司党委决定：解聘谷丰的党委宣传部副部长职务；免去王为哲的公司团委书记、公司机关工会主席职务；何剑镔任党委宣传部副部长、公司团委书记、公司机关工会主席；陈开奎任公司机关党委委员；免去曾志军的公司机关党委委员职务。

随后，企业文化处（党委宣传部、团委、机关党委）对领导分工进行调整：处长（部长）秦志斌负责全面工作，分管理论教育、综合管理、统战文明、机关党委、机关纪委工作。副处长（副部长）张德祥协助处长（部长）

抓好基层建设、政研管理工作。副处长（副部长）、新闻中心主任王为哲协助处长（部长）抓好宣传教育工作，负责新闻中心整体业务，包括报纸、电视、图片新闻、手机报及记者站对外宣传业务。副处长（副部长）何剑镔协助处长（部长）抓好企业文化、新闻管理、新媒体管理，负责公司团委、机关工会、机关团委工作。

2016年6月，经大庆石化分公司机关党委同意，增补何剑镔为企业文化处（党委宣传部、团委、机关党委）党支部委员，并对党支部委员会成员分工进行调整：秦志斌为党支部书记，张萍为组织委员，王为哲为宣传委员，张德祥为纪检委员，何剑镔为群工委员，调整后的企业文化处（党委宣传部、团委、机关党委）党支部委员会由5人组成。

2016年8月30日，中共大庆石化分公司机关委员会第三次代表大会召开，84名党员代表参加会议。会议选举产生中共大庆石化分公司机关第三届委员会，由孔庆发、李宜辉、张义斌、陈开奎、孟凡伟、姜兴财、秦志斌等7人（以姓氏笔画为序）组成，秦志斌为机关党委书记。选举产生中共大庆石化分公司机关纪律检查委员会，由王晓枫、李想、孟凡华、罗亚凤、秦志斌等5人（以姓氏笔画为序）组成，秦志斌为机关纪委书记。截至8月底，大庆石化分公司机关党委下属党总支1个，党支部22个（包括1个临时党支部），共有党员527人。

2017年2月，副处级干部廖和明退休。

2017年12月，大庆石化分公司决定：解聘秦志斌的公司机关监察室主任职务。

2018年5月4日，召开共青团大庆石化分公司第三次代表大会，选举产生了共青团大庆石化分公司第三届委员会，何剑镔当选公司团委书记。

2018年6月，大庆石化分公司决定，公司机关党委和机关纪委的职能业务、人员编制由企业文化处（党委宣传部、团委、机关党委）划归人事处（党委组织部）。企业文化处（党委宣传部、团委、机关党委）更名为企业文化处（党委宣传部、团委）。机关工会和机关团委的职能业务、人员编制保留在企业文化处（党委宣传部、团委）。

2018年6月，大庆石化分公司决定：聘任张德祥为公司企业文化处副处级干部，解聘其公司企业文化处副处长职务。大庆石化分公司党委决定：

免去秦志斌的公司机关党委书记、纪委书记职务；免去孔庆发的公司机关党委委员职务；免去姜兴财的公司机关党委委员职务；免去张德祥的公司党委宣传部副部长职务。

随后，企业文化处（党委宣传部、团委）对领导分工进行调整：处长（部长）秦志斌负责全面工作，分管理论教育、政研管理、综合管理、统战文明工作。副处长（副部长）、新闻中心主任王为哲协助处长（部长）抓好宣传教育工作，负责新闻中心整体业务，包括报纸、电视、图片新闻、手机报及记者站对外宣传业务。副处长（副部长）何剑镔协助处长（部长）抓好企业文化、基层建设、意识形态与新闻管理、新媒体管理，负责公司团委、机关工会、机关团委工作。

2018年8月，经大庆石化分公司机关党委同意，企业文化处（党委宣传部、团委、机关党委）党支部更名为企业文化处（党委宣传部、团委）党支部。

2018年12月，经大庆石化分公司机关党委同意，企业文化处（党委宣传部、团委）党支部委员会由4人组成，秦志斌为党支部书记，何剑镔为组织委员，王为哲为宣传委员，周胜国为纪检委员。

2019年7月，大庆石化分公司决定，将公司机关工会职能由企业文化处（党委宣传部、团委）划转到公司工会；撤销企业文化处（党委宣传部、团委）的机关工会岗位及定员编制。

2020年10月，副处级干部张德祥退休。

2020年11月，大庆石化分公司决定：免去王为哲的公司企业文化处副处长、新闻中心主任职务；柳文杰任公司企业文化处副处长；何剑镔任新闻中心主任。大庆石化分公司党委决定：免去王为哲的公司党委宣传部副部长职务；柳文杰任公司党委宣传部副部长。

随后，企业文化处（党委宣传部、团委）对领导分工进行调整：处长（部长）秦志斌负责全面工作，分管理论教育、意识形态与新闻管理、综合管理、统战文明工作。副处长（副部长）柳文杰协助处长（部长）抓好宣传教育、政研管理、企业文化建设工作。副处长（副部长）、新闻中心主任何剑镔协助处长（部长）抓好新媒体管理，负责公司团委工作，负责新闻中心整体业务，包括报纸、视频、图片新闻及记者站对外宣传业务。

5 年来，企业文化处（党委宣传部、团委）紧紧围绕中心工作，创新思路，完善机制，拓宽渠道，精准发力，为推进公司高质量发展发挥了积极作用。组织公司党委理论学习中心组集中学习和专题研讨 90 次，举行党的十九大和十九届四中全会精神等专题宣讲，开展"学习十九大答题闯关"微信线上活动，编辑发放 2600 册《理论著作选编》读本，举办 33 期融智学堂讲座，政治理论学习不断加强。编制印发《公司党委落实意识形态工作责任制实施细则》《意识形态工作指导手册》，明确责任清单负面清单，加强意识形态阵地的监管，组建网络评论员队伍，确保意识形态责任有效落实。稳步实施企业文化建设三年规划，持续开展"知理念·见行动""知家风·讲传承""知产品·爱企业"系列活动，总结提炼"金花""乙烯"等 6 种传统精神，连续举办三届"感知大庆石化"公众开放日活动，组织"弘扬石油精神、重塑良好形象"先进典型事迹报告会、第三届"感动石化"人物（群体）评选颁奖等活动，企业文化软实力不断提升。推进新闻中心改革，停播石化闭路电视和《大庆石化报》印刷发行，改为局域网、微信公众号等网络平台播出和在线阅读，组织成立记者部、视频部和新媒体部，转岗分流播出采编人员 19 人。建立完善"一网一报三微两号"的新型媒体平台，传统媒体业务做减法、新媒体业务做加法，媒体融合深入推进。

截至 2020 年 12 月 31 日，企业文化处（党委宣传部、团委）内设宣传教育与政研管理、理论教育、企业文化、意识形态与新闻管理、新媒体管理、综合管理、团委组宣等岗位。定员 11 人，实际在册员工 11 人。企业文化处（党委宣传部、团委）设 1 个党支部，隶属公司机关党委，共有党员 41 人，支部委员会由 3 人组成。公司团委与企业文化处（党委宣传部）合署办公，独立开展团的工作。

一、企业文化处（党委宣传部、团委、机关党委）—企业文化处（党委宣传部、团委）（2016.1—2020.12）

（一）企业文化处领导名录（2016.1—2020.12）

处　　长　　秦志斌（2016.1—2020.12）

副 处 长　　张德祥（2016.1—2018.6）

谷　丰（2016.1—5）①

王为哲（2016.1—2020.11）②

何剑镔（2016.5—2020.12）

柳文杰（2020.11—12）

监察室主任　秦志斌（2016.1—2017.12）

副处级干部　廖和明（2016.1—2017.2）③

张德祥（2018.6—2020.10）④

（二）党委宣传部领导名录（2016.1—2020.12）

部　　长　秦志斌（2016.1—2020.12）

副　部　长　张德祥（2016.1—2018.6）

谷　丰（2016.1—5）

王为哲（2016.1—2020.11）

何剑镔（2016.5—2020.12）

柳文杰（2020.11—12）

（三）团委领导名录（2016.1—2020.12）

书　　记　王为哲（2016.1—5）

何剑镔（2016.5—2020.12）

（四）机关党委领导名录（2016.1—2018.6）

书　　记　秦志斌（兼任，2016.1—2018.6）

委　　员　秦志斌（2016.1—2018.6）

曾志军（党委组织部部长，2016.1—5）

张义斌（公司工会副主席，2016.1—2018.6）

姜兴财（科技与规划发展处处长，2016.1—2018.6）

孟凡伟（党委办公室主任，2016.1—2018.6）

孔庆发（生产运行处处长，2016.1—2018.6）

李宜辉（女，财务处处长，2016.1—2018.6）

---

① 2016 年 5 月，谷丰调任热电厂工会主席。

② 2020 年 11 月，王为哲调任炼油厂党委委员、党委书记。

③ 2017 年 2 月，副处级干部廖和明退休。

④ 2020 年 10 月，副处级干部张德祥退休。

陈开奎（党委组织部部长，2016.5—2018.6）

（五）机关纪委领导名录（2016.1—2018.6）

书　　　记　秦志斌（兼任，2016.1—2018.6）

（六）机关工会领导名录（2016.1—2019.7）

主　　　席　王为哲（2016.1—5）

何剑镔（2016.5—2019.7）

二、企业文化处（党委宣传部、团委、机关党委）—企业文化处（党委宣传部、团委）党支部领导名录（2016.1—2020.12）

书　　　记　秦志斌（2016.1—2020.12）

委　　　员　秦志斌（2016.1—2020.12）

张德祥（纪检，2016.1—2018.6）

谷　丰（宣传，2016.1—5）

王为哲（群工，2016.1—6；宣传，2016.6—2020.11）

何剑镔（群工，2016.6—2018.12；组织，2018.12—2020.12）

张　萍（女，组织，高级主管，2016.1—2018.6）

周胜国（纪检，高级主管，2018.12—2020.12）

第四节　纪委（监察处）—纪委办公室
（2016.1—2020.12）

大庆石化分公司纪委（监察处）是2007年6月由大庆石化分公司纪委（监察处）与大庆石油化工总厂纪委（监察部）重组整合而成。列大庆石化分公司正处级机关职能部门。2014年7月，成立纪检监察中心，列公司纪委（监察处）的附属机构，机构规格为副处级。

截至2015年12月31日，纪委（监察处）下设综合管理室、信访与纪律审查室、合规监督监察室、党风监督室、巡视办公室、执纪审理室。1个附属机构纪检监察中心，纪检监察中心下设纪律审查一室、纪律审查二室、监督检查一室、监督检查二室、执纪问责室。纪委（监察处）管理岗位定员

7 人，实际在册员工 7 人。纪检监察中心管理岗位定员 13 人，实际在册员工 16 人。纪委（监察处）设 1 个党支部，隶属公司机关党委，共有党员 23 人，支部委员会由 3 人组成。

纪委（监察处）设纪委副书记、监察处处长 1 人，监察处副处长 1 人。柳迎斌任纪委副书记、监察处处长，负责协助纪委书记开展党风廉政建设和反腐败工作，主持部门全面工作，分管执纪审理室、巡视办公室。孟凡华任监察处副处长、副处级纪检监察员，负责党风监督、综合管理工作，分管综合管理室、党风监督室。

纪检监察中心设主任 1 人，副处级纪检监察员 2 人。韩永和任纪检监察中心主任，主持纪检监察中心全面工作，负责信访与纪律审查及合规管理监察工作，分管信访与纪律审查室、合规监督监察室。副处级纪检监察员李振明协助柳迎斌分管执纪审理室和巡视办公室。副处级纪检监察员郭正朴负责纪检监察组织建设与干部队伍管理，协助柳迎斌分管巡视办公室。

纪委（监察处）的主要职责是：

（一）负责公司纪检监察总体规划、年度工作计划的制定和组织实施工作，负责协助公司党委研究、部署、协调党风廉政建设和反腐败工作，负责配合对所属单位领导班子和领导人员落实"两个责任"进行监督检查和责任追究，负责党风廉政建设责任制建设及考核工作。

（二）负责检查公司各级行政组织和管理人员对党的方针政策、国家法律法规以及企业规章制度的执行情况，负责作风建设、廉洁自律、廉洁从业等相关制度规定的贯彻落实，组织开展落实中央八项规定精神的监督检查及典型问题的责任追究和通报工作。

（三）负责受理对公司所属单位党政组织和党员干部违反党纪政纪行为的检举控告，负责重要问题线索的管理、处置、督办和调查，对违反党纪政纪问题进行处理，组织领导公司纪检监察中心开展纪律审查工作，按照管理权限受理不服党纪政纪处分和下一级单位党政组织的其他处理的申诉。

（四）负责开展内部巡察和党内监督工作，监督检查所属单位"三重一大"决策制度、民主集中制等制度执行情况。

（五）负责公司内控体系建设所涉及的反舞弊工作，负责开展公司合规管理监察工作，对公司重要事项进行合规管理监察和专项检查，负责指导并组织所属单位合规管理监察，对重点业务领域廉洁风险防控实施电子监察。

（六）负责参与公司较大及以上生产安全事故和环境事件调查处理工作，对事故有关责任人进行处理。

（七）按照干部管理权限，负责会同人事部门承办所属单位有关领导干部的提名、考察，以及纪检监察系统干部队伍自身建设等工作。

（八）负责本部门工作中的内控及 QHSE 工作。

2016 年 5 月，大庆石化分公司党委决定：陈开奎任公司纪委委员；免去曾志军的公司纪委委员职务。

2017 年 4 月，大庆石化分公司决定：聘任韩永和为公司监察处处长；解聘柳迎斌的公司监察处处长职务。大庆石化分公司党委决定：韩永和任公司纪委副书记；免去柳迎斌的公司纪委副书记职务。

随后，纪委（监察处）对领导分工进行调整：监察处处长、纪检监察中心主任韩永和主持全面工作，负责信访与纪律审查及合规管理监察工作，分管信访与纪律审查室、合规监督监察室。监察处副处长、副处级纪检监察员孟凡华负责党风监督、综合管理工作，分管综合管理室、党风监督室。副处级纪检监察员李振明协助韩永和分管执纪审理室和巡视办公室。副处级纪检监察员郭正朴负责纪检监察组织建设与干部队伍管理，协助韩永和分管巡视办公室。

2017 年 6 月，经大庆石化分公司机关党委同意，改选韩永和为纪委（监察处）党支部书记，增补郑琳、李海龙、齐云峰为党支部委员，并对支部委员会成员分工进行调整：韩永和为党支部书记，郑琳为组织委员，李海龙为宣传委员，孟凡华为纪检委员，齐云峰为群工委员，调整后纪委（监察处）党支部委员会由 5 人组成。

2017 年 6 月，大庆石化分公司决定，将廉洁教育管理职责从人事处（党委组织部）划归纪委（监察处）。

2018 年 6 月，大庆石化分公司党委决定：郭正朴任公司纪检监察中心副处级干部，免去其公司纪检监察中心副处级纪检监察员职务。

2018 年 8 月，副处级干部石晓兰退休。

2018 年 11 月，大庆石化分公司决定：聘任赵立新为公司监察处副处长；解聘孟凡华的公司监察处副处长职务。大庆石化分公司党委决定：赵立新任公司纪委委员、公司纪委副处级纪检员、纪检监察中心主任、公司机关纪委委员；免去孟凡华的公司纪委副处级纪检员、公司纪委委员、公司机关纪委委员职务；免去韩永和的公司纪检监察中心主任职务。

随后，纪委（监察处）对部分领导分工进行调整：纪委副书记、监察处处长韩永和协助纪委书记开展党风廉政建设和反腐败工作，主持部门全面工作。监察处副处长、监察中心主任赵立新负责信访案件管理、合规管理监察工作。

2019年1月，经大庆石化分公司机关党委同意，纪委（监察处）党支部增补赵立新为支部委员，并对支部委员会成员分工进行调整：韩永和为支部书记，郑琳为组织委员，李海龙为宣传委员，赵立新为纪检委员，齐云峰为群工委员。

2019年2月，大庆石化分公司党委决定：盛开任公司纪委委员；崔积峰任公司纪委委员；免去孟祥山的公司纪委委员职务；免去陈开奎的公司纪委委员职务；免去李振明的公司纪检监察中心纪检监察员职务，改任化肥厂副处级干部。

2019年11月，大庆石化分公司党委决定，公司纪委（监察处）更名为纪委办公室，纪检监察中心更名为纪检中心。

2019年12月，大庆石化分公司决定：免去韩永和的公司监察处处长职务；免去赵立新的公司监察处副处长职务。大庆石化分公司党委决定：韩永和任公司纪委办公室主任；赵立新任公司纪委办公室副主任、纪检中心主任，免去其公司副处级纪检员、公司纪检监察中心主任职务；李海龙任公司纪委办公室副主任。

随后，纪委办公室对领导分工进行调整：纪委副书记、纪委办公室主任韩永和协助纪委书记开展党风廉政建设和反腐败工作，主持部门全面工作。纪委办公室副主任、纪检中心主任赵立新负责信访案件管理、合规管理监察工作。纪委办公室副主任李海龙负责综合管理、案件审理、党委巡察工作。

2020年4月，大庆石化分公司党委决定：王威任公司纪委委员；免去崔积峰的公司纪委委员职务。

2020年7月，经大庆石化分公司机关党委同意，纪委办公室党支部完成换届工作，党支部委员会由5人组成，韩永和为党支部书记，闫世平为组织委员，李海龙为宣传委员，赵立新为纪检委员，刘传军为群工委员。

2020 年 11 月，大庆石化分公司党委决定：雷雪峰任公司纪委委员；免去孟凡伟兼任的公司纪委委员职务。

2020 年 12 月，副处级干部郭正朴退休。

5 年来，纪委办公室坚持聚焦主业主责，强化监督执纪问责，各项工作稳步推进。聚焦政治监督，围绕上级重要指示批示精神、疫情防控及公司提质增效等重点工作强化监督，同时坚守政治巡察工作定位强化党内监督。加强作风建设，重点抓好节日反腐及专项问题攻坚整治，并持续巩固遏制问题反弹。提升纪律审查质效，坚决去存量遏增量，重点查处涉嫌严重违规违纪的问题线索，发挥好执纪审查成果效能。抓实日常监督，围绕中心工作开展日常监督，及时发现解决存在的突出问题，同时抓实纪律教育，筑牢拒腐思想堤坝。加强队伍建设，统筹优化力量，打破岗位限制，实现全员办案、全员开展监督检查，持续提升队伍整体素质。

截至 2020 年 12 月 31 日，纪委办公室下设综合管理室、信访与案件管理室、党风监督室、监督检查室、案件审理室、党委巡察办公室，附属机构纪检中心 1 个。纪委办公室管理岗位定员 8 人，实际在册员工 8 人。纪检中心管理岗位定员 13 人，实际在册 11 人。纪委办公室设党支部 1 个，隶属公司机关党委，共有党员 19 人，支部委员会由 5 人组成。

一、纪委领导名录（2016.1—2020.12）

书　　记　王东军（2016.1—2）[①]

魏志国（2016.7—2020.10）

周慧泽（2020.12）

副　书　记　柳迎斌（监察处处长，2016.1—2017.4）

韩永和（监察处处长，2017.4—2019.11；纪委办公室主任，2019.11—2020.12）

委　　员　王东军（2016.1—2）

魏志国（2016.7—2020.10）

---

① 2016 年 2 月，王东军退休。2016 年 2 月至 7 月、2020 年 10 月至 12 月期间，大庆石化分公司纪委书记空缺。

周慧泽（2020.12）

柳迎斌（监察处处长，2016.1—2017.4；公司总经理
　　　助理；2017.4—12）

韩永和（纪检监察中心主任，2016.1—2017.4；监察
　　　处处长，2017.4—2019.11；纪委办公室主
　　　任，2019.11—2020.12）

孟祥山（法律事务与企管处处长，2016.1—2019.2）

曾志军（党委组织部部长，2016.1—5）

孟凡华（监察处副处长，2016.1—2018.11）

孟凡伟（党委办公室主任，2016.1—2020.11）

秦志斌（党委宣传部部长，2016.1—2020.12）

刘传明（审计处处长，2016.1—2020.12）

陈开奎（党委组织部部长，2016.5—2019.2）

赵立新（监察处副处长，2018.11—2019.11；纪委办
　　　公室副主任，2019.11—2020.12）

盛　开（党委组织部部长，2019.2—2020.12）

崔积峰（法律事务与企管处处长，2019.2—2020.4）

王　威（生于1972年，法律事务与企管处处长，
　　　2020.4—12）

雷雪峰（党委办公室主任，2020.11—12）

二、纪委（监察处）—纪委办公室（2016.1—2020.12）

（一）纪委（监察处）领导名录（2016.1—2019.12）

处　　长　柳迎斌（2016.1—9；兼任，2016.9—2017.4）①
　　　　　韩永和（2017.4—2019.12）

副　处　长　孟凡华（2016.1—2018.11）②
　　　　　赵立新（2018.11—2019.12）

纪　检　员　孟凡华（2016.1—2018.11）

---

① 2016年9月至2017年4月期间，柳迎斌任公司总经理助理，兼任监察处处长。
② 2018年11月，孟凡华调任物资供应中心党委委员、党委副书记、纪委书记、工会主席。

赵立新（2018.11—2019.12）

（二）纪委办公室领导名录（2019.12—2020.12）

主　　任　韩永和（2019.12—2020.12）

副 主 任　赵立新（2019.12—2020.12）

　　　　　李海龙（2019.12—2020.12）

正处级干部　孟祥山（2019.2—2020.12）[①]

副处级干部　石晓兰（女，2016.1—2018.8）[②]

　　　　　　郭正朴（2018.6—2020.12）[③]

三、纪委（监察处）—纪委办公室党支部领导名录（2016.1—2020.12）

书　　　记　柳迎斌（2016.1—2017.6）

　　　　　　韩永和（2017.6—2020.12）

委　　　员　柳迎斌（2016.1—2017.6）

　　　　　　韩永和（组织，2016.1—2017.6；2017.6—2020.12）

　　　　　　孟凡华（宣传兼纪检，2016.1—2017.6；纪检，
　　　　　　　　　　2017.6—2018.11）

　　　　　　郑　琳（女，组织，高级主管，2017.6—2020.7）

　　　　　　李海龙（宣传，高级主管，2017.6—2019.11；宣传，
　　　　　　　　　　2019.11—2020.12）

　　　　　　齐云峰（群工，高级主管，2017.6—2020.7）

　　　　　　赵立新（纪检，2019.1—2020.12）

　　　　　　闫世平（女，组织，主管，2020.7—12）

　　　　　　刘传军（群工，高级主管，2020.7—12）

四、副处级附属单位：纪检监察中心—纪检中心（2016.1—2020.12）

纪检中心为纪委办公室附属单位，机构规格副处级。主要负责信访件核实、案件查办等工作。截至2020年12月31日，人员编制11人，共有党员

---

① 2019年2月，孟祥山由法律事务与企管处退出领导岗位后，改任公司纪委办公室正处级干部（公司党委专职巡察员）。

② 2018年8月，副处级干部石晓兰退休。

③ 2020年12月，副处级干部郭正朴退休。

11人。党组织关系隶属公司机关党委。

　　主　　　任　韩永和（兼任，2016.1—2018.11）

　　　　　　　　赵立新（2018.11—2020.12）

　　纪检监察员　李振明（副处级，2016.1—2019.2）①

　　　　　　　　郭正朴（副处级，2016.1—2018.6）

第五节　财务处（2016.1—2020.12）

　　大庆石化分公司财务处是2007年6月由大庆石化分公司财务处与大庆石油化工总厂财务资产部重组整合而成。列大庆石化分公司正处级机关职能部门。

　　截至2015年12月31日，财务处下设预算科、综合信息科、税价科、资产科4个科室和1个附属机构：结算中心。结算中心下设科室14个：成本科、资金科、销售科、机关财务科、会计核算科、材料核算科、资金结算一科、资金结算二科、炼油财务科、化工财务科、辅助财务科、工会财务科、社保财务科和委派组。财务处岗位定员90人，实际在册员工110人。财务处设1个党支部，隶属公司机关党委，共有党员61人，支部委员会由5人组成。

　　财务处设处长1人，副处长2人。李宜辉任处长兼结算中心主任，负责全面工作，主管综合信息科、税价科、成本科、机关财务科、会计核算科、资金科、材料核算科、资金结算一科、资金结算二科、社保财务科、委派组。王洪涛任副处长，主管预算科、资产科、基建工程科、销售科、炼油财务科、化工财务科、辅助财务科、工会财务科。邵波任副处长兼矿区财务资产部部长，主管矿区财务工作。

　　财务处主要职责是：

　　（一）建立健全公司有效的财务管理体系，对保证公司资产及资源的账务有效性负责，对提高公司资产质量和资源的有效利用负责。

---

　　①　2019年2月，李振明改任化肥厂副处级干部。

（二）对公司生产经营活动的财务预测、计划、执行、控制、核算负责。

（三）对全面实施预算管理和实现资金的全面统筹，有效控制，高效运转负责。

2016年3月，大庆石化分公司决定：王艳任财务处正处级干部。

2016年5月，大庆石化分公司决定：聘任张文红为财务处副处长兼矿区财务资产部部长；解聘邵波的财务处副处长兼矿区财务资产部部长职务。

随后，财务处对领导分工进行调整：处长兼结算中心主任李宜辉负责全面工作，主管综合信息科、税价科、成本科、机关财务科、会计核算科、资金科、材料核算科、资金结算一科、资金结算二科、社保财务科、委派组。副处长王洪涛主管预算科、资产科、基建工程科、销售科、炼油财务科、化工财务科、辅助财务科、工会财务科。副处长兼矿区财务资产部部长张文红负责矿区财务工作。

2016年6月，经大庆石化分公司机关党委同意，增补张文红为财务处党支部委员，并对支部委员会成员分工进行调整：李宜辉为党支部书记，张文红为组织委员，王洪涛为宣传委员，韩兴林为纪检委员，张茂生为群工委员。调整后财务处党支部委员会由5人组成。

2018年6月，大庆石化分公司决定：聘任张文红为公司财务处副处级干部，解聘其公司财务处副处长、矿区财务资产部部长职务。

2018年11月，大庆石化分公司决定：聘任张茂生为公司财务处副处长、结算中心主任；聘任鲍英为公司财务处副处长；解聘李宜辉的公司结算中心主任职务。

2018年11月，大庆石化分公司党委决定，财务处撤销科室管理，取消科长、副科长，统一聘任为高级主管、主管、主办。

随后，财务处对领导分工进行调整：处长李宜辉负责全面工作，主管综合信息管理、税价管理、会计管理、机关费用核算业务和各委派科长。副处长王洪涛主管预算管理、销售核算、炼油费用核算、化工费用核算、辅助费用核算、工会费用核算业务。副处长、结算中心主任张茂生负责成本核算、基建工程核算、材料核算业务。副处长鲍英负责资产管理、资金管理、资金结算、社保费用核算业务。

2018年12月，经大庆石化分公司机关党委同意，财务处党支部委员会由 5 人组成，李宜辉为党支部书记，王洪涛为组织委员，韩兴林为宣传委员，张茂生为纪检委员，鲍英为群工委员。

2018 年 12 月，正处级干部王艳退休。

2020 年 10 月，经大庆石化分公司机关党委同意，财务处党支部改建为财务处党总支。

2020 年 12 月，经大庆石化分公司机关党委同意，财务处党总支委员会由 5 人组成，李宜辉为党总支书记，王洪涛为党总支组织委员，张茂生为党总支纪检委员，王志刚为党总支宣传委员，鲍英为党总支群工委员。

2020 年 12 月，经大庆石化分公司机关党委同意，财务处党总支下设 2 个党支部并选举支部委员会委员。第一支部委员会由 3 人组成，李宜辉为党支部书记，鲍英为组织委员兼群工委员，王志刚为纪检委员兼宣传委员；第二支部委员会由 3 人组成，王洪涛为党支部书记，张茂生为组织委员兼群工委员，韩兴林为纪检委员兼宣传委员。

5 年来，财务处实行全面预算管理，加快财务管理向生产经营全过程延伸。以效益为先导，实时跟踪、及时把脉公司效益走向，深化对标管理，健全预算管理机制，科学设置预算考核指标体系，有效调动生产积极性。持续优化成本核算模式，提升成本核算精细化水平，强化成本管控力度，不断完善成本管理体系，提高财务管理水平。强化资金计划管理，提高资金使用安全和效率，增加票据使用力度，合理安排资金支出，节约财务费用。不断加强资产管理，提高资产运营效益，推进应付民营企业欠款进度，加大清欠工作力度。夯实存货资产，积极开展存货管理工作，非正常存货共计压降 15,144 万元，有效改善公司存货结构，降低资金占用。积极落实财税政策，避免税收风险。克服困难，配合完成共享平台的测试及正式上线工作。

截至 2020 年 12 月 31 日，财务处下设预算管理、综合信息管理、税价管理、资产管理、会计管理和 1 个附属机构：结算中心。结算中心下设成本核算、资金管理、销售核算、机关费用核算、基建工程核算、材料核算、资金结算、炼油费用核算、化工费用核算、辅助费用核算、工会费用核算、医保费用核算和委派组。财务处岗位定员 90 人，实际在册员工 103 人。财务处设党总支 1 个，隶属公司机关党委，党总支下设党支部 2 个，共有党员

60人。党总支委员会由5人组成，每个支部委员会由3人组成。

期间：2016年12月，财务处处长李宜辉当选大庆市第十届人民代表大会代表。

一、财务处领导名录（2016.1—2020.12）

处　　　长　李宜辉（女，2016.1—2020.12）

副　处　长　王洪涛（2016.1—2020.12）

　　　　　　邵　波（2016.1—5）①

　　　　　　张文红（女，2016.5—2018.6）

　　　　　　张茂生（2018.11—2020.12）

　　　　　　鲍　英（女，2018.11—2020.12）

正处级干部　王　艳（女，2016.3—2018.12）②

副处级干部　张文红（2018.6—2020.12）

二、财务处党支部、财务处党总支（2016.1—2020.12）

（一）财务处党支部领导名录（2016.1—2020.12）

书　　　记　李宜辉（2016.1—2020.12）

委　　　员　李宜辉（2016.1—2020.12）

　　　　　　邵　波（组织，2016.1—5）

　　　　　　王洪涛（宣传，2016.1—2018.12；组织，2018.12—
　　　　　　2020.12）

　　　　　　张文红（组织，2016.6—2018.6）

　　　　　　张茂生（群工，结算中心成本科科长，2016.1—
　　　　　　2018.12；纪检，2018.12—2020.12）

　　　　　　鲍　英（群工，2018.12—2020.12）

　　　　　　韩兴林（纪检，综合信息科科长，2016.1—2018.12；
　　　　　　宣传，高级主管，2018.12—2020.12）

---

① 2016年5月，邵波调任审计处副处长。

② 2018年12月，正处级干部王艳退休。

（二）财务处党总支领导名录（2020.12）①

  书 记 李宜辉（2020.12）

  委 员 李宜辉（2020.12）

       王洪涛（组织，2020.12）

       张茂生（纪检，2020.12）

       鲍 英（群工，2020.12）

       王志刚（宣传，主管，2020.12）

财务处党总支所属党支部：

1. 财务处党总支第一支部名录（2020.12）

  书 记 李宜辉（2020.12）

  委 员 李宜辉（2020.12）

       鲍 英（组织兼群工，2020.12）

       王志刚（宣传兼纪检，2020.12）

2. 财务处党总支第二支部名录（2020.12）

  书 记 王洪涛（2020.12）

  委 员 王洪涛（2020.12）

       张茂生（组织兼群工，2020.12）

       韩兴林（宣传兼纪检，高级主管，2020.12）

三、副处级附属单位：结算中心（2016.1—2020.12）

  结算中心为财务处附属单位，机构规格副处级。主要负责公司日常会计核算、财务报销、成本核算、资产核算、产品、副产品销售结算、工程材料核算、在建工程核算和资本性支出项目转资资金收付结算、公司控股公司、参股公司收益核算、债权确认和欠款清理核算、外购物资采购结算及核算、医保费用、工会费用、食堂费用核算等工作。截至 2020 年 12 月 31 日，人员编制 55 人，共有党员 32 人。党组织关系隶属财务处党总支。

  主 任 李宜辉（兼任，2016.1—2018.11）

       张茂生（2018.11—2020.12）

---

① 2020 年 10 月，财务处党支部改建为党总支。2020 年 12 月，经公司机关党委同意，成立党总支委员会。

第六节　计划处（2016.1—2020.12）

大庆石化分公司计划处前身是计划经营处，是 2007 年 6 月由大庆石化分公司计划经营处与大庆石油化工总厂计划经营部重组整合而成。2010 年 8 月，计划经营处更名为计划处。列大庆石化分公司正处级机关职能部门。公司节能节水办公室和外供能源管理职能设在计划处。

截至 2015 年 12 月 31 日，计划处设计划与优化管理、统计管理、经营管理、能源管理、节能节水管理、三剂管理、原料管理、计量管理、外供能源管理、产品价格管理等岗位。管理岗位定员 18 人，实际在册员工 18 人。计划处设 1 个党支部，隶属公司机关党委，共有党员 17 人，支部委员会由 5 人组成。

计划处设处长 1 人，副处长 2 人。范晓彬任处长，负责全面工作。王岩任副处长，分管计划与优化管理、经营管理、原料管理、外供能源管理、产品价格管理、能源管理、节能节水管理、计量管理等工作。逢锦屹任副处长，分管统计管理和三剂计划管理等工作。

计划处主要职责是：

（一）主要负责公司生产计划编制、优化统筹及制定经营指标工作。

（二）负责公司原料、燃料、中间产品、产品和副产品、能源等物料的准确计量和统计工作。

（三）负责大宗原料采购，资源优化配置工作。

（四）负责公司的能源计划、统计与分析，节能节水工作。

（五）负责三剂及包装计划、统计、考核管理工作。

（六）负责公司炼化产品（含带料加工费）价格管理等工作。

2016 年 5 月，大庆石化分公司决定：解聘王岩的计划处副处长职务；聘任季金华为计划处副处长。

随后，计划处对领导分工进行调整：处长范晓彬负责全面工作，分管计划与优化管理、经营管理、产品价格管理工作。副处长逢锦屹负责统计管理、能源管理、节能节水管理、计量管理以及三剂管理工作。副处长季金华分管原料管理、外供能源管理工作。

2016年6月，经大庆石化分公司机关党委同意，增补季金华为计划处党支部委员，并对支部委员会成员分工进行调整：范晓彬为党支部书记，逄锦屹为组织委员，赵春晖为宣传委员，杨培敏为纪检委员，季金华为群工委员。调整后计划处党支部委员会由5人组成。

2018年6月，大庆石化分公司决定：解聘范晓彬的公司计划处处长职务；聘任窦岩为计划处处长。

随后，计划处对领导分工进行调整：处长窦岩负责全面工作，分管计划与优化管理、经营管理、产品价格管理工作。副处长季金华分管原料管理、外供能源管理工作。副处长逄锦屹负责统计管理、能源管理、节能节水管理、计量管理以及三剂管理工作。

2018年8月，经大庆石化分公司机关党委同意，增补窦岩为计划处党支部委员，并对支部委员会成员分工进行调整：窦岩为党支部书记，逄锦屹为组织委员，赵春晖为宣传委员，杨培敏为纪检委员，季金华为群工委员。调整后计划处党支部委员会由5人组成。

2018年11月，大庆石化分公司决定：解聘逄锦屹的计划处副处长职务。

随后，计划处对领导分工进行调整：处长窦岩负责全面工作，分管计划与优化管理、经营管理、产品价格管理、统计管理、能源管理、节能节水管理、三剂管理工作。副处长季金华分管原料管理、外供能源管理、计量管理工作。

2019年1月，经大庆石化分公司机关党委同意，增补贲涛为支部委员并对支部委员会成员分工进行调整：窦岩为党支部书记，贲涛为组织委员，赵春晖为宣传委员，杨培敏为纪检委员，季金华为群工委员。

2019年2月，大庆石化分公司决定：聘任贲涛为计划处副处长。

随后，计划处对领导分工进行调整：处长窦岩负责全面工作，分管经营管理、产品价格管理、统计管理工作。副处长季金华分管原料管理、外供能源管理、计量管理工作。副处长贲涛分管计划与优化管理、能源管理、节能节水管理、三剂管理工作。

2019年7月，经大庆石化分公司机关党委同意，计划处党支部委员会由 5 人组成，窦岩为党支部书记，贲涛为组织委员，赵春晖为纪检委员，季金华为宣传委员，杨喜福为群工委员。

2020 年 11 月，大庆石化分公司决定：聘任冯凯明为计划处副处长。

随后，计划处对领导分工进行调整：处长窦岩负责全面工作。副处长季金华分管原料管理、外供能源管理、计量管理工作。副处长贲涛分管计划与优化管理、能源管理、节能节水管理、三剂管理、经营管理工作。副处长冯凯明分管价格管理、统计管理工作。

5 年来，计划处以增强企业创效和提高竞争力为目标，充分发挥计划部门"综合平衡、协调服务、精细管理、决策参谋"的职能。原料保障能力进一步增强，保障炼油装置稳定运行。协调落实俄罗斯原油进厂计划，为千万吨炼油装置顺利开工创造条件。积极拓宽俄罗斯正丁烷等化工原料资源，有力保障了 E2 开工复产、三套乙烯高负荷运行的原料需求。生产方案得到持续优化，积极研究落实柴汽比调控，有效应对了疫情和成品油需求对原油加工量的影响。抓好产品结构调整，乙烯、石蜡、航煤等产品产量实现历史新突破。强化基础工作管理，加强节能节水管理。累计节能 10.34 万吨标煤、节水 273.14 万吨。优化能源利用，推进实施炼油厂动力站水煤浆锅炉改烧焦油、化肥厂尿素装置停工用能优化方案等工作。计划处连续多次荣获集团公司"节能节水先进企业"称号。

截至 2020 年 12 月 31 日，计划处设计划与优化管理、统计管理、经营管理、能源管理、节能节水管理、三剂管理、原料管理、计量管理、外供能源管理、产品价格管理等岗位。管理岗位定员 17 人，实际在册员工 17 人。计划处设 1 个党支部，隶属公司机关党委，共有党员 19 人，支部委员会由5 人组成。

一、计划处领导名录（2016.1—2020.12）

处　　　长　范晓彬（2016.1—2018.6）[①]

　　　　　　窦　岩（2018.6—2020.12）

副　处　长　王　岩（2016.1—5）[②]

---

① 2018 年 6 月，范晓彬任公司副总经济师。
② 2016 年 5 月，王岩调任质量检验中心主任。

逄锦屹（2016.1—2018.11）[①]

季金华（2016.5—2020.12）

贲　涛（2019.2—2020.12）

冯凯明（满族，2020.11—12）

二、计划处党支部领导名录（2016.1—2020.12）

书　　记　范晓彬（2016.1—2018.8）

　　　　　窦　岩（2018.8—2020.12）

委　　员　范晓彬（2016.1—2018.8）

　　　　　王　岩（组织，2016.1—5）

　　　　　逄锦屹（纪检，2016.1—6；组织，2016.6—2018.11）

　　　　　季金华（群工，2016.6—2019.7；宣传，2019.7—
　　　　　　　　　2020.12）

　　　　　杨培敏（宣传，高级主管，2016.1—6；纪检，高级
　　　　　　　　　主管，2016.6—2019.7）

　　　　　赵春晖（群工，高级主管，2016.1—6；宣传，高级
　　　　　　　　　主管，2016.6—2019.7；纪检，高级主管，
　　　　　　　　　2019.7—2020.12）

　　　　　窦　岩（2018.8—2020.12）

　　　　　贲　涛（组织，2019.1—2020.12）

　　　　　杨喜福（群工，高级主管，2019.7—2020.12）

第七节　生产运行处（2016.1—2020.12）

　　大庆石化分公司生产运行处是 2007 年 6 月由大庆石化分公司生产运行处与大庆石油化工总厂生产调度部重组整合而成。列公司正处级机关职能部门。2010 年 8 月，大庆石化分公司决定，成立调度中心，列生产运行处副处级附属机构。

[①]　2018 年 11 月，逄锦屹调任开发公司党委委员、副经理。

截至 2015 年 12 月 31 日，生产运行处内设生产运行管理、生产技术管理、应急管理岗位。附属机构 1 个：调度中心。生产运行处（含调度中心）岗位定员 27 人，实际在册员工 26 人。生产运行处设 1 个党支部，隶属公司机关党委，共有党员 24 人，支部委员会由 5 人组成。

生产运行处设处长 1 人，副处长 3 人。孔庆发任处长兼任应急管理办公室主任，负责全面工作。刘均任副处长、调度中心主任，负责生产运行和调度中心管理工作。刘为民任副处长，负责工艺技术、生产受控管理工作。刘永任副处长，负责生产运行管理工作。

生产运行处主要职责是：

（一）负责组织实施公司生产计划，协调公司内部互供料输送，生产装置以及水、气（汽）、风等公用工程系统的生产运行管理。

（二）负责公司新建、扩建、改造装置的生产、技术准备、组织编制开工方案和组织开工及考核，装置检修的停、开工组织协调。

（三）负责公司水资源管理及防汛排涝项目审查和组织实施。

（四）负责公司生产装置工艺技术管理、生产受控管理及生产装置标定与达标的组织和考核。

（五）负责公司应急管理工作。

2016 年 3 月，大庆石化分公司决定，将质量管理工作职责由质量安全环保处调整到生产运行处。质量安全环保处的质量管理岗位及定员划归生产运行处。副处长刘为民负责质量管理工作。

2018 年 6 月，大庆石化分公司决定：解聘孔庆发的生产运行处处长、应急管理办公室主任职务。聘任陈树相为生产运行处处长、应急管理办公室主任职务；解聘刘均的生产运行处副处长、调度中心主任职务；聘任刘永为调度中心主任。

随后，生产运行处对部分领导分工进行调整：处长陈树相负责全面工作。副处长刘永负责生产运行和调度中心管理工作。

2018 年 8 月，经大庆石化分公司机关党委同意，增补陈树相、刘为民、刘永为生产运行处支部委员，并对支部委员会成员分工进行调整：陈树相为党支部书记，毛德君为组织委员，刘永为宣传委员，蒋昊为纪检委员，刘为民为群工委员。调整后生产运行处党支部委员会由 5 人组成。

2019 年 2 月，大庆石化分公司决定：解聘陈树相的生产运行处处长、应急管理办公室主任职务。聘任缪春祥为生产运行处处长、应急管理办公室主任；聘任刘彬彬为生产运行处副处长；解聘刘为民的生产运行处副处长职务。

随后，生产运行处对部分领导分工进行调整：处长缪春祥负责全面工作。副处长刘彬彬负责生产运行和质量管理工作。

2019 年 3 月，大庆石化分公司机关党委决定：缪春祥任生产运行处党支部委员、党支部书记；免去陈树相的生产运行处党支部书记、党支部委员职务。

2019 年 4 月，经大庆石化分公司机关党委同意，生产运行处党支部增补刘彬彬为支部委员，并明确刘彬彬为群工委员。

2019 年 7 月，大庆石化分公司决定：聘任于水为生产运行处副处长、调度中心主任；解聘刘永的生产运行处副处长、调度中心主任职务，其分管工作由于水负责。

2019 年 9 月，经大庆石化分公司机关党委同意，生产运行处党支部增补于水为支部委员，并对支部委员会成员分工进行调整：刘彬彬为宣传委员，于水为群工委员。调整后生产运行处党支部委员会由 5 人组成。

2020 年 4 月，大庆石化分公司决定：雷钧任生产运行处副处长，负责工艺技术、生产受控及质量管理工作。

2020 年 11 月，大庆石化分公司决定：王伟国任生产运行处处长、应急管理办公室主任；郭英爽任生产运行处副处长、调度中心主任；免去缪春祥的生产运行处处长、应急管理办公室主任职务；免去于水的生产运行处副处长、调度中心主任职务。大庆石化分公司机关党委决定：王伟国任生产运行处党支部委员、党支部书记；免去缪春祥的生产运行处党支部书记、党支部委员职务。

随后，生产运行处对部分领导分工进行调整：处长、应急管理办公室主任王伟国负责全面工作。副处长、调度中心主任郭英爽负责生产运行和调度中心管理工作。

2020 年 11 月，大庆石化分公司决定，将生产操作规程管理和在役装置的危险与可操作性（HAZOP）分析管理的工作职责及人员划归科技与规划发展处。

2020年12月，大庆石化分公司决定：免去刘彬彬的生产运行处副处长职务。

随后，生产运行处对领导分工进行调整：处长、应急管理办公室主任王伟国负责全面工作。副处长雷钧负责工艺技术、生产受控及质量管理工作。副处长、调度中心主任郭英爽负责生产运行和调度中心管理工作。

5年来，生产运行处积极履行和发挥生产运行、工艺受控、质量管理和应急管理职能。狠抓装置长周期和非计划停工管理，通过加强生产问题预知、预防管理，减少非计划停工，提高装置长周期运行水平。协调原料平衡，合理调控上下游装置负荷，实现装置效益最大化。加强工艺管理，提高装置运行水平和技术经济指标。主要生产装置综合运行效能持续提升，操作平稳率均在99.8%以上并逐年稳步提高。严抓操作变动管理，推行三级以上操作变动预约管理，确保了装置安全平稳运行。加强质量管理，强化源头控制。公司实现产品出厂合格率100%，外部抽检合格率100%，产品质量反馈信息均得到有效处理，质量争议处理率100%。全面加强应急管理，强化一分钟应急处置机制建设，切实提高应急实战能力。

截至2020年12月31日，生产运行处设生产运行管理、生产技术管理、应急管理、质量管理岗位。附属机构1个：调度中心。生产运行处（含调度中心）岗位定员28人，实际在册员工24人。生产运行处设党支部1个，隶属公司机关党委，党支部共有党员24人，支部委员会由5人组成。

一、生产运行处领导名录（2016.1—2020.12）

处　　　长　孔庆发（2016.1—2018.6）[1]

陈树相（2018.6—2019.2）[2]

缪春祥（2019.2—2020.11）[3]

王伟国（2020.11—12）

副　处　长　刘　均（2016.1—2018.6）[4]

---

[1] 2018年6月，孔庆发任公司副总工程师。
[2] 2019年2月，陈树相任公司副总工程师。
[3] 2020年11月，缪春祥调任化工三厂党委书记。
[4] 2018年6月，刘均调任水气厂厂长。

刘为民（2016.1—2019.2）[1]

刘　永（2016.1—2019.7）[2]

刘彬彬（2019.2—2020.12）[3]

于　水（2019.7—2020.11）[4]

雷　钧（2020.4—12）

郭英爽（2020.11—12）

二、生产运行处党支部领导名录（2016.1—2020.12）

书　　记　孔庆发（2016.1—2018.8）

陈树相（2018.8—2019.3）

缪春祥（2019.3—2020.11）

王伟国（2020.11—12）

委　　员　孔庆发（2016.1—2018.8）

陈树相（2018.8—2019.3）

缪春祥（2019.3—2020.11）

王伟国（2020.11—12）

刘　均（综合，2016.1—2018.6）

刘为民（群工，2018.8—2019.2）

刘　永（宣传，2018.8—2019.7）

刘彬彬（群工，2019.4—9；宣传，2019.9—2020.12）

于　水（群工，2019.9—2020.11）

毛德君（组织，高级主管，2016.1—2020.12）

李　伟（纪检，高级主管，2016.1—2018.8）

蒋　昊（宣传，高级主管，2016.1—2018.8；纪检，

高级主管，2018.8—2020.12）

三、副处级附属单位：调度中心（2016.1—2020.12）

调度中心为生产运行处附属单位，机构规格副处级。主要负责生产调度

---

[1] 2019 年 2 月，刘为民调任质量检验中心主任。

[2] 2019 年 7 月，刘永调黑龙江省海国龙油石油化工股份有限公司工作。

[3] 2020 年 12 月，刘彬彬调任公司安全环保处副处长。

[4] 2020 年 11 月，于水调任水气厂党委委员、厂长。

指挥协调等工作。截至 2020 年 12 月 31 日，人员编制 9 人，共有党员 7 人。党组织关系隶属生产运行处党支部。

<blockquote>
主　　　任　刘　均（2016.1—2018.6）

刘　永（2018.6—2019.7）

于　水（2019.7—2020.11）

郭英爽（2020.11—12）
</blockquote>

第八节　科技与规划发展处（2016.1—2020.12）

大庆石化分公司科技与规划发展处是 2010 年 8 月由科技信息处（技术中心）与规划处整合而成。列大庆石化分公司正处级机关职能部门。

截至 2015 年 12 月 31 日，科技与规划发展处设投资管理、三剂管理、规划管理、总图管理、后评价管理、炼油技术管理、化工技术新产品管理、项目前期管理、土地管理、科研管理、知识产权科技成果管理等 11 个岗位。定员 21 人，实际在册员工 21 人。科技与规划发展处设 1 个党支部，隶属公司机关党委，共有党员 18 人，支部委员会由 3 人组成。

科技与规划发展处设处长 1 人，副处长 3 人。姜兴财任处长，负责全面工作。宁书贵任副处长，主管科研管理、新产品、成果及知识产权管理。孟照海任副处长，主管化工技术、化工项目、投资管理、后评价管理。孙连阁任副处长，主管炼油技术、三剂管理、公用工程、储运技术项目管理。李洪任副处长，主管发展规划、炼油技术管理、土地管理与总图管理。

科技与规划发展处主要职责是：

（一）负责公司科技开发、新产品开发、技术攻关项目的管理，负责跟踪收集国内外同行业前沿技术的发展动态、组织对外科技交流与合作，组织国内外、新颖、先进、成熟的技术在本公司同类装置上的推广应用。

（二）负责公司三剂准入报关、新用三剂技术指标的确认、新剂和更新换代产品试用的组织协调。

（三）负责公司科技开发经费、知识产权的管理以及科技成果的评审、评定、奖励、推广转让。

（四）负责公司投资项目的前期工作，组织开展项目筛选、方案论证、项目建议书和可行性研究报告的编制、审查、上报（或审批）工作，负责公司工艺技术改造项目、方案论证、设计管理、组织实施、验收。

（五）负责编制公司中长期发展规划、年度建议计划。

（六）负责编制并上报公司年度投资建议计划及年度投资调整建议计划，下达公司年度投资计划，对固定资产投资项目进行跟踪和统计。

（七）负责公司投资项目的后评价工作。

（八）负责公司投资项目新征用地计划的申报，负责公司总图的管理。

2017年7月，副处长孙连阁挂任大庆市发展和改革委员会副主任。其分管的三剂管理工作由处长姜兴财负责，炼油技术、公用工程、储运技术项目管理工作由副处长孟照海负责。

2018年6月，大庆石化分公司决定，对公司信息化管理职能进行优化调整，整合科技与规划发展处和信息管理部的业务职能，实行一体化管理。随工作职能调转，李云涛、金绍元、冯庆文借调科技与规划发展处工作。

2018年6月，大庆石化分公司决定：聘任孟照海为公司科技与规划发展处处长；聘任张韧坚为公司科技与规划发展处副处长（正处级）；聘任马长友为公司科技与规划发展处副处长；解聘姜兴财的公司科技与规划发展处处长职务。

随后，科技与规划发展处对领导分工进行调整：处长孟照海主持全面工作，负责三剂技术管理。副处长李洪负责项目前期、总图管理、土地管理、项目后评价、投资计划管理、规划管理工作。副处长张韧坚负责信息化管理工作。

2018年8月，经大庆石化分公司机关党委同意，科技与规划发展处党支部增补孟照海为支部委员，并对支部委员会成员分工进行调整：孟照海为支部书记，岳明丽为组织委员，张婧为宣传兼纪检委员。

2019年2月，大庆石化分公司决定：解聘宁书贵的公司科技与规划发展处副处长职务，改任科技与规划发展处副处级干部；解聘孙连阁的公司科技与规划发展处副处长职务，改任炼油厂副处级干部。

随后，科技与规划发展处对领导分工进行调整：处长孟照海主持全面工作，负责三剂技术管理、科研成果及新产品开发管理工作。副处长李洪负责项目前期、总图土地管理、项目后评价、投资计划管理、规划管理工作。副处长张韧坚负责信息化管理工作。

2019年7月，大庆石化分公司决定：聘任辛治溢为公司科技与规划发展处副处长。

随后，科技与规划发展处对领导分工进行调整：处长孟照海主持全面工作，负责三剂技术管理工作。副处长张韧坚负责信息化管理工作。副处长李洪负责项目前期（上市）、项目后评价、投资计划管理、规划管理工作。副处长马长友负责项目前期（非上市）、总图土地管理工作。副处长辛治溢负责科研项目管理、新产品开发、知识产权管理工作。

2019年7月，经大庆石化分公司机关党委同意，科技与规划发展处党支部委员会由3人组成，孟照海为党支部书记，于家涛为组织委员，杨春华为宣传兼纪检委员。

2020年4月，大庆石化分公司决定：李云涛任公司科技与规划发展处副处长；免去张韧坚的公司科技与规划发展处副处长职务，改任科技与规划发展处正处级干部，其分管工作由李云涛负责。

2020年6月，大庆石化分公司决定：免去马长友的公司科技与规划发展处副处长职务，改任科技与规划发展处副处级干部。

随后，科技与规划发展处对领导分工进行调整：处长孟照海主持全面工作，负责三剂技术管理工作。副处长李洪负责项目前期、项目后评价、投资计划管理、规划管理工作。副处长辛治溢负责科研项目管理、新产品开发、知识产权管理、总图管理、土地管理工作。副处长李云涛负责信息化管理工作。

2020年8月，经大庆石化分公司机关党委同意，科技与规划发展处党支部委员会增补委员，并对支部委员会成员分工进行调整：孟照海为党支部书记，于家涛为组织委员，孙启虎为宣传兼纪检委员。

2020年11月，大庆石化分公司决定：魏铁锋任公司科技与规划发展处副处长；李传明任公司科技与规划发展处副处长；免去辛治溢的公司科技与规划发展处副处长职务。

2020年11月，大庆石化分公司决定，将生产运行处的生产操作规程管理和在役装置的危险与可操作性（HAZOP）分析管理的工作职责及人员调整到科技与规划发展处，并设立操作规程与 HAZOP 分析岗位。

2020 年 11 月，大庆石化分公司决定，设立新产品研发与技术服务中心，其主要职责为：负责与科研部门对接新产品开发工作；负责与生产厂对接产品试生产工作；负责为客户提供售后技术服务工作，根据客户意见进行再开发、再生产，形成闭环管理。新产品研发与技术服务中心的业务、考核和人事调整由公司科技与规划发展处归口负责，人员的人事关系、党组织关系、工会关系、团组织关系等依托塑料厂管理。

2020 年 11 月，科技与规划发展处对领导分工进行调整：处长孟照海主持全面工作。副处长李洪负责项目前期、项目后评价、投资计划管理、规划管理、总图土地管理工作。副处长李云涛负责信息化管理工作。副处长魏铁锋负责操作规程、HAZOP 分析、三剂技术管理（除塑料、化三的部分）。副处长李传明负责科研项目管理、新产品开发、知识产权管理、三剂技术管理（塑料、化三部分）。

5 年来，科技与规划发展处始终将科技工作与主营业务紧密结合，强化科技创新创效，助力公司提质增效：确立投资项目 189 项、总投资 65 亿元，重点实施炼油结构调整转型升级项目，实现炼油规模千万吨突破；加大"三新"技术应用力度，乙烯总产量逐年攀升，2020 年达到 131 万吨，各装置运行水平不断提升；加快自主知识产权三剂应用，消除独家剂、两家剂 57 项，并不断推动三剂国产化进程，装置竞争力不断提高；开发形成高腈 SAN 等自主知识产权生产技术，装置核心竞争力不断增强；积极引入高校、科研院所等外脑资源，优化产研结合模式，陆续开发 DGDA6097M、DMDA5402 等 22 项新产品；自主开发多种高效换热器设备，公司装备研发与制造能力不断增强；完成信息化建设项目 40 个，不断提高企业资源利用效率，为建设国内最具竞争力的炼化企业提供强有力的支撑。

截至 2020 年 12 月 31 日，科技与规划发展处设投资管理、三剂管理、规划管理、总图管理、后评价管理、新产品管理、项目前期管理、土地管理、科研管理、知识产权科技成果管理、信息化管理、操作规程与 HAZOP 分析等 12 个岗位。科技与规划发展处岗位定员 22 人，实际在册 18 人。科技与规划发展处设党支部 1 个，隶属公司机关党委，党支部共有党员 27 人，支部委员会由 3 人组成。

一、科技与规划发展处领导名录（2016.1—2020.12）

处　　　长　姜兴财（2016.1—2018.6）[1]

孟照海（2018.6—2020.12）

副　处　长　宁书贵（2016.1—2019.2）

孟照海（2016.1—2018.6）

孙连阁（2016.1—2019.2）[2]

李　洪（2016.1—2020.12）

张韧坚（正处级，2018.6—2020.4）

马长友（2018.6—2020.6）[3]

辛治溢（2019.7—2020.11）[4]

李云涛（女，2020.4—12）

李传明（2020.11—12）

魏铁锋（2020.11—12）

正处级干部　张韧坚（2020.4—12）

副处级干部　宁书贵（2019.2—2020.12）

冷铁军（2019.7—2020.12）[5]

马长友（2020.6—12）

二、科技与规划发展处党支部领导名录（2016.1—2020.12）

书　　　记　姜兴财（2016.1—2018.8）

孟照海（2018.8—2020.12）

委　　　员　姜兴财（2016.1—2018.8）

孟照海（2018.8—2020.12）

岳明丽（女，组织，高级主管，2016.1—2019.7）

---

[1]　2018 年 6 月，姜兴财改任塑料厂正处级干部。

[2]　2017 年 7 月至 2019 年 1 月期间，副处长孙连阁挂任大庆市发展和改革委员会副主任。2019 年 2 月，孙连阁改任炼油厂副处级干部。

[3]　2018 年 6 月至 2019 年 6 月期间，马长友挂任大庆市科学技术局副局长。

[4]　2020 年 11 月，辛治溢调任化工三厂副厂长。

[5]　2019 年 7 月，冷铁军由培训中心退出领导岗位后，改任科技与规划发展处副处级干部。

张　婧（女，宣传兼纪检，高级主管，2016.1—2019.7）
于家涛（组织，主管，2019.7—2020.12）
杨春华（女，宣传兼纪检，高级主管，2019.7—2020.8）
孙启虎（宣传兼纪检，主管，2020.8—12）

第九节　机动设备处（2016.1—2020.12）

　　大庆石化分公司机动设备处是 2007 年 6 月由大庆石化分公司机动设备处与大庆石油化工总厂机动工程部重组整合而成。列大庆石化分公司正处级机关职能部门。主要负责动设备、静设备、电气、仪表、计算机、水质、检修计划管理等工作。

　　截至 2015 年 12 月 31 日，机动设备处设动设备、静设备、电气、仪表自控、水质、热工、检维修、综合管理等岗位。管理岗位定员 26 人，实际在册员工 23 人。机动设备处设 1 个党支部，隶属公司机关党委，共有党员 20 人，支部委员会由 3 人组成。

　　机动设备处设处长 1 人，副处长 5 人。刘文智任处长，负责行政全面工作。顾培臣任副处长，负责水质管理和热工管理。王玉成任副处长，负责动设备日常管理。许中义任副处长，负责静设备和防腐日常管理，钱福群任副处长，负责仪表和计算机日常管理。李鹏蛟任副处长，负责电气设备及运行日常管理。

　　机动设备处主要职责是：

　　（一）负责公司生产过程中的机械、仪表、电气及检维修的管理。

　　（二）负责编制和审查年度设备大修、更新计划、月份维修计划、特种设备检验计划。

　　（三）负责公司装置大检修、设备的使用和日常检维修、设备大修、更新工作，负责生产过程中的设备受控管理。

　　（四）负责组织设备检维修规程的修订工作，负责设备管理考评和达标创优工作，负责组织设备"四新"技术的推广应用。

　　（五）负责主要设备缺陷修复及改造方案的技术审查，参与重大项目设备的规划、设计、选型的技术审查，负责设备更新费、大修费以及车辆维修费在内的材料修理费的实施过程管理。

（六）负责备件储备定额的制定，负责公司生产单位水（污水除外）汽工艺技术管理和水质管理，负责公司固定资产实物管理。

（七）负责本部门工作中的内控及 QHSE 工作。

2016 年 5 月，大庆石化分公司决定：解聘许中义的机动设备处副处长职务，其分管工作由副处长王玉成负责。

2016 年 6 月，经大庆石化分公司机关党委同意，增补李鹏蛟为机动设备处党支部委员，并对支部委员会成员分工进行调整：刘文智为党支部书记，顾培臣为组织委员，李鹏蛟为宣传兼纪检委员。调整后机动设备处党支部委员会由 3 人组成。

2018 年 6 月，大庆石化分公司决定：解聘顾培臣的公司机动设备处副处长职务。

2018 年 8 月，大庆石化分公司机关党委决定，机动设备处党支部增补王子瑜、唐华、孙长林为党支部委员，并对支部委员会成员分工进行调整：刘文智为党支部书记，王子瑜为组织委员，李鹏蛟为宣传委员，唐华为纪检委员，孙长林为群工委员。下设 3 个党小组，分别由贡学刚、周雷、刘鑫伟担任小组长。

2018 年 12 月，大庆石化分公司机关党委决定，机动设备处党支部委员会由 5 人组成，刘文智为党支部书记，王子瑜为组织委员，李鹏蛟为宣传委员，周雷为纪检委员，孙长林为群工委员。

2019 年 2 月，大庆石化分公司决定：聘任王子瑜为机动设备处副处长；解聘王玉成的机动设备处副处长职务，改任机动设备处副处级干部，其分管工作由王子瑜负责。

2019 年 12 月，大庆石化分公司决定：聘任焦庆雨为机动设备处副处长。

随后，机动设备处对领导分工进行调整：处长刘文智负责行政全面工作。副处长钱福群负责仪表管理。副处长李鹏蛟负责电气管理。副处长王子瑜负责静设备管理和动力管理。副处长焦庆雨负责动设备管理。

2020 年 6 月，大庆石化分公司决定：白天相任公司机动设备处处长；

免去刘文智兼任的公司机动设备处处长职务；免去钱福群的公司机动设备处副处长职务。

随后，机动设备处对部分领导分工进行调整：处长白天相负责行政全面工作。副处长李鹏蛟负责电气管理和仪表管理。

2020 年 7 月，大庆石化分公司机关党委决定：白天相为机动设备处党支部委员、党支部书记职务；免去刘文智的机动设备处党支部书记、党支部委员职务。

2020 年 12 月，大庆石化分公司决定：免去焦庆雨的公司机动设备处副处长职务；汲寿广任公司机动设备处副处长。

随后，机动设备处对领导分工进行调整：处长白天相负责行政全面工作。副处长李鹏蛟负责电气管理和仪表管理。副处长王子瑜负责静设备管理和动力管理。副处长汲寿广负责动设备管理。

5 年来，机动设备处积极履行部门职责，不断提高部门自身能力，较好地完成了设备管理工作任务。在制度建设方面，带领公司机动系统修订了三版《大庆石化分公司机动设备管理制度（汇编）》，为设备管理提供了遵照和依据。在基础工作方面，开展了丰富多彩的设备专业培训工作，举办了两次机电仪等专业的技能竞赛，为集团公司设备员技能大赛组织了一次试题设计和一次竞赛方案设计，组织了两次科技论文的征文工作。机电仪各专业每年都多次组织技术交流。这些工作促进了设备管理人员能力的提升和管理水平的进步。在设备现场管理方面，每年都开展设备标准化创建工作，设备面貌逐渐改善，设备管理水平逐年提高。在设备隐患攻关和问题处理方面，积极组织协调，多方协调资金资源，解决了一些急难险重的设备问题，组织了一次全公司范围的装置停工大检修工作，为公司生产经营创效做出了努力。截至 2020 年年底，公司主要设备完好率达到了 99.6%，静密封点泄漏率达到了 0.18‰，未发生上报股份公司级事故。

截至 2020 年 12 月 31 日，机动设备处设动设备管理、静设备管理、仪表管理、电气管理、动力管理、检修管理、设备综合管理等岗位。管理岗位定员 14 人，实际在册员工 16 人。机动设备处设党支部 1 个，隶属公司机关党委，共有党员 15 人，支部委员会由 5 人组成。

一、机动设备处领导名录（2016.1—2020.12）

处　　长　刘文智（2016.1—2020.5；兼任，2020.5—6）①

白天相（2020.6—12）

副 处 长　顾培臣（2016.1—2018.6）②

王玉成（2016.1—2019.2）

许中义（2016.1—5）③

钱福群（2016.1—2020.6）④

李鹏蛟（2016.1—2020.12）

王子瑜（2019.2—2020.12）

焦庆雨（2019.12—2020.12）⑤

汲寿广（2020.12）

副处级干部　王玉成（2019.2—2020.12）

二、机动设备处党支部领导名录（2016.1—2020.12）

书　　记　刘文智（2016.1—2020.7）

白天相（2020.7—12）

委　　员　刘文智（2016.1—2020.7）

顾培臣（组织，2016.1—2018.6）

许中义（宣传兼纪检，2016.1—5）

李鹏蛟（宣传兼纪检，2016.6—2018.8；宣传，
2018.8—2020.12）

王子瑜（组织，高级主管，2018.8—2019.2；组织，
2019.2—2020.12）

唐　华（女，纪检，高级主管，2018.8—12）

孙长林（群工，高级主管，2018.8—2020.12）

---

① 2020年5月至6月期间，刘文智任公司副总经理，兼任公司机动设备处处长。

② 2018年6月，顾培臣调任工程项目管理中心副主任。

③ 2016年5月，许中义调任矿区服务事业部副主任。

④ 2020年6月，钱福群调任检测信息技术中心主任。

⑤ 2020年12月，焦庆雨调任炼油厂副厂长。

周　雷（纪检，高级主管，2018.12—2020.12）

白天相（2020.7—12）

第十节　质量安全环保处—安全环保处
（2016.1—2020.12）

大庆石化分公司质量安全环保处是 2007 年 6 月由大庆石化分公司质量安全环保处与大庆石油化工总厂安全环保技术监督部重组整合而成。列大庆石化分公司正处级机关职能部门。

截至 2015 年 12 月 31 日，质量安全环保处设安全管理、环境保护管理、质量管理等岗位。1 个 HSE 咨询推进办公室，1 个安全培训基地。质量安全环保处定员 17 人，实际在册员工 18 人。质量安全环保处设 1 个党支部，隶属公司机关党委，共有党员 15 人，支部委员会由 3 人组成。

质量安全环保处设处长 1 人，副处长 3 人。崔积峰任处长，负责全面工作，主管公司的安全管理、环境保护管理、质量管理工作及处室的日常管理事务方面工作。史一君任副处长，分管安全、HSE 体系工作。华军任副处长，分管质量、质量管理体系工作。王晓枫任副处长，分管环境保护管理工作。

质量安全环保处主要职责是：

（一）贯彻执行有关安全环保、消防和职业卫生（以下简称安全环保）方面的法律法规、标准、规章制度和要求。

（二）组织或参与制修订公司安全环保管理规章制度、标准以及年度工作计划，并监督落实。

（三）组织公司 HSE 管理体系、安全标准化和清洁生产的建立、保持和持续改进。

（四）组织或参与制定并实施公司安全生产教育和培训计划，督促如实记录教育培训情况。

（五）组织或参加安全环保检查、隐患排查，制止和纠正"三违"行为，规范"三废"处理和达标排放，督促落实检查发现问题及隐患的整改。

（六）组织定期开展安全环保形势分析，协调解决安全环保管理问题。

（七）组织办理建设项目安全、环保、消防和职业卫生手续，督促建设项目符合"三同时"要求。

（八）负责交通、消防、特种设备的安全监管，负责职业卫生、放射卫生管理和工伤申报，组织和督促重大危险源、危险化学品的安全管理。

（九）负责成品质量管理，修订公司化验室管理规定。

2016年3月，大庆石化分公司决定，将质量工作管理职责由质量安全环保处调整到生产运行处。质量安全环保处的质量管理岗位及定员1人和3名工作人员划归生产运行处。质量安全环保处更名为安全环保处。

安全环保处主要职责是：

（一）负责组织安全、环保、职业卫生的宣传教育、检查、监督和考核工作；负责公司范围内装置安全评价工作。

（二）负责组织开展危害因素辨识和风险评价以及环境因素识别评价工作，监督各单位风险控制措施及环境因素控制措施制定和落实情况。

（三）负责安保基金的管理和使用，负责消防安全、厂内交通安全、隐患治理项目的管理工作。

（四）负责危险废物经营许可证管理，负责工程承包商的安全资质审查、施工安全合同签订以及执行情况的检查。

（五）负责组织清洁生产的实施，负责环境和职业卫生监测及分管安全技术装备的管理工作，负责劳动保护、职业卫生、环境保护的监督管理工作。

（六）负责配合应急管理部门组织安全、环保突发事件和紧急情况下应急预案的编制和演练；负责人身伤亡、火灾、爆炸、质量、环境污染等事故的调查、处理及工伤认定材料申报；负责各类事故汇总、统计、上报工作。

（七）负责新建、改建、扩建、大修和技改项目的安全、消防、职业卫生、环保"三同时"的监督检查。

（八）负责组织日常各类安全检查审核，并对存在问题整改情况进行跟踪落实。

（九）负责组织企业主要负责人和安全管理人员安全资格教育培训，组织特种作业人员、特种设备管理及作业人员、经营性道路货物运输驾驶员、道路危险货物运输驾驶员和押运人员、消防控制室操作人员的取证和复审工作。

（十）负责厂区外来施工承包商人员的入厂安全教育。

（十一）负责对重大隐患项目治理实施情况、检维修施工作业情况及其他存在风险作业过程的安全规章制度执行情况进行监督。

2016 年 3 月，大庆石化分公司决定：聘任崔积峰为安全环保处处长；聘任李文奇为安全环保处副处长；聘任王晓枫为安全环保处副处长；解聘华军的质量安全环保处副处长职务；解聘史一君的质量安全环保处副处长职务。

随后，安全环保处对领导分工进行调整：处长崔积峰负责全面工作，主管公司的安全管理、环境保护管理工作及处室的日常管理事务方面工作。副处长李文奇分管安全、HSE 体系工作。副处长王晓枫分管环境保护管理工作。

2016 年 6 月，大庆石化分公司机关党委决定，质量安全环保处党支部更名为安全环保处党支部。

2018 年 6 月，大庆石化分公司决定：聘任史一君为安全环保处处长；解聘崔积峰的安全环保处处长职务，其分管工作由史一君负责。

2018 年 6 月，根据工作需要，撤销 HSE 咨询推进办公室。

2018 年 8 月，经大庆石化分公司机关党委同意，安全环保处党支部增补史一君、周偁为党支部委员，并对支部委员会成员分工进行调整：史一君为党支部书记，周偁为组织兼纪检委员，孔祥宇为宣传委员。

2019 年 2 月，大庆石化分公司决定：解聘李文奇的公司安全环保处副处长职务，其分管工作由处长史一君负责。

2019 年 7 月，大庆石化分公司决定：聘任吕印达为公司安全环保处副处长。

2019 年 7 月，经大庆石化分公司机关党委同意，安全环保处党支部委员会由 3 人组成，史一君为党支部书记，何敬菊为组织兼纪检委员，孔祥宇为宣传委员。

随后，安全环保处对领导分工进行调整：处长史一君负责全面工作，主管公司的安全管理、环境保护管理以及处室的日常管理事务方面工作。副处长吕印达分管安全、HSE 体系工作。副处长王晓枫分管环境保护管理工作。

2019 年 9 月，经大庆石化分公司机关党委同意，安全环保处党支部增补王晓枫、吕印达为支部委员，并对支部委员会成员分工进行调整：史一君为党支部书记，何敬菊为组织委员，孔祥宇为宣传委员，王晓枫为纪检委员，吕印达为群工委员。

2020 年 4 月，大庆石化分公司决定：免去王晓枫的安全环保处副处长职务，改任安全环保处副处级干部，其分管工作由处长史一君负责。

2020 年 6 月，大庆石化分公司决定：刘小建任安全环保处副处长，负责环境保护管理工作。

2020 年 7 月，经大庆石化分公司机关党委同意，安全环保处党支部完成增补支委工作，党支部委员会由 5 人组成，史一君为党支部书记，何敬菊为组织委员，刘小建为纪检委员，孔祥宇为宣传委员，吕印达为群工委员。

2020 年 12 月，大庆石化分公司决定：陈树相兼任安全环保处处长；刘彬彬任安全环保处副处长；免去史一君的安全环保处处长职务；免去吕印达的安全环保处副处长职务。大庆石化分公司机关党委决定：陈树相任安全环保处党支部委员、党支部书记；免去史一君的安全环保处党支部书记、党支部委员职务。

随后，安全环保处对领导分工进行调整：处长陈树相负责全面工作，主管公司的安全管理、环境保护管理以及处室的日常管理事务方面工作。副处长刘彬彬分管安全、HSE 体系工作。副处长刘小建分管环境保护管理工作。

"十三五"期间，安全环保处认真落实国家和集团公司关于安全环保一系列工作部署和要求。主动适应并积极应对安全环保工作新要求新变化新挑战，强化底线思维、法治思维和红线意识，牢固树立"以人为本、质量至上、安全第一、环保优先"的理念。完善安全环保责任体系、健全制度标准体系，建立健全安全生产责任清单；不断夯实"三基"工作，加大 HSE 培训力度；持续深化 QHSE 体系有效运行，形成独具特色的内审工作机制，实现审核从定性定量逐步向精准延伸；持续推进双重预防机制建设，消除安全环保问题隐患，风险管控能力不断提升；坚持依法合规、强化标本兼治、严肃考核问责，扎实推进各项工作措施落实落地，实现了安全环保形势持续稳定。安全环保处多次获得集团公司"安全环保先进企业"等称号。

截至 2020 年 12 月 31 日，安全环保处设安全管理、环保管理两个专业。1 个安全培训基地。安全环保处岗位定员 14 人，实际在册员工 13 人。安全环保处设 1 个党支部，隶属公司机关党委，共有党员 15 人，支部委员会由 4 人组成。

一、质量安全环保处—安全环保处领导名录（2016.1—2020.12）

处　　　长　　崔积峰（2016.1—2018.6）[①]

　　　　　　　史一君（2018.6—2020.12）[②]

　　　　　　　陈树相（兼任，2020.12）

副　处　长　　史一君（2016.1—3）[③]

　　　　　　　华　军（女，2016.1—3）[④]

　　　　　　　王晓枫（2016.1—2020.4）

　　　　　　　李文奇（2016.3—2019.2）[⑤]

　　　　　　　吕印达（2019.7—2020.12）[⑥]

　　　　　　　刘小建（2020.6—12）

　　　　　　　刘彬彬（2020.12）

副处级干部　　王晓枫（2020.4—12）

二、质量安全环保处—安全环保处党支部领导名录（2016.1—2020.12）

书　　　记　　崔积峰（2016.1—2018.8）

　　　　　　　史一君（2018.8—2020.12）

　　　　　　　陈树相（2020.12）

委　　　员　　崔积峰（2016.1—2018.8）

　　　　　　　陶德彦（组织兼纪检，主管，2016.1—2018.8）

　　　　　　　孔祥宇（宣传，高级主管，2016.1—2020.12）

　　　　　　　史一君（2018.8—2020.12）

---

① 2018 年 6 月，崔积峰调任法律事务与企管处（内控与风险管理处）副处长（正处级，主持工作）。

② 2020 年 12 月，史一君任消防支队二级正职干部。

③ 2016 年 3 月，史一君调任客运中心党委书记、纪委书记。

④ 2016 年 3 月，华军改任化工一厂副处级干部。

⑤ 2019 年 2 月，李文奇调任保卫部党委委员、党委书记。

⑥ 2020 年 12 月，吕印达调任化肥厂党委委员、副厂长。

周　偶（组织兼纪检，主管，2018.8—2019.7）

何敬菊（女，组织兼纪检，主管，2019.7—9；

组织，主管，2019.9—2020.12）

王晓枫（纪检，2019.9—2020.4）

吕印达（群工，2019.9—2020.12）

刘小建（纪检，2020.7—12）

陈树相（2020.12）

第十一节　法律事务与企管处（内控与风险管理处）
（2016.1—2020.12）

法律事务与企管处（内控与风险管理处）的前身是企管法规处。2007年6月，由大庆石化分公司企管法规处与大庆石油化工总厂企业管理与法律事务部整合成立。列大庆石化分公司正处级机关职能部门。2010年8月，企管法规处更名为法律事务与企管处（内控与风险管理处），实行一个机构两块牌子。

截至2015年12月31日，法律事务与企管处（内控与风险管理处）设合同管理、资本运营、股权管理、制度管理、企业管理、法律事务、内控管理、招标管理等岗位。法律事务与企管处（内控与风险管理处）设经营性企业管理办公室挂靠机构1个，设市场管理、经营管理等岗位。管理岗位定员14人，实际在册员工17人。法律事务与企管处（内控与风险管理处）设1个党支部，隶属公司机关党委，共有党员12人，支部委员会由3人组成。

法律事务与企管处（内控与风险管理处）设处长1人，副处长3人。孟祥山任处长，负责处室全面工作及机关业绩考核、荣誉称号奖励、企业管理创新、招标管理工作。李德仁任副处长，负责公司股权管理、法人实体清理、经营性企业管理及相关的企业管理工作。丁汉明任副处长、公司副总法律顾问，负责诉讼管理、合同管理、普法教育、工商法律事务和房屋土地出租管理工作。谷云龙任副处长，负责公司内控管理、规章制度和文明生产管理工作。

法律事务与企管处（内控与风险管理处）主要职责是：

（一）负责为公司重大经营决策提供法律意见，负责对有关决议、制度及其他重要法律文件合法性进行审查，负责公司法律纠纷案件的代理、管理，负责司法协助事宜，负责公司合规管理、普法教育、法律风险风控工作。

（二）负责公司合同管理工作，对各类经济合同签订及付款进行法律审查。

（三）负责公司工商法律事务管理工作，工商年报、变更、注销，负责公司商标使用和保护工作。

（四）负责公司机关部门业绩考核工作，负责公司各种荣誉称号奖励工作。

（五）负责公司内控与风险管理工作，对内部控制体系设计和运行情况进行监督、管控。

（六）负责公司文明生产管理工作，对相关业务处室文明生产管理工作予以协调、指导。

（七）负责公司企业管理协会工作，负责企业管理创新工作推进和管理创新成果、优秀论文评审、向上级单位推荐工作。

（八）负责公司股权投资、增资，股权代表、专（兼）职董事和监事的管理，股权投资管理，股权处置及法人实体清理工作，负责公司房屋土地出租工作，负责制定、修改股权管理相关规定及房屋土地出租相关规定。

（九）负责组织制定公司招标管理规定及管理实施细则，负责招标方案、可不招标事项、单一来源采购和招标结果的审核或审批以及合同审核，负责公司招标评标专家库建设及专家考核，负责招标工作的检查、监督及考核。

（十）负责对经营性企业的经营管理进行指导、协调；负责经营性企业在全公司范围内互供产品名录的补充、修订和完善工作；负责公司深化改革相关工作以及处僵治困、托管未上市业务亏损治理及厂办大集体改革、退休人员社会化管理等具体工作。

（十一）负责公司规章制度管理工作，负责公司体系融合管理工作。

（十二）负责公司提质增效工作，组织建立公司提质增效领导机构以及制定并完善提质增效年度工作计划和考核细则，并组织实施与考核。

（十三）负责公司对标管理工作，组织建立公司对标领导机构以及制定并完善对标管理制度和考核细则，编制对标工作年度计划并组织实施。

（十四）负责公司班组经济核算管理工作，建立班组经济核算运行和考核机制，并组织实施。

2016年3月，大庆石化分公司决定：聘任李德仁为法律事务与企管处（内控与风险管理处）副处级干部，解聘其法律事务与企管处（内控与风险管理处）副处长职务。

2016年5月，大庆石化分公司决定：聘任李想为法律事务与企管处（内控与风险管理处）副处长，负责经营性企业管理、扭亏解困、全公司的挖潜增效、深化改革、股权管理、房屋土地出租管理。

2018年6月，大庆石化分公司决定：聘任崔积峰为法律事务与企管处（内控与风险管理处）副处长（正处级、主持工作）。

2018年8月，经大庆石化分公司机关党委同意，法律事务与企管处党支部增补崔积峰为支部委员，并对支部委员会成员分工进行调整：崔积峰为党支部书记，于丽娜为组织委员，李想为宣传兼纪检委员。

2018年11月，大庆石化分公司决定：聘任孙洪星为法律事务与企管处（内控与风险管理处）副处长；解聘丁汉明的公司副总法律顾问、法律事务与企管处（内控与风险管理处）副处长职务，其分管工作由孙洪星负责。

2018年12月，经大庆石化分公司机关党委同意，法律事务与企管处党支部委员会由3人组成，崔积峰为党支部书记，于丽娜为组织委员，李想为宣传兼纪检委员。

2019年2月，大庆石化分公司决定：聘任崔积峰为法律事务与企管处（内控与风险管理处）处长，负责处室全面工作；解聘孟祥山的法律事务与企管处（内控与风险管理处）处长职务。

2019年5月，副处级干部李德仁退休。

2020年4月，大庆石化分公司决定：王威任公司法律事务与企管处（内控与风险管理处）处长；免去崔积峰的公司法律事务与企管处（内控与风险管理处）处长职务，调大庆华科股份有限公司工作，其分管工作由处长王威负责。

2020年12月，大庆石化分公司决定：免去李想的公司法律事务与企管处（内控与风险管理处）副处长职务。

随后，法律事务与企管处（内控与风险管理处）对领导分工进行调整：处长王威负责全面工作及机关业绩考核、企业管理创新、招标管理工作、深化改革。副处长谷云龙负责公司内控管理、规章制度、文明生产管理、房屋土地出租管理、股权管理、法人实体清理、对标管理、对标一流、基层建设。副处长孙洪星负责经营性企业管理、法治教育、纠纷案件、合同管理、合规管理、工商管理等法律事务。

5年来，法律事务与企管处积极履行和发挥部门职能，坚持依法合规治企，深化法治教育和合规管理，编制《大庆石化分公司法治宣传教育第七个五年规划（2016—2020年）》，加强法律风险岗位防控，减少和避免纠纷案件的发生，承办纠纷案件134起，为公司避免和挽回经济损失5700余万元。完善制度体系建设，全面梳理优化现有规章制度，制度总数由原380项优化整合到261项，推进综合管理体系融合工作，编制完成《管理体系手册》，形成全面覆盖、无缝对接的制度体系。开展全面风险管理，编制年度风险管理报告及重大风险管控措施，内部控制体系设计和运行有效，合同经济、技术、法律三项审查率达到100%，事后合同发生率降到2%以下。未上市托管业务改革稳中向好，全面完成处僵治困工作，分流安置1663人，资产负债率降到90%以下的合理水平，有效提升未上市企业的创效能力和资产收益。加强管理创新实践和成果有形转化，有效推动对标管理、文明生产管理、精益生产管理等管理创新工作与企业管理深度融合。

截至2020年12月31日，法律事务与企管处（内控与风险管理处）内设法律事务、合同管理、股权管理、制度管理、内控管理、招标管理、经营性企业管理、文明生产管理、管理创新等岗位。设经营性企业管理办公室挂靠机构1个。管理岗位定员9人，实际在册员工15人。法律事务与企管处设党支部1个，隶属公司机关党委，共有党员14人，支部委员会由3人组成。

期间：2016年12月，法律事务与企管处（内控与风险管理处）处长孟祥山当选大庆市第十届人民代表大会代表。

一、法律事务与企管处（内控与风险管理处）领导名录（2016.1—2020.12）

处　　　长　孟祥山（2016.1—2019.2）[①]

崔积峰（2019.2—2020.4）[②]

王　威（生于1972年，2020.4—12）

副　处　长　李德仁（2016.1—3）

丁汉明（2016.1—2018.11）[③]

谷云龙（2016.1—2020.12）

李　想（2016.5—2020.12）

崔积峰（正处级，主持工作，2018.6—2019.2）

孙洪星（2018.11—2020.12）

副总法律顾问　丁汉明（副处级，2016.1—2018.11）

正处级干部　陈开奎（2020.4—12）[④]

副处级干部　李德仁（2016.3—2019.5）[⑤]

二、法律事务与企管处（内控与风险管理处）党支部领导名录（2016.1—2020.12）

书　　　记　孟祥山（2016.1—2018.8）

崔积峰（2018.8—2020.4）

王　威（2020.4—12）

委　　　员　孟祥山（2016.1—2018.8）

崔积峰（2018.8—2020.4）

王　威（2020.4—12）

---

① 2018年7月至2019年2月期间，孟祥山借调集团公司工作。2019年2月，孟祥山改任纪委（监察处）正处级干部。

② 2020年4月，崔积峰调大庆华科股份有限公司工作。

③ 2018年11月，丁汉明调任实业公司副总经理。

④ 2020年4月，陈开奎由公司总经理助理职务退出领导岗位后，改任法律事务与企管处正处级干部，同时任华科股份有限公司董事。

⑤ 2019年5月，副处级干部李德仁退休。

李　想（宣传，高级主管，2016.1—5；宣传，
　　　　2016.5—2018.8；宣传兼纪检，2018.8—
　　　　2020.12）

于丽娜（女，纪检，高级主管，2016.1—2018.8；
　　　　组织，高级主管，2018.8—2020.12）

第十二节　审计处（2016.1—2020.12）

大庆石化分公司审计处是 2007 年 6 月由大庆石化分公司内控审计处与大庆石油化工总厂审计部重组整合而成，列大庆石化分公司正处级机关职能部门。

截至 2015 年 12 月 31 日，审计处内设审计审理业务岗位，另设 1 个附属机构：审计中心，内设工程审计、财务审计岗位。审计处管理岗位定员 10 人，实际在册员工 10 人。审计中心管理岗位定员 14 人，实际在册员工 14 人。审计处设 1 个党支部，隶属公司机关党委，共有党员 22 人，支部委员会由 5 人组成。

审计处设处长 1 人，副处长 2 人。刘传明任处长，负责全面工作，分管审计审理。罗亚凤任副处长，分管工程审计。张文红任副处长兼审计中心主任，分管财务审计。

审计处的主要职责是：

（一）对公司财务收支、资产管理以及其他有关的经济活动进行审计。

（二）对公司所属单位主要负责人进行经济责任审计。

（三）对公司基本建设、技术改造、安全隐患治理及检维修等建设项目开展竣工决算或结算审计。

（四）对重点业务领域开展管理效益审计。

（五）对审计发现问题整改情况进行监督检查。

（六）负责完成上级部门或公司指定的其他审计事项。

2016 年 5 月，大庆石化分公司决定：聘任邵波为审计处副处长、审计中心主任；解聘张文红的审计处副处长、审计中心主任职务，其分管工作由

邵波负责。

2016年6月，经大庆石化分公司机关党委同意，增补邵波为审计处党支部委员，并对支部委员会成员分工进行调整：刘传明为党支部书记，邵波为组织委员，李晓红为宣传委员，罗亚凤为纪检委员，陈健为群工委员。调整后审计处党支部委员会由5人组成。

2017年4月，正处级干部祝甦退休。

2019年2月，大庆石化分公司决定：解聘罗亚凤的审计处副处长职务，改任审计处副处级干部，其分管工作由邵波负责。

2019年4月，经大庆石化分公司机关党委同意，审计处党支部委员会由原来的5人调整为3人，并对支部委员会成员分工进行调整：刘传明为党支部书记，邵波为组织委员，陈健为宣传兼纪检委员。

2019年7月，大庆石化分公司决定：聘任聂玉龙为公司审计处副处长。

随后，审计处对领导分工进行调整：处长刘传明负责全面工作，分管审计审理。副处长邵波分管工程审计工作。副处长聂玉龙分管财务审计工作。

2019年12月，经大庆石化分公司机关党委同意，增补聂玉龙、张义辉为审计处党支部委员，并对支部委员会成员分工进行调整：刘传明为党支部书记，邵波为组织委员，聂玉龙为纪检委员，陈健为宣传委员，张义辉为群工委员。调整后审计处党支部委员会由5人组成。

5年来，审计处深入贯彻落实集团公司审计工作总体部署和要求，坚持围绕中心、服务大局，突出"严、细、实"工作标准，以控风险、促管理、提效益为目标，加强审计队伍建设，优化资源配置，统筹项目组织，持续强化审计质量控制和监督效能。共完成审计项目83个，审计项目覆盖公司生产经营管理多个领域，发现企业在经营管理、资产管理、存货管理、财务核算、合同管理、项目建设、工程结算等方面各类问题360多个，提出审计建议270余条，均得到有效落实。为企业挽回直接经济损失及纠正问题金额20909万元，取得良好审计成效。在防范企业经营风险、强化内部控制、完善公司治理和增加企业价值等方面发挥了重要的审计监督作用，为实现企业稳健发展提供了有力的审计保障。

截至2020年12月31日，审计处内设审计审理业务岗位，设附属机构1个：审计中心。审计中心内设工程审计、财务审计岗位。审计处定员14

人，其中审计处管理岗位定员 5 人，审计中心管理岗位定员 9 人。审计处实际在册员工 13 人。审计处设党支部 1 个，隶属公司机关党委，共有党员 13 人，支部委员会由 5 人组成。

一、审计处领导名录（2016.1—2020.12）

处　　　长　刘传明（2016.1—2020.12）

副　处　长　罗亚凤（女，2016.1—2019.2）

　　　　　　张文红（女，2016.1—5）[①]

　　　　　　邵　波（2016.5—2020.12）

　　　　　　聂玉龙（2019.7—2020.12）

正处级干部　祝　甦（2016.1—2017.4）[②]

副处级干部　罗亚凤（2019.2—2020.12）

二、审计处党支部领导名录（2016.1—2020.12）

书　　　记　刘传明（2016.1—2020.12）

委　　　员　刘传明（2016.1—2020.12）

　　　　　　罗亚凤（组织，2016.1—6；纪检，2016.6—2019.2）

　　　　　　张文红（纪检，2016.1—5）

　　　　　　邵　波（组织，2016.6—2020.12）

　　　　　　李晓红（女，宣传，高级主管，2016.1—2019.4）

　　　　　　陈　健（女，群工，主管，2016.1—2019.4；宣传兼
　　　　　　　　　　纪检，高级主管，2019.4—12；宣传，高级
　　　　　　　　　　主管，2019.12—2020.12）

　　　　　　聂玉龙（纪检，2019.12—2020.12）

　　　　　　张义辉（群工，高级主管，2019.12—2020.12）

三、副处级附属单位：审计中心（2016.1—2020.12）

审计中心为审计处附属单位，机构规格副处级。主要负责工程审计、财务审计等工作。截至 2020 年 12 月 31 日，人员编制 6 人，共有党员 6 人。

---

① 2016 年 5 月，张文红调任公司财务处副处长、矿区财务资产部部长。

② 2017 年 4 月，正处级干部祝甦退休。

党组织关系隶属公司机关党委。

  主　　任　张文红（2016.1—5）
　　　　　　　邵　波（2016.5—2020.12）

第十三节　工会（2016.1—2020.12）

2007年6月，大庆石化分公司与大庆石油化工总厂重组整合为大庆石化分公司，同时成立大庆石化分公司工会。

截至2015年12月31日，公司工会机关设生产管理、生活管理、组织民管、体协、秘书文书5个管理岗位和财务科（公司财务处派驻）。同时负责公司文体活动中心管理工作。公司工会管理岗位定员6人，实际在册8人。工会设党支部1个，隶属公司机关党委，共有党员60人，支部委员会由7人组成。

公司工会设主席1人，副主席2人。孙玉彬任公司工会主席，负责工会全面工作。张义斌任副主席，分管组织民管、生活管理、宣教、文联、信息化、经审委和二级单位工会主席离任审计以及负责业务的财务报销审批，分管拓展培训中心和帮扶超市，并负责主持工会（文体活动中心）党支部全面工作，分管文体活动中心企业文化部。马振祥任副主席，分管生产管理、秘书文书、体协、财务管理、资产管理以及负责业务的财务报销审批，并分管文体活动中心办公室和工会下属企业乙烯电影城和惠源公司。副处级干部王淑芹负责海南、肇庆疗养院资产管理，工会和矿区东城领秀商服出租工作及工会领导安排的其他专项工作。牛晓光任文体活动中心主任，分管公司工会女工工作。

公司工会主要职责是：

（一）负责组织开展基层工会组织建设，企业民主管理、企务公开。

（二）协助和督促企业做好劳动保险、劳动保护，参与协调劳动关系和劳动争议的调解。

（三）开展走访慰问、扶贫帮困、劳动竞赛、群众性合理化建议和文体活动，评选劳动模范。

（四）维护女工的合法权益和特殊利益等工作。

2016年3月，公司工会对领导分工进行调整：主席孙玉彬主持工会全面工作。副主席张义斌主持公司工会（文体活动中心）党支部日常工作，负责公司工会组织民管、保护保障、宣教文联工作、工会（文体活动中心）计划经营及房屋租赁工作，分管组织民管部、生活部、党群工作部、计划经营科、文联办公室和负责业务的财务报销审批，负责帮扶超市、乙烯电影城、惠源公司日常经营管理工作。副主席马振祥负责公司工会经济技术、秘书文书、体育活动管理和财务日常管理、工会（文体活动中心）的信息化建设工作，分管生产部、综合部、财务科、体协、信息技术科和负责业务的财务报销审批。公司工会副处级干部王淑芹不再承担海南、肇庆疗养院资产管理以及工会和矿区东城领秀商服出租工作，承担工会主席临时交办的其他工作。文体活动中心主任牛晓光负责公司工会女工工作、拓展培训工作。

2017年9月，副处级干部王淑芹退休。

2018年8月，经大庆石化分公司机关党委同意，工会党支部增补李秀峰为支部委员，并对支部委员会成员分工进行调整：张义斌为党支部书记，马振祥、牛晓光为党支部副书记，徐辉为组织委员，李秀峰为宣传委员，何颖为纪检委员，马丛起为群工委员。调整后工会党支部委员会由7人组成。

2019年2月，大庆石化分公司党委决定：张满会任公司工会副主席；免去马振祥的公司工会副主席职务，改任公司工会副处级干部。

随后，公司工会对领导分工进行调整：主席孙玉彬主持工会全面工作。副主席张义斌主持公司工会（文体活动中心）党支部日常工作，负责公司工会组织民管、宣教、文联体协工作，分管组织民管部、宣教部、文联体协和负责业务的财务报销审批，负责工会（文体活动中心）党群工作部和乙烯电影城工作。副主席张满会负责公司工会经济技术、维护保障、秘书文书、公司退养家属和工会（文体活动中心）的信息化建设，分管生产部、综合部、生活部、经费审查、信息技术和负责业务的财务报销审批等工作。文体活动中心主任牛晓光负责公司工会女工委员会工作，负责文体活动中心全面工作。

2019年4月，经大庆石化分公司机关党委同意，工会党支部增补张满会为支部委员，并对支部委员会成员分工进行调整：张义斌为党支部书记，牛晓光为党支部副书记，张满会为组织委员，徐辉为宣传委员，何颖为纪检委员，李秀峰为群工委员，马丛起为青年委员。

2019年7月，大庆石化分公司决定，将公司机关工会职能由企业文化处（党委宣传部、团委）划转到公司工会。

2019年7月，大庆石化分公司党委决定：张满会任公司机关工会主席；免去何剑镔的公司机关工会主席职务。

2020年10月，经大庆石化分公司机关党委同意，工会党支部改建为党总支。

2020年11月，大庆石化分公司决定：免去牛晓光的公司文体活动中心主任职务，改任公司工会副处级干部。

2020年12月，大庆石化分公司决定：吴波任公司文体活动中心主任。同月，经大庆石化分公司机关党委同意，工会党总支委员会由7人组成，张义斌为党总支书记，张满会为党总支副书记，徐辉为党总支组织委员，何颖为党总支纪检委员，李秀峰为党总支宣传委员，马丛起为党总支群工委员，杨昕为党总支生活委员。

2020年12月，经大庆石化分公司机关党委同意，工会党总支下设2个党支部并选举党支部委员。工会党总支龙凤支部委员会由5人组成，张义斌为党支部书记，黄丽为组织委员，杨立国为纪检委员，杨昕为宣传委员，刘文慧为群工委员；工会党总支兴化支部委员会由5人组成，张满会为党支部书记，徐辉为组织委员，王兴录为纪检委员，韩阳为宣传委员，郑伟东为群工委员。

5年来，公司工会各项工作取得突破进展，工会党的建设取得实质进展，员工政治建设有方向，民主管理凝心聚力构建和谐。共立提案224个，落实率100%。经济技术创新活动深入开展，主力军作用充分发挥，共征集合理化建议1417条，优秀建议591条，"五小"成果1380项，绝招绝技50项，产生行业状元131人。精神领航劳模作用充分发挥，员工干事创业有榜样，获得全国劳动模范1人，全国五一劳动奖章1人，黑龙江省劳动模范4人，中央企业劳动模范1人，集团公司劳动模范8人，黑龙江省五一劳动奖章6人。帮扶精准实施形成特有模式，幸福工程满足多元需求，提升员工归属感、获得感和幸福感。文体活动创新开展，员工宣教、巾帼建功系列活动更具内涵，自身建设和组织战斗力明显增强，有力助推"十三五"目标落实。

截至 2020 年 12 月 31 日，公司工会机关设生产管理、生活管理、组织民管、文体管理 4 个管理岗位和财务科（公司财务处派驻）。同时负责文体活动中心管理工作。机关管理岗位定员 5 人，在册员工 7 人。工会设党总支 1 个，隶属公司机关党委，党总支下设党支部 2 个，共有党员 67 人。党总支委员会由 7 人组成，每个支部委员会由 5 人组成。

一、公司工会领导名录（2016.1—2020.12）

主 席 孙玉彬（2016.1—2020.12）

副 主 席 张义斌（2016.1—2020.12）

马振祥（2016.1—2019.2）

张满会（2019.2—2020.12）

正处级干部 马振祥（2019.2—2020.12）

副处级干部 王淑芹（女，2016.1—2017.9）[①]

牛晓光（女，2020.11—12）

机关工会领导名录（2019.7—2020.12）

主 席 张满会（2019.7—2020.12）

二、工会党支部、工会党总支（2016.1—2020.12）

（一）工会党支部领导名录（2016.1—2020.12）

书 记 张义斌（2016.1—2020.12）

副 书 记 马振祥（2016.1—2019.2）

牛晓光（2016.1—2020.12）

委 员 张义斌（2016.1—2020.12）

马振祥（2016.1—2019.2）

牛晓光（2016.1—2020.12）

---

① 2017 年 9 月，副处级干部王淑芹退休。

何　颖（女，组织，人事管理组主任，2016.1—2018.8；
纪检，人事管理组主任，2018.8—2020.12）

徐　辉（女，宣传，党群管理组主任，2016.1—
2018.8；组织，党群管理组主任，2018.8—
2019.4；宣传，党群管理组主任，2019.4—
2020.12）

李友安（纪检，放映员，2016.1—2017.3）

马丛起（群工，救生员，2016.1—2019.4；青年，
助理主办，2019.4—2020.12）

李秀峰（宣传，组织民管，2018.8—2019.4；群工，
组织民管，2019.4—2020.12）

张满会（组织，2019.4—2020.12）

（二）工会党总支领导名录（2020.12）[①]

书　　　记　张义斌（2020.12）

副　书　记　张满会（2020.12）

委　　　员　张义斌（2020.12）

张满会（2020.12）

徐　辉（组织，党群管理组主任，2020.12）

何　颖（纪检，人事管理组主任，2020.12）

李秀峰（宣传，组织民管，2020.12）

马丛起（群工，助理主办，2020.12）

杨　昕（生活，主管，2020.12）

工会党总支所属党支部：

1. 龙凤党支部名录（2020.12）

书　　　记　张义斌（2020.12）

委　　　员　张义斌（2020.12）

黄　丽（女，组织，主办，2020.12）

杨立国（女，纪检，主办，2020.12）

---

① 2020年10月，工会党支部改建为党总支。2020年12月，经公司机关党委同意，成立党总支委员会。

杨　昕（宣传，主管，2020.12）

刘文慧（女，群工，高级主管，2020.12）

2.兴化党支部名录（2020.12）

书　　记　张满会（2020.12）

委　　员　张满会（2020.12）

徐　辉（组织，党群管理组主任，2020.12）

王兴录（纪检，主办，2020.12）

韩　阳（女，宣传，主管，2020.12）

郑伟东（群工，助理主办，2020.12）

第十四节　维护稳定工作办公室（武装部）
（2016.1—2020.12）

大庆石化分公司维护稳定工作办公室是2007年6月由大庆石化分公司维护稳定工作办公室与大庆石油化工总厂维护稳定工作办公室重组整合而成。列大庆石化分公司正处级机关职能部门。2010年8月，大庆石化分公司决定，武装部挂靠维护稳定工作办公室，其业务相对独立。2012年3月，维护稳定工作办公室与武装部合并办公，实行一个机构两块牌子。

截至2015年12月31日，维护稳定工作办公室（武装部）设信访接待、协调督办、610管理、网络舆情、综合治理、政策调研、综合信息、人防与军事管理等岗位。在册员工36人，其中管理岗位定员16人。维护稳定工作办公室（武装部）设1个党支部，隶属公司机关党委，共有党员21人，支部委员会由3人组成。

维护稳定工作办公室（武装部）设主任（部长）1人，副主任2人。王发胜任维护稳定工作办公室主任、武装部部长，负责全面工作。刘奎任副主任，负责综治工作。周永青任副主任，负责信访工作。

维护稳定工作办公室（武装部）主要职责是：

（一）负责贯彻落实国家、省市、集团公司有关信访、综合治理、防恐防爆、反邪教、网络舆情、人民武装等工作的政策和措施，负责维稳工作规章制度的制定和实施。

（二）负责公司信访接待和受理工作，转办、处理上级部门信访事项和公司领导批示的信访事项，宣传解释、收集整理信访事项涉及的法律法规和有关规章制度。

（三）负责公司信访事项协调督办工作，跟踪、督办信访诉求的落实和解决情况，协调相关部门答复、处理有关信访事项，组织召开维稳联席会议，协调政府部门对接信访稳定政策，研究疑难诉求和重大信访事项。

（四）负责公司社会治安综合治理工作，开展平安建设等综合治理活动，检查指导保卫部门的治安防范工作，"三防"措施的落实。

（五）负责公司反邪教工作，开展反邪教工作宣传工作，制定反邪教消除、化解措施和工作预案。

（六）负责公司维稳信息化工作，公司网络舆情监测和公共信息采集的组织、监督等工作。

（七）负责公司民兵预备役部队组织调整，战备资源储备，人民防空战略规划，地下人防工程的管理使用及维护开发，民兵预备役训练。

（八）负责本部门工作中的内控及 QHSE 工作。

2016 年 3 月，大庆石化分公司决定：解聘周永青的维护稳定工作办公室副主任职务，改任维护稳定工作办公室副处级干部。

2016 年 5 月，大庆石化分公司决定：聘任贾英为维护稳定工作办公室副主任，负责信访工作。

2016 年 6 月，经大庆石化分公司机关党委同意，增补祝清林、王岩峰为维护稳定工作办公室（武装部）党支部委员，并对支部委员会成员分工进行调整：王发胜为党支部书记，祝清林为组织委员，王岩峰为宣传兼纪检委员。调整后维护稳定工作办公室（武装部）党支部委员会由 3 人组成。

2017 年 12 月，大庆石化分公司决定：解聘刘奎的维护稳定工作办公室副主任职务，其分管工作由主任王发胜负责。

2019 年 1 月，副处级干部周永青退休。

2019 年 2 月，大庆石化分公司决定：聘任王永波为维护稳定工作办公室副主任；解聘贾英的维护稳定工作办公室副主任职务，改任维护稳定工作办公室副处级干部，其分管工作由王永波负责。

2019 年 7 月，大庆石化分公司决定：聘任张永林为维护稳定工作办公室副主任。

2019 年 7 月，经大庆石化分公司机关党委同意，维护稳定工作办公室（武装部）党支部委员会由 3 人组成，王发胜为党支部书记，王永波为组织委员，祝清林为宣传兼纪检委员。

2019 年 9 月，经大庆石化分公司机关党委同意，维护稳定工作办公室（武装部）党支部增补张永林、张海龙为支部委员，并对支部委员会成员分工进行调整：王发胜为党支部书记，王永波为组织委员，祝清林为宣传委员，张永林为纪检委员，张海龙为群工委员。

2020 年 11 月，大庆石化分公司决定：王永波任维护稳定工作办公室主任；免去王发胜的维护稳定工作办公室主任职务，改任维护稳定工作办公室正处级干部，其分管工作由王永波负责。大庆石化分公司党委决定：王永波任公司武装部部长、610 办公室主任；免去王发胜的公司武装部部长、610 办公室主任职务。大庆石化分公司机关党委决定：王永波任维护稳定工作办公室党支部委员、党支部书记；免去王发胜的维护稳定工作办公室党支部书记、党支部委员职务。

5 年来，各级领导高度重视，齐抓共管，耐心做好政策解答和矛盾化解，经过全公司上下的共同努力，圆满完成"两会"、新中国成立 70 周年等一系列重点阶段和敏感时期的维稳安保工作任务，化解了李化平、张阳、张鹏等一批上访 10 余年的信访积案，平稳处置了"三供一业"移交、小区改造、退休职工社会化等改革过程中出现的不稳定问题，历史不稳定因素都处于稳定状态，使公司大局始终处于可控之中。以加大宣传教育工作为主线，树立"员工平安则企业平安"的平安建设理念，在企业辖区、员工周边营造浓厚的平安氛围，员工远离毒品、套路贷、黑恶势力意识不断加强。贯彻落实集团公司各项部署，密切关注网络，舆情动向主动权得到把握，连续 5 年受到集团公司电报嘉勉。以创建无邪教车间为载体，落实政治责任，邪教转化工作明显。强化军事训练，不断调整编兵整组思路，既保证军事训练合理编兵，又不影响正常生产经营，人民武装更加规范，为公司高质量发展做出了重要贡献。

截至 2020 年 12 月 31 日，维护稳定工作办公室（武装部）设维稳督导、信访接待、协调督办、国家安全协调、维稳信息、综合治理、政策调研、综合信息、人防与军事管理等岗位。维护稳定工作办公室定员12人，武装部定员19人（其中管理岗位定员5人），在册员工31人。维护稳定工作办公室（武装部）设党支部1个，隶属公司机关党委，共有党员20人，支部委员会由4人组成。

期间：2016年12月，信访接待科科长刘召鹏当选大庆市第十届人民代表大会代表。

一、维护稳定工作办公室（武装部）领导名录（2016.1—2020.12）

主　任（部　长）　王发胜（2016.1—2020.11）

王永波（2020.11—12）

副主任（副部长）　刘　奎（2016.1—2017.12）①

周永青（女，2016.1—3）

贾　英（女，2016.5—2019.2）

王永波（2019.2—2020.11）

张永林（2019.7—2020.12）

610办公室主任　王发胜（兼任，2016.1—2020.11）

王永波（兼任，2020.11—12）

正 处 级 干 部　杨宪龙（2019.7—2020.12）②

王发胜（2020.11—12）

副 处 级 干 部　周永青（2016.3—2019.1）③

贾　英（2019.2—2020.12）

二、维护稳定工作办公室（武装部）党支部领导名录（2016.1—2020.12）

书　　　　记　王发胜（2016.1—2020.11）

王永波（2020.11—12）

委　　　　员　王发胜（2016.1—2020.11）

王永波（组织，2019.7—2020.11；2020.11—12）

---

① 2017年12月，刘奎调任化工二厂党委副书记、纪委书记、工会主席。

② 2019年7月，杨宪龙由培训中心退出领导岗位后，改任维护稳定工作（武装部）办公室正处级干部。

③ 2019年1月，副处级干部周永青退休。

贾　英（宣传兼纪检，高级主管，2016.1—5；
　　　　宣传兼纪检，2016.5—6）

张永林（纪检，2019.9—2020.12）

王东伟（组织，高级主管，2016.1—6）

祝清林（组织，高级主管，2016.6—2019.7；宣传
　　　　兼纪检，高级主管，2019.7—9；宣传，
　　　　高级主管，2019.9—2020.12）

王岩峰（宣传兼纪检，主办，2016.6—2019.7）

张海龙（群工，高级主管，2019.9—2020.12）

第十五节　工程管理部（2016.1—2020.12）

工程管理部的前身是大庆石化分公司工程项目管理部。2007年6月，工程项目管理部更名为工程管理处，列大庆石化分公司正处级机关职能部门。2010年8月，将工程管理处与工程招投标代理中心整合为工程项目管理部（工程招投标代理中心），实行一个机构两块牌子，列正处级机关直属机构。2011年3月，撤销工程招投标代理中心，其业务及人员划归新成立的招投标管理中心管理，将工程项目管理部（工程招投标代理中心）更名为工程管理部。仍列正处级直属机构。

截至2015年12月31日，工程管理部设计划管理、设计管理、合同管理、施工管理、HSE管理、竣工验收管理及"三同时"管理等岗位。定员12人，实际在册24人，借用49人。工程管理部设1个党支部，隶属公司机关党委，共有党员18人，支部委员会由3人组成。

工程管理部设主任1人，副主任3人。李龙江任主任，负责全面工作。孙玉林任副主任，负责设计管理。刘跃明任副主任，负责计划、统计、招标、合同（监理、施工）、结算、承包商管理。迟宏文任副主任，负责施工管理、质量管理。借用副处级干部李文奇，负责施工管理、HSE管理及所管项目的质量管理及投资控制。

工程管理部主要职责是：

（一）负责制定完善公司建设工程项目管理制度及规定，负责建设工程项目实施阶段的计划制订、组织协调、检查指导和监督考核工作。

（二）负责组织建设工程项目"质量、安全、进度、投资"目标分解、落实和考核工作。

（三）负责确定建设工程项目组织管理模式，负责建设工程项目经理部的组建、调整和职责确定。

（四）负责建设工程项目实施阶段的计划及统计管理工作，组织编制年度实施计划、统计报表，负责组织对承包商资质审查、准入和定期评价工作。

（五）负责建设工程项目实施阶段的设计管理工作，组织建设工程项目基础设计、详细设计和设计审查工作。

（六）负责建设工程项目实施阶段的施工管理工作，组织编制建设工程项目总体部署，审批施工组织设计。

（七）负责建设工程项目实施阶段的技术措施、设计变更、材料代用和预算外工程量确认、签证及审批工作。

（八）负责组织、协调、检查建设工程项目实施阶段的安全环保管理工作。

（九）负责协调建设工程项目实施阶段的安全、环保、消防和职业卫生设施的"三同时"工作。

（十）负责建设工程项目设计、监理、施工招投标协调及合同管理工作。

（十一）负责组织建设工程项目物资采购中的技术交流、技术协议签订工作，参与建设工程项目物资采购中的供应商选择及招标工作。

（十二）负责建设工程项目竣工验收管理工作。

2016年3月，李文奇不再借调工程管理部工作。工程管理部对领导分工进行调整：主任李龙江负责全面工作。副主任孙玉林负责设计管理、竣工验收管理、涉及设计的合同管理工作。副主任刘跃明负责监理、施工合同、计划统计、承包商、结算、招标管理、人事管理。副主任迟宏文负责施工管理、质量管理、HSE 管理和所管项目的投资控制工作。

2016年5月，郑建文（正处级）借调工程管理部，负责施工管理及所管项目的质量管理、HSE 管理和投资控制工作。

2016年12月，经大庆石化分公司机关党委同意，增补迟宏文、万志明为工程管理部党支部委员，并对支部委员会成员分工进行调整：李龙江为党支部书记，郑铁为组织委员，刘跃明为纪检委员，万志明为宣传委员，迟宏文为群工委员。调整后的工程管理部党支部委员会由5人组成。

2017年12月，大庆石化分公司决定：解聘迟宏文的工程管理部副主任职务，人事关系调出。仍借在工程管理部工作，负责施工管理、质量管理、HSE管理和所管项目的投资控制工作。

2018年6月，大庆石化分公司决定：聘任张涌为工程管理部副主任。

2018年12月，大庆石化分公司决定，组建炼油工程指挥部，炼油工程指挥部为临时性机构，设在工程管理部，炼油工程指挥部与工程项目管理中心合署办公，人员统一调配。

2019年2月，大庆石化分公司决定：解聘孙玉林的工程管理部副主任职务，改任工程管理部副处级干部，其分管工作由郑建文负责。

2020年4月，大庆石化分公司决定：韩宏达任工程管理部副主任（二级正职），分管化工区及炼油区质量和HSE管理工作。

2020年6月，大庆石化分公司决定：免去李龙江的工程管理部主任职务；韩宏达任工程管理部主任，主持全面工作。

2020年7月，大庆石化分公司机关党委决定：免去李龙江的工程管理部党支部书记、党支部委员职务；韩宏达任工程管理部党支部委员、党支部书记职务。

2020年11月，大庆石化分公司决定：免去张涌的工程管理部副主任职务。

5年来，工程管理部积极推进各项工作，在依法合规管理、安全和质量受控的前提下，全面统筹部署，精细组织实施，确保了安全、质量、进度、投资受控。累计实施建设项目65项，总投资85.84亿元，其中建成投用44项，在建16项，前期设计5项。在此期间，炼油结构调整优化和转型升级项目建成投产，重点环保项目21项陆续实施，以创建精品工程作为实现高质量发展的有效抓手，不断夯实管理基础，坚持创新驱动，使工程建设能力、投资效益最大化得到显著提升，为公司转型升级、稳健发展注入了新的动力。120万吨/年乙烯改扩建工程荣获2016—2017年度国家优质工程奖、炼油厂新建柴油脱硫工程荣获 2017 年度石油优质工程金奖。

截至 2020 年 12 月 31 日，工程管理部设有计划管理、合同管理、设计管理、施工管理、HSE 管理、竣工验收管理、"三同时"管理等岗位，设临时机构 1 个：炼油工程指挥部。管理岗位定员 11 人，实际在册员工 15 人。工程管理部设党支部 1 个，隶属公司机关党委，共有党员 21 人，支部委员会由 5 人组成。

一、工程管理部领导名录（2016.1—2020.12）

主　　任　李龙江（2016.1—2020.6）[1]

　　　　　韩宏达（2020.6—12）

副　主　任　孙玉林（2016.1—2019.2）

　　　　　刘跃明（2016.1—2020.12）

　　　　　迟宏文（2016.1—2017.12）[2]

　　　　　张　涌（2018.6—2020.11）[3]

　　　　　韩宏达（正处级，2020.4—6）

副处级干部　孙玉林（2019.2—2020.12）

二、工程管理部党支部领导名录（2016.1—2020.12）

书　　记　李龙江（2016.1—2020.7）

　　　　　韩宏达（2020.7—12）

委　　员　李龙江（2016.1—2020.7）

　　　　　韩宏达（2020.7—12）

　　　　　刘跃明（纪检，2016.12—2020.12）

　　　　　迟宏文（群工，2016.12—2020.12）

　　　　　李晓红（女，组织，高级主管，2016.1—12）

　　　　　郑　铁（宣传，高级主管，2016.1—12；组织，高级主管，2016.12—2020.12）

　　　　　万志明（宣传，高级主管，2016.12—2020.12）

---

[1]　2020 年 6 月，李龙江任公司副总工程师。

[2]　2017 年 12 月，迟宏文调任质量检验中心副主任，仍借调工程管理部工作。

[3]　2020 年 11 月，张涌调任矿区管理部主任。

三、工程项目管理中心（炼油工程指挥部）（2018.12—2020.12）

2018 年 12 月，大庆石化分公司决定，组建炼油工程指挥部，设在工程管理部，撤销乙烯工程指挥部。炼油工程指挥部为临时性机构，与工程项目管理中心合署办公，人员统一调配。炼油工程指挥部内设施工管理部、控制部、HSE 管理部、质量管理部、设计技术管理部、采购部、综合管理部、生产准备办等 8 个部门和重整项目组、催化及气分项目组、柴油加氢及常减压改造项目组、硫磺三联合项目组、储运工程项目组、公用工程项目组等 6 个项目组。主要负责对炼油工程建设项目实施全过程管理；负责项目的设计、招标、采购、施工等各阶段的进度、投资、质量控制，HSE、合同及信息管理与协调；负责编制总体投资控制计划、工程建设进度计划；负责批准或审定工程建设有关方案、计划，组织审核工程建设的关键点及实施计划；负责工程投资、进度、合同执行及工程完成情况的统计上报；负责协调与地方政府、公众的关系等；负责接受国家审计和竣工验收等工作。同月，炼油工程指挥部的办公地点由原大庆市龙凤区兴化大街 1–01 楼搬迁至大庆市龙凤区龙凤大街凤 6 路 12 号楼。

2018 年 12 月，大庆石化分公司决定：聘任宗义山为炼油工程指挥部指挥（兼）；聘任张欣林为炼油工程指挥部副指挥；聘任李龙江为炼油工程指挥部副指挥；聘任郑建文为炼油工程指挥部副指挥；聘任刘瑞巍为炼油工程指挥部副指挥；聘任迟宏文为炼油工程指挥部施工管理部主任；聘任刘跃明为炼油工程指挥部控制部主任；聘任李永浩为炼油工程指挥部 HSE 管理部主任；聘任关世波为炼油工程指挥部质量管理部主任；聘任孙玉林为炼油工程指挥部设计技术管理部主任；聘任王震为炼油工程指挥部设计技术管理部副主任；聘任孙彦彬为炼油工程指挥部设计技术管理部副主任；聘任赵金玉为炼油工程指挥部设计技术管理部副主任；聘任张君为炼油工程指挥部采购部主任；聘任张尧先为炼油工程指挥部综合管理部主任；聘任崔俊峰为炼油工程指挥部生产准备办主任；聘任吴波为炼油工程指挥部柴油加氢及常减压改造项目组经理；聘任杨春明为炼油工程指挥部储运工程项目组经理；聘任顾培臣为炼油工程指挥部公用工程项目组经理。

2018 年 12 月，经大庆石化分公司机关党委同意，成立工程项目管理中心党支部。

2018 年 12 月，经大庆石化分公司机关党委同意，工程项目管理中心党支部委员会由 7 人组成，刘瑞巍为党支部书记，孙彦彬为党支部副书记，张尧先为组织委员，杨春明为宣传委员，吴波为纪检委员，王震为群工委员，李永浩为青年委员。

2019 年 2 月，大庆石化分公司决定：解聘孙玉林的炼油工程指挥部设计技术管理部主任职务，改任工程管理部副处级干部。

2019 年 7 月，大庆石化分公司决定：聘任李龙江为工程项目管理中心主任，聘任郝剑锋为炼油工程指挥部采购部主任；解聘刘瑞巍的工程项目管理中心主任、炼油工程指挥部副指挥职务；解聘关世波的炼油工程指挥部质量管理部主任职务，改任销售储运中心副处级干部；解聘张君的炼油工程指挥部采购部主任职务；解聘赵金玉的工程项目管理中心副主任、炼油工程指挥部设计技术管理部副主任职务，改任化工三厂副处级干部。大庆石化分公司机关党委决定：免去刘瑞巍的工程项目管理中心党支部书记、党支部委员职务；李龙江任工程项目管理中心党支部委员、党支部书记。

2020 年 4 月，大庆石化分公司决定：免去张欣林的炼油工程指挥部副指挥职务，改任公司总经理办公室正处级干部；韩宏达任炼油工程指挥部副指挥；免去顾培臣的工程项目管理中心副主任、炼油工程指挥部公用工程项目组经理职务，改任炼油工程指挥部副处级干部。

2020 年 6 月，大庆石化分公司决定：李秀伟兼任炼油工程指挥部指挥；免去宗义山兼任的炼油工程指挥部指挥职务；免去李龙江的炼油工程指挥部副指挥、工程项目管理中心主任职务。

2020 年 6 月，副处级干部麻明智退休。

2020 年 7 月，大庆石化分公司机关党委决定：免去李龙江的工程项目管理中心党支部书记、党支部委员职务；韩宏达任工程项目管理中心党支部委员、党支部书记。

2020 年 10 月，工程项目管理中心党支部更名为炼油工程指挥部党支部。

2020 年 10 月，炼油工程指挥部党支部改建为党总支。

2020 年 12 月，大庆石化分公司决定：董志波任炼油工程指挥部质量管理部主任；免去吴波的工程项目管理中心副主任、炼油工程指挥部柴油加氢及常减压改造项目组经理职务；免去郑建文的炼油工程指挥部副指挥职务。

2020年12月，经大庆石化分公司机关党委同意，炼油工程指挥部党总支委员会由5人组成，韩宏达为党总支书记，王彦庆为党总支组织委员，张尧先为党总支纪检委员，司大滨为党总支宣传委员，秦峰为党总支群工委员。

2020年12月，经大庆石化分公司机关党委同意，炼油工程指挥部党总支下设成立2个党支部。炼油工程指挥部第一支部委员会由5人组成，张尧先为党支部书记，王海明为组织委员，刘志刚为宣传委员，于春滨为纪检委员，陈雪为群工委员；炼油工程指挥部第二支部委员会由5人组成，孙彦彬为党支部书记，刘晓蓉为组织委员，王巍为宣传委员，司大滨为纪检委员，姜伟为群工委员。

截至2020年12月31日，炼油工程指挥部设施工管理部、控制部、HSE管理部、质量管理部、设计技术管理部、采购部、综合管理部、生产准备办等8个部门和重整项目组、催化及气分项目组、柴油加氢及常减压改造项目组、硫磺三联合项目组、储运工程项目组、公用工程项目组等6个项目组。在册员工89人。炼油工程指挥部设党总支1个，隶属公司机关党委，党总支下设党支部2个，共有党员81人。党总支委员会由5人组成，每个支部委员会由5人组成。

（一）工程项目管理中心领导名录（2018.12—2020.12）

主　　　任　　刘瑞巍（2018.12—2019.7）

　　　　　　　李龙江（2019.7—2020.6）

副　主　任　　吴　波（2018.12—2020.12）

　　　　　　　孙彦彬（2018.12—2020.12）

　　　　　　　杨春明（2018.12—2020.12）

　　　　　　　张光先（2018.12—2020.12）

　　　　　　　王　震（2018.12—2020.12）

　　　　　　　赵金玉（2018.12—2020.12）

　　　　　　　顾培臣（2018.12—2020.12）

　　　　　　　李永浩（2018.12—2020.12）

（二）炼油工程指挥部领导名录（2018.12—2020.12）

指　　　挥　宗义山（兼任，2018.12—2020.6）

李秀伟（兼任，2020.6—12）

副　指　挥　张欣林（2018.12—2020.4）①

李龙江（2018.12—2020.6）②

郑建文（2018.12—2020.12）③

刘瑞巍（2018.12—2019.7）④

韩宏达（2020.4—12）

副处级干部　顾培臣（2020.4—12）

麻明智（2018.12—2020.6）⑤

（三）工程项目管理中心党支部—炼油工程指挥部党支部、炼油工程指挥部党总支（2018.12—2020.12）

1. 工程项目管理中心—炼油工程指挥部党支部领导名录（2018.12—2020.12）

书　　　记　刘瑞巍（2018.12—2019.7）

李龙江（2019.7—2020.7）

韩宏达（2020.7—12）

副　书　记　孙彦彬（2018.12—2020.12）

委　　　员　刘瑞巍（2018.12—2019.7）

李龙江（2019.7—2020.7）

韩宏达（2020.7—12）

孙彦彬（2018.12—2020.12）

张尧先（组织，2018.12—2020.12）

杨春明（宣传，2018.12—2020.12）

李永浩（青年，2018.12—2020.12）

---

① 2020年4月，张欣林改任公司总经理办公室正处级干部。
② 2020年6月，李龙江任公司副总工程师。
③ 2020年12月，郑建文调任化工二厂党委书记。
④ 2019年7月，刘瑞巍调任工程造价部主任。
⑤ 2020年6月，麻明智退休。

吴　波（纪检，2018.12—2020.12）

王　震（群工，2018.12—2020.12）

2. 炼油工程指挥部党总支领导名录（2020.12）①

书　　　记　韩宏达（2020.12）

委　　　员　韩宏达（2020.12）

张尧先（纪检，2020.12）

王彦庆（组织，高级主管，2020.12）

司大滨（宣传，高级主管，2020.12）

秦　峰（群工，高级主管，2020.12）

炼油工程指挥部党总支所属党支部：

（1）炼油工程指挥部党总支第一支部名录（2020.12）

书　　　记　张尧先（2020.12）

委　　　员　张尧先（2020.12）

王海明（组织，主管，2020.12）

刘志刚（宣传，主管，2020.12）

于春滨（纪检，高级主管，2020.12）

陈　雪（女，群工，主管，2020.12）

（2）炼油工程指挥部党总支第二支部名录（2020.12）

书　　　记　孙彦彬（2020.12）

委　　　员　孙彦彬（2020.12）

刘晓蓉（女，组织，主管，2020.12）

王　巍（宣传，高级主管，2020.12）

司大滨（纪检，高级主管，2020.12）

姜　伟（女，群工，主管，2020.12）

（四）内设部门及项目组

1. 施工管理部（2018.12—2020.12）

主　　　任　迟宏文（2018.12—2020.12）

---

① 2020年10月，炼油工程指挥部党支部改建为党总支。2020年12月，经公司机关党委同意，成立党总支委员会。

2. 控制部（2018.12—2020.12）

　　主　　　任　刘跃明（2018.12—2020.12）

3. HSE 管理部（2018.12—2020.12）

　　主　　　任　李永浩（2018.12—2020.12）

4. 质量管理部（2018.12—2020.12）

　　主　　　任　关世波（满族，2018.12—2019.7）[①]

　　　　　　　董志波（2020.12）

5. 设计技术管理部（2018.12—2020.12）

　　主　　　任　孙玉林（2018.12—2019.2）[②]

　　副 主 任　王　震（2018.12—2020.12）

　　　　　　　孙彦彬（2018.12—2020.12）

　　　　　　　赵金玉（2018.12—2019.7）[③]

6. 采购部（2018.12—2020.12）

　　主　　　任　张　君（2018.12—2019.7）

　　　　　　　郝剑锋（2019.7—2020.12）

7. 综合管理部（2018.12—2020.12）

　　主　　　任　张尧先（2018.12—2020.12）

8. 生产准备办（2018.12—2020.12）

　　主　　　任　崔俊峰（2018.12—2020.12）

9. 柴油加氢及常减压改造项目组（2018.12—2020.12）

　　经　　　理　吴　波（2018.12—2020.12）

10. 储运工程项目组（2018.12—2020.12）

　　经　　　理　杨春明（2018.12—2020.12）

11. 公用工程项目组（2018.12—2020.12）

　　经　　　理　顾培臣（2018.12—2020.4）[④]

---

① 2019年7月，关世波改任销售储运中心副处级干部。2019年7月至2020年12月期间，质量管理部主任空缺，质量管理部工作由高级主管高春华负责。

② 2019年2月，孙玉林改任工程管理部副处级干部。2019年2月至2020年12月期间，设计技术管理部主任空缺，设计技术管理部工作由副主任孙彦彬负责。

③ 2019年7月，赵金玉改任化工三厂副处级干部。

④ 2020年4月至12月期间，公用工程项目组经理空缺，公用工程项目组工作由迟宏文负责。

第十六节　工程造价部（2016.1—2020.12）

工程造价部的前身是大庆石化分公司的预算中心。2007年6月，将大庆石化分公司预算中心组建为大庆石化分公司工程预决算部，列大庆石化分公司正处级直属机构。2010年8月，大庆石化分公司调整机构设置，工程预决算部更名为工程造价部，仍列大庆石化分公司正处级直属机构。负责公司工程造价管理工作、计价依据的选用、建设项目的投资估算、初步设计概算的预审及审查工作。

截至2015年12月31日，工程造价部设工程投资计划、安装工程造价、土建工程造价3个组。定员20人，在册员工26人。工程造价部设1个党支部，隶属公司机关党委，共有党员17人，支部委员会由3人组成。

工程造价部设主任1人，副主任2人。魏宪堂任主任，负责全面工作。黄力辉任副主任，配合主任组织公司工程造价管理工作、计价依据的选用、工程造价信息的搜集、整理、上报、备案工作，配合主任组织本部门工作中的内控及QHSE工作。副主任郑建文借出。

工程造价部主要职责是：

（一）负责公司工程造价管理工作，制定公司工程造价管理办法。

（二）负责计价依据的选用，编制补充定额和单价表，并上报、备案。

（三）负责公司建设项目的投资估算、初步设计概算的预审及审查工作。

（四）配合相关单位做好工程项目招标工作，编制工程标底，负责审查招标文件的经济条款。

（五）负责建设工程合同中的商务条款、施工方案费用和临时设施费用的审核，以及参与施工图会审、工程竣工验收工作。

（六）负责工程项目的预付款及进度款审查，负责公司（含矿区）新建、改扩建、安全环保隐患治理、节能减排、信息化建设、大修、更新、维修、科研、防洪、绿化等项目的预结算审核及设备修理修缮、总包项目定价工作，负责设计、监理、安评、环评等工程其他费用的确定及结算。

（七）负责工程造价信息的搜集、整理工作。

（八）负责公司工程造价人员资格管理、培训工作。

（九）负责本部门工作中的内控及 QHSE 工作。

2016 年 5 月，副主任郑建文（正处级）借调到工程管理部工作。

2019 年 7 月，大庆石化分公司决定：聘任刘瑞巍为工程造价部主任；解聘魏宪堂的工程造价部主任职务，改任工程造价部正处级干部，其分管工作由刘瑞巍负责。

2019 年 7 月，经大庆石化分公司机关党委同意，工程造价部党支部委员会由 3 人组成，刘瑞巍为党支部书记，黄力辉为组织委员，郭丽为宣传兼纪检委员。

2020 年 12 月，大庆石化分公司决定：免去郑建文的工程造价部副主任职务。

5 年来，工程造价部完成可研投资估算审查 102 项，估算金额 105 亿元；完成初步设计概算审查 78 项，概算金额 68 亿元。审查率 100%，完成审查各类工程结算 16264 项，审后结算金额 46.96 亿元，审减 3.94 亿元，综合审减率 7.74%。积极参与相关部门组织的炼油结构调整项目设计招标、二重催烟气脱硫塔烟囱消雨改造 EPC 等项目的评标及谈判工作。为响应集团公司造价管理深化改革，管理创新的重要举措，120 万吨炼油连续重整项目推行清单计价，目前已完成清单初稿的编制，为工程量清单计价模式在公司逐步推行奠定了基础。2019 年参与中石油总部推行工程量清单软件编制和审核的第一个项目——辽阳石化俄油项目清单的结算审核和 2013 版《石油建设安装工程预算定额》第五册自动化控制仪表及通信安装工程的修编工作。工程造价部获得中国石油天然气集团有限公司发展计划部颁发的 2016 至 2020 年度石油工程造价管理工作先进单位荣誉称号。

截至 2020 年 12 月 31 日，工程造价部设工程投资计划、安装工程造价、土建工程造价 3 个组。定员 19 人，实际在册 18 人。工程造价部设党支部 1 个，隶属公司机关党委，党支部共有党员 16 人，支部委员会由 3 人组成。

一、工程造价部领导名录（2016.1—2020.12）

主　　任　　魏宪堂（2016.1—2019.7）

　　　　　　刘瑞巍（2019.7—2020.12）

副　主　任　郑建文（正处级，2016.1—2020.12）①

黄力辉（2016.1—2020.12）

正处级干部　魏宪堂（2019.7—2020.12）

二、工程造价部党支部领导名录（2016.1—2020.12）

书　　记　魏宪堂（2016.1—2019.7）

刘瑞巍（2019.7—2020.12）

委　　员　魏宪堂（2016.1—2019.7）

刘瑞巍（2019.7—2020.12）

黄力辉（组织，2016.1—2020.12）

王自玲（女，宣传，高级主管，2016.1—2019.7）

郭　丽（女，宣传兼纪检，主管，2019.7—2020.12）

第十七节　信息管理部（2016.1—2018.6）

大庆石化分公司信息管理部是2010年8月由科技与规划发展处划出的信息化管理业务和人员组建成立。列大庆石化分公司正处级直属机构。

截至2015年12月31日，信息管理部设信息化项目管理、信息化应用管理、网络与信息安全管理、信息化门户管理4个岗位。定员10人，在册员工10人。信息管理部设1个党支部，隶属公司机关党委，共有党员10人，党支部只设支部书记1人。

信息管理部设主任1人，副主任1人。张韧坚任主任，负责主持信息化全面工作。司万祥任副主任，协助做好信息化管理工作。

信息管理部主要职责是：

（一）贯彻执行集团公司信息化方针政策和标准规范。

（二）组织制定公司信息化工作管理制度，并对落实情况进行监督与考核。

---

① 2016年5月至2020年12月期间，郑建文借调工程管理部工作。2020年12月，郑建文调任化工二厂党委书记。

（三）按照集团公司信息技术总体规划和炼油与化工分公司的要求，负责编制公司信息化中长期规划、制订年度计划并组织实施。

（四）负责信息化配套投资计划和经费预算编制、使用和管理工作。

（五）负责集团公司信息技术总体规划项目在公司的建设，按照三级运行维护体系建设本地运行维护队伍，负责系统应用支持和运行维护，确保系统应用安全。组织和配合集团公司统建的信息化项目推广实施和运行管理工作。

（六）负责信息化项目申报、审查论证、实施、考核验收等管理工作。

（七）负责网络管理与信息系统安全和保密工作。

（八）负责信息化软硬件的设备更新、零购及系统升级工作。

（九）负责门户网站管理和信息网络发布工作。

（十）负责生产过程中先进控制、优化控制的组织与实施。

（十一）负责信息系统总体控制（GCC）管理工作。

（十二）负责信息化关联交易管理工作。

（十三）负责通信相关业务管理工作。

（十四）参与信息化相关固定资产报废、处置审查和鉴定等工作。

（十五）负责组织信息化技术交流、培训和信息化新技术推广工作。

2016年9月，经大庆石化分公司机关党委同意，增补慕永明、蔡宏宇为党支部委员，支部委员会由3人组成，张韧坚为党支部书记，慕永明为组织兼纪检委员，蔡宏宇为宣传委员。

2018年6月，大庆石化分公司决定，对公司信息化管理职能进行优化调整，整合科技与规划发展处和信息管理部的业务职能，实行一体化管理。信息管理部的一般工作人员划转到信息技术中心，科技与规划发展处可根据工作需要从划转的人员中借调3人从事信息化管理工作。

2018年6月，大庆石化分公司决定：解聘张韧坚的信息管理部主任职务；解聘司万祥的信息管理部副主任职务。

2018年10月，经大庆石化分公司机关党委同意，撤销信息管理部党支部，原支部党员组织关系一并按业务划分转入相应党支部。

一、信息管理部领导名录（2016.1—2018.6）

　　主　　　任　张韧坚（2016.1—2018.6）

　　副　主　任　司万祥（2016.1—2018.6）

二、信息管理部党支部领导名录（2016.1—2018.6）

书　　记　张韧坚（2016.1—2018.10）

委　　员　张韧坚（2016.1—2018.10）

　　　　　慕永明（组织兼纪检，高级主管，2016.9—2018.10）

　　　　　蔡宏宇（宣传，高级主管，2016.9—2018.10）

第十八节　工程质量监督站（2016.1—2019.7）

大庆石化分公司工程质量监督站前身为大庆石油化工总厂机动工程部所属的工程质量监督站。2007年6月，大庆石化分公司与大庆石油化工总厂重组整合，工程质量监督站改列大庆石化分公司工程管理处附属机构。2008年11月，大庆石化分公司将工程管理处所属的工程质量监督站改列为公司正处级直属机构。

截至2015年12月31日，工程质量监督站设监督一组、监督二组。管理岗位定员12人，在册员工12人。工程质量监督站设1个党支部，隶属公司机关党委，共有党员6人，支部委员会由3人组成。办公地点位于黑龙江省大庆市龙凤区兴化南街（大庆石化分公司检测公司设备诊断中心三楼）。

工程质量监督站设站长1人，副站长1人。何立民任站长，负责全面工作。董志波任副站长兼技术负责人，负责站内技术管理工作及内控体系的建设和运行管理。

工程质量监督站主要职责是：

（一）负责公司范围内的新建、改（扩）建和技术改造项目的工程质量监督工作。

（二）受理建设单位的工程质量监督注册申请，制订监督工作计划并组织实施。

（三）负责抽查工程质量责任主体的质量行为和工程实体质量。

（四）负责对中间交接、工程交接实施监督，向有关部门报送工程质量监督报告。

（五）参与工程质量事故的调查处理。

（六）负责掌握在监工程项目质量动态，定期向集团公司总站以及黑龙江省总站汇报工程质量监督情况。

2016年9月，经大庆石化分公司机关党委同意，对工程质量监督站党支部部分委员分工进行调整：王浩洋为组织兼纪检委员。

2017年12月，大庆石化分公司决定：免去董志波的工程质量监督站副站长职务。

2019年7月，大庆石化分公司决定，安全环保监督站和工程质量监督站整合为安全环保工程监督站，列公司直属机构，机构规格为正处级。

2019年8月，经大庆石化分公司机关党委同意，撤销工程质量监督站党支部，工程质量监督站党支部的党员合并到安全环保监督站党支部；安全环保监督站党支部更名为安全环保工程监督站党支部。

2019年8月，大庆石化分公司决定：解聘何立民的工程质量监督站站长职务。大庆石化分公司机关党委决定：免去何立民的工程质量监督站党支部书记、党支部委员职务。

一、工程质量监督站领导名录（2016.1—2019.7）

站　　　长　何立民（2016.1—2019.7）[①]

副　站　长　董志波（2016.1—2017.12）[②]

二、工程质量监督站党支部领导名录（2016.1—2019.8）

书　　　记　何立民（2016.1—2019.8）

委　　　员　何立民（2016.1—2019.8）

王浩洋（组织，高级主管，2016.1—9；组织兼纪检，高级主管，2016.9—2019.8）

张　翼（宣传，主管，2016.1—2019.8）

---

① 2019年7月，何立民调任培训中心党委委员、党委书记、公司党校副校长。

② 2017年12月，董志波调任检测公司副经理。借调工程质量监督站工作。

第十九节　工程项目管理中心（乙烯工程指挥部）
（2016.1—2018.12）

工程项目管理中心的前身是乙烯工程指挥部。2005年9月，公司对基本建设项目管理机构进行调整，成立45万吨乙烯工程指挥部，列大庆石化分公司正处级直属机构。2007年6月，大庆石化分公司决定，将45万吨乙烯工程指挥部组建为新的公司乙烯工程指挥部。2007年11月，公司对乙烯工程指挥部组织结构进行调整，对工作职责进行重新划分。乙烯工程指挥部负责对乙烯工程建设项目实施全过程管理；负责项目的设计、采购、监理、质量监督、施工及HSE的管理与协调；负责编制总体投资控制计划、工程建设进度计划；批准或审定工程建设有关方案、计划，组织审核工程建设的关键点及实施计划；负责工程投资、进度、合同执行及工程完成情况的统计上报；负责工程概预算、结算、竣工决算管理；负责协调与地方政府、公众的关系等；接受国家审计和竣工验收等工作。2012年11月，根据120万吨/年乙烯扩建、新建工程的建成投产及公司工程建设项目管理实际情况，公司设立了工程项目管理中心，暂与乙烯工程指挥部合署办公。工程项目管理中心（乙烯工程指挥部）主要负责外部项目的管理和120万吨/年乙烯扩建、新建工程项目收尾等工作。2014年3月，大庆石化分公司决定，将乙烯工程指挥部的工作人员划入工程项目管理中心管理，乙烯工程指挥部的档案资料等归档工作由工程项目管理中心负责。工程项目管理中心负责配合乙烯工程指挥部完成项目收尾、验收、审计和评优等工作。

截至2015年12月31日，工程项目管理中心（乙烯工程指挥部）设综合管理部、计划部、设计管理部、投资控制部、施工管理部、HSE部、质量监督部、裂解项目组、芳烃联合项目组、公用工程项目组、全密度聚乙烯项目组、丁辛醇项目组。在册员工132人，其中文莱项目部4人，云南项目部人员全部调回。工程项目管理中心设党总支1个，隶属公司机关党委，工程项目管理中心党总支下设5个党支部，共有党员95人，党总支委员会由

8人组成。工程项目管理中心的办公地点在黑龙江省大庆市龙凤区兴化大街1-01楼。

工程项目管理中心设主任1人，党总支书记1人，副主任7人。刘瑞巍任主任，负责行政全面工作。殷洪权任党总支书记，负责党总支全面工作。麻明智任副主任，负责大乙烯项目档案验收。吴波、孙彦彬、杨春明任副主任，负责大乙烯项目施工尾项。张尧先任副主任，负责大乙烯项目外事相关工作。左才任副主任，负责大乙烯项目竣工验收。李文奇任副主任，借调工程管理部工作。

2016年3月，大庆石化分公司决定：解聘李文奇的公司工程项目管理中心副主任职务。大庆石化分公司党委决定：免去李文奇的公司工程项目管理中心党总支委员职务。

2017年12月，大庆石化分公司决定：解聘左才的工程项目管理中心副主任职务。大庆石化分公司党委决定：免去左才的工程项目管理中心党总支委员职务。

随后，工程项目管理中心对领导分工进行调整：主任刘瑞巍负责行政和党总支全面工作，分管费用审批工作。副主任麻明智负责工程项目市场调研及开发工作。副主任吴波负责项目前期规划、设计、安全管理，负责项目机动设备、生产管理，项目竣工验收及创优工作，分管培训和奖金考核工作，负责所在党支部及分管人员的日常管理工作。副主任孙彦彬负责项目建设投资控制、技术及施工管理工作，分管党总支日常工作及法律、企管、工会、纪检监察工作，负责所在党支部及分管人员的日常管理工作。副主任杨春明负责项目建设审计、国内采购管理工作，分管维稳、宣传、招投标管理工作，负责所在党支部及分管人员的日常管理工作。副主任张尧先负责项目建设涉外采购管理工作，分管日常行政及信息管理工作，负责所在党支部及分管人员的日常管理工作。

2018年6月，大庆石化分公司决定：聘任王震为工程项目管理中心副主任；聘任赵金玉为工程项目管理中心副主任；聘任顾培臣为工程项目管理中心副主任；聘任李永浩为工程项目管理中心副主任；聘任李东明为工程项目管理中心副主任；聘任麻明智为工程项目管理中心副处级干部，解聘其工程项目管理中心副主任职务。

2018 年 11 月，大庆石化分公司决定：解聘李龙江的乙烯工程指挥部副指挥职务；解聘魏宪堂的乙烯工程指挥部副指挥、投资控制部主任职务。

2018 年 11 月，大庆石化分公司党委决定，撤销中共大庆石化分公司工程项目管理中心总支部委员会。

2018 年 12 月，大庆石化分公司党委决定：免去刘瑞巍的工程项目管理中心党总支委员职务；免去吴波的工程项目管理中心党总支委员职务；免去孙彦彬的工程项目管理中心党总支委员职务；免去杨春明的工程项目管理中心党总支委员职务；免去张尧先的工程项目管理中心党总支委员职务。

2018 年 12 月，大庆石化分公司决定，撤销乙烯工程指挥部，组建炼油工程指挥部，与工程项目管理中心合署办公，工程项目管理中心（炼油工程指挥部）设在工程管理部。

一、工程项目管理中心领导名录（2016.1—2018.12）

主　　任　刘瑞巍（2016.1—2018.12）

副 主 任　麻明智（2016.1—2018.6）

　　　　　吴　波（2016.1—2018.12）

　　　　　李文奇（2016.1—3）[①]

　　　　　孙彦彬（2016.1—2018.12）

　　　　　杨春明（2016.1—2018.12）

　　　　　张尧先（2016.1—2018.12）

　　　　　左　才（2016.1—2017.12）[②]

　　　　　王　震（2018.6—12）

　　　　　赵金玉（2018.6—12）

　　　　　顾培臣（2018.6—12）

　　　　　李东明（2018.6—10）[③]

　　　　　李永浩（2018.6—12）

副处级干部　麻明智（2018.6—12）

---

① 2016 年 3 月，李文奇调任公司安全环保处副处长。

② 2017 年 12 月，左才调任公司质量检验中心副主任，借调工程项目管理中心工作。

③ 2018 年 10 月，李东明调中国石油海南销售股份有限公司工作。

二、乙烯工程指挥部领导名录（2016.1—2018.12）

副 指 挥 魏宪堂（2016.1—2018.11）[①]

李龙江（2016.1—2018.11）[②]

三、工程项目管理中心党总支领导名录（2016.1—2018.12）

书 记 殷洪权（2016.1—6）[③]

委 员 殷洪权（2016.1—6）

刘瑞巍（2016.1—2018.12）

吴 波（2016.1—2018.12）

李文奇（2016.1—3）

孙彦彬（2016.1—2018.12）

杨春明（2016.1—2018.12）

张尧先（2016.1—2018.12）

左 才（2016.1—2017.12）

第二十节 矿区管理部（2019.2—2020.12）

矿区管理部前身是矿区服务事业部。

2019 年 2 月，大庆石化分公司决定，成立矿区管理部，列公司直属机构，机构规格为正处级。主要职责是：负责贯彻落实集团公司矿区服务工作部工作部署和对口业务上报、衔接、协调等工作；负责公司矿区业务社会化、市场化工作，"三供一业"分离移交工作；负责公司物业管理、绿化房管和公积金管理等工作。

2019 年 2 月，大庆石化分公司决定：聘任戴建军为公司矿区管理部主任（兼）；聘任梁富为公司矿区管理部副主任（二级正职）；聘任王旭光为公司矿区管理部副主任。

---

① 2016 年 1 月至 2018 年 11 月期间，魏宪堂同时任工程造价部主任。

② 2016 年 1 月至 2018 年 11 月期间，李龙江同时任工程管理部主任。

③ 2016 年 6 月，殷洪权辞职。2016 年 6 月至 2018 年 12 月期间，工程项目管理中心党总支书记空缺，党总支工作由主任刘瑞巍负责。

2019年3月，经大庆石化分公司机关党委同意，成立矿区管理部党支部。

2019年4月，经大庆石化分公司机关党委同意，矿区管理部党支部委员会由3人组成，戴建军为党支部书记，梁富为组织兼纪检委员，王旭光为宣传委员。

2019年7月，大庆石化分公司决定：聘任王岩为公司矿区管理部主任；解聘戴建军的矿区管理部主任职务，改任公司总经理办公室正处级干部。大庆石化分公司机关党委决定：免去戴建军的矿区管理部党支部书记、党支部委员职务；聘任王岩为矿区管理部党支部委员、党支部书记。

2020年4月，正处级干部王利君退休。

2020年7月，大庆石化分公司决定：免去梁富的公司矿区管理部副主任职务。

2020年11月，大庆石化分公司决定：张涌任公司矿区管理部主任；免去王岩的公司矿区管理部主任职务。大庆石化分公司机关党委决定：张涌任矿区管理部党支部委员、党支部书记；免去王岩的矿区管理部党支部书记、党支部委员职务。

2020年12月，大庆石化分公司决定：吕海清任公司矿区管理部副主任。

矿区管理部自2019年2月成立以来，相继完成供水、供热、供电、燃气和物业5项业务管理职能移交和资产无偿划转等工作。先后与接收单位签订各类移交协议38份，共移交资产6525项，累计涉及户次181432户。2020年，完成大庆石化属地生活热水停供工作，每年节约成本费用5578万元，并完成公积金调整程序更新工作，使职工住房公积金逐年提高。引进和转化绿化新技术、新工艺、新材料，共栽植各类树木803976株，新增绿地面积12.16公顷。

截至2020年12月31日，矿区管理部设有矿区管理、综合管理、绿化管理、产权管理、房改与公积金管理等岗位，管理岗位定员12人，在册员工12人。矿区管理部设党支部1个，隶属公司机关党委，共有党员24人，支部委员会由2人组成。

一、矿区管理部领导名录（2019.2—2020.12）

主　　任　戴建军（兼任，2019.2—7）①

　　　　　王　岩（2019.7—2020.11）②

　　　　　张　涌（2020.11—12）

副　主　任　梁　富（二级正，2019.2—2020.7）

　　　　　王旭光（2019.2—2020.12）

　　　　　吕海清（2020.12）

正处级干部　王利君（2019.2—2020.4）③

　　　　　许中义（2019.2—2020.12）④

二、矿区管理部党支部领导名录（2019.3—2020.12）

书　　记　戴建军（2019.4—7）

　　　　　王　岩（2019.7—2020.11）

　　　　　张　涌（2020.11—12）

委　　员　戴建军（2019.4—7）

　　　　　王　岩（2019.7—2020.11）

　　　　　张　涌（2020.11—12）

　　　　　梁　富（组织兼纪检，2019.4—2020.7）

　　　　　王旭光（宣传，2019.4—2020.12）

第二十一节　安全环保监督站（2019.2—7）

2019 年 2 月，大庆石化分公司决定，将设在消防支队的安全环保监督站改建为新的安全环保监督站，改列公司正处级直属机构。人员编制 20 人，其中处级职数 3 人。安全环保监督站主要负责公司的安全环保监督等工作。

---

① 2019 年 7 月，戴建退出领导岗位，改任公司总经理办公室正处级干部。

② 2020 年 11 月，王岩调任培训中心党委委员、党委书记、公司党校副校长。

③ 2019 年 2 月，矿区服务事业部正处级干部王利君划入矿区管理部管理。2020 年 4 月，王利君退休。

④ 2019 年 2 月，许中义由矿区服务事业部退出领导岗位后，改任矿区管理部正处级干部。

机关办公地点在大庆石化分公司安全环保处楼。

2019年2月，大庆石化分公司决定：聘任薛岐新为安全环保监督站站长。

2019年7月，大庆石化分公司决定，安全环保监督站和工程质量监督站整合为安全环保工程监督站，列公司正处级直属机构。主要负责公司日常生产、装置检维修、大检修的安全环保监督考核以及建设工程项目的工程质量、安全环保监督考核。

2019年7月，大庆石化分公司决定：解聘薛岐新的公司安全环保监督站站长职务。

2019年8月，经大庆石化分公司机关党委同意，撤销工程质量监督站党支部，将工程质量监督站党支部所属党员划入到安全环保监督站党支部管理，安全环保监督站党支部更名为安全环保工程监督站党支部。

一、安全环保监督站领导名录（2019.2—7）

站　　　长　薛岐新（2019.2—7）

二、安全环保监督站党支部领导名录（2019.2—8）

书　　　记　薛岐新（2019.2—8）

委　　　员　薛岐新（2019.2—8）

　　　　　　李　岩（女，组织兼纪检，高级主管，2019.2—8）

　　　　　　李洪昌（宣传，主管，2019.2—8）

第二十二节　安全环保工程监督站
（2019.7—2020.12）

2019年7月，大庆石化分公司决定，安全环保监督站和工程质量监督站整合为安全环保工程监督站，列公司正处级直属机构。主要负责公司日常生产、装置检维修、大检修的安全环保监督考核以及建设工程项目的工程质量、安全环保监督考核。办公地点在公司安全环保处楼。

2019年7月，大庆石化分公司决定：聘任薛岐新为公司安全环保工程监督站站长；聘任董志波为公司安全环保工程监督站副站长；聘任邢春发为公司安全环保工程监督站副站长；聘任李伟为公司安全环保工程监督站副站长。

2019年8月，经大庆石化分公司机关党委同意，撤销工程质量监督站党支部，将工程质量监督站党支部所属党员划入到安全环保监督站党支部管理，安全环保监督站党支部更名为安全环保工程监督站党支部。

2019年9月，经大庆石化分公司机关党委同意，安全环保工程监督站党支部增补董志波、邢春发、李伟为支部委员，并对支部委员会成员分工进行调整：薛岐新为党支部书记，董志波为组织委员，邢春发为宣传委员，李伟为纪检委员，李岩为群工委员。

2020年4月，大庆石化分公司决定：免去邢春发的公司安全环保工程监督站副站长职务。

2020年6月，大庆石化分公司决定：聘任王忠庆为公司安全环保工程监督站副站长。

2020年7月，经大庆石化分公司机关党委同意，安全环保工程监督站党支部完成增补支委工作，党支部委员会由5人组成，薛岐新为党支部书记，王忠庆为组织委员，董志波为宣传委员，李伟为纪检委员，张勇为群工委员。

2020年12月，大庆石化分公司决定：免去董志波的公司安全环保工程监督站副站长职务；聘任郑广仁为公司安全环保工程监督站副站长。

"十三五"以来，安全环保工程监督站始终保持高压监督态势，持续优化完善监督机制，为公司安全平稳发展保驾护航。创建"培训式"监督模式，在强化现场严格检查的基础上，进一步侧重督导服务。本着"谁发现谁跟踪整改"原则，进行问题跟踪闭环整改，消除现场发现的各类风险和隐患，累计监督发现并闭环整改各类问题13000余项。根据基层的培训需求，每年编制更新培训课件，采取上门服务的培训方式实施培训，针对大检修实施专项培训，逐步夯实基层管理基础，累计开展培训基层技术管理人员、监护人员等8000余人次。加强横纵向沟通，协调共促公司整体管理水平提升。监督站结合监督发现和基层反馈，积极参与公司各项制度制修订工作，先后提出并被采纳建议百余条，使制度在满足国家法规标准和上级制度基础上，更便于被基层接受和执行，提高制度的实用性。

截至 2020 年 12 月 31 日，安全环保工程监督站设安全环保监督组 4 个，工程质量监督组 2 个，综合组 1 个。安全环保工程监督站岗位定员 30 人，其中：正处级 1 人，副处级 3 人，一般管理岗位 26 人。实际在册员工 38 人。安全环保工程监督站设党支部 1 个，隶属公司机关党委，共有党员 33 人，支部委员会由 5 人组成。

一、安全环保工程监督站领导名录（2019.7—2020.12）

　　　站　　　长　薛岐新（2019.7—2020.12）

　　　副　站　长　董志波（2019.7—2020.12）[1]

　　　　　　　　　邢春发（2019.7—2020.4）[2]

　　　　　　　　　李　伟（生于 1977 年，2019.7—2020.12）

　　　　　　　　　王忠庆（2020.6—12）

　　　　　　　　　郑广仁（2020.12）

二、安全环保工程监督站党支部领导名录（2019.8—2020.12）

　　　书　　　记　薛岐新（2019.8—2020.12）

　　　委　　　员　薛岐新（2019.8—2020.12）

　　　　　　　　　董志波（组织，2019.9—2020.7；宣传，2020.7—12）

　　　　　　　　　邢春发（宣传，2019.9—2020.4）

　　　　　　　　　李　伟（纪检，2019.9—2020.12）

　　　　　　　　　李　岩（女，群工，高级主管，2019.8—2020.7）

　　　　　　　　　王忠庆（组织，2020.7—12）

　　　　　　　　　张　勇（群工，主管，2020.7—12）

　　　　　　　　　郑广仁（宣传，2020.12）

---

[1] 2020 年 12 月，董志波调任炼油工程指挥部质量管理部主任。

[2] 2020 年 4 月，邢春发调任化建公司副总经理。

第三章 所属单位

截至 2015 年 12 月 31 日，大庆石化分公司设炼油厂、化肥厂、化工一厂、化工二厂、化工三厂、塑料厂、腈纶厂、热电厂、水气厂、储运中心、质量检验中心、化建公司、机械厂、检测公司、开发公司、物资供应中心、信息技术中心、通讯中心、培训中心、实业公司、消防支队、保卫部、久隆房地产公司、餐饮服务中心、离退休管理中心 25 个基层单位和 1 个矿区服务事业部。矿区服务事业部所属物业管理中心、能源管理中心、职工医院、客运中心 4 个正处级基层单位，文体活动中心、新闻中心 2 个副处级直属机构。

2016 年 3 月，大庆石化分公司决定，撤销能源管理中心建制。将能源管理中心业务和人员整合到物业管理中心。撤销餐饮服务中心建制。将餐饮服务中心的业务和人员划归开发公司管理。

2016 年 3 月，大庆石化分公司党委决定，撤销中共大庆石化分公司餐饮服务中心总支部委员会；撤销中共大庆石化分公司矿区服务事业部能源管理中心委员会，同时撤销中共大庆石化分公司矿区服务事业部能源管理中心纪律检查委员会。

2018 年 6 月，大庆石化分公司决定，撤销检测公司建制。将检测公司人员和业务整合到机械厂。

2018 年 6 月，大庆石化分公司党委决定，撤销中共大庆石化分公司检测公司委员会，同时撤销中共大庆石化分公司检测公司纪律检查委员会。

2019 年 2 月，大庆石化分公司决定，撤销通讯中心建制。

2019 年 2 月，大庆石化分公司决定，将机械厂的工程检测、特种设备检测和建筑工程质量检测业务和机构整合到信息技术中心。整合后，信息技术中心对公司内部名称变更为检测信息技术中心。

2019 年 2 月，大庆石化分公司决定，将开发公司的石化宾馆和食堂管理中心成建制划归客运中心管理。划转后，客运中心更名为客运服务中心。

2019 年 2 月，大庆石化分公司决定，撤销矿区服务事业部机关各职能部门；成立矿区管理部，列公司正处级直属机构。矿区服务事业部所属单位物业管理中心、职工医院、客运服务中心、离退休管理中心调整为大庆石化分公司所属二级单位。

2019年2月，大庆石化分公司党委决定，撤销中共大庆石化分公司矿区服务事业部委员会及其纪律检查委员会；撤销中共大庆石化分公司通讯中心委员会及其纪律检查委员会；将中共大庆石化分公司信息技术中心委员会、纪律检查委员会更名为中共大庆石化分公司检测信息技术中心委员会、纪律检查委员会；将中共大庆石化分公司矿区服务事业部客运中心委员会、纪律检查委员会更名为中共大庆石化分公司矿区服务事业部客运服务中心委员会、纪律检查委员会。

2019年7月，大庆石化分公司决定，储运中心仓储一车间、仓储三车间划归塑料厂，仓储二车间划归化工三厂。仓储业务划转后，储运中心更名为销售储运中心。

2020年7月，大庆石油化工有限公司与大庆市人民政府签订医疗机构分离移交协议，职工医院移交大庆市人民政府。

2020年9月，实业公司改制更名为大庆五龙实业有限公司，对内仍简称为实业公司。

截至2020年12月31日，大庆石化分公司设炼油厂、化肥厂、化工一厂、化工二厂、化工三厂、塑料厂、腈纶厂、热电厂、水气厂、销售储运中心、质量检验中心、化建公司、机械厂、开发公司、物资供应中心、检测信息技术中心、培训中心、实业公司、消防支队、保卫部、久隆房地产公司、物业管理中心、客运服务中心、离退休管理中心24个基层单位。副处级直属单位2个：文体活动中心、新闻中心。

第一节　炼油厂（2016.1—2020.12）

炼油厂成立于1978年，列大庆石油化工总厂县（团）级基层单位。1981年4月，经大庆市委同意后撤销。1983年10月，重新组建炼油厂，列大庆石油化工总厂正处级基层单位，是大庆石油化工总厂主要生产厂之一。

1999 年 9 月，大庆石化分公司和大庆石油化工总厂分开分立后，炼油厂列大庆石化分公司正处级基层单位。

截至 2015 年 12 月 31 日，炼油厂有生产装置 32 套，辅助装置 11 套，原油加工能力为 1000 万吨 / 年。主要生产燃料油、溶剂油、润滑油、石蜡、石油焦、石油化工产品等 6 类 19 个品种 32 个牌号的产品。机关设职能科室 9 个：办公室（党委办公室、维稳办、保卫科）、人事科（党委组织部）、企业文化科（党委宣传部、工会办公室、团委）、计划科、调度室、技术科、机动科、安全环保科、质量管理科。下设基层单位 30 个：常减压一车间、常减压二车间、重油催化一车间、重油催化二车间、延迟焦化车间、催化重整车间、制蜡一车间、制蜡二车间、酮苯糠醛车间、蜡脱油车间、加氢一车间、加氢二车间、系统管网车间、硫磺回收车间、供热空分车间、动力站、供水车间、污水车间、维修一车间、维修二车间、供电车间、仪表车间、输转车间、成品车间、装油车间、机车车间、气体原料车间、材料供应站、车队、计量中心。固定资产原值 81.77 亿元，净值 38.19 亿元。在册员工 3669 人。炼油厂党委下属 32 个党支部，共有党员 896 人。机关办公地点位于黑龙江省大庆市龙凤区龙凤大街 148 号。

炼油厂党政领导班子 9 人，其中行政领导班子 6 人，党委由 9 人组成：

刘国海任党委委员、厂长，负责行政全面工作，并负责安全环保、人力资源等工作，制定并落实分厂总体发展战略，支持党委书记开展党务工作，分管办公室、人事科、安全环保科。

李尊江任党委书记，负责党委全面工作，并负责稳定、组织建设、管理提升等工作，制定并负责落实分厂党委工作目标，支持厂长开展行政工作，分管党委办公室、党委组织部。

王震任党委委员、总工程师，负责总体规划、技术进步、科研开发、工艺规程和达标工作，分管技术科、项目办。

宋阳任党委委员、副厂长，负责机械、电气、仪表等设备的管理、检维修、状态监测、拆迁以及水汽和信息化管理等工作，分管机动科、项目办及材料供应站。

缪春祥任党委委员、副厂长、安全总监，负责生产运行、生产受控工作，协助厂长做好全厂安全和 HSE 体系管理工作，并负责班组长联合会工作，分管调度室，协管安全环保科。

田春光任党委委员、副厂长，负责总体规划、计划经营（三剂计划、消耗统计及分析部分）、生产运行、生产受控和质量管理，内控与风险管理，以及经济责任制考核，分管计划科、质量管理科、技术科。

王威任党委副书记、纪委书记（监察室主任），负责企业文化、宣传、纪检监察、综合治理、治安保卫、法律法规、稳定、共青团、现场管理、车辆管理等工作，分管企业文化科（党委宣传部、工会办公室、团委）、保卫科、车队。

崔俊峰任党委委员、副厂长，负责环保、生产运行、生产受控，分管调度室，协管安全环保科。

吴永焕任党委委员、工会主席，负责工会工作，协管稳定工作。

2016年2月2日，炼油厂第八届职工代表大会第三次会议暨2016年工作会议召开。厂长刘国海作了题为《坚持科学发展，突出质量效益，加快建设国内一流炼油企业的步伐》的工作报告。会议确定了炼油厂"十三五"期间突出抓好的三个方面工作：一是突出以人为本，体现炼油特色，实现人企共赢；二是加强制度建设，构建长效机制，确保合规运营；三是坚持科学管理，加快发展步伐，提高盈利能力。同时明确2016年重点工作：进一步夯实安全环保基础、深化精细管理、加强设备和项目管理、抓好基础管理、强化党的建设工作。

2016年3月，大庆石化分公司决定：何阿新任炼油厂正处级干部；聘任李国明为炼油厂副处级干部，解聘其炼油厂安全监督职务。

2016年5月，大庆石化分公司编委办决定，将炼油厂办公室（党委办公室、维稳办、保卫科）更名为办公室（党委办公室），保卫和维护稳定工作职责保留在办公室（党委办公室）。

2016年5月，正处级干部王伟民退休。

2016年7月25日，中共炼油厂第六次代表大会召开，136名党员代表参加会议。选举产生中共炼油厂第六届委员会，由王威、王震、田春光、刘国海、李尊江、吴永焕、宋阳、崔俊峰、缪春祥等9人（以姓氏笔画为序）组成，李尊江为党委书记，王威为党委副书记。选举产生中共炼油厂纪律检查委员会，由王红、王威、王湛、曲波、陈勇、单伟、侯雅静等7人（以姓氏笔画为序）组成，王威为纪委书记。截至 7 月，炼油厂党委下属 32 个党支部，共有党员 890 人。

2017 年 2 月 16 日，炼油厂第九届职工代表大会第一次会议暨 2017 年工作会议召开。厂长刘国海作了题为《创新发展，稳中求进，夯实建设国内一流炼油企业基础》的工作报告。会议总结了 2016 年主要工作，明确 2017 年抓好五项重点工作：一是筑牢安全环保根基，实现本质安全；二是推进提质增效工程，深挖创效潜能；三是强化设备和项目管理，夯实发展基础；四是加大人才培养力度，实现人企共赢；五是加强党建和思想政治工作，凝聚发展力量。

2017 年 4 月，大庆石化分公司决定，将炼油厂企业文化科（党委宣传部、工会办公室、团委）更名为党群工作部。主要职能是负责宣传、纪检监察、工会、团委、企业文化等业务。

2017 年 12 月，大庆石化分公司决定：解聘王威的炼油厂监察室主任职务。大庆石化分公司党委决定：张继才任炼油厂党委委员、党委书记；吴永焕任炼油厂党委副书记、纪委书记；李尊江任炼油厂正处级干部，免去其炼油厂党委书记、党委委员职务；免去王威的炼油厂党委副书记、纪委书记、党委委员职务。

随后，炼油厂对领导班子成员分工进行调整：

党委委员、厂长刘国海负责行政全面工作，并负责安全环保、人力资源等工作，制定并落实分厂总体发展战略，支持党委书记开展党务工作，分管安全环保科、人事科（党委组织部）、办公室（党委办公室）。

党委书记张继才负责党委全面工作，并负责党建、宣传思想文化、综合治理、法制法规、稳定等工作，制定并负责落实分厂党委工作目标，支持厂长开展行政工作，分管党委办公室、党委组织部、党群工作部。

党委委员、总工程师王震负责总体规划、科技进步、科研开发、技术改造、工艺管理和达标工作，分管技术科、项目办。

党委委员、副厂长宋阳负责机械、电气、仪表等设备的管理，拆迁、水汽、信息化、标准化建设及现场管理等工作，分管机动科、项目办及材料供应站。

党委委员、副厂长、安全总监缪春祥负责生产运行、内控与风险管理、生产受控等工作，协助厂长做好全厂安全和 HSE 体系管理工作，并负责班组长联合会工作，分管调度室、安全监督，协管安全环保科。

党委委员、副厂长田春光负责总体规划、计划经营（三剂计划、消耗统计及分析部分）、生产运行、生产受控和质量管理及经济责任制考核、食堂管理等工作，分管计划科、质量管理科、技术科。

党委委员、副厂长崔俊峰负责环保、生产运行、生产受控等工作，分管调度室，协管安全环保科。

党委副书记、纪委书记、工会主席吴永焕负责纪检监察、治安保卫、环境卫生、工会及车辆管理工作，协管稳定工作，分管综合管理办公室、车队，协管党群工作部。

2018 年 1 月 31 日，炼油厂第九届职工代表大会第二次会议暨 2018 年工作会议召开。厂长刘国海作了题为《坚持科学管理，推进结构优化，努力建成最具竞争力的国内一流炼油企业》的工作报告。会议回顾了 2017 年的工作成绩，明确了 2018 年的六项重点工作：一是抓好安全环保管理，努力实现绿色清洁生产；二是抓好精细管理，持续增强盈利能力；三是抓好装置大检修，提高全厂运行效率；四是抓好项目建设，增强企业发展后劲；五是抓好培训工作，打造一流人才队伍；六是抓好党的建设，凝聚企业发展动力。

2018 年 4 月，刘国海任大庆石化分公司党委委员、副总经理、安全总监，兼任炼油厂厂长。

2018 年 6 月，大庆石化分公司决定：聘任田春光为炼油厂厂长；聘任王伟国为炼油厂副厂长；解聘刘国海的炼油厂厂长职务；解聘王震的炼油厂总工程师职务。大庆石化分公司党委决定：王伟国任炼油厂党委委员；免去刘国海、王震的炼油厂党委委员职务。

2018 年 7 月，经大庆石化分公司党委组织部同意，撤销炼油厂材料供应站党支部，党员组织关系一并按业务划分转入相应党支部。

2018 年 7 月，炼油厂对领导班子成员分工进行调整：

党委委员、厂长田春光负责行政全面工作，并负责安全环保、人力资源等工作，制定并落实分厂总体发展战略，支持党委书记开展党务工作，分管安全环保科、人事科（党委组织部）、办公室（党委办公室）。

党委书记张继才负责党委全面工作，并负责党建、宣传思想文化、综合治理、法制法规、稳定等工作，制定并负责落实分厂党委工作目标，支持厂长开展行政工作，分管党委办公室、党委组织部、党群工作部。

党委委员、副厂长宋阳负责机械、电气、仪表等设备的管理，拆迁、水汽、信息化、标准化建设及现场管理等工作，负责仪表、供电、维修一、维修二等车间及计量中心的生产运行管理，分管机动科、项目办及材料供应站。

党委委员、副厂长、安全总监缪春祥协助厂长做好全厂安全和 HSE 体系管理工作，负责质量管理、应急管理和内控与风险管理等工作，并负责班组长联合会工作，负责酮苯糠醛、蜡脱油、制蜡一、制蜡二、装油、机车等车间生产运行管理，负责食堂管理工作，分管调度室、质量管理科、安全监督，协管安全环保科。

党委委员、副厂长崔俊峰负责环保、总体规划、科技进步、科研开发、技术改造等工作，负责常减压一、常减压二、重油催化一、重油催化二、成品、输转、硫磺回收、污水、系统管网等车间生产运行管理，负责炼油结构转型升级项目建设，负责经济责任制考核管理，负责副产品管理，分管调度室、技术科、项目办，协管安全环保科。

党委委员、副厂长王伟国负责生产受控、工艺管理、达标管理、三剂管理、计划经营、计量等工作，负责劳务用工管理工作，负责延迟焦化、加氢一、加氢二、催化重整、气体原料、供热空分、供水等车间及动力站的生产运行管理，分管调度室、技术科、计划科。

党委副书记、纪委书记、工会主席吴永焕负责纪检监察、治安保卫、环境卫生、工会及车辆管理工作，协管稳定工作，分管综合管理办公室、车队，协管党群工作部。

2018 年 9 月，大庆石化分公司编委办决定，炼油厂成立炼油项目管理办公室，不设机构规格，为临时性机构。炼油厂机动科与材料供应站实行一体化管理，材料供应站按班组管理，机构规格为无级别。

2018 年 10 月，大庆石化分公司编委办决定，炼油厂维修一车间和维修二车间整合为维修车间。

2019 年 1 月，经大庆石化分公司党委组织部同意，撤销炼油厂维修二车间党支部，将原支部党员组织关系转入维修一车间党支部；维修一车间党支部更名为维修车间党支部。

2019年1月30日，炼油厂第九届职工代表大会第三次会议暨2019年工作会议召开。厂长田春光作了题为《坚持稳中求进，着力固本强基，努力在新时代推动炼油厂高质量发展》的工作报告。会议回顾了2018年的工作成绩，明确了2019年的五项重点工作：一是集中精力抓好安全环保工作；二是集中精力保证生产平稳高效；三是集中精力加强基础管理工作；四是集中精力推进炼油项目建设；五是集中精力加强党建工作。

2019年2月，大庆石化分公司决定：聘任崔俊峰为炼油厂安全总监；聘任岳东利为炼油厂副厂长；聘任李崧延为炼油厂总工程师；解聘缪春祥的炼油厂副厂长、安全总监职务；解聘吴航英的炼油厂副总工程师职务，改任炼油厂副处级干部；解聘张洪强的炼油厂副总工程师职务，改任炼油厂副处级干部。大庆石化分公司党委决定：岳东利任炼油厂党委委员；李崧延任炼油厂党委委员；免去缪春祥的炼油厂党委委员职务。

2019年2月，大庆石化分公司编委办决定，炼油厂常减压一车间和常减压二车间整合为常减压联合车间；供热空分车间和系统管网车间整合为供热空分联合车间；蜡脱油车间和酮苯糠醛车间整合为润滑油联合车间。

2019年3月，经大庆石化分公司党委组织部同意，撤销炼油厂常减压二车间党支部；撤销炼油厂系统管网车间党支部；撤销炼油厂蜡脱油车间党支部；将常减压一车间党支部更名为常减压联合车间党支部；将供热空分车间党支部更名为供热空分联合车间党支部；将酮苯糠醛车间党支部更名为润滑油联合车间党支部；将常减压二车间党支部党员组织关系转入常减压联合车间党支部；将系统管网车间党支部党员组织关系转入供热空分联合车间党支部；将蜡脱油车间党支部党员组织关系转入润滑油联合车间党支部。

2019年7月，大庆石化分公司决定：聘任王彦江为炼油厂副厂长，解聘其炼油厂副总工程师职务；解聘宋阳的炼油厂副厂长职务。大庆石化分公司党委决定：王彦江任炼油厂党委委员；免去宋阳的炼油厂党委委员职务。

随后，炼油厂对部分领导班子成员分工进行调整：

党委委员、副厂长、安全总监崔俊峰协助厂长做好安全和QHSE体系管理工作，负责应急管理和内控与风险管理等工作，负责炼油结构转型升级项目建设，负责班组长联合会工作，负责经济责任制考核管理，认真落实党建工作责任制，协助抓党建全局性工作，侧重抓好分管领域和联系示范点的党建及意识形态工作，负责常减压联合车间、重油催化一、重油催化二等车间生产运行管理，分管安全监督，协管安全环保科、调度室、炼油项目办公室。

党委委员、副厂长王伟国负责生产受控及运行、计划经营、计量及质量管理等工作，负责副产品管理工作，负责劳务用工管理工作，认真落实党建工作责任制，协助抓党建全局性工作，侧重抓好分管领域和联系示范点的党建及意识形态工作，负责焦化、气体原料、润滑油联合车间、制蜡一车间、制蜡二车间、动力站、供热空分联合车间、供水、输转、成品、装油、机车等车间生产运行管理，分管调度室、计划科、质量管理科。

党委委员、副厂长岳东利负责机械、电气、仪表等设备的管理，负责水汽、信息化、标准化建设及现场管理等工作，负责材料管理工作，负责食堂管理工作，认真落实党建工作责任制，协助抓党建全局性工作，侧重抓好分管领域和联系示范点的党建及意识形态工作，负责仪表车间、供电车间、计量中心、维修等车间生产管理，分管机动科，协管综合管理办公室。

党委委员、总工程师李崧延负责技术及工艺管理、三剂管理、环保管理、达标及对标管理等工作，负责项目前期可研管理，认真落实党建工作责任制，协助抓党建全局性工作，侧重抓好分管领域和联系示范点的党建及意识形态工作，负责催化重整、加氢一、加氢二、硫磺回收、污水等车间生产运行管理，分管技术科，协管安全环保科。

党委委员、副厂长王彦江负责炼油结构转型升级项目设备采购、项目管理工作，负责拆迁及分管项目设备采购、施工管理等工作，认真落实党建工作责任制，协助抓党建全局性工作，侧重抓好分管领域和联系示范点的党建及意识形态工作，分管炼油项目办公室，协管机动科。

2019年8月，正处级干部何阿新退休。

2019年12月，大庆石化分公司决定：宋树林任炼油厂副厂长。大庆石化分公司党委决定：宋树林任炼油厂党委委员。

2019年12月，副处级干部李国明退休。

2020年1月，炼油厂对部分领导班子成员分工进行调整：

党委委员、副厂长王伟国负责生产受控及运行、计划经营、计量等工作，负责副产品管理工作，负责劳务用工管理工作，认真落实党建工作责任制，协助抓党建全局性工作，侧重抓好分管领域和联系示范点的党建及意识形态工作，负责焦化、气体原料、润滑油联合、制蜡一、制蜡二、输转、成品、装油、机车等车间生产运行管理，分管调度室、计划科。

党委委员、总工程师李崧延负责技术及工艺管理、三剂管理、环保管理、达标及对标管理等工作，负责项目前期可研管理，认真落实党建工作责任制，协助抓党建全局性工作，侧重抓好分管领域和联系示范点的党建及意识形态工作，负责加氢一、加氢二、硫磺回收、污水等车间生产运行管理，分管技术科，协管安全环保科。

党委委员、副厂长宋树林负责质量管理工作，认真落实党建工作责任制，协助抓党建全局性工作，侧重抓好分管领域和联系示范点的党建及意识形态工作，负责催化重整、供水、供热空分联合、动力站等车间生产运行管理，分管质量管理科，协管调度室。

2020年3月，大庆石化分公司编委办决定，撤销炼油厂质量管理科，质量管理业务划归调度室管理；制蜡一车间和制蜡二车间整合为制蜡联合车间；输转车间和气体原料车间整合为输转联合车间；仪表车间和计量中心整合为新的仪表车间；撤销车队三级机构规格，车辆管理业务划归办公室（党委办公室）管理。

2020年3月，大庆石化分公司编委办决定，将销售储运中心管理的石蜡仓储装车业务划归炼油厂制蜡联合车间管理。

2020年4月，大庆石化分公司决定：免去刘文福的炼油厂副总工程师职务，改任炼油厂副处级干部。

2020年6月17日，炼油厂第九届职工代表大会第四次会议暨2020年工作会议召开。厂长田春光作了题为《聚焦转型升级，深挖创效潜力，全力谱写炼油高质量发展新篇章》的工作报告。会议回顾了2019年的工作成绩，明确了2020年的五项重点工作：一是聚焦安全环保管理，全力筑牢高质量发展根基；二是聚焦生产经营优化，全力实现提质增效目标；三是聚焦基础管理提升，全力推动管理水平再上新台阶；四是聚焦企业改革发展，全力保障转型升级高效完成；五是聚焦全面从严治党，全力筑牢企业发展政治保证。

2020年6月，大庆石化分公司决定：崔俊峰任炼油厂常务副厂长。

2020年10月，大庆石化分公司决定：崔俊峰任炼油厂厂长，免去其炼油厂安全总监职务；宋树林任炼油厂安全总监；免去田春光兼任的炼油厂厂长职务。大庆石化分公司党委决定：免去田春光兼任的炼油厂党委委员职务。

2020年11月，大庆石化分公司决定：马俊任炼油厂副厂长；免去王伟国的炼油厂副厂长职务；免去王彦江的炼油厂副厂长职务。大庆石化分公司党委决定：王为哲任炼油厂党委委员、党委书记；王彦江任炼油厂党委副书记、纪委书记、工会主席；马俊任炼油厂党委委员；免去王伟国的炼油厂党委委员职务；免去张继才的炼油厂党委书记、党委委员职务，改任炼油厂正处级干部；免去吴永焕的炼油厂党委副书记、党委委员、纪委书记、工会主席职务，改任炼油厂副处级干部。

2020年11月，正处级干部李尊江退休。

2020年12月，大庆石化分公司决定：焦庆雨任炼油厂副厂长。大庆石化分公司党委决定：焦庆雨任炼油厂党委委员。

2020年12月，炼油厂党委决定，仪表车间党支部改建为党总支，党总支下设2个党支部，分别为仪表车间第一党支部和第二党支部。

"十三五"期间，炼油厂不断抢抓新机遇，积极落实"油头化尾"战略，坚持不懈推进炼油结构调整转型升级，促进产品质量提档升级，有效加速了企业"低成本、有特色"高质量发展，原油一次加工能力真正达到千万吨级。炼油综合能耗、单因耗能在装置数量逐年增加的情况下，均保持历史较好水平。截至2020年年底，已累计加工原油2991.58万吨，实现销售收入1281.81亿元，利润总额41.79亿元、同比"十二五"增加83.31亿元，上缴利税321.71亿元、同比增加71.35亿元。在推动企业转型升级，扩能增产的同时，坚持把政治建设摆在首位，积极遵循"围绕中心、服务大局，压实责任、打牢基础，提升质量、创新争先"的党建工作理念，努力提升企业党建工作质量，夯实党员干部守初心、担使命的思想自觉和行动自觉，不断完善企业管理体系，有序推进机构整合，持续提升合规管理水平，实现了疫情防控和转型升级两大战役同步告捷。企业先后荣获国家企业文化建设优秀单位和集团公司先进基层党组织、黑龙江省基层先进党组织、思想政治工作先进单位等荣誉称号。

截至 2020 年 12 月 31 日，炼油厂有生产装置 38 套，辅助生产装置 38 套，原油年一次加工能力 1000 万吨。主要生产石蜡、石油焦、石油化工产品等 5 类 25 个品种 108 个牌号的产品。机关设职能科室 8 个：办公室（党委办公室）、人事科（党委组织部）、党群工作部、计划科、调度室、技术科、机动科、安全环保科。临时性机构 1 个：炼油项目管理办公室。下设基层单位 21 个：常减压联合车间、重油催化一车间、重油催化二车间、延迟焦化车间、催化重整车间、制蜡联合车间、润滑油联合车间、加氢一车间、加氢二车间、硫磺回收车间、供热空分联合车间、动力站、供水车间、污水车间、维修车间、供电车间、仪表车间、输转联合车间、成品车间、装油车间、机车车间。固定资产原值 127.38 亿元，净值 73.82 亿元。在册员工 3351 人。炼油厂党委下属党总支 1 个，党支部 27 个，共有党员 921 人。

期间：党委书记张继才继续担任中共黑龙江省第十二次代表大会代表。2016 年 12 月，厂长刘国海当选大庆市第十届人民代表大会代表。

一、炼油厂行政领导名录（2016.1—2020.12）

厂　　长　刘国海（满族，2016.1—2018.4；兼任，2018.4—6）[1]

　　　　　田春光（2018.6—2020.6；兼任，2020.6—10）[2]

　　　　　崔俊峰（2020.10—12）

常务副厂长　崔俊峰（正处级，2020.6—10）

副　厂　长　宋　阳（2016.1—2019.7）[3]

　　　　　缪春祥（2016.1—2019.2）[4]

　　　　　田春光（2016.1—2018.6）

　　　　　崔俊峰（2016.1—2020.6）

　　　　　王伟国（2018.6—2020.11）[5]

　　　　　岳东利（2019.2—2020.12）

---

[1]　2018 年 6 月，解聘刘国海兼任的炼油厂厂长职务。

[2]　2020 年 6 月，田春光任公司副总工程师，兼任炼油厂厂长。2020 年 10 月，免去田春光兼任的炼油厂厂长职务。

[3]　2019 年 7 月，宋阳调任化建公司党委委员、党委书记。

[4]　2019 年 2 月，缪春祥调任公司生产运行处处长、应急管理办公室主任。

[5]　2020 年 11 月，王伟国调任公司生产运行处处长、应急管理办公室主任。

王彦江（2019.7—2020.11）

宋树林（2019.12—2020.12）

马　俊（2020.11—12）

焦庆雨（2020.12）

总 工 程 师 王　震（2016.1—2018.6）[①]

李崧延（2019.2—2020.12）

安 全 总 监 缪春祥（兼任，2016.1—2019.2）

崔俊峰（兼任，2019.2—2020.10）

宋树林（兼任，2020.10—12）

监察室主任 王　威（生于1972年，2016.1—2017.12）

正处级干部 王伟民（2016.1—5）[②]

何阿新（满族，2016.3—2019.8）[③]

李尊江（2017.12—2020.11）[④]

崔明福（朝鲜族，2019.2—2020.12）[⑤]

张继才（2020.11—12）

副处级干部 李国明（2016.3—2019.12）[⑥]

张洪强（2019.2—2020.12）

吴航英（2019.2—2020.12）

有　旻（2019.2—2020.12）[⑦]

孙连阁（2019.2—2020.12）[⑧]

张春刚（2019.12—2020.12）

刘文福（2020.4—12）

吴永焕（朝鲜族，2020.11—12）

---

① 2018年6月至2019年2月期间，炼油厂总工程师空缺，由副厂长崔俊峰代管。
② 2016年5月，正处级干部王伟民退休。
③ 2019年8月，正处级干部何阿新退休。
④ 2020年11月，正处级干部李尊江退休。
⑤ 2019年2月，崔明福由保卫部退出领导岗位后，改任炼油厂正处级干部。
⑥ 2019年12月，副处级干部李国明退休。
⑦ 2019年2月，有旻由培训中心退出领导岗位后，改任炼油厂副处级干部。
⑧ 2019年2月，孙连阁由科技与规划发展处退出领导岗位后，改任炼油厂副处级干部。

二、炼油厂党委领导名录（2016.1—2020.12）

书　　记　李尊江（2016.1—2017.12）

张继才（2017.12—2020.11）

王为哲（2020.11—12）

副　书　记　王　威（2016.1—2017.12）[①]

吴永焕（2017.12—2020.11）

王彦江（2020.11—12）

委　　员　李尊江（2016.1—2017.12）

刘国海（2016.1—2018.6）

田春光（2016.1—2020.10）

崔俊峰（2016.1—2020.12）

王　震（2016.1—2018.6）

宋　阳（2016.1—2019.7）

缪春祥（2016.1—2019.2）

王　威（2016.1—2017.12）

吴永焕（2016.1—2020.11）

张继才（2017.12—2020.11）

王伟国（2018.6—2020.11）

岳东利（2019.2—2020.12）

李崧延（2019.2—2020.12）

王彦江（2019.7—2020.12）

宋树林（2019.12—2020.12）

王为哲（2020.11—12）

马　俊（2020.11—12）

焦庆雨（2020.12）

三、炼油厂纪委领导名录（2016.1—2020.12）

书　　记　王　威（2016.1—2017.12）

吴永焕（2017.12—2020.11）

---

① 2017年12月，王威调任化工一厂党委副书记。

王彦江（2020.11—12）

四、炼油厂工会领导名录（2016.1—2020.12）

  主   席 吴永焕（2016.1—2020.11）

         王彦江（2020.11—12）

五、炼油厂副总师、安全监督名录（2016.1—2020.12）

  工艺副总工程师 张春刚（2016.1—2020.12）①

  机械副总工程师 王彦江（2016.1—2019.7）

  储运副总工程师 张洪强（2016.1—2019.2）

  仪表副总工程师 刘文福（2016.1—2020.4）

  电气副总工程师 吴航英（2016.1—2019.2）

  水汽副总工程师 刘向峰（2016.1—2020.12）

  安 全 监 督 李国明（2016.1—3）

第二节　化肥厂（2016.1—2020.12）

  1975 年 3 月，大庆石油化工总厂成立化肥厂，全称大庆石油化工总厂化肥厂，也称卧里屯化肥厂，列大庆石油化工总厂县（团）级直属单位。设计生产能力为合成氨 30 万吨/年、尿素 48 万吨/年，总投资 2.59 亿元，以大庆油田天然气为原料来源。1999 年 9 月，大庆石化分公司和大庆石油化工总厂分开分立后，化肥厂列大庆石化分公司正处级基层单位。2005 年 11 月，化肥厂完成 50% 扩能改造任务，合成氨生产能力达到 45 万吨/年，尿素生产能力达到 80 万吨/年。

  截至 2015 年 12 月 31 日，化肥厂拥有合成氨、尿素 2 套主体生产装置以及成品、水汽、供水辅助生产装置 3 个，主要生产合成氨、尿素 2 大类产品。化肥厂机关设职能科室 8 个：办公室（党委办公室、维稳办、保卫科）、人事科（党委组织部）、企业文化科（党委宣传部、监察室、工会办公室、

---

  ① 2016 年 1 月至 2017 年 5 月期间，张春刚挂职大庆市工业和信息化委员会副主任。2017 年 5 月，挂职期满回厂任原职。

团委）、调度室、计划科、技术科、机动科、安全环保科。下设基层单位 9 个：合成氨车间、尿素车间、水汽车间、供水车间、维修车间、供电车间、仪表车间、成品车间、材料供应站。固定资产原值 19.78 亿元，净值 3.98 亿元。在册员工 766 人。化肥厂党委下属 9 个党支部，共有党员 254 人。机关办公地点位于黑龙江省大庆市龙凤区化永路 8 号。

化肥厂领导班子共有 6 人，其中行政领导班子 4 人，党委由 5 人组成：

蔚尚希任党委委员、厂长，负责行政全面工作，并负责安全环保工作，分管办公室、人事科、企业文化科。

陈洪岩任党委书记、纪委书记，负责党委和纪委全面工作，分管党委办公室、党委组织部、党委宣传部。

郑广仁任党委委员、副厂长、安全总监，负责协助厂长做好安全环保工作，负责计划、大宗原料、生产（受控）、质量、消防和 QHSE 体系管理等工作，分管调度室、安全环保科、计划科。

吕海清任党委委员、副厂长，负责机械、电气、仪表等设备管理和状态监测工作，负责水质管理和物资供应工作，分管机动科。

项福波任总工程师，负责总体规划、技术进步、科研开发、技术改造、信息化管理、技术档案和科协等工作，分管技术科。

黄志勇任党委委员、工会主席，负责工会工作。

2016 年 1 月 28 日，化肥厂第九届第四次职工代表大会召开。厂长蔚尚希作了题为《苦练内功，真抓实干，提质提效，为全面完成各项工作任务而努力奋斗》的工作报告。会议明确 2016 年工作总体思路，即以十八届五中全会精神为指导，以优化装置运行实现长周期安全平稳高产为目标，落实安全环保职责，持续开展精细化管理和挖潜增效工作，确保完成全年各项工作任务。

2016 年 3 月，大庆石化分公司决定：蔚尚希任化肥厂正处级干部，解聘其化肥厂厂长职务；项福波任化肥厂副处级干部，解聘其化肥厂总工程师职务。大庆石化分公司党委决定：免去蔚尚希的化肥厂党委委员职务。

2016 年 5 月，大庆石化分公司决定：聘任王智刚为化肥厂厂长。大庆石化分公司党委决定：聘任王智刚为化肥厂党委委员。

2016 年 5 月，大庆石化分公司编委办决定，化肥厂办公室（党委办公室、维稳办、保卫科）更名为办公室（党委办公室），保卫和维护稳定工作职责保留在办公室（党委办公室）。

2016 年 7 月 21 日，中共化肥厂第七次代表大会召开，100 名党员代表参加会议。会议选举产生中共化肥厂第七届委员会，由王智刚、吕海清、陈洪岩、郑广仁、黄志勇等 5 人（以姓氏笔画为序）组成，陈洪岩为党委书记。选举产生中共化肥厂纪律检查委员会，由王海军、白云涛、刘铁金、张君雁、陈洪岩等 5 人（以姓氏笔画为序）组成，陈洪岩为纪委书记。截至 7 月，化肥厂党委下属 9 个党支部，共有党员 248 人。

2016 年 7 月，化肥厂对领导班子成员分工进行调整：

党委委员、厂长王智刚负责行政全面工作，并负责安全环保和总体规划工作，分管办公室（党委办公室）、人事科（党委组织部）、企业文化科（党委宣传部）。党委书记、纪委书记陈洪岩负责党委、纪委全面工作，分管党委办公室、党委组织部、党委宣传部。党委委员、副厂长、安全总监郑广仁协助厂长做好安全环保工作，负责计划、大宗原料、生产（受控）、质量、消防和 QHSE 体系管理工作，负责技术进步、科研开发、技术改造、信息化管理、技术档案和科协工作，分管调度室、安全环保科、计划科、技术科。党委委员、副厂长吕海清负责机械、电气、仪表等设备管理和状态监测工作，负责水质管理和物资供应工作，分管机动科。党委委员、工会主席黄志勇负责工会工作。

2017 年 2 月 17 日，化肥厂第九届第五次职工代表大会召开。厂长王智刚作了题为《转变观念，主动作为，为全面实现减亏增效而努力奋斗》的工作报告。会议确定化肥厂 2017 年突出抓好六个方面工作：一是完善 HSE 管理规范，打牢安全环保基础；二是精心组织生产，加强设备维护，优化装置长周期运行，力争实现"三年一大修"奋斗目标；三是积极转变观念，深入开展降本增效工作，提升企业管理效能；四是优化产品结构，提高产品质量，增加市场需要产品产量；五是抓好人才培养、队伍素质提升和"六型班组"创建工作；六是全面从严治党，保证"两学一做"和"重塑形象大讨论"活动取得实效，使员工队伍和谐稳定。

2017 年 4 月，大庆石化分公司决定，将化肥厂企业文化科（党委宣传部、监察室、工会办公室、团委）更名为党群工作部，主要职能是负责宣传、纪检监察、工会、团委、企业文化等业务。

2017年12月，大庆石化分公司决定：解聘陈洪岩的化肥厂监察室主任职务。大庆石化分公司党委决定：黄志勇任化肥厂党委副书记、纪委书记；免去陈洪岩的化肥厂纪委书记职务。

随后，化肥厂对领导班子成员分工进行调整：

党委委员、厂长王智刚负责行政全面工作。党委书记陈洪岩负责党委全面工作。党委副书记、纪委书记、工会主席黄志勇协助党委书记做好党委日常工作，负责工会、纪委工作。党委委员、副厂长吕海清负责机械、电气、仪表等设备管理和状态监测工作，负责水质管理和物资供应工作，分管机动科。党委委员、副厂长、安全总监郑广仁协助厂长做好安全环保工作，负责计划、大宗原料、生产（受控）、质量、消防和QHSE体系管理工作，负责技术进步、科研开发、技术改造、信息化管理、技术档案和科协工作，分管调度室、安全环保科、计划科、技术科。

2018年1月，化肥厂完成了基层工会委员会的换届，并通过投票选举产生了新一届的职工代表122人。

2018年2月1日，化肥厂第十届第一次职工代表大会召开。厂长王智刚作了题为《主动转变观念，深入挖潜增效，为实现化肥厂扭亏增效努力拼搏》的工作报告。会议确定了化肥厂2018年要重点抓好的六项工作任务：一是圆满完成2018年装置大检修，力争"一次大修保四年"；二是更加深入学习贯彻党的十九大精神，全面从严治党，党风廉政建设更加深入；三是继续加强六型班组建设，自主管理水平进一步提高；四是进一步转变观念、勇于创新、以算定产，与公司步调更加一致；五是提升员工队伍素质，进一步推行大岗制；六是加强安全管理责任，力争2018年不出现安全环保质量事故。

2018年6月，大庆石化分公司决定：祝亮任化肥厂正处级干部。

2018年9月，大庆石化分公司编委办决定，化肥厂机动科与材料供应站实行一体化管理，一体化管理后材料供应站按照班组管理，机构规格调整为无级别。

2018年11月，大庆石化分公司决定：阎峰华任化肥厂副厂长、安全总监；解聘郑广仁的化肥厂安全总监职务。大庆石化分公司党委决定：阎峰华任化肥厂党委委员。

2018 年 12 月，化肥厂对领导班子成员分工进行调整：

党委委员、厂长王智刚负责行政全面工作，并负责安全环保、监察等工作，支持党委书记开展党务工作，分管人事科（党委组织部）、办公室（党委办公室）、党群工作部、安全环保科。党委书记陈洪岩负责党委全面工作，支持厂长开展行政工作，分管党委组织部、党委办公室、党群工作部。党委副书记、纪委书记、工会主席黄志勇协助党委书记做好党委日常工作，负责纪检、工会等工作，协管党群工作部、党委办公室。党委委员、副厂长吕海清负责机械、电气、仪表等设备管理和状态监测工作，负责水质管理和物资供应工作，分管机动科，负责分管单位及联系点的党建工作，履行全面从严治党责任。党委委员、副厂长郑广仁负责工艺技术管理和技术改造工作，负责技术进步、科研开发、技术改造、信息化管理、技术档案和科协工作，分管技术科，负责分管单位及联系点的党建工作，履行全面从严治党责任。党委委员、副厂长、安全总监阎峰华协助厂长做好安全环保工作，负责计划、生产（受控）、质量、消防和 QHSE 体系管理工作，分管调度室、计划科，协管安全环保科，负责分管单位及联系点的党建工作，履行全面从严治党责任。

2019 年 1 月 28 日，化肥厂第十届第二次职工代表大会召开，厂长王智刚作了题为《继续拼搏，勇于创新，为新时代化肥厂持续发展努力奋斗》的工作报告。会议确定了化肥厂 2019 年要重点抓好的 9 大工作目标：一是完成公司下达的各项任务；二是保证安全环保质量无事故；三是全面开展节能降耗工作，深入推进装置实物量跟踪和班组经济核算；四是文明生产标准化水平再上新台阶；五是持续开展无泄漏工厂创建工作；六是提升员工队伍素质，进一步推行大岗制；七是六型班组建设更加深入，自主管理水平持续提高；八是进一步转变观念、勇于创新，与公司步调更加一致；九是继续宣贯习近平新时代中国特色社会主义思想，全面落实党的十九大精神，切实发挥党委管大局、把方向、保落实作用。

2019 年 3 月，大庆石化分公司编委办决定，化肥厂水汽车间和供水车间整合为水汽联合车间；调度室和计划科整合为生产科。

2019 年 3 月，经大庆石化分公司党委组织部同意，撤销化肥厂供水车间党支部；将水汽车间党支部更名为水汽联合车间党支部。

2019年4月，正处级干部蔚尚希退休。

2019年8月，大庆石化分公司编委办决定，化肥厂生产科与技术科整合为生产技术科。

2019年9月，化肥厂对部分领导班子成员分工进行调整：党委委员、副厂长郑广仁负责工艺技术管理和技术改造工作，负责技术进步、科研开发、技术改造、信息化管理、技术档案和科协工作，负责质量管理工作，分管生产技术科，负责分管单位及联系点的党建工作，履行全面从严治党责任。党委委员、副厂长、安全总监阎峰华协助厂长做好安全环保工作，负责计划、生产（受控）、消防和QHSE体系管理工作，分管生产技术科，协管安全环保科，负责分管单位及联系点的党建工作，履行全面从严治党责任。

2019年11月，副处级干部项福波退休。

2020年1月17日，化肥厂第十届第三次职工代表大会召开。厂长王智刚作了题为《固本强基，笃定前行，打赢效益攻坚战，为化肥厂创效发展努力奋斗》的工作报告。会议确定了化肥厂2020年要重点抓好的八大工作任务：一是突出红线意识，筑牢安全环保根基；二是提升优化能力，拓展企业创效空间；三是强化设备管控，巩固装置本质基础；四是抓住难点攻关，强化生产运行；五是挖掘人力资源潜力，增强支撑保障作用；六是推进六型班组建设，激活企业细胞；七是抓好文明生产，向"花园式工厂、开放式工厂"目标迈进；八是全面加强党的建设，提供坚强政治保障。

2020年2月，正处级干部祝亮退休。

2020年3月，大庆石化分公司编委办决定，化肥厂办公室（党委办公室）和党群工作部整合为综合管理科（党群工作部）。

2020年3月，大庆石化分公司编委办决定，销售储运中心化肥装运车间划归化肥厂，与化肥厂成品车间整合为新的成品车间。

2020年10月，经大庆石化分公司党委组织部同意，成立化肥厂机关第二党支部；将化肥厂机关党支部更名为机关第一党支部。

2020年12月，大庆石化分公司决定：吕印达任化肥厂副厂长；免去吕海清的化肥厂副厂长职务；免去郑广仁的化肥厂副厂长职务。大庆石化分公司党委决定：吕印达任化肥厂党委委员；免去吕海清的化肥厂党委委员职务；免去郑广仁的化肥厂党委委员职务。

"十三五"期间，化肥厂生产平稳受控，装置实现"三年一修"，企业经营效益持续向好，共计生产合成氨 221 万吨、尿素 118 万吨，出厂商品氨 123 万吨。开发生产含锌 SODm 尿素、车用尿素、液体尿素、中颗粒尿素等多个"创效明星"产品，企业连续 3 年实现盈利。充分发挥党委政治核心作用，扎实开展"两学一做""不忘初心，牢记使命"等主题教育活动，做实做细党支部达标晋级，合成氨车间党支部被评为集团公司先进基层党支部。创新开展了无责隐患评审，主动发现处理各类隐患共计 854 项。尊重员工的首创精神，评选创新成果 110 项，嘉奖干部员工 475 人次。聚焦化肥行业新形势和企业生产经营亮点，化肥厂两次荣获中国石油报先进报道班组称号。

截至 2020 年 12 月 31 日，化肥厂拥有合成氨、尿素 2 套主体生产装置以及成品、水汽联合、供水辅助生产装置 3 个。机关设职能科室 5 个：综合管理科（党群工作部）、人事科（党委组织部）、生产技术科、机动科、安全环保科。下设基层单位 7 个：合成氨车间、尿素车间、水汽联合车间、维修车间、供电车间、仪表车间、成品车间。固定资产原值 19.88 亿元，净值 3.42 亿元。在册员工 700 人。化肥厂党委下属党支部 9 个，共有党员 238 人。

一、化肥厂行政领导名录（2016.1—2020.12）

厂　　　长　蔚尚希（2016.1—3）[①]

　　　　　　王智刚（2016.5—2020.12）

副　厂　长　吕海清（2016.1—2020.12）[②]

　　　　　　郑广仁（2016.1—2020.12）[③]

　　　　　　阎峰华（2018.11—2020.12）

　　　　　　吕印达（2020.12）

总 工 程 师　项福波（2016.1—3）[④]

安 全 总 监　郑广仁（兼任，2016.1—2018.11）

---

① 2016 年 3 月至 5 月期间，化肥厂厂长空缺，蔚尚希主持行政全面工作。

② 2020 年 12 月，吕海清调任公司矿区管理部副主任。

③ 2020 年 12 月，郑广仁调任公司安全环保工程监督站副站长。

④ 2016 年 3 月至 2020 年 12 月期间，化肥厂总工程师空缺，相关工作先后由副厂长郑广仁、阎峰华负责。

阎峰华（兼任，2018.11—2020.12）

监察室主任　陈洪岩（2016.1—2017.12）

正处级干部　蔚尚希（2016.3—2019.4）[①]

祝　亮（2018.6—2020.2）[②]

副处级干部　项福波（2016.3—2019.11）[③]

李振明（2019.2—2020.12）[④]

二、化肥厂党委领导名录（2016.1—2020.12）

书　　记　陈洪岩（2016.1—2020.12）

副 书 记　黄志勇（2017.12—2020.12）

委　　员　陈洪岩（2016.1—2020.12）

蔚尚希（2016.1—3）

黄志勇（2016.1—2020.12）

吕海清（2016.1—2020.12）

郑广仁（2016.1—2020.12）

王智刚（2016.5—2020.12）

阎峰华（2018.11—2020.12）

吕印达（2020.12）

三、化肥厂纪委领导名录（2016.1—2020.12）

书　　记　陈洪岩（2016.1—2017.12）

黄志勇（2017.12—2020.12）

四、化肥厂工会领导名录（2016.1—2020.12）

主　　席　黄志勇（2016.1—2020.12）

---

① 2019 年 4 月，正处级干部蔚尚希退休。

② 2020 年 2 月，正处级干部祝亮退休。

③ 2019 年 11 月，副处级干部项福波退休。

④ 2019 年 2 月，李振明由公司纪检监察中心退出领导岗位后，改任化肥厂副处级干部。

第三节　化工一厂（2016.1—2020.12）

化工一厂成立于 1983 年 12 月，前身为大庆乙烯工程指挥部乙烯装置组。1984 年 12 月，化工一厂与化工二厂合并为化工厂。1987 年 3 月，大庆石油化工总厂与大庆乙烯工程指挥部合并为新的大庆石油化工总厂，将化工厂分设为化工一厂和化工二厂，均列大庆石油化工总厂正处级基层单位。1999 年 9 月，大庆石油化工总厂与大庆石化分公司分开分立后，化工一厂列大庆石化分公司正处级基层单位。

截至 2015 年 12 月 31 日，化工一厂有乙烯裂解装置、丁二烯抽提装置、芳烃抽提装置、裂解汽油加氢装置、MTBE 装置、废碱湿式氧化装置等 23 套装置，乙烯装置生产能力 120 万吨 / 年。可生产乙烯、丙烯、丁二烯、甲基叔丁基醚、苯等 10 余种产品。机关设职能科室 9 个：办公室（党委办公室、维稳办、保卫科）、人事科（党委组织部）、企业文化科（党委宣传部、监察室、工会办公室、团委）、计划科、调度室、技术科、机动科、安全环保科、电仪科。下设基层单位 17 个：裂解车间、乙烯车间、动力车间、甲基叔丁基醚车间、加氢抽提一车间、加氢抽提二车间、芳烃抽提车间、芳烃联合车间、碳四联合车间、系统车间、输转车间、原料一车间、原料二车间、仪表车间、供电车间、维修车间、材料供应站。固定资产 108.05 亿元，净资产 54.4 亿元。在册员工 1731 人。化工一厂党委下属 17 个党支部，共有党员 503 人。机关办公地点位于黑龙江省大庆市龙凤区兴化街道化工路 93 号。

化工一厂党政领导班子 7 人，其中行政领导班子 5 人，党委由 7 人组成：

李秀伟任党委委员、厂长，负责行政全面工作，分管办公室（党委办公室、维稳办、保卫科）、人事科（党委组织部）、企业文化科（党委宣传部、监察室、工会办公室、团委）。

张继才任党委书记、纪委书记，负责党委、纪委全面工作，分管党委办公室、党委组织部、党委宣传部、工会、团委、维稳办。

隋元春任党委委员、副厂长，负责计划经营及优化等工作，并负责动力车间、加氢抽提一车间、加氢抽提二车间、芳烃抽提车间、碳四联合车间、芳烃联合车间、输转车间的安全管理和生产管理工作，分管计划科。

韩月辉任党委委员、副厂长，负责机械、电气、仪表等设备的运行管理、检维修等机动日常管理，并负责防震管理，分管机动科、电仪科、材料供应站。

魏殿任党委委员、副厂长、总工程师，负责工艺管理、指标优化、技术进步及改造等工作，并负责裂解车间、乙烯车间、系统车间、原料一车间、原料二车间的安全管理和生产管理，分管调度室、技术科、安全环保科。

白天相任党委委员、副厂长、安全总监，负责对各单位和部门执行公司安全生产管理情况进行监督指导，推进贯彻落实，负责 QHSE 体系推进提升和相关管理工作，并负责技改技措实施及大项目实施，分管安全环保科、机动科。

夏智富任党委委员、工会主席，负责工会全面工作，分管工会。

2016 年 2 月 18 日，化工一厂第七届职工代表大会第三次会议暨 2016 年工作会议召开。厂长李秀伟作了题为《坚定信心，迎难而上，开创全国一流乙烯生产厂建设新局面》的工作报告。会议明确了 2016 年重点工作：一是推进 HSE 体系建设，筑牢安全环保根基；二是优化生产运行管理，提升装置质量效益；三是强化设备预知管控，确保装置安稳运行；四是落实重大项目建设，增强企业发展后劲；五是加强三支人才队伍建设，提升全员技术技能水平；六是发挥党组织政治优势，营造和谐稳定发展环境。

2016 年 3 月，大庆石化分公司决定：聘任张立君为化工一厂正处级干部；聘任华军为化工一厂副处级干部。

2016 年 4 月，大庆石化分公司编委办决定，撤销化工一厂甲基叔丁基醚车间。

2016 年 4 月，经大庆石化分公司党委组织部同意，撤销化工一厂甲基叔丁基醚车间党支部。

2016 年 5 月，大庆石化分公司编委办决定，化工一厂办公室（党委办公室、维稳办、保卫科）更名为办公室（党委办公室），保卫和维护稳定工作职责保留在办公室（党委办公室）。

2016年7月15日，中共化工一厂第六次代表大会召开，97名党员代表参加会议。会议选举产生中共化工一厂第六届委员会，由白天相、李秀伟、张继才、夏智富、隋元春、韩月辉、魏叕等7人（以姓氏笔画为序）组成，张继才为党委书记。选举产生中共化工一厂纪律检查委员会，由刁树森、孙鑫、张继才、孟祥龙、董锡钢等5人（以姓氏笔画为序）组成，张继才为纪委书记。截至7月，化工一厂党委下属16个党支部，共有党员500人。

2017年2月17日，化工一厂第八届职工代表大会第一次会议暨2016年度总结表彰大会召开。厂长作了题为《凝心聚力，乘势而上，推动一流乙烯生产厂建设再上新台阶》的工作报告，全面总结2016年工作，部署2017年重点工作。2017年化工一厂将以党的十八大和十八届历次全会精神为指引，认真贯彻落实集团公司和大庆石化分公司各项工作部署，以安全环保平稳运行为基础，以效益最大化为目标，以强化对标管理、严格绩效考核为手段，不断加强新形势下党的建设，发挥思想政治工作和企业文化的引领凝聚作用，促进员工作风养成，实现科学化、规范化、精细化管理，全力推动一流乙烯生产厂建设再上新台阶。

2017年4月，大庆石化分公司编委办决定，将化工一厂企业文化科（党委宣传部、监察室、工会办公室、团委）更名为党群工作部，主要职能是负责宣传、纪检监察、工会、团委、企业文化等业务。

2017年12月，大庆石化分公司决定：解聘张继才的化工一厂监察室主任职务。大庆石化分公司党委决定：王威任化工一厂党委委员、党委副书记（主持党委全面工作）；夏智富任化工一厂党委副书记、纪委书记；免去张继才的化工一厂党委书记、纪委书记、党委委员职务。

随后，化工一厂对部分领导班子成员分工进行调整：党委副书记王威负责党委全面工作。党委副书记、纪委书记、工会主席夏智富协助党委书记做好党委日常工作，负责工会、纪委工作。

2018年2月17日，化工一厂第八届职工代表大会第二次会议暨2018年工作会议召开。厂长作了题为《坚持固本强基，持续稳健发展，谱写建设全国一流乙烯生产厂新篇章》的工作报告。会议回顾了2017全年工作情况，确定了2018年六项重点工作：一是完善监管体系建设，筑牢安全环保根基；二是优化运营机制，挖掘企业创效空间；三是加强设备维护管理，巩固本质安全基础；四是做好大检修工作，增强稳健发展后劲；五是推进管理创新创效，激发企业生机潜能；六是全面加强党的建设，构建和谐稳定发展环境。

2018年6月，大庆石化分公司决定：聘任魏彀为化工一厂厂长，解聘其化工一厂总工程师职务；聘任刘树青为化工一厂副厂长；解聘李秀伟的化工一厂厂长职务。大庆石化分公司党委决定：王威任化工一厂党委书记；刘树青任化工一厂党委委员；免去李秀伟的化工一厂党委委员职务。

2018年7月，副处级干部华军退休。

2018年9月，大庆石化分公司编委办决定，化工一厂机动科与材料供应站实行一体化管理，一体化管理后材料供应站按照班组管理，未明确机构规格。

2018年9月，大庆石化分公司编委办决定，撤销化工一厂电仪科。

2018年11月，大庆石化分公司决定：解聘韩月辉的化工一厂副厂长职务，调任大庆华科股份有限公司常务副总经理；聘任刘树青为化工一厂安全总监；聘任魏铁锋为化工一厂总工程师；解聘白天相的化工一厂安全总监职务。大庆石化分公司党委决定：魏铁锋任化工一厂党委委员；免去韩月辉的化工一厂党委委员职务。

2018年12月，化工一厂对领导班子成员分工进行调整：

党委委员、厂长魏彀负责行政全面工作，分管办公室（党委办公室）、人事科（党委组织部）、党群工作部、安全环保科。党委书记王威负责党委全面工作，分管党委办公室、党委组织部、党群工作部。党委委员、副厂长隋元春负责计划经营（三剂计划、消耗统计及分析部分）、内控与风险管理以及经济责任制考核，负责动力车间、加氢抽提一车间、加氢抽提二车间、芳烃抽提车间、碳四联合车间、芳烃联合车间、输转车间的安全管理和生产管理，分管计划科。党委副书记、纪委书记、工会主席夏智富协助党委书记做好党委日常工作，负责纪检监察、工会、法治法规、现场管理等工作，协管党群工作部、党委办公室。党委委员、副厂长白天相负责机械、电气、仪表等设备的运行管理和检维修等机动日常管理，负责标准化建设，负责防震工作，负责仪表车间、供电车间、维修车间的安全管理和生产管理，分管机动科。党委委员、副厂长、安全总监刘树青负责质量管理和应急管理，负责裂解车间、乙烯车间的安全管理和生产管理，负责安全环保工作，负责对各单位和部门执行公司安全生产管理情况进行监督指导，推进贯彻落实，负责HSE体系推进提升及相关管理工作，分管调度室，协管安全环保科。党委委员、总工程师魏铁锋负责工艺管理、指标优化、技术进步及改造、科研开发、信息化等工作，负责系统车间、原料一车间、原料二车间的安全管理和生产管理，分管技术科。

2019年2月1日，化工一厂第八届职工代表大会第三次会议暨2018年度总结表彰大会召开。厂长作了题为《坚持固本强基，提升质量效益，奋力开创新时代高质量发展新篇章》的工作报告。会议回顾了2018全年工作情况，确定了2019年五项重点工作：一是坚持科学从严，安全环保实现全面受控；二是强化精细管理，生产经营优质高效运行；三是加强设备维护保养，本质安全基础不断夯实；四是科学规划大检修，企业内生动力不断增强；五是突出全员素质提升，人力资源潜能有效激活。

2019年2月，大庆石化分公司党委决定：免去夏智富的化工一厂党委副书记、党委委员、纪委书记、工会主席职务，改任化工一厂副处级干部。

2019年3月，大庆石化分公司编委办决定，化工一厂加氢抽提一车间和动力车间整合为加氢抽提联合一车间；加氢抽提二车间和芳烃抽提车间整合为加氢抽提联合二车间。

2019年3月，经大庆石化分公司党委组织部同意，撤销化工一厂动力车间党支部；撤销加氢抽提二车间党支部；将加氢抽提一车间党支部更名为加氢抽提联合一车间党支部；将芳烃抽提车间党支部更名为加氢抽提联合二车间党支部。

2019年5月，正处级干部张立君退休。

2019年7月，大庆石化分公司党委决定：柳文杰任化工一厂党委委员、党委副书记、纪委书记、工会主席。

随后，化工一厂对部分领导班子成员分工进行调整：

党委委员、厂长魏毅负责行政全面工作，并负责安全环保、人力资源等工作，制定并落实分厂总体发展战略，支持党委书记开展党务工作，分管办公室（党委办公室）、人事科（党委组织部）、党群工作部、安全环保科，履行"一岗双责"职责，落实党建工作责任分工。党委书记王威负责党委全面工作，并负责组织建设、管理提升等工作，制定并负责落实分厂党委工作目标，支持厂长开展行政工作，分管党委办公室、党委组织部、党群工作部。党委副书记、纪委书记、工会主席柳文杰协助党委书记做好党委日常工作，负责纪检监察、工会、综合治理、稳定、法治法规、现场管理等工作，协管党群工作部、党委办公室。党委委员、副厂长隋元春负责计划经营（三剂计划、消耗统计及分析部分）、内控与风险管理以及经济责任制考核，负责加氢抽提联合一车间、加氢抽提联合二车间、碳四联合车间、芳烃联合车间、输转车间的安全管理和生产管理，分管计划科。各领导班子成员在各分管领域履行"一岗双责"职责，落实党建工作责任分工。

2019年12月，大庆石化分公司决定：冯忠亮任化工一厂副厂长；王焱鹏任化工一厂副厂长。大庆石化分公司党委决定：冯忠亮任化工一厂党委委员；王焱鹏任化工一厂党委委员。

2020年1月，化工一厂对部分领导班子成员分工进行调整：党委委员、副厂长、安全总监刘树青负责质量管理和应急管理，负责裂解车间的安全管理和生产管理，负责安全环保工作，负责对各单位和部门执行公司安全生产管理情况进行监督指导，推进贯彻落实，负责HSE体系推进提升及相关管理工作，分管调度室，协管安全环保科。党委委员、副厂长冯忠亮负责项目建设、文明生产工作，负责机动科全面工作。党委委员、副厂长王焱鹏负责乙烯车间的安全管理和生产管理。各领导班子成员在各分管领域履行"一岗双责"职责，落实党建工作责任分工。

2020年2月，化工一厂第八届职工代表大会第四次会议暨2019年度总结表彰大会召开。厂长作了题为《强化精细管理，深挖创效潜能，高质量推进新时代一流乙烯生产厂建设》的工作报告。会议回顾了2019全年工作情况，确定了2020年七项重点工作：一是紧盯风险防范，筑牢安全环保根基；二是突出优化调整，保持装置高效运行；三是立足优化创新，提升工艺技术管理；四是深化三基工作，夯实企业发展基础；五是加强设备管理，巩固本质安全基础；六是强化人才强企，提升队伍素质建设；七是突出服务保障，充分释放党建活力。

2020年4月，大庆石化分公司决定：免去隋元春的化工一厂副厂长职务。大庆石化分公司党委决定：隋元春任化工一厂党委书记；免去王威的化工一厂党委书记、党委委员职务。

随后，化工一厂对部分领导班子成员分工进行调整：

党委书记隋元春负责党委全面工作，并负责组织建设、管理提升等工作，制定并负责落实分厂党委工作目标，支持厂长开展行政工作，分管党委办公室、党委组织部、党群工作部。党委委员、副厂长、安全总监刘树青负责安全生产、质量管理和应急管理工作，负责安全环保工作，负责对各单位和部门执行公司安全生产管理情况进行监督指导，推进贯彻落实，负责HSE体系推进提升及相关管理工作，负责裂解车间、加氢抽提联合一车间、加氢抽提联合二车间的安全管理和生产管理，分管调度室，协管安全环保科。党委委员、副厂长王焱鹏负责计划经营（三剂计划、消耗统计及分析部分）、内控与风险管理以及经济责任制考核，负责乙烯车间、碳四联合车间、芳烃联合车间的安全管理和生产管理，分管计划科。各领导班子成员在各分管领域履行"一岗双责"职责，落实党建工作责任分工。

2020年5月，大庆石化分公司编委办决定，化工一厂计划科和调度室整合为生产科；加氢抽提联合一车间和加氢抽提联合二车间整合为加氢抽提联合车间；系统车间、输转车间和原料一车间整合为输转联合车间；原料二车间更名为原料车间。

2020年5月，经大庆石化分公司党委组织部同意，撤销化工一厂加氢抽提联合一车间党支部、原料一车间党支部、输转车间党支部，将加氢抽提联合二车间党支部更名为加氢抽提联合车间党支部，将系统车间党支部更名为输转联合车间党支部，将原料二车间党支部更名为原料车间党支部。

2020年6月，大庆石化分公司决定：魏彧任大庆石化分公司副总工程师，仍担任化工一厂厂长。

2020年6月，大庆石化分公司决定：刘树青任化工一厂常务副厂长；免去白天相的化工一厂副厂长职务。大庆石化分公司党委决定：免去白天相的化工一厂党委委员职务。

2020年7月，化工一厂对部分领导班子成员分工进行调整：

党委委员、常务副厂长、安全总监刘树青协助厂长做好安全生产环保工作，负责质量管理、应急管理、消防和QHSE体系管理等工作，负责裂解车间、加氢抽提联合车间的安全管理和生产管理，分管生产科，协管安全环保科。党委委员、总工程师魏铁锋负责工艺管理、指标优化、技术进步及改造、科研开发、信息化管理、对标和提质增效等工作，负责输转联合车间、原料车间的安全管理和生产管理，分管技术科。党委委员、副厂长冯忠亮负责机械、电气、仪表等设备的运行管理和检维修等机动日常管理，负责项目建设、标准化建设、防震管理等工作，负责仪表车间、供电车间、维修车间的安全管理和生产管理，分管机动科。党委委员、副厂长王焱鹏负责计划经营（三剂计划、消耗统计及分析部分）、内控与风险管理以及经济责任制考核等工作，负责乙烯车间、碳四联合车间、芳烃联合车间的安全管理和生产管理，协管生产科。同时，各领导班子成员在各分管领域党的建设、安全环保、风险防范、廉洁从业、巡视巡察整改、队伍稳定等方面履行"一岗双责"责任。

2020 年 10 月，大庆石化分公司决定：刘树青任化工一厂厂长，免去其化工一厂安全总监职务；王焱鹏任化工一厂安全总监；免去魏羧兼任的化工一厂厂长职务。大庆石化分公司党委决定：免去魏羧兼任的化工一厂党委委员职务。

2020 年 11 月，大庆石化分公司决定：赵宝春任化工一厂副厂长；免去魏铁锋的化工一厂总工程师职务。大庆石化分公司党委决定：赵宝春任化工一厂党委委员；免去柳文杰的化工一厂党委副书记、党委委员、纪委书记、工会主席职务；免去魏铁锋的化工一厂党委委员职务。

随后，化工一厂对领导班子成员分工进行调整：

党委委员、厂长刘树青负责行政全面工作，并负责安全环保、人力资源等工作，制定并落实分厂总体发展战略，分管办公室（党委办公室）、人事科（党委组织部）、党群工作部、安全环保科。党委书记隋元春负责党委全面工作，并负责组织建设、管理提升、纪委、综合治理、稳定、法治法规、工会、现场管理等工作，制定并负责落实分厂党委工作目标，分管党委办公室、党委组织部、党群工作部。党委委员、副厂长冯忠亮负责机械、电气、仪表等设备的运行管理和检维修等机动日常管理，负责项目建设、标准化建设、防震管理等工作，负责仪表车间、供电车间、维修车间的安全管理和生产管理，分管机动科。党委委员、副厂长、安全总监王焱鹏协助厂长做好安全生产环保工作，负责质量管理、应急管理、消防和 QHSE 体系管理、内控与风险管理以及经济责任制考核等工作，负责裂解车间、乙烯车间、加氢抽提联合车间的安全管理和生产管理，分管生产科，协管安全环保科。党委委员、副厂长赵宝春负责工艺管理、指标优化、技术进步及改造、科研开发、信息化管理、对标和提质增效、计划经营（三剂计划、消耗统计及分析部分）等工作，负责碳四联合车间、芳烃联合车间、输转联合车间、原料车间的安全管理和生产管理，分管技术科，协管生产科。同时，各领导班子成员在各分管领域党的建设、安全环保、风险防范、廉洁从业、巡视巡察整改、队伍稳定等方面履行"一岗双责"责任。

2020 年 12 月，大庆石化分公司决定：张宇辉任化工一厂副厂长。大庆石化分公司党委决定：张宇辉任化工一厂党委委员。

随后，化工一厂对领导班子成员分工进行调整：

党委委员、厂长刘树青负责行政全面工作，并负责安全环保、人力资源等工作，制定并落实分厂总体发展战略，分管办公室（党委办公室）、人事科（党委组织部）、党群工作部、安全环保科。

党委书记隋元春负责党委全面工作，并负责组织建设、管理提升、纪委、综合治理、稳定、法治法规、工会等工作，制定并负责落实分厂党委工作目标，分管党委办公室、党委组织部、党群工作部。

党委委员、副厂长张宇辉负责机械、电气、仪表等设备的运行管理和检维修等机动日常管理，负责标准化建设、防震管理、物资供应等工作，负责仪表车间、供电车间、维修车间的安全管理和生产管理，分管机动科。

党委委员、副厂长冯忠亮负责乙烯装置脱瓶颈及下游配套设备设施改造，负责安全环保类、投资类、科研类等分厂立项大型改造及工程管理部立项项目的现场实施管理，分管机动科。

党委委员、副厂长、安全总监王焱鹏协助厂长做好安全生产环保工作，负责质量管理、应急管理、消防和 QHSE 体系管理、内控与风险管理等工作，负责裂解车间、乙烯车间、加氢抽提联合车间的安全管理和生产管理，分管生产科，协管安全环保科。

党委委员、副厂长赵宝春负责工艺管理、指标优化、技术进步及改造、科研开发、信息化管理、对标和提质增效、计划经营（三剂计划、消耗统计及分析部分）、经济责任制考核等工作，协管培训工作，负责碳四联合车间、芳烃联合车间、输转联合车间、原料车间的安全管理和生产管理，分管生产科、技术科。

同时，各领导班子成员在各分管领域党的建设、安全环保、风险防范、廉洁从业、巡视巡察整改、队伍稳定等方面履行"一岗双责"责任。

2020年12月，化工一厂党委决定，裂解车间、乙烯车间、加氢抽提联合车间党支部调整为党总支。

2020年12月，化工一厂党委决定，裂解车间党总支下设2个党支部，分别为裂解车间第一党支部和裂解车间第二党支部；乙烯车间党总支下设2个党支部，分别为乙烯车间第一党支部和乙烯车间第二党支部；加氢抽提联合车间党总支下设2个党支部，分别为加氢抽提联合车间第一党支部和加氢抽提联合车间第二党支部。

"十三五"期间，化工一厂党委以习近平新时代中国特色社会主义思想为指导，认真学习贯彻党的十九大、十九届历次全会精神和集团公司党组会议精神，大力推进全面从严治党向纵深发展、向基层延伸，坚持"围绕中心、服务大局"的工作模式，把党的领导融入生产经营全过程，切实发挥党委的政治核心作用、党支部的战斗堡垒作用和党员的先锋模范作用，为建设全国一流乙烯生产厂提供了坚强的思想保证、组织保障和精神动力。5年来，乙烯产量连续5年破百万吨，逐年刷新历史纪录，累计生产乙烯579万吨，同比"十二五"增加199.6万吨。乙烯装置能耗指标持续向好，2020年乙烯装置能耗创历史最佳，节能降耗工作取得阶段性成果。针对3套乙烯装置并行实际，研究最佳优化运行方案，2018年大检修前实现E1和E3装置连续运转27个月和20个月，创建厂最好水平，2018年大检修后多套装置分别创长周期运行历史纪录。

截至2020年12月31日，化工一厂共有生产装置16套，辅助及配套装置5套，乙烯装置生产能力达到120万吨/年。主要生产乙烯、丙烯、丁二烯、甲基叔丁基醚、苯等10余种产品。机关设职能科室7个：办公室（党委办公室）、人事科（党委组织部）、党群工作部、生产科、技术科、机动科、安全环保科。下设基层单位10个：裂解车间、乙烯车间、碳四联合车间、芳烃联合车间、加氢抽提联合车间、输转联合车间、原料车间、仪表车间、供电车间、维修车间。固定资产111.3亿元，净资产37.05亿元。在册员工 1631 人。化工一厂党委下属党总支 3 个、党支部 15 个，共有党员 534 人。

期间：裂解车间操作工李庆河继续担任第十二届全国人民代表大会代表。2016 年 12 月，乙烯车间主任张宇辉当选大庆市第十届人民代表大会代表。2017 年 4 月，化工一厂党委书记张继才当选中共黑龙江省第十二次代表大会代表。

一、化工一厂行政领导名录（2016.1—2020.12）

厂　　　长　李秀伟（2016.1—2018.6）[①]

魏　弢（2018.6—2020.6；兼任，2020.6—10）[②]

刘树青（2020.10—12）

常务副厂长　刘树青（正处级，2020.6—10）

副 　厂　 长　隋元春（2016.1—2020.4）

韩月辉（2016.1—2018.11）[③]

魏　弢（2016.1—2018.6）

白天相（2016.1—2020.6）[④]

刘树青（2018.6—2020.6）

冯忠亮（2019.12—2020.12）

王焱鹏（2019.12—2020.12）

赵宝春（蒙古族，2020.11—12）

张宇辉（2020.12）

总 工 程 师　魏　弢（2016.1—2018.6）[⑤]

魏铁锋（2018.11—2020.11）[⑥]

安 全 总 监　白天相（兼任，2016.1—2018.11）

刘树青（兼任，2018.11—2020.10）

---

① 2018 年 4 月，李秀伟任大庆石化分公司党委委员、副总经理。

② 2020 年 6 月至 10 月期间，魏弢任大庆石化分公司副总工程师，兼任化工一厂厂长。

③ 2018 年 11 月，韩月辉调任大庆华科股份有限公司常务副总经理。

④ 2020 年 6 月，白天相调任机动设备处处长。

⑤ 2018 年 6 月至 11 月期间、2020 年 11 月至 12 月期间，化工一厂总工程师空缺，相关工作先后由副厂长刘树青、赵宝春负责。

⑥ 2020 年 11 月，魏铁锋调任科技与规划发展处副处长。

王焱鹏（兼任，2020.10—12）

监察室主任 张继才（2016.1—2017.12）

正处级干部 张立君（2016.3—2019.5）[①]

副处级干部 华 军（女，2016.3—2018.7）[②]

夏智富（2019.2—2020.12）

二、化工一厂党委领导名录（2016.1—2020.12）

书 记 张继才（2016.1—2017.12）[③]

王 威（生于1972年，2018.6—2020.4）[④]

隋元春（2020.4—12）

副 书 记 王 威（2017.12—2018.6）

夏智富（2017.12—2019.2）

柳文杰（2019.7—2020.11）[⑤]

委 员 张继才（2016.1—2017.12）

李秀伟（2016.1—2018.6）

隋元春（2016.1—2020.12）

魏 彀（2016.1—2020.10）

韩月辉（2016.1—2018.11）

白天相（2016.1—2020.6）

夏智富（2016.1—2019.2）

王 威（2017.12—2020.4）

刘树青（2018.6—2020.12）

魏铁锋（2018.11—2020.11）

柳文杰（2019.7—2020.11）

冯忠亮（2019.12—2020.12）

---

① 2019年5月，张立君退休。

② 2018年7月，华军退休。

③ 2017年12月，张继才调任炼油厂党委书记。2017年12月至2018年6月期间，化工一厂党委书记空缺，由党委副书记王威主持党委工作。

④ 2020年4月，王威调任法律事务与企管处（内控与风险管理处）处长。

⑤ 2020年11月，柳文杰调任企业文化处（党委宣传部、团委）副处长（副部长）。

　　　　王焱鹏（2019.12—2020.12）

　　　　赵宝春（2020.11—12）

　　　　张宇辉（2020.12）

三、化工一厂纪委领导名录（2016.1—2020.12）
　　书　　记　张继才（2016.1—2017.12）

　　　　　　　夏智富（2017.12—2019.2）①

　　　　　　　柳文杰（2019.7—2020.11）

四、化工一厂工会领导名录（2016.1—2020.12）
　　主　　席　夏智富（2016.1—2019.2）②

　　　　　　　柳文杰（2019.7—2020.11）

第四节　化工二厂（2016.1—2020.12）

　　化工二厂成立于 1983 年 12 月，前身为大庆乙烯工程指挥部丁辛醇造气装置组和乙醛醋酸装置组。1984 年 12 月，化工一厂与化工二厂合并为化工厂。1987 年 3 月，大庆石油化工总厂与大庆乙烯工程指挥部合并为新的大庆石油化工总厂，将化工厂分设为化工二厂和化工一厂，均列大庆石油化工总厂正处级基层单位。1999 年 9 月，大庆石油化工总厂与大庆石化分公司分开分立后，化工二厂列大庆石化分公司正处级基层单位。

　　截至 2015 年 12 月 31 日，化工二厂拥有造气、丁辛醇、丙烯腈等 6 套生产装置，可生产正丁醇、辛醇、丙烯腈等 7 种化工产品。机关设职能科室 8 个：办公室（党委办公室、维稳办、保卫科）、人事科（党委组织部）、企业文化科（党委宣传部、监察室、工会办公室、团委）、计划科、调度室、技术科、机动科、安全环保科。下设基层单位 9 个：丁辛醇造气车间、丙烯腈车间、丙酮氰醇车间、硫铵车间、己烯 –1 车间、维修车间、供电车间、

---

　　① 2019 年 2 月至 7 月期间、2020 年 11 月至 12 月期间，化工一厂纪委书记空缺，由党委书记王威负责纪委工作。

　　② 2019 年 2 月至 7 月期间、2020 年 11 月至 12 月期间，化工一厂工会主席空缺，由党委书记王威负责工会工作。

仪表车间、材料供应站。固定资产原值 21.34 亿元，净值 7.91 亿元。在册员工 753 人。化工二厂党委下属 9 个党支部，共有党员 277 人。办公地点位于黑龙江省大庆市龙凤区化工路 93 号。

化工二厂党政领导班子 6 人，其中行政领导班子 4 人，党委由 6 人组成：

陈树相任党委委员、厂长，负责行政全面工作，分管办公室、人事科、企业文化科、监察室、保卫科。

陈宝泉任党委书记、纪委书记，负责党委、纪委全面工作，分管党委办公室、党委组织部、党委宣传部、纪委、维稳办、团委。

林洋任党委委员、副厂长、安全总监，负责生产（受控）、安全（安全监督）、环保、质量、消防和 QHSE 体系管理等工作，分管调度室、安全环保科、计划科。

杨反修任党委委员、副厂长，负责机械、电气、仪表等设备的管理工作，负责物资供应管理工作，分管机动科、材料供应站。

凌人志任党委委员、总工程师，负责总体规划、技术进步、科研开发、技术改造、信息化管理、档案和科协等工作，分管技术科。

沙莉任党委委员、工会主席，负责工会全面工作，分管工会办公室。

2016 年 1 月 9 日，化工二厂第六届职工代表大会第三次会议暨 2016 年工作会议召开。厂长陈树相作了题为《强化管理创新，提升创效能力，为公司扭亏解困提供有力支撑》的工作报告。会议确定了化工二厂 2016 年五项重点工作：一是强化责任意识，完善体系建设，着力夯实安全环保基础；二是强化效益意识，实施精细管理，着力挖掘装置创效能力；三是强化保障意识，加强设备维护保养，着力提升设备管理水平；四是强化进取意识，抓好作风和能力建设，着力提升"三支"队伍整体素质；五是强化危机意识，注重思想引领，着力加强党建思想政治工作。

2016 年 3 月，大庆石化分公司决定：聘任杨反修为化工二厂副处级干部，解聘其化工二厂副厂长职务。大庆石化分公司党委决定：免去杨反修的化工二厂党委委员职务。

2016 年 5 月，大庆石化分公司决定：马晓勇任化工二厂副厂长。大庆石化分公司党委决定：马晓勇任化工二厂党委委员。

随后，化工二厂对部分领导班子成员分工进行调整：党委委员、副厂长马晓勇负责机械、电气、仪表等设备的管理工作，负责物资供应管理工作，分管机动科、材料供应站。

2016年5月，大庆石化分公司编委办决定，化工二厂办公室（党委办公室、维稳办、保卫科）更名为办公室（党委办公室），保卫和维护稳定工作职责保留在办公室（党委办公室）。

2016年7月20日，中共化工二厂第五次代表大会召开，122名党员代表参加会议。会议选举产生中共化工二厂第五届委员会，由马晓勇、沙莉、陈宝泉、陈树相、林洋、凌人志等6人（以姓氏笔画为序）组成，陈宝泉为党委书记。选举产生中共化工二厂纪律检查委员会，由刘瑞祥、孙强、张振、张玉海、陈宝泉等5人（以姓氏笔画为序）组成，陈宝泉为纪委书记。截至7月，化工二厂党委下属9个党支部，共有党员279人。

2016年12月23日，化工二厂第七届职工代表大会和工会会员代表大会第一次会议召开，选举产生了第七届工会委员会、工会经费审查委员会、工会女工委员会，沙莉为第七届工会委员会主席。

2017年2月16日，化工二厂第七届职工代表大会第二次会议暨2017年工作会议召开。厂长陈树相作了题为《坚持苦练内功，提升基础管理，凝心聚力谱写液体化工发展新篇章》的工作报告。会议确定了化工二厂2017年五项重点工作：一是完善责任体系，全面夯实安全环保基础；二是科学组织生产，全面增强挖潜增效能力；三是强化规范管理，全面提升设备保障能力；四是创新培养形式，全面提升"四支队伍"整体素质；五是加强党建思想政治工作，全面增强企业凝聚力和战斗力。

2017年4月，大庆石化分公司编委办决定，将化工二厂企业文化科（党委宣传部、监察室、工会办公室、团委）更名为党群工作部，主要职能是负责宣传、纪检监察、工会、团委、企业文化等业务。

2017年12月，大庆石化分公司决定：解聘陈宝泉的化工二厂监察室主任职务。大庆石化分公司党委决定：刘奎任化工二厂党委委员、党委副书记、纪委书记、工会主席；免去陈宝泉的化工二厂纪委书记职务；沙莉任化工二厂副处级干部，免去其化工二厂工会主席、党委委员职务。

随后，化工二厂对部分领导班子成员分工进行调整：党委委员、厂长陈树相负责行政全面工作，分管办公室（党委办公室）、人事科（党委组织部）。党委书记陈宝泉负责党委全面工作，分管党委办公室、党委组织部、党群工作部。党委副书记、纪委书记、工会主席刘奎协助党委书记做好党委日常工作，负责纪检监察、工会工作。

2018年1月30日，化工二厂第七届职工代表大会第三次会议暨2018年工作会议召开。厂长陈树相作了题为《坚定信心，再鼓干劲，为实现化工二厂稳健发展不懈努力》的工作报告。会议确定了化工二厂2018年五项重点工作：一是突出核心地位，着力打造本质安全；二是坚持效益导向，着力挖掘装置创效能力；三是精心做好大检修，着力增强设备保障能力；四是树立长远意识，着力壮大企业发展综合实力；五是加强党建思想政治工作，着力增强企业凝聚力和战斗力。

2018年6月，大庆石化分公司决定：聘任林洋为化工二厂厂长，解聘其化工二厂安全总监职务；聘任方文章为化工二厂副厂长、安全总监；解聘陈树相的化工二厂厂长职务。大庆石化分公司党委决定：方文章任化工二厂党委委员；免去陈树相的化工二厂党委委员职务。

2018年8月，化工二厂对部分领导班子成员分工进行调整：党委委员、厂长林洋负责行政全面工作，分管办公室（党委办公室）、人事科（党委组织部）。党委委员、副厂长方文章负责生产（受控）、安全（安全监督）、环保、质量、消防和QHSE体系管理等工作，分管调度室、安全环保科、计划科。

2018年9月，大庆石化分公司编委办决定，化工二厂机动科与材料供应站实行一体化管理，一体化管理后材料供应站按照班组管理，机构规格调整为无级别。

2018年9月，副处级干部杨反修退休。

2019年1月31日，化工二厂第七届职工代表大会第四次会议暨2019年工作会议召开。厂长林洋作了题为《突出主营业务，夯实三基工作，全面推进化工二厂高质量发展》的工作报告。会议确定了化工二厂2019年六项重点工作：一是继续强化安全环保管理举措，着力打造本质安全；二是继续坚持装置长周期平稳运行，着力挖掘装置创效能力；三是继续抓好设备问题分析，着力增强设备保障能力；四是继续树立长远发展意识，着力壮大企业综合实力；五是继续夯实"三基"工作，着力提升高质量发展水平；六是继续加强党建思想政治工作，着力增强企业凝聚力和战斗力。

2019年1月，大庆石化分公司编委办决定，化工二厂丙烯腈车间和硫铵车间整合为丙烯腈联合车间，调度室和计划科整合为生产科。

2019年1月，经大庆石化分公司党委组织部同意，撤销化工二厂硫铵车间党支部，将原支部党员组织关系转入丙烯腈车间党支部；丙烯腈车间党支部更名为丙烯腈联合车间党支部。

2019年2月，大庆石化分公司决定：解聘凌人志的化工二厂总工程师职务，改任化工二厂副处级干部。大庆石化分公司党委决定：免去凌人志的化工二厂党委委员职务。

2019年3月，化工二厂对领导班子成员分工进行调整：党委委员、厂长林洋负责行政全面工作，并分管办公室（党委办公室）、人事科（党委组织部）。党委书记陈宝泉负责党委全面工作，分管党委办公室、党委组织部、党群工作部。党委副书记、纪委书记、工会主席刘奎协助党委书记做好党委日常工作，负责纪检监察、工会等工作，协管党群工作部。党委委员、副厂长马晓勇负责机械、电气、仪表等设备及物资供应管理等工作，分管机动科、材料供应站。党委委员、副厂长方文章负责生产（受控）、安全（安全监督）、环保、质量、消防和QHSE体系管理、科研开发、技术改造、信息化管理、档案和科协等工作，分管生产科、安全环保科、技术科。

2019年6月，大庆石化分公司编委办决定，化工二厂丙烯腈联合车间和丙酮氰醇车间整合为新的丙烯腈联合车间。

2019年6月，经大庆石化分公司党委组织部同意，撤销化工二厂丙酮氰醇车间党支部，将原支部党员组织关系转入丙烯腈联合车间党支部。

2019年7月，大庆石化分公司党委决定：何培堂任化工二厂党委委员、党委副书记、纪委书记、工会主席；免去刘奎的化工二厂党委副书记、纪委书记、工会主席、党委委员职务。

2019年9月，副处级干部沙莉退休。

2020年2月1日，化工二厂第七届职工代表大会第五次会议暨2020年工作会议召开。厂长林洋作了题为《提高效益意识，夯实基础工作，加快推进高质量发展进程》的工作报告。会议确定了化工二厂2020年六项重点工作：一是突出红线意识，筑牢安全环保根基；二是突出优化调整，保持装置高效运行；三是突出可靠运行，提高设备保障水平；四是突出紧迫意识，加快推进项目建设；五是突出规范管理，提升"三基"工作水平；六是突出服务保障，释放党建工作活力。

2020年4月，大庆石化分公司决定：赵晓伟任化工二厂总工程师。大庆石化分公司党委决定：赵晓伟任化工二厂党委委员。

2020年4月，大庆石化分公司编委办决定，化工二厂办公室（党委办公室）和党群工作部整合为综合管理科（党群工作部）。

随后，化工二厂对部分领导班子成员分工进行调整：党委委员、副厂长方文章负责生产（受控）、安全（安全监督）、环保、质量、消防和QHSE体系管理等工作，分管生产科、安全环保科。党委委员、总工程师赵晓伟负责总体规划、技术进步、科研开发、技术改造、信息化管理、档案和科协等工作，分管技术科。领导班子成员要履行党委委员职责，认真落实党建工作责任制，带头履行"一岗双责"工作要求，将党建工作和全面从严治党要求有机融入分管业务各方面、各环节，把党建工作与业务工作同部署、同检查、同落实，定期研究、指导分管业务、单位（部门）的党建工作，促进化工二厂党建工作上水平。

2020年10月，经大庆石化分公司党委组织部同意，成立化工二厂机关第二党支部；化工二厂机关党支部更名为机关第一党支部。

2020年12月，化工二厂党委决定，将丙烯腈联合车间党支部改建为丙烯腈联合车间党总支，丙烯腈联合车间党总支下设两个党支部，分别为丙烯腈联合车间第一党支部和丙烯腈联合车间第二党支部。

2020年12月，大庆石化分公司决定：赵晓伟任化工二厂副厂长，免去其化工二厂总工程师职务。大庆石化分公司党委决定：郑建文任化工二厂党委委员、党委书记；免去陈宝泉的化工二厂党委书记、党委委员职务。

"十三五"时期，化工二厂以加快液体化工发展为主线，优化生产运行，提高设备管理标准，加强领导班子建设、基层建设和员工队伍建设。完成了丁辛醇车间异味治理、丙烯腈装置废水焚烧系统达标改造等项目，各装置COD排放量690.35吨，同比"十二五"降低33.67%；废水排放量243.65万吨，同比"十二五"降低1.82%。实现了安全生产和环境污染零事件。完成了丙酮氰醇装置改造完善，装置生产处理能力从 2 万吨 / 年增至 3 万吨 / 年。合成气系统气化炉烧嘴连续运行最长 205 天，不断刷新国内长周期运行纪录，各装置主要经济技术指标均有所提升。深化"三项制度"改革，累计压减科级机构 5 个，压缩定员 71 个。化工二厂先后获得"黑龙江省文明单位标兵"、集团公司先进基层党组织等荣誉称号。

截至 2020 年 12 月 31 日，化工二厂有造气、丁辛醇、丙烯腈等 6 套生产装置，可生产正丁醇、辛醇、丙烯腈等 7 种化工产品。机关设职能科室 6 个：综合管理科（党群工作部）、人事科（党委组织部）、生产科、技术科、机动科、安全环保科。下设基层单位 6 个：丁辛醇造气车间、丙烯腈联合车间、己烯 –1 车间、维修车间、供电车间、仪表车间。固定资产原值 17.61 亿元，净值 4.61 亿元。在册员工 617 人。化工二厂党委下属党总支 1 个，党支部 9 个，共有党员 268 人。

一、化工二厂行政领导名录（2016.1—2020.12）

厂　　　长	陈树相（2016.1—2018.6）[①]
	林　洋（2018.6—2020.12）
副 厂 长	杨反修（2016.1—3）
	林　洋（2016.1—2018.6）
	马晓勇（2016.5—2020.12）
	方文章（2018.6—2020.12）
	赵晓伟（2020.12）
总 工 程 师	凌人志（2016.1—2019.2）[②]
	赵晓伟（2020.4—12）
安 全 总 监	林　洋（兼任，2016.1—2018.6）
	方文章（兼任，2018.6—2020.12）
监察室主任	陈宝泉（2016.1—2017.12）
正处级干部	杜永贵（2019.2—2020.12）[③]

[①] 2018 年 6 月，陈树相调任公司生产运行处处长、应急管理办公室主任。

[②] 2019 年 2 月至 2020 年 4 月期间，化工二厂总工程师空缺，分管工作由厂长林洋负责。

[③] 2019 年 2 月，杜永贵由通讯中心退出领导岗位后，改任化工二厂正处级干部。

副处级干部　杨反修（2016.3—2018.9）①

沙　莉（女，2017.12—2019.9）②

凌人志（2019.2—2020.12）

二、化工二厂党委领导名录（2016.1—2020.12）

书　　　记　陈宝泉（2016.1—2020.12）③

郑建文（2020.12）

副　书　记　刘　奎（2017.12—2019.7）④

何培堂（回族，2019.7—2020.12）

委　　　员　陈宝泉（2016.1—2020.12）

陈树相（2016.1—2018.6）

林　洋（2016.1—2020.12）

杨反修（2016.1—3）

凌人志（2016.1—2019.2）

沙　莉（2016.1—2017.12）

马晓勇（2016.5—2020.12）

刘　奎（2017.12—2019.7）

方文章（2018.6—2020.12）

何培堂（2019.7—2020.12）

赵晓伟（2020.4—12）

郑建文（2020.12）

三、化工二厂纪委领导名录（2016.1—2020.12）

书　　　记　陈宝泉（2016.1—2017.12）

刘　奎（2017.12—2019.7）

何培堂（2019.7—2020.12）

---

① 2018年9月，副处级干部杨反修退休。

② 2019年9月，副处级干部沙莉退休。

③ 2020年12月，陈宝泉调任物业管理中心主任。

④ 2019年7月，刘奎调任离退休管理中心党委委员、党委副书记、纪委书记、工会主席。

四、化工二厂工会领导名录（2016.1—2020.12）

主　　席　沙　莉（2016.1—2017.12）

　　　　　刘　奎（2017.12—2019.7）

　　　　　何培堂（2019.7—2020.12）

第五节　化工三厂（2016.1—2020.12）

1993年9月，大庆石油化工总厂撤销三期工程办公室，成立化工三厂，负责总厂乙烯三期工程的生产准备工作。列大庆石油化工总厂正处级基层单位。1999年9月，大庆石油化工总厂与大庆石化分公司分开分立，化工三厂列大庆石化分公司正处级基层单位。2002年3月，经集团公司同意，自2002年1月1日起，化工三厂移交大庆石油化工总厂管理经营，更名为大庆石油化工总厂化工厂，改列大庆石油化工总厂正处级基层单位。2007年6月，大庆石化分公司与大庆石油化工总厂重组整合后，化工厂更名为化工三厂，列大庆石化分公司正处级基层单位。厂区分两部分，主体厂区位于大庆市龙凤区化南路2号，橡胶厂区位于大庆市龙凤区化永路8号化肥厂厂区内，占地面积39.2公顷，是国内规模较大，品种齐全的苯乙烯系树脂和顺丁橡胶的生产厂。

截至2015年12月31日，化工三厂有9万吨/年苯乙烯、10万吨/年乙苯脱氢、2.5万吨/年聚苯乙烯、10万吨/年ABS、7.55万吨/年SAN、16万吨/年顺丁橡胶、10万吨/年聚丙烯七套主体生产装置，主要生产苯乙烯、聚苯乙烯、ABS、SAN、聚丙烯、顺丁橡胶6大类产品。机关设职能科室9个：办公室（党委办公室、维稳办、保卫科）、人事科（党委组织部）、企业文化科（党委宣传部、监察室、工会办公室、团委）、计划科、调度室、技术科、机动科、安全环保科、质量管理科。下设基层单位17个：苯乙烯车间、乙苯脱氢车间、聚丙烯车间、ABS车间、SAN车间、橡胶聚合一车间、橡胶聚合二车间、橡胶制品一车间、橡胶制品二车间、聚苯乙烯车间、成品车间、综合车间、维修车间、供电车间、仪表车间、合成树脂研究室、材料供应站。设临时机构1个：高腈SAN项目组。固定资产原值24.97亿元，净值 11.85 亿元。在册员工 1606 人。化工三厂党委下属 18 个党支部，共有党员 507 人。机关办公地点位于黑龙江省大庆市龙凤区化南路 2 号。

化工三厂党政领导班子 7 人，其中行政领导班子 5 人，党委由 7 人组成：

娄玉良任党委委员、厂长，主持行政工作，负责员工培训、奖金考核工作，分管办公室、人事科、企业文化科。

韩锡禄任党委书记、纪委书记，主持党委、纪委、监察工作，分管党委办公室、党委组织部、党委宣传部（监察室、团委）。

赵万臣任党委委员、副厂长、安全总监，负责安全、环保、HSE 体系、计划、业绩考核、主体厂区各装置生产等工作，分管计划科、调度室、安全环保科。

张国民任党委委员、副厂长，负责设备管理、装置检修、维修、施工、物资管理等工作，分管机动科、材料供应站。

赵金玉任党委委员、副厂长，负责工艺管理、生产（受控）、科研开发、技改技措、药剂管理、信息化等工作，分管技术科。

赵永兵任党委委员、副厂长，负责质量管理、质量体系、基层建设、文明生产、橡胶厂区各装置生产等工作，分管质量管理科。

张新江任党委委员、工会主席，负责工会工作和后勤、维稳、保卫等工作，分管企业文化科（工会办公室）、办公室。

2016 年 2 月 3 日，化工三厂第四届职工代表暨工会会员代表大会第三次会议召开。厂长娄玉良作了题为《提升管理水平，细化基础工作，为实现公司扭亏增盈奋斗目标而努力》的工作报告。会议确定了化工三厂"十三五"期间突出抓好的五个方面工作：一是安全环保质量工作；二是日常生产管理工作；三是科技研发工作；四是人才培养工作；五是党建和文化建设工作。同时明确 2016 年工作总体思路：深入贯彻落实党的十八届三中、四中、五中全会精神，紧紧围绕公司"十三五"发展目标，以稳定生产、增加效益为中心，以扭亏增盈为目标，进一步统一思想，强化责任意识和担当意识，全面做好安全生产、挖潜增效、产品研发、队伍建设等各方面工作。

2016 年 3 月，大庆石化分公司决定：聘任张兴奎为化工三厂副处级干部。

2016 年 5 月，大庆石化分公司编委办决定，将化工三厂办公室（党委办公室、维稳办、保卫科）更名为办公室（党委办公室），保卫和维护稳定工作职责保留在办公室（党委办公室）。

2016 年 7 月，大庆石化分公司编委办决定，将化工三厂聚苯乙烯车间更名为 SAN 树脂车间。

2016 年 7 月 20 日，中共化工三厂第四次代表大会召开，109 名党员代表参加会议。会议选举产生中共化工三厂第四届委员会，由张国民、张新江、赵万臣、赵永兵、赵金玉、娄玉良、韩锡禄等 7 人（以姓氏笔画为序）组成，韩锡禄为党委书记。选举产生中共化工三厂纪律检查委员会，由于洪晶、马禄山、刘富祥、寇洪宇、韩锡禄等 5 人（以姓氏笔画为序）组成，韩锡禄为纪委书记。截至 7 月，化工三厂党委下属 18 个党支部，共有党员 513 人。

2017 年 2 月 17 日，化工三厂第四届职工代表暨工会会员代表大会第四次会议召开。厂长娄玉良作了题为《抓住发展机遇，努力苦干实干，为公司稳健发展做出新的更大贡献》的工作报告。会议确定了化工三厂围绕公司"十三五"发展目标，突出抓好的五个方面工作：一是安全环保工作；二是工艺生产工作；三是设备管理工作；四是"三基"工作；五是党群工作。同时明确 2017 年工作总体思路：紧紧围绕公司"十三五"发展目标，以稳健发展为中心，以增收创效为目标，进一步统一思想，强化大局意识，全面做好安全环保、生产优化、队伍建设等各方面工作，努力营造风清气正的良好氛围。

2017 年 4 月，大庆石化分公司编委办决定，将化工三厂企业文化科（党委宣传部、监察室、工会办公室、团委）更名为党群工作部，主要职能是负责宣传、纪检监察、工会、团委、企业文化等业务。

2017 年 7 月，化工三厂高腈 SAN 项目改造完成，经大庆石化分公司编委办同意，撤销化工三厂高腈 SAN 项目组机构及定员编制。

2017 年 12 月，大庆石化分公司决定：解聘韩锡禄的化工三厂监察室主任职务。大庆石化分公司党委决定：张新江任化工三厂党委副书记、纪委书记；免去韩锡禄的化工三厂纪委书记职务。

随后，化工三厂对领导班子成员分工进行调整：

党委委员、厂长娄玉良主持行政工作，分管办公室、人事科。党委书记韩锡禄主持党委工作，分管党委办公室、党委组织部、党群工作部。党委委员、副厂长张国民负责设备管理、装置检修、维修、施工、物资管理等工作，分管机动科、材料供应站。党委委员、副厂长赵金玉负责工艺管理、生产（受控）、科研开发、技改技措、药剂管理、信息化等工作，分管技术科。党委委员、副厂长、安全总监赵万臣负责安全、环保、HSE体系、计划、业绩考核、厂区各装置生产等工作，分管计划科、调度室、安全环保科。党委副书记、纪委书记、工会主席张新江主持纪委、工会工作，负责维稳、保卫、后勤和现场文明生产等工作，协管党群工作部、党委办公室。党委委员、副厂长赵永兵负责质量管理、质量体系、基层建设、橡胶区各装置生产等工作，分管质量管理科、调度室、安全环保科。

2018年1月，副处级干部张兴奎退休。

2018年2月9日，化工三厂第四届职工代表暨工会会员代表大会第五次会议召开。厂长娄玉良作了题为《把握机遇，务实进取，谱写化工三厂平稳创效新篇章》的工作报告。会议明确了2018年工作总体思路：在公司的正确领导下，继续围绕"十三五"发展目标，以稳健发展为中心，以增收创效为目标，进一步统一思想，强化大局意识，全面做好安全环保、生产优化、产品质量、队伍建设等各方面工作，努力营造风清气正的良好氛围。

2018年6月，大庆石化分公司决定：聘任关海延为化工三厂副厂长；解聘赵金玉的化工三厂副厂长职务。大庆石化分公司党委决定：关海延任化工三厂党委委员；免去赵金玉的化工三厂党委委员职务。

2018年7月，化工三厂对领导班子成员分工进行调整：

党委委员、厂长娄玉良主持行政工作，分管办公室、人事科。党委书记韩锡禄主持党委工作，分管党委办公室、党委组织部、党群工作部。党委委员、副厂长张国民负责设备管理、装置检修、维修、施工、物资管理等工作，分管机动科、材料供应站。党委委员、副厂长、安全总监赵万臣负责安全、环保、HSE体系、计划、业绩考核、化工三厂主厂区各装置生产运行、应急管理等工作，分管计划科、调度室、安全环保科、质量管理科。党委副书记、纪委书记、工会主席张新江主持纪委、工会工作，负责维稳、保卫、后勤和现场文明生产等工作，协管党群工作部、党委办公室。党委委员、副厂长赵永兵负责技术管理、科研开发、质量管理、基层建设、橡胶区各装置生产运行、应急管理等工作，分管技术科、调度室、安全环保科、质量管理科。党委委员、副厂长关海延负责生产运行、应急管理、对标管理等工作，分管调度室、安全环保科、质量管理科。

2018年9月，大庆石化分公司编委办决定，化工三厂机动科与材料供应站实行一体化管理，材料供应站按照班组管理，机构规格调整为无级别。

2018年11月，大庆石化分公司决定：聘任赵永兵为化工三厂安全总监；解聘赵万臣的化工三厂副厂长、安全总监职务。大庆石化分公司党委决定：免去赵万臣的化工三厂党委委员职务。

2019年1月30日，化工三厂第四届职工代表暨工会会员代表大会第六次会议召开。厂长娄玉良作了题为《攻坚克难，勇于担当，奋力开创稳健发展新局面》的工作报告。会议确定了化工三厂围绕公司发展目标突出抓好的六个方面工作：一是安全环保得到新巩固；二是生产经营取得新成就；三是技术创新结出新成果；四是质量管理取得新提升；五是设备管理呈现新面貌；六是企业党建迈上新台阶。同时明确2019年工作总体思路：在公司的正确领导下，继续围绕"十三五"发展目标，以安全生产为前提，以稳健发展为中心，以增收创效为目标，进一步统一思想，强化大局意识，全面做好安全环保、生产优化、产品质量等各方面工作。

2019年2月，化工三厂对领导班子成员分工进行调整：

党委委员、厂长娄玉良主持行政全面工作，并负责安全环保、技改技措、科研开发等工作，分管办公室（党委办公室）、人事科（党委组织部）、安全环保科、技术科。党委书记韩锡禄主持党委工作，分管党委办公室、党委组织部、党群工作部。党委委员、副厂长张国民负责机械、电气、仪表等设备管理及物资供应等工作，分管机动科。党委副书记、纪委书记、工会主席张新江协助党委书记做好党委日常工作，负责纪委、工会、维稳、保卫、后勤服务等工作，协管党群工作部、党委办公室。党委委员、副厂长赵永兵协助厂长做好安全环保工作，负责质量管理、QHSE体系工作，主抓橡胶区各装置生产运行、应急管理等工作，分管调度室、质量管理科，协管安全环保科。党委委员、副厂长关海延协助厂长做好安全环保工作，负责计划、文明生产、对标管理工作，主抓主厂区各装置生产运行、应急管理等工作，分管调度室、计划科，协管安全环保科。

2019年2月，大庆石化分公司决定：孙文盛任化工三厂总工程师。大庆石化分公司党委决定：孙文盛任化工三厂党委委员。

2019年4月，大庆石化分公司编委办决定，化工三厂苯乙烯车间和乙苯脱氢车间整合为苯乙烯联合车间；撤销合成树脂研究室机构编制；调度室和计划科整合为生产科。

2019年4月，经大庆石化分公司党委组织部同意，撤销化工三厂乙苯脱氢车间党支部、合成树脂研究室党支部；将苯乙烯车间党支部更名为苯乙烯联合车间党支部；原乙苯脱氢车间党支部党员组织关系转入苯乙烯联合车间党支部；原合成树脂研究室党支部党员组织关系转入ABS车间党支部。

2019年6月，化工三厂对领导班子成员分工进行调整：

党委委员、厂长娄玉良主持行政工作，负责安全环保等工作，分管办公室（党委办公室）、人事科（党委组织部）、安全环保科。党委书记韩锡禄主持党委工作，分管党委办公室、党委组织部、党群工作部。党委委员、副厂长张国民负责机械、电气、仪表等设备管理及物资供应等工作，分管机动科。党委副书记、纪委书记、工会主席张新江协助党委书记做好党委日常工作，负责纪委、工会、维稳、保卫、后勤服务等工作，协管党群工作部、党委办公室。党委委员、副厂长赵永兵协助厂长做好安全环保工作，负责质量管理、QHSE体系工作，主抓橡胶区各装置生产运行、应急管理等工作，分管生产科、质量管理科，协管安全环保科。党委委员、副厂长关海延协助厂长做好安全环保工作，负责生产计划、文明生产、对标管理工作，主抓主厂区各装置生产运行、应急管理等工作，分管生产科，协管安全环保科。党委委员、总工程师孙文盛负责技术管理工作，负责科研开发、技改技措、产品优化、信息化建设等工作，分管技术科。

2019年7月，大庆石化分公司决定：聘任袁建为化工三厂副厂长；解聘张国民的化工三厂副厂长职务。大庆石化分公司党委决定：袁建任化工三厂党委委员；免去张国民的化工三厂党委委员职务。

2019年7月，大庆石化分公司决定，储运中心仓储二车间划归化工三厂，按业务分别与化工三厂成品车间、橡胶制品一车间、橡胶制品二车间整合为成品车间、橡胶制品一车间、橡胶制品二车间。

2019 年 8 月，大庆石化分公司编委办决定，撤销化工三厂综合车间机构编制，其维修和仪表业务分别划归维修车间和仪表车间管理。同月，经大庆石化分公司党委组织部同意，撤销化工三厂综合车间党支部，原综合车间党支部党员组织关系随人事关系划转至维修车间、仪表车间和橡胶聚合二车间党支部管理。

2019 年 9 月，化工三厂对领导班子成员分工进行调整：

党委委员、厂长娄玉良主持行政工作，负责安全环保等工作，分管办公室（党委办公室）、人事科（党委组织部）、安全环保科。党委书记韩锡禄主持党委工作，分管党委办公室、党委组织部、党群工作部。党委副书记、工会主席、纪委书记张新江协助党委书记做好全党委日常工作，负责纪委、工会、维稳、保卫、后勤服务等工作，协管党群工作部、党委办公室。党委委员、副厂长赵永兵协助厂长做好安全环保工作，负责质量管理、QHSE 体系工作，主抓橡胶区各装置生产运行、应急管理等工作，分管生产科、质量管理科，协管安全环保科。党委委员、副厂长关海延协助厂长做好安全环保工作，负责生产计划、文明生产、对标管理工作，主抓化工三主厂区各装置生产运行、应急管理等工作，分管生产科，协管安全环保科。党委委员、总工程师孙文盛负责技术管理工作，负责科研开发、技改技措、产品优化、信息化建设等工作，分管技术科。党委委员、副厂长袁建负责机械、电气、仪表等设备管理及物资供应等工作，分管机动科。

2020 年 1 月 21 日，化工三厂第四届职工代表暨工会会员代表大会第七次会议召开。厂长娄玉良作了题为《坚定信心，锐意进取，奋力开创高质量发展新局面》的工作报告。会议确定了化工三厂围绕公司发展目标突出抓好的六个方面工作：一是安全环保基础持续巩固；二是生产经营成果不断攀升；三是工艺技术创新步伐加快；四是设备管理水平大幅提升；五是文明生产管理向前推进；六是企业党建工作不断加强。同时明确 2020 年工作总体思路：在公司的正确领导下，继续围绕"十三五"发展目标，以安全生产为前提，以平稳发展为核心，以提质增效为主线，抓重点、补短板、强弱项，推动化工三厂高质量发展，全面完成年度各项任务目标。

2020 年 2 月，大庆石化分公司编委办决定，化工三厂安全环保科和质量管理科整合为质量安全环保科；生产科和技术科整合为生产技术科；橡胶聚合一车间和橡胶聚合二车间整合为橡胶聚合联合车间；SAN 车间和 SAN 树脂车间整合为 SAN 联合车间。

2020 年 4 月，经大庆石化分公司党委组织部同意，撤销化工三厂橡胶聚合二车间党支部、SAN 树脂车间党支部，将原橡胶聚合一车间党支部更名为橡胶聚合联合车间党支部，将原 SAN 车间党支部更名为 SAN 联合车间党支部。

2020 年 8 月，化工三厂对领导班子成员分工进行调整：

党委委员、厂长娄玉良负责行政全面工作，并负责安全环保等工作，分管办公室（党委办公室）、人事科（党委组织部）、质量安全环保科。党委书记韩锡禄负责党委全面工作，分管党委办公室、党委组织部、党群工作部。党委副书记、纪委书记、工会主席张新江协助党委书记做好党委日常工作，负责纪委和工会工作，负责维稳、保卫、后勤服务等工作，协管党群工作部、党委办公室。党委委员、副厂长、安全总监赵永兵协助厂长做好安全环保工作，负责质量管理、QHSE 体系工作，负责橡胶区各装置生产运行、应急管理、生产计划、调度指挥等工作，协管生产技术科、质量安全环保科。党委委员、副厂长关海延负责各装置生产计划、文明生产、对标管理工作，负责主厂区各装置生产运行、安全环保、应急管理、调度指挥等工作，协管生产技术科、质量安全环保科。党委委员、总工程师孙文盛负责技术管理工作，负责科研开发、技改技措、产品优化、信息化建设等工作，协管生产技术科。党委委员、副厂长袁建负责机械、电气、仪表等设备管理、材料计划和状态监测等工作，分管机动科。

2020 年 11 月，大庆石化分公司决定：辛治溢任化工三厂副厂长。大庆石化分公司党委决定：缪春祥任化工三厂党委委员、党委书记；免去韩锡禄的化工三厂党委书记、党委委员职务，改任化工三厂正处级干部。

2020 年 12 月，化工三厂党委决定，橡胶聚合联合车间、成品车间党支部分别改建为党总支。

同月，化工三厂党委决定，橡胶聚合联合车间党总支下设 2 个党支部，分别为橡胶聚合联合车间第一党支部和橡胶聚合联合车间第二党支部；成品车间党总支下设 2 个党支部，分别为成品车间第一党支部和成品车间第二党支部。

"十三五"以来，化工三厂通过与国内同类装置进行技术经济指标全面对比，查找差距，并采取强化装置运行管理、优化资源、挖潜增效、节能降耗、技术改造等措施促进装置生产管理。通过改造，实现全厂"三废"污染物全面稳定达标排放。为ABS装置聚合单元增加固定清洗系统，实现操作"一键式"、清洗"无死角"，设备"全密闭"、环保"零排放"。2万吨/年高腈SAN试验装置建成投产，累计运行9360小时，累计生产通用级SAN树脂20463吨，高腈SAN树脂1468吨。优化调整产品结构，先后组织开发了ABS系列高胶粉、高速无规共聚聚丙烯双向拉伸薄膜专用料（T38FY、T38FE）、箱包板材料（747A）、SAN树脂355打火机专用料等特色高附加值新产品。

截至2020年12月31日，化工三厂有9万吨/年苯乙烯、10万吨/年乙苯脱氢、2万吨/年SAN树脂、10万吨/年ABS、7.55万吨/年SAN、16万吨/年顺丁橡胶、10万吨/年聚丙烯七套主体生产装置，主要生产苯乙烯、SAN、ABS、聚丙烯、顺丁橡胶五大类产品。机关设职能科室6个：办公室（党委办公室）、人事科（党委组织部）、党群工作部、生产技术科、机动科、质量安全环保科。下设基层单位11个：苯乙烯联合车间、聚丙烯车间、ABS车间、SAN联合车间、橡胶聚合联合车间、橡胶制品一车间、橡胶制品二车间、成品车间、维修车间、供电车间、仪表车间。固定资产原值24.06亿元，净值7.03亿元。在册员工1641人。化工三厂党委下属党总支2个，党支部15个，共有党员540人。

一、化工三厂行政领导名录（2016.1—2020.12）

厂　　长　　娄玉良（2016.1—2020.12）

副 厂 长　　张国民（2016.1—2019.7）[1]

　　　　　　赵金玉（2016.1—2018.6）[2]

　　　　　　赵万臣（2016.1—2018.11）[3]

　　　　　　赵永兵（2016.1—2020.12）

　　　　　　关海延（满族，2018.6—2020.12）

---

[1] 2019年7月，张国民调任塑料厂党委书记。

[2] 2018年6月，赵金玉调任工程项目管理中心副主任。

[3] 2018年11月，赵万臣调任大庆华科股份有限公司副总经理、技术总监、安全总监。

袁　建（2019.7—2020.12）

辛治溢（2020.11—12）

总 工 程 师　孙文盛（2019.2—2020.12）

安 全 总 监　赵万臣（兼任，2016.1—2018.11）

赵永兵（兼任，2018.11—2020.12）

监察室主任　韩锡禄（2016.1—2017.12）

正处级干部　韩锡禄（2020.11—12）

副处级干部　张兴奎（2016.3—2018.1）①

赵金玉（2019.7—2020.12）②

二、化工三厂党委领导名录（2016.1—2020.12）

书　　　记　韩锡禄（2016.1—2020.11）

缪春祥（2020.11—12）

副 书 记　张新江（2017.12—2020.12）

委　　　员　韩锡禄（2016.1—2020.11）

娄玉良（2016.1—2020.12）

张国民（2016.1—2019.7）

赵金玉（2016.1—2018.6）

赵万臣（2016.1—2018.11）

张新江（2016.1—2020.12）

赵永兵（2016.1—2020.12）

关海延（2018.6—2020.12）

孙文盛（2019.2—2020.12）

袁　建（2019.7—2020.12）

缪春祥（2020.11—12）

三、化工三厂纪委领导名录（2016.1—2020.12）

书　　　记　韩锡禄（2016.1—2017.12）

张新江（2017.12—2020.12）

---

① 2018年1月，副处级干部张兴奎退休。

② 2019年7月，赵金玉由工程项目管理中心退出领导岗位后，改任化工三厂副处级干部。

四、化工三厂工会领导名录（2016.1—2020.12）

主　　席　张新江（2016.1—2020.12）

第六节　塑料厂（2016.1—2020.12）

塑料厂成立于 1983 年 12 月，前身为大庆乙烯工程指挥部高压聚乙烯装置组和低压聚乙烯装置组。1987 年 3 月，大庆石油化工总厂与大庆乙烯工程指挥部合并为大庆石油化工总厂，塑料厂改列大庆石油化工总厂正处级基层单位。1999 年 9 月，大庆石油化工总厂与大庆石化分公司分开分立后，塑料厂列大庆石化分公司正处级基层单位。

截至 2015 年 12 月 31 日，塑料厂有高压一、高压二、低压、线性、全密度一、全密度二等 6 套聚乙烯生产装置，年设计聚乙烯生产能力 111 万吨/年。可生产注塑、吹塑、挤塑三大系列 117 个牌号的产品。机关设职能科室 9 个：办公室（党委办公室、维稳办、保卫科）、人事科（党委组织部）、企业文化科（党委宣传部、监察室、工会办公室、团委）、计划科、调度室、机动科、质量管理科、安全环保科、技术科。下设基层单位 13 个：高压聚乙烯一车间、高压聚乙烯二车间、低压聚乙烯车间、线性聚乙烯车间、全密度聚乙烯一车间、全密度聚乙烯二车间、成品一车间、成品二车间、装运车间、维修车间、仪表车间、供电车间、材料供应站。临时机构 1 个：市场技术服务中心。固定资产原值 46.74 亿元，固定资产净值 22.35 亿元。在册员工 1519 人。塑料厂党委下属 13 个党支部，共有党员 387 人。机关办公地点位于黑龙江省大庆市龙凤区兴化北街 8 号。

塑料厂党政领导班子 8 人，其中行政领导班子 6 人，党委由 7 人组成：

刘松岩任党委委员、厂长，负责行政全面工作，并负责监察等工作，分管办公室、人事科、企业文化科。

王奎元任党委书记、纪委书记，负责党委及纪委全面工作，分管党委办公室、党委组织部、党委宣传部。

曹景良任党委委员、副厂长、安全总监，负责安全环保、质量、生产管理等工作，分管安全环保科、质量管理科、调度室。

李伟任党委委员、副厂长，负责机械、电气、仪表等设备管理工作，分管机动科、材料供应站。

王景良任党委委员、总工程师，负责技术进步、科研开发、三剂管理、信息化管理、市场技术服务、计划等工作，分管技术科、计划科、市场技术服务中心。

公维军任党委委员、工会主席，负责工会工作，分管工会办公室。

张宪成任党委委员、副厂长，挂任大庆市科技局副局长。

王国清任副厂长，借调工程项目管理中心工作。

2016年2月3日，塑料厂七届一次职工代表大会暨2016年工作会议召开。厂长刘松岩作了题为《精细管理，主动作为，为公司扭亏增盈和稳健发展努力奋斗》的工作报告。会议确定了塑料厂2016年九项重点工作：一是深化属地管理，增强扭亏增盈动力；二是强化安全管理，筑牢扭亏增盈定力；三是提升运行质量，夯实扭亏增盈实力；四是强化设备管理，加大扭亏增盈推力；五是细化质量监管，增强扭亏增盈内力；六是突出精细管理，挖掘扭亏增盈潜力；七是优化产品结构，激发扭亏增盈活力；八是增强培训实效，提升扭亏增盈能力；九是从严管党治党，凝聚扭亏增盈合力。

2016年3月，大庆石化分公司决定：解聘王国清的塑料厂副厂长职务，改任副处级干部。

2016年5月，大庆石化分公司编委办决定，塑料厂办公室（党委办公室、维稳办、保卫科）更名为办公室（党委办公室），保卫和维护稳定工作职责保留在办公室（党委办公室）。

2016年7月21日，中共塑料厂第六次代表大会召开，111名党员代表参加会议。选举产生中共塑料厂第六届委员会，由王奎元、王景良、公维军、刘松岩、李伟、张宪成、曹景良等7人（以姓氏笔画为序）组成，王奎元为党委书记。选举产生中共塑料厂纪律检查委员会，由王天江、王志刚、王奎元、王思哲、张成吉等5人（以姓氏笔画为序）组成，王奎元为纪委书记。截至7月，塑料厂党委下属党支部13个，共有党员397人。

2017年2月24日，塑料厂七届二次职工代表大会暨2017年工作会议召开。厂长刘松岩作了题为《科学管理，稳健发展，全力推动塑料厂增效创效水平再上新台阶》的工作报告。会议确定了塑料厂2017年重点抓好六个方面工作：一是完善机制，夯实三基，持续提升车间属地管理水平；二是预防为主，全程管控，实现安全环保零事故；三是科学组织，精细管理，保证装置满负荷高效益长周期运行；四是紧盯市场，持续改进，全面提升新产品质量和性能；五是提高标准，规范管理，切实增强设备运行掌控能力；六是围绕中心，从严治党，全面提升党的建设科学化水平。

2017年4月，大庆石化分公司编委办决定，塑料厂企业文化科（党委宣传部、监察室、工会办公室、团委）更名为党群工作部。主要负责宣传、纪检监察、工会、团委、企业文化等业务。

2017年5月，副厂长张宪成挂任大庆市科技局副局长期满，回厂任原职。9月，张宪成辞职。

2017年12月，大庆石化分公司决定：解聘王奎元的监察室主任职务。大庆石化分公司党委决定：公维军任塑料厂党委副书记、纪委书记、工会主席；免去王奎元的纪委书记职务。

随后，塑料厂对领导班子成员分工进行调整：党委委员、厂长刘松岩负责行政全面工作，分管办公室（党委办公室）、人事科（党委组织部）。党委书记王奎元负责党委全面工作，分管党委办公室、党委组织部、党群工作部。党委委员、副厂长李伟负责机械、电气、仪表等设备管理工作，分管机动科、材料供应站。党委副书记、纪委书记、工会主席公维军协助党委书记管理党委，分管纪委和工会全面工作，协管党群工作部。党委委员、副厂长、安全总监曹景良负责生产、安全环保、质量、计划等工作，分管调度室、安全环保科、质量管理科、计划科。党委委员、总工程师王景良负责技术、产品开发、市场技术服务等工作，分管技术科、市场技术服务中心。

2018年2月9日，塑料厂七届三次职工代表大会暨2018年工作会议召开。厂长刘松岩作了题为《科学管理，稳健发展，谱写塑料厂安全生产和增效创效新篇章》的工作报告。会议确定了塑料厂2018年重点抓好六个方面工作：一是坚持夯实三基不放松，带动属地管理水平实现新提升；二是坚持全程管控不松劲，带动安全环保管理再上新台阶；三是坚持科学管理不动摇，带动装置增效创效实现新突破；四是坚持统筹组织不等靠，带动大检修质量创造新高度；五是坚持科技创新不停步，带动新产品质量效益取得新作为；六是坚持从严治党不松懈，带动党的建设工作开拓新局面。

2018年5月，副处级干部王国清退休。

2018年6月，大庆石化分公司决定：解聘刘松岩的塑料厂厂长职务；聘任曹景良为塑料厂厂长，解聘其塑料厂副厂长、安全总监职务；聘任汲寿广为塑料厂副厂长；聘任宫向英为塑料厂副厂长、安全总监；聘任姜兴财为塑料厂正处级干部；聘任张晓秋为塑料厂正处级干部；聘任李伟为塑料厂副处级干部，解聘其塑料厂副厂长职务。大庆石化分公司党委决定：汲寿广任塑料厂党委委员；宫向英任塑料厂党委委员；免去刘松岩的塑料厂党委委员职务；免去李伟的塑料厂党委委员职务。

随后，塑料厂对领导班子成员分工进行调整：党委委员、厂长曹景良负责行政全面工作，分管办公室（党委办公室）、人事科（党委组织部）。党委书记王奎元负责党委全面工作，分管党委办公室、党委组织部、党群工作部。党委副书记、纪委书记、工会主席公维军协助党委书记管理党委工作，分管纪委和工会全面工作，协管党群工作部。党委委员、总工程师王景良分管技术、产品开发、质量、计划、市场技术服务等工作，分管技术科、质量管理科、计划科、市场技术服务中心。党委委员、副厂长汲寿广分管机械、电气、仪表等设备管理工作，分管机动科、材料供应站。党委委员、副厂长、安全总监宫向英分管生产、安全环保等工作，分管调度室、安全环保科。

2018年9月，大庆石化分公司编委办决定，塑料厂机动科与材料供应站实行一体化管理，一体化管理后材料供应站按照班组管理，机构规格调整为无级别。

2018年11月，大庆石化分公司决定：孙贵春任塑料厂副厂长。大庆石化分公司党委决定：孙贵春任塑料厂党委委员。

2018年11月，大庆石化分公司编委办决定，开发公司编织袋车间和成品车间成建制划归塑料厂，暂列塑料厂基层单位，重载膜业务划归塑料厂，综合车间负责编织袋业务的质量检验和电钳维修人员划归塑料厂。

2018年12月，塑料厂对领导班子成员分工进行调整：

党委委员、厂长曹景良负责行政全面工作，并负责安全环保工作，分管办公室（党委办公室）、人事科（党委组织部）、安全环保科。党委书记王奎元负责党委全面工作，分管党委办公室、党委组织部、党群工作部。党委副书记、纪委书记、工会主席公维军协助党委书记做好党委日常工作，负责纪委和工会工作，协管党群工作部。党委委员、总工程师王景良负责技术、产品开发、计划、市场技术服务工作，分管技术科、计划科、市场技术服务中心。党委委员、副厂长汲寿广负责机械、电气、仪表等设备管理工作，分管机动科。党委委员、副厂长、安全总监宫向英协助厂长做好安全环保工作，负责生产工作，分管调度室，协管安全环保科。党委委员、副厂长孙贵春负责产品质量、产品包装及包装物生产管理工作，分管质量管理科。

2018年12月，塑料厂决定，将开发公司划归塑料厂的成品车间更名为编织袋成品车间。

2019年1月29日，塑料厂七届四次职工代表大会暨2019年工作会议召开，厂长曹景良作了题为《对标管理，增产增效，谱写塑料厂高质量发展新篇章》的工作报告。会议明确了2019年的八项重点工作：一是坚持稳中求进工作总基调，确保效益稳定增长；二是深化改革创新，开创高质量发展新局面；三是落实属地责任，强化安全环保管理；四是加强运行监管，确保装置长周期、高负荷运行；五是精细管理，优化运行，超额完成全年挖潜增效目标；六是加强培训培养，为推动企业高质量发展提供人才力量；七是建立长效管理机制，提高文明生产管理水平；八是坚持从严治党不松懈，带动党的建设工作开拓新局面。

2019年2月，大庆石化分公司党委决定：免去王奎元的塑料厂党委书记、党委委员职务，改任塑料厂正处级干部。

2019年3月，大庆石化分公司编委办决定，塑料厂编织袋车间和编织袋成品车间整合为包装制品车间。

2019年4月，经大庆石化分公司党委组织部同意，塑料厂成立包装制品车间党支部。

2019年5月，大庆石化分公司编委办决定，塑料厂高压聚乙烯一车间和高压聚乙烯二车间整合为高压聚乙烯联合车间；全密度聚乙烯一车间和线性聚乙烯车间整合为全密度聚乙烯联合车间。

2019年5月，经大庆石化分公司党委组织部同意，撤销塑料厂高压聚乙烯二车间党支部；高压聚乙烯一车间党支部更名为高压聚乙烯联合车间党支部；撤销全密度聚乙烯一车间党支部；线性聚乙烯车间党支部更名为全密度聚乙烯联合车间党支部；机关党支部更名为机关第一党支部；成立机关第二党支部。

2019年7月，大庆石化分公司党委决定：张国民任塑料厂党委委员、党委书记。

2019年7月，大庆石化分公司编委办决定，储运中心仓储一车间划归塑料厂，与塑料厂成品一车间整合为新的成品一车间；储运中心仓储三车间划归塑料厂，与塑料厂成品二车间整合为新的成品二车间。

随后，塑料厂对部分领导班子成员分工进行调整：党委书记张国民负责党委全面工作，分管党委办公室、党委组织部、党群工作部。党委委员、副厂长孙贵春负责产品质量、产品包装、产品储存及包装物生产管理工作，分管质量管理科。

2019年12月，大庆石化分公司决定：唐兆坤任塑料厂副厂长。大庆石化分公司党委决定：唐兆坤任塑料厂党委委员。

随后，塑料厂对部分领导班子成员分工进行调整：党委委员、总工程师王景良负责技术、产品开发、市场技术服务工作，分管技术科、市场技术服务中心。党委委员、副厂长、安全总监宫向英协助厂长做好安全环保工作，负责计划工作，协管安全环保科，分管计划科。党委委员、副厂长孙贵春负责产品包装、产品储存及包装物生产管理工作，协管调度室。党委委员、副厂长唐兆坤负责生产工作、产品质量工作，分管调度室、质量管理科。

2020年1月16日，塑料厂七届五次职工代表大会暨2020年工作会议召开，厂长曹景良作了题为《对标降耗，稳产高效，全员合力创造塑料厂历史性新高度》的工作报告。会议明确了2020年的九个工作目标：一是实现安全、环保零事故；二是实现聚乙烯产量120万吨，奋斗目标是127万吨，再创历史最好水平；三是实现挖潜增效3586万元；四是对标管理取得新成效，装置能耗、物耗持续降低，平均水平达到中油内部先进水平，个别装置达到国内同行业领先水平；五是完成新产品放大生产计划，产品优级品率大于99%，出厂和外部抽检合格率100%，开发试生产4个新产品；六是装置长周期运行在保持原有水平基础上，努力实现新的突破；七是全部设备完好率达到97%，主要设备完好率达到99%，上报集团公司级设备事故为零；八是压减组织机构2个；九是党建工作质量和水平持续提升，核心引领示范作用继续增强。

2020 年 3 月，大庆石化分公司编委办决定，塑料厂调度室、计划科和质量管理科整合为生产科。

2020 年 4 月，塑料厂对部分领导班子成员分工进行调整：党委委员、副厂长、安全总监宫向英协助厂长做好安全环保工作，负责计划工作，协管安全环保科、生产科。党委委员、副厂长孙贵春负责产品包装、产品储存及包装物生产管理工作，协管生产科。党委委员、副厂长唐兆坤负责生产工作、产品质量工作，分管生产科。

2020 年 6 月，大庆石化分公司决定：李传明任塑料厂总工程师；免去王景良的塑料厂总工程师职务。大庆石化分公司党委决定：李传明任塑料厂党委委员；免去王景良的塑料厂党委委员职务。

2020 年 7 月，塑料厂对部分领导班子成员分工进行调整：党委委员、总工程师李传明负责技术、产品开发、市场技术服务工作，分管技术科、市场技术服务中心。

2020 年 11 月，大庆石化分公司决定：唐兆坤任塑料厂安全总监；吕书军任塑料厂总工程师；免去宫向英的塑料厂副厂长、安全总监职务；免去李传明的塑料厂总工程师职务。大庆石化分公司党委决定：吕书军任塑料厂党委委员；免去宫向英的塑料厂党委委员职务；免去李传明的塑料厂党委委员职务。

2020 年 12 月，塑料厂对部分领导班子成员分工进行调整：党委委员、副厂长、安全总监唐兆坤协助厂长做好安全环保工作，负责生产、计划、HSE 工作，协管安全环保科，分管生产科。党委委员、总工程师吕书军负责技术、产品开发、产品质量、市场技术服务工作，分管技术科、市场技术服务中心，协管生产科。

2020 年 12 月，大庆石化分公司决定：免去孙贵春的塑料厂副厂长职务；免去汲寿广的塑料厂副厂长职务。大庆石化分公司党委决定：免去孙贵春的塑料厂党委委员职务；免去汲寿广的塑料厂党委委员职务。

2020 年 12 月，塑料厂党委决定，包装制品车间党支部改建为党总支。

"十三五"期间，塑料厂全力抓好装置长周期运行，高压一、高压二装置和低压装置 A 线分别连续运行了 231 天、211 天和 506 天，创造了国内同类装置长周期运行纪录。年产聚乙烯首次突破128万吨。成功开发新产品15项，包括小中空专用树脂DMDB6200、土工膜专用料DQTG3912、水面光伏浮体专用料DMDA5104等，其中小中空专用树脂DMDB6200，已经实现了连续5年稳定生产，到2020年累计生产6.8万吨，实现增效近1000万元。累计放大生产BMDB4506、DGDB6097、DQDN3711、2420D、QL505P等20个牌号新产品共计225万吨。产品DMDA8008获"黑龙江省用户满意产品"称号，产品2426H获"全国用户满意产品"称号。完成线性装置造粒系统改造项目，实现装置产能提升2吨/小时，也是国内首套10吨/小时规模的造粒机组，打破国外企业垄断。

截至2020年12月31日，塑料厂拥有6套聚乙烯生产装置，年设计聚乙烯生产能力111万吨/年。可生产注塑、吹塑、挤塑三大系列157个牌号的产品。机关设职能科室7个：办公室（党委办公室）、人事科（党委组织部）、党群工作部、机动科、安全环保科、技术科、生产科。下设基层单位11个：高压聚乙烯联合车间、低压聚乙烯车间、全密度聚乙烯联合车间、全密度聚乙烯二车间、成品一车间、成品二车间、装运车间、维修车间、仪表车间、供电车间、包装制品车间。临时机构1个：市场技术服务中心。固定资产原值46.2亿元，固定资产净值15.92亿元。在册员工1982人。塑料厂党委下属党支部13个，共有党员525人。

期间：2016年12月，成品二车间党支部书记黄宝岩当选大庆市第十届人民代表大会代表。

一、塑料厂行政领导名录（2016.1—2020.12）

厂　　　长　刘松岩（2016.1—2018.6）[1]

曹景良（2018.6—2020.12）

副 厂 长　李　伟（生于1961年，2016.1—2018.6）

曹景良（2016.1—2018.6）

张宪成（2016.1—2017.9）[2]

王国清（2016.1—3）

---

[1]　2018年6月，刘松岩任公司安全副总监。

[2]　2016年1月至2017年5月期间，副厂长张宪成挂职大庆市科技局副局长，期满回厂任原职。2017年9月，张宪成辞职。

汲寿广（2018.6—2020.12）①

宫向英（2018.6—2020.11）②

孙贵春（2018.11—2020.12）③

唐兆坤（2019.12—2020.12）

总 工 程 师 王景良（2016.1—2020.6）④

李传明（满族，2020.6—11）⑤

吕书军（2020.11—12）

安 全 总 监 曹景良（兼任，2016.1—2018.6）

宫向英（兼任，2018.6—2020.11）

唐兆坤（兼任，2020.11—12）

监察室主任 王奎元（2016.1—2017.12）

正处级干部 姜兴财（2018.6—2020.12）

张晓秋（2018.6—2020.12）

王奎元（2019.2—2020.12）

副处级干部 王国清（2016.3—2018.5）⑥

李 伟（2018.6—2020.12）

二、塑料厂党委领导名录（2016.1—2020.12）

书 记 王奎元（2016.1—2019.2）⑦

张国民（2019.7—2020.12）

副 书 记 公维军（2017.12—2020.12）

委 员 王奎元（2016.1—2019.2）

刘松岩（2016.1—2018.6）

曹景良（2016.1—2020.12）

李 伟（2016.1—2018.6）

---

① 2020年12月，汲寿广调任公司机动设备处副处长。
② 2020年11月，宫向英调任实业公司总经理。
③ 2020年12月，孙贵春调任质量检验中心副主任。
④ 2020年6月，王景良调任销售储运中心党委委员、党委书记。
⑤ 2020年11月，李传明调任公司科技与规划发展处副处长。
⑥ 2018年5月，副处级干部王国清退休。
⑦ 2019年2月至7月期间，塑料厂党委书记空缺，由厂长曹景良主持党委工作。

公维军（2016.1—2020.12）

王景良（2016.1—2020.6）

张宪成（2016.1—2017.9）

汲寿广（2018.6—2020.12）

宫向英（2018.6—2020.11）

孙贵春（2018.11—2020.12）

张国民（2019.7—2020.12）

唐兆坤（2019.12—2020.12）

李传明（2020.6—11）

吕书军（2020.11—12）

三、塑料厂纪委领导名录（2016.1—2020.12）

书　　记　王奎元（2016.1—2017.12）

　　　　　公维军（2017.12—2020.12）

四、塑料厂工会领导名录（2016.1—2020.12）

主　　席　公维军（2016.1—2020.12）

第七节　腈纶厂（2016.1—2020.12）

腈纶厂成立于 1983 年 12 月，为大庆乙烯工程指挥部正处级基层单位。1987 年 3 月，大庆石油化工总厂与大庆乙烯工程指挥部合并为新的大庆石油化工总厂，腈纶厂改列大庆石油化工总厂正处级基层单位。1999 年 9 月，大庆石油化工总厂与大庆石化分公司分开分立后，腈纶厂列大庆石化分公司正处级基层单位。

截至 2015 年 12 月 31 日，腈纶厂有腈纶和毛条两套生产装置，装置生产能力 7 万吨/年。生产常规、高收缩、高分子量、扁平系列、抗起球等主要品种，有长丝、短纤和毛条三大类产品。机关设职能科室 8 个：办公室（党委办公室、维稳办、保卫科）、人事科（党委组织部）、企业文化科（党委宣传部、监察室、工会办公室、团委）、计划科、调度室、技术科、机动科、质量安全环保科。下设基层单位 13 个：聚合车间、纺丝车间、回收车间、系统车间、成品车间、毛条一车间、毛条二车间、维修车间、供电车间、仪表车间、装运车间、中试车间、材料供应站。固定资产原值 11.32 亿元，净值 3.18 亿元。在册员工 1380 人。腈纶厂党委下属 13 个党支部，共有党员 347 人。机关办公地点位于黑龙江省大庆市龙凤区兴化村化工厂区内 13 号路。

腈纶厂党政领导班子 7 人，其中行政领导班子 5 人，党委由 7 人组成：

曲顺利任党委委员、厂长，负责行政全面工作，并负责安全环保工作，制定并落实分厂总体发展战略，分管办公室（党委办公室）、人事科（党委组织部）、企业文化科（党委宣传部）。

白克祥任党委书记、纪委书记，负责党委、纪委全面工作，负责制定并落实分厂党委、纪委工作目标，分管党委办公室、党委组织部、党委宣传部。

张伟任党委委员、副厂长、安全总监，负责安全、节能节水、生产运行与受控、计划、核算、计量、业绩考核、应急管理和 QHSE 体系管理、产品质量、环境保护、节能减排、文明生产以及挖潜增效等工作，分管调度室、质量安全环保科、计划科。

孙会斌任党委委员、总工程师，负责总体规划、技术进步、科研开发、原料试用、技术改造、信息化管理、技术档案和科协等工作，分管技术科。

赵忠生任党委委员、副厂长，负责机械、电气、仪表等设备管理、物资供应和状态检测等工作，分管机动科、材料供应站。

王寒冰任党委委员、工会主席，负责工会工作。

李成葆任党委委员、副厂长，挂任大庆高新区石化产业发展局副局长。

2016 年 1 月 28 日，腈纶厂第六届职工代表大会第五次会议暨 2016 年工作会议召开。厂长曲顺利作了题为《增强忧患意识，坚定必胜信心，奋力推进腈纶厂可持续高质量有效益发展》的工作报告。会议确定了腈纶厂 2016 年的工作目标，着力抓好以下工作：一是完善安全环保监管，保持平稳态势；二是推进生产协调联动，提升运行水平；三是调整腈纶产品结构，提高竞争能力；四是推动技术改造创新，丰富新品储备；五是完善设备设施状态，确保可靠运行；六是优化组织管理模式，推动人才成长；七是持续加强党的建设，凝聚发展力量。

2016年4月，大庆石化分公司决定，腈纶厂将质量安全环保科更名为安全环保科，质量管理工作职责调整到调度室。

2016年5月，大庆石化分公司编委办决定，将腈纶厂办公室（党委办公室、维稳办、保卫科）更名为办公室（党委办公室），保卫和维护稳定工作职责保留在办公室（党委办公室）。

2016年7月19日，中共腈纶厂第六次代表大会召开，118名党员代表参加会议。会议选举产生中共腈纶厂第六届委员会，由王寒冰、白克祥、曲顺利、孙会斌、李成葆、张伟、赵忠生等7人（以姓氏笔画为序）组成，白克祥为党委书记。选举产生中共腈纶厂纪律检查委员会，由马春和、白克祥、吴成凤、张玉双、胡玉革等5人（以姓氏笔画为序）组成，白克祥为纪委书记。截至7月，腈纶厂党委下属13个党支部，共有党员352人。

2017年2月17日，腈纶厂第七届职工代表大会第一次会议暨2017年工作会议召开。厂长曲顺利作了题为《不忘初心，砥砺前行，奋力开创建设质量效益型企业新局面》的工作报告。会议确定了腈纶厂2017年工作目标，着力抓好以下六项工作：一是加强体系建设，确保安全环保生产；二是抓实关键环节，提升装置运行水平；三是推动技术革新，增强市场竞争力；四是突出检修质量，提高设备保障水平；五是立足实训真干，强化解决问题能力；六是加强党的建设，提供坚强政治思想保障。

2017年2月，副厂长赵忠生辞职，其分管工作由总工程师孙会斌代管。

2017年4月，大庆石化分公司编委办决定，将腈纶厂企业文化科（党委宣传部、监察室、工会办公室、团委）更名为腈纶厂党群工作部，主要职能是负责宣传、纪检监察、工会、团委、企业文化等业务。

2017年6月，副厂长李成葆挂任大庆高新区石化产业发展局副局长期满，回厂任原职。

随后，腈纶厂对领导班子成员分工进行调整：

党委委员、厂长曲顺利负责行政全面工作，并负责安全环保工作，主管办公室（党委办公室）、人事科（党委组织部）。党委书记、纪委书记白克祥负责党委、纪委全面工作，主管党委办公室、党委组织部、党群工作部。党委委员、副厂长、安全总监张伟负责安全、环保、生产运行与受控、核算、应急管理和 HSE 体系管理等工作，分管调度室、安全环保科、计划科。党委委员、副厂长李成葆负责质量、节能节水、计划、计量、业绩考核、文明生产等工作，分管调度室、计划科、人事科、办公室。党委委员、总工程师孙会斌负责总体规划、技术进步、科研开发、原料试用、技术改造、信息化管理、技术档案和科协等工作，分管技术科，负责机械、电气、仪表等设备管理、物资供应和状态检测等工作，分管机动科、材料供应站。党委委员、工会主席王寒冰负责工会工作。

2017 年 12 月，大庆石化分公司决定：聘任李长斌为腈纶厂副厂长；解聘白克祥的腈纶厂监察室主任职务。大庆石化分公司党委决定：王寒冰任腈纶厂党委副书记、纪委书记；李长斌任腈纶厂党委委员。

2018 年 1 月，腈纶厂对部分领导班子成员分工进行调整：党委书记白克祥负责党委全面工作，主管党委办公室、党委组织部、党群工作部工作。党委委员、副厂长李成葆负责质量、节能节水、计划、计量、业绩考核等工作，分管调度室、计划科。党委委员、总工程师孙会斌负责总体规划、技术进步、科研开发、原料试用、技术改造、信息化管理、技术档案和科协等工作，分管技术科。党委委员、副厂长李长斌负责机械、电气、仪表等设备管理、物资供应和状态检测等工作，分管机动科、材料供应站。党委副书记、纪委书记、工会主席王寒冰负责协助党委书记负责党委工作，负责纪委、工会全面工作，负责文明生产工作，分管党群工作部。

2018 年 2 月 8 日，腈纶厂召开第七届职工代表大会第二次会议暨 2018 年工作会议。厂长曲顺利作了题为《不忘初心，牢记使命，砥砺前行，奋力开创腈纶事业蓬勃发展新局面》的工作报告。会议确定了腈纶厂 2018 年的工作目标：一是强化责任落实，夯实安全环保基础；二是加强受控管理，提高生产运行水平；三是加强设备管理，提升运行保障能力；四是加强科技创新，增强发展驱动力；五是加强人力资源管理，提高员工素质能力；六是加强党的建设，广泛凝聚智慧力量。

2018 年 9 月，大庆石化分公司编委办决定，腈纶厂机动科与材料供应站实行一体化管理，材料供应站按照班组管理，未明确机构规格。

2018 年 10 月，大庆石化分公司编委办决定，腈纶厂毛条一车间和毛条二车间整合为毛条车间。

2018年11月，经大庆石化分公司党委组织部同意，撤销腈纶厂毛条一车间党支部、毛条二车间党支部；成立毛条车间党支部；原支部党员组织关系一并按工作业务划分转入毛条车间党支部。

2018年11月，腈纶厂对领导班子成员分工进行调整：

党委委员、厂长曲顺利负责行政全面工作，并负责安全环保工作，支持党委书记开展党务工作，主管办公室（党委办公室）、人事科（党委组织部）。党委书记白克祥负责党委全面工作，制定并负责落实分厂党委工作目标，支持厂长开展行政工作，主管党委办公室、党委组织部、党群工作部。党委委员、副厂长、安全总监张伟负责安全、环保、生产运行与受控、核算、应急管理和HSE体系管理等工作，分管调度室、安全环保科、计划科。党委委员、副厂长李成葆负责质量、节能节水、计划、计量、业绩考核等工作，分管调度室、计划科。党委委员、总工程师孙会斌负责总体规划、技术进步、科研开发、原料试用、技术改造、信息化管理、技术档案和科协等工作，分管技术科。党委委员、副厂长李长斌负责机械、电气、仪表等设备管理、物资供应和状态检测等工作，分管机动科。党委副书记、纪委书记、工会主席王寒冰协助党委书记负责党委工作，负责纪委、工会全面工作，负责文明生产工作，分管党群工作部。各领导班子成员负责分管单位及联系点的党建工作，履行全面从严治党责任。

2019年1月29日，腈纶厂召开第七届职工代表大会第三次会议暨2019年工作会议。厂长曲顺利作了题为《奋进新时代，砥砺新征程，努力开创建设质量效益型企业新局面》的工作报告。会议确定了腈纶厂2019年重点要着力抓好以下工作：一是加大检查力度，夯实安全环保基础；二是夯实基础工作，保障装置平稳运行；三是聚焦技术创新，增强产品创效能力；四是细化设备管理，提高保障运行能力；五是优化劳动组织结构，充分利用现有人力资源；六是围绕中心工作，充分发挥两级党组织的积极作用。

2019年2月，大庆石化分公司党委决定：免去白克祥的腈纶厂党委书记、党委委员职务，改任腈纶厂正处级干部，其分管工作由副厂长张伟代管。

2019年4月，大庆石化分公司编委办决定，撤销腈纶厂中试车间；回收车间和系统车间整合为新的回收车间；供电车间和仪表车间整合为电仪车间。

2019 年 4 月，经大庆石化分公司党委组织部同意，撤销腈纶厂系统车间党支部；撤销中试车间党支部；撤销供电车间党支部；撤销仪表车间党支部；成立电仪车间党支部。

2019 年 7 月，大庆石化分公司决定：聘任董旭东为腈纶厂副厂长、安全总监；解聘张伟的腈纶厂副厂长、安全总监职务。大庆石化分公司党委决定：张伟任腈纶厂党委书记；董旭东任腈纶厂党委委员。

随后，腈纶厂对部分领导班子成员分工进行调整：党委书记张伟负责党委全面工作，制定并负责落实分厂党委工作目标，支持厂长开展行政工作，主管党委办公室、党委组织部、党群工作部。党委委员、副厂长、安全总监董旭东负责安全、环保、生产运行与受控、核算、应急管理和 HSE 体系管理等工作，分管调度室、安全环保科、计划科。

2020 年 1 月，腈纶厂召开第七届职工代表大会第四次会议暨 2020 年工作会议。厂长曲顺利作了题为《不忘初心，牢记使命，攻坚克难，砥砺前行，奋力开创腈纶厂高质量发展新局面》的工作报告。会议确定了腈纶厂 2020 年着力抓好以下工作：一是加强安全监管，提升安全环保工作水平；二是科学组织生产，保障装置平稳运行；三是推进科技创新，提高产品附加值；四是强化设备管理，提高保障运行能力；五是优化劳动组织结构，夯实企业管理基础；六是主动融入中心，不断提升党建工作水平。

2020 年 5 月，大庆石化分公司编委办决定，腈纶厂计划科和调度室整合为生产科；纺丝车间和聚合车间整合为纺丝联合车间；成品车间和装运车间整合为新的成品车间。

2020 年 5 月，经大庆石化分公司党委组织部同意，撤销腈纶厂聚合车间党支部，其业务划归纺丝车间管理；将纺丝车间党支部更名为纺丝联合车间党支部；撤销装运车间党支部，其业务划归成品车间管理。

2020 年 7 月，大庆石化分公司编委办决定，腈纶厂成立销售服务中心。

2020 年 8 月，腈纶厂对领导班子成员分工进行调整：

党委委员、厂长曲顺利负责行政全面工作，并负责安全环保、人力资源等工作，制定并落实分厂总体发展战略，分管办公室（党委办公室）、人事科（党委组织部）、党群工作部、销售服务中心。党委书记张伟负责党委全面工作，制定并落实分厂党委工作目标，分管党委办公室、党委组织部、党群工作部。党委委员、副厂长李成葆负责质量、节能节水、计量、核算、业绩考核等工作，协管生产科。党委委员、总工程师孙会斌负责总体规划、技术进步、科研开发、原料试用、技术改造、信息化管理、技术档案和科协等工作，分管技术科。党委副书记、纪委书记、工会主席王寒冰协助党委书记做好党委日常工作，负责纪委、工会工作，负责文明生产工作，协管党群工作部、党委办公室。党委委员、副厂长李长斌负责机械、电气、仪表等设备管理、材料计划和状态检测等工作，分管机动科。党委委员、副厂长、安全总监董旭东协助厂长做好安全生产环保工作，负责生产运行与受控、计划、应急管理和 HSE 体系管理等工作，分管生产科、销售服务中心，协管安全环保科。同时，各领导班子成员在各分管领域党的建设、安全环保、风险防范、党风廉政建设、意识形态、巡视巡察整改、队伍稳定等方面履行"一岗双责"责任。

2020 年 9 月，经大庆石化分公司党委组织部同意，撤销腈纶厂机关党支部；成立机关一党支部和机关二党支部。

2020 年 10 月，腈纶厂党委决定，纺丝联合车间党支部改建为纺丝联合车间党总支，下设两个党支部。

2020 年 12 月，大庆石化分公司党委决定：高恩忠任腈纶厂党委委员、党委书记；免去张伟的腈纶厂党委书记、党委委员职务，改任腈纶厂正处级干部，其分管工作由高恩忠负责。

"十三五"期间，腈纶厂开发了 CTB 腈纶并放大生产 8814 吨，开发了 DKF020 腈纶开发并放大生产 25 吨，完成了 3.33 分特高缩扁平纤维、超高收缩纤维、植物纤维的开发，并自主销售 9.2 吨植物纤维。建立新型蒸发线液位控制模型，解决了回收装置蒸发二、五效液位不能实现自动控制的难题。调整聚合釜巯基乙醇参数，提高浆化工序的亚硫酸氢钠加入量，恢复混合供料罐亚硫酸氢钠加入工艺，纤维黄度指标由原来的 14 下降到 9。积极生产开发与市场高融合度的新产品，成功生产 CTB001、CTB002 纤维 8817 吨。放大生产抗辐射纤维 27 吨，生产 1.66 分特高缩 1 纤维 200 吨。1.2dtex 空调纤维试纺取得了突破性进展，试纺凝胶染色纤维，自主设计专用喷嘴，不断优化参数。硫氰酸钠成品滤器的过滤精度由原来的 50 微米提升到 10 微米，NVI 含量降到 4% 以下，创历史最好水平。

截至 2020 年 12 月 31 日，腈纶厂机关设职能科室 8 个：办公室（党委办公室）、人事科（党委组织部）、党群工作部、生产科、技术科、机动科、安全环保科、销售服务中心。下设基层单位 6 个：纺丝联合车间、回收车间、成品车间、毛条车间、维修车间、电仪车间。固定资产原值 11.30 亿元，净值 3.26 亿元。在册员工 1009 人。腈纶厂党委下属党总支 1 个，党支部 9 个，共有党员 337 人。

一、腈纶厂行政领导名录（2016.1—2020.12）

厂　　　长　曲顺利（2016.1—2020.12）

副　厂　长　张　伟（2016.1—2019.7）

李成葆（2016.1—2020.12）[1]

赵忠生（2016.1—2017.2）[2]

李长斌（2017.12—2020.12）

董旭东（2019.7—2020.12）

总 工 程 师　孙会斌（2016.1—2020.12）

安 全 总 监　张　伟（兼任，2016.1—2019.7）

董旭东（兼任，2019.7—2020.12）

监察室主任　白克祥（2016.1—2017.12）

正处级干部　白克祥（2019.2—2020.12）

张　伟（2020.12）

二、腈纶厂党委领导名录（2016.1—2020.12）

书　　　记　白克祥（2016.1—2019.2）[3]

张　伟（2019.7—2020.12）

高恩忠（2020.12）

副　书　记　王寒冰（2017.12—2020.12）

委　　　员　白克祥（2016.1—2019.2）

---

[1]　2016 年 1 月至 2017 年 6 月期间，李成葆挂职大庆高新区石化产业发展局副局长；2017 年 6 月，挂任期满，回厂任原职。

[2]　2017 年 2 月，赵忠生辞职。

[3]　2019 年 2 月至 7 月期间，腈纶厂党委书记空缺，由副厂长张伟负责党委工作。

张　伟（2016.1—2020.12）

曲顺利（2016.1—2020.12）

李成葆（2016.1—2020.12）

孙会斌（2016.1—2020.12）

赵忠生（2016.1—2017.2）

王寒冰（2016.1—2020.12）

李长斌（2017.12—2020.12）

董旭东（2019.7—2020.12）

高恩忠（2020.12）

三、腈纶厂纪委领导名录（2016.1—2020.12）

书　　记　白克祥（2016.1—2017.12）

王寒冰（2017.12—2020.12）

四、腈纶厂工会领导名录（2016.1—2020.12）

主　　席　王寒冰（2016.1—2020.12）

第八节　热电厂（2016.1—2020.12）

热电厂成立于 1983 年 12 月，前身是大庆乙烯工程指挥部自备电站装置组。1987 年 3 月，大庆石油化工总厂与大庆乙烯工程指挥部合并为新的大庆石油化工总厂，热电厂改列大庆石油化工总厂正处级基层单位，主要担负为大庆石油化工总厂化工区生产装置和乙烯生活区供电、供汽、供热任务。1999 年 9 月，大庆石油化工总厂与大庆石化分公司分开分立后，热电厂列大庆石化分公司正处级基层单位。

截至 2015 年 12 月 31 日，热电厂有 6 台 410 吨 / 小时高温高压锅炉，3 台 58MW 热水锅炉，2 台 220 吨 / 小时循环流化床锅炉（CFB）和 8 台汽轮发电机组，总装机容量 32.5 万千瓦。机关设职能科室 9 个：办公室（党委办公室、维稳办、保卫科）、人事科（党委组织部）、企业文化科（党委宣传部、监察室、工会办公室、团委）、计划科、技术科、调度室、机动科、安全环保科、煤管科。临时机构 1 个：脱硫改造办公室。下设基层单位 11 个：汽机车间、锅炉车间、电气车间、燃料车间、动力车间、化学车间、仪表车间、供电车间、维修一车间、维修二车间、工程运输车队（托管）和材料供应站。固定资产原值 30.64 亿元，净值 13.89 亿元。在册员工 1287 人。热电厂党委下属 12 个党支部，共有党员 320 人。机关办公地点位于黑龙江省大庆市龙凤区兴化村化工厂区 13 号路。

热电厂党政领导班子 4 人，其中行政领导班子 3 人，党委由 4 人组成：

朱占国任党委委员、厂长、安全总监，负责行政全面工作，分管办公室（党委办公室）、人事科（党委组织部）、企业文化科（党委宣传部）、安全环保科。

金正奎任党委书记、纪委书记、工会主席，负责党委、纪委、工会工作，分管党委办公室、党委组织部、党委宣传部、工会。

姜波任党委委员、副厂长，负责设备管理、生产运行管理工作，分管安全环保科、调度室、计划科、煤管科、机动科、材料供应站。

程宇光任党委委员、总工程师，负责技术管理和技术改造工作，分管技术科、脱硫改造办公室。

2016 年 1 月 29 日，热电厂第七届职工代表大会第三次会议暨 2016 年工作会议召开。厂长朱占国作了题为《科学管理，可靠务实，全力推动员工与热电共发展》的工作报告。会议确定了 2016 年七项重点工作：一是紧抓安全环保不放松；二是全力抓好生产受控；三是确保设备健康运行；四是加快推进科研应用；五是努力实现降本增效；六是提升专业化管理水平；七是发挥党建保障生产作用。

2016 年 3 月，大庆石化分公司决定：解聘金正奎的热电厂监察室主任职务。大庆石化分公司党委决定：金正奎任热电厂正处级干部，免去其热电厂党委书记、纪委书记、工会主席、党委委员职务。

2016 年 5 月，大庆石化分公司决定：聘任赵东鹏为热电厂监察室主任；聘任印大伟为热电厂副厂长、安全总监；解聘朱占国的热电厂安全总监职务。

大庆石化分公司党委决定：赵东鹏任热电厂党委委员、党委书记、纪委书记；谷丰任热电厂党委委员、工会主席；印大伟任热电厂党委委员。

随后，热电厂对领导班子成员分工进行调整：党委委员、厂长朱占国负责行政全面工作，分管办公室（党委办公室）、人事科（党委组织部）、企业文化科（党委宣传部）。党委书记、纪委书记赵东鹏负责党委、纪委全面工作，分管党委办公室、党委组织部、党委宣传部。党委委员、副厂长、安全总监印大伟负责生产、质量、安全、环保、计划、计量及QHSE体系管理工作，分管安全环保科、调度室、计划科、煤管科。党委委员、副厂长姜波负责设备管理、物资供应方面管理工作，分管机动科、材料供应站。党委委员、总工程师程宇光负责技术管理和技术改造工作，分管技术科、脱硫改造办公室。党委委员、工会主席谷丰负责工会工作，分管工会。

2016年5月，大庆石化分公司编委办决定，热电厂办公室（党委办公室、维稳办、保卫科）更名为办公室（党委办公室），保卫和维护稳定工作职责保留在办公室（党委办公室）。

2016年7月20日，中共热电厂第六次代表大会召开，101名党员代表参加会议。会议选举产生中共热电厂第六届委员会，由印大伟、朱占国、谷丰、赵东鹏、姜波、程宇光等6人（以姓氏笔画为序）组成，赵东鹏为党委书记。选举产生中共热电厂纪律检查委员会，由张春鹤、陈晓明、赵东鹏、姜岩、徐立忠等5人（以姓氏笔画为序）组成，赵东鹏为纪委书记。截至7月，热电厂党委下属12个党支部，共有党员325人。

2017年2月16日，热电厂第七届职工代表大会第四次会议暨2017年工作会议召开。厂长朱占国作了题为《科学管理，攻坚克难迎挑战，落实责任，凝心聚力谋发展》的工作报告。会议确定了2017年七项重点工作：一是紧抓安全环保不放松；二是全力抓好生产受控；三是确保设备健康运行；四是推进技改科研进程；五是努力实现降本增效；六是提升专业化管理水平；七是发挥思想政治保障作用。

2017年2月，大庆石化分公司决定，将热电厂托管的久隆房地产公司工程运输车队及人员划归热电厂管理。工程运输车队的离退休、有偿解除劳动合同等未在册人员，随机构一并划归热电厂管理。

2017年4月，大庆石化分公司编委办决定，将热电厂企业文化科（党委宣传部、监察室、工会办公室、团委）更名为党群工作部，主要负责宣传、纪检监察、工会、团委、企业文化等业务。

2017年12月，大庆石化分公司决定：解聘赵东鹏的热电厂监察室主任职务。大庆石化分公司党委决定：谷丰任热电厂党委副书记、纪委书记；免去赵东鹏的热电厂纪委书记职务。

随后，热电厂对部分领导班子成员分工进行调整：党委书记赵东鹏负责党委全面工作，分管党委办公室、党委组织部、党群工作部。党委副书记、纪委书记、工会主席谷丰负责纪委、工会、文明生产管理等工作，协管党群工作部。党委委员、副厂长、安全总监印大伟负责安全生产运行、计划经营、煤炭管理等方面工作，分管安全环保科、调度室、计划科、煤管科。

2018年1月31日，热电厂第七届职工代表大会第五次会议暨2018年工作会议召开。厂长朱占国作了题为《不忘责任担当、牢记可靠使命，为生产安全平稳和员工幸福美满而奋斗》的工作报告。会议确定了热电厂2018年九项重点工作：一是加强安全环保管理；二是全力抓好生产受控；三是确保设备健康运行；四是优质完成全停检修；五是推进投资技改项目；六是努力实现降本增效；七是提升专业化管理水平；八是加快人才培养步伐；九是发挥党组织保障作用。

2018年4月，大庆石化分公司编委办决定，撤销热电厂工程运输车队机构编制，其业务划归燃料车间管理。

2018年5月，正处级干部金正奎退休。

2018年6月，大庆石化分公司决定：聘任程宇光为热电厂副处级干部，解聘其热电厂总工程师职务。大庆石化分公司党委决定：免去程宇光的热电厂党委委员职务。

随后，热电厂对部分领导班子成员分工进行调整：党委委员、副厂长姜波负责机动设备管理、物资供应及新建、扩建改造工作，分管机动科、材料供应站、脱硫改造办公室。党委委员、副厂长、安全总监印大伟负责安全生产运行、技术管理、计划经营、煤炭管理工作，组织解决全厂生产过程中的重要技术问题和新建、扩建生产装置的生产技术准备工作，分管安全环保科、调度室、技术科、计划科、煤管科。

2018年8月，经大庆石化分公司党委组织部同意，撤销热电厂工程运输车队党支部，党员组织关系一并按业务划分转入燃料车间党支部。

2018年9月，大庆石化分公司编委办决定，热电厂机动科与材料供应站实行一体化管理，一体化管理后材料供应站按照班组管理，机构规格调整为无级别。

2018 年 11 月，大庆石化分公司党委决定：王雨春任热电厂党委委员、党委书记；免去赵东鹏的热电厂党委书记、党委委员职务。

2018 年 11 月，大庆石化分公司编委办决定，热电厂维修一车间和维修二车间整合为维修车间。

2018 年 11 月，经大庆石化分公司党委组织部同意，撤销热电厂维修一车间党支部、维修二车间党支部，成立维修车间党支部，原支部党员组织关系一并按工作业务划分转入维修车间党支部。

2018 年 12 月，热电厂对部分领导班子成员分工进行部分调整：党委书记王雨春负责党委全面工作，分管党委组织部、党群工作部、党委办公室。

2019 年 1 月 30 日，热电厂第八届职工代表大会第一次会议暨 2019 年工作会议召开。厂长朱占国作了题为《勠力同心、攻坚克难，为实现热电厂高质量发展而努力奋斗》的工作报告。会议确定了热电厂 2019 年八项重点工作：一是加强安全环保管理；二是全力抓好生产受控；三是确保设备健康运行；四是推进投资技改项目；五是开展常态对标管理；六是突出日常基础管理；七是盘活内部潜力资源；八是发挥党组织保障作用。

2019 年 2 月，大庆石化分公司决定：邢广智任热电厂总工程师。大庆石化分公司党委决定：邢广智任热电厂党委委员。

2019 年 4 月，大庆石化分公司编委办决定，将热电厂调度室、计划科和煤管科整合为生产科。

2019 年 4 月，经大庆石化分公司党委组织部同意，成立热电厂第二机关党支部，将原机关党支部更名为热电厂机关第一党支部。

2019 年 6 月，热电厂对部分领导班子成员分工进行调整：党委委员、副厂长姜波负责机动设备管理、物资供应工作，分管机动科。党委委员、副厂长、安全总监印大伟负责安全生产运行、计划经营、煤炭管理等方面工作，分管安全环保科、生产科。党委委员、总工程师邢广智负责技术管理工作，组织解决生产过程中技术问题及新建、扩建生产装置的生产技术准备和改造工作，分管技术科、脱硫改造办公室。

2019 年 7 月，大庆石化分公司决定：杨纯秋任热电厂副厂长。大庆石化分公司党委决定：杨纯秋任热电厂党委委员。

2019年12月，大庆石化分公司决定：崔勇任热电厂副厂长。大庆石化分公司党委决定：崔勇任热电厂党委委员。

2020年1月9日，热电厂第八届职工代表大会第二次会议暨2020年工作会议召开。厂长朱占国作了题为《强基固本，厚植实力，努力创建一流自备热电企业》的工作报告。会议确定了热电厂2020年八项重点工作：一是加强安全环保管理；二是全力抓好生产受控；三是确保设备健康运行；四是抓好工艺技术管理；五是推进投资项目进程；六是努力实现降本增效；七是提升基础工作水平；八是打造良好政治生态。

2020年2月，大庆石化分公司编委办决定，热电厂生产科和技术科整合为生产技术科。

2020年4月，大庆石化分公司党委决定：戴岩任热电厂党委委员、党委书记；免去王雨春的热电厂党委书记、党委委员职务，改任热电厂正处级干部。

2020年6月，大庆石化分公司决定：免去杨纯秋的热电厂副厂长职务，改任热电厂副处级干部。大庆石化分公司党委决定：免去杨纯秋的热电厂党委委员职务。

2020年7月，热电厂对领导班子成员分工进行调整：

党委委员、厂长朱占国负责行政全面工作，并负责安全环保工作，分管人事科（党委组织部）、党群工作部、办公室（党委办公室）、安全环保科。党委书记戴岩负责党委全面工作，分管党委组织部、党群工作部、党委办公室。党委副书记、纪委书记、工会主席谷丰负责协助党委书记抓好党委日常工作，负责纪委、工会、文明生产管理等工作，协管党委办公室、党群工作部。党委委员、副厂长姜波负责机动设备管理、物资管理工作，分管机动科。党委委员、副厂长、安全总监印大伟负责生产运行和煤炭管理工作，主要负责锅炉、动力、燃料车间安全环保及生产运行管理，协助负责安全环保工作，分管生产技术科（生产调度、燃煤管理），协管安全环保科。党委委员、总工程师邢广智负责技术工艺管理工作，组织解决生产过程中技术工艺问题及新建、改造、扩建生产装置的生产准备和项目管理工作，分管生产技术科（技术工艺管理）、脱硫改造办公室。党委委员、副厂长崔勇负责计划经营工作，主要负责汽机、电气、化学、供电车间安全环保及生产运行管理，分管生产技术科（计划经营）。同时，各领导班子成员在各分管领域党的建设、安全环保、风险防范、廉洁从业、巡视巡察整改、队伍稳定等方面履行"一岗双责"责任。

"十三五"期间，热电厂牢记可靠发电供汽使命，不断夯实基础工作，安全环保、生产受控、设备管理、挖潜增效及党的建设等工作标准逐年提升，为化工装置安全生产提供了可靠动力保障。完成8台炉烟气治理项目，实现环境污染物达标排放。发电标准煤耗333.57克/千瓦时，供热标准煤耗37.41千克/吉焦，煤粉锅炉吨汽耗标煤94.17千克/吨，循环流化床锅炉吨汽耗标煤完成107.61千克/吨，均创历史最好水平。实施电网"峰时段多发电，平、谷时段少发电"生产方式，累计调整电量9272.62万千瓦时，创效3897.69万元。荣获公司"先进单位""先进党委""环保先进"等荣誉称号。

截至2020年12月31日，热电厂有6台410吨/小时粉煤锅炉，2台240吨/小时循环流化床锅炉（CFB）和8台汽轮发电机组，总装机容量32.5万千瓦。机关设职能科室6个：办公室（党委办公室）、人事科（党委组织部）、党群工作部、生产技术科、机动科、安全环保科。临时机构1个：脱硫改造办公室。下设基层单位9个：汽机车间、锅炉车间、电气车间、燃料车间、动力车间、化学车间、仪表车间、供电车间、维修车间。固定资产原值30.48亿元，净值11.28亿元。在册员工1324人。热电厂党委下属党支部11个，共有党员339人。

一、热电厂行政领导名录（2016.1—2020.12）

厂　　　长　朱占国（2016.1—2020.12）

副 厂 长　姜　波（2016.1—2020.12）

　　　　　印大伟（2016.5—2020.12）

　　　　　杨纯秋（2019.7—2020.6）

　　　　　崔　勇（2019.12—2020.12）

总 工 程 师　程宇光（2016.1—2018.6）[①]

　　　　　邢广智（2019.2—2020.12）

---

① 2018年6月至2019年2月期间，热电厂总工程师空缺，相关工作由副厂长姜波负责。

安 全 总 监　朱占国（兼任，2016.1—5）

印大伟（兼任，2016.5—2020.12）

监察室主任　金正奎（满族，2016.1—3）①

赵东鹏（满族，2016.5—2017.12）

正处级干部　金正奎（2016.3—2018.5）②

宫　伟（2019.2—2020.12）③

唐世国（2019.7—2020.12）④

王雨春（2020.4—12）

副处级干部　程宇光（2018.6—2020.12）

杨纯秋（2020.6—12）

二、热电厂党委领导名录（2016.1—2020.12）

书　　　记　金正奎（2016.1—3）⑤

赵东鹏（2016.5—2018.11）⑥

王雨春（2018.11—2020.4）

戴　岩（2020.4—12）

副 书 记　谷　丰（2017.12—2020.12）

委　　　员　金正奎（2016.1—3）

朱占国（2016.1—2020.12）

程宇光（2016.1—2018.6）

姜　波（2016.1—2020.12）

赵东鹏（2016.5—2018.11）

谷　丰（2016.5—2020.12）

印大伟（2016.5—2020.12）

王雨春（2018.11—2020.4）

---

① 2016 年 3 月至 5 月，监察室主任空缺，相关工作由厂长朱占国负责。

② 2018 年 5 月，正处级干部金正奎退休。

③ 2019 年 2 月，宫伟由储运中心退出领导岗位后，改任热电厂正处级干部。

④ 2019 年 7 月，唐世国由开发公司退出领导岗位后，改任热电厂正处级干部。

⑤ 2016 年 3 月至 5 月期间，热电厂党委书记空缺，党委工作由厂长朱占国负责。

⑥ 2018 年 11 月，赵东鹏调任物资供应中心党委委员、党委书记。

邢广智（2019.2—2020.12）

杨纯秋（2019.7—2020.6）

崔　勇（2019.12—2020.12）

戴　岩（2020.4—12）

三、热电厂纪委领导名录（2016.1—2020.12）

书　　记　金正奎（2016.1—3）[①]

赵东鹏（2016.5—2017.12）

谷　丰（2017.12—2020.12）

四、热电厂工会领导名录（2016.1—2020.12）

主　　席　金正奎（兼任，2016.1—3）[②]

谷　丰（2016.5—2020.12）

第九节　水气厂（2016.1—2020.12）

水气厂前身是大庆乙烯工程指挥部水汽厂，1983年12月，大庆乙烯工程指挥部将空分空压装置组、水汽装置组和锅炉车间整合成立水汽厂。1987年3月，大庆石油化工总厂与大庆乙烯工程指挥部合并为新的大庆石油化工总厂，水汽厂更名为水气厂，改列大庆石油化工总厂正处级基层单位。1999年9月，大庆石油化工总厂与大庆石化分公司分开分立，水气厂列大庆石化分公司正处级基层单位。水气厂是大庆石化分公司的主要辅助生产厂，担负着为石化装置生产所需氧气、氮气、氩气、压缩风、工业水、循环水、脱盐水及乙烯生活用水的供给任务，同时负责工业污水和生活污水的处理与排放。

截至2015年12月31日，水气厂机关设职能科室8个：办公室（党委办公室、维稳办、保卫科）、人事科（党委组织部）、企业文化科（党委宣传部、监察室、工会办公室、团委）、调度室、机动科、质量安全环保科、技术科、计划科。下设基层单位14个：空分车间、供水车间、工业水车间、

---

① 2016年3月至5月期间，热电厂纪委书记空缺，纪委工作由厂长朱占国负责。

② 2016年3月至5月期间，热电厂工会主席空缺，工会工作由厂长朱占国负责。

污水一车间、污水二车间、脱盐水一车间、脱盐水二车间、热网车间、水气车间、供电车间、仪表车间、维修车间、材料供应站、水汽技术中心。固定资产原值 34.65 亿元，净值 18.15 亿元。在册员工 1163 人。水气厂党委下属15 个党支部，共有党员 336 人。机关办公地点在黑龙江省大庆市龙凤区兴化北街 2 号。

水气厂党政领导班子 6 人，其中行政领导班子 4 人，党委由 6 人组成：

窦岩任党委委员、厂长，负责行政全面工作，分管办公室（党委办公室、维稳办、保卫科）、人事科（党委组织部）、企业文化科（党委宣传部、监察室、工会办公室、团委）。

戴岩任党委书记、纪委书记，负责党委、纪委全面工作，分管党委办公室、党委组织部、党委宣传部。

王忠庆任党委委员、副厂长、安全总监，负责日常生产指挥、生产受控、生产计划、安全（安全监督）、环保、质量、QHSE 体系管理等工作，分管计划科、调度室、质量安全环保科。

田野任党委委员、副厂长，负责工程计划、施工和机械、电气、仪表等设备的管理、状态监测及检维修工作，负责物资采购和招投标管理等工作，分管机动科、材料供应站。

黄文三任党委委员、总工程师，负责技术进步、技术改造、信息化管理、科协等工作，分管技术科。

徐龙海任党委委员、工会主席，负责工会全面工作。

2016 年 2 月 2 日，水气厂第八届职工代表大会第三次会议暨 2015 年度总结表彰大会召开。厂长窦岩作了题为《认清形势，统一思想，凝心聚力，为公司扭亏增盈贡献力量》的工作报告。会议确定了水气厂 2016 年六项重点工作：一是强化运行质量管理，切实增强安全生产保供能力；二是打牢安全环保基础，努力实现本质安全；三是坚持科学优化，深入挖掘效益增长点；四是突出设备运维管理效能，提升装置运行保障能力；五是加快人才队伍建设，提升干部员工综合素质；六是抓好党建思想政治工作，为生产经营提供思想组织保证。

2016 年 3 月，大庆石化分公司编委办决定，水气厂将脱盐水一车间、脱盐水二车间整合为脱盐水车间；水气车间更名为水处理车间。

2016 年 3 月，经大庆石化分公司党委组织部同意，撤销脱盐水一车间党支部、脱盐水二车间党支部，成立脱盐水车间党支部；水气车间党支部更名为水处理车间党支部。

2016 年 5 月，大庆石化分公司编委办决定，水气厂办公室（党委办公室、维稳办、保卫科）更名为办公室（党委办公室），保卫和维护稳定工作职责保留在办公室（党委办公室）。

2016 年 7 月 19 日，中共水气厂第六次代表大会召开，105 名党员代表参加会议。会议选举产生中共水气厂第六届委员会，由王忠庆、田野、徐龙海、黄文三、窦岩、戴岩等 6 人（以姓氏笔画为序）组成，戴岩为党委书记。选举产生中共水气厂纪律检查委员会，由王刚、刘婧、李雪冰、金松泉、戴岩等 5 人（以姓氏笔画为序）组成，戴岩为纪委书记。截至 7 月，水气厂党委下属 14 个党支部，共有党员 335 人。

2017 年 2 月 23 日，水气厂第九届职工代表大会第一次会议暨 2016 年度总结表彰大会召开。厂长窦岩作了题为《凝神聚力，开拓进取，继往开来，再创佳绩》的工作报告。会议确定了水气厂 2017 年六项重点工作：一是加强精细化管理，抓好平稳生产优质保供工作；二是夯实安全环保基础，提高安全环保受控水平；三是优化日常生产运营，抓好挖潜增效工作；四是优化设备管理体系运行，确保装置运行可靠性；五是持续加强三支队伍建设，为企业发展提供人才支持；六是发挥党组织政治优势，营造和谐稳定发展环境。

2017 年 4 月，大庆石化分公司编委办决定，将水气厂企业文化科（党委宣传部、监察室、工会办公室、团委）更名为党群工作部，主要负责宣传、纪检监察、工会、团委、企业文化等业务。

2017 年 6 月，正处级干部鄂玉华退休。

2017 年 12 月，大庆石化分公司决定：解聘戴岩的水气厂监察室主任职务。大庆石化分公司党委决定：徐龙海任水气厂党委副书记、纪委书记；免去戴岩的水气厂纪委书记职务。

随后，水气厂对部分领导班子成员分工进行调整：党委委员、厂长窦岩负责行政全面工作，主管办公室（党委办公室）、人事科（党委组织部）。党委书记戴岩负责党委全面工作，主管党委办公室、党委组织部、党群工作部。党委副书记、纪委书记、工会主席徐龙海负责纪委、工会工作。

2018年2月27日，水气厂第九届职工代表大会第二次会议暨2017年度总结表彰大会召开。厂长窦岩作了题为《夯实基础、抓住机遇，为水气厂稳健发展而奋斗》的工作报告。会议确定了水气厂2018年七项重点工作：一是持续夯实安全环保基础工作；二是狠抓装置平稳运行；三是扎实推进重点项目建设；四是优质完成装置大检修任务；五是不断提高装置抵御风险能力；六是持续加快人才队伍建设；七是持续加强党的建设。

2018年6月，大庆石化分公司决定：刘均任水气厂厂长；黄文三任水气厂副处级干部；解聘窦岩的水气厂厂长职务；解聘黄文三的水气厂总工程师职务。大庆石化分公司党委决定：刘均任水气厂党委委员；免去窦岩的水气厂党委委员职务；免去黄文三的水气厂党委委员职务。

2018年8月，水气厂对部分领导班子成员分工进行调整：党委委员、厂长刘均负责行政全面工作，主管办公室（党委办公室）、人事科（党委组织部）。党委委员、副厂长、安全总监王忠庆负责日常生产指挥、生产受控、生产计划、安全（安全监督）、环保、质量、QHSE体系管理、技术进步、技术改造、信息化管理、科协等工作，分管调度室、质量安全环保科、计划科、技术科。党委副书记、纪委书记、工会主席徐龙海负责纪委、工会工作，协助党委书记、厂长抓好维稳、保卫、后勤和现场文明生产等工作。

2018年9月，大庆石化分公司编委办决定，水气厂机动科与材料供应站实行一体化管理，一体化管理后材料供应站按照班组管理，机构规格调整为无级别。

2019年1月31日，水气厂第九届职工代表大会第三次会议暨2018年度总结表彰大会召开。厂长刘均作了题为《践行新思路，实现新作为，以平稳保供助力公司高质量发展》的工作报告。会议确定了水气厂2019年六项重点工作：一是着力提升安全环保能力，夯实安全环保基础；二是着力优化装置平稳运行，拓展提质增效空间；三是着力推进设备标准化管理，确保装备可靠运行；四是着力抓重点项目推进，确保工程正点到达；五是着力加快人才队伍建设，提升干部员工综合素质；六是着力提升党建保障能力，深化基层党组织建设。

2019年2月，大庆石化分公司决定：聘任陈玉龙为水气厂副厂长、安全总监；解聘王忠庆的水气厂安全总监职务。大庆石化分公司党委决定：陈玉龙任水气厂党委委员。

随后，水气厂对部分领导班子成员分工进行调整：党委委员、副厂长王忠庆负责工艺技术管理、技术进步、技术改造、项目建设、信息化管理、科协等工作，分管技术科。党委委员、副厂长、安全总监陈玉龙负责日常生产运行、生产指挥、生产受控、生产计划、安全（安全监督部分）、环保、质量、QHSE体系管理等工作，分管调度室、质量安全环保科、计划科。

2019年3月，大庆石化分公司编委办决定，调度室和计划科整合为生产计划科。

2019年3月，经大庆石化分公司党委组织部同意，撤销水气厂水汽技术中心党支部；将原供水车间党支部更名为供水车间联合党支部；原水汽技术中心党支部党员组织关系转入供水车间联合党支部。

2019年4月，大庆石化分公司编委办决定，将水气厂污水一车间和污水二车间整合为污水联合车间。经大庆石化分公司党委组织部同意，水气厂污水一车间党支部和污水二车间党支部整合为污水联合车间党支部。

2020年3月，大庆石化分公司编委办决定，水气厂办公室（党委办公室）和党群工作部整合为综合管理科（党群工作部）；工业水车间和热网车间整合为管网联合车间。

2020年4月，经大庆石化分公司党委组织部同意，撤销水气厂热网车间党支部；工业水车间党支部更名为管网联合车间党支部；热网车间党支部党员组织关系转入管网联合车间党支部。

2020年4月，大庆石化分公司党委决定：丁汉明任水气厂党委委员、党委书记；李雪冰任水气厂党委委员、党委副书记、纪委书记、工会主席；免去戴岩的水气厂党委书记、党委委员职务；免去徐龙海的水气厂党委副书记、纪委书记、工会主席、党委委员职务。

2020年5月，水气厂对领导班子成员分工进行调整：党委委员、厂长刘均负责行政全面工作，主管综合管理科（党群工作部）、人事科（党委组织部）。党委书记丁汉明负责党委全面工作，主管党群工作部、党委组织部。党委委员、副厂长王忠庆负责工艺技术管理、生产受控、技术进步、技术改造、项目建设、信息化管理、科协等工作，分管技术科。党委委员、副厂长田野负责机械、电气、仪表等设备的管理、状态监测及检维修工作，负责工程计划、施工、物资采购和招投标管理等工作，分管机动科。党委委员、副厂长、安全总监陈玉龙负责日常生产运行、生产指挥、生产计划、安全（安全监督部分）、环保、质量、QHSE 体系管理，分管生产计划科、质量安全环保科。党委副书记、纪委书记、工会主席李雪冰负责纪委、工会工作，协助党委书记、厂长抓好维稳、保卫和现场文明生产等工作。

2020 年 6 月，大庆石化分公司决定：郝丹任水气厂副厂长；免去王忠庆的水气厂副厂长职务。大庆石化分公司党委决定：郝丹任水气厂党委委员；免去王忠庆的水气厂党委委员职务。

2020 年 7 月，水气厂对部分领导班子成员分工进行调整：党委委员、厂长刘均负责行政全面工作，负责安全环保工作，分管综合管理科（党群工作部）、人事科（党委组织部）、质量安全环保科。党委委员、副厂长、安全总监陈玉龙负责日常生产运行、生产计划、质量、QHSE 体系管理，协助做好安全环保工作，分管生产计划科，协管质量安全环保科。党委委员、副厂长郝丹负责水气厂工艺技术管理、生产受控、技术进步、技术改造、项目建设、信息化管理等工作，分管技术科。

2020 年 7 月 7 日，水气厂第九届职工代表大会第四次会议暨 2020 年工作会议召开。厂长刘均作了题为《弘扬爱岗敬业，展现使命担当，水气厂圆满完成平稳保供任务》的工作报告。会议确定了水气厂 2020 年七项重点工作：一是多措并举筑牢安全红线、守住环保底线；二是持续深化提质增效工作及主题教育活动；三是强化制度建设提升基础管理水平；四是加强设备及检维修作业管理；五是持续推进文明生产管理工作，巩固治理成果；六是强化员工培训促进人才队伍建设；七是夯实党建基础工作，提升党组织的组织力和影响力。

2020 年 9 月，副处级干部黄文三退休。

2020 年 11 月，大庆石化分公司决定：于水任水气厂厂长；免去刘均的水气厂厂长职务，改任水气厂正处级干部。大庆石化分公司党委决定：于水任水气厂党委委员；免去刘均的水气厂党委委员职务。

"十三五"期间，水气厂持续强化基础管理，安全环保形势总体稳定，各套生产装置均实现长周期稳定运行，并连续创新高。通过优化生产、节约降费等措施实现增效 4146.45 万元，超出预定指标 1370.52 万元。深化三项制度改革，通过机构业务整合减少三级机构 6 个。全面加强基层党建工作，创新实施党建季度检查评价考核机制，累计发展党员 25 人。持续优化干部队伍结构，选拔任用 27 名优秀年轻干部，实施岗位调整 61 人次。积极发挥企业文化宣传引领作用，累计对外发稿 936 篇。深化落实纪委党风廉政监督责任，连续两次获得公司优秀合规监察项目奖。水气厂获得大庆石化分公司先进党委称号，连续 3 年获得公司环境保护先进单位。

截至 2020 年 12 月 31 日，水气厂机关设职能科室 6 个：综合管理科（党群工作部）、人事科（党委组织部）、生产计划科、机动科、技术科、质量安全环保科。下设基层单位 10 个：空分车间、供水车间、管网联合车间、脱盐水车间、污水联合车间、水处理车间、供电车间、仪表车间、维修车间、水汽技术中心。固定资产原值 34.77 亿元，净值 11.16 亿元。在册员工 1095 人。水气厂党委下属党支部 11 个，共有党员 350 人。

一、水气厂行政领导名录（2016.1—2020.12）

厂　　　长　　窦　岩（2016.1—2018.6）[1]

　　　　　　　　刘　均（2018.6—2020.11）

　　　　　　　　于　水（2020.11—12）

副　厂　长　　王忠庆（2016.1—2020.6）[2]

　　　　　　　　田　野（2016.1—2020.12）

　　　　　　　　陈玉龙（2019.2—2020.12）

　　　　　　　　郝　丹（2020.6—12）

总 工 程 师　　黄文三（2016.1—2018.6）[3]

安 全 总 监　　王忠庆（兼任，2016.1—2019.2）

　　　　　　　　陈玉龙（兼任，2019.2—2020.12）

监察室主任　　戴　岩（2016.1—2017.12）

正处级干部　　鄂玉华（满族，2016.1—2017.6）[4]

---

[1]　2018 年 6 月，窦岩调任公司计划处处长。

[2]　2020 年 6 月，王忠庆调任公司安全环保工程监督站副站长。

[3]　2018 年 6 月至 2020 年 12 月期间，水气厂总工程师空缺，相关工作先后由副厂长王忠庆、郝丹负责。

[4]　2017 年 6 月，正处级干部鄂玉华退休。

刘　均（2020.11—12）

副处级干部 黄文三（2018.6—2020.9）①

二、水气厂党委领导名录（2016.1—2020.12）

书　　记　戴　岩（2016.1—2020.4）②

丁汉明（2020.4—12）

副　书　记　徐龙海（2017.12—2020.4）③

李雪冰（2020.4—12）

委　　员　戴　岩（2016.1—2020.4）

窦　岩（2016.1—2018.6）

黄文三（2016.1—2018.6）

王忠庆（2016.1—2020.6）

田　野（2016.1—2020.12）

徐龙海（2016.1—2020.4）

刘　均（2018.6—2020.11）

陈玉龙（2019.2—2020.12）

丁汉明（2020.4—12）

李雪冰（2020.4—12）

郝　丹（2020.6—12）

于　水（2020.11—12）

三、水气厂纪委领导名录（2016.1—2020.12）

书　　记　戴　岩（2016.1—2017.12）

徐龙海（2017.12—2020.4）

李雪冰（2020.4—12）

四、水气厂工会领导名录（2016.1—2020.12）

主　　席　徐龙海（2016.1—2020.4）

李雪冰（2020.4—12）

---

① 2020年9月，副处级干部黄文三退休。

② 2020年4月，戴岩调任热电厂党委委员、党委书记。

③ 2020年4月，徐龙海调任检测信息技术中心党委委员、党委副书记、纪委书记、工会主席。

第十节 储运中心—销售储运中心
（2016.1—2020.12）

销售储运中心前身为大庆石油化工总厂运销处。成立于1972年4月。为总厂产品销售、管理的职能部门。1987年3月，大庆石油化工总厂与大庆乙烯工程指挥部合并为新的大庆石油化工总厂。5月，大庆石油化工总厂运销处与大庆乙烯工程指挥部销售处合并，成立大庆石油化工总厂运销处。1993年9月，运销处更名为销售公司。1999年9月，大庆石油化工总厂与大庆石化分公司分开分立后，销售公司列大庆石化分公司正处级基层单位。2000年2月，销售公司更名为销售储运部。6月，销售储运部更名为销售中心。2001年11月，销售中心更名为储运公司。2007年6月，大庆石化分公司和大庆石油化工总厂重组整合，储运公司列大庆石化分公司正处级基层单位。7月，储运公司更名为储运中心。储运中心主要负责炼油、化工、化纤和化肥等四大类统销产品的储存、装车、运输和部分自销产品的销售任务，及生产原料的接卸储存、矿建物资的进厂运输等工作。自销产品石油焦以东北地区为主要市场，并逐步拓展到西北和西南地区，石蜡产品实施出口和内销相结合的促销战略，在华东等地区建立了稳定的客户群，并出口至东南亚和南美洲地区。

截至2015年12月31日，储运中心拥有成品罐区总储存能力约6.1万立方米，固体产品库房总库容量约5.33万吨。机关设职能科室11个：办公室（党委办公室、维稳办、保卫科）、人事科（党委组织部）、企业文化科（党委宣传部、工会办公室、团委）、调度室、生产科、质量安全环保科、管理部、化工销售部、开发部、炼油销售部、运输部。下设基层单位10个：运转车间、成品车间、装卸车间、化肥装运车间、仓储一车间、仓储二车间、仓储三车间、维修车间、洗槽车间、篷布车间。挂靠单位1个：驻京联络处（业务由总经理办公室负责）。固定资产原值6.44亿元，净值2.68亿元。在册员工965人。储运中心党委下属12个党支部，共有党员311人。机关办公地点位于黑龙江省大庆市龙凤区乙烯环北路储运中心办公楼。

储运中心党政领导班子 8 人，其中行政领导班子 6 人，党委由 7 人组成：

田文超任党委委员、主任，主持行政全面工作，分管办公室（党委办公室）、人事科（党委组织部）、企业文化科（党委宣传部）。

宫伟任党委书记、纪委书记，主持党委、纪委全面工作，分管党委办公室、党委组织部、党委宣传部。

樊三林任党委委员、副主任，负责化工销售、化工小产品销售、炼油小产品销售，协调总部对应部门及各大区化工销售公司，主持经营例会，分管化工销售部、开发部，协管炼油销售部。

孙宏安任党委委员、副主任、安全总监，负责质量、安全、环保、生产、工艺技术、设备管理、计量、物资供应，分管生产科、调度室、质量安全环保科，主持调度会和生产例会。

果宏任党委委员、副主任，负责成品油出厂、炼油及化工产品铁路运输工作，协调总部、东北销售、黑龙江省销售及大庆地区铁路对应部门，分管运输部、炼油销售部。

李成利任党委委员、副主任，负责产品出厂、统计、商务处理、售后服务工作，协调总部及各销售大区相关部门，分管管理部，协管化工销售部。

关蕾任党委委员、工会主席，负责工会工作，主持党群例会。

关世波任副主任，借调工程项目管理中心工作。

2016 年 1 月 28 日，储运中心第七届职工代表大会第三次会议暨 2016 年工作会议召开。主任田文超作了题为《夯实管理基础，强化意识转变，务必推进储运销工作水平再上新台阶》的工作报告。会议明确储运中心 2016 年做好以下重点工作：一是务必要抓好安全环保工作，形成强有力的保障基础；二是务必要抓好经营管理工作，形成强有力的创效机制；三是务必要抓好"三基"工作，形成强有力的管理基础；四是务必要抓好综合管理工作，形成强有力的管控模式；五是务必要抓好企业文化建设，形成强有力的文化氛围；六是务必要抓好队伍建设，形成强有力的发展团队；七是务必要抓好党建工作，形成强有力的政治保障。

2016 年 5 月，大庆石化分公司编委办决定，储运中心将开发部和化工销售部整合为新的化工销售部。撤销篷布车间机构和定员编制，其篷布经营和叉车修理业务划归化肥装运车间，篷布车间操作人员随岗位划入化肥装运车间。

2016年5月，大庆石化分公司编委办决定，储运中心质量安全环保科更名为安全环保科，质量管理和受控管理职责调整到调度室。

2016年5月，大庆石化分公司编委办决定，储运中心办公室（党委办公室、维稳办、保卫科）更名为办公室（党委办公室），保卫和维护稳定工作职责保留在办公室（党委办公室）。

2016年6月，经大庆石化分公司党委组织部同意，撤销储运中心篷布车间党支部。

2016年7月19日，中共储运中心第六次代表大会召开，99名党员代表参加会议。会议选举产生中共储运中心第六届委员会，由田文超、关蕾、孙宏安、李成利、果宏、宫伟、樊三林等7人（以姓氏笔画为序）组成，宫伟为党委书记。选举产生中共储运中心纪律检查委员会，由广明、王子荣、张艳丽、汪洋、宫伟等5人（以姓氏笔画为序）组成，宫伟为纪委书记。至8月底，储运中心党委下属11个党支部，共有党员311人。

2017年1月23日，储运中心第八届职工代表大会第一次会议暨2017年工作会议召开。主任田文超作了题为《以安全效益为中心，夯实基础苦练内功，一以贯之地提升储运销工作水平再创新佳绩》的工作报告。会议确定了储运中心2017年七项重点工作：一是强化安全环保工作，抓好安全环保责任制的落实；二是强化经营管理工作，抓好经营创效水平的提升；三是强化综合管理工作，抓好精细化管理水平的提升；四是强化"三基"管理工作，抓好基层管理水平的提升；五是强化队伍建设工作，抓好队伍战斗力上台阶；六是强化文化管理工作，抓好企业文化建设水平上台阶；七是强化党的建设工作，抓好党建工作水平上台阶。

2017年4月，大庆石化分公司编委办决定，将储运中心的企业文化科（党委宣传部、工会办公室、团委）更名为党群工作部，主要职能是负责宣传、纪检监察、工会、团委、企业文化等业务。

2017年12月，大庆石化分公司决定：解聘宫伟的储运中心监察室主任职务。大庆石化分公司党委决定：关蕾任储运中心党委副书记、纪委书记；免去宫伟的储运中心纪委书记职务。

随后，储运中心对部分领导班子成员分工进行调整：党委书记宫伟主持党委全面工作，分管党委办公室、党委组织部、党群工作部。党委副书记、纪委书记、工会主席关蕾，负责纪委、工会工作，主持党群例会，协管党群工作部。

2018年1月23日，储运中心第八届职工代表大会第二次会议暨2018年工作会议召开。主任田文超作了题为《不忘初心，牢记使命，全面提升储运销工作水平再创新佳绩》的工作报告。会议确定了储运中心2018年七项重点工作：一是从细从严抓好安全环保管理达到新高度；二是全力以赴提升经营创效水平开创新局面；三是强化管理提升取得新成就；四是确保"三基"工作水平迈上新台阶；五是强化文化建设营造新氛围；六是抓好队伍建设激发新活力；七是加强党的建设凝聚新动力。

2018年2月，大庆石化分公司决定，机械厂运行车间由储运中心整体托管。

2018年4月，大庆石化分公司编委办决定，撤销储运中心洗槽车间机构和定员编制，其业务划归成品车间管理，洗槽车间人员划入成品车间。

2018年4月，经大庆石化分公司党委组织部同意，撤销储运中心洗槽车间党支部。

2018年4月，主任田文超辞职。

2018年6月，大庆石化分公司决定：樊三林任储运中心主任；李宏伟任储运中心副主任。大庆石化分公司党委决定：李宏伟任储运中心党委委员；卑林任储运中心正处级干部。

随后，储运中心对领导班子成员分工进行调整：

党委委员、主任樊三林主持行政全面工作，分管办公室（党委办公室）、人事科（党委组织部）、党群工作部、炼油销售部。党委书记宫伟主持党委全面工作，分管党委办公室、党委组织部、党群工作部。党委委员、副主任、安全总监孙宏安负责质量、安全、环保、生产、应急、工艺技术、计量管理、设备管理（含炼油与化工计量器具部分）、物资供应，分管生产科、调度室、安全环保科，主持调度会和生产例会。党委委员、副主任果宏负责化工产品出厂、计划、销售工作，协调总部对应部门及各大区化工销售公司，分管化工销售部，主持经营例会。党委委员、副主任李成利负责产品出厂计量、统计、结算、商务处理工作，负责经济活动分析、法律、销售合同及档案工作，负责炼油小产品销售（石蜡、石油焦、硫磺、中间原料部分）及竞价工作，分管管理部。党委副书记、纪委书记、工会主席关蕾负责纪委、工会工作，分管党群工作部，主持党群例会。党委委员、副主任李宏伟负责成品油出厂、炼油及化工产品铁路运输工作，负责成品油与石油站和东北公司、液化气与燃气公司、润滑油与润滑油公司、燃料油与燃料油公司的出厂对接工作，分管运输部。

2019年1月29日，储运中心第八届职工代表大会第三次会议暨2019年工作会议召开。主任樊三林作了题为《夯基础、严管理、强意识、促转变，持续推进储运销工作水平再上新台阶》的工作报告。会议确定了储运中心2019年六项重点工作：一是加强安全环保风险管控，坚守安全环保底线；二是加强沟通优化产销衔接，全力以赴提升创效水平；三是加强从严从细管理，持续提升综合管理水平；四是加强夯实"三基"工作，持续提升基层管理水平；五是加强干部员工队伍建设，形成强有力的发展团队；六是加强党的建设，充分发挥政治优势。

2019年2月，大庆石化分公司决定：解聘果宏的储运中心副主任职务，改任储运中心副处级干部。大庆石化分公司党委决定：免去宫伟的储运中心党委书记、党委委员职务，改任热电厂正处级干部。

2019年4月，大庆石化分公司编委办决定，撤销储运中心管理部机构编制。

2019年7月，大庆石化分公司决定：解聘关世波的储运中心副主任职务，改任储运中心副处级干部。大庆石化分公司党委决定：关蕾任储运中心党委书记，免去其储运中心纪委书记、工会主席职务；王伟任储运中心党委委员、党委副书记、纪委书记、工会主席。

2019年7月，大庆石化分公司编委办决定，储运中心仓储一车间、仓储三车间划归塑料厂；仓储二车间划归化工三厂；储运中心更名为销售储运中心。

2019年8月，经大庆石化分公司党委组织部同意，撤销销售储运中心仓储一车间党支部、仓储二车间党支部、仓储三车间党支部。

2019年8月，大庆石化分公司编委办决定，撤销储运中心挂靠单位驻京联络处。

销售储运中心生产科和调度室整合为生产部。

2019年7月，销售储运中心对领导班子成员分工进行调整：

党委委员、主任樊三林主持行政全面工作，分管办公室（党委办公室）、人事科（党委组织部）、党群工作部、炼油销售部、化工销售部，负责产品出厂全面工作，兼管化工产品出厂、计划、销售工作，协调总部对应部门及各大区化工销售公司。党委书记关蕾主持党委全面工作，分管党委办公室、党委组织部、党群工作部。党委委员、副主任、安全总监孙宏安负责质量、安全、环保、生产、应急、工艺技术、计量管理、设备管理（含炼油与化工计量器具部分）、物资供应，分管生产部、安全环保科，主持调度会和生产例会。党委委员、副主任李成利负责产品出厂计量、统计、结算、商务处理工作，负责经济活动分析、法律、销售合同及档案工作，负责炼油小产品（石蜡、石油焦、硫磺、中间原料部分）出厂、销售及竞价工作，主持经营例会。党委委员、副主任李宏伟负责成品油出厂、炼油及化工产品铁路运输工作，负责成品油与石油站和东北公司、液化气与燃气公司、润滑油与润滑油公司、燃料油与燃料油公司的出厂对接工作，分管运输部。党委副书记、纪委书记、工会主席王伟负责纪委、工会工作，分管党群工作部，主持党群例会。

2019年9月，销售储运中心党委决定，撤销机关党支部，成立机关一党支部、机关二党支部。

2019年11月，大庆石化分公司决定：樊三林任销售储运中心主任；孙宏安任销售储运中心副主任、安全总监；李成利任销售储运中心副主任；王庆启任销售储运中心副主任；李宏伟任销售储运中心副主任。大庆石化分公司党委决定：关蕾任销售储运中心党委委员、党委书记；樊三林任销售储运中心党委委员；孙宏安任销售储运中心党委委员；李成利任销售储运中心党委委员；王庆启任销售储运中心党委委员；李宏伟任销售储运中心党委委员；王伟任销售储运中心党委委员、党委副书记、纪委书记、工会主席。

2019年12月，大庆石化分公司决定：刘涛任销售储运中心副主任。大庆石化分公司党委决定：刘涛任销售储运中心党委委员。

2020年1月10日，销售储运中心第八届职工代表大会第四次会议暨

2020年工作会议召开。主任樊三林作了题为《深化降本增效，提升管理水平，努力开创销售储运中心工作新局面》的工作报告。会议确定了销售储运中心2020年七项重点工作：一是突出从严从细，提升安全环保新高度；二是突出项目建设，满足稳健发展新要求；三是突出效益优先，实现增收创效新突破；四是突出精益管理，探索降本增效新途径；五是突出基础建设，迈上管理升级新台阶；六是突出队伍建设，激发团队发展新活力；七是突出党建统领，积极营造和谐新氛围。

2020年1月，销售储运中心对部分领导班子成员分工进行调整：党委委员、主任樊三林主持行政全面工作，分管办公室（党委办公室）、人事科（党委组织部）、党群工作部、炼油销售部、化工销售部，负责产品出厂全面工作。党委委员、副主任王庆启负责化工产品出厂营销、售后服务工作，协调总部对应部门及各大区化工销售公司。党委委员、副主任刘涛负责化工产品出厂计划、销售、价格、市场信息、新产品开发工作，协调总部对应部门及各大区化工销售公司。同时，各领导班子成员在各分管领域党的建设、安全环保、风险防范、廉洁从业、巡视巡察整改、队伍稳定等方面履行"一岗双责"责任。

2020年3月，大庆石化分公司编委办决定，销售储运中心人事科（党委组织部）和党群工作部整合为人事科（党委组织部、党群工作部）；生产部和安全环保科整合为安全生产部。

2020年3月，大庆石化分公司编委办决定，销售储运中心化肥装运车间划归化肥厂。

2020年4月，经大庆石化分公司党委组织部同意，撤销销售储运中心化肥装运车间党支部。

2020年4月，大庆石化分公司决定：免去孙宏安的销售储运中心副主任、安全总监职务，改任销售储运中心副处级干部。大庆石化分公司党委决定：免去孙宏安的销售储运中心党委委员职务。

2020年6月，大庆石化分公司决定：王树术任销售储运中心副主任、安全总监。大庆石化分公司党委决定：王景良任销售储运中心党委委员、党委书记；王树术任销售储运中心党委委员；免去关蕾的销售储运中心党委书记、党委委员职务。

2020 年 7 月，销售储运中心对部分领导班子成员分工进行调整：党委书记王景良主持党委全面工作，负责安全生产全面工作，分管党委办公室、党群工作部、党委组织部。党委委员、副主任、安全总监王树术负责质量、安全、环保、生产、应急、工艺技术、计量管理、设备管理（含炼油与化工计量器具）、材料管理，分管安全生产部，主持调度会和生产例会。同时，各领导班子成员在各分管领域党的建设、安全环保、风险防范、党风廉政建设、意识形态、巡视巡察整改、队伍稳定等方面履行"一岗双责"责任。

2020 年 10 月，正处级干部卑林退休。

2020 年 11 月，大庆石化分公司决定：王景良任销售储运中心主任；张世祥任销售储运中心副主任；免去樊三林的销售储运中心主任职务，改任销售储运中心正处级干部。大庆石化分公司党委决定：张世祥任销售储运中心党委委员；免去樊三林的销售储运中心党委委员职务。

2020 年 12 月，大庆石化分公司决定：免去王庆启的销售储运中心副主任职务。大庆石化分公司党委决定：免去王庆启的销售储运中心党委委员职务。

"十三五"期间，销售储运中心生产经营平稳受控，全部设备完好率99.6%，出厂产品计量合格率 100%，外排污水合格率 100%。经营业绩整体向好，共协调产品出厂 3593.2 万吨，实现销售收入 2008.66 亿元。先后完成液氨扩能改造、1- 丁烯什醇、甲醇卸车设施等项目，稳步实施铁路大修项目。开展机构整合 10 次，精简机构 13 个，岗位定员核减 296 人。扎实开展系列主题教育活动，切实做好集团公司党建信息平台推广工作，荣获大庆石化分公司党建平台推广先进集体称号。全面落实纪委监督保障作用，先后开展库存物资积压管理、产品装卸车管理等专项监察。先后荣获黑龙江省文明单位标兵称号、大庆石化分公司先进工会称号、大庆石化分公司维护稳定工作先进单位称号，连续两年被评为公司级先进团委。

截至 2020 年 12 月 31 日，销售储运中心拥有成品罐区 12 个，总储存能力约 6.3 万立方米；内燃机车 8 台，火车装卸栈桥 4 座，汽车自提栈桥 4 座，铁路专用线全长 73.8 千米。机关设职能科室 6 个：办公室（党委办公室）、人事科（党委组织部、党群工作部）、安全生产部、化工销售部、炼油销售部、运输部。下设基层单位 4 个：运转车间、成品车间、装卸车间、维修车间。托管单位 1 个：运行车间。固定资产原值 6.25 亿元，净值 1.84 亿元。在册员工 646 人。销售储运中心党委下属党支部 7 个，共有党员 229 人。

一、储运中心—销售储运中心行政领导名录（2016.1—2020.12）

主　　任　　田文超（2016.1—2018.4）①

樊三林（2018.6—2020.11）

王景良（2020.11—12）

副　主　任　　樊三林（2016.1—2018.6）

孙宏安（2016.1—2020.4）

果　宏（满族，2016.1—2019.2）

李成利（2016.1—2020.12）

李宏伟（2018.6—2020.12）

关世波（满族，2016.1—2019.7）

王庆启（2019.11—2020.12）②

刘　涛（2019.12—2020.12）

王树术（2020.6—12）

张世祥（2020.11—12）

安　全　总　监　　孙宏安（兼任，2016.1—2020.4）③

王树术（兼任，2020.6—12）

监察室主任　　宫　伟（2016.1—2017.12）

正处级干部　　卑　林（2018.6—2020.10）④

樊三林（2020.11—12）

副处级干部　　果　宏（2019.2—2020.12）

关世波（2019.7—2020.12）

孙宏安（2020.4—12）

---

① 2018 年 4 月，田文超辞职。2018 年 4 月至 6 月期间，储运中心主任空缺，由副主任樊三林负责行政全面工作。

② 2020 年 12 月，王庆启调寰球工程项目管理（北京）有限公司工作。

③ 2020 年 4 月至 6 月期间，储运中心安全总监空缺，相关工作由主任樊三林负责。

④ 2020 年 10 月，正处级干部卑林退休。

二、储运中心—销售储运中心党委领导名录（2016.1—2020.12）

书　　记　宫　伟（2016.1—2019.2）①

关　蕾（女，满族，2019.7—2020.6）②

王景良（2020.6—12）

副　书　记　关　蕾（2017.12—2019.7）

王　伟（2019.7—2020.12）

委　　员　宫　伟（2016.1—2019.2）

田文超（2016.1—2018.4）

樊三林（2016.1—2020.11）

关　蕾（2016.1—2020.6）

孙宏安（2016.1—2020.4）

果　宏（2016.1—2019.2）

李成利（2016.1—2020.12）

李宏伟（2018.6—2020.12）

王　伟（2019.7—2020.12）

王庆启（2019.11—2020.12）

刘　涛（2019.12—2020.12）

王景良（2020.6—12）

王树术（2020.6—12）

张世祥（2020.11—12）

三、储运中心—销售储运中心纪委领导名录（2016.1—2020.12）

书　　记　宫　伟（2016.1—2017.12）

关　蕾（2017.12—2019.7）

王　伟（2019.7—2020.12）

四、储运中心—销售储运中心工会领导名录（2016.1—2020.12）

主　　席　关　蕾（2016.1—2019.7）

---

① 2019年2月，宫伟改任热电厂正处级干部。2019年2月至7月期间，储运中心党委书记空缺，由党委副书记关蕾负责党委工作。

② 2020年6月，关蕾调任物业管理中心党委委员、党委书记。

王 伟（2019.7—2020.12）

五、储运中心挂靠单位：驻京联络处（2016.1—2019.8）

2011 年 9 月，驻京联络处挂靠储运中心，其业务相对独立，业务指导仍由总经理办公室（党委办公室）负责。负责为大庆石化分公司在京人员提供服务、住宿和其他相关工作的协调，负责公司在京维稳配合工作，为公司老领导老干部看病提供服务等相关工作。

截至 2015 年 12 月 31 日，驻京联络处定员 7 人，在册员工 8 人。驻京联络处设党总支 1 个，隶属公司机关党委，共有党员 5 人。办公地点位于北京市东城区东滨河路 3 号院 4 号楼 401 室。

驻京联络处设主任 1 人，党总支书记 1 人。王庆启任主任，负责全面工作。卑林任党总支书记，负责党务工作。

2018 年 6 月，大庆石化分公司党委决定：免去卑林的驻京联络处党总支书记、党总支委员职务。

2018 年 12 月，大庆石化分公司党委决定，撤销中共大庆石化分公司驻京联络处总支部委员会。

2018 年 12 月，大庆石化分公司党委决定：免去王庆启的驻京联络处党总支委员职务。

2019 年 8 月，大庆石化分公司编委办决定，撤销储运中心挂靠单位驻京联络处。

2019 年 11 月，大庆石化分公司决定：免去王庆启的驻京联络处主任职务。

（一）驻京联络处领导名录（2016.1—2019.8）

主　　任　王庆启（2016.1—2019.11）[1]

（二）驻京联络处党总支领导名录（2016.1—2018.12）

书　　记　卑　林（2016.1—2018.6）[2]

委　　员　卑　林（2016.1—2018.6）

　　　　　王庆启（2016.1—2018.12）

---

[1] 2019 年 11 月，王庆启调任销售储运中心副主任。

[2] 2018 年 6 月，卑林改任储运中心正处级干部。

第十一节 质量检验中心（2016.1—2020.12）

2013年4月，大庆石化分公司对公司有关质检、化验和外事等业务进行重组整合，成立质量检验中心，列大庆石化分公司正处级基层单位。炼油厂、化肥厂、化工一厂、化工二厂、化工三厂、塑料厂和腈纶厂的化验车间，炼油厂水质车间、化工一厂原材料检验中心、水气厂水质车间、水气厂环保监测站、炼油厂安技环保处环保监测班、热电厂化学车间化验分析班的业务和人员划归质量检验中心管理；外事中心人事科、党群工作部、综合管理科和办公室（党总支办公室）的其他人员划归质量检验中心管理。

截至2015年12月31日，质量检验中心拥有设备2240台，实验室总面积3.2万平方米，主要负责大庆石化分公司涉及的所有化验分析、水质分析、环保检测、原材料检验等工作。机关设职能科室4个：办公室（党委办公室）、人事科（党群工作部）、安全生产技术科、机动设备科。下设基层单位8个：炼油化验车间、化肥化验车间、原材料检验车间、化工化验车间、树脂化验车间、腈纶化验车间、水气化验车间、环保监测站。固定资产原值4.02亿元，资产净值1.53亿元。在册员工1184人。质量检验中心党委下属9个党支部，共有党员267人。机关办公地点位于黑龙江省大庆市龙凤区兴化大街2号。

质量检验中心党政领导班子4人，其中行政领导班子3人，党委由4人组成：

王智刚任党委委员、主任，负责行政全面工作，分管办公室、人事科。王国福任党委书记、纪委书记、工会主席，负责党委、纪委、工会、宣传、企业文化管理工作，分管党委办公室、党群工作部。张兴奎任党委委员、副主任、安全总监，负责生产、安全、技术管理工作，分管安全生产技术科。赵尔权任党委委员、副主任，负责机动、设备管理工作，分管机动设备科。

2016年2月2日，质量检验中心第一届职工代表大会第三次会议暨2016年工作会议召开。主任王智刚作了题为《优化整合，聚势发力，持续走专业化发展道路》的工作报告。会议明确了质量检验中心2016年六项重点工作：一是安全管理推进"五化"建设；二是优化整合实现管理增效；三是技术创新实现专业化发展；四是服务生产当好装置眼睛；五是互联网＋模式提升化验室软实力；六是党委工作实施"五个工程"。

2016年3月，大庆石化分公司决定：解聘张兴奎的质量检验中心副主任、安全总监职务。质量检验中心安全、环保、生产、技术管理暂由副主任赵尔权负责。大庆石化分公司党委决定：免去张兴奎的质量检验中心党委委员职务。

2016年5月，大庆石化分公司决定：解聘王智刚的质量检验中心主任职务；聘任王岩为质量检验中心主任；聘任李德军为质量检验中心副主任。大庆石化分公司党委决定：免去王智刚的质量检验中心党委委员职务；王岩任质量检验中心党委委员；李德军任质量检验中心党委委员；张大治任质量检验中心党委委员、工会主席；免去王国福的质量检验中心工会主席职务。

随后，质量检验中心对领导班子成员分工进行调整：党委委员、主任王岩负责行政全面工作，分管办公室、人事科。党委书记、纪委书记王国福负责党委、纪委全面工作，分管党委办公室、党群工作部。党委委员、副主任李德军负责安全、环保、生产、技术工作，分管安全生产技术科。党委委员、副主任赵尔权负责机动、设备管理工作，分管机动设备科。党委委员、工会主席张大治负责工会管理工作，分管党群工作部。

2016年7月13日，中共质量检验中心第一次代表大会召开，64名党员代表参加会议。会议选举产生参加中共大庆石化分公司第三次代表大会代表6人：马凤娟、王岩、王建秀、王国福、朱建华、张彦芳。截至7月，质量检验中心党委下属9个党支部，共有党员268人。

2017年2月24日，质量检验中心第二届职工代表大会第一次会议暨2017年工作会议召开。主任王岩作了题为《精细高效促发展，三个优化拓潜能，加快推进最具竞争力现代化质检中心建设》的工作报告。会议明确了质量检验中心2017年四项重点工作：一是加快整合步伐；二是保障装置生产；三是狠抓"三化"管理；四是强堡垒固基础。

2017年4月，大庆石化分公司决定：李德军任质量检验中心安全总监。

2017年12月，大庆石化分公司决定：聘任迟宏文为质量检验中心副主任；聘任左才为质量检验中心副主任；解聘王国福的质量检验中心监察室主任职务。大庆石化分公司党委决定：张大治任质量检验中心党委副书记、纪委书记；免去王国福的质量检验中心纪委书记职务。

随后，质量检验中心对领导班子成员分工进行调整：党委委员、主任王岩负责行政全面工作，分管办公室、人事科。党委书记王国福负责党委全面工作，分管党委办公室、党群工作部。党委委员、副主任赵尔权负责机动、设备管理工作，分管机动设备科。党委委员、副主任李德军负责安全、环保、生产、技术工作，分管安全生产技术科。党委副书记、纪委书记、工会主席张大治协助党委书记做好党委工作，负责纪委、工会、文明生产工作，分管党委办公室、党群工作部。

2018年1月26日，质量检验中心第二届职工代表大会第二次会议暨2018年工作会议召开。主任王岩作了题为《顺应新形势，把握新需求，抢抓新机遇，奋力走出质量检验专业发展新路子》的工作报告。会议明确了质量检验中心2018年的五个重点工作：一是实现检验计划完成率、外报数据准确率、危化品受控率3个100%；二是产品质量事故、环境污染事件、亡人及较大以上安全事故3个为零；三是设备完好率≥98%、强制检定测量设备受检率100%、员工培训合格率100%；四是各项费用控制在公司下发指标范围之内；五是发展、管理、人才和队伍4个方面上新水平。

2018年11月12日，中共质量检验中心第二次代表大会召开，78名党员代表参加会议。选举产生中共质量检验中心第二届委员会，由王岩、王国福、李德军、张大治、赵尔权等5人（以姓氏笔画为序）组成，王国福为党委书记，张大治为党委副书记。选举产生中共质量检验中心纪律检查委员会，由卢刚、吴刚、张大治、赵飞燕、赵玉梅等5人（以姓氏笔画为序）组成，张大治为纪委书记。至11月底，质量检验中心党委下属党支部9个，共有党员274人。

2019年1月29日，质量检验中心第二届职工代表大会第三次会议暨2019年工作会议召开。主任王岩作了题为《抢抓发展机遇，推进质量提升，为建设一流质量检验中心而努力奋斗》的工作报告。会议安排部署了质量检验中心2019年四个重点工作：一是深化改革方面，继续深入实施专业化发展战略，提高全员工作效率；二是安全环保方面，实现安全零事故，环境零污染，人身零伤害；三是设备管理方面，确保设备完好率持续稳定在

98%以上；四是党的建设方面，以党的政治建设为统领，思想建党、纪律强党、制度治党同向发力，增强全面从严治党的系统性、创造性、实效性。

2019年2月，大庆石化分公司决定：刘为民任质量检验中心主任；免去王岩的质量检验中心主任职务。大庆石化分公司党委决定：刘为民任质量检验中心党委委员；免去王岩的质量检验中心党委委员职务。

2019年4月，大庆石化分公司编委办决定，质量检验中心原材料检验车间和腈纶化验车间整合为原材料与腈纶化验车间。

2019年5月，经大庆石化分公司党委组织部同意，撤销质量检验中心原材料检验车间党支部，腈纶化验车间党支部更名为原材料与腈纶化验车间党支部。

2019年7月，大庆石化分公司党委决定：免去王国福的质量检验中心党委书记、党委委员职务，改任质量检验中心正处级干部。

2020年2月9日，质量检验中心召开第三届职工代表大会第一次会议。主任刘为民作了题为《保障生产，质检先行，直面挑战，锐意进取，奋力打造中国石油一流质量检验中心》的工作报告。报告明确了质量检验中心2020年工作目标：一是继续严把分析质量关，实现标准覆盖率、检验计划执行率、分析及时准确率以及测量设备受检率4个100%；二是制定详细防控措施，全面加强安全环保管理，确保不出现安全环保质量事故；三是健全设备管理机制，细化计划提报及费用结算审批流程，强化管理责任，严控费用消耗，各项工作实现合规管理；四是继续加强干部员工队伍能力素质建设，打造素质过硬、能力过硬的质检干部队伍；五是进一步转变干部员工观念、敢于创新，认清当前公司及中心发展形势，与公司生产发展"同频共振"；六是加强党的建设，坚持全面从严治党，将党的建设与中心工作有机结合，互促互进。

2020年3月，大庆石化分公司编委办决定，质量检验中心树脂化验车间和化肥化验车间整合为树脂与化肥化验车间。

2020年4月，大庆石化分公司决定：免去赵尔权的质量检验中心副主任职务。大庆石化分公司党委决定：赵尔权任质量检验中心党委书记。

随后，质量检验中心对领导班子成员分工进行调整：党委委员、主任刘为民负责行政全面工作，并负责安全环保工作，分管办公室（党委办公室）、人事科（党群工作部）。党委书记赵尔权负责党委全面工作，分管党委办公室、党群工作部。党委委员、副主任、安全总监李德军负责安全、环保、生产、技术、机动、设备管理工作，分管安全生产技术科、机动设备科。党委副书记、纪委书记、工会主席张大治协助党委书记做好党委日常工作，负责纪委、工会和文明生产工作，协管党委办公室、党群工作部。

2020 年 5 月，经大庆石化分公司党委组织部同意，撤销质量检验中心化肥化验车间党支部，树脂化验车间党支部更名为树脂与化肥化验车间党支部，化肥化验车间党员的组织关系转到树脂与化肥化验车间党支部。

2020 年 6 月，大庆石化分公司决定：剡光耀任质量检验中心副主任、安全总监；免去李德军的质量检验中心安全总监职务。大庆石化分公司党委决定：剡光耀任质量检验中心党委委员。

2020 年 7 月，质量检验中心对领导班子成员分工进行调整：

党委委员、主任刘为民负责行政全面工作，并负责总体规划、安全环保、应急管理、人事、企管、内控、制度、法律、保密、档案、对标、提质增效、文明生产、信息化管理、信息报送等工作，分管办公室（党委办公室）、人事科（党群工作部）、安全生产技术科。党委书记赵尔权负责党委全面工作，并负责思想政治、宣传、精神文明、维稳、综治、共青团、扶贫等工作，分管党委办公室、党群工作部。党委委员、副主任李德军负责设备、资产、施工、水质技术等管理工作，并负责物资、仪器设备的计划、储存、收发、验收及配合采购、招投标等管理工作，分管机动设备科。党委副书记、纪委书记、工会主席张大治协助党委书记做好党的建设工作，负责纪委和工会工作，协管党委办公室、党群工作部。党委委员、副主任、安全总监剡光耀负责生产（受控）、QHSE 体系管理、技术管理等工作，协助主任做好安全环保、应急管理、文明生产工作，协管安全生产技术科。同时，领导班子成员在各分管领域党的建设、安全环保、风险防范、廉洁从业、巡视巡察整改、队伍稳定等方面履行"一岗双责"责任。

2020 年 11 月，经大庆石化分公司党委组织部同意，质量检验中心树脂与化肥化验车间党支部改建为党总支。

2020 年 12 月，大庆石化分公司决定：孙贵春任质量检验中心副主任。大庆石化分公司党委决定：孙贵春任质量检验中心党委委员。

"十三五"期间，质量检验中心全力保障生产需求，共梳理标准6280个，组织制（修）订企业标准382个，更新标准70余个，累计外报分析数据1025万个，标准覆盖率、检验计划执行率和数据准确率均为100%。全面开展采用标样、仪器间、实验室间的内部比对及与同行业间开展的外部比对，分析检验水平大幅提升。配合外部成品油抽查、航煤能力验证、橡胶门尼黏度定值测试等比对试验，均获满意结果。环保能力认可具备了开展同行业竞争的能力。5年来，质量检验中心先后荣获全国化学检验员决赛团体二等奖、中国石油环境监测专业职业技能竞赛团体二等奖、第十二届全国石油和化工行业职业技能竞赛团体二等奖、中国石油首届一线生产创新大赛炼油与化工专业二等奖。

截至2020年12月31日，质量检验中心拥有分析检验设备4066台，实验室总建筑面积4.3万平方米。主要负责大庆石化分公司炼油区、化肥区、化工区全部生产分析检验任务。检测项目包括原料进厂、中间控制、产品和副产品、水质、环境、职业卫生等全部分析检测项目。机关设职能科室4个：办公室（党委办公室）、人事科（党群工作部）、安全生产技术科、机动设备科。下设基层单位6个：炼油化验车间、化工化验车间、树脂与化肥化验车间、原材料与腈纶化验车间、水气化验车间、环保监测站。固定资产原值3.66亿元，净值1.00亿元。在册员工800人。质量检验中心党委下属1个党总支，8个党支部，共有党员260人。

一、质量检验中心行政领导名录（2016.1—2020.12）

   主 任 王智刚（2016.1—5）[1]

         王 岩（2016.5—2019.2）[2]

         刘为民（2019.2—2020.12）

   副 主 任 张兴奎（2016.1—3）[3]

         赵尔权（2016.1—2020.4）

         李德军（2016.5—2020.12）

---

[1]　2016年5月，王智刚调任化肥厂厂长。

[2]　2019年2月，王岩调任化建公司党委书记。

[3]　2016年3月，张兴奎改任化工三厂副处级干部。

迟宏文（2017.12—2020.12）①

左　才（2017.12—2020.12）②

剡光耀（2020.6—12）

孙贵春（2020.12）

安 全 总 监　张兴奎（兼任，2016.1—3）③

李德军（兼任，2017.4—2020.6）

剡光耀（兼任，2020.6—12）

监察室主任　王国福（2016.1—2017.12）

正处级干部　王国福（2019.7—2020.12）

二、质量检验中心党委领导名录（2016.1—2020.12）

书　　　记　王国福（2016.1—2019.7）④

赵尔权（2020.4—12）

副 书 记　张大治（2017.12—2020.12）

委　　　员　王国福（2016.1—2019.7）

赵尔权（2016.1—2020.12）

王智刚（2016.1—5）

张兴奎（2016.1—3）

王　岩（2016.5—2019.2）

张大治（2016.5—2020.12）

李德军（2016.5—2020.12）

刘为民（2019.2—2020.12）

剡光耀（2020.6—12）

孙贵春（2020.12）

三、质量检验中心纪委领导名录（2016.1—2020.12）

书　　　记　王国福（2016.1—2017.12）

① 2017年12月至2020年12月期间，迟宏文借调公司工程管理部工作。

② 2017年12月至2020年12月期间，左才借调工程项目管理中心工作。

③ 2016年3月至2017年4月期间，质量检验中心安全总监空缺，安全总监职责先后由副主任赵尔权、李德军负责。

④ 2019年7月至2020年4月期间，质量检验中心党委书记空缺，由主任刘为民负责党委工作。

张大治（2017.12—2020.12）

四、质量检验中心工会领导名录（2016.1—2020.12）
主　　　席　王国福（2016.1—5）
　　　　　　张大治（2016.5—2020.12）

第十二节　化建公司（2016.1—2020.12）

　　化建公司前身是大庆石油化工工程公司。1990年5月，大庆石油化工总厂撤销乙烯工程指挥部，成立大庆石油化工工程公司，按大（Ⅰ）型企业管理，经济上实行独立核算、自负盈亏，具有法人地位，主要负责大庆石油化工总厂基本建设管理和对内、对外工程建设项目总承包工作。1999年9月，大庆石油化工总厂与大庆石化分公司分开分立后，大庆石油化工工程公司列大庆石油化工总厂正处级基层单位，对内简称为工程公司，工商注册名称为大庆石油化工工程公司。2002年8月，大庆石油化工总厂决定，将工程公司、机械厂、机修厂、仪表修造厂、运输处、计算机开发公司重组整合为新的大庆石油化工工程公司，仍列总厂正处级基层单位。2005年1月，工程公司更名为建设公司，全称大庆石化建设公司（法人二级单位，工商注册名称），对内简称建设公司。2007年6月，大庆石油化工总厂与大庆石化分公司重组整合，大庆石化建设公司列大庆石化分公司正处级基层单位，对内简称化建公司。

　　截至2015年12月31日，化建公司机关设职能部门11个：经理办公室（党委办公室、维稳办、保卫科）、人力资源部（党委组织部）、企业文化部（党委宣传部、纪检、工会、团委）、财务资产部、生产管理部、技术发展部、质量管理部、安全环保部、经营计划部、物资供应部、市场开发部。下设基层单位16个：项目管理中心、安装一分公司、安装二分公司、安装三分公司、安装四分公司、修保分公司、建筑分公司、检修分公司、防腐筑炉分公司、装备分公司、特种设备安装维修分公司、电气一分公司、电气二分公司、电气三分公司、仪表一分公司、仪表二分公司。临时机构1个：炼油项目部。固定资产原值3.13亿元，净值1.02亿元。在册员工1914人。化建公司党委下属 28 个党支部，其中，外部临时党支部 6 个，共有党员 513 人。机关办公地点位于黑龙江省大庆市龙凤区兴化南街 2 号。

化建公司党政领导班子 10 人，其中行政领导班子 8 人，党委由 10 人组成：

韩宏达任党委委员、总经理，负责行政全面工作，并负责安全环保等工作，分管经理办公室、人力资源部、企业文化部、安全环保部。

张满会任党委书记、纪委书记，负责党委、纪委全面工作，并负责稳定、保卫、共青团等工作，分管党委办公室、党委宣传部、党委组织部、团委、维稳办、保卫科。

李峰任党委委员、副总经理，负责电气、仪表资源及业务管理工作，负责辽宁、山东、东北销售市场的项目开发，负责辽宁分公司、东北销售维修分公司、电仪分公司、山东销售维修项目部管理工作。

高新年任党委委员、副总经理，负责采购管理，负责江苏、浙江、四川、云南、广东等南部区域市场开发，负责四川分公司、广东分公司、云南分公司、江苏分公司和外部市场大项目管理工作，分管物资供应部。

肖作德任党委委员、副总经理，负责外部市场开发、政策研究、制度建设和外部资源统筹等工作，负责哈尔滨分公司、黑龙江分公司、鹤岗分公司、炉衬分公司、西北区域其他分公司管理工作，分管市场开发部。

张学峰任党委委员、副总经理、安全总监，协助总经理做好安全环保和应急管理工作，负责大庆石化分公司和大庆周边市场的项目开发及管理工作，负责生产管理及生产资源调配工作，负责消防和 HSE 体系管理等工作，分管生产管理部、项目管理中心，协管安全环保部。

石革清任党委委员、副总经理，负责经营管理工作，负责日常奖金考核、发放工作，负责招投标管理、法律事务和暂设管理等工作，分管经营计划部。

沙国典任党委委员、工会主席，负责协助党委书记做好党务、综治、保卫、稳定工作，负责工会全面工作，负责内外现场劳动竞赛、绿色班组和企业文化建设等工作，分管工会，协管维稳办、保卫科。

刘春雷任党委委员、总工程师，负责协助总经理做好发展规划、员工培训工作，负责企业管理、制度建设工作，负责科技开发、技术进步、技术改造工作，负责设备管理、资产购置及管理、资产维护、计量能源和信息化等方面管理工作，负责资质管理、工程质量管理，质量管理者代表，分管技术发展部、质量管理部。

王晖任党委委员、总会计师，负责财务、审计、内控、资产（价值）、清欠、预算和关联交易等方面管理工作，分管财务资产部。

2016年2月19日，化建公司第三届职工代表大会第三次会议召开。总经理韩宏达作了题为《正视困难，坚定信心，为全面实现"十三五"目标而努力奋斗》的工作报告。会议明确化建公司2016年重点工作：深入贯彻落实党的十八届五中全会和公司十届三次职代会精神，以保证装置安稳生产为中心，以全面推进规范化管理活动为主线，不断深化"挖潜增效"工作，不断提高外部市场发展质量，不断夯实发展基础，大力加强思想政治工作，加快员工思想观念转变，加快新机制建设步伐，圆满完成各项生产经营任务，在"十三五"的第一年开好头、起好步。

2016年2月，正处级干部高洪贵退休。

2016年3月，大庆石化分公司党委决定：沙国典任化建公司副处级干部，免去其化建公司工会主席、党委委员职务。其工作由党委书记、纪委书记张满会负责。

2016年5月，大庆石化分公司编委办决定，化建公司经理办公室（党委办公室、维稳办、保卫科）更名为办公室（党委办公室），保卫和维护稳定工作职责保留在办公室（党委办公室）。

2016年7月21日，中共化建公司第三次代表大会召开，98名党员代表参加会议。会议选举产生中共化建公司第三届委员会，由王晖、石革清、刘春雷、李峰、肖作德、张学峰、张满会、高新年、韩宏达等9人（以姓氏笔画为序）组成，张满会为党委书记。选举产生中共化建公司纪律检查委员会，由刘杰、李金德、李艳秋、张学明、张满会、姚海辉、蔡迎新等7人（以姓氏笔画为序）组成，张满会为纪委书记。截至7月，化建公司党委下属28个党支部，共有党员506人。

2017年2月23日，化建公司第四届第一次职工代表大会召开。总经理韩宏达作了题为《紧抓机遇，乘势而上，全面加快改革和发展步伐》的工作报告。会议确定了化建公司2017年要突出抓好的六个方面工作：一是坚守使命，做好生产服务，保证公司整体利益最大化；二是坚持定位，内外部市场开发统筹兼顾，广开创效增收渠道；三是精打细算，深入挖潜，严控成本费用支出；四是深化改革，积极创新，全面推进管理提升；五是夯实基础，推进素质和能力建设，满足持续发展需要；六是从严治党，提高思想政治和党建工作水平，保持和谐稳定局面。

2017年4月，大庆石化分公司编委办决定，将化建公司企业文化部（党委宣传部、纪检、工会、团委）更名为党群工作部，主要职能是负责宣传、纪检监察、工会、团委、企业文化等业务。

2017年5月，大庆石化分公司编委办决定，撤销化建公司市场开发部下属的上海分公司、揭阳分公司、呼和浩特分公司、鹤岗分公司、广东分公司、榆林项目部、宁夏项目部、山东销售维修项目部机构编制；撤销炉衬分公司机构编制，将炉窑衬里业务划入防腐筑炉分公司；撤销东北销售维修分公司机构编制，将龙凤油库保运业务划入修保分公司，其他业务按所在区域划入市场开发部相应区域公司。

2017年11月，大庆石化建设公司改制为一人有限责任公司，全称为大庆石化建设有限公司（对内仍简称化建公司），中国石油大庆石油化工总厂持股100%。改制后公司注册资本为11000万元。全部债权、债务以及可能出现的或有负债由改制后公司承继。委派韩宏达为大庆石化建设有限公司执行董事、张满会为监事，聘任韩宏达为大庆石化建设有限公司经理。

2017年12月，大庆石化分公司决定：解聘张满会的化建公司监察室主任职务。大庆石化分公司党委决定：石革清任化建公司党委副书记、纪委书记、工会主席；免去张满会的化建公司纪委书记职务。

2018年1月23日，化建公司第四届第二次职工代表大会召开，总经理韩宏达作了题为《紧抓机遇，实现扭亏，全面构建可持续发展新局面》的工作报告。会议确定了化建公司2018年要突出抓好的六个方面工作，一是以炼油结构调整和全厂大检修为中心，全力抓好全年生产；二是以"安全第一、质量至上"为宗旨，全力保证安全和质量全面受控；三是以加强成本和费用控制为重点，全力实施降本提效；四是以加强两个市场建设为根本，全力实施开源扩效；五是以实现规范化和科学化为目标，全力实施管理增效；六是以加强思想政治工作和党的建设为保证，全力推进企业可持续发展。

2018 年 4 月，大庆石化分公司编委办决定，化建公司电气一分公司和电气二分公司进行优化整合为新的电气一分公司。撤销多伦分公司机构机构编制。榆林分公司更名为榆林项目部。

2018 年 6 月，大庆石化分公司决定：解聘李峰的化建公司副总经理职务，改任化建公司副处级干部。大庆石化分公司党委决定：免去李峰的化建公司党委委员职务。

2018 年 9 月，化建公司对领导班子成员分工进行调整：

党委委员、总经理韩宏达负责行政全面工作，并负责安全环保等工作，分管办公室（党委办公室）、人力资源部（党委组织部）、党群工作部、安全环保部。

党委书记张满会负责党委全面工作，并负责稳定、保卫、共青团等工作，分管党委办公室、党委组织部、党群工作部。

党委委员、副总经理高新年负责采购管理、绩效考核管理、日常及年度业绩考核兑现，以及内部工程项目管理工作，分管物资供应部，协管人力资源部。

党委委员、副总经理肖作德负责外部市场开发、政策研究、制度建设和外部资源统筹等工作，负责外部分公司（项目部）管理，分管市场开发部、项目管理中心。

党委委员、总工程师刘春雷负责科技开发、技术进步、技术改造工作，负责设备、资产、计量能源和信息化、暂设管理等工作，负责企业管理、制度建设工作，协助总经理做好发展规划、员工培训工作，负责资质管理、工程质量管理，是质量管理者代表，分管技术发展部、质量管理部。

党委副书记、纪委书记、工会主席石革清负责纪委、工会和法律事务工作，协助党委书记、总经理负责维稳、保卫、后勤服务等工作，负责"三聚"项目，分管党群工作部的工会、纪检业务，协管办公室。

党委委员、副总经理、安全总监张学峰协助总经理做好安全环保和应急管理工作，负责大庆石化分公司和大庆周边市场的项目开发及管理工作，负责内部生产管理及资源调配工作，负责消防和 HSE 体系管理等工作，分管生产管理部，协管安全环保部。

党委委员、总会计师王晖负责财务、审计、内控、资产（价值部分）、清欠、预算、关联交易以及经营管理等工作，分管财务资产部、经营计划部。

2018 年 11 月，大庆石化分公司编委办决定，组建化建公司电仪一分公司、电仪二分公司、电仪三分公司、电仪四分公司。撤销电气一分公司、电气三分公司、仪表一分公司、仪表二分公司、项目管理中心电仪分公司。

2018 年 11 月，经大庆石化分公司党委组织部同意，化建公司电气一分公司党支部更名为电仪一分公司党支部；仪表一分公司党支部更名为电仪二分公司党支部；电气三分公司党支部更名为电仪三分公司党支部；仪表二分公司党支部更名为电仪四分公司党支部。

2019 年 2 月 12 日，化建公司第四届第三次职工代表大会召开，总经理韩宏达作了题为《巩固扭亏成果，深化改革创新，加快构建持续盈利新常态》的工作报告。会议确定了化建公司 2019 年要突出抓好的六个方面工作：一是以"零事故"为目标，着眼根本，紧抓落实，将安全和质量打造成核心竞争力；二是以保证安稳生产为首要任务，讲政治，顾大局，将生存之基打造得更加稳固坚实；三是坚持"走出去"战略不动摇，围绕定位，稳健发展，将发展空间打造得更加恢宏壮丽；四是以推进科学化、规范化为管理提升主线，改革创新，持续改进，将公司打造成行业管理强企；五是坚持以人才为根本、以技术为核心，推进职业化，加快专业化，将前行的动能打造得更加强劲有力；六是牢固树立"四个意识"，坚定"四个自信"，做到"两个维护"，将党建工作打造成企业最强软实力。

2019 年 2 月，大庆石化分公司决定：解聘肖作德的化建公司副总经理职务，改任化建公司副处级干部；解聘王晖的化建公司总会计师职务，改任化建公司副处级干部。大庆石化分公司党委决定：王岩任化建公司党委委员、党委书记；免去张满会的化建公司党委书记、党委委员职务；免去肖作德的化建公司党委委员职务；免去王晖的化建公司党委委员职务。

2019 年 4 月，大庆石化分公司编委办决定，将化建公司安全环保部和质量管理部整合为质量安全环保部；计划经营部和市场开发部整合为经营开发部；办公室（党委办公室）和党群工作部整合为综合管理部（党群工作部）；特种设备安装维修分公司和装备分公司整合为新的特种设备安装维修分公司。

2019 年 4 月，经大庆石化分公司党委组织部同意，撤销化建公司装备分公司党支部、鄂尔多斯分公司党支部。

2019年4月，大庆石油化工有限公司决定：聘任韩宏达为大庆石化建设有限公司经理、执行董事；聘任王岩为大庆石化建设有限公司监事；解聘张满会的大庆石化建设有限公司监事职务。

2019年4月，化建公司对领导班子成员分工进行调整：

党委委员、总经理韩宏达负责行政全面工作，并负责安全环保、企业文化等工作，分管综合管理部（党群工作部）、人力资源部（党委组织部）、质量安全环保部。

党委书记王岩负责党委全面工作，并负责稳定、保卫、共青团等工作，分管党群工作部、党委组织部。

党委委员、副总经理高新年负责内外部经营及计划管理工作，负责财务、资产（价值部分）、清欠、预算和关联交易等管理工作，负责企业管理、内控管理和制度建设工作，负责业绩及绩效考核工作，负责内部工程项目管理工作，负责外部政策研究、制度建设和外部资源统筹等工作，负责外部除四川、云南、广东区域外其他地域的市场开发及分公司（项目部）的管理工作，分管经营开发部、财务资产部，协管人力资源部。

党委委员、总工程师刘春雷负责科技开发、技术进步、技术改造工作，负责设备、资产、计量能源和信息化、暂设管理等工作，负责物资采购管理工作，负责外部四川、云南、广东区域的市场开发及分公司（项目部）的管理工作，负责动设备保运、炉衬和定力矩专业的发展工作，负责协助总经理做好发展规划、员工培训工作，分管技术发展部、物资供应部。

党委副书记、纪委书记、工会主席石革清协助党委书记、总经理负责维稳、保卫、后勤服务、法律事务等工作，负责纪委、工会等工作，协管综合管理部（党群工作部）。

党委委员、副总经理、安全总监张学峰协助总经理负责安全环保和应急管理工作，负责大庆石化分公司和大庆周边市场的项目开发及管理工作，负责内部生产管理及资源调配工作，负责质量管理工作，负责消防和 HSE 体系、质量管理体系和资质管理等工作，分管生产管理部，协管质量安全环保部。

同时班子成员负责分管业务范围和承包联系点的党建工作。

2019 年 7 月，大庆石化分公司决定：聘任赵洋为化建公司副总经理、安全总监；聘任武云峰为化建公司总会计师；解聘张学峰的化建公司副总经理、安全总监职务。大庆石化分公司党委决定：宋阳任化建公司党委委员、党委书记；赵洋任化建公司党委委员；武云峰任化建公司党委委员；免去王岩的化建公司党委书记、党委委员职务；免去张学峰的化建公司党委委员职务。大庆石油化工有限公司决定：聘任宋阳为大庆石化建设有限公司监事；解聘王岩的大庆石化建设有限公司监事职务。

随后，化建公司对部分领导班子成员分工进行调整：党委书记宋阳负责党委全面工作，并负责稳定、保卫、共青团等工作，分管党群工作部、党委组织部。党委委员、副总经理高新年负责内外部经营及计划管理工作，负责企业管理、制度建设工作，负责业绩及绩效考核工作，负责内部工程项目管理工作，负责外部政策研究、制度建设和外部资源统筹等工作，负责外部除四川、云南、广东区域外其他地域的市场开发及分公司（项目部）的管理工作，分管经营开发部，协管综合管理部、人力资源部。党委委员、副总经理、安全总监赵洋协助总经理负责安全环保和应急管理工作，负责大庆石化分公司和大庆周边市场的项目开发及检维修项目管理工作，负责内部生产管理及资源调配工作，负责质量管理工作，负责消防和 HSE 体系、质量管理体系和资质管理等工作，分管生产管理部，协管质量安全环保部。党委委员、总会计师武云峰负责财务、审计、内控、资产（价值部分）、清欠、预算、关联交易等管理工作，分管财务资产部，协管综合管理部。同时班子成员负责分管业务范围和承包联系点的党建工作。

2019 年 10 月，副处级干部沙国典退休。

2019 年 12 月，大庆石化分公司决定：孟令君任化建公司副总经理。大庆石化分公司党委决定：孟令君任化建公司党委委员。

随后，化建公司对部分领导班子成员分工进行调整：党委委员、副总经理高新年负责经营及计划管理工作，负责企业管理、制度建设工作，负责业绩及绩效考核工作，负责外部政策研究、制度建设和外部资源统筹等工作，负责外部的市场开发及分公司（项目部）的管理工作，分管经营开发部，协管综合管理部、人力资源部。党委委员、总工程师刘春雷负责科技开发、技术进步、技术改造工作，负责设备、资产、计量能源和信息化、暂设管理等工作，负责物资采购管理工作，负责动设备保运、炉衬和定力矩专业等特色业务的发展工作，负责文明生产管理工作，负责协助总经理做好发展规划、员工培训工作，分管技术发展部、物资供应部。党委委员、副总经理孟令君负责工程项目管理工作，负责工程项目管理政策研究、制度建设等工作。

2020年1月17日，化建公司第四届第四次职工代表大会召开，总经理韩宏达作了题为《强基提质，聚力破障，全面开创可持续发展新格局》的工作报告。会议确定了化建公司2020年要突出抓好的六个方面工作：一是继续以安全和优质为前提，坚守红线；二是继续以服务和保障为根本，履行职责使命；三是继续以素质和能力为基础，强基固本；四是继续以市场开发为重点，拓宽生存发展空间；五是继续以规范化、精细化管理为保证，增强发展动能；六是继续以党的建设为统领，构筑政治优势。

2020年4月，大庆石化分公司决定：高新年任化建公司总经理；邢春发任化建公司副总经理；李松涛任化建公司副总经理；免去韩宏达的化建公司总经理职务。大庆石化分公司党委决定：邢春发任化建公司党委委员；李松涛任化建公司党委委员；免去韩宏达的化建公司党委委员职务。大庆石油化工有限公司决定：高新年任大庆石化建设有限公司执行董事、经理；免去韩宏达的大庆石化建设有限公司执行董事、经理职务。

2020年4月，大庆石化分公司编委办决定，撤销化建公司鄂尔多斯分公司和江苏分公司机构编制。化建公司生产管理部和质量安全环保部整合为安全施工管理部。

2020年5月，经大庆石化分公司党委组织部同意，撤销化建公司机关经营党支部。

2020年5月，副处级干部李峰退休。

2020年6月，化建公司对领导班子成员分工进行调整：

党委委员、总经理高新年负责行政全面工作，并负责安全环保、企业文化等工作，分管综合管理部（党群工作部）、人力资源部（党委组织部）、安全施工管理部。

党委书记宋阳负责党委全面工作，并负责稳定、保卫、共青团等工作，分管党群工作部、党委组织部。

党委委员、总工程师刘春雷负责科技开发、技术进步、技术改造工作，负责设备、资产、计量能源和信息化、暂设管理等工作，负责物资采购管理工作，负责动设备、炉衬和定力矩等特色业务的技术研发工作，负责文明生产管理工作，负责质量管理体系和资质管理等工作，负责协助总经理做好员工培训工作，分管技术发展部、物资供应部，协管安全施工管理部。

党委副书记、纪委书记、工会主席石革清协助党委书记、总经理负责维稳、保卫、后勤服务、法律事务等工作，负责纪委、工会等工作，协管综合管理部（党群工作部）。

党委委员、副总经理邢春发负责集团公司除大庆石化分公司以外的市场开发、分公司（项目部）管理及清欠工作，协管经营开发部。

党委委员、副总经理、安全总监赵洋协助总经理负责安全环保和应急管理工作，负责大庆石化分公司及华科的项目开发、检维修项目管理及清欠工作，负责生产管理及资源调配工作，负责工程质量管理工作，负责消防和HSE体系管理等工作，协管安全施工管理部。

党委委员、总会计师武云峰负责财务、审计、内控、资产（价值部分）、预算、关联交易等管理工作，负责清欠的组织协调工作，分管财务资产部，协管综合管理部。

党委委员、副总经理孟令君负责龙油项目、"三聚"业主工程项目管理及清欠工作，负责项目管理政策研究、制度建设等工作。

党委委员、副总经理李松涛负责经营及计划管理工作，负责合同审查工作，负责企业管理、制度建设工作，负责业绩及绩效考核工作，负责外部政策研究、制度建设和外部资源统筹等工作，负责集团公司外部市场开发、分公司（项目部）管理及清欠工作，负责协助总经理做好发展规划工作，分管经营开发部，协管综合管理部、人力资源部。

同时班子成员在分管业务部门和承包联系点党的建设、安全环保、风险防范、廉洁从业、意识形态、队伍稳定、巡视巡察整改方面履行"一岗双责"。

"十三五"期间，化建公司坚持以保证安稳生产为首要任务，服务保障水平稳步提高。共完成维保任务万余项、窗口检修90多次，承担了2018年全公司停车大检修90%的任务量。在炼油结构调整、安保项目中表现突出，较好地履行了子弟兵职责。坚持紧抓效益不放松，经营能力稳步增强，顺利完成处僵治困工作，安装、检修和保运三大主营业务分别完成产值 23.4 亿元、18.1 亿元和 6.2 亿元。坚持以党的建设为统领，发展的软实力明显提高。党委把方向、管大局、保落实作用和党支部战斗堡垒作用、党员先锋模范作用日渐突出，为企业发展提供了坚强的政治保障。

截至 2020 年 12 月 31 日，化建公司机关设职能部门 7 个：综合管理部（党群工作部）、人力资源部（党委组织部）、财务资产部、安全施工管理部、技术发展部、经营开发部、物资供应部。下设基层单位 14 个：安装一分公司、安装二分公司、安装三分公司、安装四分公司、项目管理中心、修保分公司、建筑分公司、检修分公司、防腐筑炉分公司、特种设备安装维修分公司、电仪一分公司、电仪二分公司、电仪三分公司、电仪四分公司。临时机构 1 个：炼油项目部。固定资产原值 3.42 亿元，净值 0.86 亿元。在册员工 1271 人。化建公司党委下属党支部 20 个，其中，外部临时党支部 4 个，共有党员 448 人。

一、大庆石化建设公司—大庆石化建设有限公司（2016.1—2020.12）

（一）大庆石化建设公司领导名录（2016.1—2017.11）

执 行 董 事　韩宏达（2016.1—2017.11）

监　　　事　李宜辉（2016.1—2017.11）

总 经 理　韩宏达（2016.1—2017.11）

（二）大庆石化建设有限公司领导名录（2017.11—2020.12）

执 行 董 事　韩宏达（2017.11—2020.4）

　　　　　　　高新年（2020.4—12）

监　　　事　张满会（2017.11—2019.4）

　　　　　　　王　岩（2019.4—7）

　　　　　　　宋　阳（2019.7—2020.12）

经　　　理　韩宏达（2017.11—2020.4）

　　　　　　　高新年（2020.4—12）

二、化建公司行政领导名录（2016.1—2020.12）

总 经 理　韩宏达（2016.1—2020.4）[①]

① 2020 年 4 月，韩宏达调任工程管理部副主任（二级正职）、炼油工程指挥部副指挥。

高新年（2020.4—12）

副 总 经 理　李　峰（2016.1—2018.6）

高新年（2016.1—2020.4）

肖作德（2016.1—2019.2）

石革清（2016.1—2017.12）

张学峰（2016.1—2019.7）①

赵　洋（2019.7—2020.12）

孟令君（2019.12—2020.12）

邢春发（2020.4—12）

李松涛（2020.4—12）

总 工 程 师　刘春雷（2016.1—2020.12）

总 会 计 师　王　晖（女，2016.1—2019.2）②

武云峰（女，2019.7—2020.12）

安 全 总 监　张学峰（兼任，2016.1—2019.7）

赵　洋（兼任，2019.7—2020.12）

监察室主任　张满会（2016.1—2017.12）

正处级干部　高洪贵（2016.1—2）③

副处级干部　沙国典（2016.3—2019.10）④

李　峰（2018.6—2020.5）⑤

肖作德（2019.2—2020.12）

王　晖（2019.2—2020.12）

三、化建公司党委领导名录（2016.1—2020.12）

书　　记　张满会（2016.1—2019.2）⑥

王　岩（2019.2—7）⑦

---

① 2019 年 7 月，张学峰调任开发公司党委委员、党委书记。
② 2019 年 2 月至 7 月期间，化建公司总会计师空缺，相关工作由副总经理高新年负责。
③ 2016 年 2 月，正处级干部高洪贵退休。
④ 2019 年 10 月，副处级干部沙国典退休。
⑤ 2020 年 5 月，副处级干部李峰退休。
⑥ 2019 年 2 月，张满会调任公司工会副主席。
⑦ 2019 年 7 月，王岩调任公司矿区管理部主任。

宋　阳（2019.7—2020.12）

副 书 记　石革清（2017.12—2020.12）

委　　员　张满会（2016.1—2019.2）

韩宏达（2016.1—2020.4）

高新年（2016.1—2020.12）

李　峰（2016.1—2018.6）

肖作德（2016.1—2019.2）

石革清（2016.1—2020.12）

张学峰（2016.1—2019.7）

沙国典（2016.1—3）

刘春雷（2016.1—2020.12）

王　晖（2016.1—2019.2）

王　岩（2019.2—7）

宋　阳（2019.7—2020.12）

武云峰（2019.7—2020.12）

赵　洋（2019.7—2020.12）

孟令君（2019.12—2020.12）

邢春发（2020.4—12）

李松涛（2020.4—12）

四、化建公司纪委领导名录（2016.1—2020.12）

书　　记　张满会（2016.1—2017.12）

石革清（2017.12—2020.12）

五、化建公司工会领导名录（2016.1—2020.12）

主　　席　沙国典（2016.1—3）[①]

石革清（2017.12—2020.12）

---

① 2016年3月至2017年12月期间，化建公司工会主席空缺，由党委书记张满会负责工会工作。

第十三节 机械厂（2016.1—2020.12）

机械厂前身是大庆石油化工总厂维修加工厂（对内称机修厂）。成立于1972年4月。10月，更名为机修厂。1985年11月，机修厂更名机械厂。1987年3月，大庆石油化工总厂与大庆乙烯工程指挥部合并为新的大庆石油化工总厂，机械厂列大庆石油化工总厂正处级基层单位，全称为大庆石油化工总厂机械厂（法人二级单位，工商注册名称为大庆石油化工总厂第一安装工程公司），对内简称机械厂。1999年，大庆石油化工总厂和大庆石化分公司分开分立后，机械厂列大庆石油化工总厂正处级基层单位。2002年8月，机械厂参加工程公司重组，成立大庆石油化工工程公司设备制造公司，列工程公司处级直属公司，工商注册名称为大庆石化机械厂，具有独立法人资格。10月，工程公司设备制造公司更名为工程公司机械制造公司。2005年1月，大庆石油化工总厂决定，工程公司机械制造公司撤销，成立机械厂，列大庆石油化工总厂正处级基层单位。2007年6月，大庆石化分公司与大庆石油化工总厂重组整合后，机械厂列大庆石化分公司正处级基层单位，对外规范名称为大庆石油化工机械厂，对内简称机械厂。

截至2015年12月31日，机械厂是专业从事石油炼化设备设计制造、配件加工、LNG装备关键设备和天然气处理撬装设备研发制造以及工程技术服务型的装备制造企业。主要产品为炼化装备及备件、配件，其中，反应器、换热器、塔器、容器、三级旋风分离器、调节阀、节流装置7种产品，经集团公司评审，获准使用"中国石油装备"品牌。持有国家质量技术监督局颁发的一、二、三类压力容器制造许可证，压力容器设计单位批准书，C2、C3级压力容器设计许可证和制造许可证，压力管道制造许可证，美国机械工程师协会（ASME）"U"钢印压力容器制造资质，并通过了ISO9001：2008质量管理体系认证。机关设职能科室9个：办公室（党委办公室、维稳办、保卫科）、人事科（党委组织部）、企业文化科（党委宣传部、监察室、工会办公室、团委）、财务科、经营科、生产计划科、设备科、安全环保科、质量管理科。下设基层单位11个：容器制造车间、换热器制造车间、后处理车间、运行车间、机加分厂、阀门修造分厂、压力元件分厂、现场制作分厂、营销中心、技术设计中心、备料车间（材料供应站）。固定资产原值 4.74 亿元，净值 3.27 亿元。在册员工 689 人。机械厂党委下属党支部 10 个，共有党员 176 人。机关办公地点位于黑龙江省大庆市高新区兴化园区化工路 95 号。

机械厂党政领导班子 6 人，其中行政领导班子 4 人，党委由 6 人组成：

李乃森任党委委员、厂长，负责行政全面工作，分管办公室（党委办公室）、人事科（党委组织部）、财务科、企业文化科（党委宣传部）。

高恩忠任党委书记、纪委书记，负责党委全面工作，并负责纪委（监察）、团委、维稳、保卫等管理工作，分管党委办公室、党委组织部、党委宣传部。

侯晓峰任党委委员、副厂长、总工程师，负责经营、企管、内控、技术、质量、产品研发等管理工作，分管经营科、质量管理科。

孙贵民任党委委员、副厂长，负责市场开发、销售、公司及周边市场以外的现场设备制造的生产组织，分管营销中心。

何培堂任党委委员、副厂长、安全总监，负责生产、设备、安全、环保、信息化等管理，负责现场应急管理，分管生产计划科、安全环保科、设备科。

朱明智任党委委员、工会主席，负责工会全面工作，并负责现场管理和档案管理。

2016 年 2 月 24 日，机械厂第十届三次职工代表大会暨 2015 年度总结表彰大会召开。厂长李乃森作了题为《统一思想，深化改革，为实现全年各项目标而努力奋斗》的工作报告。报告总结了 2015 年取得的成绩，明确了机械厂 2016 年工作目标和要着力抓好的九项重点工作：一是狠抓安全管理，始终把安全工作放在一切工作的首位；二是牢固树立质量生命线观念，提升"庆化机"品牌信誉；三是全力保证石化装置安稳运行，为大庆石化保驾护航；四是自我加压，强化以内部挖潜为主的企业经营管理工作；五是开拓市场，实现对内的纵向拓深和对外的横向拓宽；六是加大新产品开发推广力度；七是规范企业内部管理；八是完成新厂房的最终验收；九是继续发挥党委对中心工作的支持保障作用。

2016 年 4 月，正处级干部梁启国退休。

2016 年 5 月，大庆石化分公司编委办决定，将机械厂办公室（党委办公室、维稳办、保卫科）更名为办公室（党委办公室），保卫和维护稳定工作职责保留在办公室（党委办公室）。

2016 年 7 月 20 日，中共机械厂第八次代表大会召开，84 名党员代表参加会议。会议选举产生中共机械厂第八届委员会，由朱明智、孙贵民、李乃森、何培堂、侯晓峰、高恩忠等 6 人（以姓氏笔画为序）组成，高恩忠为党委书记。选举产生中共机械厂纪律检查委员会，由于淑艳、王立新、巨艳春、田广海、高恩忠等 5 人（以姓氏笔画为序）组成，高恩忠为纪委书记。截至 7 月，机械厂党委下属 10 个党支部，共有党员 174 人。

2016 年 10 月，经大庆石化分公司党委组织部同意，机械厂撤销现场制作分厂党支部，将营销中心党支部、现场制作分厂党支部合并为营销中心联合党支部。

2017 年 3 月 1 日，机械厂第十届四次职工代表大会暨 2016 年度总结表彰大会召开。厂长李乃森作了题为《深化改革，勠力进取，坚决打赢扭亏攻坚战》的工作报告。报告总结了 2016 年取得的成绩，明确了机械厂 2017 年工作目标和八项重点工作：一是牢固树立安全红线意识，健全安全环保问责机制；二是牢固树立质量生命线意识，贯彻质量保证体系；三是忠实践行保驾护航承诺，履行为大庆石化服务责任；四是开展深度挖潜增效，提高内部管理水平；五是潜心开发内部市场，积极开拓外部市场；六是大力推进科技进步，提升创新创效实力；七是深化企业内部改革，实现本质提升；八是发挥党委政治核心作用，营造良好发展氛围。

2017 年 4 月，大庆石化分公司编委办决定，机械厂撤销换热器制造车间和现场制作分厂。换热器制造车间业务、人员、资产划归容器制造车间管理；现场制作分厂业务划归机加分厂和运行车间，资产划归容器制造车间管理。

2017 年 4 月，大庆石化分公司编委办决定，将机械厂企业文化科（党委宣传部、监察室、工会办公室、团委）更名为党群工作部，主要负责宣传、纪检监察、工会、团委、企业文化等业务。

2017 年 5 月，经大庆石化分公司党委组织部同意，机械厂营销中心联合党支部更名为机械厂营销中心党支部。

2017年11月，大庆石油化工机械厂改制为一人有限责任公司，全称为大庆石油化工机械厂有限公司（工商注册名称），中国石油大庆石油化工总厂持股100%。改制后公司注册资本为7500万元，出资方式为货币、非货币。全部债权、债务以及可能出现的或有负债由改制后公司承继。委派李乃森为大庆石油化工机械厂有限公司执行董事、高恩忠为监事，聘任李乃森为大庆石油化工机械厂有限公司经理。

2017年12月，大庆石化分公司决定：解聘高恩忠的机械厂监察室主任职务。大庆石化分公司党委决定：朱明智任机械厂党委副书记、纪委书记；免去高恩忠的机械厂纪委书记职务。

随后，机械厂对部分领导班子成员分工进行调整：党委委员、厂长李乃森负责行政全面工作，分管办公室（党委办公室）、人事科（党委组织部）、财务科。党委书记高恩忠负责党委全面工作，负责团委、维稳、保卫等管理工作，分管党委办公室、党委组织部、党群工作部。党委副书记、纪委书记、工会主席朱明智协助党委书记抓好党委日常工作，负责纪委、工会工作，并负责现场管理和档案管理，协管党群工作部。

2018年1月30日，机械厂第十一届一次职工代表大会暨2017年度总结表彰大会召开。厂长李乃森作了题为《抓住机遇，乘势而上，坚决打赢扭亏攻坚战》的工作报告。报告总结了2017年取得的成绩，提出了2018年机械厂七项重点工作：一是努力实现本质安全，推动安全形势持续稳定；二是从严管理常抓不懈，提升"庆化机"品牌信誉；三是深化改革创新机制，助力企业实现跨越式发展；四是打造一流服务理念，寻求拓宽市场新突破口；五是注重深挖内部潜能，促进经营形势进一步好转；六是导入精益生产思想，带动基础管理工作上水平；七是发挥党委领导作用，营造和谐稳定发展氛围。

2018年2月，大庆石化分公司决定，机械厂运行车间整体托管到储运中心。

2018年6月，大庆石化分公司决定，对机械厂和检测公司进行重组整合。检测公司机关的机构编制全部撤销，人员重组整合到机械厂机关或基层单位。检测公司的无损检测室、锅炉容器检验室、理化与泄漏检测室、压力管道检验室、起重机械检验室、腐蚀与防护检测室、设备诊断与节能监测中心、安全仪器检测室、计量检定一室、计量检定二室、建筑工程质量检测中心、材料供应站等12个基层单位暂成建制整合到机械厂。检测公司的离退休、有偿解除劳动合同等未在册人员划归机械厂管理。

2018年6月,大庆石化分公司决定:聘任王学增为机械厂副厂长;聘任王威为机械厂副厂长;聘任张勇为机械厂副厂长;聘任董志波为机械厂副厂长;聘任刘居江为机械厂副处级干部。大庆石化分公司党委决定:孙贵民任机械厂党委书记;王学增任机械厂党委委员;王威任机械厂党委委员;张勇任机械厂党委委员;免去高恩忠的机械厂党委书记、党委委员职务。

2018年6月,经大庆石化分公司党委组织部同意,检测公司生产第一联合党支部调整为机械厂生产第一联合党支部,检测公司生产第二联合党支部调整为机械厂生产第二联合党支部,检测公司计量检定一室党支部调整为机械厂计量检定一室党支部,检测公司计量检定二室党支部调整为机械厂计量检定二室党支部,检测公司安全仪器检测室党支部调整为机械厂安全仪器检测室党支部,检测公司建筑工程质量检测中心党支部调整为机械厂建筑工程质量检测中心党支部,检测公司机关党支部撤销,党员划入机械厂机关党支部。

2018年8月,机械厂对领导班子成员分工进行调整:

党委委员、厂长李乃森负责行政全面工作,分管办公室(党委办公室)、人事科(党委组织部)、财务科。党委书记、副厂长孙贵民负责党委全面工作,并负责市场开发、外部协作、清欠及大庆地区以外的现场制作管理工作,分管党委办公室、党委组织部、党群工作部、营销中心。党委委员、副厂长、总工程师侯晓峰负责工艺、设计、技术、质量、产品研发管理工作,负责经营、内控、档案管理工作,分管经营科、质量管理科、技术设计中心,协管办公室(党委办公室)。党委副书记、纪委书记、工会主席朱明智协助党委书记抓好党委日常工作,负责纪委全面工作,负责维稳、保卫、武装、工会、共青团工作,分管工会、团委,协管党群工作部。党委委员、副厂长王学增负责检验检测和计量检定的生产、安全、应急管理、市场开发工作,分管生产计划科、安全环保科的检验检测和计量检定管理业务,协管营销中心。党委委员、副厂长、安全总监何培堂负责安全、环保、QHSE体系、应急管理、设备及资产管理工作,分管安全环保科、设备科。党委委员、副厂长王威负责检验检测和计量检定的技术、质量、设备、体系及资质工作，分管质量管理科、设备科的检验检测和计量检定管理业务。党委委员、副厂长张勇负责加工制造的生产及工序外委管理工作，负责精益生产、文明生产管理及物资采购工作，分管生产计划科、备料车间（材料供应站）。

2018年9月，大庆石化分公司编委办决定，撤销机械厂阀门修造分厂机构编制，成立设备维修分厂，原阀门修造分厂人员充实到创效业务。撤销经营科机构编制，业务及人员划归营销中心管理。

2018年10月，大庆石化分公司编委办决定，机械厂计量检定一室和计量检定二室整合为计量检定测试中心。

2018年10月，经大庆石化分公司党委组织部同意，撤销机械厂阀门修造分厂党支部，成立设备维修分厂党支部，原阀门修造分厂党员组织关系转入设备维修分厂党支部。

2018年11月，大庆石化分公司决定：聘任张勇为机械厂安全总监；解聘何培堂的机械厂安全总监职务。

2018年12月，主营业务增补了防静电设备制造业务许可。

2019年1月29日，机械厂第十一届二次职工代表大会暨2018年度总结表彰大会召开。厂长李乃森作了题为《站在新起点、展示新作为，努力开创高质量发展新局面》的工作报告。报告总结了2018年取得的成绩，提出了2019年机械厂六项重点工作：一是提高安全质量管理水平，打牢企业发展根基；二是突出服务创效发展理念，全力以赴开发市场；三是催生创新创效内生动力，谋求科学发展途径；四是推进精益生产模式实施，实现管理本质提升；五是夯实人才队伍建设基础，引领企业持续发展；六是全面加强党的建设，提供高质量发展动力。

2019年2月，大庆石化分公司决定，将机械厂（原检测公司）工程检测、特种设备检测和建筑工程质量检测业务和无损检测室、理化与泄漏检定、锅炉容器检验室、压力管道检验室、起重机械检验室、建筑工程质量检测中心、材料供应站整合到信息技术中心。

2019年2月，大庆石化分公司决定：免去王学增的机械厂副厂长职务；免去王威的机械厂副厂长职务。大庆石化分公司党委决定：免去王学增的机械厂党委委员职务；免去王威的机械厂党委委员职务。

2019年3月，主营业务增补了计量器具检定、校准与测试；炼化设备监测、检测技术服务；腐蚀监测、检测技术服务；电气检测；消防设施维护保养检测；质检技术服务；环境保护监测业务许可。

2019年3月，经大庆石化分公司党委组织部同意，撤销机械厂生产第一联合党支部；撤销生产第二联合党支部；撤销计量检定一室党支部；撤销建筑工程质量检测中心党支部；将计量检定二室党支部更名为计量检定测试中心党支部；成立设备诊断与节能监测中心党支部。

2019年4月，大庆石油化工有限公司决定：聘任李乃森为大庆石油化工机械厂有限公司经理、执行董事；聘任孙贵民为大庆石油化工机械厂有限公司监事；解聘高恩忠的大庆石油化工机械厂有限公司监事职务。

2019年5月，大庆石化分公司编委办决定，机械厂容器制造车间和后处理车间整合为新的容器制造车间。

2019年7月，大庆石化分公司决定：解聘何培堂的机械厂副厂长职务；解聘董志波的机械厂副厂长职务。大庆石化分公司党委决定：免去何培堂的机械厂党委委员职务。

2019年9月，机械厂对领导班子成员分工进行调整：

党委委员、厂长李乃森负责行政全面工作，带头履行"一岗双责"责任，分管办公室（党委办公室）、人事科（党委组织部）、财务科。党委书记、副厂长孙贵民负责党委全面工作，履行党的建设第一责任人责任，负责市场开发、外部协作、清欠及大庆地区以外的现场制作管理工作，分管党委办公室、党委组织部、党群工作部、营销中心。党委委员、副厂长、总工程师侯晓峰负责工艺、设计、技术、质量、产品研发和资产管理工作，负责经营、内控、企管、物资及档案管理工作，抓好分管范围内的党建工作，分管质量管理科、技术设计中心、备料车间（材料供应站），协管办公室（党委办公室）。党委副书记、纪委书记、工会主席朱明智协助党委书记抓好党委日常工作，负责纪委全面工作，负责维稳、保卫、武装、工会、共青团工作，分管工会、团委，协管党群工作部。党委委员、副厂长、安全总监张勇负责安全环保、生产、QHSE体系、应急管理、加工制造的生产及设备管理工作，负责精益生产、文明生产管理工作，抓好分管范围内的党建工作，分管生产计划科、安全环保科、设备科。

2020年1月，机械厂第十一届三次职工代表大会暨2019年度总结表彰大会召开。厂长李乃森作了题为《固本强基、提质增效，不断开创高质量发展新局面》的工作报告。报告提出了机械厂2020年七个方面重点工作：一是突出基础建设，守好安全红线和质量生命线；二是突出服务创效，寻求内外部市场开发新突破；三是突出深挖潜能，推动生产经营形势持续好转；四是突出品牌战略，加快向服务型制造转变步伐；五是突出精益管理，助力"庆化机"实现跨越式发展；六是突出创新驱动，催生科技和管理的内在动力；七是突出政治引领，促进党建与生产经营的深度融合。

2020年3月，大庆石化分公司编委办决定，机械厂设备科和安全环保科整合为设备安全管理科；设备诊断与节能监测中心和腐蚀与防护检测室整合为设备诊断与防护监测中心。

2020年4月，大庆石化分公司决定：刘斌任机械厂副厂长。大庆石化分公司党委决定：刘斌任机械厂党委委员。

随后，机械厂对部分领导班子成员分工进行调整：党委委员、副厂长、总工程师侯晓峰负责工艺、设计、技术、产品研发内控及档案管理工作，抓好分管范围内的党建工作，分管技术设计中心，协管办公室（党委办公室）、财务科、营销中心。党委委员、副厂长、安全总监张勇负责安全环保、QHSE体系、应急管理、生产、工序协作、设备管理、精益生产、文明生产管理工作，抓好分管范围内的党建工作，分管生产计划科、设备安全管理科。党委委员、副厂长刘斌负责质量、采购管理工作，协助做好市场开发管理工作，抓好分管范围内的党建工作，分管质量管理科、备料车间（材料供应站），协管营销中心。

2020年4月，经大庆石化分公司党委组织部同意，机械厂设备诊断与节能监测中心党支部更名为机械厂设备诊断与防护监测中心党支部。

2020年6月，大庆石化分公司决定：冯凯明任机械厂总会计师。大庆石化分公司党委决定：冯凯明任机械厂党委委员。

2020年7月，机械厂对部分领导班子成员分工进行调整：党委委员、厂长李乃森负责行政全面工作，带头履行"一岗双责"责任，分管办公室（党委办公室）、人事科（党委组织部）。党委委员、副厂长、总工程师侯晓峰负责工艺、设计、技术、产品研发、经营、内控及档案管理工作，抓好分管范围内的党建工作，分管技术设计中心，协管办公室（党委办公室）。

党委委员、总会计师冯凯明负责提质增效、清欠、审计、关联交易、费用审核、成本管理工作，抓好分管范围内的党建工作，分管财务科，协管营销中心。

2020年11月，大庆石化分公司决定：孙贵民任机械厂厂长；刘斌任机械厂安全总监；免去李乃森的机械厂厂长职务，改任机械厂正处级干部；免去冯凯明的机械厂总会计师职务；免去张勇的机械厂副厂长、安全总监职务。

大庆石化分公司党委决定：张勇任机械厂党委书记；免去孙贵民的机械厂党委书记职务；免去李乃森的机械厂党委委员职务；免去冯凯明的机械厂党委委员职务。大庆石油化工有限公司决定：孙贵民任大庆石油化工机械厂有限公司经理、执行董事，解聘其大庆石油化工机械厂有限公司监事职务；张勇任大庆石油化工机械厂有限公司监事；免去李乃森的大庆石油化工机械厂有限公司执行董事、经理职务。

随后，机械厂对领导班子成员分工进行调整：

党委委员、厂长孙贵民负责行政全面工作，并负责安全环保等工作，带头履行"一岗双责"责任，分管办公室（党委办公室）、人事科（党委组织部）、财务科。党委书记张勇负责党委全面工作，负责维稳、保卫、武装工作，履行党的建设第一责任人责任，负责生产、应急、工序协作、设备、信息化、精益生产、文明生产管理工作，协助负责安全环保管理工作，分管党委办公室、党委组织部、党群工作部、生产计划科、设备安全管理科。党委委员、副厂长、总工程师侯晓峰负责总体规划、工艺、设计、技术、产品研发、内控、制度及档案管理工作，抓好分管范围内的党建工作，分管技术设计中心，协管办公室（党委办公室）。党委副书记、纪委书记、工会主席朱明智协助党委书记抓好党委日常工作，负责纪委、工会和共青团等工作，协管党群工作部。党委委员、副厂长、安全总监刘斌负责经营、对标、提质增效、市场开发、外部协作、清欠及大庆地区以外的现场制作管理工作，同时负责QHSE体系、质量和采购管理工作，协助负责安全环保管理工作，抓好分管范围内的党建工作，分管质量管理科、营销中心、备料车间（材料供应站），协管设备安全管理科。

2020年12月，大庆石化分公司决定：李想任机械厂副厂长。大庆石化分公司党委决定：李想任机械厂党委委员。

随后，机械厂对领导班子成员分工进行调整：

党委委员、厂长孙贵民负责行政全面工作，并负责发展改革、安全环保、提质增效等工作，带头履行"一岗双责"责任，分管办公室（党委办公室）、人事科（党委组织部）、财务科。

党委书记张勇负责党委全面工作，负责党的建设、思想政治（新闻宣传）、保密工作、维稳信访、武装保卫工作，履行党的建设第一责任人责任，负责生产（受控）、工序协作和设备、信息化、精益生产、文明生产管理等工作，协助负责安全环保管理工作，分管党委办公室、党委组织部、党群工作部、生产计划科、设备安全管理科。

党委委员、副厂长、总工程师侯晓峰负责总体规划、工艺设计、技术进步、产品研发和档案管理工作，协助负责培训工作，抓好分管范围内的党建工作，分管技术设计中心，协管办公室（党委办公室）、人事科（党委组织部）。

党委副书记、纪委书记、工会主席朱明智协助党委书记抓好党委日常工作和党风建设、反腐败工作，负责纪委、工会和共青团等工作，协管党群工作部。

党委委员、副厂长李想负责企管、制度、法律、内控和询比价管理等工作，负责经营、对标管理等工作，协助负责发展改革、提质增效等工作，抓好分管范围内的党建工作，协管办公室（党委办公室）、财务科、营销中心。

党委委员、副厂长、安全总监刘斌负责市场开发、外部协作、清欠及大庆地区以外的现场制作管理工作，负责 QHSE 体系、质量和采购管理工作，协助负责安全环保管理工作，抓好分管范围内的党建工作，分管质量管理科、营销中心、材料供应站（备料车间），协管设备安全管理科。

"十三五"以来，机械厂不断转变观念，外拓市场、内强管理，企业创效能力稳步提升，产品竞争力和企业形象持续增强。通过开展挖潜增效，推进目标成本管理，实施精益生产管理，大力开拓外部市场，实现扭亏解困。通过做专炼化装备制造，实现规模化、系列化生产，做精机械加工产品，提高产品质量和性能，产品在集团公司和国内炼化企业市场占有率逐步扩大，高端产品占比达60%以上。先后承担集团公司级科研课题5项，集团公司内部优势产品 2 项，集团公司自主创新重要产品 6 项，集团公司科技成果鉴定 5 项，申报国家专利 67 项，形成企业技术秘密 14 项，制订集团公司企业标准 3 项。

截至 2020 年 12 月 31 日，机关设职能科室 7 个：办公室（党委办公室）、人事科（党委组织部）、党群工作部、财务科、生产计划科、设备安全管理科、质量管理科。下设基层单位 11 个：容器制造车间、运行车间、机加分厂、设备维修分厂、压力元件分厂、营销中心、技术设计中心、备料车间（材料供应站）、设备诊断与防护监测中心、计量检定测试中心、安全仪器检测室。固定资产原值 48977.45 万元，净值 29863.62 万元。在册员工563 人。机械厂党委下属党支部 12 个，共有党员 185 人。

一、大庆石油化工机械厂—大庆石油化工机械厂有限公司（2016.1—2020.12）

（一）大庆石油化工机械厂领导名录（2016.1—2017.11）

厂　　　长　李乃森（2016.1—2017.11）

（二）大庆石油化工机械厂有限公司领导名录（2017.11—2020.12）

执 行 董 事　李乃森（2017.11—2020.11）

　　　　　　孙贵民（2020.11—12）

监　　　事　高恩忠（2017.11—2019.4）

　　　　　　孙贵民（2019.4—2020.11）

　　　　　　张　勇（2020.11—12）

经　　　理　李乃森（2017.11—2020.11）

　　　　　　孙贵民（2020.11—12）

二、机械厂行政领导名录（2016.1—2020.12）

厂　　　长　李乃森（2016.1—2020.11）

　　　　　　孙贵民（2020.11—12）

副 厂 长　侯晓峰（2016.1—2020.12）

　　　　　　孙贵民（2016.1—2020.11）

　　　　　　何培堂（回族，2016.1—2019.7）[①]

---

① 2019 年 7 月，何培堂调任化工二厂党委委员、党委副书记、纪委书记、工会主席。

王学增（2018.6—2019.2）①

王　威（生于1973年，2018.6—2019.2）②

张　勇（2018.6—2020.11）

董志波（2018.6—2019.7）③

刘　斌（2020.4—12）

李　想（男，2020.12）

总 工 程 师 侯晓峰（2016.1—2020.12）

总 会 计 师 冯凯明（满族，2020.6—11）④

安 全 总 监 何培堂（兼任，2016.1—2018.11）

张　勇（兼任，2018.11—2020.11）

刘　斌（兼任，2020.11—12）

监察室主任 高恩忠（2016.1—2017.12）

正处级干部 梁启国（2016.1—4）⑤

李乃森（2020.11—12）

副处级干部 刘居江（2018.6—2019.2）⑥

三、机械厂党委领导名录（2016.1—2020.12）

书　　　记 高恩忠（2016.1—2018.6）⑦

孙贵民（2018.6—2020.11）

张　勇（2020.11—12）

副 书 记 朱明智（2017.12—2020.12）

委　　　员 高恩忠（2016.1—2018.6）

孙贵民（2016.1—2020.12）

李乃森（2016.1—2020.11）

---

① 2019年2月，王学增调任检测信息技术中心副主任。

② 2019年2月，王威调任检测信息技术中心副主任。

③ 2019年7月，董志波调任公司安全环保工程监督站副站长。

④ 2020年11月，冯凯明调任计划处副处长；2016年1月至2020年6月期间、2020年11月至12月期间，机械厂总会计师空缺。

⑤ 2016年4月，正处级干部梁启国退休。

⑥ 2019年2月，刘居江改任检测信息技术中心副处级干部。

⑦ 2018年6月，高恩忠调任客运中心主任。

侯晓峰（2016.1—2020.12）

朱明智（2016.1—2020.12）

何培堂（2016.1—2019..7）

张　勇（2018.6—2020.12）

王学增（2018.6—2019.2）

王　威（2018.6—2019.2）

刘　斌（2020.4—12）

冯凯明（2020.6—11）

李　想（2020.12）

四、机械厂纪委领导名录（2016.1—2020.12）

书　　记　高恩忠（2016.1—2017.12）

朱明智（2017.12—2020.12）

五、机械厂工会领导名录（2016.1—2020.12）

主　　席　朱明智（2016.1—2020.12）

第十四节　检测公司（2016.1—2018.6）

大庆石化检测公司的前身是化建公司工程检测技术公司。2008年10月，大庆石化分公司将化建公司工程检测技术公司划出，改列大庆石化分公司正处级基层单位。检测公司工商注册名称为大庆石油化工工程检测技术有限公司，法人二级单位，对内简称检测公司，主要承担无损检测、理化检验、特种设备定期检验等业务，是综合性检验检测技术服务企业。

截至2015年12月31日，检测公司业务范围涉及无损检测、理化检验、特种设备定期检验、设备监测诊断、节能监测、腐蚀与防护检测、计量器具检定与校准、建筑消防设施检测等多个领域。机关设职能科室7个：办公室（党委办公室）、人事科（党委组织部）、企业文化科（党委宣传部、工会办公室、团委）、财务科、计划经营科、生产技术科、质量安全科。下设基层单位14个：无损检测室、化学分析室、物理检验室、锅炉容器检验室、压力管道检验室、起重机械检验室、设备监测诊断中心、节能监测室、腐蚀与防护检测室、计量检定一室、计量检定二室、安全仪器检测室、综合管理部、材料供应站。固定资产原值5617万元，净值2485万元。在册员工286人。检测公司党委下属6个党支部，共有党员120人。机关办公地点位于黑龙江省大庆市龙凤区化工路90号。

检测公司党政领导班子5人，其中行政领导班子4人，党委由5人组成：

张晓秋任党委委员、经理，负责行政全面工作，分管办公室、人事科、企业文化科、材料供应站。

杨帆任党委书记、纪委书记、工会主席，负责党委、纪委、工会全面工作，分管党委办公室、党委组织部、党委宣传部。

王学增任党委委员、副经理、安全总监，负责安全、HSE体系管理和检测部分的生产、环保、质量、经营、设备管理等工作，分管生产技术科、计划经营科、质量安全科、综合管理部。

王威任党委委员、副经理，负责检测专业技术管理工作，负责大庆石油化工工程检测技术有限公司和大庆石油化工总厂特种设备检验中心两个机构的资质管理及员工从业资格取证、复证的审核工作，分管生产技术科、质量安全科。

刘居江任党委委员、总工程师，负责计量部分的生产、环保、质量、经营、设备管理和质量体系管理等工作，分管生产技术科、计划经营科、质量安全科。

2016年2月1日，检测公司第二届第三次职工代表大会召开。经理张晓秋作了题为《适应新常态，积极应对新挑战，努力提升有质量、有效益可持续发展水平》的工作报告。会议确定了检测公司2016年工作目标：一是实现安全零事故目标，实现企业本质安全；二是检测准确率98%，合同履约率100%，标准执行率100%，用户满意度95%；三是完成公司下达的各项生产任务及经营指标的全年工作目标。明确重点抓好以下五个方面工作：一是进一步加强安全和质量基础管理，确保企业可持续健康发展；二是进一步加强组织领导，做好石化装置日常检维修和工程项目管理工作；三是充分发挥专业优势，大力开拓外部市场；四是强化培训工作，提升公司整体综合素质；五是加强党建工作，为企业发展凝心聚力。

2016 年 5 月，大庆石化分公司编委办决定，检测公司设备监测诊断中心和节能监测室整合为设备诊断与节能监测中心。

2016 年 7 月 20 日，中共检测公司第六次党员大会召开，92 名党员参加会议。会议选举产生中共检测公司第六届委员会，由王威、王学增、刘居江、杨帆、张晓秋等 5 人（以姓氏笔画为序）组成，杨帆为党委书记。选举产生中共检测公司纪律检查委员会，由朱辉、张君、张君秋、杨帆、宗辉等 5 人（以姓氏笔画为序）组成，杨帆为纪委书记。截至 7 月，检测公司党委下属 6 个党支部，共有党员 124 人。

2017 年 2 月 22 日，检测公司第二届第四次职工代表大会召开。经理张晓秋作了题为《坚持真抓实干，立足稳健发展，为建设中油一流检测团队而努力奋斗》的工作报告。会议总结了 2016 年工作，明确了检测公司 2017 年五项重点工作：一是加强安全和质量基础管理，筑牢企业发展根基；二是全力做好各项生产工作，保障石化装置平稳运行；三是充分发挥专业优势，大力开拓外部市场；四是加强培训工作，提升公司整体综合素质；五是加强党建工作，为企业发展凝心聚力。

2017 年 3 月，大庆石化分公司决定，将久隆房地产公司的工程质量检测公司及人员划归检测公司管理，列检测公司基层单位，工程质量检测公司设党支部 1 个。工程质量检测公司的离退休、有偿解除劳动合同等未在册人员，随机构一并划归检测公司管理。

2017 年 4 月，大庆石化分公司编委办决定，将检测公司工程质量检测公司更名为建筑工程质量检测中心。将检测公司物理检验室和化学分析室整合为一个机构，同时增加 VOCs 泄漏检测业务，整合后机构名称为理化与泄漏检测室。将检测公司的企业文化科（党委宣传部、工会办公室、团委）更名为党群工作部，主要负责宣传、纪检监察、工会、团委、企业文化等业务。

2017 年 12 月，大庆石化分公司决定：聘任董志波为检测公司副经理；解聘杨帆的检测公司监察室主任职务。

2018 年 2 月 8 日，检测公司第二届第五次职工代表大会召开。经理张晓秋作了题为《强化管理提升，突出质量效益，为实现公司可持续发展努力奋斗》的工作报告。会议确定了检测公司 2018 年工作目标，明确了重点抓好以下七个方面工作：一是安全管理实现既定目标；二是服务保障能力再上新台阶；三是新技术应用实现新突破；四是外部市场开发取得新进展；五是质量管理工作迈上新台阶；六是全员素质取得新提升；七是党的建设取得新成效。

2018 年 4 月，大庆石化分公司编委办决定，撤销检测公司综合管理部机构编制，其业务划归起重机械检验室管理。

2018 年 6 月，大庆石化分公司决定，对机械厂和检测公司进行重组整合，检测公司机关的机构编制全部撤销，人员重组整合到机械厂机关或基层单位。检测公司的无损检测室、锅炉容器检验室、理化与泄漏检测室、压力管道检验室、起重机械检验室、腐蚀与防护检测室、设备诊断与节能监测中心、安全仪器检测室、计量检定一室、计量检定二室、建筑工程质量检测中心、材料供应站等 12 个基层单位暂成建制整合到机械厂。检测公司的离退休、有偿解除劳动合同等未在册人员划归机械厂管理。

2018 年 6 月，大庆石化分公司党委决定，撤销中共大庆石化分公司检测公司委员会；撤销大庆石化分公司检测公司纪律检查委员会。

2018 年 6 月，大庆石化分公司决定：解聘张晓秋的检测公司经理职务；解聘王学增的检测公司副经理、安全总监职务；解聘王威的检测公司副经理职务；解聘董志波的检测公司副经理职务；解聘刘居江的检测公司总工程师职务。大庆石化分公司党委决定：免去王学增的检测公司党委委员职务；免去王威的检测公司党委委员职务；免去杨帆的检测公司党委书记、纪委书记、工会主席、党委委员职务；免去张晓秋的检测公司党委委员职务；免去刘居江的检测公司党委委员职务。

一、大庆石油化工工程检测技术有限公司领导名录（2016.1—2018.6）

　　执 行 董 事　张晓秋（2016.1—2018.6）

　　监　　　　事　李宜辉（女，2016.1—2018.6）

二、检测公司行政领导名录（2016.1—2018.6）

　　经　　　　理　张晓秋（2016.1—2018.6）①

---

①　2018 年 6 月，张晓秋改任塑料厂正处级干部。

副 经 理　王学增（2016.1—2018.6）[1]

　　　　　王　威（生于1973年，2016.1—2018.6）[2]

　　　　　董志波（2017.12—2018.6）[3]

总 工 程 师　刘居江（2016.1—2018.6）[4]

安 全 总 监　王学增（兼任，2016.1—2018.6）

监察室主任　杨　帆（2016.1—2017.12）

三、检测公司党委领导名录（2016.1—2018.6）

书　　记　杨　帆（2016.1—2018.6）[5]

委　　员　杨　帆（2016.1—2018.6）

　　　　　张晓秋（2016.1—2018.6）

　　　　　王学增（2016.1—2018.6）

　　　　　刘居江（2016.1—2018.6）

　　　　　王　威（2016.1—2018.6）

四、检测公司纪委领导名录（2016.1—2018.6）

书　　记　杨　帆（2016.1—2018.6）

五、检测公司工会领导名录（2016.1—2018.6）

主　　席　杨　帆（2016.1—2018.6）

第十五节　开发公司（2016.1—2020.12）

　　开发公司前身是大庆石油化工总厂经济技术开发公司，成立于1993年9月，简称开发公司，列大庆石油化工总厂正处级基层单位。1995年6月，大庆石油化工总厂决定，并报请黑龙江省体改委批准，将开发公司转制，更名为大庆石化经济技术开发股份有限公司，对内简称开发公司，并在大庆

---

① 2018年6月，王学增调任机械厂副厂长。

② 2018年6月，王威调任机械厂副厂长。

③ 2018年6月，董志波调任机械厂副厂长。

④ 2018年6月，刘居江改任机械厂副处级干部。

⑤ 2018年6月，杨帆调任消防支队政委。

高新技术开发区注册，注册资金 2500 万元。1999 年 9 月，大庆石油化工总厂与大庆石化分公司分开分立后，开发公司列大庆石油化工总厂正处级基层单位。2007 年 6 月，大庆石化分公司和大庆石油化工总厂重组整合，开发公司列大庆石化分公司正处级基层单位。全称为大庆石化经济技术开发股份有限公司，为法人二级单位，对内简称开发公司。2009 年 11 月，经大庆石化分公司编委办同意，大庆石化经济技术开发股份有限公司更名为大庆雪龙石化技术开发有限公司，对内仍简称开发公司。为独立核算、自负盈亏的全民所有制法人单位，生产产品主要面向大庆石化分公司。

截至 2015 年 12 月 31 日，开发公司共有生产装置 23 套，生产经营项目包含化工助剂类、防水保温类、塑料制品类、气体产品类、饮用水类、劳保用品类、印刷品类等 8 大类产品，同时还进行无缝钢瓶检测、公路运输、石化产品销售等服务。机关设职能科室 9 个：办公室（党委办公室、维稳办、保卫科）、人事科（党委组织部）、企业文化科（党委宣传部、监察室、工会办公室、团委）、财务科、生产科、计划科、技术科、机动科、质量安全环保科。下设基层单位 23 个：编织袋车间、成品车间、气体车间、打包带车间、纯净水车间、原料车间、液化气站、助剂车间、印刷厂、劳保用品厂、六通建材厂、劲松化工厂、劲松清洗队、劲松存车场、废旧物资回收队、庆营公司、贸易分公司、销售服务中心、车队、综合车间、材料供应站、市场开发中心、远通运输股份公司。固定资产原值 12738 万元，净值 5294 万元。在册员工 809 人。开发公司党委下属 18 个党支部，共有党员 223 人。机关办公地点位于黑龙江省大庆市龙凤区兴化村化谊路 22 号。

开发公司党政领导班子 7 人，其中行政领导班子 5 人，党委由 6 人组成：

王忠良任党委委员、经理，负责行政全面工作，分管财务科、人事科、办公室、企业文化科、保卫科。

唐世国任党委书记、纪委书记，负责党委、纪委全面工作，分管党委组织部、党委宣传部、党委办公室、纪检监察、团委、维稳办。

张春跃任党委委员、副经理，协助经理工作，负责设备、物资采购工作，分管机动科、材料供应站。

张军任党委委员、副经理，协助经理工作，负责经营、企管、物资管理工作，分管办公室、人事科、计划科、销售服务中心、材料供应站。

董国治任党委委员、副经理、安全总监，协助经理工作，负责生产、安全、质量、环保工作，分管生产科、质量安全环保科、车队。

肖晨光任总工程师，负责协助经理工作，负责技术管理工作，分管技术科。

姜国军任党委委员、工会主席，协助党委书记、经理工作，分管工会办公室、市场开发中心。

2016年1月，大庆石化分公司党委决定：肖晨光任开发公司党委委员。

2016年2月2日，开发公司第三届职工代表大会第三次会议暨2015年度总结表彰大会召开。经理王忠良作了题为《坚定信心，增产创效，为开发公司持续发展努力奋斗》的工作报告。会议确定了开发公司2016年重点工作：一是突出目标牵引，思想融合凝聚力量；二是突出增产增效，多措并举精准发力；三是突出安全环保，推进管理升位升级；四是突出质量控制，强化责任扩大优势；五是突出市场开发，创新思路抢占先机；六是突出精细管理，夯实基础精耕细作。

2016年3月，大庆石化分公司编委办决定，撤销餐饮服务中心建制，将餐饮服务中心的业务和人员划归开发公司。食堂科列开发公司业务科室，石化宾馆列开发公司基层单位。

2016年3月，大庆石化分公司决定：陈立军任开发公司副经理，协助经理工作，分管食堂科和石化宾馆。大庆石化分公司党委决定：陈立军任开发公司党委委员。

2016年5月，大庆石化分公司编委办决定，开发公司办公室（党委办公室、维稳办、保卫科）更名为办公室（党委办公室），保卫和维护稳定工作职责保留在办公室（党委办公室）。

2016年5月，大庆石化分公司编委办决定，将开发公司食堂科更名为食堂管理中心，改列开发公司基层单位。

2016年5月，大庆石化分公司党委组织部决定，将原餐饮服务中心卧里屯宾馆党支部更名为开发公司石化宾馆党支部；成立开发公司食堂管理中心党支部；撤销开发公司硫酸镁车间党支部；撤销原餐饮服务中心龙凤宾馆党支部；撤销原餐饮服务中心雅迪威商务酒店党支部；撤销原餐饮服务中心机关党支部。

2016年7月27日，中共开发公司第一次代表大会召开，96名党员代表参加会议。会议选举产生中共开发公司第一届委员会，由王忠良、肖晨光、张军、张春跃、陈立军、姜国军、唐世国、董国治等8人（以姓氏笔画为序）组成，唐世国为党委书记。选举产生中共开发公司纪律检查委员会，由纪艳、李天宇、唐世国、陶晓君、梁继波等5人（以姓氏笔画为序）组成，唐世国为纪委书记。截至7月，开发公司党委下属20个党支部，共有党员278人。

2016年12月，副处级干部韩玉娟退休。

2017年1月20日，开发公司第四届职工代表大会第一次会议暨2016年度总结表彰大会召开。经理王忠良作了题为《锐意进取，勇于突破，为开发公司发展壮大再创佳绩》的工作报告。会议确定了开发公司2017年重点工作：一是思想引领，"软实力"发挥"硬作用"；二是突出主业，继续提升盈利能力；三是安全提速，加强安全管理科学化水平；四是质量升级，提高产品的信誉度；五是开拓市场，进一步扩大市场规模；六是降低成本，继续挖掘内在潜力；七是项目建设，全力推动几个重点项目。

2017年3月，大庆石化分公司决定，将开发公司的劲松公司（包括六通建材厂、劲松化工厂、劲松清洗队、劲松存车场、废旧物资回收队）及从事劲松业务的员工划归实业公司管理；原劲松公司离退休、有偿解除劳动合同等未在册人员划归实业公司管理。

2017年4月，大庆石化分公司编委办决定，将开发公司的企业文化科（党委宣传部、监察室、工会办公室、团委）更名为党群工作部，主要负责宣传、纪检监察、工会、团委、企业文化等业务。

2017年8月，经大庆石化分公司党委组织部同意，撤销开发公司龙凤联合党支部、乙烯联合党支部。

2017年8月，正处级干部辛有才退休。

2017年12月，大庆石化分公司决定：解聘唐世国的监察室主任职务。大庆石化分公司党委决定：姜国军任开发公司党委副书记、纪委书记；免去唐世国的开发公司纪委书记职务。

随后，开发公司对领导班子成员分工进行调整：

党委委员、经理王忠良负责行政全面工作，分管人事科（党委组织部）、办公室（党委办公室）、财务科。党委书记唐世国负责党委全面工作，分管党委办公室、党委组织部、党群工作部。党委委员、副经理张军协助经理工作，负责经营计划、绩效考核、成本核算、工程（施工）结算、企管法规、市场开发、产品销售、物资管理等工作，分管计划科、人事科、财务科、办公室、市场开发中心、销售服务中心、材料供应站。党委委员、副经理、安全总监董国治协助经理工作，负责生产（受控部分）、安全（安全监督部分）、质量、环保、消防及 QHSE 体系管理工作，分管生产科、质量安全环保科。党委副书记、纪委书记、工会主席姜国军协助党委书记做好党委日常工作，负责纪检监察、工会工作。

2018 年 1 月 26 日，开发公司第四届职工代表大会第二次会议暨 2017 年度总结表彰大会召开。经理王忠良作了题为《转变观念，主动作为，为开发公司持续发展而努力奋斗》的工作报告。会议确定了开发公司 2018 年重点工作：一是强化思想引领，营造良好发展氛围；二是加大力度严格控制编织袋单袋成本，稳固创效能力；三是大力稳妥的开发外部市场，提高创效管理能力；四是加强精细化管理，提高企业管理水平；五是重视安全质量管理，夯实企业发展根基；六是全力抓好重点工作，增强企业发展后劲。

2018 年 6 月，大庆石化分公司决定：聘任董国治为开发公司经理，解聘其开发公司安全总监职务；聘任王忠良为开发公司正处级干部，解聘其开发公司经理职务；聘任张春跃为开发公司安全总监。大庆石化分公司党委决定：免去王忠良的开发公司党委委员职务。

2018 年 8 月，开发公司对领导班子成员分工进行调整：

党委委员、经理董治国负责行政全面工作，分管人事科（党委组织部）、办公室（党委办公室）、财务科。党委书记唐世国负责党委全面工作，分管党委办公室、党委组织部、党群工作部。党委委员、副经理、安全总监张春跃协助经理工作，负责生产（受控部分）、安全（安全监督部分）、质量、环保、消防及 QHSE 体系管理工作，负责机械、电气、仪表等设备管理工作，负责物资采购工作，负责施工计划及施工管理等工作，分管生产科、质量安全环保科、机动科、材料供应站。党委委员、副经理张军协助经理工作，负责经营计划、绩效考核、成本核算、工程（施工部分）结算、企管法规、市场开发、产品销售、物资管理等工作，负责总体规划、技术进步、科研开发、技术改造、信息化管理、技术档案和科协等工作，分管计划科、技术科、人事科、财务科、办公室、市场开发中心、销售服务中心、材料供应站。党委副书记、纪委书记、工会主席姜国军协助党委书记工作，负责党委日常工作，负责纪检监察、工会工作。党委委员、副经理陈立军协助经理工作，负责餐饮服务业务，分管石化宾馆、食堂管理中心。

2018年9月，大庆石化分公司编委办决定，撤销开发公司贸易分公司机构编制，业务划归开发公司庆营公司管理。开发公司机动科和材料供应站实行一体化管理，一体化管理后材料供应站按照班组管理，机构规格调整为无级别。

2018年11月，大庆石化分公司决定：聘任逄锦屹为开发公司副经理。大庆石化分公司党委决定：聘任逄锦屹为开发公司党委委员。

2018年11月，大庆石化分公司决定，开发公司编织袋车间和成品车间成建制划归塑料厂，暂列塑料厂基层单位，重载膜业务划归塑料厂，综合车间负责编织袋业务的质量检验和电钳维修人员划归塑料厂。

2019年1月29日，开发公司第四届职工代表大会第三次会议暨2018年度总结表彰大会召开。经理董国治作了题为《认清形势，砥砺前行，勇于担当，勤勉工作，以奋发自强精神为开发公司存续发展做出努力》的工作报告。会议确定了开发公司2019年重点工作：一是务必抓好日常生产组织，形成强有力的运行机制；二是务必抓好安全环保工作，形成强有力的保障机制；三是务必抓好质量管理，形成强有力的产品竞争优势；四是务必抓好精细管理，形成强有力的管控模式；五是务必抓好人员队伍管理，形成强有力的人力资源竞争优势；六是务必以效益为重心，做好开发公司发展规划；七是务必抓好党群工作，形成强有力的政治保障。

2019年2月，大庆石化分公司决定：解聘陈立军的开发公司副经理职务。大庆石化分公司党委决定：免去陈立军的开发公司党委委员职务；免去姜国军的开发公司党委副书记、纪委书记、工会主席、党委委员职务，改任开发公司副处级干部。

2019年2月，大庆石化分公司决定，开发公司的石化宾馆和食堂管理中心成建制划归客运中心管理，列客运中心基层单位。

2019年3月，经大庆石化分公司党委组织部同意，撤销开发公司编织袋车间党支部；撤销成品车间党支部；撤销综合车间党支部；撤销石化宾馆党支部；撤销食堂管理中心党支部；撤销材料供应站党支部。

2019年4月，大庆石化分公司决定：聘任逄锦屹为开发公司安全总监；解聘张春跃的开发公司安全总监职务。大庆石油化工有限公司决定：聘任董国治为大庆雪龙石化技术开发有限公司经理、执行董事；解聘王忠良的大庆雪龙石化技术开发有限公司执行董事、经理职务。

2019年4月，大庆石化分公司编委办决定，将开发公司办公室（党委办公室）、人事科（党委组织部）、党群工作部整合为综合管理科（党群工作部）；计划科、生产科、技术科、机动科、质量安全环保科整合为安全生产管理科；气体车间和液化气站整合为联合一车间；打包带车间、原料车间、劳保用品厂整合为联合二车间；助剂车间、纯净水车间、印刷厂整合为联合三车间；销售服务中心、车队、市场开发中心、庆营公司整合为新的销售服务中心。

2019年4月，经大庆石化分公司党委组织部同意，撤销开发公司气体车间党支部、液化气站党支部、打包带车间党支部、原料车间党支部、劳保用品厂党支部、助剂车间党支部、纯净水车间党支部、印刷厂党支部、车队党支部。成立联合一车间党支部、联合二车间党支部、联合三车间党支部。

2019年7月，大庆石化分公司决定：聘任王继波为开发公司副经理。大庆石化分公司党委决定：张学峰任开发公司党委委员、党委书记；王继波任开发公司党委委员；免去唐世国的开发公司党委书记、党委委员职务，改任热电厂正处级干部。

随后，开发公司对领导班子成员分工进行调整：

党委委员、经理董国治负责行政全面工作，分管综合管理科（党群工作部）、安全生产管理科、财务科。党委书记张学峰负责党委全面工作，负责纪检、工会工作，分管党群工作部。党委委员、副经理张春跃协助经理工作，负责设备、施工管理、物资供应工作，分管安全生产管理科设备、施工及物资供应业务。党委委员、副经理张军协助经理工作，负责计划经营、企管法规、销售工作，分管综合管理科（党群工作部）企管业务，分管安全生产管理科计划业务，协管财务科，综合管理科（党群工作部）人事业务。党委委员、副经理、安全总监逢锦屹协助经理工作，负责生产、技术、信息化、安全、质量、环保、消防及 QHSE 体系管理工作，分管安全生产管理科生产、安全环保、技术管理业务。党委委员、副经理王继波负责市场开发工作。

2019 年 12 月，正处级干部王忠良退休。

2020 年 1 月 21 日，开发公司第四届职工代表大会第四次会议召开。经理董国治作了题为《着力固本强基，提高创效能力，努力实现开发公司扭亏脱困科学发展》的工作报告。会议确定了开发公司 2020 年工作目标：一是完成石化公司下达的利润指标；二是上报石化公司安全、环保、质量事故为零；三是新增创效能力 1000 万元；四是合规经营、精细化管理能力显著提升；五是人员结构趋向合理，员工技能进一步提升；六是从严治党进一步向基层延伸。

2020 年 2 月，经大庆工商局批准，注销开发公司远通运输股份公司。3 月，经大庆石化分公司党委组织部同意，撤销远通运输股份公司党支部。

2020 年 6 月，大庆石化分公司决定：刘英杰任开发公司副经理。大庆石化分公司党委决定：刘英杰任开发公司党委委员。

2020 年 8 月，开发公司对领导班子成员分工进行调整：

党委委员、经理董国治主持行政全面工作，负责安全环保、财务资产等工作，分管综合管理科（党群工作部）、安全生产管理科、财务科。党委书记张学峰主持党委全面工作，负责纪检、工会工作，分管党群工作部。党委委员、副经理张春跃负责设备管理及状态监测等工作，负责施工管理等工作，负责物资管理工作，分管安全生产管理科。党委委员、副经理张军负责企管法规、清欠工作，分管综合管理科（党群工作部）企管业务。党委委员、总工程师肖晨光协助经理做好技术管理工作，负责总体规划、技术进步、科研开发、技术改造、信息化管理、技术档案等工作。党委委员、副经理、安全总监逢锦屹协助经理做好生产、安全质量、环保、消防及 QHSE 体系管理工作，分管安全生产管理科。党委委员、副经理王继波协助经理做好人事、财务资产管理工作。党委委员、副经理刘英杰负责产品销售工作、经营考核工作、产品价格工作、市场开发工作。

2020年10月，大庆石化分公司决定：免去张军的开发公司副经理职务，改任开发公司副处级干部；免去肖晨光的开发公司总工程师职务，改任开发公司副处级干部。大庆石化分公司党委决定：免去张军的开发公司党委委员职务；免去肖晨光的开发公司党委委员职务。

2020年11月，大庆石化分公司决定：孙继良任开发公司总工程师。大庆石化分公司党委决定：孙继良任开发公司党委委员。

"十三五"期间，开发公司对业务进行了重组整合，9个职能科室精简为3个，23个基层单位精简为4个。增加重包装膜生产设施项目，提高了包装物的强度，有效地解决了包装物吸灰和破损问题。完成编织袋生产厂房排烟除尘项目，彻底解决了严重危害工作人员的身心健康的隐患，进行了标气生产中心安全隐患治理、气体车间氢气提纯装置安全隐患治理、液化气车间充装装置消防水管线安全隐患治理等3项隐患治理工作，彻底消除了安全隐患，为安全平稳生产提供保证。

截至2020年12月31日，开发公司共有生产装置14套，生产经营项目包含化工助剂类、塑料制品类、气体产品类、饮用水类、劳保用品类、印刷品、口罩类等7大类产品，同时进行公路运输服务。机关设职能科室3个：综合管理科（党群工作部）、安全生产管理科、财务科。下设基层单位4个：联合一车间、联合二车间、联合三车间、销售服务中心。固定资产原值6576万元，净值1139万元。在册员工370人。开发公司党委下属党支部5个，共有党员171人。

一、大庆雪龙石化技术开发有限公司领导名录（2016.1—2020.12）

执 行 董 事　王忠良（2016.1—2019.4）

　　　　　　　董国治（2019.4—2020.12）

监　　　　事　李宜辉（女，2016.1—2020.12）

经　　　　理　王忠良（2016.1—2019.4）

　　　　　　　董国治（2019.4—2020.12）

二、开发公司行政领导名录（2016.1—2020.12）

经　　　　理　王忠良（2016.1—2018.6）

　　　　　　　董国治（2018.6—2020.12）

　　　　副　经　理　张春跃（2016.1—2020.12）

　　　　　　　　　　张　军（2016.1—2020.10）

　　　　　　　　　　董国治（2016.1—2018.6）

　　　　　　　　　　陈立军（2016.3—2019.2）①

　　　　　　　　　　逢锦屹（2018.11—2020.12）

　　　　　　　　　　王继波（2019.7—2020.12）

　　　　　　　　　　刘英杰（2020.6—12）

　　　　总 工 程 师　肖晨光（2016.1—2020.10）

　　　　　　　　　　孙继良（2020.11—12）

　　　　安 全 总 监　董国治（兼任，2016.1—2018.6）

　　　　　　　　　　张春跃（兼任，2018.6—2019.4）

　　　　　　　　　　逢锦屹（兼任，2019.4—2020.12）

　　　　监察室主任　唐世国（2016.1—2017.12）

　　　　正处级干部　辛有才（2016.1—2017.8）②

　　　　　　　　　　王忠良（2018.6—2019.12）③

　　　　副处级干部　韩玉娟（女，2016.3—12）④

　　　　　　　　　　姜国军（2019.2—2020.12）

　　　　　　　　　　张　军（2020.10—12）

　　　　　　　　　　肖晨光（2020.10—12）

三、开发公司党委领导名录（2016.1—2020.12）

　　　　书　　　记　唐世国（2016.1—2019.7）⑤

　　　　　　　　　　张学峰（2019.7—2020.12）

　　　　副　书　记　姜国军（2017.12—2019.2）

　　　　委　　　员　唐世国（2016.1—2019.7）

　　　　　　　　　　董国治（2016.1—2020.12）

---

① 2019年2月，陈立军调任客运服务中心副主任。

② 2017年8月，正处级干部辛有才退休。

③ 2019年12月，正处级干部王忠良退休。

④ 2016年3月，餐饮服务中心副处级干部韩玉娟划入开发公司管理。12月，副处级干部韩玉娟退休。

⑤ 2019年7月，唐世国改任热电厂正处级干部。

王忠良（2016.1—2018.6）

张春跃（2016.1—2020.12）

张　军（2016.1—2020.10）

肖晨光（2016.1—2020.10）

姜国军（2016.1—2019.2）

陈立军（2016.3—2019.2）

逄锦屹（2018.11—2020.12）

张学峰（2019.7—2020.12）

王继波（2019.7—2020.12）

刘英杰（2020.6—12）

孙继良（2020.11—12）

四、开发公司纪委领导名录（2016.1—2020.12）

书　　　记　唐世国（2016.1—2017.12）

姜国军（2017.12—2019.2）[1]

五、开发公司工会领导名录（2016.1—2020.12）

主　　　席　姜国军（2016.1—2019.2）[2]

第十六节　物资供应中心（2016.1—2020.12）

物资供应中心的前身是黑龙江炼油厂供应科，成立于1961年4月，列黑龙江炼油厂机关部门。1967年5月，改列大庆炼油厂基层单位。1970年8月，供应科更名为供应连。1972年4月，供应连更名为供应处，列大庆石油化工总厂科级基层单位。1974年12月，大庆石油化工总厂党委决定，供应处由科级基层单位升格为县（团）级基层单位。1984年12月，大庆石油化工总厂决定，将基建处、供应处和运输处合并，成立大庆石油化工

---

① 2019年2月至2020年12月期间，开发公司纪委书记空缺，纪委工作先后由党委书记唐世国、张学峰负责。

② 2019年2月至2020年12月期间，开发公司工会主席空缺，工会工作先后由党委书记唐世国、张学峰负责。

总厂工程承包公司，供应处改列工程承包公司正处级基层单位。1985年10月，大庆石油化工总厂厂务会议决定，将工程承包公司所属供应处从工程承包公司整建制划出，改列大庆石油化工总厂正处级基层单位。1987年3月，大庆石油化工总厂与大庆乙烯工程指挥部合并为新的大庆石油化工总厂。1987年5月，大庆乙烯指挥部物资供应处与大庆石油化工总厂供应处合并为大庆石油化工总厂供应处。1993年9月，大庆石油化工总厂决定，将供应处更名为物资供应公司。1999年9月，大庆石油化工总厂与大庆石化分公司分开分立，物资供应公司列大庆石油化工总厂正处级基层单位。2007年6月，大庆石化分公司与大庆石油化工总厂重组整合，物资供应公司列大庆石化分公司正处级基层单位。2007年7月，大庆石化分公司决定，将物资供应公司更名为物资供应中心。2013年4月，外事中心撤销，进出口管理科、外贸科、财务科和大连办的业务及人员划归物资供应中心管理。其对外中国石油技术开发大庆公司由物资供应中心负责。

截至2015年12月31日，物资供应中心有运输车辆27台、4条铁路专用线、库房及料棚共127栋、收发管理57个大类物资，年吞吐量48亿元以上，主要承担大庆石化分公司全部生产、项目施工、装置检修和矿区建设物资的采购供应任务。机关设职能科室25个：办公室（党委办公室、维稳办、保卫科）、人事科（党委组织部）、企业文化科（党委宣传部、工会办公室、团委）、调度室、网络信息科、安全环保科、管理科、化工科、原料科、材料科、备件科、配件科、动设备科、静设备科、电气科、仪表科、建材科、煤炭科、进出口管理科、财务科、合同科、项目协调科、物资检验科、集中采购科、物资超市。下设基层单位6个：卧里屯总库、龙凤总库、卧里屯接运队、龙凤接运队、地材库、水泥库。设临时机构2个：仓储管理科、计划科。挂靠单位1个：招标中心。固定资产上市部分原值1626.45万元，上市固定资产净值1099.63万元，固定资产未上市部分原值10417.18万元，未上市固定资产净值3146.41万元。在册员工568人。物资供应中心党委下属7个党支部，共有党员234人。机关办公地点位于黑龙江省大庆市龙凤区兴化村环北路。

物资供应中心党政领导班子7人，其中行政领导班子5人，党委由7人组成：

曹成才任党委委员、主任，负责业务、行政全面工作，分管人事科、财务科、办公室、计划科、企业文化科。

魏文涛任党委书记、纪委书记，负责党委、纪委全面工作，分管党委组织部、党委办公室，代管进出口管理科。

杨纯秋任党委委员、副主任，负责调度、煤炭、材料、建材、信息等工作，分管调度室、煤炭科、材料科、建材科、网络信息科。

张君任党委委员、副主任，负责动设备、静设备、备件、配件、项目协调等工作，分管动设备科、静设备科、备件科、配件科、项目协调科。

李永田任党委委员、副主任，负责电气、仪表、物资检验、合同等工作，分管电气科、仪表科、物资检验科、合同科。

王继波任党委委员、副主任、安全总监，负责安全、管理、仓储、集采、原料、化工等工作，分管管理科、安全环保科、仓储管理科、集中采购科，协管原料科、化工科。

陆继学任党委委员、工会主席，负责工会工作。

2016年1月29日，物资供应中心八届三次职工代表大会暨2016年工作会议召开。主任曹成才作了题为《强化采购管理，打造优质高效供应，为公司更快更好发展提供强大的物资支撑》的工作报告。会议确定了物资供应中心2016年十项重点工作：一是强化安全环保管理，实现物资供应安全保障；二是强化采购计划管理，实现高效优质供应；三是强化公开招标、公开选商管理，实现科学规范采购；四是持续开展降本工作，提升挖潜增效水平；五是强化质量过程管理，实现质量全面受控；六是强化精细管理，提升仓储管理水平；七是强化合规管理，提升规范化管理水平；八是加强员工素质教育，提升队伍建设水平；九是强化党风廉政建设，提升廉洁自律意识；十是加强党建工作，凝聚企业发展合力。

2016年5月，大庆石化分公司编委办决定，物资供应中心办公室（党委办公室、维稳办、保卫科）更名为办公室（党委办公室），保卫和维护稳定工作职责保留在办公室（党委办公室）。

2016年7月26日，中共物资供应中心第八次代表大会召开，90名党员代表参加会议。会议选举产生中共物资供应中心第八届委员会，由王继波、杨纯秋、李永田、张君、陆继学、曹成才、魏文涛等7人（以姓氏笔画为序）组成，魏文涛为党委书记。选举产生中共物资供应中心纪律检查委员会，由王大庆、田恩昇、任冬梅、郝剑锋、魏文涛等5人（以姓氏笔画为序）组成，魏文涛为纪委书记。截至7月，物资供应中心党委下属7个党支部，共有党员233人。

2016年9月，经大庆石化分公司党委组织部同意，撤销物资供应中心机关党支部，成立物资供应中心机关一党支部、机关二党支部、机关三党支部。

2016年9月，大庆石化分公司决定，公司招标中心设在物资供应中心，负责招标业务办理的实施工作以及文件备案和资料归档等日常工作，是招标业务的实施单位；法律事务与企管处负责招标业务的管理和审核工作，是公司招标工作的归口管理部门。招标中心党支部仍隶属公司机关党委。

2016年9月，大庆石化分公司决定：聘任张世祥为物资供应中心副主任，负责招标工作。

2017年2月17日，物资供应中心八届四次职工代表大会暨2017年工作会议召开。主任曹成才作了题为《坚持依法合规管理，创新优质高效供应，为公司更快更好发展提供强大的物资支撑》的工作报告。会议确定了物资供应中心2017年十项重点工作：一是强化安全环保管理，保持供应安全良好势头；二是强化优质高效保供，助力公司安稳生产；三是强化采购招标管理，实现科学规范采购；四是持续开展降本工作，提升挖潜增效空间；五是强化质量过程管理，实现质量全面受控；六是完善管理机制，提升精细化管理水平；七是强化合规管理，提升规范化管理水平；八是加强员工素质教育，提升队伍建设水平；九是强化党风廉政建设，提升廉洁自律意识；十是加强党建工作，凝聚企业发展合力。

2017年4月，大庆石化分公司决定，将物资供应中心企业文化科（党委宣传部、工会办公室、团委）更名为党群工作部，主要负责宣传、纪检监察、工会、团委、企业文化等业务。

2017年5月，大庆石化分公司编委办决定，物资供应中心将化工科和原料科整合为新的化工科；煤炭科和集中采购科整合为集采科；材料科和建材科整合为新的材料科；动设备科和静设备科整合为设备科；电气科和仪表科整合为电仪科；卧里屯总库、卧里屯接运队、水泥库、物资超市整合为新的卧里屯总库；龙凤总库、龙凤接运队、地材库整合为新的龙凤总库；办公室（党委办公室）的监控与巡逻保卫业务划入卧里屯总库。

2017年8月，经大庆石化分公司党委组织部同意，撤销物资供应中心卧里屯接运队党支部、龙凤接运队党支部、地材库党支部、水泥库党支部；原党支部党员组织关系按照机构整合要求分别划归至龙凤总库和卧里屯总库两个党支部管理。

2017年11月，中国石油技术开发大庆公司改制为一人有限责任公司，全称为大庆石化技术开发有限公司（以工商登记机关核准为准），中国石油大庆石油化工总厂持股100%。改制后公司注册资本为220万元，公司的全部债权、债务以及可能出现的或有负债由改制后公司承继。并委派曹成才为大庆石化技术开发有限公司执行董事、魏文涛为监事，聘任曹成才为大庆石化技术开发有限公司经理。

2017年12月，大庆石化分公司决定：解聘魏文涛的物资供应中心监察室主任职务。大庆石化分公司党委决定：陆继学任物资供应中心党委副书记、纪委书记；免去魏文涛的物资供应中心纪委书记职务。

随后，物资供应中心对领导班子成员分工进行调整：

党委委员、主任曹成才负责行政全面工作，分管办公室、人事科、财务科、计划科和集采科。党委书记魏文涛负责党委全面工作，分管党委组织部、党群工作部和党委办公室，代管进出口管理科。党委委员、副主任杨纯秋负责安全生产、消防工作，分管调度室、安全环保科、材料科、信息科和卧里屯总库，协助主任代管集采科煤炭采购任务。党委委员、副主任张君分管设备科、备件科、配件科和项目协调科。党委委员、副主任李永田分管电仪科、物资检验科及合同科，协助主任代管集采科36大类电子工作产品集中采购业务。党委副书记、纪委书记、工会主席陆继学负责纪委、工会工作，协助党委书记分管党委工作。党委委员、副主任、安全总监王继波负责物资行业管理及废旧物资处理工作，协助主任代管集采科17大类通用化工产品集中采购业务，分管管理科、仓储管理科、化工科和龙凤总库。副主任张世祥负责招标工作。

2018年1月，主任曹成才辞职。

2018年2月25日，物资供应中心八届五次职工代表大会暨2018年工作会议召开。主任魏文涛作了题为《强化依法合规管理，坚持优质高效采购，为打造最先进的物资供应企业而努力奋斗》的工作报告。会议确定了物资供应中心2018年十项重点工作：一是强化安全环保管理，保持安全持续向好；二是坚持优质高效供应，为公司安稳生产保驾护航；三是树立"零库存"理念，降低库存储备占用；四是发挥规模采购优势，控制物资采购成本；五是完善网络智能化建设，提升仓储专业化管理水平；六是强化质量过程管理，实现质量全面受控；七是完善管理机制，提升精细化管理水平；八是强化合规管理，提升规范化管理水平；九是加强员工素质教育，提升队伍建设水平；十是加强党建工作，凝聚企业发展合力。

2018年6月，大庆石化分公司决定：聘任兰向东为物资供应中心主任职务。大庆石化分公司党委决定：兰向东任物资供应中心党委委员；陆继学任物资供应中心副处级干部，免去其物资供应中心党委副书记、纪委书记、工会主席、党委委员职务。

2018年9月，物资供应中心对部分领导班子成员分工进行调整：党委委员、主任兰向东负责行政全面工作，分管办公室、人事科、财务科、计划科和集采科。党委书记魏文涛负责党委全面工作，分管党委组织部、党群工作部和党委办公室工作，负责纪委、工会工作，代管进出口管理科。

2018年11月，大庆石化分公司决定：聘任杨纯秋为物资供应中心安全总监；解聘王继波的物资供应中心安全总监职务。大庆石化分公司党委决定：赵东鹏任物资供应中心党委委员、党委书记；孟凡华任物资供应中心党委委员、党委副书记、纪委书记、工会主席；免去魏文涛的物资供应中心党委书记、党委委员职务。

2018年11月，大庆石化分公司编委办决定，物资供应中心仓储管理科与管理科整合为新的管理科；计划科与项目协调科整合为计划项目科。

2019年1月7日，物资供应中心九届一次职工代表大会暨2019年工作会议召开。主任兰向东作了题为《依法合规采购，优质高效供应，为公司高质量稳健发展提供坚实物资保障》的工作报告。会议确定了物资供应中心2019年九项重点工作：一是强化安全责任落实，打造安全环保稳定的整体态势；二是坚持优质高效供应，为公司安稳生产保驾护航；三是落实"零库存"理念，提升仓储管理水平；四是发挥集中采购优势，降低物资采购成本；五是加强质量环节监督，确保采购质量全面达标；六是完善采购管理机制，提升采购精细化管理水平；七是强化依法合规管理，提升规范管理水平；八是再塑员工精神风貌，激发企业发展活力；九是持续加强党建工作，凝聚企业发展合力。

2019年2月，物资供应中心对领导班子成员分工进行调整：

党委委员、主任兰向东负责行政全面工作，分管办公室（党委办公室）、人事科（党委组织部）、党群工作部、财务科、计划项目科、进出口管理科、集采科。党委书记赵东鹏负责党委全面工作，分管党委组织部、党群工作部、党委办公室。党委委员、副主任、安全总监杨纯秋负责安全生产、消防工作，分管调度室、安全环保科、材料科、卧里屯总库，协管集采科煤炭采购业务。党委委员、副主任张君分管设备科、备件科、配件科。党委委员、副主任李永田分管电仪科、合同科及调度室中物资质量检验业务，协管计划项目科、集采科36大类电子工业产品集中采购业务。党委委员、副主任王继波负责物资行业管理及废旧物资处理工作，分管管理科、化工科、龙凤总库，协管集采科17大类通用化工产品集中采购业务。党委副书记、纪委书记、工会主席孟凡华协助党委书记做好党委日常工作，协助主任做好监察工作，负责纪委、工会和共青团等工作，协管党群工作部。副主任张世祥负责招标工作。

2019年4月，大庆石油化工有限公司决定：聘任兰向东为大庆石化技术开发有限公司经理、执行董事；聘任赵东鹏为大庆石化技术开发有限公司监事；解聘曹成才的大庆石化技术开发有限公司执行董事、经理职务；解聘魏文涛的大庆石化技术开发有限公司监事职务。

2019年4月，大庆石化分公司编委办决定，物资供应中心网络信息科与管理科整合为新的管理科；撤销物资检验科，其物资质量监督管理业务划归调度室管理，物资检验业务划归卧里屯总库和龙凤总库管理。

2019年7月，大庆石化分公司决定：聘任郝剑锋为物资供应中心副主任；聘任王红为物资供应中心副主任、安全总监；聘任张宇辉为物资供应中心副主任；解聘杨纯秋的物资供应中心副主任、安全总监职务；解聘王继波的物资供应中心副主任职务；解聘李永田的物资供应中心副主任职务；解聘张君的物资供应中心副主任职务。大庆石化分公司党委决定：郝剑锋任物资供应中心党委委员；王红任物资供应中心党委委员；张宇辉任物资供应中心党委委员；免去杨纯秋的物资供应中心党委委员职务；免去王继波的物资供应中心党委委员职务；免去李永田的物资供应中心党委委员职务；免去张君的物资供应中心党委委员职务。

2019年8月，物资供应中心对领导班子成员分工进行调整：

党委委员、主任兰向东负责行政全面工作，分管办公室、人事科、党群工作部、财务科、管理科、计划项目科、进出口管理科、集采科。党委书记赵东鹏负责党委全面工作，分管党委组织部、党群工作部、党委办公室。党委副书记、纪委书记、工会主席孟凡华协助党委书记做好党委日常工作，协助主任做好监察工作，负责纪委、工会和共青团等工作，协管党群工作部。党委委员、副主任郝剑锋分管公司炼油项目建设采购工作。党委委员、副主任、安全总监王红负责生产经营管理工作，分管安全、质量、企管和物资行业管理等工作，分管安全环保科、调度室、合同科、卧里屯总库、龙凤总库，协管管理科、集采科。党委委员、副主任张宇辉负责物资采购业务工作，分管化工科、电仪科、设备科、备件科、配件科、材料科，协管计划项目科。副主任张世祥负责招标工作。

2020年1月16日，物资供应中心九届二次职工代表大会暨2020年工作会议召开。主任兰向东作了题为《深入贯彻落实党的十九大精神，夯实规范管理，实现科学优质高效供应》的工作报告。会议确定了物资供应中心2020年八项重点工作：一是持续打造安全环保态势，筑牢中心发展稳固基石；二是坚持高效优质供应，确保公司生产平稳运行；三是坚持"零库存低占用"理念，提升挖潜增效水平；四是坚持科学优化采购，降低采购成本支出；五是规范采购管理程序，提高精细化管理水平；六是坚持依法从严治企，助推企业健康强力发展；七是强化员工队伍建设，促进队伍素质整体提升；八是全面加强党的建设，为企业发展提供政治保障。

2020年1月，大庆石化分公司编委办决定，物资供应中心人事科（党委组织部）和党群工作部整合为人事科（党委组织部、党群工作部）；配件科和备件科整合为新的配件科；撤销计划项目科，计划管理业务划归管理科，项目管理业务划归调度室。

2020年6月，大庆石化分公司决定：张晓娇任物资供应中心副主任。

大庆石化分公司党委决定：张晓娇任物资供应中心党委委员。

2020年7月，物资供应中心对领导班子成员分工进行调整：

党委委员、主任兰向东负责行政全面工作，并负责安全环保等工作，分管办公室（党委办公室）、人事科（党委组织部、党群工作部）、安全环保科、财务科。党委书记赵东鹏负责党委全面工作，分管党委组织部、党委办公室（办公室）。党委副书记、纪委书记、工会主席孟凡华协助党委书记做好党委日常工作，负责纪委、工会、共青团、综合治理、保密、武装和日常维稳信访等工作。党委委员、副主任郝剑锋负责公司炼油项目建设采购工作，分管大炼油项目采购部、集采科。党委委员、副主任、安全总监王红负责生产运行管理工作，负责质量设备、项目维修、煤炭采购、废旧物资和治安保卫等工作，协助负责安全环保工作，分管调度室、卧里屯总库、龙凤总库，协管安全环保科。党委委员、副主任张宇辉负责物资采购业务工作，分管化工科、电仪科、设备科、配件科、合同科。党委委员、副主任张晓娇负责生产经营管理工作，负责物资管理、材料进口、企业管理、制度法规、绩效考核和文明生产等工作，分管管理科、材料科、进出口管理科。副主任张世祥负责招标工作。同时，各领导班子成员在各分管领域党的建设、安全环保、风险防范、廉洁从业、巡视巡察整改、队伍稳定等方面履行"一岗双责"责任。

2020年9月，副处级干部陆继学退休。

2020年11月，大庆石化分公司决定：孙长江任物资供应中心副主任（负责招标中心工作）；免去张世祥的物资供应中心副主任职务。大庆石油化工有限公司决定：孙长江任大庆石化工程招标代理有限公司经理；免去张世祥的大庆石化工程招标代理有限公司经理职务。

2020年12月，大庆石化分公司决定：免去张宇辉的物资供应中心副主任职务。大庆石化分公司党委决定：免去张宇辉的物资供应中心党委委员职务。

"十三五"以来，物资供应中心平均每年签订物资采购合同2400余份，采购总额29.46亿元人民币。在集团公司采购管理提升评估中，大庆石化分公司在24家炼化企业中取得了综合排名第一。在集团公司和公司公开选商等创新采购方式成为集团公司物采专业首创。顺利通过了中油HSE管理体系及方圆质量认证年度审核，炼化板块物资对标采购行业管理综合排名第一，荣获集团公司"物资采购及统计管理先进单位"称号。电子采购系统2.0全面上线，实现全流程电子化采购。全面落实从严治党各项要求，深入开展"不忘初心，牢记使命"等主题教育活动，带动干部员工思想观念、政治素质不断提升，推动队伍作风持续转变，强化党支部基础建设，巡察巡视问题得到全面整改。

截至2020年12月31日，物资供应中心有运输车辆11台，2条铁路专用线共计4215米、库房及料棚共127栋、收发管理54个大类物资，年收入物资30.73亿元，年发出物资31.50亿元。主要承担大庆石化分公司全部生产、项目施工、装置检修和矿区建设物资的采购供应任务。机关设职能科室14个：办公室（党委办公室）、人事科（党委组织部、党群工作部）、调度室、安全环保科、管理科、化工科、材料科、配件科、设备科、电仪科、进出口管理科、财务科、合同科、集采科。下设基层单位2个：卧里屯总库、龙凤总库。固定资产原值1.14亿元，固定资产净值0.39亿元。在册员工394人。物资供应中心党委下属党支部5个，共有党员200人。公司招标中心设在物资供应中心，党支部隶属公司机关党委。

期间：副主任张宇辉继续担任大庆市第十届人民代表大会代表。

一、中国石油技术开发大庆公司—大庆石化技术开发有限公司（2016.1—2020.12）

（一）中国石油技术开发大庆公司领导名录（2016.1—2017.11）

执 行 董 事　曹成才（2016.1—2017.11）

监　　　事　李宜辉（女，2016.1—2017.11）

经　　　理　曹成才（2016.1—2017.11）

（二）大庆石化技术开发有限公司领导名录（2017.11—2020.12）

执 行 董 事　曹成才（2017.11—2019.4）

　　　　　　兰向东（2019.4—2020.12）

监　　　事　魏文涛（2017.11—2019.4）

　　　　　　赵东鹏（2019.4—2020.12）

经　　　理　曹成才（2017.11—2019.4）

　　　　　　兰向东（2019.4—2020.12）

二、物资供应中心行政领导名录（2016.1—2020.12）

主　　任　曹成才（2016.1—2018.1）①

　　　　　兰向东（2018.6—2020.12）

副　主　任　杨纯秋（2016.1—2019.7）②

　　　　　张　君（2016.1—2019.7）③

　　　　　李永田（2016.1—2019.7）④

　　　　　王继波（2016.1—2019.7）⑤

　　　　　张世祥（2016.9—2020.11）⑥

　　　　　郝剑锋（2019.7—2020.12）

　　　　　王　红（2019.7—2020.12）

　　　　　张宇辉（2019.7—2020.12）⑦

　　　　　张晓娇（2020.6—12）

　　　　　孙长江（2020.11—12）

安　全　总　监　王继波（兼任，2016.1—2018.11）

　　　　　杨纯秋（兼任，2018.11—2019.7）

　　　　　王　红（兼任，2019.7—2020.12）

监察室主任　魏文涛（2016.1—2017.12）

副处级干部　陆继学（2018.6—2020.9）⑧

三、物资供应中心党委领导名录（2016.1—2020.12）

书　　记　魏文涛（2016.1—2018.11）⑨

　　　　　赵东鹏（2018.11—2020.12）

---

① 2018年1月，曹成才辞职。2018年1月至6月期间，物资供应中心主任空缺，相关工作由党委书记魏文涛负责。

② 2019年7月，杨纯秋调任热电厂副厂长。

③ 2019年7月，张君调任物业管理中心副主任。

④ 2019年7月，李永田调任培训中心副主任。

⑤ 2019年7月，王继波调任开发公司副经理。

⑥ 2020年11月，张世祥调任销售储运中心副主任。

⑦ 2020年12月，张宇辉调任化工一厂副厂长。

⑧ 2020年9月，副处级干部陆继学退休。

⑨ 2018年11月，魏文涛调任物业管理中心党委委员、党委书记。

副　书　记　陆继学（2017.12—2018.6）

　　　　　　孟凡华（2018.11—2020.12）

委　　　员　魏文涛（2016.1—2018.11）

　　　　　　曹成才（2016.1—2018.1）

　　　　　　杨纯秋（2016.1—2019.7）

　　　　　　张　君（2016.1—2019.7）

　　　　　　李永田（2016.1—2019.7）

　　　　　　陆继学（2016.1—2018.6）

　　　　　　王继波（2016.1—2019.7）

　　　　　　兰向东（2018.6—2020.12）

　　　　　　赵东鹏（2018.11—2020.12）

　　　　　　孟凡华（2018.11—2020.12）

　　　　　　郝剑锋（2019.7—2020.12）

　　　　　　王　红（2019.7—2020.12）

　　　　　　张宇辉（2019.7—2020.12）

　　　　　　张晓娇（2020.6—12）

四、物资供应中心纪委领导名录（2016.1—2020.12）

书　　　记　魏文涛（2016.1—2017.12）

　　　　　　陆继学（2017.12—2018.6）[1]

　　　　　　孟凡华（2018.11—2020.12）

五、物资供应中心工会领导名录（2016.1—2020.12）

主　　　席　陆继学（2016.1—2018.6）[2]

　　　　　　孟凡华（2018.11—2020.12）

六、物资供应中心挂靠单位：招标中心（2016.1—2020.12）

　　招标中心为物资供应中心挂靠单位，前身为工程管理处的附属机构大庆石化工程招标代理中心。2007年9月正式成立，主要负责大庆石化工程项目招标代理工作。2007年11月，由中国石油大庆石油化工总厂出资注册成

---

① 2018年6月至11月期间，物资供应中心纪委书记空缺，由党委书记魏文涛负责纪委工作。

② 2018年6月至11月期间，物资供应中心工会主席空缺，由党委书记魏文涛负责工会工作。

立大庆石化工程招标代理有限公司，该公司具有独立的法人资格。由工程招标代理中心负责大庆石化工程招标代理有限公司运行相关工作。2009 年 9 月 27 日取得工程招标代理机构乙级资格行政许可，可承接招标代理工程范围：工程总投资 1 亿元人民币以下的工程招标代理业务。2011 年 3 月，大庆石化分公司成立招投标管理中心，是公司招投标工作的归口管理和实施单位，负责大庆石化分公司工程、物资、服务相关招投标管理工作，并负责大庆石化工程招标代理有限公司资质有效运行的相关工作。招投标管理中心按副处级单位管理，挂靠物资供应中心，业务独立。2014 年 9 月，大庆石化分公司响应集团公司招标部门的管理模式，对招投标管理中心实行管办分离，即招投标管理与招标工作职能分离，招投标管理职能划归法律事务与企管处，招投标管理中心正式更名为招标中心。

截至 2015 年 12 月 31 日，招标中心按照招标专业分设项目组 6 个：管理组、工程组、招标一组、招标二组、招标三组、招标四组。招标中心实际在册员工 25 人。招标中心设 1 个党支部，隶属公司机关党委，共有党员 14 人。

招标中心设主任 1 人，副主任 2 人。主任张世祥负责招标中心全面工作，副主任（正科级）李静超、崔永福分别负责两个专业组的业务管理等工作。

2016 年 3 月，招标中心通过在公司范围内公开招聘，新增 5 名招标业务人员，集中培训后分配入各项目组。公司财务处委派一名财务科长，并调入 1 名财务人员，招标中心增设财务组，负责大庆石化工程招标代理有限公司的财务管理工作。

2016 年 9 月，大庆石化分公司决定，公司招标中心设在物资供应中心，负责招标业务办理的实施工作以及资料归档等日常工作，是招标业务的实施单位；法律事务与企管处负责招标业务的管理和审核工作，是公司招标工作的归口管理部门。招标中心党支部仍隶属公司机关党委。

2016 年 9 月，大庆石化分公司决定：解聘张世祥的招标中心主任职务，聘任张世祥为物资供应中心副主任，负责招标工作。

2018 年 11 月，经大庆石化分公司机关党委同意，招标中心党支部委员会由 3 人组成：张世祥为党支部书记，王军为组织兼宣传委员，崔永福为群工兼纪检委员。

2019年4月，大庆石油化工有限公司决定：聘任李秀伟为大庆石化工程招标代理有限公司董事、董事长；聘任崔积峰为大庆石化工程招标代理有限公司董事；聘任兰向东为大庆石化工程招标代理有限公司董事；解聘马铁钢的大庆石化工程招标代理有限公司董事长、董事职务；解聘孟祥山的大庆石化工程招标代理有限公司董事职务；解聘曹成才的大庆石化工程招标代理有限公司董事职务。

2019年12月，招标中心各业务组名称变更为：管理组、工程组、化工组、电仪组、备配件组、设备材料组、财务组。

2020年4月，大庆石油化工有限公司决定：王威任大庆石化工程招标代理有限公司董事；免去崔积峰的大庆石化工程招标代理有限公司董事职务。

2020年11月，大庆石油化工有限公司决定：孙长江任大庆石化工程招标代理有限公司经理；免去张世祥的大庆石化工程招标代理有限公司经理职务。

2020年11月，经大庆石化分公司机关党委同意：孙长江任招标中心党支部委员、党支部书记；免去张世祥的招标中心党支部书记、党支部委员职务。

"十三五"期间，招标中心共完成124.48亿元物资、工程、服务项目的业务实施工作，为企业节约采购资金累计13.3亿元。5年来，招标中心推行全流程电子招标，评标硬件设施全面升级改造，编制《招标工作手册》《电子招标操作手册》等指导操作文件，固化54份招标实施过程表单和6个招标文件范本，绘制公开招标、邀请招标等4个招标操作流程图，提高了部门工作标准。推行招标方案线上审批功能，全面推进招、投、评标工作线上运行，实现了招标全过程资料电子归档。建立招投标管控一体化平台，涵盖了招标项目信息、中标人信息、价格信息及相关法律法规、供应商考核等内容，实现了招标业务信息化管理。招标中心先后获得"集团公司优秀招标机构"称号和"集团公司物资、招标信息化工作先进单位"称号。

截至2020年12月31日，招标中心共设7个业务组，实际在册人员29人，另财务组借入人员2人。招标中心设党支部1个，隶属公司机关党委，共有党员17人，党支部委员会由3人组成。

（一）大庆石化工程招标代理有限公司领导名录（2016.1—2020.12）

董　事　长　马铁钢（2016.1—2019.4）

李秀伟（2019.4—2020.12）

董　　事　马铁钢（2016.1—2019.4）

张世祥（2016.1—2020.12）

曹成才（2016.1—2019.4）

孟祥山（2016.1—2019.4）

崔永福（招标中心副主任，正科级，2016.1—2020.12）

李秀伟（2019.4—2020.12）

崔积峰（2019.4—2020.4）

兰向东（2019.4—2020.12）

王　　威（生于1972年，2020.4—12）

监　　事　李宜辉（女，2016.1—2020.12）

经　　理　张世祥（2016.1—2020.11）

孙长江（2020.11—12）

（二）招标中心行政领导名录（2016.1—9）

主　　任　张世祥（2016.1—9）

（三）招标中心党支部领导名录（2016.1—2020.12）

书　　记　张世祥（2016.1—2020.11）

孙长江（2020.11—12）

委　　员　张世祥（2016.1—2020.11）

孙长江（2020.11—12）

李静超（组织兼宣传，副主任，2016.1—2018.11）

王　　军（组织兼宣传，副主任，2018.11—2020.12）

崔永福（群工兼纪检，副主任，2016.1—2020.12）

第十七节　信息技术中心—检测信息技术中心
（2016.1—2020.12）

信息技术中心的前身为大庆石化计算机开发公司。1997年11月，由大庆石油化工总厂信息中心和过程计算机处合并成立，列大庆石油化工总厂正处级基层单位。为适应市场机制，1998年5月，在大庆高新技术产业开发区注册成立了大庆金桥信息技术工程有限公司。大庆石化计算机开发公司负责大庆金桥信息技术工程有限公司日常运行。1999年9月，大庆石油化工总厂与大庆石化分公司分开分立，大庆石化计算机开发公司列大庆石油化工总厂正处级基层单位。2002年7月，大庆石油化工总厂决定，大庆石化计算机开发公司参加大庆石油化工工程公司的重组，改列大庆石油化工工程公司正处级直属公司。2005年1月，更名为大庆石化建设公司计算机开发公司，列建设公司正处级直属公司。2006年11月，大庆石油化工总厂决定，大庆石化建设公司计算机开发公司从大庆石化建设公司划出，更名为大庆石油化工总厂信息技术中心。2007年6月，大庆石化分公司与大庆石油化工总厂重组整合，信息技术中心列大庆石化分公司正处级基层单位。

截至2015年12月31日，信息技术中心主要承担集团公司及国内、国外相关行业各类信息化建设及服务项目，业务包括生产执行系统（MES）集成、企业资源计划系统（ERP）集成、软件研发与集成、节能节水技术咨询服务、仿真培训及流程模拟技术应用服务、IT基础设施及应用系统运维服务、自动化控制工程、网络与监控工程、先进控制及在线优化工程。业务范围覆盖东北、西南、西北、华南、华中、华北等国内多个省、市、自治区，以及苏丹、阿尔及利亚、乍得等海外地区。机关设职能科室6个：办公室（党委办公室）、人事科（党委组织部）、党群工作部、财务科、计划经营科、项目管理科。下设基层单位11个：系统集成部、系统运营部、系统测试部、销售部、控制与网络工程部、研发部、咨询部、物资供应站、ERP项目部、MES项目部、外部项目部。固定资产原值3844万元，净值769万元。在册员工243人。信息技术中心党委下属7个党支部，共有党员175人。机关办公地点位于黑龙江省大庆市龙凤区兴化大街2号，大庆石化分公司办公楼西侧信息技术中心办公楼。

信息技术中心党政领导班子5人，其中行政领导班子4人，党委由4人组成：

张昆任主任，负责行政全面工作，并负责安全环保工作，分管人事科、财务科。

李信任党委书记、副主任、纪委书记，负责党委、纪委全面工作，并负责经营、销售业务，分管党委组织部、党群工作部、党委办公室。

李秋野任党委委员、副主任、安全总监，主要协助主任做好安全环保工作，负责工程项目、结算、设备、采购、HSE体系管理、控制系统及基础设施运维等工作，分管办公室、计划经营科。

姜书君任党委委员、副主任，负责项目管理、体系管理（质量体系、信息服务和安全体系、软件作业体系部分）、科技创新管理、应用系统（软件部分）运维管理等工作，分管项目管理科。

刘跃任党委委员、工会主席，协助党委书记做好党委日常工作，负责工会、基层建设、现代化成果管理等工作，协管党群工作部。

2016年1月29日，信息技术中心二届三次职工代表大会召开。主任张昆作了题为《保持昂扬斗志，坚持稳中求进，努力在新时期实现新发展、新跨越》的工作报告。会议确定了信息技术中心2016年五项重点工作：一是依托外部市场拓展发展空间；二是扎实做好项目建设及系统运维工作；三是在新技术应用方面积聚优势；四是提升基础工作管理水平；五是发挥好党组织服务保障作用。

2016年7月13日，中共信息技术中心第一次党员大会召开，89名党员参加会议。会议选举产生中共信息技术中心新一届委员会，由刘跃、李信、李秋野、姜书君等4人（以姓氏笔画为序）组成，李信为党委书记。选举产生中共信息技术中心纪律检查委员会，由马英彤、杨永达、李信、赵凤荣、魏延方等5人（以姓氏笔画为序）组成，李信为纪委书记。截至7月，信息技术中心党委下属7个党支部，共有党员171人。

2017年2月17日，信息技术中心二届四次职工代表大会召开。主任张昆作了题为《坚持科技创新，筑牢发展根基，努力开创中心可持续发展新局面》的工作报告。会议确定了信息技术中心2017年六项重点工作：一是准确把握市场导向，科学制定市场开发战略；二是科学统筹资源，优质完成项目建设及系统运维任务；三是加快技术进步，推进产品研发和新技术应用进程；四是加强合规体系建设，建立合规监督长效机制；五是实施人才发展战略，完善人才培养和管理机制；六是坚持围绕中心，为企业发展提供坚强政治保证。

2017年12月，大庆石化分公司决定：解聘李信的信息技术中心监察室主任职务。大庆石化分公司党委决定：刘跃任信息技术中心党委副书记、纪委书记；免去李信的信息技术中心纪委书记职务。

随后，信息技术中心对领导班子成员分工进行调整：

主任张昆负责行政全面工作，并负责安全环保工作，分管人事科、财务科。党委书记、副主任李信负责党委全面工作，并负责经营、销售业务，分管党委办公室、党委组织部、党群工作部。党委副书记、纪委书记、工会主席刘跃协助党委书记做好党委日常工作，负责纪委、工会、共青团等工作，分管党委办公室、党委组织部、党群工作部。党委委员、副主任、安全总监李秋野协助主任做好安全环保工作，负责工程项目、结算、企管、设备、采购、HSE 体系管理、控制系统及基础设施运维等工作，分管办公室、计划经营科。党委委员、副主任姜书君负责项目管理、体系管理（质量体系、信息服务和安全体系、软件作业体系部分）、科技创新管理、应用系统（软件部分）运维管理等工作，分管项目管理科。

2018 年 2 月 8 日，信息技术中心二届五次职工代表大会召开。主任张昆作了题为《把握发展机遇，提升创效能力，努力推动中心（大庆金桥）实现可持续发展》的工作报告。会议确定了信息技术中心 2018 年六项重点工作：一是集中优势，把握机遇，不断开拓占领新的市场领域；二是科学统筹，全盘谋划，做好项目建设及系统运维工作；三是强化自主创新，突出产品特色，促进新技术成果转化；四是规范基础管理工作，提升体系运行和合规化管理水平；五是完善培养和选拔机制，促进企业和人才的共同成长；六是抓好基层，打好基础，维护和谐稳定的经营环境。

2018 年 6 月，大庆石化分公司决定：司万祥任信息技术中心副主任。大庆石化分公司党委决定：司万祥任信息技术中心党委委员；李增富任信息技术中心党委委员、党委副书记、纪委书记、工会主席；刘跃任信息技术中心副处级干部，免去其信息技术中心党委副书记、纪委书记、工会主席、党委委员职务。

2018 年 6 月，大庆石化分公司编委办决定，信息技术中心成立门户管理部，按正科级基层单位管理。

随后，信息技术中心对部分领导班子成员分工进行调整：党委副书记、纪委书记、工会主席李增富负责协助党委书记做好党委日常工作，负责纪委、工会、共青团等工作，分管党委办公室、党委组织部、党群工作部。党委委员、副主任姜书君负责项目管理、体系管理（质量体系、信息服务和安全体系、软件作业体系部分）、应用系统（软件部分）运维管理等工作，分管项目管理科。党委委员、副主任司万祥负责产品研发、技术应用及科技创新管理工作，负责所承担的大庆石化分公司信息系统运维管理工作，分管项目管理科。

2018年12月，大庆石化分公司编委办决定，信息技术中心成立通讯业务代维站，列正科级基层单位。

2019年1月31日，信息技术中心三届一次职工代表大会召开。主任张昆作了题为《认清形势把握机遇，全面提升发展质量，努力开创中心（大庆金桥）发展新篇章》的工作报告。会议确定了信息技术中心2019年重点工作：一是积极开拓业务市场；二是稳步推进各项目建设；三是优质高效完成系统运维任务；四是加强新技术应用及产品开发；五是重视人才队伍建设，增强企业凝聚力；六是落实责任提高认识，以高质量党建推动企业高质量发展。

2019年2月，大庆石化分公司决定，将机械厂的工程检测、特种设备检测和建筑工程质量检测业务和机构整合到信息技术中心，其中：无损检测室、理化与泄漏检测室整合为工程技术检测室；锅炉容器检验室、压力管道检验室和起重机械检验室整合为特种设备检验室；保留建筑工程质量检测中心机构编制；成立VOCs检测室，负责VOCs检测业务；成立营销中心，负责检测业务队伍市场开发和经营管理工作。整合后，信息技术中心对公司内部名称变更为检测信息技术中心。

2019年2月，大庆石化分公司党委决定，将中共大庆石化分公司信息技术中心委员会、纪律检查委员会更名为中共大庆石化分公司检测信息技术中心委员会、纪律检查委员会。

2019年2月，大庆石化分公司决定：聘任张昆为检测信息技术中心主任；聘任李秋野为检测信息技术中心副主任、安全总监；聘任姜书君为检测信息技术中心副主任；聘任司万祥为检测信息技术中心副主任；聘任王学增为检测信息技术中心副主任；聘任李江为检测信息技术中心副主任；聘任王威为检测信息技术中心副主任；聘任张弘旻为检测信息技术中心副主任；

解聘李信的信息技术中心副主任职务。大庆石化分公司党委决定：肖立任检测信息技术中心党委委员、党委书记；李秋野任检测信息技术中心党委委员；姜书君任检测信息技术中心党委委员；司万祥任检测信息技术中心党委委员；王学增任检测信息技术中心党委委员；李增富任检测信息技术中心党委委员、党委副书记、纪委书记、工会主席；李江任检测信息技术中心党委委员；王威任检测信息技术中心党委委员；张弘旻任检测信息技术中心党委委员；免去李信的信息技术中心党委书记、党委委员职务，改任检测信息技术中心正处级干部。

2019年3月，检测信息技术中心对领导班子成员分工进行调整：

主任张昆负责行政全面工作，并负责安全环保工作，分管人事科、财务科。党委书记肖立负责党委全面工作，分管党委办公室、党委组织部、党群工作部。党委委员、副主任、安全总监李秋野负责行政办公、设备、采购、工程项目、控制系统运维及通信代维业务等工作，分管办公室（党委办公室）、控制与网络工程部、物资供应站、通讯业务代维站。党委委员、副主任姜书君负责项目管理、体系管理（质量体系、信息服务和安全体系、软件作业体系），负责中心大庆石化分公司信息系统运维管理工作，分管项目管理科、系统测试部、系统运营部。党委委员、副主任司万祥负责技术管理、科技创新及成果管理工作，负责所承担的大庆石化分公司信息系统项目管理工作，负责售前支持工作，分管项目管理科、研发部、系统集成部、咨询部、门户管理部。党委委员、副主任王学增负责检测业务的市场开发、经营、检测生产项目管理、检测业务安全等工作，分管检测技术科、营销中心、特种设备检验室、VOCs检测室。党委委员、副主任李增富协助党委书记做好党委日常工作，负责纪委、工会、共青团等工作，分管党委办公室、党委组织部、党群工作部。党委委员、副主任李江负责安全环保工作，负责HSE体系管理，分管质量安全环保科。党委委员、副主任王威负责检测技术工作、检测业务质量体系、检测相关资质审核等工作，分管质量安全环保科、工程技术检测室、建筑工程质量检测中心。党委委员、副主任张弘旻负责计划经营、预（结）算、考核、市场开发、销售等工作，负责集团公司项目、外部项目管理，分管计划经营科、ERP项目部、MES项目部、销售部、外部项目部。

2019 年 3 月，经大庆石化分公司党委组织部同意，检测信息技术中心成立通讯业务代维站党支部、特种设备检验室党支部、工程技术检测室联合党支部、建筑工程质量检测中心党支部、VOCs 检测室党支部。

2019 年 4 月，大庆石化分公司决定：聘任李江为检测信息技术中心安全总监；解聘李秋野的检测信息技术中心安全总监职务。大庆石油化工有限公司决定：聘任张昆为大庆石油化工工程检测技术有限公司执行董事；聘任王学增为大庆石油化工工程检测技术有限公司经理；解聘张晓秋的大庆石油化工工程检测技术有限公司执行董事、经理职务。

2019 年 8 月，大庆石化分公司编委办决定，检测信息技术中心办公室（党委办公室）和党群工作部整合为综合管理部（党群工作部）。

2019 年 9 月，副处级干部贾志勇退休。

2019 年 12 月，大庆石化分公司决定：戴英健任检测信息技术中心副主任。大庆石化分公司党委决定：戴英健任检测信息技术中心党委委员。

2020 年 1 月 16 日，检测信息技术中心三届二次职工代表大会召开。主任张昆作了题为《夯实发展根基，提升发展质量，以创新驱动引领企业稳健发展》的工作报告。会议确定了检测信息技术中心 2020 年重点工作：一是强化红线意识，筑牢安全环保根基；二是坚持拓展信息和检测业务市场；三是全力保障各项目的稳步推进；四是优质高效完成系统和装置运维工作；五是推进新技术应用及产品开发；六是重视人才队伍建设，增强企业凝聚力；七是全面提升党建工作质量，保障企业稳健发展。

2020 年 3 月，大庆石化分公司编委办决定，检测信息技术中心系统集成部和 MES 项目部整合为生产运行项目部；系统运营部和门户管理部整合为新的系统运营部；研发部更名为研究中心；ERP 项目部更名为经营管理项目部。

2020 年 3 月，经大庆石化分公司党委组织部同意，检测信息技术中心撤销研发部联合党支部；将系统集成部党支部更名为生产运行项目部党支部，ERP 项目部党支部更名为经营管理项目部党支部；成立成都项目部临时党支部，昆明项目部临时党支部。

2020 年 4 月，大庆石化分公司党委决定：徐龙海任检测信息技术中心党委委员、党委副书记、纪委书记、工会主席；免去李增富的检测信息技术中心党委副书记、党委委员、纪委书记、工会主席职务，改任检测信息技术中心副处级干部。

2020年5月，大庆石化分公司编委办决定，检测信息技术中心撤销建筑工程质量检测中心，其业务划归VOCs检测室管理；VOCs检测室负责的漏磁检测业务调整到特种设备检验室管理；质量安全环保科更名为安全环保科，质量管理业务调整到检测技术科管理。

2020年5月，经大庆石化分公司党委组织部同意，检测信息技术中心撤销建筑工程质量检测中心党支部。

2020年5月，副处级干部刘居江退休。

2020年6月，大庆石化分公司决定：钱福群任检测信息技术中心主任；免去张昆的检测信息技术中心主任职务，改任检测信息技术中心正处级干部；免去王学增的检测信息技术中心副主任职务。大庆石化分公司党委决定：王学增任检测信息技术中心党委书记；钱福群任检测信息技术中心党委委员；免去肖立的检测信息技术中心党委书记、党委委员职务，改任检测信息技术中心正处级干部。大庆石油化工有限公司决定：钱福群任北京圣金桥信息技术有限公司执行董事、经理；免去张昆的北京圣金桥信息技术有限公司执行董事、经理职务；钱福群任大庆石油化工工程检测技术有限公司执行董事、经理；免去张昆的大庆石油化工工程检测技术有限公司执行董事职务；免去王学增的大庆石油化工工程检测技术有限公司经理职务；钱福群任大庆金桥信息技术工程有限公司执行董事、经理；免去张昆的大庆金桥信息技术工程有限公司执行董事、经理职务。

2020年9月，检测信息技术中心对领导班子成员分工进行调整：

党委委员、主任钱福群负责行政全面工作，并负责安全环保工作，分管综合管理部（党群工作部）、人事科（党委组织部）、财务科。党委书记王学增负责党委全面工作，分管党群工作部、党委组织部。党委委员、副主任李秋野负责行政办公、设备、采购、工程项目、控制系统运维及通讯代维业务等工作，协管综合管理部（党群工作部）、计划经营科，分管控制与网络工程部、物资供应站、通讯业务代维站。党委委员、副主任姜书君负责项目管理、信息安全管理、体系管理（质量体系、信息服务体系、信息安全体系、软件作业体系部分），分管项目管理科、系统测试部。党委委员、副主任司万祥负责大庆石化分公司信息化项目建设管理，分管项目管理科、系统运营部、生产运行项目部。党委副书记、纪委书记、工会主席徐龙海协助党委书记做好党委日常工作，负责纪委、工会、共青团等工作，协管党群工作部、党委组织部。党委委员、副主任、安全总监李江协助主任做好安全环保工作，负责 HSE 体系管理，分管安全环保科。党委委员、副主任王威负责检测业务的市场开发、经营、检测生产项目管理、检测业务安全、检测技术工作、检测业务质量体系、检测相关资质审核等工作，分管检测技术科、工程技术检测室、营销中心、特种设备检验室、VOCs 检测室。党委委员、副主任张弘旻负责计划经营、科技创新、新产品孵化、预（结）算等工作，负责技术管理及成果管理工作，负责所承担的集团公司项目管理，分管计划经营科、经营管理项目部、研究中心。党委委员、副主任戴英健负责市场开发、销售及售前支持等工作，分管销售部、外部项目部、咨询部。同时，各领导班子成员在各分管领域党的建设、安全环保、风险防范、廉洁从业、巡视巡察整改、队伍稳定等方面履行"一岗双责"责任。

"十三五"期间，检测信息技术中心累计实现营业收入 9.2 亿元，利润 5000 万元，全面完成各项任务指标。炼化应用集成项目在大连石化分公司等 19 家地区公司推广实施，国产 ERP1.0 版本发布。完成大庆石化分公司 MES2.0 项目实施，开展独山子石化分公司等 4 家地区公司 MES 深化应用。为集团公司 26 家地区炼化企业提供 ERP、MES 系统 7×24 小时运维技术支持。承揽四川石化分公司等 4 家地区公司信息化运维任务。争取到锦西石化分公司、独山子石化分公司、辽阳石化分公司项目，市场范围拓展至神华集团、中煤集团等大型国企，开发四川晟达、云天化等民企市场。检测业务赢得大庆炼化分公司检验检测业务合同，开发大庆惠博普机械制造理化检验市场。将大数据技术应用于集团公司物资采购平台，自主研发三维引擎，应用于三维数字化工厂、智能巡检系统中。35 个产品获软件著作权，获公司级科技进步奖 20 项。

截至 2020 年 12 月 31 日，检测信息技术中心机关设职能科室 7 个：综合管理部（党群工作部）、财务科、人事科（党委组织部）、计划经营科、安全环保科、项目管理科、检测技术科。下设基层单位 15 个：控制与网络工程部、系统运营部、生产运行项目部、研究中心、销售部、物资供应站、咨询部、系统测试部、经营管理项目部、工程技术检测室、特种设备检验室、VOCs 检测室、营销中心、通讯业务代维站、外部项目部。固定资产原值 11961.6 万元，净值 4000.9 万元。在册员工 437 人。检测信息技术中心党委下属党支部 12 个，共有党员 275 人。

一、大庆金桥信息技术工程有限公司领导名录（2016.1—2020.12）

执 行 董 事　张　昆（2016.1—2020.6）
　　　　　　　钱福群（2020.6—12）

监　　　事　李宜辉（女，2016.1—2020.12）

经　　　理　张　昆（2016.1—2020.6）
　　　　　　　钱福群（2020.6—12）

二、北京圣金桥信息技术有限公司领导名录（2016.1—2020.12）

执 行 董 事　张　昆（2016.1—2020.6）
　　　　　　　钱福群（2020.6—12）

监　　　事　李宜辉（2016.1—2020.12）

经　　　理　张　昆（2016.1—2020.6）
　　　　　　　钱福群（2020.6—12）

三、大庆石油化工工程检测技术有限公司领导名录（2018.6—2020.12）

执 行 董 事　张晓秋（2018.6—2019.4）
　　　　　　　张　昆（2019.4—2020.6）
　　　　　　　钱福群（2020.6—12）

监　　　事　李宜辉（2018.6—2020.12）

经　　　理　张晓秋（2018.6—2019.4）
　　　　　　　王学增（2019.4—2020.6）
　　　　　　　钱福群（2020.6—12）

四、信息技术中心—检测信息技术中心行政领导名录（2016.1—2020.12）

主　　　任　张　昆（2016.1—2020.6）
　　　　　　　钱福群（2020.6—12）

副 主 任　李　信（2016.1—2019.2）
　　　　　　　李秋野（2016.1—2020.12）

姜书君（2016.1—2020.12）

司万祥（2018.6—2020.12）

王学增（2019.2—2020.6）

李　江（2019.2—2020.12）

王　威（生于1973年，2019.2—2020.12）

张弘旻（2019.2—2020.12）

戴英健（2019.12—2020.12）

安 全 总 监　李秋野（兼任，2016.1—2019.4）

李　江（兼任，2019.4—2020.12）

监察室主任　李　信（2016.1—2017.12）

正处级干部　李　信（2019.2—2020.12）

肖　立（2020.6—12）

张　昆（2020.6—12）

副处级干部　贾志勇（2019.2—9）[1]

刘　跃（2018.6—2020.1）[2]

刘居江（2019.2—2020.5）[3]

龚哲学（2019.2—2020.12）[4]

李增富（2020.4—12）

五、信息技术中心—检测信息技术中心党委领导名录（2016.1—2020.12）

书　　　记　李　信（2016.1—2019.2）

肖　立（2019.2—2020.6）

王学增（2020.6—12）

副 书 记　刘　跃（2017.12—2018.6）

李增富（2018.6—2020.4）

徐龙海（2020.4—12）

委　　员　李　信（2016.1—2019.2）

[1] 2019年2月，通讯公司副处级干部贾志勇划入检测信息技术中心管理。9月，副处级干部贾志勇退休。

[2] 2020年1月，副处级干部刘跃退休。

[3] 2020年5月，副处级干部刘居江退休。

[4] 2019年2月，龚哲学由通讯中心退出领导岗位后，改任检测信息技术中心副处级干部。

李秋野（2016.1—2020.12）

姜书君（2016.1—2020.12）

刘　跃（2016.1—2018.6）

司万祥（2018.6—2020.12）

李增富（2018.6—2020.4）

肖　立（2019.2—2020.6）

王学增（2019.2—2020.12）

李　江（2019.2—2020.12）

王　威（2019.2—2020.12）

张弘旻（2019.2—2020.12）

戴英健（2019.12—2020.12）

徐龙海（2020.4—12）

钱福群（2020.6—12）

六、信息技术中心—检测信息技术中心纪委领导名录（2016.1—2020.12）

书　　　记　李　信（2016.1—2017.12）

刘　跃（2017.12—2018.6）

李增富（2018.6—2020.4）

徐龙海（2020.4—12）

七、信息技术中心—检测信息技术中心工会领导名录（2016.1—2020.12）

主　　　席　刘　跃（2016.1—2018.6）

李增富（2018.6—2020.4）

徐龙海（2020.4—12）

第十八节　通讯中心（2016.1—2019.2）

通讯中心前身为大庆石油化工总厂电话站。1988 年 9 月，大庆石油化工总厂撤销大庆石油化工总厂电话站，成立大庆石油化工总厂通讯公司，列大庆石油化工总厂副处级基层单位。1989 年 10 月，大庆石油化工总厂决定，将通讯公司更名为通讯处。1993 年 9 月，大庆石油化工总厂决定，将通讯处更名为通讯公司。1999 年 9 月，大庆石油化工总厂与大庆石化分公司分开分立后，通讯公司列大庆石油化工总厂副处级基层单位。2003 年 5 月，大庆石油化工总厂决定，通讯公司调整为正处级单位。2007 年 6 月，大庆石化分公司与大庆石油化工总厂重组整合后，通讯公司列大庆石化分公司正处级基层单位。7 月，通讯公司更名为通讯中心，主要负责大庆石化分公司生产调度系统网络和石化地区通讯网络、有线电视网络、宽带网络等建设、维护与管理。

截至 2015 年 12 月 31 日，通讯中心机关设职能科室 9 个：办公室（党委办公室）、人事科（党委组织部）、企业文化科（党委宣传部）、财务科、生产计划科、技术信息科、工程管理科、经营管理科、质量安全环保科。下设基层单位 8 个：龙凤电话站、乙烯电话站、青龙山电话站、数据业务维护站、有线电视维护站、客户营销收费站、综合业务服务站、材料供应站。固定资产原值 14947 万元，净值 9731 万元。在册员工 275 人。通讯中心党委下属 7 个党支部，共有党员 130 人。机关办公地点位于黑龙江省大庆市龙凤区化祥路 30 号。

通讯中心党政领导班子 5 人，其中行政领导班子 4 人，党委由 5 人组成：

肖立任主任、党委书记、纪委书记，负责行政、党委、纪委全面工作，分管办公室（党委办公室）、人事科（党委组织部）、企业文化科（党委宣传部）、财务科、质量安全环保科、材料供应站。

龚哲学任党委委员、副主任，负责发展计划、技术进步、技术改造、信息化管理、档案、优质服务管理、固定电话业务的对外联系等工作，分管技术信息科、客户营销收费站、青龙山电话站、综合业务服务站。

霍国彬任党委委员、副主任，负责经营管理、绩效考核、企管、法律、内控、宽带业务的对外联系等工作，分管经营管理科、龙凤电话站、数据业务维护站。

李江任党委委员、副主任、安全总监，协助主任做好质量安全环保工作，负责生产计划、工程项目建设、工程造价、工程技术服务、星火公司资质审核认证、电视业务的对外联系等工作，分管生产计划科、工程管理科、乙烯电话站、有线电视维护站。

贾志勇任党委委员、工会主席，负责工会工作。

2016年2月26日，通讯中心五届职工代表大会第三次会议暨2015年度总结表彰大会召开。主任肖立作了题为《认清严峻形势，积极主动作为，为实现2016年目标而努力》的工作报告。会议确定了通讯中心2016年七项重点工作：一是强化安全工作，守住安全底线；二是强化发展意识，打好光纤转网攻坚战；三是强化生产管理，确保平稳运行；四是强化工程管理，提高工程效益；五是强化经营管控，提升管理水平；六是强化优质服务，向优质服务要效益；七是强化党的建设，营造和谐向上氛围。

2016年3月，大庆石化分公司决定：聘任杜永贵为通讯中心监察室主任；解聘龚哲学的通讯中心副主任职务，解聘肖立的通讯中心监察室主任职务。大庆石化分公司党委决定：杜永贵任通讯中心党委委员、党委书记、纪委书记；免去肖立的通讯中心党委书记、纪委书记职务；龚哲学任通讯中心工会主席；贾志勇任通讯中心副处级干部，免去其通讯中心工会主席、党委委员职务。

随后，通讯中心对领导班子成员分工进行调整：

党委委员、主任肖立负责行政全面工作，分管办公室（党委办公室）、人事科（党委组织部）、企业文化科（党委宣传部）、财务科、质量安全环保科、材料供应站。党委书记、纪委书记杜永贵负责党委、纪委全面工作，分管党委办公室、党委组织部、党委宣传部。党委委员、副主任霍国彬负责经营管理、绩效考核、企管、法律、内控及固话、宽带业务对外联系工作，分管经营管理科、龙凤电话站、数据业务维护站、客户营销收费站。党委委员、副主任、安全总监李江协助主任做好安全环保工作，负责生产计划、发展计划、信息技术档案、工程管理、质量管理、优质服务管理、星火公司资质审核认证及电视业务对外联系工作，分管生产计划科、技术信息科、工程管理科、乙烯电话站、青龙山电话站、有线电视维护站、综合业务服务站。党委委员、工会主席龚哲学负责工会工作。

2016年5月，经大庆石化分公司党委组织部同意，撤销通讯中心综合业务服务站党支部，成立客户营销收费站联合党支部。

2016年7月20日，中共通讯中心党员大会召开，101名党员参加会议。会议选举产生了中共通讯中心新一届委员会，由杜永贵、李江、肖立、龚哲学、霍国彬等5人（以姓氏笔画为序）组成，杜永贵为党委书记。选举产生中共通讯中心新一届纪律检查委员会，由杜永贵、杨庆莉、张力、张颖、郭建军等5人（以姓氏笔画为序）组成，杜永贵为纪委书记。截至7月，通讯中心党委下属7个党支部，共有党员130人。

2017年3月2日，通讯中心五届职工代表大会第四次会议暨2016年度总结表彰大会召开。主任肖立作了题为《认清形势，迎难而上，努力完成2017年各项工作任务》的工作报告。会议确定了通讯中心2017年七项重点工作：一是强化责任落实，持续抓好安全工作；二是强化效益意识，保市场、增份额；三是强化运行管理，提升保障能力；四是强化市场开发，提高工程效益；五是强化服务意识，向优质服务要效益；六是强化合规管理，提升管理水平；七是强化党建工作，适应从严治党需要。

2017年3月，大庆石化分公司编委办决定，将通讯中心企业文化科（党委宣传部）更名为党群工作部，主要负责宣传、纪检监察、工会、团委、企业文化等业务。

2017年8月，正处级干部赵福成退休。

2017年12月，大庆石化分公司决定：解聘杜永贵的监察室主任职务。大庆石化分公司党委决定：龚哲学任通讯中心党委副书记、纪委书记；免去杜永贵的通讯中心纪委书记职务。

随后，通讯中心对部分领导班子成员分工进行调整：党委委员、主任肖立负责行政全面工作，分管办公室（党委办公室）、人事科（党委组织部）、财务科、质量安全环保科、材料供应站。党委书记杜永贵负责党委全面工作，分管党委办公室、党委组织部、党群工作部。党委副书记、纪委书记、工会主席龚哲学协助党委书记做好党委日常工作，负责纪委、工会等工作，协管党群工作部。

2018年3月20日，通讯中心五届职工代表大会第五次会议暨2017年度总结表彰大会召开。主任肖立作了题为《新形势，新任务，迎改革，保稳定，努力完成2018年各项工作任务》的工作报告。会议确定了通讯中心2018年七项重点工作：一是强化安全环保管理，提升安全意识；二是强化运行管理，提升保障能力；三是强化内控体系，提高执行力；四是强化服务意识，坚守现有市场；五是提升思想认识，做好队伍稳定工作；六是积极稳妥有序，做好转让移交工作；七是持续推进党组织建设。

2018年4月，大庆石化分公司编委办决定，通讯中心将龙凤电话站和数据业务维护站整合为龙凤电话站；将乙烯电话站和有线电视维护站整合为乙烯电话站；将客户营销收费站和综合业务服务站整合为客户营销收费站；将生产计划科和技术信息科整合为生产技术服务科。

2018年5月，经大庆石化分公司党委组织部同意，撤销通讯中心数据业务维护站党支部和有线电视维护站党支部。

2019年2月，大庆石化分公司决定，撤销通讯中心建制。

2019年2月，大庆石化分公司党委决定，撤销中共大庆石化分公司通讯中心委员会及其纪律检查委员会。

2019年2月，大庆石化分公司决定：解聘李江的通讯中心副主任、安全总监职务；解聘霍国彬的通讯中心副主任职务；解聘肖立的通讯中心主任职务。大庆石化分公司党委决定：免去肖立的通讯中心党委委员职务；免去李江的通讯中心党委委员职务；免去霍国彬的通讯中心党委委员职务；免去杜永贵的通讯中心党委书记、党委委员职务，改任化工二厂正处级干部；免去龚哲学的通讯中心党委副书记、纪委书记、工会主席、党委委员职务，改任检测信息技术中心副处级干部。

一、大庆星火通讯安装有限公司领导名录（2016.1—2019.2）

执 行 董 事　肖　　立（2016.1—2019.2）

监　　　事　李宜辉（女，2016.1—2019.2）

经　　　理　肖　　立（2016.1—2019.2）

二、通讯中心行政领导名录（2016.1—2019.2）

主　　　任　肖　　立（2016.1—2019.2）[1]

副 主 任　龚哲学（2016.1—3）

　　　　　　霍国彬（2016.1—2019.2）[2]

　　　　　　李　　江（2016.1—2019.2）[3]

---

[1]　2019年2月，肖立调任检测信息技术中心党委委员、党委书记。

[2]　2019年2月，霍国彬调任保卫部党委委员、副主任。

[3]　2019年2月，李江调任检测信息技术中心副主任。

安 全 总 监　李　江（兼任，2016.1—2019.2）

监察室主任　肖　立（2016.1—3）

　　　　　　杜永贵（2016.3—2017.12）

正处级干部　赵福成（2016.1—2017.8）[①]

副处级干部　贾志勇（2016.3—2019.2）[②]

三、通讯中心党委领导名录（2016.1—2019.2）

书　　　记　肖　立（2016.1—3）

　　　　　　杜永贵（2016.3—2019.2）[③]

副 书 记　龚哲学（2017.12—2019.2）[④]

委　　　员　肖　立（2016.1—2019.2）

　　　　　　贾志勇（2016.1—3）

　　　　　　龚哲学（2016.1—2019.2）

　　　　　　霍国彬（2016.1—2019.2）

　　　　　　李　江（2016.1—2019.2）

　　　　　　杜永贵（2016.3—2019.2）

四、通讯中心纪委领导名录（2016.1—2019.2）

书　　　记　肖　立（2016.1—3）

　　　　　　杜永贵（2016.3—2017.12）

　　　　　　龚哲学（2017.12—2019.2）

五、通讯中心工会领导名录（2016.1—2019.2）

主　　　席　贾志勇（2016.1—3）

　　　　　　龚哲学（2016.3—2019.2）

---

① 2017 年 8 月，正处级干部赵福成退休。

② 2019 年 2 月，贾志勇改任检测信息技术中心副处级干部。

③ 2019 年 2 月，杜永贵改任化工二厂正处级干部。

④ 2019 年 2 月，龚哲学改任检测信息技术中心副处级干部。

第十九节 培训中心（2016.1—2020.12）

培训中心的前身是大庆石油化工总厂培训处。1993年9月，大庆石油化工总厂撤销培训处，成立培训中心，改列大庆石油化工总厂正处级基层单位。1999年9月，大庆石油化工总厂和大庆石化分公司分开分立，培训中心列大庆石油化工总厂正处级基层单位。2007年6月，大庆石化分公司和大庆石油化工总厂进行重组整合，培训中心列大庆石化分公司正处级基层单位。

截至2015年12月31日，培训中心共有国内外培训资质12项，其中集团公司3项。是黑龙江省安全生产监督管理局授予的二级资质安全培训机构；也是集团公司及黑龙江省内首家通过国家质量认证中心ISO10015国际培训管理体系认证审核的企业培训机构。集团公司层面，主要开展炼油、化工装置关键岗位技师、高级技师培训；炼油、化工专业相关技术干部与技术人员培训；炼油、化工专业安全管理与安全技术培训。大庆石化分公司层面，主要开展管理干部培训；特殊工种与特种作业人员安全技术培训；化工流程模拟与仿真软件开发及培训；远程网络培训；专业技术人员继续工程教育；通用工种技能培训；一线操作人员分装置、分层次培训；员工技能鉴定任务。机关设职能科室8个：办公室（党委办公室）、人事科（党委组织部）、企业文化科（党委宣传部、工会、团委）、培训科、教务科、学生科、管理科、维护稳定工作办公室（保卫科）。下设基层单位7个：党校与企业管理教研室、网络化培训教研室、炼化工艺培训教研室、机电仪培训教研室、实训管理室、鉴定中心、考试中心。挂靠单位1个：科学技术协会。在册员工163人。培训中心党委下属5个党支部，共有党员92人。机关办公地点位于黑龙江省大庆市龙凤区龙凤大街150号，技能培训基地和实训基地位于大庆市龙凤区厂西龙凤大街325号。

培训中心党政领导班子5人，其中行政领导班子4人，党委由5人组成：

王恩兆任党委书记、主任、纪委书记，全面负责行政、党委、纪委的各项工作，协助党校校长抓好党校管理、教学业务管理工作，分管办公室（党委办公室）、人事科（党委组织部）、企业文化科（党委宣传部）、鉴定中心。

有旻任党委委员、副主任，负责实训管理、基地建设等工作，分管实训管理室。

徐宪君任党委委员、副主任，负责中心及培训基地安全、培训设施、设备管理、HSE体系建设等各项工作，分管管理科、维护稳定工作办公室（保卫科）、办公室。

王岩松任党委委员、副主任，负责教学项目开发、教学管理、学员管理、仿真软件开发、培训计划实施与各教研室的教研、教学等各项工作，分管培训科、教务科、学生科、考试中心、各教研室。

崔剑平任党委委员、工会主席，全面负责工会工作，协助党委书记抓好稳定、基层建设等工作。

2016年1月，大庆石化分公司党委决定：大庆石化分公司党委副书记、工会主席孙玉彬任公司党校校长（兼）；免去王东军的公司党校校长职务。

2016年2月26日，培训中心职工大会召开。党委书记、主任王恩兆作了题为《坚持创新服务，强化合规管理，促进新形势下培训中心科学发展》的工作报告。会议明确了培训中心2016年工作目标：一是全面完成集团公司和石化公司培训计划，培训质量优良，优秀率达到95%以上；二是进一步优化管理体制机制，积极推进标准化、精细化管理，提升合规管理水平；三是突出培训特色，努力开发精品培训项目；四是强化实训基地的开发和利用，推进安全教育基地建设，继续完善培训设施，为承办高层次培训创造条件；五是提升党群工作水平，安全稳定工作零事故、零事件，营造求真务实、公平公正的良好氛围。

2016年3月，大庆石化分公司决定：聘任杨宪龙为培训中心监察室主任；解聘王恩兆的培训中心监察室主任职务。大庆石化分公司党委决定：杨宪龙任培训中心党委委员、党委书记、纪委书记、公司党校副校长；免去王恩兆的培训中心党委书记、纪委书记职务。

2016年4月，培训中心对部分领导班子成员分工进行调整：党委委员、主任、党校副校长王恩兆全面负责行政工作，协助党校校长抓好党校管理工作，分管办公室、人事科、企业文化科、技能鉴定工作。党委书记、纪委书记、党校副校长杨宪龙负责党委、纪委的各项工作，负责党校教学业务管理工作，分管党委办公室、党委组织部、党委宣传部。

2016年5月，大庆石化分公司编委办决定，培训中心维护稳定工作办公室（保卫科）更名为保卫科，其维护稳定工作职责调整到办公室（党委办公室）。

2016年7月20日，中共培训中心党员大会召开，64名党员参加会议。会议选举产生新一届中共培训中心委员会，由王岩松、王恩兆、有旻、杨宪龙、徐宪君、崔剑平等6人（以姓氏笔画为序）组成，杨宪龙为党委书记。选举产生中共培训中心纪律检查委员会，由王丽、王玉清、许传平、杜忠林、杨宪龙等5人（以姓氏笔画为序）组成，杨宪龙为纪委书记。截至7月，培训中心党委下属5个党支部，共有党员90人。

2016年9月，大庆石化分公司决定，公司科学技术协会的常设机构为秘书办公室，秘书办公室设在培训中心，负责公司学会学术管理、科普管理和《炼油与化工》编辑出版等工作。

2016年9月，大庆石化分公司决定：聘任冷铁军为培训中心副主任，负责科学技术协会日常工作；解聘冷铁军的公司科学技术协会秘书长职务。

2017年2月22日，培训中心职工大会召开。主任王恩兆作了题为《增强紧迫感，力创新局面，全面筑牢中心稳健发展根基》的工作报告。会议确定了培训中心2017年主要工作目标：一是完成公司下达的培训计划，完成率达到100%，满意率达到95%以上；二是高质量完成安全教育实训基地建设，力争6月底前投入使用；三是加大题库建设力度，特种作业（电焊、高处、制冷）取、复证培训合格率得到有效提升；四是强化项目研发和新课程开发，建立科学合理的激励机制；五是持续打造精品课程和品牌教师，加强"四支人才队伍"建设；六是加强合规管理，强化内控执行力，实现内部管理水平的有效提升；七是扎实做好党建和思想政治工作，提升队伍凝聚力和战斗力，实现安全稳定工作零事故、零事件。

2017年4月，大庆石化分公司决定，将培训中心企业文化科（党委宣传部、工会、团委）更名为党群工作部，主要负责宣传、纪检监察、工会、团委、企业文化等业务。

2017 年 7 月，大庆石化分公司编委办决定，将培训中心培训科更名为评估科，主要负责培训质量评估、培训质量体系运行等业务；将教务科更名为培训科，主要负责教学管理、培训及实训计划的制定和落实等业务。

2017 年 12 月，大庆石化分公司党委决定：崔剑平任培训中心党委副书记、纪委书记；免去杨宪龙的培训中心纪委书记职务。

随后，培训中心对部分领导班子成员分工进行调整：党委副书记、纪委书记、工会主席崔剑平全面负责纪委、工会工作，并负责协助党委书记做好党建工作，分管党群工作部。

2017 年 12 月，大庆石化分公司决定：解聘杨宪龙的培训中心监察室主任职务。

2018 年 3 月 7 日，培训中心职工大会召开。主任王恩兆作了题为《创新培训模式，注重培训实效，向中心建成一流培训基地目标全力迈进》的工作报告。会议确定了培训中心 2018 年的主要工作目标：一是全力以赴完成全年 151 期 8159 人次培训任务，121 个工种 4000 人次技能鉴定任务；二是高标准完成安全实训基地配套设施建设项目，力争在 6 月底前全面投入使用；三是高质量做好集团公司技能大赛筹备和辅导工作，确保参赛选手取得佳绩；四是持续加大精品课程及高端课程开发力度，实施教研成果奖励机制，促进培训水平有效提高；五是持续加强教师队伍建设，优化队伍结构，教师队伍素质显著提升；六是持续提升合规管理水平，各类可控费用指标控制在公司核定范围内；七是深入学习贯彻落实党的十九大精神，全面加强党的建设，党建工作水平全面提升。

2018 年 6 月，大庆石化分公司党委决定：免去徐宪君的培训中心党委委员、副主任职务，改任培训中心副处级干部。

随后，培训中心对领导班子成员分工进行调整：

党委委员、主任王恩兆负责行政全面工作，并负责安全环保、培训等工作，分管办公室（党委办公室）、人事科（党委组织部）、党群工作部。党委书记、党校副校长杨宪龙负责党委全面工作，分管办公室（党委办公室）、人事科（党委组织部）、党群工作部。党委委员、副主任有旻负责绩效考核工作，负责安全环保、设施维护维修、材料供应等工作，分管人事科、安全环保科、管理科。党委副书记、纪委书记、工会主席崔剑平协助党委书记做好党委工作，负责纪委、工会全面工作，分管党群工作部。党委委员、副主任王岩松负责教学管理等工作，分管培训科、评估科、党校与企业管理教研室、网络化培训教研室、炼化工艺培训教研室、机电仪培训教研室、考试中心、实训管理室。

2018年11月，大庆石化分公司党委决定：冷铁军任培训中心党委委员；崔剑平任培训中心副处级干部，免去其培训中心党委副书记、党委委员、纪委书记、工会主席职务。

2018年11月，经大庆石化分公司党委组织部同意，撤销培训中心管理联合党支部，原支部党员组织关系一并按工作业务划分转入相应党支部。

2018年12月，大庆石化分公司编委办决定，撤销培训中心科学技术协会秘书办公室机构编制。成立炼油与化工杂志编辑部，列培训中心正科级基层单位。

2019年2月，大庆石化分公司决定：聘任李学范为培训中心副主任；聘任孙一啸为培训中心副主任；解聘有旻的培训中心副主任职务，改任炼油厂副处级干部。大庆石化分公司党委决定：李学范任培训中心党委委员；孙一啸任培训中心党委委员；免去有旻的培训中心党委委员职务。

随后，培训中心对领导班子成员分工进行调整：

党委委员、主任王恩兆负责行政全面工作，分管办公室（党委办公室）、人事科（党委组织部）、党群工作部。党委书记、党校副校长杨宪龙负责党委全面工作，分管党委办公室、党委组织部、党群工作部。党委委员、副主任冷铁军负责炼油与化工杂志编辑部相关工作，分管炼油与化工杂志编辑部。党委委员、副主任王岩松负责教学管理等工作，分管培训科、评估科、炼化工艺培训教研室、机电仪培训教研室、考试中心。党委委员、副主任李学范负责教学管理及保障工作，分管网络化培训教研室、实训管理室、鉴定中心。党委委员、副主任孙一啸负责绩效考核、安全环保、设施维护维修、材料供应等工作，分管人事科、党校与企业管理教研室、管理科、保卫科。

2019年3月5日，培训中心职工大会召开。主任王恩兆作了题为《强化创新驱动，夯实发展根基，为公司高质量发展提供人力保障和智力支持》的工作报告。会议确定了2019年培训中心主要工作目标：一是紧紧围绕公司员工培训实际需求，高质量完成全年8000余人次的培训任务、3800余人次技能鉴定任务；二是结合新形势、新任务对培训项目进行优化；三是以提升执行力为突破口，引导全体干部员工敢担当有作为；四是持续推进基础设施建设，夯实发展根基，推进 QHSE 体系运行；五是围绕新时代党的建设总要求，弘扬石油精神，筑牢发展根基。

2019 年 4 月，大庆石化分公司编委办决定：撤销培训中心学生科；撤销保卫科。

2019 年 7 月，大庆石化分公司决定：聘任李永田为培训中心副主任；解聘冷铁军的培训中心副主任职务，改任公司科技与规划发展处副处级干部。大庆石化分公司党委决定：何立民任培训中心党委委员、党委书记、公司党校副校长；李永田任培训中心党委委员；吴玉海任培训中心党委委员、党委副书记、纪委书记、工会主席；免去杨宪龙的培训中心党委书记、党委委员、公司党校副校长职务，改任公司维护稳定工作办公室正处级干部；免去冷铁军的培训中心党委委员职务。

随后，培训中心对部分领导班子成员分工进行调整：党委书记、党校副校长何立民负责党委全面工作。党委委员、副主任李永田负责炼油与化工杂志编辑部相关工作，负责设施维护维修、材料供应等工作，分管管理科、炼油与化工杂志编辑部。党委委员、副主任孙一啸负责绩效考核、安全环保、党校等工作，分管人事科、办公室、党校与企业管理教研室。党委副书记、纪委书记、工会主席吴玉海协助党委书记做好党委各项工作，负责纪委、工会工作，分管党群工作部。

2020 年 2 月，副处级干部徐宪君退休。

2020 年 3 月，大庆石化分公司编委办决定，培训中心办公室（党委办公室）和炼油与化工杂志编辑部整合为办公室（党委办公室、炼油与化工杂志编辑部）；人事科（党委组织部）和党群工作部整合为人事科（党委组织部、党群工作部）；培训科和评估科整合为培训管理科；管理科更名为服务保障科。

2020 年 5 月，培训中心对部分领导班子成员分工进行调整：党委委员、副主任王岩松负责教学管理工作，负责炼化、机电仪、党校等教学管理业务，分管培训管理科。党委委员、副主任李永田负责服务保障工作，负责设施维护维修、资产管理、材料管理、安全管理、保洁保卫等工作，分管服务保障科。党委委员、副主任李学范负责教学保障工作，负责网络化管理、实训管理、考试管理、鉴定管理等教学保障业务。党委委员、副主任孙一啸负责行政管理工作，负责劳动人事、企管内控、杂志编辑管理等工作，协管人事科、办公室（炼油与化工杂志编辑部）。

2020年6月12日，培训中心职工大会召开。主任王恩兆作了题为《聚焦培训工作主线，深化人才强企战略，为实现中心更高质量发展而努力奋斗》的工作报告。会议确定了培训中心2020年培训中心主要工作目标：一是教学组织高效运行；二是专业化能力培训更加精准；三是队伍素质有效提升；四是培训体系改革更加深化；五是提质增效工作见到实效；六是基础建设更加完善；七是科学发展环境更加和谐。

2020年11月，大庆石化分公司党委决定：王岩任培训中心党委委员、党委书记、公司党校副校长，负责党委全面工作；免去何立民的培训中心党委书记、党委委员、公司党校副校长职务。

"十三五"期间，培训中心累计举办各类培训班920期，培训49592人次，完成160个工种共计25516人次的鉴定任务，网络培训班培训599729人次，网络仿真培训337763人次，培训计划完成率达到100%，考试通过率达到91%，培训班满意度达到100%，实现增效617.2万元，为公司可持续发展和员工队伍素质提升提供了坚强保障。培训中心为集团公司技能大赛9个工种的参赛员工提供赛前培训指导和全方位服务，累计获得2金、10银、6铜、9个团体奖的优秀成绩。首届中石油培训项目设计大赛中，培训中心3个参赛项目荣获2个"昆仑奖"和1个"优胜奖"。

截至2020年12月31日，培训中心机关设职能科室4个：办公室（党委办公室、炼油与化工杂志编辑部）、人事科（党委组织部、党群工作部）、培训管理科、服务保障科。下设基层单位7个：党校与企业管理教研室、网络化培训教研室、炼化工艺培训教研室、机电仪培训教研室、实训管理室、鉴定中心、考试中心。在册员工154人。培训中心党委下属党支部4个，共有党员103人。

一、培训中心行政领导名录（2016.1—2020.12）

  主   任 王恩兆（满族，2016.1—2020.12）

　　　　副 主 任 有　旻（2016.1—2019.2）①

　　　　　　　　　徐宪君（2016.1—2018.6）

　　　　　　　　　王岩松（2016.1—2020.12）

　　　　　　　　　冷铁军（2016.9—2019.7）②

　　　　　　　　　李学范（朝鲜族，2019.2—2020.12）

　　　　　　　　　孙一啸（2019.2—2020.12）

　　　　　　　　　李永田（2019.7—2020.12）

　　　　　　　　　吴玉海（2019.7—2020.12）

　　监察室主任 王恩兆（2016.1—3）

　　　　　　　　　杨宪龙（2016.3—2017.12）

　　副处级干部 徐宪君（2018.6—2020.2）③

　　　　　　　　　崔剑平（2018.11—2020.12）

二、培训中心党委领导名录（2016.1—2020.12）

　　　　书　　记 王恩兆（2016.1—3）

　　　　　　　　　杨宪龙（2016.3—2019.7）④

　　　　　　　　　何立民（2019.7—2020.11）⑤

　　　　　　　　　王　岩（2020.11—12）

　　　　副 书 记 崔剑平（2017.12—2018.11）

　　　　　　　　　吴玉海（2019.7—2020.12）

　　　　委　　员 王恩兆（2016.1—2020.12）

　　　　　　　　　有　旻（2016.1—2019.2）

　　　　　　　　　徐宪君（2016.1—2018.6）

　　　　　　　　　王岩松（2016.1—2020.12）

　　　　　　　　　崔剑平（2016.1—2018.11）

　　　　　　　　　杨宪龙（2016.3—2019.7）

---

① 2019 年 2 月，有旻改任炼油厂副处级干部。

② 2019 年 7 月，冷铁军改任科技与规划发展处副处级干部。

③ 2020 年 2 月，副处级干部徐宪君退休。

④ 2019 年 7 月，杨宪龙改任维护稳定工作办公室正处级干部。

⑤ 2020 年 11 月，何立民调任离退休管理中心党委委员、党委书记。

冷铁军（2018.11—2019.7）

李学范（2019.2—2020.12）

孙一啸（2019.2—2020.12）

何立民（2019.7—2020.11）

李永田（2019.7—2020.12）

吴玉海（2019.7—2020.12）

王　岩（2020.11—12）

三、培训中心纪委领导名录（2016.1—2020.12）

书　　记　王恩兆（2016.1—3）

杨宪龙（2016.3—2017.12）

崔剑平（2017.12—2018.11）①

吴玉海（2019.7—2020.12）

四、培训中心工会领导名录（2016.1—2020.12）

主　　席　崔剑平（2016.1—2018.11）②

吴玉海（2019.7—2020.12）

五、大庆石化分公司党委党校领导名录（2016.1—2020.12）

校　　长　王东军（兼任，2016.1）

孙玉彬（兼任，2016.1—2020.12）

副 校 长　王恩兆（兼任，2016.1—2020.12）

杨宪龙（兼任，2016.3—2019.7）

何立民（兼任，2019.7—2020.11）

王　岩（兼任，2020.11—12）

六、培训中心挂靠单位：科学技术协会（副处级，2016.1—2018.12）

2010 年 8 月，科学技术协会（简称科协）由科技信息处附属机构划出，挂靠培训中心，其业务相对独立。公司科协在中国科协以及省、市科协的指导下，在企业党政班子的领导下，及时传达省市科协的文件，编辑出版《炼油与化工》杂志（属于技术类期刊）。

---

① 2018 年 11 月至 2019 年 7 月期间，培训中心纪委书记空缺，纪委工作由党委书记杨宪龙负责。

② 2018 年 11 月至 2019 年 7 月期间，培训中心工会主席空缺，工会工作由党委书记杨宪龙负责。

截至 2015 年 12 月 31 日，科协主席为黄成义，秘书长为冷铁军，科协常委由王震、付英杰、刘新国、朱连勋、张欣林、孟昭月、姜兴财、徐永宁、高洪贵、曹景良、隋元春、黄成义、路永涛、鲍常林、戴建军 16 人组成。科学技术协会设《炼油与化工》编辑部、学会学术管理、科普管理等部门 3 个，设基层科协 28 个，科协会员 7216 人。在册员工 10 人。科学技术协会共有党员 3 人，隶属培训中心机关党支部管理。办公地点位于黑龙江省大庆市龙凤区兴化村兴化大街 1-01 楼 2 层。

秘书长在科协主席的领导下，负责科协的全面管理工作。包括编辑部、学会学术管理、科普管理 3 个部门的工作安排，科协所属人员的日常工作管理、业绩考核，劳动纪律考核、安全管理等工作。

2016 年 9 月，大庆石化分公司决定，公司科学技术协会的常设机构为秘书办公室，秘书办公室设在培训中心，负责公司学会学术管理、科普管理和《炼油与化工》编辑出版等工作。

2016 年 9 月，大庆石化分公司决定：聘任冷铁军为培训中心副主任，负责科学技术协会日常工作；解聘冷铁军的公司科协秘书长职务。

2018 年 12 月，大庆石化分公司编委办决定，撤销科学技术协会秘书办公室机构编制。

秘 书 长　冷铁军（2016.1—9）①

第二十节　实业公司（2016.1—2020.12）

大庆龙化新实业（集团）总公司组建成立于 1992 年 2 月，大庆石油化工总厂劳动服务公司、农副业处、生活服务公司、房产管理处划归大庆龙化新实业总公司管理。大庆龙化新实业（集团）总公司行政上隶属于大庆石油化工总厂，经济上自主经营、独立核算、自负盈亏，是一个集体所有制性质的经济实体，对内简称实业公司。1992 年 3 月，大庆石油化工总厂决定，将大庆龙化新实业（集团）总公司更名为大庆龙化新实业总公司。1999 年

---

①　2016 年 9 月，冷铁军任培训中心副主任。2016 年 9 月至 2018 年 12 月期间，秘书长空缺，由冷铁军负责科学技术协会日常工作。

9月，大庆石油化工总厂与大庆石化分公司分开分立，实业公司列大庆石油化工总厂正处级基层单位。2007年6月，大庆石化分公司和大庆石油化工总厂重组整合，实业公司列大庆石化分公司正处级基层单位，对外称大庆龙化新实业总公司，为法人二级单位，是一家从事多种经营业务的集体所有制企业，对内简称实业公司。业务范围涵盖精细化工生产、建筑安装、机械加工、劳务输出和化工产品经销等行业，主要生产化工助剂、精细化工产品、管道配件、塑料制品、机电产品、密封材料、防水材料等近300种产品。

截至2015年12月31日，实业公司机关设职能科室11个：办公室（党委办公室、维稳办、保卫科）、人力资源部（党委组织部）、企业文化部（党委宣传部）、审计室、财务资产部、经营管理部、技术开发部、物资采购部、机动生产部、安全质量环保部、施工管理部（建安公司）。下设基层单位31个：机械施工队、三分公司清洗队（洪流清洗队）、龙凤土建队、兴化土建队、龙凤安装队、兴化安装队、三分公司回收队（回收一队）、三分公司服务队（回收二队）、三分公司包装队（兴达包装厂）、三分公司劳务队（腈纶加工厂）、二分公司机电厂、管道配件厂、密封材料厂、雪龙涂料厂、雪峰石化配件厂、福利化工厂、溶解乙炔厂、双利公司、弘润精细化工厂、塑龙公司、一分公司四达气站、一分公司三类物资组、四分公司金源物资站、一分公司钢厂、龙凤管理中心、恒温库、龙凤冷库、龙化经销中心、二分公司英威仪表厂、龙化堵漏队、二分公司。固定资产原值2.18亿元，净值0.88亿元。在册员工764人。实业公司党委下属17个党支部，共有党员211人。机关办公地点位于黑龙江省大庆市龙凤区兴化村1–02号楼。

实业公司党政领导班子8人，其中行政领导班子6人，党委由8人组成：

施雄任党委委员、总经理，负责行政全面工作，分管审计室、人力资源部、财务资产部、物资采购部、机动生产部（资产、能源、油料、车辆管理部分）。

曲洪涛任党委书记、纪委书记，负责党委、纪委全面工作，分管党委办公室、党委组织部、党委宣传部。

张新立任党委委员、副总经理、安全总监，负责安全、质量、环保，机动设备管理工作，分管机动生产部（机动部分）、安全质量环保部及安全监督站。

孙继良任党委委员、副总经理，负责技术、工艺、信息、项目、培训管理，分管技术开发部、人力资源部（员工培训部分）。

张利刚任党委委员、副总经理，负责经营管理与法律事务工作，分管经营管理部。

丁明雨任党委委员、副总经理，负责建筑安装、检维修工作，分管施工管理部。

刘仁权任党委委员、工会主席，负责工会全面工作，分管企业文化部（工会部分）。

修宝成任党委委员、总会计师，负责财务全面工作，分管财务资产部。

2016年1月26日，实业公司五届三次职工代表大会召开。总经理施雄作了题为《凝聚精气神，创新再发展，勇闯"十三五"提档升级新征程》的工作报告。会议确定了实业公司2016年的十项重点工作：一是坚持推动机构整合；二是加速优化生产经营；三是持续提高员工素质；四是打牢安全环保基础；五是深入规范物资采购；六是持续推进项目改造；七是稳步落实提档升级；八是强化党委主体责任；九是积极发挥群团作用；十是和谐维稳助力经营。

2016年5月，大庆石化分公司编委办决定，将实业公司办公室（党委办公室、维稳办、保卫科）更名为办公室（党委办公室），保卫和维护稳定工作职责保留在办公室（党委办公室）。将实业公司安全质量环保部更名为安全环保部，质量管理工作职责调整到技术开发部。

2016年7月19日，中共实业公司第四次代表大会召开，93名党员代表参加会议。会议选举产生中共实业公司第四届委员会，由丁明雨、曲洪涛、孙继良、刘仁权、张利刚、张新立、修宝成、施雄等8人（以姓氏笔画为序）组成，曲洪涛为党委书记。选举产生中共实业公司纪律检查委员会，由曲洪涛、吕春兰、李春明、韩燕等4人（以姓氏笔画为序）组成，曲洪涛为纪委书记。截至7月，实业公司党委下属17个党支部，共有党员216人。

2016年9月，大庆石化分公司编委办决定，撤销实业公司密封材料厂、溶解乙炔厂、龙化堵漏队机构编制。

2016年9月，经大庆石化分公司党委组织部同意，撤销实业公司双利公司党支部；撤销回收一队党支部；成立回收一队联合党支部。

2016 年 12 月，大庆石化分公司编委办决定，实业公司三分公司清洗队（洪流清洗队）更名为清洗队（洪流清洗队）。

2017 年 2 月 16 日，实业公司六届一次职工代表大会召开。总经理施雄作了题为《增强战略定力，深化提档升级，稳步实现创效发展新跨越》的工作报告。会议确定了实业公司 2017 年的八项重点工作：一是要抓好成果巩固，深化挖潜增效；二是要抓好安全监管，落实环保新规；三是要抓好质量管理，实现提档升级；四是要抓好规范经营，堵塞管理漏洞；五是要抓好人才培养，打造优良团队；六是要抓好科技先导，推进项目开发；七是要抓好市场开发，促进效益增长；八是要抓好党委工作，把稳发展方向。

2017 年 3 月，大庆石化分公司决定，将开发公司的劲松公司（包括六通建材厂、劲松化工厂、劲松清洗队、劲松存车场、废旧物资回收队）及从事劲松业务的员工划归实业公司管理，列实业公司基层单位；劲松公司离退休、有偿解除劳动合同等未在册人员划归实业公司管理。

2017 年 4 月，大庆石化分公司编委办决定，将实业公司技术开发部更名为技术生产部，机动生产部更名为机动设备部，审计室更名为审计监察室；撤销三分公司劳务队机构及定员编制，其业务并入三分公司服务队；撤销龙凤管理中心机构及定员编制，其业务并入四分公司龙凤冷库；撤销四分公司金源物资站机构及定员编制，其业务并入四分公司恒温库。撤销实业公司一分公司钢厂机构及定员编制，业务和人员划入劲松公司。将实业公司的企业文化部更名为党群工作部，主要负责实业公司宣传、纪检监察、工会、团委、企业文化等业务。

2017 年 6 月，经大庆石化分公司党委组织部同意，撤销实业公司腈纶加工厂党支部（由腈纶加工厂和兴化钢厂组成）；撤销龙凤管理中心党支部；成立龙凤土建队党支部；成立龙凤冷库党支部（由原龙凤管理中心党员、龙凤冷库党员组成）；成立兴化恒温库联合党支部（由原四分公司金源物资站、兴化恒温库、兴化钢厂三个基层单位组成）；原回收二队党支部更名为回收二队联合党支部。

2017 年 12 月，大庆石化分公司决定：解聘曲洪涛的实业公司监察室主任职务。大庆石化分公司党委决定：刘仁权任党委副书记、纪委书记；免去曲洪涛的实业公司纪委书记职务。

随后，实业公司对领导班子成员分工进行调整：

党委委员、总经理施雄主持行政全面工作。党委书记曲洪涛主持党委全面工作。党委委员、副总经理、安全总监张新立主持安全环保、物资采购、资产租赁工作，分管安全环保部、物资采购部、经营管理部。党委副书记、纪委书记、工会主席刘仁权主持纪委、工会工作，协助党委书记、总经理负责维稳、保卫、后勤和现场文明生产等工作，分管党群工作部、审计监察室。党委委员、总会计师修宝成负责协助总经理做好财务管理工作，分管财务资产部。党委委员、副总经理孙继良负责生产工艺、技术开发、技改技措、产品质量、生产受控、培训工作，分管技术生产部、人力资源部。党委委员、副总经理张利刚负责经营管理、法律事务、合同管理工作，分管经营管理部所有业务。党委委员、副总经理丁明雨负责施工管理、设备资产管理、能源管理工作，分管建安公司、机动设备部。

2018年2月1日，实业公司六届二次职工代表大会召开。总经理施雄作了题为《自强不息，知难而进，适应新常态，满足新要求，为全面夺取2018年新胜利而不懈奋斗》的工作报告。会议明确了实业公司2018年抓好七大重点工作：一是竭尽全力，完成石化检修任务；二是坚守阵地，全员推进安全环保；三是破冰前行，坚持推动机构整合；四是持续投资，购置专业精尖设备；五是严格把关，质量管理一丝不苟；六是下大力气，文明生产常抓不懈；七是宣贯落实，传达好党的十九大精神。

2018年5月，大庆石化分公司编委办决定，撤销实业公司机械施工队机构编制；成立房屋租赁管理中心。

2018年6月，大庆石化分公司决定：免去修宝成的实业公司总会计师职务，改任实业公司副处级干部。大庆石化分公司党委决定：免去修宝成的实业公司党委委员职务。

2018年7月，经大庆石化分公司党委组织部同意，成立实业公司洪流清洗队党支部，龙凤安装队联合党支部更名为龙凤安装队党支部，党员组织关系一并按业务划分转入相应党支部。

2018年11月，大庆石化分公司决定：聘任丁汉明为实业公司副总经理；聘任王睿为实业公司总会计师。大庆石化分公司党委决定：丁汉明任实业公司党委委员；王睿任实业公司党委委员。

2018 年 12 月，实业公司对领导班子成员分工进行调整：

党委委员、总经理施雄负责行政全面工作，并负责安全环保、质量体系、审计、监察、房屋租赁等工作，分管人力资源部、办公室（党委办公室）、党群工作部、房屋租赁管理中心。党委书记曲洪涛负责党委全面工作，负责文明生产、稳定、组织、宣传工作，分管办公室（党委办公室）、党委组织部、党群工作部。党委委员、副总经理、安全总监张新立负责安全环保、物资采购、资产租赁工作，分管安全环保部、物资采购部、经营管理部、龙凤冷库、恒温库、劲松公司、二分公司英威仪表厂。党委副书记、纪委书记、工会主席刘仁权负责协助党委书记开展党委工作，协助总经理开展审计监察工作，负责纪委、工会工作，分管党群工作部、审计监察室。党委委员、副总经理孙继良负责协助总经理开展质量体系管理工作，负责生产工艺、技术开发、技改技措、产品质量、培训工作，分管技术生产部、人力资源部，分管二分公司机电厂、管道配件厂、雪龙涂料厂、雪峰石化配件厂、福利化工厂、弘润精细化工厂、塑龙公司。党委委员、副总经理张利刚负责经营管理、法律事务、合同管理工作，分管经营管理部，分管三分公司回收队（回收一队）、三分公司服务队（回收二队）、三分公司包装队（兴达包装厂）、一分公司四达气站、一分公司三类物资组、龙化经销中心。党委委员、副总经理丁汉明负责协助张利刚开展法律事务管理工作。党委委员、副总经理丁明雨负责施工管理、设备资产管理、能源管理工作，分管施工管理部（建安公司）、机动设备部，分管清洗队（洪流清洗队）、龙凤土建队、兴化土建队、龙凤安装队、兴化安装队。党委委员、总会计师王睿负责协助总经理开展财务管理工作，分管财务资产部。

2019 年 1 月 30 日，实业公司六届三次职工代表大会召开。总经理施雄作了题为《鼓足干劲，乘势而上，持续开创实业公司高质量发展新局面》的工作报告。会议明确了实业公司 2019 年抓好十大重点工作：一是抓好经营创效，深化挖潜增效；二是抓好监督管控，落实安全环保；三是抓好质量管理，实现提档升级；四是抓好人才培养，打造优良团队；五是抓好科技先导，推进项目开发；六是抓好市场开发，促进效益增长；七是抓好文明生产，塑造良好形象；八是抓好清退拆迁，祛除历史顽疾；九是抓好工作统揽，落实党委责任；十是抓好意识形态，坚守思想阵地。

2019 年 2 月，大庆石化分公司党委决定：免去曲洪涛的实业公司党委书记、党委委员职务。

2019 年 4 月，大庆石化分公司编委办决定，撤销实业公司龙凤安装队，其业务划归龙凤土建队管理；撤销双利公司；撤销一分公司三类物资组。

2019 年 4 月，经大庆石化分公司党委组织部同意，撤销实业公司龙凤冷库党支部；撤销龙凤安装队党支部；福利化工厂党支部更名为福利化工厂联合党支部；龙凤冷库党支部党员关系转入福利化工厂联合党支部；龙凤安装队党支部党员关系转入龙凤土建队党支部。

2019 年 7 月，大庆石化分公司决定：聘任齐春雷为实业公司副总经理、安全总监；解聘张新立的实业公司副总经理、安全总监职务。大庆石化分公司党委决定：刘仁权任实业公司党委书记，免去其实业公司纪委书记、工会主席职务；张新立任实业公司党委副书记、纪委书记、工会主席；齐春雷任实业公司党委委员。

2019 年 12 月，大庆石化分公司编委办决定，实业公司管道配件厂和福利化工厂整合为新的管道配件厂；房屋租赁管理中心和龙凤冷库整合为新的房屋租赁管理中心；雪峰石化配件厂更名为四川石化高压水清洗项目部。

2019 年 12 月，经大庆石化分公司党委组织部同意，撤销实业公司福利化工厂联合党支部，原福利化工厂党员组织关系转入管道配件厂党支部；成立二分公司机电厂联合党支部，原房屋租赁管理中心和四分公司龙凤冷库党员组织关系转入二分公司机电厂联合党支部。

随后，实业公司对领导班子成员分工进行调整：

党委委员、总经理施雄负责行政全面工作，并负责文明生产、稳定、组织、宣传、安全环保、质量体系、审计、监察等工作，分管人力资源部、办公室（党委办公室）、党群工作部。党委书记刘仁权负责党委全面工作，并负责文明生产、稳定、组织、宣传工作，分管党委办公室、党委组织部、党群工作部。党委副书记、纪委书记、工会主席张新立负责协助党委书记做好党委日常工作，协助总经理做好审计监察工作，负责纪委、工会和共青团等工作，分管党群工作部、审计监察室。党委委员、副总经理孙继良负责协助总经理做好质量体系管理工作；负责生产工艺、技术开发、技改措施、产品质量、生产受控和培训工作，分管技术生产部、人力资源部，分管塑龙公司、弘润精细化工厂、雪龙涂料厂、福利化工厂、二分公司机电厂、管道配件厂。党委委员、副总经理张利刚负责经营管理、合同管理，分管经营管理部，分管三分公司服务队、三分公司回收队、一分公司四达气站、三分公司包装队、龙化经销中心。党委委员、副总经理丁汉明负责法律事务，协助总经理推进企业改制工作。党委委员、副总经理丁明雨负责施工管理、设备资产管理、能源管理，分管施工管理部、机动设备部，分管龙凤土建队、兴化安装队、兴化土建队、洪流清洗队。党委委员、总会计师王睿负责财务管理工作，分管财务资产部。党委委员、副总经理、安全总监齐春雷负责协助总经理做好安全环保和安全监督工作，负责物资采购、资产租赁工作，分管安全环保部、物资采购部，分管房屋租赁管理中心、恒温库、劲松公司、二分公司英威仪表厂。

2020年1月16日，实业公司六届四次职工代表大会召开。总经理施雄作了题为《迎接新挑战，把握新机遇，坚决夺取2020年新胜利而不懈奋斗》的工作报告。会议明确了实业公司2020年抓好七大重点工作：一是竭心尽力，实现大炼油项目6.30终交；二是坚守阵地，全员推进安全环保；三是破冰前行，坚持推动机构整合；四是严格把关，质量管理一丝不苟；五是降低成本，加强劳务用工管控；六是持之以恒，文明生产常抓不懈；七是履行责任，促进基层党建工作不断提升。

2020年4月，大庆石化分公司决定：免去丁汉明的实业公司副总经理职务；赵秀娟任实业公司副总经理。大庆石化分公司党委决定：免去丁汉明的实业公司党委委员职务；赵秀娟任实业公司党委委员。

2020年5月，大庆石化分公司编委办决定，实业公司办公室（党委办公室）、党群工作部和审计监察室整合为综合管理部（党群工作部）；技术生产部、机动设备部、安全环保部和建安公司整合为安全生产管理部；经营管理部和物资采购部整合为企管物采部；撤销四川石化高压水清洗项目部，其业务划归清洗队管理；撤销二分公司英威仪表厂，其业务划归二分公司机电厂管理。

2020年8月，副处级干部修宝成退休。

2020年9月，大庆石化分公司集体所有制企业大庆龙化新实业总公司将集体企业改制为有限公司，更名为大庆五龙实业有限公司，对内仍简称实业公司。

2020年11月，大庆石化分公司决定：宫向英任实业公司总经理；免去施雄的实业公司总经理职务，改任实业公司正处级干部；免去孙继良的实业公司副总经理职务；免去张利刚的实业公司副总经理职务；免去丁明雨的实业公司副总经理职务。大庆石化分公司党委决定：丁明雨任实业公司党委书记；宫向英任实业公司党委委员；路锦新任实业公司党委委员、党委副书记、纪委书记、工会主席；免去施雄的实业公司党委委员职务；免去刘仁权的实业公司党委书记、党委委员职务；免去孙继良的实业公司党委委员职务；免去张利刚的实业公司党委委员职务；免去张新立的实业公司党委副书记、纪委书记、工会主席、党委委员职务。大庆石油化工有限公司决定：宫向英任大庆五龙实业有限公司经理；免去施雄的大庆五龙实业有限公司经理职务。宫向英任大庆市劲松工业公司经理；免去施雄的大庆市劲松工业公司经理职务。

随后，实业公司对领导班子成员分工进行调整：

党委委员、总经理宫向英负责行政全面工作，并负责人事、安全环保、财务管理、审计监察等工作，分管人力资源部、综合管理部（党群工作部）、安全生产管理部。党委书记丁明雨负责党委全面工作，并负责文明生产、宣传思想文化、组织建设、党风廉政建设、维稳等工作，分管党群工作部、党委组织部。党委委员、总会计师王睿负责协助总经理做好财务管理工作，分管财务资产部。党委委员、副总经理、安全总监齐春雷负责协助总经理做好安全环保管理工作，负责物资采购、资产租赁工作，负责质量体系、生产工艺、技术开发、技改技措、生产受控和培训工作，协管安全生产管理部对应业务，分管人力资源部培训业务，分管企管物采部对应业务，分管塑龙公司、弘润精细化工厂、雪龙涂料厂、管道配件联合厂、一分公司四达气站、恒温库、劲松公司、房屋租赁管理中心、龙化经销中心。党委委员、副总经理赵秀娟负责施工作业管理，负责检维修项目管理、设备资产管理、车辆保险管理、能源管理（含油料管理部分），分管安全生产管理部对应业务，分管龙凤土建队、兴化安装队、兴化土建队、洪流清洗队、二分公司机电厂。党委副书记、纪委书记、工会主席路锦新负责协助党委书记做好党委日常工作，协助总经理做好审计监察工作，负责纪委、工会和共青团等工作，负责新项目市场调研工作，负责劳务输出和外部市场扩展工作，负责法律事务、经营管理、合同管理，分管企管物采部对应业务，协管党群工作部对应业务，分管三分公司服务队、三分公司回收队、三分公司包装队。

"十三五"开局以来，实业公司连续 5 年超额完成大庆石化分公司下达的生产经营任务指标，累计实现营销总收入 51.8 亿元、经营利润 9433.88 万元。年均上缴税费 4000 万元，在大庆市龙凤区所属企业中位居前列。五年来，累计再就业员工 1000 多人，压缩非生产人员 54 人，31 个基层单位合并为 18 个，推进机关部门"大部制"建设，由 11 个机关部门整合为 5 个大部室，所合并单位人员全部得到妥善安置。按照集团公司厂办大集体改革工作统一安排，最终彻底解决厂办大集体企业的产权归属问题。保持住了"雅科德"和"雪龙"品牌黑龙江省著名商标，以及省市两级守合同重信用企业殊荣；先后获得了黑龙江省文明单位、标兵单位、黑龙江省模范职工之家、百强企业和制造业百强等多项荣誉称号。

截至 2020 年 12 月 31 日，实业公司机关设职能科室 5 个：综合管理部（党群工作部）、人力资源部（党委组织部）、财务资产部、安全生产管理部、企管物采部。下设基层单位 18 个：房屋租赁管理中心、清洗队（洪流清洗队）、龙凤土建队、兴化土建队、兴化安装队、三分公司回收队（回收一队）、三分公司服务队（回收二队）、三分公司包装队（兴达包装厂）、二分公司机电厂、管道配件厂、雪龙涂料厂、弘润精细化工厂、塑龙公司、一分公司四达气站、劲松公司、恒温库、龙化经销中心、二分公司等。固定资产原值 2.58 亿元，净值 1.04 亿元。在册员工 599 人。实业公司党委下属党支部 15 个，共有党员 209 人。

一、大庆五龙实业有限公司领导名录（2020.9—12）

  经 理 施 雄（2020.9—11）

        宫向英（2020.11—12）

二、实业公司行政领导名录（2016.1—2020.12）

  总 经 理 施 雄（2016.1—2020.11）

        宫向英（2020.11—12）

  副 总 经 理 张新立（2016.1—2019.7）

　　　　　　　孙继良（2016.1—2020.11）①

　　　　　　　张利刚（2016.1—2020.11）②

　　　　　　　丁明雨（2016.1—2020.11）

　　　　　　　丁汉明（2018.11—2020.4）③

　　　　　　　齐春雷（2019.7—2020.12）

　　　　　　　赵秀娟（女，2020.4—12）

　　总会计师　修宝成（2016.1—2018.6）④

　　　　　　　王　睿（女，2018.11—2020.12）

　　安全总监　张新立（兼任，2016.1—2019.7）

　　　　　　　齐春雷（兼任，2019.7—2020.12）

　　监察室主任　曲洪涛（2016.1—2017.12）

　　正处级干部　曲洪涛（2019.2—2020.12）

　　　　　　　施　雄（2020.11—12）

　　副处级干部　修宝成（2018.6—2020.8）⑤

三、实业公司党委领导名录（2016.1—2020.12）

　　书　　记　曲洪涛（2016.1—2019.2）⑥

　　　　　　　刘仁权（2019.7—2020.11）⑦

　　　　　　　丁明雨（2020.11—12）

　　副　书　记　刘仁权（2017.12—2019.7）

　　　　　　　张新立（2019.7—2020.11）⑧

　　　　　　　路锦新（女，2020.11—12）

　　委　　员　曲洪涛（2016.1—2019.2）

　　　　　　　刘仁权（2016.1—2020.11）

---

① 2020 年 11 月，孙继良调任开发公司总工程师。

② 2020 年 11 月，张利刚调任保卫部副主任。

③ 2020 年 4 月，丁汉明调任水气厂党委书记。

④ 2018 年 6 月至 11 月期间，实业公司总会计师空缺，相关工作由总经理施雄负责。

⑤ 2020 年 8 月，副处级干部修宝成退休。

⑥ 2019 年 2 月至 7 月期间，实业公司党委书记空缺，由总经理施雄负责党委工作。

⑦ 2020 年 11 月，刘仁权调任久隆房地产公司党委书记。

⑧ 2020 年 11 月，张新立调任客运服务中心副主任。

丁明雨（2016.1—2020.12）

施　雄（2016.1—2020.11）

张新立（2016.1—2020.11）

修宝成（2016.1—2018.6）

孙继良（2016.1—2020.11）

张利刚（2016.1—2020.11）

丁汉明（2018.11—2020.4）

王　睿（2018.11—2020.12）

齐春雷（2019.7—2020.12）

赵秀娟（2020.4—12）

宫向英（2020.11—12）

路锦新（2020.11—12）

四、实业公司纪委领导名录（2016.1—2020.12）

书　　　记　曲洪涛（2016.1—2017.12）

刘仁权（2017.12—2019.7）

张新立（2019.7—2020.11）

路锦新（2020.11—12）

五、实业公司工会领导名录（2016.1—2020.12）

主　　　席　刘仁权（2016.1—2019.7）

张新立（2019.7—2020.11）

路锦新（2020.11—12）

第二十一节　消防支队（2016.1—2020.12）

消防支队的前身是 1961 年 10 月成立的黑龙江炼油厂保卫科消防队。1970 年 10 月，消防队更名为消防连，列大庆炼油厂独立连。1972 年 4 月，大庆石油化工总厂撤销营连编制，消防连更名为消防队，列大庆石油化工总厂科级直属基层单位。1987 年 3 月，大庆石油化工总厂与大庆乙烯工程指挥部合并为新的大庆石油化工总厂。5月，大庆石油化工总厂决定，将大庆石油化工总厂消防队和大庆乙烯工程指挥部安全环保处消防队合并为大庆石油化工总厂消防大队，列大庆石油化工总厂副处级基层单位。1990年12月，大庆石油化工总厂决定，将消防大队更名为消防支队，调整为正处级基层单位。1999年9月，大庆石油化工总厂与大庆石化分公司分开分立，消防支队列大庆石油化工总厂正处级基层单位。2006年3月，根据集团公司《关于消防业务实施整合的通知》精神，集团公司决定，将大庆石油化工总厂消防支队划归大庆石化分公司管理，列公司正处级直属单位。2007年6月，大庆石化分公司与大庆石油化工总厂重组整合，消防支队列大庆石化分公司正处级基层单位。

截至2015年12月31日，消防支队主要承担大庆石化分公司所属各单位、生活区，以及龙凤区地方企事业单位、附近村屯、铁路及驻矿单位的现场监护、抢险救援、火灾扑救和公司的消防监督任务。是集预防、灭火、气防、危险化学品救援、地震救援为一体的多功能专业化消防队伍。机关设职能科室6个：办公室（党委办公室）、人事科（党委组织部）、企业文化科（党委宣传部、工会、团委）、防火科、战训科、装备安全科。下设基层单位5个：一大队、二大队、三大队、四大队、气防站。挂靠单位1个：安全监督站。固定资产原值1.40亿元，净值0.52亿元。在册员工441人。消防支队党委下属6个党支部，共有党员154人。机关办公地点位于黑龙江省大庆市龙凤区兴化村化北路4号。

消防支队党政领导班子5人，其中行政领导班子4人，党委由5人组成：

邱立君任党委委员、支队长，负责行政全面工作，分管人事科。

王国平任政委、党委书记、纪委书记，负责党群工作和协助行政工作，分管党委办公室、党委组织部、党委宣传部。

蔡立申任党委委员、副支队长，负责战训、装备、安全工作，分管战训科、装备安全科。

王德民任党委委员、副支队长，负责防火、办公室工作，分管防火科、办公室。

董宏伟任党委委员、工会主席，负责工会工作。

2016年2月2日，消防支队六届三次职工代表大会暨2016年工作会议召开。支队长邱立君作了题为《统一思想，凝聚力量，推进专业化建设再上新台阶》的工作报告。会议确定了消防支队2016年六项重点工作：一是强化服务职能，深化岗位练兵，进一步提升队伍的服务保障能力；二是强化消防监督，追踪整改进程，严格落实消防安全责任；三是强化底线思维，完善责任体系，确保安全环保整体受控；四是优化装备配置，提高操作水平，切实提高装备保障能力；五是强化学以致用，创新培训方式，消化吸收最新消防科技成果；六是创新管理方式，狠抓工作落实，不断改善员工执勤生活条件。

2016年3月，大庆石化分公司决定：聘任邱立君为消防支队正处级干部，解聘其消防支队支队长职务；解聘王国平的消防支队政委、监察室主任职务。大庆石化分公司党委决定：王国平任消防支队正处级干部，免去其消防支队党委书记、纪委书记、党委委员职务；免去邱立君的消防支队党委委员职务。

2016年5月，大庆石化分公司决定：聘任蔡立申为消防支队支队长。

随后，消防支队对领导班子成员分工进行调整：

党委委员、支队长蔡立申负责行政全面工作（代为负责党委、纪委工作），分管人事科（党委组织部）、党委办公室、企业文化科（党委宣传部）、战训科、装备安全科。党委委员、副支队长王德民负责防火、办公室工作，分管防火科、办公室。党委委员、工会主席董宏伟负责工会工作。

2016年9月，大庆石化分公司决定，将安全环保监督站由挂靠消防支队改为设在消防支队，负责公司安全环保监督管理等工作。

2016年9月，大庆石化分公司决定：聘任薛岐新为消防支队副支队长，负责安全环保监督工作。

2017年2月16日，消防支队六届四次职工代表大会暨2017年工作会议召开。支队长蔡立申作了题为《凝心聚力，继往开来，努力开创消防事业发展新局面》的工作报告。会议确定了消防支队2017年九项重点工作：一是求真务实，注重培训效果；二是真抓实练，提升战备能力；三是内强素质，树立良好形象；四是总结规律，提高管理水平；五是整体受控，防范安全风险；六是加强教育，完成保运任务；七是深入挖掘，形成特色文化；

八是合规管理，坚守职业道德；九是忠诚履职，保障高效运转。

2017年4月，大庆石化分公司编委办决定，将消防支队企业文化科（党委宣传部、工会、团委）更名为党群工作部，主要负责宣传、纪检监察、工会、团委、企业文化等业务。

2018年2月1日，消防支队六届五次职工代表大会暨2018年工作会议召开。支队长蔡立申作了题为《严纪律、强作风、抓实训、懂指挥，着力打造素质过硬的专职消防队伍》的工作报告。会议确定了消防支队2018年九项重点工作：一是学深悟透弄懂，持续宣贯党的十九大精神；二是严纪律守规矩，筑牢法纪警戒线；三是强作风勇担当，增强岗位过硬本领；四是抓实训重实效，切实提升业务技能；五是懂指挥提素质，不断强化灭火指挥能力；六是强素质树形象，做好消防监督服务工作；七是全方位出精品，加强宣传舆论引导；八是重质量提效率，切实做好服务保障工作；九是顾大局谋发展，扎实开展党建各项工作。

2018年5月，大庆石化分公司编委办决定，消防支队防火科更名为防火安全科，装备安全科更名为装备科，安全与HSE体系管理定员编制由装备科调整到防火安全科。

2018年6月，大庆石化分公司决定：聘任杨帆为消防支队政委。大庆石化分公司党委决定：杨帆任消防支队党委委员、党委书记；免去董宏伟的消防支队工会主席、党委委员职务。

随后，消防支队对领导班子成员分工进行调整：

党委委员、支队长蔡立申负责行政全面工作，并负责人事管理、战训管理、设备管理、安全管理等工作，分管人事科、战训科、装备科、办公室、防火安全科、党群工作部。党委书记、政委杨帆负责党委全面工作，并负责维稳、文明生产等工作，分管党委组织部、党委办公室、党群工作部。党委委员、副支队长王德民负责防火监督、工程施工等工作，分管防火安全科、装备科。

2018年8月，正处级干部王国平退休。

2018年11月，大庆石化分公司党委决定：杨帆任消防支队纪委书记。

2018年12月30日，中共消防支队党员大会召开，127名党员代表参加会议。会议选举产生中共消防支队新一届委员会，由王德民、杨帆、蔡立申等 3 人（以姓氏笔画为序）组成，杨帆为党委书记。选举产生中共消防支队纪律检查委员会，由于海洋、刘东兴、杨帆、周宏伟、黄旭东等 5 人（以姓氏笔画为序）组成，杨帆为纪委书记。截至 12 月底，消防支队党委下属 6 个党支部，共有党员 162 人。

2019 年 1 月 30 日，消防支队七届一次职工代表大会暨 2019 年工作会议召开。支队长蔡立申作了题为《担当新使命、建功新时代、展现新作为，为公司高质量发展提供坚强的消防安全保障》的工作报告。会议确定了消防支队 2019 年六项重点工作：一是抓好安全监督工作，在履行安全监管职责方面取得新成果；二是抓好执勤战备工作，在提升队伍作战能力方面取得新实效；三是抓好装备管理工作，在技能应用操作方面取得新进展；四是抓好合规管理工作，在内控管理方面取得新成效；五是抓好人力资源管理工作，在选优育优建设方面取得新收获；六是抓好党建工作，在政治作用发挥方面取得新成果。

2019 年 2 月，大庆石化分公司决定，将设在消防支队的安全环保监督站改建为新的安全环保监督站，改列公司正处级直属机构。

2019 年 2 月，大庆石化分公司决定：聘任张有松为消防支队副支队长；解聘薛岐新的消防支队副支队长职务。大庆石化分公司党委决定：张有松任消防支队党委委员；杨玉胜任消防支队党委委员、党委副书记、纪委书记、工会主席；免去杨帆的消防支队纪委书记职务。

随后，消防支队对领导班子成员分工进行调整：

党委委员、支队长蔡立申负责行政全面工作，并负责安全环保工作，分管办公室（党委办公室）、人事科（党委组织部）、防火安全科。党委书记、政委杨帆负责党委全面工作，并负责支队维稳工作，分管党委办公室、党委组织部、党群工作部。党委委员、副支队长王德民协助支队长做好防火监督、工程施工等工作，分管防火安全科、装备科。党委委员、副支队长张有松协助支队长做好战训管理、设备管理、安全管理等工作，分管战训科、装备科、防火安全科。党委副书记、纪委书记、工会主席杨玉胜协助支队长抓日常行政管理工作，协助党委书记做好支队党委日常工作及维稳工作，负责纪检、工会、文明生产等工作，分管党群工作部，协管办公室。

2019 年 3 月，正处级干部邱立君退休。

2020年1月16日，消防支队七届二次职工代表大会暨2020年工作会议召开。支队长蔡立申作了题为《科技引领、创新聚力、扩展职能，全面推进综合性消防应急队伍高质量发展》的工作报告。会议确定了消防支队2020年七项重点工作：一是坚持责任落实，强化安全监督，在提升监督管理质量上取得新成果；二是坚持聚焦主线，提升实训质量，在做专做强消防功能上取得新实效；三是坚持创新管理，强化技能实训，在提升装备运行质量上取得新进展；四是坚持风险管控，强化内控管理，在推进合规常态化管理上取得新成效；五是坚持选优育优，强化人才培养，在加强人才队伍建设上取得新收获；六是坚持从严治党，强化组织建设，在发挥党建引领作用上取得成效；七是坚持政治引领，强化阵地建设，在统筹协调群团工作中取得新作为。

2020年3月，大庆石化分公司编委办决定，消防支队办公室（党委办公室）和党群工作部整合为综合管理科（党群工作部）。

2020年11月，大庆石化分公司决定：免去王德民的消防支队副支队长职务，改任消防支队副处级干部。大庆石化分公司党委决定：免去王德民的消防支队党委委员职务。

"十三五"时期，消防支队全面贯彻落实公司各项决策部署，紧紧围绕企业生产经营大局，以消防执勤战备工作为中心，进一步规范国家级危险化学品应急救援基地建设，科学做好应急抢险救援工作，成功扑救了"3·19""4·13""9·17""10·24"等灾害事故，重大火灾隐患专项治理取得重大成绩，重特大火灾得到有效遏制。"十三五"期间，共扑救各类火灾630起，生产监护620次，社会救援211次，出动消防车辆2048台（次），人员8490人（次），为公司实现高质量和持续发展创造了良好的消防安全环境。先后获得公安部授予的"全国119消防奖先进集体"荣誉称号，黑龙江省总队授予的"党的十九大消防安保工作成绩优秀支队"荣誉称号，中共大庆市委、大庆市政府联合授予的"文明单位"荣誉称号。

截至2020年12月31日，消防支队主要承担大庆石化分公司所属各单位、生活区以及龙凤区地方企事业单位、附近村屯、铁路及驻矿单位的现场监护、抢险救援、火灾扑救和公司的消防监督任务。是集预防、灭火、气防、危险化学品救援、地震救援为一体的多功能专业化消防队伍。机关设职能科室 5 个：综合管理科（党群工作部）、人事科（党委组织部）、防火安全科、战训科、装备科。下设基层单位 5 个：一大队、二大队、三大队、四大队、气防站。固定资产原值 1.43 亿元，净值 0.27 亿元。在册员工 420 人。消防支队党委下属党支部 6 个，共有党员 165 人。

一、消防支队行政领导名录（2016.1—2020.12）

　　　　支 队 长　邱立君（2016.1—3）[①]

　　　　　　　　　蔡立申（满族，2016.5—2020.12）

　　　　政　　委　王国平（2016.1—3）[②]

　　　　　　　　　杨　帆（2018.6—2020.12）

　　　　副 支 队 长　蔡立申（2016.1—5）

　　　　　　　　　王德民（2016.1—2020.11）

　　　　　　　　　薛岐新（2016.9—2019.2）[③]

　　　　　　　　　张有松（2019.2—2020.12）

　　　　监察室主任　王国平（2016.1—3）

　　　　正处级干部　邱立君（2016.3—2019.3）[④]

　　　　　　　　　王国平（2016.3—2018.8）[⑤]

　　　　　　　　　史一君（2020.12）

　　　　副处级干部　王德民（2020.11—12）

二、消防支队党委领导名录（2016.1—2020.12）

　　　　书　　记　王国平（2016.1—3）[⑥]

　　　　　　　　　杨　帆（2018.6—2020.12）

　　　　副 书 记　杨玉胜（2019.2—2020.12）

　　　　委　　员　王国平（2016.1—3）

　　　　　　　　　邱立君（2016.1—3）

---

① 2016 年 3 月至 5 月期间，消防支队支队长空缺，由副支队长蔡立申负责行政全面工作。

② 2016 年 3 月至 2018 年 6 月期间，消防支队政委空缺，政委工作由支队长蔡立申负责。

③ 2019 年 2 月，薛岐新调任公司安全环保监督站站长。

④ 2019 年 3 月，正处级干部邱立君退休。

⑤ 2018 年 8 月，正处级干部王国平退休。

⑥ 2016 年 3 月至 2018 年 6 月期间，消防支队党委书记空缺，党委工作由支队长蔡立申负责。

蔡立申（2016.1—2020.12）

王德民（2016.1—2020.11）

董宏伟（2016.1—2018.6）

薛岐新（2016.9—2019.2）

杨　帆（2018.6—2020.12）

张有松（2019.2—2020.12）

杨玉胜（2019.2—2020.12）

三、消防支队纪委领导名录（2016.1—2020.12）

书　　记　王国平（2016.1—3）

杨　帆（2018.11—2019.2）[①]

杨玉胜（2019.2—2020.12）

四、消防支队工会领导名录（2016.1—2020.12）

主　　席　董宏伟（2016.1—2018.6）[②]

杨玉胜（2019.2—2020.12）

五、消防支队挂靠机构：安全监督站—安全环保监督站（副处级，2016.1—9）

安全监督站主要负责对影响大庆石化分公司安全生产的管理行为进行监督考核，为大庆石化分公司重大作业项目提供安全方面的技术支持和作业前的安全监督提示服务，其业务指导由质量安全环保处负责。

截至2015年12月31日，在册员工17人。安全监督站设1个党支部，隶属公司机关党委，共有党员13人。

2016年3月，大庆石化分公司决定，将安全监督站更名为安全环保监督站，主要负责公司安全工作的监督检查和环保工作的监督检查。

2016年6月，大庆石化分公司机关党委决定，安全监督站党支部更名为安全环保监督站党支部。

2016年9月，大庆石化分公司决定，将安全环保监督站改为设在消防

---

① 2016年3月至2018年11月期间，消防支队纪委书记空缺，纪委工作由支队长蔡立申负责。

② 2018年6月，董宏伟调任客运中心党委委员、党委书记。2018年6月至2019年2月期间，消防支队工会主席空缺，工会工作由党委书记杨帆负责。

支队，负责公司安全环保监督管理等工作。安全环保监督站党支部仍隶属公司机关党委。

（一）安全监督站—安全环保监督站行政领导名录（2016.1—9）

> 站　　长　薛岐新（2016.1—9）①

（二）安全监督站—安全环保监督站党支部领导名录（2016.1—2019.2）

> 书　　记　薛岐新（2016.1—2019.2）
>
> 委　　员　薛岐新（2016.1—2019.2）
>
> 　　　　　李　岩（女，组织兼纪检，高级主管，2016.1—2019.2）
>
> 　　　　　李洪昌（宣传，主管，2016.1—2019.2）

第二十二节　保卫部（2016.1—2020.12）

2010年8月，大庆石化分公司决定，将保卫一部和保卫二部整合为保卫部，列大庆石化分公司正处级基层单位。保卫部主要负责公司全面治安防范、巡控和隐患排查治理，出入厂区、库区的人员、车辆、产品及物资管理等工作，并负责检查、监督、指导公司各基层单位的保卫业务。

截至2015年12月31日，保卫部机关设职能科室5个：办公室（党委办公室）、人事科（党委组织部）、企业文化科（党委宣传部）、督察科、安全设备科。下设基层单位11个：治安保卫大队、经济保卫大队、机关保卫大队、守卫一大队、守卫二大队、守卫三大队、守卫四大队、巡逻一大队、巡逻二大队、巡逻三大队、监控指挥中心。在册员工690人。保卫部党委下属11个党支部，共有党员212人。机关办公地点位于黑龙江省大庆市龙凤区化祥路6号。

保卫部党政领导班子4人，其中行政领导班子2人，党委由4人组成：

刘辉任党委委员、主任，全面负责行政和业务管理工作，组织制定并落实长期工作规划和年度工作计划，支持本单位党委工作，分管办公室、人事科、企业文化科、督察科、安全设备科、守卫一大队、守卫二大队、守卫

---

① 2016年9月，薛岐新调任消防支队副支队长。

三大队、守卫四大队、巡逻一大队、巡逻二大队、巡逻三大队、机关保卫大队、治安保卫大队、经济保卫大队、监控指挥中心。

崔明福任党委书记、纪委书记，全面负责党建、组织、纪检监察、共青团、宣传、维护稳定等工作，支持本单位行政工作，分管党委办公室、党委组织部、党委宣传部。

杨士军任党委委员、副主任，负责协助主任做好行政工作，分管安全设备科、治安保卫大队、经济保卫大队、机关保卫大队、巡逻一大队、巡逻二大队、巡逻三大队。

董兆林任党委委员、工会主席，负责工会的全面工作，协助主任做好行政工作，协管督察科、监控指挥中心、守卫一大队、守卫二大队、守卫三大队、守卫四大队。

2016 年 2 月 2 日，保卫部第二届职工代表大会第三次会议召开。主任刘辉作了题为《坚定信心、迎接挑战，为公司改革发展保驾护航》的工作报告。会议确定了保卫部 2016 年五项重点工作：一是把握实战需要，提高防恐战备标准；二是结合三联机制，强化业务效应发挥；三是围绕强基固本，推动素质技能提升；四是优化管理举措，增强整体履职能力；五是打造坚强后盾，护航公司改革进程。

2016 年 3 月，大庆石化分公司决定：杨文有任保卫部副主任，负责保卫部督察工作、监控指挥工作和厂区、库区守卫业务管理工作，分管督察科、监控指挥中心、守卫一大队、守卫二大队、守卫三大队、守卫四大队。大庆石化分公司党委决定：杨文有任保卫部党委委员。

2016 年 7 月 19 日，中共保卫部第一次代表大会召开，98 名党员代表参加会议。会议选举产生了中共保卫部新一届委员会由刘辉、杨士军、杨文有、崔明福、董兆林等 5 人（以姓氏笔画为序）组成，崔明福为党委书记。选举产生中共保卫部纪律检查委员会，由王经登、张亚杰、贾福海、徐迎福、崔明福等 5 人（以姓氏笔画为序）组成，崔明福为纪委书记。截至 7 月，保卫部党委下属 11 个党支部，共有党员 215 人。

2016 年 10 月，大庆石化分公司编委办决定，撤销保卫部巡逻三大队机构编制。

2017 年 3 月 1 日，保卫部第三届职工代表大会第一次会议召开。主任刘辉作了题为《全面正确履职、锤炼锻造队伍，将保卫事业发展和保卫队伍建设不断推向前进》的工作报告。会议确定了保卫部2017年总体工作思路：以公司十一届一次职代会精神为指导，围绕公司生产经营建设的总体部署，牢牢抓住保卫业务建设、保卫队伍建设不放松，持续推进保卫事业发展进步，有效应对困难和挑战，更好地担负起护航企业改革发展的光荣使命。

2017年4月，大庆石化分公司编委办决定，将保卫部企业文化科（党委宣传部）更名为党群工作部，主要负责宣传、纪检监察、工会、团委、企业文化等业务。

2017年4月，经大庆石化分公司党委组织部同意，撤销保卫部巡逻三大队党支部。

2017年12月，大庆石化分公司决定：解聘崔明福的保卫部监察室主任职务。大庆石化分公司党委决定：免去崔明福的保卫部纪委书记职务；董兆林任保卫部党委副书记、纪委书记。

随后，保卫部对领导班子成员分工进行调整：

党委委员、主任刘辉负责行政全面工作，并负责安全环保、企业文化工作，分管办公室（党委办公室）、人事科（党委组织部）。党委书记崔明福负责党委全面工作，并负责共青团工作，分管党委办公室、党委组织部、党群工作部。党委副书记、纪委书记、工会主席董兆林协助党委书记做好党委日常工作，负责纪委监察、工会工作，协管党群工作部。党委委员、副主任杨文有协助主任做好守卫、督察、监控指挥等业务及业绩考核工作，分管督察科、监控指挥中心和各守卫大队。党委委员、副主任杨士军协助主任做好治安管理、治安防范、治安巡控等业务工作和安全及QHSE体系管理等工作，分管安全设备科、治安保卫大队、经济保卫大队、机关保卫大队和各巡逻大队。

2018年2月9日，保卫部召开第三届职工代表大会第二次会议。主任刘辉作了题为《履职尽责、保驾护航，为维护公司辖区长治久安而努力奋斗》的工作报告。会议确定了保卫部2018年总体工作思路：以公司十一届二次职代会精神为指导，按照公司生产经营建设总体部署，围绕保平安，持续加强安保反恐战备；围绕保秩序，深入强化业务综合效应；围绕保检修，扎实做好现场保卫工作；围绕保发展，不断增强整体履职能力，为公司深化改革和实施"十三五"规划提供强有力的治安环境保障，更好地担负起护航企业可持续发展的光荣使命。

2018年11月，大庆石化分公司编委办决定，撤销保卫部守卫四大队机构编制，业务划归其他守卫大队。

2018年11月，经大庆石化分公司党委组织部同意，撤销保卫部守卫四大队党支部，原支部党员组织关系一并按工作业务划分转入其他所属单位党支部。

2019年1月31日，保卫部第三届职工代表大会第三次会议召开。主任刘辉作了题为《迎难而上，迎接挑战，为护航公司持续稳健发展而努力奋斗》的工作报告。会议确定了保卫部2019年总体工作思路：以公司十一届三次职代会精神为指导，紧紧围绕确保辖区平安稳定这一中心目标，牢牢把握业务建设管理、队伍建设管理两条工作主线，突出抓好提升保卫人员素质技能、形象作风、服务水平三项基础工程，充分发挥党委工作思想引领、示范带动、凝心聚力、服务保障四方面重要作用，全力担当好、履行好护航公司持续稳健发展的使命与职责。

2019年2月，大庆石化分公司决定：聘任霍国彬为保卫部副主任。大庆石化分公司党委决定：李文奇任保卫部党委委员、党委书记；霍国彬任保卫部党委委员；免去崔明福的保卫部党委书记、党委委员职务，改任炼油厂正处级干部。

2019年3月，保卫部对领导班子成员分工进行调整：

党委委员、主任刘辉负责行政全面工作，并负责安全环保、企业文化等工作，分管办公室（党委办公室）、人事科（党委组织部）、党群工作部、安全设备科。党委书记李文奇负责党委全面工作，分管党委办公室、党委组织部、党群工作部。党委副书记、纪委书记、工会主席董兆林协助党委书记做好党委日常工作，负责纪检、工会等工作，协管党群工作部。党委委员、副主任杨文有负责守卫、督察等业务工作和业绩考核工作，分管督察科及各守卫大队。党委委员、副主任霍国彬负责治安防范、防恐怖、监控指挥等业务工作和技防技术、信息化管理等工作，分管监控指挥中心、经济保卫大队。党委委员、副主任杨士军负责治安管理、治安巡控、大型活动保卫及群体、突发事件处置等业务工作和安全环保及QHSE体系管理工作，分管治安保卫大队、机关保卫大队和各巡逻大队，协管安全设备科。

2019 年 5 月，大庆石化分公司编委办决定，保卫部巡逻一大队和巡逻二大队整合为巡逻大队；撤销保卫部监控指挥中心机构编制，其业务划归经济保卫大队管理。

2019 年 5 月，经大庆石化分公司党委组织部同意，撤销保卫部巡逻一大队党支部和巡逻二大队党支部，成立巡逻大队党支部。

2019 年 8 月，大庆石化分公司编委办决定，撤销保卫部守卫三大队机构编制，其业务划归守卫一大队、守卫二大队管理。

2019 年 8 月，经大庆石化分公司党委组织部同意，撤销保卫部守卫三大队党支部，原支部党员组织关系随人事关系转入相关单位党支部。

2020 年 1 月 8 日，保卫部第三届职工代表大会第四次会议召开。主任刘辉作了题为《栉风沐雨，共克时艰，不忘初心，砥砺前行，为服务公司深化改革，保障辖区平安稳定而不懈奋斗》的工作报告。会议确定保卫部 2020 年总体工作思路：以公司十一届四次职代会精神为指导，按照公司生产经营建设总体部署，围绕保平安，持续加强安保防恐战备；围绕保秩序，深入强化业务综合效应；围绕保发展，不断增强整体履职能力，为公司深化改革和打好"十三五"规划收官提供强有力的治安环境保障，更好地担负起护航企业可持续发展的光荣使命。

2020 年 5 月，大庆石化分公司编委办决定，保卫部办公室（党委办公室）、人事科（党委组织部）和党群工作部整合为综合管理科（党群工作部）；督察科和安全设备科整合为安全督察科；治安保卫大队和巡逻大队整合为治安应急大队；经济保卫大队更名为防范管理大队。

2020 年 6 月，经大庆石化分公司党委组织部同意，保卫部巡逻大队党支部更名为治安应急大队党支部；撤销治安保卫大队党支部，全体党员组织关系随人事关系转入治安应急大队党支部；经济保卫大队党支部更名为防范管理大队党支部。

2020 年 6 月，保卫部对领导班子成员分工进行调整：

党委委员、主任刘辉负责行政全面工作，并负责安全环保、企业文化等工作，分管综合管理科（党群工作部）、安全督察科。党委书记李文奇负责党委全面工作，并负责共青团、稳定、武装工作，分管党群工作部。党委副书记、纪委书记、工会主席董兆林协助党委书记做好党委日常工作，负责纪检、工会等工作，协管党群工作部。党委委员、副主任杨文有负责守卫、督察等业务工作和业绩考核工作，分管守卫一大队、守卫二大队，协管安全督察科。党委委员、副主任霍国彬负责治安防范、防恐怖、监控指挥等业务工作和技防技术、信息化管理等工作，分管防范管理大队。党委委员、副主任杨士军负责治安管理、治安巡控、大型活动保卫及群体、突发事件处置等业务工作和安全环保及 QHSE 体系管理工作，分管治安应急大队、机关保卫大队，协管安全督察科。

2020 年 11 月，大庆石化分公司决定：张利刚任保卫部副主任。大庆石化分公司党委决定：张利刚任保卫部党委委员。

"十三五"期间，保卫部持续加大治安整治力度，深化警企合作，重点对内盗、施工单位互盗加大打击整治力度，查获典型系列盗窃案件 5 起，伪造公章审批手续入厂案件 2 起，会同公安机关打掉造假窝点 1 个、收缴制假设备 5 台。五年内辖区未发生恐怖事件、公共安全事件，实现检修现场、重大节日、敏感时期零发案，辖区治安形势更加稳定向好。建立"保卫之声"微信公众号，通过网络媒体全方位做好宣传工作，对内、对外累计刊发各类文字、图片、视频宣传报道 1190 篇，较好地展示了保卫工作和队伍风貌。通过撤并整合，基层单位由 11 个缩减为 5 个，机关科室由 5 个缩减为 2 个。为保卫队伍全面正确履职、完成重要工作任务、保持内部和谐稳定提供了坚强有力保障。

截至 2020 年 12 月 31 日，保卫部机关设职能科室 2 个：综合管理科（党群工作部）、安全督察科。下设基层单位 5 个：治安应急大队、防范管理大队、机关保卫大队、守卫一大队、守卫二大队。在册员工 446 人。保卫部党委下属党支部 6 个，共有党员 175 人。

一、保卫部行政领导名录（2016.1—2020.12）

主　　任　刘　辉（2016.1—2020.12）

副 主 任　杨士军（2016.1—2020.12）

　　　　　杨文有（2016.3—2020.12）

　　　　　霍国彬（2019.2—2020.12）

　　　　　张利刚（2020.11—12）

监察室主任 崔明福（朝鲜族，2016.1—2017.12）

二、保卫部党委领导名录（2016.1—2020.12）

书　　记　崔明福（2016.1—2019.2）①

李文奇（2019.2—2020.12）

副 书 记　董兆林（2017.12—2020.12）

委　　员　崔明福（2016.1—2019.2）

刘　辉（2016.1—2020.12）

董兆林（2016.1—2020.12）

杨士军（2016.1—2020.12）

杨文有（2016.3—2020.12）

李文奇（2019.2—2020.12）

霍国彬（2019.2—2020.12）

张利刚（2020.11—12）

三、保卫部纪委领导名录（2016.1—2020.12）

书　　记　崔明福（2016.1—2017.12）

董兆林（2017.12—2020.12）

四、保卫部工会领导名录（2016.1—2020.12）

主　　席　董兆林（2016.1—2020.12）

第二十三节　久隆房地产公司
（2016.1—2020.12）

2005 年 6 月，大庆石油化工总厂将建设公司房地产开发公司划出，更名为久隆房地产开发公司，改列大庆石油化工总厂正处级基层单位。工商注册名称为大庆久隆房地产开发股份有限公司，注册资本 5000 万元。主要负责大庆石化职工生活基地及外埠房地产的建设与开发工作。2007 年 6 月，

---

① 2019 年 2 月，崔明福改任炼油厂正处级干部。

大庆石化分公司和大庆石油化工总厂重组整合，久隆房地产开发公司列大庆石化分公司正处级基层单位，规范名称大庆久隆房地产开发股份有限公司，为法人二级单位。7月，大庆石化分公司决定，大庆久隆房地产开发股份有限公司对内简称由久隆房地产开发公司更名为久隆房地产公司。

截至 2015 年 12 月 31 日，久隆房地产公司机关设职能科室 12 个：经理办公室（党委办公室、维稳办、保卫科）、人事科（党委组织部）、企业文化科（党委宣传部、工会办公室、团委）、财务科、计划经营科、生产管理科、技术科、安全环保科、开发策划科、投资控制科、质量管理科、项目管理科。下设基层单位 10 个：营销中心、客户服务中心、物资供应站、重庆分公司、工程质量检测公司、木器制品厂、塑钢门窗厂、建材厂、塑料制品有限公司（XPS 板厂）、工程运输车队（由热电厂进行整体托管）。固定资产原值 6634 万元，净值 1784 万元。在册员工 235 人。久隆房地产公司党委下属9 个党支部，共有党员 100 人。机关办公地点位于黑龙江省大庆市龙凤区龙八路 1 号。

久隆房地产公司党政领导班子 6 人，其中行政领导班子 5 人，党委由 6人组成：

孙洪海任党委委员、经理，负责行政全面工作，分管经理办公室（党委办公室、维稳办、保卫科）、人事科（党委组织部）、财务科。

韩伟东任党委书记、纪委书记，负责党委全面工作，分管党委办公室、党委组织部、企业文化科（党委宣传部、工会办公室、团委）。

吴永林任党委委员、副经理，负责计划、经营、企业管理、绩效、房地产项目开发、设计、项目投资、工程预结算、内控、工程招投标等管理工作，分管计划经营科、投资控制科、开发策划科、技术科。

吴则平任党委委员、副经理，负责房屋销售出租、档案等管理工作，分管营销中心、重庆分公司。

李长斌任党委委员、副经理、安全总监，负责生产、安全（安全监督部分）、环保、质量、工程项目建设、房屋维修、资产设备、客户服务、员工培训等管理工作，分管生产管理科、安全环保科、质量管理科、项目管理科、客户服务中心。

王刚任党委委员、副经理，负责物资供应、基层单位生产、经营、安全、质量、市场开发、基层建设等管理工作，分管物资供应站、工程质量检测公司、塑钢门窗厂、塑料制品有限公司（XPS板厂）、木器制品厂、建材厂、工程运输车队（由热电厂托管）。

2016年2月，股份公司决定：康志军兼任的大庆久隆房地产开发股份有限公司董事长职务改为马铁钢兼任。

2016年2月24日，久隆房地产公司三届三次职工代表大会召开。经理孙洪海作了题为《挖潜调结构，转型促发展，全力强化企业效益增长能力》的工作报告。会议确定了久隆房地产公司2016年六项重点工作：一是全面加快待售资产盘活；二是全面推进聚福园项目建设；三是全面强化安全环保质量管理；四是全面提升公司市场竞争力；五是全面升级久隆服务水平；六是全面做好组织保障工作。

2016年4月，大庆石化分公司编委办决定，撤销久隆房地产公司建材厂、木器制品厂、塑料制品有限公司（XPS板厂）机构及定员编制；成立商服管理中心，按正科级基层单位管理。

随后，久隆房地产公司对部分领导班子成员分工进行调整：党委委员、副经理、安全总监李长斌负责生产、安全（安全监督部分）、环保、质量、工程项目建设、房屋维修、资产设备、客户服务、员工培训等管理工作，分管生产管理科、安全环保科、质量管理科、项目管理科、客户服务中心、商服管理中心。党委委员、副经理王刚负责物资供应、基层单位生产、经营、安全、质量、市场开发、基层建设等管理工作，分管物资供应站、工程质量检测公司、塑钢门窗厂、工程运输车队（由热电厂托管）。

2016年5月，大庆石化分公司编委办决定，久隆房地产公司经理办公室（党委办公室、维稳办、保卫科）更名为经理办公室（党委办公室），保卫和维护稳定工作职责保留在经理办公室（党委办公室）。

2016年6月，经大庆石化分公司党委组织部同意，成立久隆房地产公司商服管理中心党支部；撤销建材公司党支部；撤销木器制品厂党支部；撤销塑料制品有限公司（XPS板厂）党支部。

2016年7月18日，中共久隆房地产公司党员大会召开，82名党员代表参加会议。会议选举产生中共久隆房地产公司新一届委员会，由王刚、孙洪海、李长斌、吴永林、吴则平、韩伟东等6人（以姓氏笔画为序）组成，韩伟东为党委书记。选举产生中共久隆房地产公司纪律检查委员会，由王国章、刘清杰、李辉、韩伟东、蔡瑞滨等5人（以姓氏笔画为序）组成，韩伟东为纪委书记。截至7月，久隆房地产公司党委下属7个党支部，共有党员99人。

2016年12月，正处级干部修永刚退休。

2017年2月，大庆石化分公司决定，将久隆房地产公司工程运输车队及人员划归热电厂。工程运输车队的离退休、有偿解除劳动合同等未在册人员，随机构一并划归热电厂管理。

2017年3月3日，久隆房地产公司三届四次职工代表大会召开。经理孙洪海作了题为《坚定信心，持续推进企业改革发展》的工作报告。会议确定了久隆房地产公司2017年五项重点工作：一是做好聚福园项目收尾；二是全面加快待售资产盘活；三是积极协调政策落实；四是继续挖潜增效提升市场竞争能力；五是持续强化党委政治核心作用。

2017年3月，大庆石化分公司决定，将久隆房地产公司工程质量检测公司及人员划归检测公司管理。工程质量检测公司的离退休、有偿解除劳动合同等未在册人员，随机构一并划归检测公司管理。

2017年4月，大庆石化分公司决定，将久隆房地产公司的企业文化科（党委宣传部、工会办公室、团委）更名为党群工作部。

2017年12月，大庆石化分公司决定：解聘李长斌的久隆房地产公司副经理、安全总监职务；解聘韩伟东的久隆房地产公司监察室主任职务。大庆石化分公司党委决定：免去李长斌的久隆房地产公司党委委员职务；韩伟东任久隆房地产公司工会主席。

随后，久隆房地产公司对领导班子成员分工进行调整：

党委委员、经理孙洪海负责行政全面工作，分管经理办公室（党委办公室）、人事科（党委组织部）、财务科。党委书记、纪委书记、工会主席韩伟东负责党委、纪委、工会全面工作，分管党委办公室、党委组织部、党群工作部。党委委员、副经理吴永林负责计划、经营、合同管理、绩效、房地产项目开发、设计、项目投资、工程预结算、内控、工程招投标等管理工作，分管计划经营科、投资控制科、开发策划科、技术科。党委委员、副经理吴则平负责房屋销售工作，分管营销中心、重庆分公司。党委委员、副经理王刚负责生产、安全、环保、质量、物资、工程项目建设、房屋维修、资产设备、客户服务、基层单位等管理工作，分管生产管理科、安全环保科、质量管理科、项目管理科、物资供应站、客户服务中心、商服管理中心、塑钢门窗厂。

2018年3月13日，久隆房地产公司三届五次职工代表大会召开。经理孙洪海作了题为《贯彻新思想，明确新要求，为全面推进企业改革发展持续奋斗》的工作报告。会议确定了久隆房地产公司2018年五项重点工作：一是进一步落实安全环保质量责任；二是进一步优化待售资产租售方案；三是进一步深化改革挖潜措施；四是进一步加大协调政策落实的力度；五是进一步发挥党委领导作用。

2018年11月，大庆石化分公司编委办决定，撤销久隆房地产公司现有机关职能部门和基层单位机构编制，组建新的办公室（党委办公室）、人事科（党委组织部）、党群工作部、财务科、计划经营科、生产管理科、规划技术科、质量安全环保科、工程管理科等9个机关职能部门；组建销售中心、待售资产管理中心、塑钢门窗厂、物资供应站等4个基层单位。

2018年11月，经大庆石化分公司党委组织部同意，将久隆房地产公司营销中心党支部更名为销售中心党支部；客户服务中心党支部更名为待售资产管理中心党支部；撤销商服管理中心党支部，将原商服管理中心党支部党员组织关系一并按工作业务划分转入塑钢门窗厂党支部。

2018年12月，久隆房地产公司对领导班子成员分工进行调整：

党委委员、经理孙洪海负责行政全面工作，分管办公室（党委办公室）、人事科（党委组织部）、财务科。党委书记、纪委书记、工会主席韩伟东负责党委、纪委、工会全面工作，分管党委办公室、党委组织部、党群工作部。党委委员、副经理吴永林负责计划、经营、合同管理、绩效、房地产项目开发、设计、项目投资、工程预结算、内控、工程招投标等管理工作，分管计划经营科、规划技术科。党委委员、副经理吴则平负责房屋销售出租、重庆香溪美林项目管理工作，分管销售中心。党委委员、副经理王刚负责生产、安全、环保、质量、物资、工程项目建设、房屋维修、资产设备、待售资产、基层单位等管理工作，分管生产管理科、质量安全环保科、工程管理科、待售资产管理中心、塑钢门窗厂、物资供应站。

2019 年 1 月 29 日，久隆房地产公司召开三届六次职工代表大会。经理孙洪海作了题为《凝心聚力，攻坚克难，为推进新时代深化改革而努力奋斗》的工作报告。会议确定了久隆房地产公司 2019 年六项重点工作：一是强化安全环保质量管理，继续完善制度体系建设；二是持续优化待售资产租售方案，加快资金回笼速度；三是全力做好聚福园后续工作，推进业主办证进程；四是推动政府遗留问题解决，加快债务清算进度；五是进一步推进深化改革措施，持续开展挖潜增效工作；六是持续加强党的建设，进一步强化党的领导，全面为企业改革推进保驾护航。

2019 年 2 月，大庆石化分公司决定：免去吴则平的久隆房地产公司副经理职务，改任久隆房地产公司副处级干部。大庆石化分公司党委决定：免去吴则平的久隆房地产公司党委委员职务。

随后，久隆房地产公司对部分领导班子成员分工进行调整：党委委员、副经理王刚负责公司生产、安全、环保、质量、物资、工程项目建设、房屋维修、资产设备、待售资产、房屋销售出租、重庆香溪美林项目、基层单位等管理工作，分管生产管理科、质量安全环保科、工程管理科、物资供应站、销售中心、待售资产管理中心、塑钢门窗厂。

2019 年 4 月，大庆石化分公司决定：聘任王刚为久隆房地产公司安全总监。大庆石油化工有限公司决定：聘任崔积峰为大庆久隆房地产开发股份有限公司董事；聘任董国治为大庆久隆房地产开发股份有限公司监事；解聘孟祥山的大庆久隆房地产开发股份有限公司董事职务；解聘柳迎斌的大庆久隆房地产开发股份有限公司监事职务；解聘罗亚凤的大庆久隆房地产开发股份有限公司监事职务；解聘王国章的大庆久隆房地产开发股份有限公司监事职务。

2019 年 6 月，经大庆石化分公司党委组织部同意，撤销久隆房地产公司物资供应站党支部。

2020 年 4 月，大庆石化分公司决定：免去吴永林的久隆房地产公司副经理职务，改任久隆房地产公司副处级干部。大庆石化分公司党委决定：免去吴永林的久隆房地产公司党委委员职务。大庆石油化工有限公司决定：王威任大庆久隆房地产开发股份有限公司董事；免去张欣林的大庆久隆房地产开发股份有限公司董事职务；免去崔积峰的大庆久隆房地产开发股份有限公司董事职务。

2020年4月，大庆石化分公司编委办决定，久隆房地产公司办公室（党委办公室）、人事科（党委组织部）和党群工作部整合为综合管理科（党群工作部）；计划经营科、生产管理科、规划技术科、质量安全环保科、工程管理科和物资供应站整合为安全生产管理科。

2020年5月，久隆房地产公司对领导班子成员分工进行调整：党委委员、经理孙洪海负责行政全面工作，分管综合管理科（党群工作部）、财务科。党委书记、纪委书记、工会主席韩伟东负责党委全面工作，分管党群工作部。党委委员、副经理、安全总监王刚负责安全、生产、经营、供应、销售等管理工作，分管安全生产管理科、销售中心、待售资产管理中心、塑钢门窗厂。

2020年5月20日，久隆房地产公司四届一次职工代表大会召开。经理孙洪海作了题为《同心协力，共克时艰，为持续推进深化改革而努力奋斗》的工作报告。会议确定了久隆房地产公司2020年六项重点工作：一是安全质量管理持续受控；二是库存消化成效显著；三是企业减负工作稳步推进；四是待售资产管理看护持续加强；五是合规管理工作规范运行；六是党的建设得到全面加强。

2020年7月，党委书记、纪委书记、工会主席韩伟东辞职。

2020年11月，大庆石化分公司党委决定：刘仁权任久隆房地产公司党委委员、党委书记。负责党委、纪委、工会全面工作，分管党群工作部。大庆石油化工有限公司决定：刘仁权任大庆久隆房地产开发股份有限公司监事；免去韩伟东的大庆久隆房地产开发股份有限公司监事职务。

"十三五"期间，久隆房地产公司共实现销售额3.5亿元。完善了东城领秀A、B、C、D 4个员工综合居住小区项目，建设住宅8379户、商服公寓742套、车库2051间、车位2358个，总建筑面积124万平方米。聚福园项目开发建设全力推动项目进程，最终于2017年5月完工并交付使用，2018年7月3日正式完成竣工备案，建成高层住宅31栋，解决了1891名会战员工住房问题，用实际行动践行了企业的社会责任。同时，持续改革优化，精简机构13个，并通过合作模式成功实现未开发E地块处置，收回前期投入资金2.94亿元，该方式成为集团公司闲置土地处置的经典案例。

截至 2020 年 12 月 31 日，久隆房地产公司机关设职能科室 3 个：综合管理科（党群工作部）、财务科、安全生产管理科。下设基层单位 3 个：销售中心、待售资产管理中心、塑钢门窗厂。固定资产原值 5715 万元，净值 1197 万元。在册员工 131 人。久隆房地产公司党委下属党支部 4 个，共有党员 77 人。

一、大庆久隆房地产开发股份有限公司董事会、监事会名录（2016.1—2020.12）

董　事　长　康志军（兼任，2016.1—2）

　　　　　　马铁钢（兼任，2016.2—2020.12）

董　　　事　孟祥山（2016.1—2019.4）

　　　　　　王　梦（女，正科级，2016.1—2019.7）

　　　　　　夏　林（正科级，2016.1—2019.7）

　　　　　　张欣林（2016.1—2020.4）

　　　　　　孙洪海（2016.1—2020.12）

　　　　　　李宜辉（女，2016.1—2020.12）

　　　　　　崔积峰（2019.4—2020.4）

　　　　　　王　威（生于 1972 年，2020.4—12）

　　　　　　王　刚（2020.4—12）

监　　　事　罗亚凤（女，2016.1—2019.4）

　　　　　　柳迎斌（2016.1—2019.4）

　　　　　　王国章（正科级，2016.1—2019.4）

　　　　　　韩伟东（2016.1—2020.11）

　　　　　　王洪涛（2016.1—2020.12）

　　　　　　董国治（2019.4—2020.12）

　　　　　　刘仁权（2020.11—12）

二、久隆房地产公司行政领导名录（2016.1—2020.12）

经　　　理　孙洪海（2016.1—2020.12）

副　经　理　吴永林（2016.1—2020.4）

　　　　　　吴则平（2016.1—2019.2）

李长斌（2016.1—2017.12）①

王　刚（2016.1—2020.12）

安 全 总 监　李长斌（兼任，2016.1—2017.12）②

王　刚（兼任，2019.4—2020.12）

监察室主任　韩伟东（2016.1—2017.12）

正处级干部　修永刚（2016.1—12）③

副处级干部　吴则平（2019.2—2020.12）

吴永林（2020.4—12）

三、久隆房地产公司党委领导名录（2016.1—2020.12）

书　　　记　韩伟东（2016.1—2020.7）④

刘仁权（2020.11—12）

委　　　员　韩伟东（2016.1—2020.7）

孙洪海（2016.1—2020.12）

吴永林（2016.1—2020.4）

吴则平（2016.1—2019.2）

李长斌（2016.1—2017.12）

王　刚（2016.1—2020.12）

刘仁权（2020.11—12）

四、久隆房地产公司纪委领导名录（2016.1—2020.12）

书　　　记　韩伟东（2016.1—2020.7）⑤

五、久隆房地产公司工会领导名录（2016.1—2020.12）

主　　　席　韩伟东（2017.12—2020.7）⑥

---

① 2017年12月，李长斌调任腈纶厂副厂长。

② 2017年12月至2019年4月期间，久隆房地产公司安全总监空缺，相关工作由副经理王刚负责。

③ 2016年12月，正处级干部修永刚退休。

④ 2020年7月，韩伟东辞职。2020年7月至11月期间，久隆房地产公司党委书记空缺，由经理孙洪海负责党委工作。

⑤ 2020年7月至12月期间，久隆房地产公司纪委书记空缺，由经理孙洪海负责纪委工作。

⑥ 2016年1月至2017年12月期间、2020年7月至12月期间，久隆房地产公司工会主席空缺，先后由党委书记韩伟东、经理孙洪海负责工会工作。

第二十四节　餐饮服务中心（2016.1—3）

2005 年 12 月，餐饮服务中心成立，列大庆石油化工总厂副处级基层单位。2007 年 6 月，大庆石化分公司和大庆石油化工总厂进行重组整合，餐饮服务中心列大庆石化分公司副处级基层单位，主要承担公司接待及对外客房、餐饮、会务、旅游等服务，是综合性餐饮服务经营企业。

截至 2015 年 12 月 31 日，餐饮服务中心机关设职能科室 9 个：办公室、党群工作部、人事科、账务资产部、公关销售部、维护稳定工作办公室（保卫科）、质检部、采购部、旅游部。下设基层单位 3 个：大庆石化宾馆、龙凤宾馆、雅迪威商务酒店。固定资产原值 6606 万元，净值 2472 万元。在册员工 87 人。餐饮服务中心党总支下属 4 个党支部，共有党员 64 人。机关办公地点位于黑龙江省大庆市龙凤区卧里屯大街 49 号（大庆石化宾馆 2 号楼 2 单元）。

餐饮服务中心党政领导班子 5 人（副处级 1 人，正科级 4 人），其中行政领导班子 4 人，党总支委员会 4 人（副处级 1 人，正科级 3 人）：

陈立军任主任、党总支书记，负责全面工作，并负责人事、财务、维修、监察等工作，分管人事科、财务资产部、采购部。

赛永军任副主任、党总支委员，负责安全、质量、食堂（公司内部）管理等工作，分管维护稳定工作办公室（保卫科）、质检部、基层食堂。

孙洪昌任副主任、党总支委员，负责卫生、三产管理、企管法规、资产、市场开拓、内控等工作，分管办公室，协管财务资产部。

熊小凤任销售总监，负责经营、销售、核算、清欠、库存、旅游、食堂（公司外部）管理等工作，分管公关销售部、旅游部，协管财务资产部、采购部。

付井和任工会主席，协助党总支书记管理党总支日常工作，负责工会、纪检、共青团、稳定、保卫、新产品开发等工作，分管党群工作部。

2016 年 1 月，根据《关于集团公司第一批宾馆酒店专项整改有关问题的批复》精神，按公司工作部署，统一组织管理人员进行分流工作。10 名科级管理人员自愿调剂到公司生产厂。

2016 年 3 月，大庆石化分公司决定，撤销餐饮服务中心建制，将餐饮服务中心的业务和人员划归开发公司。

2016 年 3 月，大庆石化分公司党委决定，撤销中共大庆石化分公司餐饮服务中心总支部委员会。

一、餐饮服务中心行政领导名录（2016.1—3）

　　　主　　　任　陈立军（2016.1—3）①

　　　副处级干部　韩玉娟（女，2016.1—3）②

二、餐饮服务中心党总支领导名录（2016.1—3）

　　　书　　　记　陈立军（2016.1—3）

　　　委　　　员　陈立军（2016.1—3）

　　　　　　　　　赛永军（正科级，副主任，2016.1—3）

　　　　　　　　　孙洪昌（正科级，副主任，2016.1）

　　　　　　　　　宋纯杉（正科级，大庆石化宾馆经理，2016.1—3）

第二十五节　离退休管理中心
（2016.1—2020.12）

离退休管理中心前身是 1984 年 1 月成立的大庆石油化工总厂老干部处，列大庆石油化工总厂处级机关职能处室。1989 年 3 月，大庆石油化工总厂决定将工会退休工人管理业务划入老干部处，成立离退休职工管理处，列大庆石油化工总厂正处级机关职能处室。1993 年 9 月，大庆石油化工总厂决定，撤销离退休职工管理处，与总厂咨询委员会办公室、劲松工业公司合并，成立离退休职工服务公司，列大庆石油化工总厂正处级基层单位。1993 年 10 月，大庆石油化工总厂决定，设立离退休职工管理处，与离退休

---

① 2016 年 3 月，陈立军调任开发公司副经理。
② 2016 年 3 月，韩玉娟改任开发公司副处级干部。

职工服务公司一个机构两块牌子。1999 年 9 月，大庆石油化工总厂与大庆石化分公司分开分立，离退休职工管理处（离退休职工服务公司）列大庆石油化工总厂正处级基层单位。2000 年 2 月，大庆石油化工总厂决定，将离退休职工服务公司（离退休职工管理处）分设离退休职工管理处和劲松工业公司，离退休职工管理处列大庆石油化工总厂正处级基层单位。2007 年 6 月，大庆石化分公司和大庆石油化工总厂重组整合后，离退休职工管理处列大庆石化分公司正处级基层单位，同时更名为离退休职工管理中心。对内简称离退休管理中心。2007 年 7 月，大庆石化分公司决定，离退休管理中心由隶属公司的基层单位改列为矿区服务事业部的正处级基层单位，主要负责大庆石化分公司及原大庆石油化工总厂离退休人员服务和管理职能。2014 年 1 月，大庆石化分公司决定，对矿区服务事业部离退休管理中心的管理模式进行调整，离退休管理中心由隶属矿区服务事业部的基层单位调整为非矿区二级单位管理模式，业务由公司机关直接领导、监督和考核，离退休管理中心的各项费用仍在矿区列支。

截至 2015 年 12 月 31 日，离退休管理中心机关设职能科室 7 个：办公室（党委办公室）、财务科、人事科（党委组织部）、党群工作部、离退休管理科、安全设备科、关工委办公室。下设基层单位 8 个：老年大学教务管理室、龙凤活动室、厂西活动室、兴化活动室、龙凤管理站、厂西管理站、兴化管理站、卧里屯离退休服务站。在册员工 154 人，负责管理的离退休人员共计 1.99 万人。离退休管理中心党委下属 4 个离退休党总支，78 个党支部（在职党支部 3 个），在职党员 48 人，离退休党员 4488 人。机关办公地点位于黑龙江省大庆市龙凤区卧龙路 1 号。

离退休管理中心党政领导班子 5 人，其中行政领导班子 3 人，党委由 5 人组成：

陈开奎任党委委员、主任，负责行政全面工作，负责物资采购业务，分管人事科、财务科。

路永涛任党委书记、纪委书记，负责党委、纪委全面工作，分管党委办公室、党委组织部、党群工作部、关工委办公室。

宋清文任党委委员、副主任，负责安全管理、机动工程、行政事务管理工作，分管办公室、安全设备科。

张奉超任党委委员、工会主席，负责在职工会工作，各活动场所的管理，分管各基层活动室。

蒋艳玮任党委委员、副主任，负责离退休人员的管理及文体活动的开展，分管离退休管理科、老年大学教务管理室和各基层管理站。

2016年3月1日，离退休管理中心2015年度职工代表大会召开。主任陈开奎作了题为《夯实服务平台，营造和谐氛围，不断推进离退休管理服务工作提档升级》的工作报告。会议确定了离退休管理中心2016年六项重点工作：一是推进责任落实，切实增强安全稳定形势的掌握控制能力；二是创新工作机制，切实增强离退休"五好"党支部的创建选树能力；三是强化两项待遇的落实，切实增强实施"夕阳互助"的组织协调能力；四是巩固示范活动场所创建成果，切实增强文体活动的提档升级能力；五是搭建老有所为平台，切实增强离退休人员释放正能量的引导激励能力；六是调动青年志愿者的服务热情，切实增强大服务管理格局的整体推进能力。

2016年5月，大庆石化分公司决定：解聘陈开奎的离退休管理中心主任职务；聘任雷雪峰为离退休管理中心主任，负责行政全面工作。大庆石化分公司党委决定：免去陈开奎的离退休管理中心党委委员职务；雷雪峰任离退休管理中心党委委员。

2016年7月15日，中共离退休管理中心第二次代表大会召开，155名党员代表参加会议。会议选举产生中共离退休管理中心第二届委员会，由宋清文、张奉超、蒋艳玮、雷雪峰、路永涛等5人（以姓氏笔画为序）组成，路永涛为党委书记。选举产生中共离退休管理中心纪律检查委员会，由于庆国、王晓琳、周恩月、路永涛、魏会斌等5人（以姓氏笔画为序）组成，路永涛为纪委书记。截至7月，离退休管理中心党委下属4个离退休党总支，78个党支部（其中，离退休党支部73个，在职党支部3个），在职党员48人，离退休党员4794人。

2016年9月，大庆石化分公司编委办决定，将离退休管理中心龙凤活动室和龙凤管理站合并为龙凤服务站；兴化活动室和兴化管理站合并为兴化服务站；厂西活动室和厂西管理站合并为厂西服务站。

2016年9月，离退休管理中心决定，成立服务监督科，挂靠关工委办公室，科长由关工委办公室主任兼任。

2016 年 12 月，经大庆石化分公司党委组织部同意，离退休管理中心将厂西服务站党总支离退休第七党支部更名为厂西服务站党支部（改建为在职党支部），卧里屯服务站党总支离退休第五党支部更名为卧里屯服务站党支部（改建为在职党支部），龙西联合党支部更名为龙凤服务站党支部，兴卧联合党支部更名为兴化服务站党支部（改建为在职党支部）。

2017 年 3 月 2 日，离退休管理中心 2016 年度职工代表大会召开。主任雷雪峰作了题为《搭建新平台，凝聚正能量，为提升离退休管理服务水平而努力奋斗》的工作报告。会议明确了离退休管理中心 2017 年六项重点工作：一是创新工作机制，持续发挥离退休党支部战斗堡垒作用；二是创新载体设计，持续引导离退休人员增添正能量；三是创新工作思路，持续提高离退休人员服务满意度；四是创新关爱模式，持续营造尊老爱老助老的亲情氛围；五是创新文化载体，持续打造本领过硬的干部员工队伍；六是创新源头治理，持续巩固和谐稳定的发展环境。

2017 年 12 月，大庆石化分公司决定：解聘路永涛的离退休管理中心监察室主任职务。大庆石化分公司党委决定：张奉超任离退休管理中心党委副书记、纪委书记；免去路永涛的离退休管理中心纪委书记职务。

随后，离退休管理中心对领导班子成员分工进行调整：

党委委员、主任雷雪峰负责行政全面工作，负责物资采购，主管人事科、财务科、服务监督科。党委书记路永涛负责党委全面工作，主管党委组织部、关工委办公室。党委委员、副主任宋清文负责安全管理、机动工程设备管理、档案管理、行政事务管理和服务站活动室业务，主管办公室、安全设备科。党委副书记、纪委书记、工会主席张奉超协助党委书记抓好党委日常工作，负责纪委、工会工作，主管党委办公室、党群工作部。党委委员、副主任蒋艳玮负责离退休人员（退养家属）待遇落实及文体活动的开展和服务站、管理站业务，主管离退休管理科、老年大学教务管理室。

2018 年 3 月 2 日，离退休管理中心 2017 年度职工代表大会召开。主任雷雪峰作了题为《用心服务，凝聚力量，为企业改革发展营造良好的环境》的工作报告。会议明确了离退休管理中心 2018 年五项重点工作：一是加强党的建设，努力打造一支本领过硬的员工队伍；二是依托阵地载体，积极推进增添正能量活动深入开展；三是创新工作机制，努力为离退休老同志提供亲情服务；四是打造品牌文化，开展老同志喜闻乐见各项文体活动；五是采取有力措施，积极有效和扎实开展节能降耗工作。

2018年4月，经大庆石化分公司党委组织部同意，将离退休管理中心兴化服务站离退休第三十三党支部更名为老年大学临时党支部。

2018年6月，大庆石化分公司党委决定：张奉超任离退休管理中心副处级干部，免去其离退休管理中心党委副书记、纪委书记、工会主席、党委委员职务，其分管工作由党委书记路永涛代管。

2018年11月，大庆石化分公司党委决定：刘杰国任离退休管理中心党委委员、党委副书记、纪委书记、工会主席。

2018年12月，离退休管理中心对部分领导班子成员分工进行调整：党委书记路永涛负责党委全面工作，分管党委组织部、关工委办公室。党委副书记、纪委书记、工会主席刘杰国负责协助党委书记抓好党委日常工作，负责纪委、工会工作，分管党委办公室、党群工作部。

2018年12月，经大庆石化分公司党委组织部同意，将离退休管理中心卧里屯服务站离退休第四党支部更名为艺术团临时党支部，组织形式挂靠在卧里屯服务站离退休党总支。

2019年1月30日，离退休管理中心召开2018年度职工代表大会。主任雷雪峰做了题为《凝心聚智，精准服务，开创离退休事业发展新局面》的工作报告。会议确定了离退休管理中心2019年四项重点工作：一是创新工作机制，努力为离退休老同志提供精准服务；二是打造文化品牌，开展老同志喜闻乐见的文体活动；三是依托阵地载体，积极推进正能量活动深入开展；四是加强党的建设，努力打造一支素质过硬的职工队伍。

2019年2月，大庆石化分公司决定，离退休管理中心由非矿区二级单位管理模式改为公司正处级基层单位。

2019年2月，大庆石化分公司决定：免去宋清文的离退休管理中心副主任职务，改任离退休管理中心副处级干部。大庆石化分公司党委决定：免去宋清文的离退休管理中心党委委员职务。

2019年3月，大庆石化分公司编委办决定，撤销离退休管理中心关工委办公室机构编制，其业务划归党群工作部管理。

2019年6月，离退休管理中心对领导班子成员分工进行调整：

党委委员、主任雷雪峰负责行政全面工作，分管物资采购、机动工程、档案管理、行政事务管理和服务监督工作，主管人事科、财务科、办公室。党委书记路永涛负责党委全面工作，主管党委组织部。党委委员、副主任蒋艳玮负责离退休人员（退养家属部分）待遇落实及文体活动的开展，协助主任抓好物资采购和机动工程工作，主管离退休管理科、老年大学教务管理室。党委副书记、纪委书记、工会主席刘杰国协助党委书记抓好党委日常工作，负责纪委、工会、安全设备管理工作，主管党委办公室、党群工作部、安全设备科。

2019年7月，大庆石化分公司决定：聘任刘杰国为离退休管理中心副主任。大庆石化分公司党委决定：刘奎任离退休管理中心党委委员、党委副书记、纪委书记、工会主席；免去刘杰国的离退休管理中心党委副书记、纪委书记、工会主席职务。

2019年8月，离退休管理中心对部分领导班子成员分工进行调整：党委委员、主任雷雪峰负责行政全面工作，主管人事科、财务科、办公室。党委副书记、纪委书记、工会主席刘奎协助党委书记抓好党委日常工作，负责纪委、工会工作，主管党委办公室、党群工作部。党委委员、副主任刘杰国负责安全设备管理、工程施工、物资采购、行政事务管理和服务站活动室业务，主管办公室、安全设备科。

2019年12月，大庆石化分公司决定：曲少志任离退休管理中心副主任。大庆石化分公司党委决定：曲少志任离退休管理中心党委委员。

2020年2月，大庆石化分公司编委办决定，离退休管理中心办公室（党委办公室）和安全设备科整合为新的办公室（党委办公室）。

2020年3月，副处级干部张奉超退休。

2020年3月，离退休管理中心对部分领导班子成员分工进行调整：党委副书记、纪委书记、工会主席刘奎协助党委书记抓好党委日常工作，负责纪委、工会、法律企管工作，主管党委办公室、党群工作部。党委委员、副主任曲少志协助主任抓好业绩考核及人事科日常工作。党委委员、副主任刘杰国负责安全设备、工程施工、物资采购、行政事务管理和服务站活动室业务，主管办公室。

2020年4月，离退休管理中心2019年度职工代表大会召开。主任雷雪峰作了题为《适应新形势，谋求新发展，为推进离退休事业发展改革努力奋斗》的工作报告。会议明确了离退休管理中心 2020 年五项重点工作：一是有力推进退休人员社会管理工作；二是适时开展老年文娱活动；三是不断提高服务质量和水平；四是深入开展正能量活动；五是全面加强党的建设。

2020 年 10 月，推进退休人员社会化管理移交，向大庆市人民政府移交退休人员 23673 人，其中退休党员 5145 人。

2020 年 11 月，大庆石化分公司决定：路永涛任离退休管理中心主任；免去雷雪峰的离退休管理中心主任职务。大庆石化分公司党委决定：何立民任离退休管理中心党委委员、党委书记；免去路永涛的离退休管理中心党委书记职务；免去雷雪峰的离退休管理中心党委委员职务。

随后，离退休管理中心对部分领导班子成员分工进行调整：党委委员、主任路永涛负责行政全面工作，主管人事科、财务科。党委书记何立民负责党委全面工作，主管党委组织部。党委委员、副主任蒋艳玮负责离退休人员待遇落实及文体活动开展和服务站、管理站业务，主管离退休管理科、老年大学教务管理室。党委委员、副主任刘杰国负责安全设备、工程施工、物资采购、行政事务管理和服务站、管理站业务等工作，主管办公室。

2020 年 11 月，经大庆石化分公司党委组织部同意，撤销离退休管理中心龙凤服务站离退休党总支以及下属各党支部、撤销兴化服务站离退休党总支下属第一至第三十二党支部、撤销厂西服务站离退休党总支以及下属各党支部、撤销卧里屯离退休服务站党总支以及下属党支部。

"十三五"期间，离退休管理中心每年为 2 万多名离退休人员发放企业补贴、节日慰问金等。先后将兴化帮扶超市、化肥厂活动室改造成为老年健身娱乐场所。老年大学利用大庆石化公众开放日，集中展示老年文化成果，举办了颂扬党的十九大剪纸、文学艺术作品系列展。疫情期间电话询访老同志 2 万余人次，帮扶活动 270 余次，老年大学积极开展"网课"教学活动，及时将公司党委调剂的 8 万多个口罩送到 1.6 万多老同志手中。全面完成社会化移交工作，共完成 23673 名退休人员管理服务职能和社会保险关系以及 5145 名退休党员党组织关系的移交。5 年来，离退休管理中心先后获得集团公司离退休系统思想政治宣传工作先进单位等省部级集体荣誉 12 项，省部级以上先进个人 38 人。

截至 2020 年 12 月 31 日，离退休管理中心机关设职能科室 5 个：办公室（党委办公室）、财务科、人事科（党委组织部）、党群工作部、离退休管理科。下设基层单位 5 个：龙凤服务站、兴化服务站、厂西服务站、卧里屯服务站、老年大学教务管理室。在册员工 154 人，离退休管理中心党委下属离退休党总支 1 个，党支部 6 个（其中在职党支部 5 个，离退休临时党支部 1 个），在职党员 55 人，离退休党员 72 人。

一、离退休管理中心行政领导名录（2016.1—2020.12）

主　　任　陈开奎（2016.1—5）[①]

　　　　　雷雪峰（2016.5—2020.11）[②]

　　　　　路永涛（2020.11—12）

副　主　任　宋清文（2016.1—2019.2）

　　　　　蒋艳玮（女，2016.1—2020.12）

　　　　　刘杰国（2019.7—2020.12）

　　　　　曲少志（2019.12—2020.12）

监察室主任　路永涛（2016.1—2017.12）

副处级干部　张奉超（2018.6—2020.3）[③]

　　　　　宋清文（2019.2—2020.12）

二、离退休管理中心党委领导名录（2016.1—2020.12）

书　　记　路永涛（2016.1—2020.11）

　　　　　何立民（2020.11—12）

副　书　记　张奉超（2017.12—2018.6）

　　　　　刘杰国（2018.11—2019.7）

　　　　　刘　奎（2019.7—2020.12）

委　　员　路永涛（2016.1—2020.12）

　　　　　陈开奎（2016.1—5）

　　　　　宋清文（2016.1—2019.2）

---

① 2016 年 5 月，陈开奎调任公司人事处（党委组织部）处长（部长）。

② 2020 年 11 月，雷雪峰调任公司总经理办公室主任。

③ 2020 年 3 月，副处级干部张奉超退休。

　　　　　　　　张奉超（2016.1—2018.6）

　　　　　　　　蒋艳玮（2016.1—2020.12）

　　　　　　　　雷雪峰（2016.5—2020.11）

　　　　　　　　刘杰国（2018.11—2020.12）

　　　　　　　　刘　奎（2019.7—2020.12）

　　　　　　　　曲少志（2019.12—2020.12）

　　　　　　　　何立民（2020.11—12）

三、离退休管理中心纪委领导名录（2016.1—2020.12）

　　书　　记　路永涛（2016.1—2017.12）

　　　　　　　张奉超（2017.12—2018.6）[①]

　　　　　　　刘杰国（2018.11—2019.7）

　　　　　　　刘　奎（2019.7—2020.12）

四、离退休管理中心工会领导名录（2016.1—2020.12）

　　主　　席　张奉超（2016.1—2018.6）[②]

　　　　　　　刘杰国（2018.11—2019.7）

　　　　　　　刘　奎（2019.7—2020.12）

第二十六节　矿区服务事业部（2016.1—2019.2）

　　2007 年 7 月，大庆石化分公司决定，成立矿区服务事业部，全称为中国石油大庆石化分公司矿区服务事业部，简称矿区服务事业部。将公司的物业、公用事业服务、社会公益性事业服务、离退休管理及医疗卫生服务等机构、资产和人员划归矿区服务事业部统一管理。

　　截至 2015 年 12 月 31 日，矿区服务事业部机关设职能部门 9 个：办公室（党委办公室）、人事劳资部（党委组织部）、党群工作部、财务资产部、规划计划部、生产管理部、工程管理部、安全环保部、绿化房管部。在册员

---

① 2018 年 6 月至 11 月期间，离退休管理中心纪委书记空缺，由党委书记路永涛负责纪委工作。

② 2018 年 6 月至 11 月期间，离退休管理中心工会主席空缺，由党委书记路永涛负责工会工作。

工 64 人。基层设正处级单位 4 个：物业管理中心、能源管理中心、职工医院、客运中心。直属机构 2 个：文体活动中心、新闻中心。矿区党委下属 4 个基层党委，1 个机关党总支。机关党总支下属党支部 4 个，共有党员 62 人。矿区机关办公楼位于黑龙江省大庆市龙凤区兴化南街。

矿区党政领导班子 6 人，其中行政领导班子 5 人，党委由 6 人组成：

戴建军任党委委员、主任，负责行政全面工作，做好矿区建设与发展、班子与队伍建设、矿区业务社会化市场化整体推进等工作，负责工程和资金审批，分管工程管理部、办公室（党委办公室）、人事劳资部（党委组织部），组织做好工程管理和燃气移交工作。

何阿新任党委书记、副主任，负责党委全面工作，做好党的建设、班子与队伍建设、基层建设、舆情事件处理等工作，负责行政日常管理、规划计划、企管法规、民兵及预备役工作，抓好项目投资控制、三供一业移交的总体规划、矿区社会管理等工作，分管党群工作部、党委办公室、党委组织部、规划计划部，协管办公室，组织做好生活水移交工作。

张立君任党委委员、副主任，负责生产运行工作，组织周工作例会，抓好生产运行、现场管理、设备管理、材料计划、节能节水、防洪防汛、应急管理等工作，分管生产管理部并承担部长职责，组织做好供热移交工作和电移交的后续工作。

梁富任党委委员、副主任，负责绿化房管工作和安全环保工作，抓好矿区环境规划与建设、辖区绿化美化、房屋使用管理、安全检查监督、环境监测治理等工作，分管安全环保部、绿化房管部。

王利君任党委副书记、纪委书记、工会主席，负责协助党委书记做好党委日常工作，抓好矿区党组织建设、宣传与文化、纪检监察、维稳综治、工会、共青团和机关党总支等具体工作，分管党群工作部，协管党委办公室，并承担矿区新闻发言人职责，负责做好学前教育社会化的协调工作。

王艳任党委委员、总会计师，负责财务管理和经营管理工作，抓好经济责任制考核、财务指标控制、收入成本管理、经济活动分析、奖金考核兑现等工作，分管财务资产部，负责做好小金库治理和医院社会化改革工作。

2016 年 3 月，为深化矿区服务体系改革，根据集团公司分类调整矿区机关机构设置的总体工作要求，经大庆石化分公司总经理办公会议决定，对矿区服务事业部机关机构编制进行调整优化。矿区服务事业部办公室（党委办公室）、人事劳资部（党委组织部）和党群工作部整合为综合管理办公室；撤销矿区服务事业部安全环保部，其职责划归公司安全环保相关部门；矿区服务事业部的综合管理办公室、财务资产部、规划计划部、生产管理部、工程管理部、绿化房管部等6个部门按副处级机构管理。

2016年3月，大庆石化分公司决定，撤销能源管理中心建制，将能源管理中心业务和人员整合到物业管理中心。同时撤销中共大庆石化分公司矿区服务事业部能源管理中心委员会和纪律检查委员会。

2016年3月，大庆石化分公司决定：解聘王艳的矿区服务事业部总会计师职务；解聘张立君的矿区服务事业部副主任、生产管理部部长职务；聘任李增富为矿区服务事业部综合管理办公室主任，解聘其矿区服务事业部办公室副主任职务；聘任邵波为矿区服务事业部财务资产部部长；聘任马长友为矿区服务事业部规划计划部部长；聘任李永浩为矿区服务事业部生产管理部部长，解聘其矿区服务事业部安全环保部副部长职务；聘任张涌为矿区服务事业部工程管理部部长；聘任王旭光为矿区服务事业部绿化房管部部长；解聘何阿新的矿区服务事业部副主任职务；解聘赵东鹏的矿区服务事业部人事劳资部副部长职务。大庆石化分公司党委决定：戴建军任矿区服务事业部党委书记；免去何阿新的矿区服务事业部党委书记、党委委员职务；免去张立君的矿区服务事业部党委委员职务；免去王艳的矿区服务事业部党委委员职务；免去王利君的矿区服务事业部党群工作部部长职务；免去李增富的矿区服务事业部党委办公室副主任职务；免去赵东鹏的矿区服务事业部党委组织部副部长职务。

2016年5月，大庆石化分公司决定：聘任许中义为矿区服务事业部副主任（正处级）；聘任张文红为矿区服务事业部财务资产部部长；解聘邵波的矿区服务事业部财务资产部部长职务。大庆石化分公司党委决定：许中义任矿区服务事业部党委委员。

2016年5月，经大庆石化分公司党委组织部同意，撤销矿区机关党总支，其下属4个党支部合并为2个，由矿区服务事业部党委直接管理。

2016年6月，矿区服务事业部对部分领导班子成员分工进行调整：

党委书记、主任戴建军主持行政和党委全面工作，主管财务资产部、综合管理办公室。党委委员、副主任梁富负责生产运行和绿化房管工作，分管生产管理部、绿化房管部。党委副书记、纪委书记、工会主席王利君协助党委书记做好党委日常工作，做好党组织建设、宣传与文化、纪检监察、维稳综治、工会、共青团、民兵和预备役等具体工作，承担新闻发言人职责，协管综合管理办公室。党委委员、副主任许中义负责规划计划、工程管理工作，分管规划计划部、工程管理部。

2016 年 8 月 3 日，中共矿区服务事业部第一次代表大会召开，93 名党员代表参加会议。会议选举产生了中共大庆石化分公司矿区服务事业部第一届委员会，由王利君、许中义、梁富、戴建军等 4 人（以姓氏笔画为序）组成，戴建军为党委书记，王利君为党委副书记。选举产生中共大庆石化分公司矿区服务事业部纪律检查委员会，由马英、王利君、刘志辉、闫兵、蔡新宇等 5 人（以姓氏笔画为序）组成，王利君为纪委书记。至 8 月底，矿区服务事业部党委下属基层党委 3 个，机关党支部 2 个。矿区服务事业部机关共有党员 59 人。

2017 年 7 月，矿区服务事业部规划计划部部长马长友挂任大庆市科学技术局副局长，挂职时间 2 年。

2018 年 6 月，大庆石化分公司决定：解聘李永浩的矿区服务事业部生产管理部部长职务；解聘张文红的矿区服务事业部财务资产部部长职务；解聘马长友的矿区服务事业部规划计划部部长职务；解聘张涌的矿区服务事业部工程管理部部长职务；解聘李增富的矿区服务事业部综合管理办公室主任职务。大庆石化分公司党委决定：王利君任矿区服务事业部正处级干部，免去其矿区服务事业部党委副书记、纪委书记、工会主席、党委委员职务。

2019 年 2 月，大庆石化分公司决定，撤销矿区服务事业部机关各职能部门；成立矿区管理部，列公司正处级直属机构。矿区服务事业部所属单位物业管理中心、职工医院、客运中心、离退休管理中心调整为大庆石化分公司所属二级单位。

2019 年 2 月，大庆石化分公司党委决定，撤销中共大庆石化分公司矿区服务事业部委员会及其纪律检查委员会。

2019 年 2 月，大庆石化分公司决定：解聘戴建军的矿区服务事业部主任职务；解聘梁富的矿区服务事业部副主任职务；解聘王旭光的矿区服务事业部绿化房管部部长职务；解聘许中义的矿区服务事业部副主任职务，改任公司矿区管理部正处级干部。大庆石化分公司党委决定：免去戴建军的矿区服务事业部党委书记、党委委员职务；免去梁富的矿区服务事业部党委委员职务；免去许中义的矿区服务事业部党委委员职务。

一、矿区服务事业部行政领导名录（2016.1—2019.2）

主　　　任　戴建军（2016.1—2019.2）[①]

副 主 任　何阿新（满族，正处级，2016.1—3）[②]

张立君（正处级，2016.1—3）[③]

梁　富（2016.1—2019.2）[④]

许中义（正处级，2016.5—2019.2）[⑤]

总 会 计 师　王　艳（女，正处级，2016.1—3）[⑥]

正处级干部　王利君（2018.6—2019.2）[⑦]

二、矿区服务事业部党委领导名录（2016.1—2019.2）

书　　　记　何阿新（2016.1—3）

戴建军（2016.3—2019.2）

副 书 记　王利君（正处级，2016.1—2018.6）

委　　　员　何阿新（2016.1—3）

戴建军（2016.1—2019.2）

张立君（2016.1—3）

梁　富（2016.1—2019.2）

王利君（2016.1—2018.6）

王　艳（2016.1—3）

许中义（2016.5—2019.2）

---

① 2019 年 2 月，戴建军调任矿区管理部主任。
② 2016 年 3 月，何阿新改任炼油厂正处级干部。
③ 2016 年 3 月，张立君改任化工一厂正处级干部。
④ 2019 年 2 月，梁富调任矿区管理部副主任。
⑤ 2019 年 2 月，许中义改任矿区管理部正处级干部。
⑥ 2016 年 3 月，王艳改任公司财务处正处级干部。
⑦ 2019 年 2 月，王利君改任矿区管理部正处级干部。

三、矿区服务事业部纪委领导名录（2016.1—2019.2）

  书 记 王利君（2016.1—2018.6）

四、矿区服务事业部工会领导名录（2016.1—2019.2）

  主 席 王利君（2016.1—2018.6）

五、机关职能部门

2016 年 1 月至 3 月：

（一）办公室（党委办公室）领导名录（2016.1—3）

  副 主 任 李增富（2016.1—3）

（二）人事劳资部（党委组织部）领导名录（2016.1—3）

  副 部 长 赵东鹏（满族，2016.1—3）

（三）党群工作部领导名录（2016.1—3）

  部 长 王利君（兼任，2016.1—3）

（四）财务资产部领导名录（2016.1—3）

  副 部 长 邵 波（2016.1—3）

（五）规划计划部领导名录（2016.1—3）

  副 部 长 马长友（2016.1—3）

（六）生产管理部领导名录（2016.1—3）

  部 长 张立君（兼任，2016.1—3）

（七）工程管理部领导名录（2016.1—3）

  副 部 长 张 涌（2016.1—3）

（八）安全环保部领导名录（2016.1—3）

  副 部 长 李永浩（朝鲜族，2016.1—3）

（九）绿化房管部领导名录（2016.1—3）

  副 部 长 王旭光（2016.1—3）

2016 年 3 月至 2019 年 2 月：

（一）综合管理办公室领导名录（2016.3—2019.2）

  主 任 李增富（2016.3—2018.6）[①]

---

① 2018 年 6 月，李增富调任信息技术中心党委委员、党委副书记、纪委书记、工会主席。

（二）财务资产部领导名录（2016.3—2019.2）

部　　长　邵　波（2016.3—5）

张文红（女，2016.5—2018.6）①

（三）规划计划部领导名录（2016.3—2019.2）

部　　长　马长友（2016.3—2018.6）②

（四）生产管理部领导名录（2016.3—2019.2）

部　　长　李永浩（2016.3—2018.6）③

（五）工程管理部领导名录（2016.3—2019.2）

部　　长　张　涌（2016.3—2018.6）④

（六）绿化房管部领导名录（2016.3—2019.2）

部　　长　王旭光（2016.3—2019.2）⑤

第二十七节　物业管理中心（2016.1—2020.12）

物业管理中心的前身是大庆石油化工总厂万隆物业公司，是 2003 年 5 月由兴化物业公司和龙凤物业公司合并成立，列大庆石油化工总厂正处级基层单位。2007 年 6 月，大庆石油化工总厂与大庆石化分公司重组整合，万隆物业公司列大庆石化分公司正处级基层单位。2007 年 7 月，万隆物业公司更名为物业管理中心，改列矿区服务事业部正处级基层单位，主要担负大庆石化生活区公共设施及燃气、供水、供暖、排水、供电等运行管理及线路的维修工作。以及辖区内环卫、保安、车棚、托幼、社区、城管、绿化养护、道路养护、公园、苗圃及土地管理等工作。

截至 2015 年 12 月 31 日，物业管理中心机关设职能科室 10 个：办公室（党委办公室）、人事科（党委组织部）、企业文化科（党委宣传部、监

---

①　2018 年 6 月，张文红改任公司财务处副处级干部。

②　2017 年 7 月至 2018 年 6 月期间，规划部部长马长友挂任大庆市科学技术局副局长。2018 年 6 月，马长友调任公司科技与规划发展处副处长。

③　2018 年 6 月，李永浩调任工程项目管理中心副主任。

④　2018 年 6 月，张涌调任公司工程管理部副主任。

⑤　2019 年 2 月，王旭光调任矿区管理部副主任。

察室、工会办公室、团委）、财务科、机动设备科、安全环保科、物业服务科、绿化环卫科、经营管理科、维稳办（保卫科）。下设基层单位37个：材料供应站、物业管理督查大队、龙凤物业一所、龙凤物业二所、龙凤物业三所、龙凤物业四所、龙凤物业五所、兴化物业一所、兴化物业二所、兴化物业三所、兴化物业四所、兴化物业五所、兴化物业六所、兴化物业七所、卧里屯物业一所、卧里屯物业二所、龙凤机电车间、兴化机电车间、龙凤保洁公司、兴化保洁公司、龙凤保安队、兴化保安队、龙凤绿化队、兴化绿化队、龙凤厂区绿化队、兴化厂区绿化队、龙凤城管大队、兴化城管大队、公路公司、托幼管理所、龙凤社区管理所、兴化社区管理所、特种车队、维修车间、龙凤公园、光明苗圃、土地管理站。固定资产原值15.4亿元，净值5.9亿元。在册员工2284人。物业管理中心党委下属37个党支部，共有党员494人。机关办公地点位于黑龙江省大庆市龙凤区兴化大街15号。

物业管理中心党政领导班子6人，其中行政领导班子4人，党委由6人组成：

王和宇任党委委员、主任，负责行政全面工作、绿化工作，分管办公室、人事科、财务科、绿化环卫科。

王雨春任党委书记、纪委书记，负责党委、纪委全面工作，分管党委办公室、党委组织部、维稳办（保卫科）、企业文化科（党委宣传部、监察室、工会办公室、团委）。

张丽红任党委委员、副主任，负责城管、保洁、托幼工作，分管经营管理科。

刘国强任党委委员、副主任、安全总监，负责安全环保、机动、设备工作，分管安全环保科、物业服务科、机动设备科。

王永波任党委委员、副主任，负责经营管理、保安管理工作，分管经营管理科。

曲圣陶任党委委员、工会主席，负责工会工作，分管企业文化科（工会办公室）。

2016年2月26日，物业管理中心三届三次职工代表大会召开。主任王和宇作了题为《弘扬优良传统，突出质量效益，不断提高服务保障和持续发展能力》的工作报告。会议确定了物业管理中心2017年突出抓好五个方面工作：一是明确发展思路，推进社会化市场化工作；二是深挖内部潜力，推进节支降耗增收增效工作；三是严细防范措施，落实好安全环保工作；四是大力夯实基础工作，努力提升服务质量和水平；五是发挥政治优势，全面加强党建和思想政治工作。

2016年3月，大庆石化分公司决定，将能源管理中心业务和人员整合到物业管理中心。撤销能源管理中心建制。龙凤能源计量车间、兴化能源计量车间、能源收费站、龙凤能源监察大队、兴化能源监察大队、龙凤生产运行车间、兴化生产运行车间等单位改列物业管理中心基层单位。能源管理中心的离退休、有偿解除劳动合同等未在册人员由物业管理中心管理。

2016年3月，大庆石化分公司决定：聘任李相日、赵勇为物业管理中心副主任；聘任杨在兴为物业管理中心正处级干部；聘任张丽红为物业管理中心副处级干部，解聘其物业管理中心副主任职务。大庆石化分公司党委决定：李相日任物业管理中心党委委员；赵勇任物业管理中心党委委员；免去张丽红的物业管理中心党委委员职务。

2016年4月，大庆石化分公司编委办决定，能源管理中心机关职能部门按业务与物业管理中心对应部门进行整合；能源管理中心的计量管理科暂按原编制列物业管理中心业务科室；龙凤能源计量车间、兴化能源计量车间、能源收费站、龙凤能源监察大队、兴化能源监察大队、龙凤生产运行车间、兴化生产运行车间等7个基层单位暂按原编制列物业管理中心基层单位。

随后，物业管理中心对领导班子成员分工进行调整：

党委委员、主任王和宇负责行政全面工作，分管办公室、人事科、财务科、绿化环卫科。党委书记、纪委书记王雨春负责党委、纪委全面工作，分管党委办公室、党委组织部、维稳办（保卫科）、企业文化科（党委宣传部、监察室、工会办公室、团委）。党委委员、副主任、安全总监刘国强负责安全环保、机动、设备工作，分管安全环保科、物业服务科、机动设备科。党委委员、副主任王永波负责保安、城管、保洁、社区、托幼工作，分管经营管理科。党委委员、副主任李相日负责能源计量、运行工作，分管计量管理科。党委委员、副主任赵勇负责能源经营管理工作，分管经营管理科（能源部分）。党委委员、工会主席曲圣陶负责工会工作，分管企业文化科（工会办公室）。

2016年5月，经大庆石化分公司党委组织部同意，将原能源管理中心党委下属的龙凤能源计量车间党支部、兴化能源计量车间党支部、能源收费站党支部、龙凤能源监察大队党支部、兴化能源监察大队党支部、龙凤运行车间党支部、兴化运行车间党支部7个党支部整建制转入物业管理中心党委；原能源管理中心机关党支部并入物业管理中心机关党支部。

2016年5月，大庆石化分公司编委办决定，物业管理中心维稳办（保卫科）更名为保卫科，其维护稳定工作职责仍在保卫科。

2016年7月20日，中共物业管理中心第二次代表大会召开，127名党员代表参加会议。会议选举产生中共物业管理中心第二届委员会，由王永波、王雨春、王和宇、曲圣陶、刘国强、李相日、赵勇等7人（以姓氏笔画为序）组成，王雨春为党委书记。选举产生中共物业管理中心纪律检查委员会，由王雨春、邓枫、刘鹏、范永光、彭启刚等5人（以姓氏笔画为序）组成，王雨春为纪委书记。截至7月，物业管理中心党委下属44个党支部，共有党员610人。

2017年3月3日，物业管理中心第四届职工代表大会第一次会议召开。主任王和宇作了题为《转变思想观念，推进管理提升，全力开创物业管理中心可持续发展新局面》的工作报告。会议确定了物业管理中心2018年突出抓好五个方面工作：一是突出降本增效，全面提升经营管理水平；二是突出窗口建设，全面推进物业服务提档升级；三是突出夯基固本，全面增强服务管理能力；四是突出平稳受控，全面营造安全环保环境；五是突出发挥优势，在党建、队伍建设和企业文化建设上取得新成果。

2017年3月，大庆石化分公司编委办决定，撤销物业管理中心龙凤公园组织机构及定员编制，其业务及人员划归公路公司管理。

2017年4月，大庆石化分公司编委办决定，将物业管理中心的企业文化科（党委宣传部、监察室、工会办公室、团委）更名为党群工作部，主要负责物业管理中心宣传、纪检监察、工会、团委、企业文化等业务。

2017年5月，大庆石化分公司编委办决定，撤销物业管理中心龙凤厂区绿化队机构及定员编制，业务和人员划入龙凤绿化队；撤销兴化厂区绿化队机构及定员编制，业务和人员划入兴化绿化队；撤销龙凤能源监察大队机构及定员编制，业务和人员划入龙凤城管大队；撤销兴化能源监察大队机构及定员编制，业务和人员划入兴化城管大队；撤销光明苗圃机构及定员编制，业务和人员划入土地管理站。

2017年8月，正处级干部宋祥国退休。

2017年12月，大庆石化分公司决定：解聘王雨春的物业管理中心监察室主任职务。大庆石化分公司党委决定：曲圣陶任物业管理中心党委副书记、纪委书记；免去王雨春的物业管理中心纪委书记职务。

随后，物业管理中心对部分领导班子成员分工进行调整：党委书记王雨春负责党委全面工作，分管党委办公室、党委组织部、保卫科、党群工作部。党委副书记、纪委书记、工会主席曲圣陶负责纪委、工会工作，分管党群工作部。党委委员、副主任李相日负责能源计量，分管计量管理科。党委委员、副主任、安全总监刘国强负责安全环保、机动、运行、设备管理工作，分管安全环保科、物业服务科、机动设备科。

2018年2月28日，物业管理中心四届二次职工代表大会召开。主任王和宇作了题为《提升服务能力，深化改革创新，为开创中心持续稳健发展新局面而努力奋斗》的工作报告。会议确定了物业管理中心2018年重点抓好以下工作：一是抓关键，在本质安全上要有新水平；二是抓品牌，在工业物业上要有新作为；三是抓管理，在小区服务上要有新成效；四是抓创效，在增收节支上要有新举措；五是抓素质，在队伍建设上要有新气象；六是抓党建，在政治保障上要有新发展。

2018年4月，经大庆石化分公司党委组织部同意，撤销物业管理中心龙凤公园党支部、兴化厂区绿化队党支部、龙凤厂区绿化队党支部、兴化能源监察大队党支部、龙凤能源监察大队党支部和光明苗圃党支部六个党支部，原支部党员组织关系一并按业务划分转入相应党支部。

2018年6月，大庆石化分公司党委决定：曲圣陶任物业管理中心副处级干部，免去其物业管理中心党委副书记、纪委书记、工会主席、党委委员职务。

2018年6月，副处级干部张丽红退休。

2018年8月，物业管理中心对领导班子成员分工进行调整：

党委委员、主任王和宇负责行政全面工作，负责物业服务、安全环保、经营、能源计量等工作，分管办公室（党委办公室）、人事科（党委组织部）、物业服务科、机动设备科、绿化环卫科、保卫科、计量管理科，负责绿化队工作。党委书记王雨春负责党委、纪委、工会全面工作，分管党委办公室、党委组织部、党群工作部、保卫科，负责各党支部工作。党委委员、副主任李相日负责计量管理工作，负责检查计量车间能源总量指标核定与考核工作，检查有关用能单位的协调和能源总量接收工作，分管计量管理科、兴化能源计量车间、龙凤能源计量车间。党委委员、副主任、安全总监刘国强负责安全环保，分管安全环保科、各基层物业所。党委委员、副主任王永波负责保洁、保安、托幼工作，分管经营管理科、保卫科、保洁公司、保安队、托幼管理所、社区管理所。党委委员、副主任赵勇负责能源工作，分管经营管理科、能源收费站。

2018 年 11 月，大庆石化分公司党委决定：魏文涛任物业管理中心党委委员、党委书记；免去王雨春的物业管理中心党委书记、党委委员职务。

随后，物业管理中心对领导班子成员分工进行调整：

党委委员、主任王和宇负责行政全面工作，分管办公室、人事科、财务科、绿化环卫科。党委书记魏文涛负责党委、纪委全面工作，分管党委办公室、党委组织部、保卫科、党群工作部。党委委员、副主任李相日负责能源计量，分管计量管理科。党委委员、副主任、安全总监刘国强负责安全环保、机动、运行、设备管理工作，分管安全环保科、物业服务科、机动设备科。党委委员、副主任王永波负责保安、城管、保洁、社区、托幼工作，分管经营管理科。党委委员、副主任赵勇负责能源经营管理工作，分管经营管理科。

2019 年 1 月 28 日，物业管理中心四届三次职工代表大会召开。主任王和宇作了题为《顺势而为，稳中求进，奋力开创物业转型发展新局面》的工作报告。会议确定了物业管理中心 2019 年突出抓好六个方面工作：一是加强思想引领，理清管理界面，凝聚改革发展新动力；二是突出主营业务，多元协调发展，树立服务品牌新形象；三是深化精细管理，完善运行机制，实现经营创效新突破；四是立足标本兼治，严肃责任落实，适应安全环保新要求；五是抓牢基础工作，强化队伍建设，展现和谐矿区新风貌；六是发挥政治优势，提升党建质量，构建管党治党新格局。

2019 年 2 月，大庆石化分公司决定，物业管理中心由矿区服务事业部所属基层单位改列公司正处级基层单位。

2019年2月，大庆石化分公司决定：聘任杨阳为物业管理中心副主任；解聘王永波的物业管理中心副主任职务；解聘李相日的物业管理中心副主任职务，改任物业管理中心副处级干部。大庆石化分公司党委决定：杨阳任物业管理中心党委委员；刘召鹏任物业管理中心党委委员、党委副书记、纪委书记、工会主席；免去李相日的物业管理中心党委委员职务；免去王永波的物业管理中心党委委员职务。

2019年3月，物业管理中心对领导班子成员分工进行调整：

党委委员、主任王和宇负责行政全面工作，分管办公室、人事科、财务科，分管物业管理督查大队、材料供应站。党委书记魏文涛负责党委全面工作，分管党委办公室、党委组织部、党群工作部和各党支部工作。党委委员、副主任、安全总监刘国强负责物业服务、安全环保、机动设备、能源计量等工作，分管物业服务科、机动设备科、安全环保科、14个物业所、2个机电车间、2个生产运行车间、公路公司、维修车间、特种车队。党委委员、副主任赵勇负责能源收费管理、社区服务等工作，分管经营管理科、能源收费站、2个能源计量车间、2个社区管理所、土地管理站。党委委员、副主任杨阳负责企业管理、保安、保洁、绿化、托幼、城管等工作，分管经营管理科、保卫科、绿化环卫科、2个保安队、2个保洁公司、2个绿化队、2个城管大队、托幼管理所。党委副书记、纪委书记、工会主席刘召鹏负责纪委、工会、维稳、综治等工作，分管保卫科。

2019年4月，大庆石化分公司编委办决定，撤销物业管理中心计量管理科机构编制；撤销龙凤绿化队机构编制；撤销兴化绿化队机构编制；撤销特种车队机构编制。

2019年5月，物业管理中心党委决定，撤销兴化绿化队党支部、龙凤绿化队党支部、特种车队党支部；成立物业管理中心机关第二党支部。

2019年7月，大庆石化分公司决定：张君任物业管理中心副主任。大庆石化分公司党委决定：张君任物业管理中心党委委员。

随后，物业管理中心对部分领导班子成员分工进行调整：党委委员、副主任张君负责技术、保安等工作，分管保卫科、2个保安队。党委委员、副主任杨阳负责企业管理、保洁、绿化、托幼、城管等工作，分管经营管理科、绿化环卫科、2个保洁公司、2个城管大队、托幼管理所。

2019年12月，正处级干部杨在兴退休。

2020年1月15日，物业管理中心四届四次职工代表大会召开。主任王和宇作了题为《凝心聚力，砥砺前行，全力推动物业转型发展迈上新台阶》的工作报告。会议确定了物业管理中心2020年重点做好以下八个方面工作：一是突出品牌效应，做实基础物业服务；二是突出精品服务，深耕工业物业市场；三是突出内部挖潜，提高运营创效水平；四是突出问题导向，优化运行管理机制；五是突出风险防控，夯实安全环保基础；六是突出改善环境，推进民生工程建设；七是突出能力提升，加强人才队伍建设；八是突出政治引领，全面加强党的建设。

2020年5月，大庆石化分公司编委办决定，将物业管理中心办公室（党委办公室）和党群工作部整合为综合管理科（党群工作部）；物业服务科、机动设备科和材料供应站整合为运营管理科；能源收费站、龙凤能源计量车间、兴化能源计量车间、龙凤城管大队和兴化城管大队整合为计量收费站。

2020年5月，物业管理中心党委决定，撤销龙凤城管党支部；撤销兴化城管党支部；撤销龙凤能源计量车间党支部；撤销兴化能源计量车间党支部；更名能源收费站党支部为计量收费站党支部；原龙凤城管党支部、兴化城管党支部、龙凤能源计量车间党支部、兴化能源计量车间党支部党员组织关系转入计量收费站党支部（原能源收费站党支部）。

2020年6月，大庆石化分公司党委决定：关蕾任物业管理中心党委委员、党委书记；免去魏文涛的物业管理中心党委书记、党委委员职务，改任正处级干部。

2020年7月，物业管理中心对领导班子成员分工进行调整：

党委委员、主任王和宇负责行政全面工作，分管综合管理科、人事科（党委组织部）、运营管理科、财务科，分管物业管理督查大队。党委书记关蕾负责党委全面工作，分管党群工作部、党委组织部（人事科），分管各党支部工作。党委委员、副主任张君负责技术、保安等工作，分管保卫科、2个保安队。党委委员、副主任、安全总监刘国强负责物业服务、安全环保、机动设备等工作，分管运营管理科、经营管理科、安全环保科，分管14个物业所、2个机电车间、2个生产运行车间、公路公司、维修车间。党委委员、副主任赵勇负责能源计量收费管理、社区服务等工作，分管经营管理科，分管计量收费站、2个社区管理所、土地管理站。党委委员、副主任杨阳负责企业管理、保洁、绿化、托幼等工作，分管经营管理科、绿化环卫科，分管2个保洁公司、托幼管理所。党委副书记、纪委书记、工会主席刘召鹏协助党委书记负责党委日常工作，负责纪委、工会、维稳、综治等工作，分管保卫科，协管党群工作部。

2020年12月，大庆石化分公司决定：陈宝泉任物业管理中心主任；免去王和宇的物业管理中心主任职务。大庆石化分公司党委决定：陈宝泉任物业管理中心党委委员；赵德龙任物业管理中心党委委员、党委书记；免去关蕾的物业管理中心党委书记、党委委员职务；免去王和宇的物业管理中心党委委员职务。

"十三五"期间，物业管理中心认真履行"保障生产、服务生活、维护稳定"工作职责，实现"三供一业"移交稳步实施、组织机构改革平稳有序、经营管理提质增效、员工队伍和谐稳定的局面。5年来，处理供水、供电、排污等问题16085处、各类漏点2634处、居民楼外墙、屋面漏雨18834户，栽植乔木、花草、宿根花卉等677万株，构建了和谐温馨、绿色宜居的家园环境。物业管理中心先后荣获集团公司维稳信访安保防恐工作特别贡献集体、黑龙江省创卫先进单位、大庆市市容环境卫生管理先进单位、大庆市文明单位等荣誉称号，龙凤保洁公司党支部荣获集团公司先进基层党组织称号。

截至2020年12月31日，物业管理中心机关设职能部门8个：综合管理科（党群工作部）、人事科（党委组织部）、财务科、运营管理科、安全环保科、经营管理科、绿化环卫科、保卫科。下设基层单位30个：物业管理督查大队、龙凤物业一所、龙凤物业二所、龙凤物业三所、龙凤物业四所、龙凤物业五所、兴化物业一所、兴化物业二所、兴化物业三所、兴化物业四所、兴化物业五所、兴化物业六所、兴化物业七所、卧里屯物业一所、卧里屯物业二所、龙凤机电车间、兴化机电车间、龙凤保洁公司、兴化保洁公司、计量收费站、龙凤生产运行车间、兴化生产运行车间、龙凤保安队、兴化保安队、公路公司、托幼管理所、龙凤社区管理所、兴化社区管理所、维修车间、土地管理站。固定资产原值10.75亿元，净值4.47亿元。在册员工1579人。物业管理中心党委下属党支部32个，共有党员457人。

期间：党委副书记刘召鹏继续担任大庆市第十届人民代表大会代表。

一、物业管理中心行政领导名录（2016.1—2020.12）

主　　　任　王和宇（2016.1—2020.12）

　　　　　　陈宝泉（2020.12）

副　主　任　刘国强（2016.1—2020.12）

　　　　　　张丽红（女，2016.1—3）

　　　　　　王永波（2016.1—2019.2）①

　　　　　　李相日（2016.3—2019.2）

　　　　　　赵　勇（2016.3—2020.12）

　　　　　　杨　阳（女，2019.2—2020.12）

　　　　　　张　君（2019.7—2020.12）

安 全 总 监　刘国强（兼任，2016.1—2020.12）

监察室主任　王雨春（2016.1—2017.12）

正处级干部　杨在兴（2016.3—2019.12）②

　　　　　　宋祥国（2016.3—2017.8）③

　　　　　　魏文涛（2020.6—12）

副处级干部　张丽红（2016.3—2018.6）④

　　　　　　曲圣陶（2018.6—2020.12）

　　　　　　李相日（2019.2—2020.12）

二、物业管理中心党委领导名录（2016.1—2020.12）

书　　　记　王雨春（2016.1—2018.11）⑤

　　　　　　魏文涛（2018.11—2020.6）

　　　　　　关　蕾（女，满族，2020.6—12）⑥

———————

① 2019年2月，王永波调任公司维护稳定工作办公室副主任。

② 2016年3月，杨在兴由能源管理中心退出领导岗位后，改任物业管理中心正处级干部。2019年12月，杨在兴退休。

③ 2016年3月，能源管理中心正处级干部宋祥国划入物业管理中心管理。2017年8月，宋祥国退休。

④ 2018年6月，副处级干部张丽红退休。

⑤ 2018年11月，王雨春调任热电厂党委委员、党委书记。

⑥ 2020年12月，关蕾调任客运服务中心党委委员、主任。

　　　　　　　　　赵德龙（2020.12）
　　　副　书　记　曲圣陶（2017.12—2018.6）
　　　　　　　　　刘召鹏（2019.2—2020.12）
　　　委　　　员　王雨春（2016.1—2018.11）
　　　　　　　　　王和宇（2016.1—2020.12）
　　　　　　　　　曲圣陶（2016.1—2018.6）
　　　　　　　　　刘国强（2016.1—2020.12）
　　　　　　　　　张丽红（2016.1—3）
　　　　　　　　　王永波（2016.1—2019.2）
　　　　　　　　　李相日（2016.3—2019.2）
　　　　　　　　　赵　勇（2016.3—2020.12）
　　　　　　　　　魏文涛（2018.11—2020.6）
　　　　　　　　　刘召鹏（2019.2—2020.12）
　　　　　　　　　杨　阳（2019.2—2020.12）
　　　　　　　　　张　君（2019.7—2020.12）
　　　　　　　　　关　蕾（2020.6—12）
　　　　　　　　　赵德龙（2020.12）
　　　　　　　　　陈宝泉（2020.12）

三、物业管理中心纪委领导名录（2016.1—2020.12）
　　　书　　　记　王雨春（2016.1—2017.12）
　　　　　　　　　曲圣陶（2017.12—2018.6）[①]
　　　　　　　　　刘召鹏（2019.2—2020.12）

四、物业管理中心工会领导名录（2016.1—2020.12）
　　　主　　　席　曲圣陶（2016.1—2018.6）[②]
　　　　　　　　　刘召鹏（2019.2—2020.12）

－－－－－－－－－－－

　　①　2018年6月至2019年2月期间，物业管理中心纪委书记空缺，先后由党委书记王雨春、魏文涛负责纪委工作。
　　②　2018年6月至2019年2月期间，物业管理中心工会主席空缺，先后由党委书记王雨春、魏文涛负责工会工作。

第二十八节　能源管理中心（2016.1—3）

能源管理中心前身为大庆石油化工总厂能源房管中心，成立于2005年12月。按正处级单位管理，挂靠大庆石油化工总厂生产调度部。2007年6月，大庆石化分公司与大庆石油化工总厂重组整合，能源房管中心列大庆石化分公司计划经营处附属单位。2007年7月，能源房管中心划归大庆石化矿区服务事业部管理，更名为能源管理中心，列矿区服务事业部正处级基层单位，主要担负大庆石化兴化、卧里屯、龙凤厂前、龙凤厂西、光明5个生活区采暖、热水、生活水、瓦斯提压升温转供，污水、雨水动设备仪表维护、维修保养，以及3.3万户居民住宅的水、瓦斯、采暖计量收费、计量表检定维修及监察管理，1689户个体、104个市政单位、213个公司内部单位的各类能源计量、监管、收费等业务工作。

截至2015年12月31日，能源管理中心机关设职能科室8个：办公室（党委办公室）、人事科（党委组织部）、企业文化科（党委宣传部、团委、纪检、工会）、财务科、机动运行科、经营管理科、计量管理科、质量安全环保科。下设基层单位7个：龙凤能源计量车间、兴化能源计量车间、能源收费站、龙凤能源监察大队、兴化能源监察大队、兴化运行车间和龙凤运行车间。固定资产原值2.4亿元，净值1.44亿元。在册员工444人。能源管理中心党委下属8个党支部，共有党员128人。机关办公地点位于黑龙江省大庆市龙凤区化工路39号。

能源管理中心党政领导班子6人，其中行政领导班子4人，党委由6人组成：

杨在兴任主任，负责行政全面工作，分管人事科、财务科、办公室。杜永贵任党委书记、纪委书记，负责党委、纪委工作，分管党委组织部、党委宣传部。李相日任党委委员、副主任、安全总监，负责安全、计量工作，分管质量安全环保科、计量管理科。杨文有任党委委员、副主任，负责生产、运行工作，分管机动运行科。赵勇任党委委员、副主任，负责能源收费及能源监察，分管经营管理科。黄海龙任党委委员、工会主席，负责工会工作。

2016 年 3 月，大庆石化分公司决定，撤销能源管理中心建制。将能源管理中心业务和人员整合到物业管理中心。同时撤销中共大庆石化分公司矿区服务事业部能源管理中心委员会和纪律检查委员会。

一、能源管理中心行政领导名录（2016.1—3）

　　　　主　　　任　杨在兴（2016.1—3）①

　　　　副 主 任　李相日（2016.1—3）②

　　　　　　　　　　杨文有（2016.1—3）③

　　　　　　　　　　赵　勇（2016.1—3）④

　　　　安 全 总 监　李相日（兼任，2016.1—3）

　　　　监察室主任　杜永贵（2016.1—3）

　　　　正处级干部　宋祥国（2016.1—3）⑤

二、能源管理中心党委领导名录（2016.1—3）

　　　　书　　　记　杜永贵（2016.1—3）⑥

　　　　委　　　员　杜永贵（2016.1—3）

　　　　　　　　　　杨在兴（2016.1—3）

　　　　　　　　　　李相日（2016.1—3）

　　　　　　　　　　杨文有（2016.1—3）

　　　　　　　　　　赵　勇（2016.1—3）

　　　　　　　　　　黄海龙（2016.1—3）

三、能源管理中心纪委领导名录（2016.1—3）

　　　　书　　　记　杜永贵（兼任，2016.1—3）

四、能源管理中心工会领导名录（2016.1—3）

　　　　主　　　席　黄海龙（2016.1—3）⑦

---

① 2016 年 3 月，杨在兴改任物业管理中心正处级干部。

② 2016 年 3 月，李相日调任物业管理中心副主任。

③ 2016 年 3 月，杨文有调任保卫部副主任。

④ 2016 年 3 月，赵勇调任物业管理中心副主任。

⑤ 2016 年 3 月，宋祥国改任物业管理中心正处级干部。

⑥ 2016 年 3 月，杜永贵调任通讯中心党委书记、纪委书记。

⑦ 2016 年 3 月，黄海龙调任客运中心工会主席。

第二十九节 职工医院（2016.1—2020.7）

1987 年 3 月，大庆石油化工总厂与大庆乙烯工程指挥部合并为新的大庆石油化工总厂。1987 年 5 月，大庆石油化工总厂决定，将大庆石油化工总厂职工医院与大庆乙烯工程指挥部职工医院合并，成立大庆石油化工总厂职工医院。1988 年 8 月至 2003 年 5 月，大庆石油化工总厂职工医院经多次分立整合及更名后，重组为大庆石化职工医院，简称职工医院，对外称大庆市第五医院。2007 年 6 月，大庆石油化工总厂与大庆石化分公司重组整合，职工医院列大庆石化分公司正处级基层单位。2007 年 7 月，职工医院改列为矿区服务事业部正处级基层单位，具有独立法人资质，医疗业务仍归大庆市卫生局管理，对外称大庆市第五医院，对内称职工医院，是一所拥有 600 张床位，集医疗、教学、科研、化工厂区急诊急救、预防保健、职业健康体检、社区卫生服务、康复功能于一体的综合性二级甲等医院。2014 年 4 月，职工医院成功提升为黑龙江省三级乙等医院。职工医院分设两个部，一部位于黑龙江省大庆市龙凤区龙凤大街 81 号，二部位于黑龙江省大庆市龙凤区兴化北街 122 号。

截至 2015 年 12 月 31 日，职工医院机关设职能科室 12 个：办公室（党委办公室）、人事科（党委组织部）、企业文化科（党委宣传部、工会办公室、团委）、财务科、医务科、护理部、感染科、科教科、经营管理科、安全环保科、维稳办（保卫科）、优质服务办公室（行风监督站）。下设基层单位 51 个：内分泌科、呼吸内科、神经内科、心内科、骨外科、普外科、心胸外科、神经外科、妇产一科、妇产二科、儿一科、儿二科、口腔科、眼科、耳鼻喉科、消化内科、老年病科、麻醉一科、麻醉二科、急诊科、门诊一部、门诊二部、重症医学科、病理科、输血科、感染性疾病科、中医科、理疗一科、理疗二科、检验一科、检验二科、放射一科、放射二科、电诊一科、电诊二科、药剂一科、药剂二科、皮肤科、肾内科（血透科）、介入治疗科、烧伤整形美容科、泌尿外科（肛肠科）、职业病科、厂前社区卫生服务中心、大化社区卫生服务中心、职业健康体检中心、防保科、医疗设备科、后勤服务站、物资供应站、病案信息科等。固定资产原值 2.7 亿元，净值 1.47 亿元。在册员工 916 人。职工医院党委下属 18 个党支部，共有党员262 人。机关办公地点位于黑龙江省大庆市龙凤区兴化北街 122 号。

职工医院党政领导班子 7 人，其中行政领导班子 5 人，党委由 7 人组成：

祝亮任党委委员、院长，负责行政全面工作，主管人事科、财务科。

穆晓秋任党委书记、纪委书记，负责党委、纪委全面工作，分管党委办公室、党委组织部、企业文化科（党委宣传部、工会办公室、团委）、维稳办。

王凤龙任党委委员、副院长，负责医疗管理工作，分管医务科、科教科、物资供应站、内分泌科、呼吸内科、神经内科、心内科、消化内科、老年病科、肾内科（血透科）、儿一科、儿二科、重症医学科、感染性疾病科、中医科、职业病科、药剂一科、药剂二科。

李洪秀任党委委员、副院长，负责护理、院内感染和体检管理工作，分管护理部、优质服务办公室、感染科、职业健康体检中心。

刘振华任党委委员、副院长，负责行政管理工作，分管办公室、安全环保科、保卫科、医疗设备科、物资供应站、后勤服务站。

车晓东任党委委员、副院长，负责医疗管理工作，分管医务科、经营管理科、病案信息科、物资供应站、骨外科、普外科、心胸外科、神经外科、皮肤科、泌尿外科（肛肠科）、烧伤整形美容科、妇产一科、妇产二科、眼科、耳鼻喉科、口腔科、麻醉一科、麻醉二科、介入治疗科、防保科、门诊一部、门诊二部、急诊一科、急诊二科、输血科、理疗一科、理疗二科、检验一科、检验二科、病理科、放射一科、放射二科、电诊一科、电诊二科、大化社区卫生服务中心、厂前社区卫生服务中心。

柳文杰任党委委员、工会主席，负责工会管理工作，分管工会办公室。

2016 年 1 月 29 日，职工医院第九届职工代表大会第三次会议暨2016 年工作会议召开。院长祝亮作了题为《以"三名"工程为引领，以"461"工程为保障，为开创医院各项工作新局面而努力奋斗》的工作报告。会议确定了职工医院 2016 年八项重点工作：一是稳步推进社会化，寻求医院发展新思路；二是持续推进专科建设，提升医院核心竞争力；三是加快人才队伍建设，增强医院发展动力；四是继续深化内引外联，扩大医院知名度；五是加强医疗质量管理，促进医院业务建设；六是全面深化优质服务，树立医院良好形象；七是注重医疗管理创新，实现医院可持续发展；八是发挥政治文化优势，构建医院和谐氛围。

2016年3月，大庆石化分公司决定：李洪秀任职工医院副处级干部，免去其职工医院副院长职务；解聘穆晓秋的职工医院监察室主任职务。大庆石化分公司党委决定：穆晓秋任职工医院正处级干部，免去其职工医院党委书记、纪委书记、党委委员职务；免去李洪秀的职工医院党委委员职务。

2016年4月，职工医院对部分领导班子成员分工进行了调整：党委委员、院长祝亮负责行政全面工作，代管党委工作，主管人事科、财务科，代管党委办公室、党委组织部、企业文化科（党委宣传部、工会办公室、团委）、维稳办。党委委员、副院长车晓东负责医疗管理工作，代管护理部、优质服务办公室（行风监督站）、感染科、职业健康体检中心，分管人事科、财务科、医务科、经营管理科、病案信息科、物资供应站、骨外科、普外科、心胸外科、神经外科、泌尿外科（肛肠科）、皮肤科、烧伤整形美容科、妇产一科、妇产二科、眼科、耳鼻喉科、口腔科、麻醉一科、麻醉二科、介入治疗科、防保科、门诊一部、门诊二部、理疗一科、理疗二科、检验一科、检验二科、放射一科、放射二科、电诊一科、电诊二科、病理科、输血科、厂前社区卫生服务中心、大化社区卫生服务中心。

2016年5月，大庆石化分公司编委办决定，职工医院维稳办（保卫科）更名为保卫科，其维护稳定职责调整到办公室（党委办公室）。

2016年5月，经大庆石化分公司党委组织部同意，撤销职工医院儿五一党支部，成立防感党支部；儿五二党支部更名为儿五党支部。

2016年7月，副处级干部徐哲退休。

2017年2月17日，职工医院第九届职工代表大会第四次会议召开。院长祝亮作了题为《顺应改革迎挑战，砥砺奋进求突破，为实现医院可持续发展而努力奋斗》的工作报告。会议确定了职工医院2017年七项重点工作：一是以推进社会化为契机，寻求医院发展新途径；二是以专科建设为龙头，提升医院核心竞争力；三是以人才培养为根本，增强医院发展后劲；四是以强化医疗管理为核心，提升医院医疗质量；五是以提升优质服务为载体，树立医院良好口碑；六是以加强科研创新为助力，实现医院可持续发展；七是以党的建设为引领，筑牢医院发展根基。

2017年3月，大庆石化分公司决定，将职工医院企业文化科（党委宣传部、工会办公室、团委）更名为党群工作部，主要负责宣传、纪检监察、工会、团委、企业文化等业务。

2017年8月，大庆石化分公司党委决定：免去柳文杰的医院工会主席、党委委员职务，其分管工作由院长祝亮代管。

2018年2月5日，职工医院第九届职工代表大会第五次会议暨2017年工作会议召开。院长祝亮作了题为《履行职责，服务大局，为促进医院发展而努力奋斗》的工作报告。会议确定了2018年五项重点工作：一是加强自身建设，创新工作方法；二是坚持立足一线，打造素质工程；三是推进院务公开，保障员工权益；四是贴近工作实际，关心员工生活；五是加强文化引领，建设和谐团队。

2018年4月，大庆石化分公司编委办决定，成立职工医院中西医结合眼科；成立消化内镜科；撤销老年病科机构编制；撤销介入治疗科机构编制。

2018年6月，大庆石化分公司决定：聘任车晓东为职工医院院长；解聘祝亮的职工医院院长职务。大庆石化分公司党委决定：王凤龙任职工医院党委书记；免去祝亮的职工医院党委委员职务。

随后，职工医院对领导班子成员分工进行调整：

党委委员、院长车晓东负责行政全面工作，并负责医疗护理、院内感染和体检管理等工作，分管人事科（党委组织部）、财务科、护理部、感染科、经营管理科、优质服务办公室（行风监督站）、病案信息科、物资供应站、职业健康体检中心、骨外科、普外科、心胸外科、神经外科、泌尿外科（肛肠科）、消化内镜科、烧伤整形美容科、皮肤科、妇产一科、妇产二科、眼科、中西医结合眼科、耳鼻喉科、口腔科、麻醉一科、麻醉二科、防保科、门诊一部、门诊二部、急诊科、理疗一科、理疗二科、检验一科、检验二科、放射一科、放射二科、电诊一科、电诊二科、输血科、病理科、大化社区卫生服务中心、厂前社区卫生服务中心。党委书记、副院长王凤龙负责党委全面工作，并负责稳定、医疗管理、培训等工作，分管党委办公室、党委组织部、党群工作部、优质服务办公室（行风监督站）、医务科、科教科、物资供应站、内分泌科、呼吸内科、神经内科、心内科、消化内科、肾内科（血透科）、重症医学科、儿一科、儿二科、感染性疾病科、中医科、职业病科、药剂一科、药剂二科。党委委员、副院长刘振华协助院长做好行政管理工作，负责医院安全保卫、后勤管理等工作，分管办公室（党委办公室）、安全环保科、保卫科、医疗设备科、物资供应站、后勤服务站。

2018年10月，正处级干部穆晓秋退休。

2018年11月，大庆石化分公司决定：聘任朱宝山为职工医院副院长；解聘王凤龙的职工医院副院长职务。大庆石化分公司党委决定：朱宝山任职工医院党委委员；侯广志任职工医院党委委员、党委副书记、纪委书记、工会主席。

2018年12月，职工医院对领导班子成员分工进行调整：

党委委员、院长车晓东负责行政全面工作，分管办公室（党委办公室）、人事科（党委组织部）、财务科、经营管理科。党委书记王凤龙负责党委全面工作，分管党委办公室、党委组织部、党群工作部。党委委员、副院长刘振华协助院长做好医疗和行政管理工作，负责安全保卫、后勤管理等工作，分管办公室、安全环保科、保卫科、医疗设备科、物资供应站、后勤服务站、防保科、门诊一部、门诊二部、急诊科、大化社区卫生服务中心、厂前社区卫生服务中心、职业病科。党委委员、副院长朱宝山协助院长做好医疗管理工作，负责医疗护理、院内感染等工作，分管医务科、护理部、感染科、科教科、优质服务办公室（行风监督站）、病案信息科、物资供应站、职业健康体检中心、骨外科、普外科、心胸外科、神经外科、泌尿外科（肛肠科）、消化内镜科、烧伤整形美容科、皮肤科、妇产一科、妇产二科、眼科、中西医结合眼科、耳鼻喉科、口腔科、麻醉一科、麻醉二科、理疗一科、理疗二科、检验一科、检验二科、放射一科、放射二科、电诊一科、电诊二科、输血科、病理科、内分泌科、呼吸内科、神经内科、心内科、消化内科、肾内科（血透科）、重症医学科、儿一科、儿二科、感染性疾病科、中医科、药剂一科、药剂二科。党委副书记、纪委书记、工会主席侯广志协助党委书记做好党委日常工作，负责纪委、工会全面工作，分管优质服务办公室（行风监督站）。

2018 年 12 月 21 日，中共职工医院第二次代表大会召开。会议选举产生中共职工医院第二届委员会，由王凤龙、车晓东、朱宝山、刘振华、侯广志等（以姓氏笔画为序）5 人组成，王凤龙为党委书记，侯广志为党委副书记。选举产生中共职工医院第二届纪律检查委员会，由陈月玲、侯广志、陶印巍、常铁宏、程淑艳等（以姓氏笔画为序）5 人组成，侯广志为纪委书记。

2019 年 1 月 28 日，职工医院第十届职工代表大会第一次会议暨 2019 年工作会议召开。院长车晓东做了《继往开来谋发展，砥砺前行谱新篇，为医院持续健康和谐稳定而努力奋斗》的工作报告。会议提出了职工医院 2019 年七项重点工作：一是整合医疗资源，促进两部协同发展；二是狠抓医疗质量，提高诊疗服务能力；三是坚持学科建设，增强核心竞争能力；四是借助外引内培，加快人才队伍建设；五是夯实管理基础，提升精细管理效能；六是扩大宣传力度，打造特色品牌形象；七是加强党的建设，发挥引领保障作用。

2019 年 2 月，大庆石化分公司决定，矿区服务事业部所属基层单位职工医院改列公司正处级基层单位。

2019 年 4 月，大庆石化分公司编委办决定，职工医院放射一科和放射二科整合为放射科；电诊一科和电诊二科整合为电诊科；理疗一科和理疗二科整合为理疗科；药剂一科和药剂二科整合为药剂科；检验一科和检验二科整合为检验科；中西医结合眼科和眼科整合为眼科（中西医结合眼科）；撤销保卫科；泌尿外科（肛肠科）更名为泌尿外科；消化内镜科更名为消化内镜科（肛肠科）。

2019 年 5 月，经大庆石化分公司党委组织部同意，职工医院合并防感党支部和儿五党支部，成立五官党支部；厂前社区党支部更名为街园社区党支部；大化社区党支部更名为兴化社区党支部；基础一党支部更名为放射党支部；基础二党支部更名为电诊党支部；药检一党支部更名为药剂党支部；药检二党支部更名为检验党支部。

2019 年 6 月，副处级干部李洪秀退休。

2019 年 10 月，经大庆石化分公司党委组织部同意，职工医院门诊二党支部和妇中二党支部合并，合并后名称为门诊二党支部。撤销妇中二党支部，原妇中二党支部党员整体划入门诊二党支部管理。

2019年12月，大庆石化分公司编委办决定，职工医院儿一科和儿二科整合为儿科。

2020年4月，大庆石化分公司决定：贾淑芬任职工医院副院长；郝惠南任职工医院副院长；付尧任职工医院副院长；免去刘振华的职工医院副院长职务，改任职工医院副处级干部。大庆石化分公司党委决定：贾淑芬任职工医院党委委员；郝惠南任职工医院党委委员；免去刘振华的职工医院党委委员职务。

2020年6月，大庆石化分公司编委办决定，成立职工医院法制办公室，列机关职能部门；麻醉一科和麻醉二科整合为麻醉科。

2020年7月，大庆石油化工有限公司与大庆市人民政府签订医疗机构分离移交协议，职工医院移交大庆市人民政府。

一、职工医院行政领导名录（2016.1—2020.7）

院　　　长　祝　亮（2016.1—2018.6）①

　　　　　　车晓东（2018.6—2020.7）

副　院　长　王凤龙（2016.1—2018.11）

　　　　　　李洪秀（女，2016.1—3）

　　　　　　刘振华（2016.1—2020.4）

　　　　　　车晓东（2016.1—2018.6）

　　　　　　朱宝山（2018.11—2020.7）

　　　　　　贾淑芬（女，2020.4—7）

　　　　　　郝惠南（2020.4—7）

　　　　　　付　尧（2020.4—7）

监察室主任　穆晓秋（女，2016.1—3）

正处级干部　穆晓秋（2016.3—2018.10）②

副处级干部　徐　哲（2016.1—7）③

---

① 2018年6月，祝亮改任化肥厂正处级干部。

② 2018年10月，正处级干部穆晓秋退休。

③ 2016年7月，副处级干部徐哲退休。

李洪秀（2016.3—2019.6）①

刘振华（2020.4—7）

二、职工医院党委领导名录（2016.1—2020.7）

书　　记　穆晓秋（2016.1—3）②

王凤龙（2018.6—2020.7）

副　书　记　侯广志（2018.11—2020.7）

委　　员　穆晓秋（2016.1—3）

祝　亮（2016.1—2018.6）

王凤龙（2016.1—2020.7）

车晓东（2016.1—2020.7）

李洪秀（2016.1—3）

刘振华（2016.1—2020.4）

柳文杰（2016.1—2017.8）

朱宝山（2018.11—2020.7）

侯广志（2018.11—2020.7）

贾淑芬（2020.4—7）

郝惠南（2020.4—7）

三、职工医院纪委领导名录（2016.1—2020.7）

书　　记　穆晓秋（2016.1—3）③

侯广志（2018.11—2020.7）

四、职工医院工会领导名录（2016.1—2020.7）

主　　席　柳文杰（2016.1—2017.8）④

侯广志（2018.11—2020.7）

① 2019年6月，副处级干部李洪秀退休。

② 2016年3月至2018年6月期间，职工医院党委书记空缺，由院长祝亮负责党委工作。

③ 2016年3月至2018年11月期间，职工医院纪委书记空缺，由院长祝亮负责纪委工作。

④ 2017年8月，柳文杰调任公司党委办公室副主任。2017年8月至2018年11月期间，职工医院工会主席空缺，先后由院长祝亮、党委书记王凤龙负责工会工作。

第三十节　客运中心—客运服务中心
（2016.1—2020.12）

客运服务中心的前身是大庆石油化工总厂建设公司运输公司。2005年6月，大庆石油化工总厂将建设公司运输公司从大庆石化建设公司划出，名称变更为大庆石油化工总厂运输公司，改列大庆石油化工总厂正处级基层单位。2007年6月，大庆石油化工总厂与大庆石化分公司重组整合，运输公司更名为客运公司，列大庆石化分公司正处级基层单位。2007年7月，客运公司更名为客运中心，改列矿区服务事业部正处级基层单位。

截至2015年12月31日，客运中心共有车辆269台，其中客车130台。主要承担公司生产、生活用车及员工通勤任务。机关设职能科室8个：办公室（党委办公室）、人事科（党委组织部）、企业文化科（党委宣传部、监察室、工会办公室、团委）、财务科、运行经营科、设备技术科、安全环保科、服务监督科。下设基层单位8个：汽运队、客运一队、客运二队、客运三队、小车一队、小车二队、维修车间、物资供应站。固定资产原值1.53亿元，净值5771.81万元。在册员工512人。客运中心党委下属8个党支部，共有党员154人。机关办公地址位于大庆市龙凤区化祥路18号。

客运中心党政领导班子4人，其中行政领导班子3人，党委由4人组成：

兰向东任党委委员、主任，负责行政全面工作，分管办公室、人事科、财务科、企业文化科。

杨宪龙任党委书记、纪委书记、工会主席，负责党委、纪委及工会工作，分管党委办公室、党委组织部、企业文化科（监察室、工会办公室、团委）。

李渤任党委委员、副主任，负责经营计划、业绩考核、工程、服务监督工作，分管运行经营科、服务监督科、汽运队、小车一队、小车二队。

郑连忠任党委委员、副主任、安全总监，负责生产运行、安全、设备维修、材料供应工作，分管运行经营科、设备技术科、安全环保科、物资供应站、客运一队、客运二队、客运三队、维修车间。

2016年1月29日，客运中心第二届职工代表大会第六次会议暨2015年总结表彰会议召开。主任兰向东作了题为《认清形势，把握机遇，切实为石化公司提供安全优质的客运服务》的工作报告。会议明确了客运中心2016年突出抓好的六个方面工作：一是落实安全责任，细化管理环节，持续深化安全硬品牌；二是履行服务承诺，规范服务行为，强化服务硬品牌建设；三是扎实推进基础管理，强化"三基"工作，促进管理水平上台阶；四是细化经营管理，监管经营全过程，不断提高降本增效管控能力；五是加强车辆设备管理，筑牢管理基础，不断推进设备管理水平；六是加强党建工程，关爱员工队伍，积极营造客运和谐氛围。

2016年3月，大庆石化分公司决定：解聘杨宪龙的客运中心监察室主任职务。大庆石化分公司党委决定：免去杨宪龙的客运中心党委书记、纪委书记、工会主席、党委委员职务；黄海龙任客运中心党委委员、工会主席，负责工会工作，分管工会办公室。

2016年5月，大庆石化分公司决定：聘任史一君为客运中心监察室主任。大庆石化分公司党委决定：史一君任客运中心党委委员、党委书记、纪委书记，负责党委、纪委全面工作，分管党委办公室、党委组织部、监察室、团委。

2016年5月，大庆石化分公司编委办决定，将客运中心小车一队和小车二队整合为小车队。

2016年6月，经大庆石化分公司党委组织部同意，客运中心小车一队党支部和小车二队党支部合并为小车队党支部。

2016年7月20日，中共客运中心第一次党员大会召开，98名党员代表参加会议。会议选举产生中共客运中心新一届委员会，由史一君、兰向东、李渤、郑连忠、黄海龙等5人（以姓氏笔画为序）组成，史一君为党委书记。选举产生中共客运中心纪律检查委员会，由叶文美、史一君、杨春潮、李晓红、张宪伟等5人（以姓氏笔画为序）组成，史一君为纪委书记。截至7月，客运中心党委下属7个党支部，共有党员152人。

2016年10月，副处级干部徐帮建退休。

2017年2月23日，客运中心第三届职工代表大会第一次会议会召开。主任兰向东作了题为《坚定信心，稳步推进，为石化公司发展提供客运保障》的工作报告。报告明确了客运中心2017年重点工作：坚持石化公司稳中求进的总基调、稳健发展的总方针，认真贯彻执行公司各项工作部署，牢固树立"安全是前提、服务是效益、稳定是保障、成本是核心"的管理思想，推进精细化管理、规范化管理，优化资源配置、生产运行，持续强化干部员工政治意识、大局意识、核心意识、看齐意识，坚定信心，稳步推进各项工作，不断促进客运工作服务好、被需要、重安全、降成本、有作为，为推动公司发展做出积极贡献。

2017年4月，大庆石化分公司决定，将客运中心企业文化科（党委宣传部、监察室、工会办公室、团委）更名为党群工作部，主要负责宣传、纪检监察、工会、团委、企业文化等业务。

2017年7月，大庆石化分公司编委办决定，将客运中心客运三队的业务和人员划入客运二队。

2017年7月，经大庆石化分公司党委组织部同意，将客运中心客运二队党支部和客运三队党支部合并为客运二队党支部。

2017年12月，大庆石化分公司决定：解聘史一君的客运中心监察室主任职务。大庆石化分公司党委决定：黄海龙任客运中心党委副书记、纪委书记；免去史一君的客运中心纪委书记职务。

随后，客运中心对领导班子成员分工进行调整：

党委委员、主任兰向东主持行政全面工作，分管办公室、人事科、党群工作部、财务科。党委书记史一君主持党委全面工作，分管党委办公室、党委组织部、党群工作部。党委委员、副主任李渤负责经营计划、业绩考核、工程施工、服务监督工作，分管运行经营科、服务监督科、汽运队、小车队。党委委员、副主任、安全总监郑连忠负责生产运行、安全、设备维修、材料供应工作，分管运行经营科、设备技术科、安全环保科、物资供应站、客运一队、客运二队、维修车间。党委委员、工会主席黄海龙负责工会、纪委工作，分管党群工作部。

2018年2月1日，客运中心第三届职工代表大会第二次会议会召开。

主任兰向东作了题为《安全平稳，规范高效，为公司持续发展提供强有力的客运保障》的工作报告。报告明确了客运中心 2018 年工作：以"严抓安全、优化运行、强化服务、提质增效、提升管理"为措施，实现各项费用均控制在矿区下达的指标内；安全生产实现无上报石化公司级事故；全年综合服务满意率达 95% 以上；主要设备综合完好率 95% 以上；发挥两级党组织的战斗堡垒作用，凝聚员工共识、凝聚员工智慧，形成最大合力。

2018 年 6 月，大庆石化分公司决定：解聘兰向东的客运中心主任职务；聘任高恩忠为客运中心主任。大庆石化分公司党委决定：董宏伟任客运中心党委委员、党委书记；高恩忠任客运中心党委委员；免去史一君的客运中心党委书记、党委委员职务；免去兰向东的客运中心党委委员职务。

随后，客运中心对部分领导班子成员分工进行调整：党委委员、主任高恩忠主持行政全面工作，分管办公室、人事科、党群工作部、财务科。党委书记董宏伟主持党委全面工作，分管党委办公室、党委组织部、党群工作部。

2019 年 1 月 29 日，客运中心第三届职工代表大会第三次会议会召开。主任高恩忠作了题为《凝聚正能量，开启新征程，为推进公司安全稳健发展提供客运保障》的工作报告。报告明确了客运中心 2019 年工作目标：一是坚持责任落实到位，努力实现本质安全；二是坚持文明生产统领，建立健全激励约束机制；三是坚持精细化管理，深入挖掘内部潜力；四是坚持规范服务行为，持续提升主动服务意识；五是坚持稳妥推进改革，优化组织机构，提升队伍素质；六是坚持发挥党组织作用，推进党建各项工作全面加强。

2019 年 2 月，大庆石化分公司决定，将开发公司的石化宾馆和食堂管理中心成建制划归客运中心管理，列客运中心基层单位；石化宾馆和食堂管理中心划归客运中心后，客运中心更名为客运服务中心。

2019 年 2 月，大庆石化分公司党委决定，将中共大庆石化分公司矿区服务事业部客运中心委员会、纪律检查委员会更名为中共大庆石化分公司矿区服务事业部客运服务中心委员会、纪律检查委员会。

2019 年 2 月，大庆石化分公司决定：聘任高恩忠为客运服务中心主任；聘任李渤为客运服务中心副主任；聘任郑连忠为客运服务中心副主任、安全总监；聘任陈立军为客运服务中心副主任。大庆石化分公司党委决定：董宏伟任客运服务中心党委委员、党委书记；高恩忠任客运服务中心党委委员；李渤任客运服务中心党委委员；黄海龙任客运服务中心党委委员、党委副书记、纪委书记、工会主席；郑连忠任客运服务中心党委委员；陈立军任客运服务中心党委委员。

2019年2月，大庆石化分公司决定，矿区服务事业部所属基层单位客运服务中心改列公司正处级基层单位。

2019年3月，客运服务中心对领导班子成员分工进行调整：

党委委员、主任高恩忠负责行政全面工作，分管人事科（党委组织部）、财务科、办公室。党委书记董宏伟负责党委全面工作，并负责宣传、团委、维稳、基层建设等工作，分管党委组织部、党委办公室、党群工作部。党委委员、副主任李渤负责经营计划、业绩考核、工程施工等工作，分管运行经营科、协管办公室。党委副书记、纪委书记、工会主席黄海龙负责纪委、工会、现场管理工作，分管党群工作部。党委委员、副主任、安全总监郑连忠负责安全工作、设备维修、材料供应、餐饮服务业务，分管设备技术科、安全环保科、物资供应站。党委委员、副主任陈立军负责生产运行、服务监督，分管运行经营科、服务监督科。

2019年3月，大庆石化分公司编委办决定，撤销客运服务中心汽运队；撤销服务监督科；撤销物资供应站。

2019年3月，经大庆石化分公司党委组织部同意，撤销客运服务中心汽运队党支部；成立石化宾馆党支部；成立食堂管理中心党支部；将客运中心机关党支部更名为客运服务中心机关党支部；将客运中心客运一队党支部更名为客运服务中心客运一队党支部；将客运中心客运二队党支部更名为客运服务中心客运二队党支部；将客运中心维修车间党支部更名为客运服务中心维修车间党支部；将客运中心小车队党支部更名为客运服务中心小车队党支部。

2019年7月，大庆石化分公司决定：免去李渤的客运服务中心副主任职务，改任公司总经理办公室副处级干部。大庆石化分公司党委决定：免去李渤的客运服务中心党委委员职务。

随后，客运服务中心对部分领导班子成员分工进行调整：党委委员、副主任、安全总监郑连忠负责设备维修、工程施工、材料供应、餐饮服务业务，分管设备技术科、运行经营科。党委委员、副主任陈立军负责安全工作、生产运行、经营计划、业绩考核、服务监督，分管安全环保科、运行经营科。

2020年1月16日，客运服务中心第三届职工代表大会第四次会议召开。主任高恩忠作了题为《同心聚力谋发展，昂首奋进新时代，全力推进"食住行"一体化服务保障职能》的工作报告。报告明确了客运服务中心2020年工作目标：一是统一思想、凝聚共识，坚持和完善制度体系建设；二是提高认识、真抓实干，安全工作要做到落地有声；三是加大成本费用管控力度，将成本管理压实压靠；四是继续稳妥推进组织机构改革和人力资源优化；五是继续做好做细优质服务工作；六是坚持做好设备物资使用管控工作；七是融入中心、服务大局，推进党建工作向基层延伸。

2020年2月，大庆石化分公司编委办决定，客运服务中心办公室（党委办公室）、人事科（党委组织部）和党群工作部整合为综合管理科（党群工作部）。

2020年4月，大庆石化分公司决定：陈立军任客运服务中心安全总监；免去郑连忠的客运服务中心安全总监职务。

2020年11月，大庆石化分公司决定：张新立任客运服务中心副主任。大庆石化分公司党委决定：张新立任客运服务中心党委委员。

2020年12月，大庆石化分公司决定：关蕾任客运服务中心主任；免去高恩忠的客运服务中心主任职务。大庆石化分公司党委决定：关蕾任客运服务中心党委委员；免去高恩忠的客运服务中心党委委员职务。

"十三五"期间，客运服务中心完善了制度体制机制，新增现代化信息化管理手段——车辆智能"三交一封"系统，实现了取车、存车、车库防火、防盗的智能升级。完善升级车辆管理平台，实现用车审批、路单开具、统计核算、信息录入、油料审核、通勤票申请等网络化管理，生产进度时时掌控。将通勤线路优化整合为52条，助力公司提质增效高质量发展，车辆累计运行1729.1万千米，客运量达3607.32万人次，同时圆满完成大检修服务、大炼油用车等用车任务，并实现安全生产无上报公司级事故。在新型冠状病毒疫情暴发初期，石化宾馆共接待隔离人员359人，目前已转为常态化管理。5 年来，客运服务中心先后荣获公司级安全生产先进单位和公司级文明生产先进单位荣誉称号。

截至 2020 年 12 月 31 日，客运服务中心共有车辆 187 台，其中客车 112 台。主要承担公司员工客运通勤及公务用车任务。机关设职能科室 5 个：综合管理科（党群工作部）、财务科、运行经营科、设备技术科、安全环保科。下设基层单位 6 个：客运一队、客运二队、小车队、食堂管理中心、石化宾馆、维修车间。客运固定资产原值 1.48 亿元，净值 6279 万元。餐饮固定资产原值 6.23 亿元，净值 9000 万元。在册员工 482 人。客运服务中心党委下属党支部 7 个，共有党员 174 人。

一、客运中心—客运服务中心行政领导名录（2016.1—2020.12）

　　主　　　任　　兰向东（2016.1—2018.6）[1]

　　　　　　　　　高恩忠（2018.6—2020.12）[2]

　　　　　　　　　关　蕾（女，满族，2020.12）

　　副　主　任　　李　渤（2016.1—2019.7）[3]

　　　　　　　　　郑连忠（2016.1—2020.12）

　　　　　　　　　陈立军（2019.2—2020.12）

　　　　　　　　　张新立（2020.11—12）

　　安　全　总　监　郑连忠（兼任，2016.1—2020.4）

　　　　　　　　　陈立军（兼任，2020.4—12）

　　监察室主任　　杨宪龙（2016.1—3）[4]

　　　　　　　　　史一君（2016.5—2017.12）

　　副处级干部　　徐帮建（2016.1—10）[5]

---

[1] 2018 年 6 月，兰向东调任物资供应中心主任。
[2] 2020 年 12 月，高恩忠调任腈纶厂党委书记。
[3] 2019 年 7 月，李渤改任公司总经理办公室副处级干部。
[4] 2016 年 3 月至 5 月期间，监察室主任空缺，相关工作由主任兰向东负责。
[5] 2016 年 10 月，副处级干部徐帮建退休。

二、客运中心—客运服务中心党委领导名录（2016.1—2020.12）

　　书　　记　杨宪龙（2016.1—3）①

　　　　　　　史一君（2016.5—2018.6）②

　　　　　　　董宏伟（2018.6—2020.12）

　　副　书　记　黄海龙（2017.12—2020.12）

　　委　　员　杨宪龙（2016.1—3）

　　　　　　　兰向东（2016.1—2018.6）

　　　　　　　李　渤（2016.1—2019.7）

　　　　　　　郑连忠（2016.1—2020.12）

　　　　　　　黄海龙（2016.3—2020.12）

　　　　　　　史一君（2016.5—2018.6）

　　　　　　　高恩忠（2018.6—2020.12）

　　　　　　　董宏伟（2018.6—2020.12）

　　　　　　　陈立军（2019.2—2020.12）

　　　　　　　张新立（2020.11—12）

　　　　　　　关　蕾（2020.12）

三、客运中心—客运服务中心纪委领导名录（2016.1—2020.12）

　　书　　记　杨宪龙（2016.1—3）③

　　　　　　　史一君（2016.5—2017.12）

　　　　　　　黄海龙（2017.12—2020.12）

四、客运中心—客运服务中心工会领导名录（2016.1—2020.12）

　　主　　席　杨宪龙（2016.1—3）

　　　　　　　黄海龙（2016.3—2020.12）

---

　　① 2016年3月，杨宪龙调任培训中心党委书记、纪委书记、监察室主任。2016年3月至5月期间，客运中心党委书记空缺，由主任兰向东负责党委工作。

　　② 2018年6月，史一君调任公司安全环保处处长。

　　③ 2016年3月至5月期间，客运中心纪委书记空缺，由主任兰向东负责纪委工作。

第三十一节　文体活动中心（2016.1—2020.12）

文体活动中心成立于 2007 年 7 月，是由兴化文体活动中心、龙凤文体活动中心、餐饮服务中心、游泳馆整合成立，列大庆石化分公司工会副处级附属机构。文体活动中心费用核算纳入矿区服务事业部管理，行政及业务领导由公司工会负责。2010 年 8 月，大庆石化分公司决定，将公司工会附属的文体活动中心改列为矿区服务事业部副处级直属机构，业务仍由公司工会负责。机关办公地点位于黑龙江省大庆市龙凤区兴化大街 2 号。

截至 2015 年 12 月 31 日，文体活动中心机关设管理组 6 个：党群管理组（中心办公室）、人事管理组、教学管理组、设备管理组、安全管理组、成本考核组。下设基层单位 11 个：龙凤游泳馆、龙凤体育馆、龙凤青少年宫、龙凤图书馆、石化健身中心、乙烯体育馆、石化体育场、兴化科学宫、石化影剧院、兴化图书馆、乙烯电影城。文体活动中心人员编制 260 人，实际在册员工 229 人。文体活动中心共有党员 50 人，隶属公司工会党支部管理。

文体活动中心设主任 1 人。牛晓光任主任，负责主持行政全面工作，分管公司工会女工工作。

2016 年 3 月，工会对领导分工进行调整：主任牛晓光主持文体活动中心日常行政全面工作，负责公司工会女工委员会工作、拓展培训工作。

2016 年 6 月，根据工作需要，兴化图书馆与龙凤图书馆合并，将兴化图书馆搬迁到龙凤图书馆统一管理。

2019 年 2 月，大庆石化矿区服务事业部机关机构撤销，成立矿区管理部，文体活动中心改列公司副处级直属单位，行政及业务领导仍由公司工会负责，费用核算由矿区管理部管理。

2019 年 5 月，根据工作需要，文体活动中心教学管理组更名为文联管理组，教学管理岗位更改为文联管理岗位。

2019 年 12 月，根据人事处工作安排，机构设置将文体活动中心成本考核组更名为经营管理组。

2020 年 11 月，大庆石化分公司决定：免去牛晓光的公司文体活动中心主任职务，改任公司工会副处级干部。

2020 年 12 月，大庆石化分公司决定：吴波任公司文体活动中心主任。

截至 2020 年 12 月 31 日，文体活动中心机关设管理组 6 个：党群管理组（中心办公室）、人事管理组、文联管理组、设备管理组、安全管理组、经营管理组。下设基层单位 10 个：龙凤游泳馆、龙凤体育馆、龙凤青少年宫、龙凤图书馆、石化健身中心、乙烯体育馆、石化体育场、兴化科学宫、石化影剧院、乙烯电影城。文体活动中心人员编制 168 人，实际在册员工 155 人。文体活动中心共有党员 59 人，隶属公司工会党总支所属党支部管理，龙凤党支部有党员 20 人，兴化党支部有党员 39 人。

主　　　任　牛晓光（女，2016.1—2020.11）①
　　　　　　吴　波（2020.12）

第三十二节　新闻中心（2016.1—2020.12）

2007 年 6 月，大庆石油化工总厂与大庆石化分公司重组整合，2007 年 7 月，成立新的新闻中心，列大庆石化分公司企业文化处副处级附属机构。2010 年 8 月，改列矿区服务事业部直属机构。主要负责新闻宣传工作。费用核算纳入矿区服务事业部，业务仍由企业文化处（党委宣传部、团委、机关党委）负责。

截至 2015 年 12 月 31 日，新闻中心设大庆石化电视台、大庆石化报社，定员 57 人，实际在册员工 64 人。新闻中心共有党员 38 人，隶属企业文化处（党委宣传部、团委、机关党委）党支部。

新闻中心设主任 1 人。谷丰任主任，负责新闻中心整体业务，包括报纸、电视、图片新闻、手机报业务。

2016 年 5 月，大庆石化分公司决定：聘任王为哲为公司新闻中心主任，

---

① 2020 年 11 月，牛晓光改任公司工会副处级干部。

负责新闻中心整体业务；解聘谷丰的新闻中心主任职务。

2019年2月，大庆石化分公司矿区服务事业部机关机构撤销，成立矿区管理部，新闻中心改列公司副处级直属单位，行政及业务领导仍由企业文化处（党委宣传部、团委）负责，费用核算由矿区管理部管理。

2019年5月，为适应媒体融合发展需要，按照公司三项制度改革要求，结合矿区业务社会化移交实际，停止石化闭路电视播出、停止《大庆石化报》公开发行，改为公司局域网、微信公众号等网络平台播出和在线阅读，部分电视播出人员和采编人员转岗分流。

2020年11月，大庆石化分公司决定：免去王为哲的新闻中心主任职务；何剑镔任公司新闻中心主任。

截至2020年12月31日，新闻中心内设记者部、视频部、大庆石化记者站、新媒体编辑部，在册员工33人。新闻中心共有党员30人，隶属企业文化处（党委宣传部、团委）党支部管理。

　　主　　　任　谷　丰（2016.1—5）[①]
　　　　　　　　王为哲（2016.5—2020.11）[②]
　　　　　　　　何剑镔（2020.11—12）

[①]　2016年5月，谷丰调任热电厂工会主席。
[②]　2020年11月，王为哲调任炼油厂党委委员、党委书记。

第四章 公司层面职能委员会及领导小组

大庆石化关心下一代工作委员会

大庆石化关心下一代工作委员会最初为大庆石油化工总厂关心下一代协会，成立于1991年4月。1993年3月，更名为大庆石化关心下一代工作委员会。关心下一代工作委员会下设办公室，办公室设在离退休职工管理处。大庆石化关心下一代工作委员会是在大庆石化分公司党委领导下，以离退休老同志为主体，群团组织负责人参加的以关心、教育、培养青年员工及广大青少年健康成长为目的的群众性工作组织，是党委教育青少年的参谋和助手、联系青少年的桥梁和纽带。关心下一代工作委员会主要负责关心和帮助大庆石化青少年健康成长，维护未成年人合法权益；为下一代办实事、办好事，开展力所能及的助学、助残、助困等活动事宜。

大庆石化关心下一代工作委员会成立以来，始终随着企业的发展、组织机构变化适时进行调整。截至2015年年底，大庆石化关心下一代工作委员会组成：

一、大庆石化关心下一代工作委员会

主　　任　孙玉彬

副 主 任　路永涛

委　　员　孟凡伟　曾志军　秦志斌　张义斌　王为哲　陈开奎

二、大庆石化关心下一代工作委员会办公室

主　　任　商永奎

成　　员　各二级单位关心下一代工作委员会办公室主任

2017年6月，根据工作需要，经公司党委研究决定，大庆石化关心下一代工作委员会人员调整如下：

一、大庆石化关心下一代工作委员会

> 主　　任　孙玉彬
>
> 副 主 任　路永涛
>
> 委　　员　公司党委办公室主任、党委组织部部长、党委宣传部部长、工会副主席、团委书记和离退休管理中心主任

二、大庆石化关心下一代工作委员会办公室

> 主　　任　商永奎
>
> 成　　员　各二级单位关工委办公室主任

2019年3月，撤销关工委办公室机构编制，其业务划归离退休党群工作部管理。

大庆石化分公司科技委员会

大庆石化分公司科技委员会成立于2008年2月，主要负责公司科技发展战略、规划的定向、定位、把关与审查工作；对公司重大科技项目的立项、验收、评审工作提出意见和建议；负责公司科技开发、技术改造、技术攻关、信息化等项目的计划审议；负责公司重大发展项目的论证、评估；负责公司科技成果的评审、评议；负责上述有关重大科技事项的意见、建议、方案的提出，报请总经理办公会研究、决定。科技委员会下设办公室，办公室设在科技信息处。

2010年8月，科技信息处与规划发展处合并为科技与规划发展处，科技委员会办公室改设在科技与规划发展处。

截至2015年年底，大庆石化分公司科技委员会委员组成：

一、大庆石化分公司科技委员会

> 主　　任　黄成义
>
> 委　　员　吴景哲　付英杰　张欣林　孟昭月　李勇贤　戴建军
>
> 　　　　　刘新国　朱连勋　姜兴财　曾志军　范晓彬　孔庆发
>
> 　　　　　王玉成　许中义　崔积峰　张韧坚　张　昆　宁书贵

孙连阁 孟照海 李 洪 王 震 项福波 魏 彀
凌人志 赵金玉 王景良 孙会斌 程宇光 黄文三

二、大庆石化分公司科技委员会办公室

主 任 姜兴财

2016 年 12 月，因工作调整等原因，经大庆石化分公司研究决定，对科技委员会委员进行调整，调整后委员如下：

一、大庆石化分公司科技委员会

主 任 宗义山
委 员 吴景哲 张欣林 孟昭月 戴建军 刘新国 朱连勋
　　　 姜兴财 陈开奎 范晓彬 孔庆发 刘文智 许中义
　　　 崔积峰 张韧坚 张 昆 田文超 王玉成 宁书贵
　　　 孙连阁 孟照海 李 洪 王 震 魏 彀 凌人志
　　　 赵金玉 王景良 孙会斌 程宇光 黄文三 郑广仁

二、大庆石化分公司科技委员会办公室

主 任 姜兴财
成 员 宁书贵 王文英

截至 2020 年 12 月，大庆石化分公司科技委员会委员组成如下：

一、大庆石化分公司科技委员会

主 任 宗义山
成 员 刘松岩 陈树相 李龙江 魏 彀 田春光
　　　 孟照海 盛 开 窦 岩 缪春祥 白天相
　　　 史一君 李 洪 辛治溢 李云涛 李崧延
　　　 郑广仁 魏铁锋 赵晓伟 孙文盛 李传明
　　　 孙会斌 邢广智 郝 丹 钱福群 侯晓峰

二、大庆石化分公司科技委员会办公室

科技委员会下设办公室，办公室设在科技与规划发展处。

主 任 孟照海

大庆石化分公司党费管理委员会

大庆石化分公司党费管理委员会主要负责对公司党费的收缴、管理及使用过程中的重大事项的审批、监督和指导等工作。

截至 2015 年年底，大庆石化分公司党费管理委员会组成如下：

主　　任　杨大明

副 主 任　王德义　王东军

委　　员　曾志军　柳迎斌　孙庆生

2016 年 5 月，根据人员变动情况，公司党费管理委员会成员调整如下：

主　　任　杨大明　公司党委书记、副总经理

副 主 任　王德义　公司总经理、党委副书记

　　　　　孙玉彬　公司党委副书记、工会主席

委　　员　陈开奎　公司党委组织部部长、人事处处长

　　　　　柳迎斌　公司纪委副书记、监察处处长

　　　　　李宜辉　公司财务处处长

　　　　　曲少志　公司党委组织部副部长、人事处副处长

2017 年 8 月，根据人员变动情况，公司党费管理委员会成员调整如下：

主　　任　杨大明　公司党委书记、副总经理

副 主 任　康志军　公司总经理、党委副书记

　　　　　孙玉彬　公司党委副书记、工会主席

　　　　　魏志国　公司纪委书记

委　　员　柳迎斌　公司总经理助理

　　　　　陈开奎　公司党委组织部部长、人事处处长

　　　　　李宜辉　公司财务处处长

　　　　　韩永和　公司纪委副书记、监察处处长

　　　　　曲少志　公司党委组织部副部长、人事处副处长

2019 年 2 月，根据人员变动情况，公司党费管理委员会成员调整如下：

主　　任　康志军

副　主　任　孙玉彬　魏志国

成　　　员　陈开奎　盛　开　李宜辉　韩永和

2020年8月，根据人员变动情况，公司党费管理委员会成员调整如下：

主　　　任　王一民

副　主　任　孙玉彬　魏志国

委　　　员　孟凡伟　盛　开　李宜辉　韩永和

大庆石化分公司人民防空委员会

大庆石化分公司人民防空委员会主要负责根据上级有关部门的关于人民防空的方针、任务和政策，组织和领导大庆石化员工群众进行防空袭的各项准备与建设工作，统一组织、协调公司人民防空各项工作。大庆石化人民防空委员会常设机构为大庆石化分公司人民防空委员会办公室（人防办），设在公司武装部。

截至2015年12月，大庆石化分公司人民防空委员会组成如下：

主　　　任　孙玉彬

副　主　任　王发胜

成　　　员　孟凡伟　曾志军　秦志斌　孙庆生　范晓彬

孔庆发　刘文智　崔积峰　刘　辉　邱立君

卑　林　曹成才　肖　立　祝　亮　王和宇

截至2020年10月，大庆石化分公司人民防空委员会组成：

主　　　任　孙玉彬

副　主　任　宗义山　马铁钢　孙庆生　魏志国

刘国海　李秀伟　刘文智

成　　　员　公司机关各部门、各二级单位党政主要领导

人民防空委员会下设办公室，办公室设在公司武装部，办公室主任由公司武装部部长兼任。

大庆石化分公司企业补充医疗保险基金管理委员会

大庆石化分公司企业补充医疗保险基金管理委员会主要负责审定企业补充医疗保险实施办法；负责公司补充医疗保险基金管理、审核报销；负责审定企业补充医疗保险基金提取比例、运行方式；负责审定企业医疗保险工作其他重要事项。

大庆石化分公司企业补充医疗保险基金管理委员会下设医疗保险基金管理委员会办公室。

截至 2015 年 12 月，企业补充医疗保险基金管理委员会组成如下：

主　　任　孙玉彬

副 主 任　曾志军

成　　员　由公司人事处、财务处、纪检委、审计处、工会等单位主要领导组成

医疗保险基金管理委员会办公室：

主　　任　刘春华

成　　员　李立志　刘文香　陆　军　黄星辉

2020 年 7 月，根据公司领导分工调整和人员变动情况，对大庆石化分公司企业补充医疗保险管理委员会成员调整如下：

主　　任　宗义山

副 主 任　盛　开

成　　员　由公司人事处、财务处、纪委办公室、审计处、工会等单位领导组成

医疗保险基金管理委员会办公室成员调整如下：

主　　任　孙　强

成　　员　张海峰　孔德超　黄星辉

大庆石化分公司 HSE 委员会

大庆石化分公司 HSE 委员会前身为大庆石化分公司 QHSE 委员会（安全生产委员会），主要负责依据国家有关安全环保法律法规和集团公司及股份公司有关安全环保管理制度的要求，研究公司有关安全环保规章制度；研究公司安全环保工作计划、方案；研究分委会提交的重大安全环保提案，总结安全环保管理成效和不足，提出改进措施；研究、检查、总结各分委会运用 QHSE 管理体系为基本方法的各种工作情况，统筹分委会的工作；发布公司安全环保形势报告和重要决定。QHSE 委员会下设办公室，办公室设在企管法规处。

2010 年 8 月，根据机构设置及人员变动情况，公司决定对 HSE 委员会（安全生产委员会）的组成人员和部分职责进行调整。调整后的 HSE 委员会（安全生产委员会）主要负责研究部署、指导协调公司的安全环保和职业健康工作；研究提出公司安全环保工作的重大方针政策，解决安全环保工作中的重大问题；审定和下达公司年度安全环保控制考核指标；完成上级部门安委会、环委会及其办公室交办的其他安全环保工作。

截至 2015 年 12 月，大庆石化分公司 HSE 委员会（安全生产委员会）组成如下：

一、大庆石化分公司 HSE 委员会（安全生产委员会）

主 任	王德义	杨大明				
副 主 任	黄成义	王东军	孙玉彬	康志军	宗义山	马铁钢
	孙庆生					
成 员	冯悦暖	吴景哲	张欣林	孟昭月	戴建军	刘新国
	朱连勋	孟凡伟	曾志军	秦志斌	柳迎斌	李宜辉
	范晓彬	孔庆发	姜兴财	刘文智	崔积峰	孟祥山
	刘传明	张义斌	王发胜	李龙江	魏宪堂	张韧坚
	何立民	刘瑞巍	刘国海	李尊江	蔚尚希	陈洪岩

李秀伟	张继才	陈树相	陈宝泉	娄玉良	韩锡禄
刘松岩	王奎元	曲顺利	白克祥	朱占国	金正奎
窦　岩	戴　岩	王智刚	王国福	田文超	宫　伟
韩宏达	张满会	李乃森	高恩忠	张晓秋	杨　帆
王忠良	唐世国	曹成才	魏文涛	张世祥	张　昆
李　信	肖　立	王恩兆	施　雄	曲洪涛	邱立君
王国平	刘　辉	崔明福	孙洪海	韩伟东	陈立军
陈开奎	路永涛	王和宇	王雨春	兰向东	杨宪龙
杨在兴	杜永贵	祝　亮	穆晓秋	薛岐新	

二、大庆石化分公司 HSE 委员会办公室

办公室设在质量安全环保处，主任由质量安全环保处处长担任。

2016 年 3 月，为规范公司健康、安全与环境委员会（以下简称 HSE 委员会）、专业（分）委员会的设立与运作，促进公司各级管理人员和基层员工有效地履行 HSE 职责，突出各专业化的管理责任，公司决定调整 HSE 委员会，委员会下设 6 个分委会。

一、大庆石化分公司 HSE 委员会（安全生产委员会）

（一）主要职责

（1）负责研究部署、指导协调公司的安全、环保、消防和职业健康工作；

（2）负责确定公司 HSE 管理体系的方针和目标，推动公司建立、健全 HSE 管理体系；

（3）研究提出公司安全环保工作的重大方针政策，解决安全环保工作中的重大问题；

（4）负责公司各类事故事件的调查、分析、统计、上报、善后和处理；

（5）完成上级部门安委会、环委会及其办公室交办的其他工作。

（二）组织机构

主　　任	王德义	杨大明			
副 主 任	黄成义	康志军	孙玉彬	宗义山	马铁钢	孙庆生
成　　员	冯悦暖	吴景哲	张欣林	孟昭月	戴建军	刘新国
	朱连勋	孟凡伟	曾志军	秦志斌	柳迎斌	李宜辉

范晓彬	孔庆发	姜兴财	刘文智	崔积峰	孟祥山
刘传明	张义斌	王发胜	李龙江	魏宪堂	张韧坚
何立民	刘瑞巍	刘国海	李尊江	蔚尚希	陈洪岩
李秀伟	张继才	陈树相	陈宝泉	娄玉良	韩锡禄
刘松岩	王奎元	曲顺利	白克祥	朱占国	金正奎
窦 岩	戴 岩	王智刚	王国福	田文超	宫 伟
韩宏达	张满会	李乃森	高恩忠	张晓秋	杨 帆
王忠良	唐世国	曹成才	魏文涛	张世祥	张 昆
李 信	肖 立	王恩兆	施 雄	曲洪涛	邱立君
王国平	刘 辉	崔明福	孙洪海	韩伟东	陈立军
陈开奎	路永涛	王和宇	王雨春	兰向东	杨宪龙
杨在兴	杜永贵	祝 亮	穆晓秋	薛岐新	

（三）HSE 委员会办公室

（1）公司 HSE 委员会办公室设在质量安全环保处，办公室主任由质量安全环保处处长担任。

（2）办公室主要职责：

①负责公司 HSE 委员会的日常工作：HSE 委员会与专业（分）委员会的联络、文件资料的准备、督促和协调各专业（分）委员会活动、会议安排等；

②收集 HSE 委员会提案；

③负责跟踪 HSE 委员会提出问题的落实情况。

二、大庆石化分公司 HSE 委员会分委会

（一）生产运行分委会

1. 主要职责

（1）调查、分析、研究公司生产运行、工艺技术、应急管理及生产受控方面的 HSE 事项，提出专业范围内 HSE 改进建议或方案，提交 HSE 管理委员会决策并指导、协调相关职能部门或单位实施；

（2）负责专业范围内有关 HSE 的数据收集、案例分析和最佳实践分享，为公司提供专业指导；

（3）推动专业 HSE 活动在公司范围内的开展；

（4）及时完成公司 HSE 委员会安排的工作。

2. 组织机构

生产运行分委会主任由公司业务分管副总经理担任，副主任由生产运行处处长担任，成员由各生产厂的生产副厂长和总工程师组成，具体如下：

主　　　任　宗义山

副　主　任　孔庆发

成　　　员　刘　均　刘为民　刘　永　缪春祥　王　震　郑广仁

项福波　白天相　魏　彀　林　洋　凌人志　赵万臣

曹景良　王景良　张　伟　孙会斌　姜　波　程宇光

王忠庆　黄文三　张兴奎　孙宏安　张学峰　刘春雷

毛德君　明利鹏　曹小舟

生产运行分委会办公室设在生产运行处，办公室主任由生产运行处处长担任。

（二）设备管理分委会

1. 主要职责

（1）调查、分析、研究公司设备与机械、仪器仪表、电气运行、防雷和防静电预防性试验、电气设备修理、技措及更新改造的日常管理、维护保养、装置检维修以及物资供应、水质管理工作等方面涉及的 HSE 事项，提出专业范围内 HSE 改进建议或方案，实现专业管理的持续改进；

（2）负责专业范围内有关 HSE 的数据收集、案例分析和最佳实践分享，为公司提供专业指导；

（3）推动专业 HSE 活动在公司范围内的开展；

（4）及时完成公司 HSE 委员会安排的工作。

2. 组织机构

设备管理分委会主任由公司业务分管副总经理担任，副主任由机动设备处处长担任，成员由机动设备处和各生产厂的设备厂长组成，具体如下：

主　　　任　马铁钢

副　主　任　刘文智

成　　　员　顾培臣　王玉成　许中义　钱福群　李鹏蛟　宋　阳

吕海清　韩月辉　杨反修　张国民　李　伟　赵忠生

姜　波　田　野　孙宏安　王树国　贡学刚

设备管理分委会办公室设在机动设备处，办公室主任由机动设备处处长担任。

（三）工程管理分委会

1. 主要职责

（1）调查、分析、研究公司工程建设过程中如现场施工作业、承包商管理、设备采购、设计、"三同时"管理等方面的 HSE 事项，提出相应 HSE 改进建议或方案，努力实现工程建设的 HSE 目标；

（2）推动公司工程建设过程中各项 HSE 活动的全面、有效开展；

（3）及时完成公司 HSE 委员会安排的工作。

2. 组织机构

工程管理分委会主任由公司业务分管副总经理担任，副主任由工程管理部主任担任，成员由工程管理部和各二级单位的设备厂长（副经理）组成，具体如下：

主　　任　黄成义

副 主 任　李龙江

成　　员　孙玉林　刘跃明　迟宏文　宋　阳　吕海清　韩月辉
　　　　　杨反修　张国民　李　伟　赵忠生　姜　波　田　野
　　　　　孙宏安　赵尔权　张学峰　张春跃　王学增　杨纯秋
　　　　　龚哲学　李秋野　李　江　张新立　张尧先　王　刚

工程管理分委会办公室设在工程管理部，办公室主任由工程管理部主任担任。

（四）科技与规划分委会

1. 主要职责

（1）调查、分析、研究公司科技开发、新产品开发、技术攻关项目、三剂、科技开发经费、科技成果、投资项目的前期和后评价工作、编制中长期发展规划及年度建议计划等管理工作涉及的 HSE 事项，提出专业范围内 HSE 改进建议或方案，提交 HSE 管理委员会决策并指导、协调相关职能部门或单位实施；

（2）负责跟踪收集国内外同行业前沿技术及其 HSE 方面的发展动态、

组织对外科技交流与合作，组织国内外、新颖、先进、成熟的技术在公司同类装置上的推广应用；

（3）推动专业 HSE 活动在公司范围内的开展；

（4）及时完成公司 HSE 委员会安排的工作。

2. 组织机构

科技与规划分委会主任由公司业务分管副总经理担任，副主任由科技与规划发展处处长担任，成员由科技与规划发展处和各相关二级单位的总工程师组成，具体如下：

主　　任　黄成义

副主任　姜兴财

成　　员　王震　项福波　魏弢　凌人志　赵万臣　王景良
　　　　　孙会斌　程宇光　黄文三　孙宏安　石革清　孙继良
　　　　　马长友　刘丰

科技与规划分委会办公室设在科技与规划发展处，办公室主任由科技与规划发展处处长担任。

（五）员工素质提升分委会

1. 主要职责

（1）负责调查员工素质（包括 HSE 意识和技能等）现状，研究提升员工素质的措施和办法；

（2）评价各专业培训工作的成效，使员工有步骤地从本质上达到 HSE 要求；

（3）提供员工素质提升所需资金，制定相应的管理制度或程序。

2. 组织机构

员工素质提升分委会主任由公司副总经理担任，副主任由人事处处长担任，成员由公司机关各部门和各二级单位的厂长（经理）组成，具体如下：

主　　任　康志军

副主任　曾志军

成　　员　孟凡伟　盛开　秦志斌　柳迎斌　李宜辉　范晓彬
　　　　　孔庆发　姜兴财　刘文智　崔积峰　孟祥山　李龙江
　　　　　刘传明　张义斌　王发胜　魏宪堂　张韧坚　刘国海

蔚尚希	李秀伟	陈树相	娄玉良	刘松岩	曲顺利
朱占国	窦 岩	田文超	韩宏达	李乃森	张晓秋
王忠良	曹成才	张世祥	张 昆	肖 立	王恩兆
施 雄	邱立君	刘 辉	孙洪海	陈立军	陈开奎
王和宇	杨在兴	祝 亮	兰向东		

员工素质提升分委会办公室设在人事处，办公室主任由人事处处长担任。

（六）矿区管理分委会

1. 主要职责

（1）负责确定大庆石化分公司矿区服务事业部（以下简称矿区）HSE 管理体系的方针和目标，推动矿区建立、健全 HSE 管理体系；

（2）在矿区范围内运用系统管理的思想，结合矿区经营和管理实际，制定 HSE 管理程序，提高矿区实施 HSE 管理体系的有效性；

（3）为矿区 HSE 管理体系的建立和保持提供充分的人力、财力和物力资源；

（4）定期对矿区 HSE 管理体系运行中出现的问题进行研究和决策；

（5）及时完成公司 HSE 委员会安排的工作。

2. 组织机构

矿区管理分委会主任由公司业务分管副总经理担任，副主任由矿区事业服务部主任担任，成员由矿区事业服务部机关部门领导和矿区各二级单位组成，具体如下：

主 任	康志军				
副 主 任	戴建军				
成 员	何阿新	张立君	梁 富	王利君	王 艳	王和宇
	陈开奎	杨在兴	兰向东	祝 亮	李增富	赵东鹏
	马长友	张 涌	李永浩	王旭光	牛晓光	

矿区管理分委会办公室设在矿区事业服务部安全环保部，办公室主任由安全环保部副部长担任。

（七）分委会办公室主任主要职责

（1）负责组织召开专业分委会会议、开展相关活动，协调公司机关其他职能部门或单位，解决专业范围内的各类 HSE 问题；

（2）负责收集本专业 HSE 分委会的各项提案；

（3）负责跟踪本专业范围内 HSE 委员会提出问题的落实情况，定期向 HSE 委员会汇报本分委会的工作开展情况。

三、管理要求

（1）公司 HSE 委员会应制定委员会年度活动计划，明确活动频次和日期，各二级单位根据实际成立和运行 HSE 分委会，成员可根据人员变化适时调整。

（2）公司 HSE 委员会每季度至少召开一次会议；常设专业（分）委员会，根据实际需要召开会议，频次不能低于 HSE 委员会的会议频次。

（3）公司发生重大事故、组织结构或经营规模发生重大变更，应及时召开 HSE 委员会会议。

（4）公司 HSE 委员会成员应按时出席会议，积极履行职责，提出意见和建议；若因故不能参加，应授权他人出席会议。

（5）会议前，HSE 委员会办公室应协调有关部门、成员，充分收集信息和有关数据。应收集的信息和数据包括但不限于：

①前次会议决议的执行情况；

② HSE 目标、指标和委员会工作完成情况；

③事故、事件统计数据及整改措施落实情况；

④承包商及社区等相关方的投诉、建议；

⑤外部环境的变化，包括与 HSE 相关的法规及其他要求的变化；

⑥ HSE 管理持续改进的建议。

（6）会议应对重大的 HSE 事项做出决策，明确相关责任部门和支持资源。

（7）会议应形成纪要，传达到员工和相关方。

（8）HSE 委员会办公室应对会议决议的执行进行跟踪，确保决议内容的落实。

2016 年 9 月，公司决定调整 HSE 委员会，委员会下设 6 个分委会。

一、大庆石化分公司 HSE 委员会（安全生产委员会）

（一）主要职责

（1）负责研究部署、指导协调公司的安全、环保、消防和职业健康工作；

（2）负责确定公司 HSE 管理体系的方针和目标，推动公司建立、健全 HSE 管理体系；

（3）研究提出公司安全环保工作的重大方针政策，解决安全环保工作中的重大问题；

（4）负责公司各类事故事件的调查、分析、统计、上报、善后和处理；

（5）完成上级部门安委会、环委会及其办公室交办的其他工作。

（二）组织机构

主　　任	王德义	杨大明			
副 主 任	黄成义	康志军	孙玉彬	宗义山	马铁钢	孙庆生
	魏志国				
成　　员	吴景哲	张欣林	孟昭月	戴建军	刘新国	朱连勋
	孟凡伟	陈开奎	秦志斌	柳迎斌	李宜辉	范晓彬
	孔庆发	姜兴财	刘文智	崔积峰	孟祥山	刘传明
	张义斌	王发胜	李龙江	魏宪堂	张韧坚	何立民
	刘瑞巍	刘国海	李尊江	王智刚	陈洪岩	李秀伟
	张继才	陈树相	陈宝泉	娄玉良	韩锡禄	刘松岩
	王奎元	曲顺利	白克祥	朱占国	赵东鹏	窦　岩
	戴　岩	王　岩	王国福	田文超	宫　伟	韩宏达
	张满会	李乃森	高恩忠	张晓秋	杨　帆	王忠良
	唐世国	曹成才	魏文涛	张世祥	张　昆	李　信
	肖　立	杜永贵	王恩兆	杨宪龙	施　雄	曲洪涛
	蔡立申	刘　辉	崔明福	孙洪海	韩伟东	雷雪峰
	路永涛	王和宇	王雨春	兰向东	史一君	祝　亮
	薛岐新				

二、大庆石化分公司 HSE 委员会分委会

（一）生产运行分委会

生产运行分委会主任由公司业务分管副总经理担任，副主任由生产运行处处长担任，成员由各生产厂的生产副厂长和总工程师组成，具体如下：

主　　任　宗义山

副 主 任　孔庆发

成　　员	刘　均	刘为民	刘　永	缪春祥	王　震	郑广仁
	白天相	魏　弢	林　洋	凌人志	赵万臣	曹景良
	王景良	张　伟	孙会斌	印大伟	程宇光	王忠庆
	黄文三	李德军	孙宏安	张学峰	刘春雷	董国治
	肖晨光	毛德君	明利鹏	曹小舟		

生产运行分委会办公室设在生产运行处，办公室主任由生产运行处处长担任。

（二）设备管理分委会

设备管理分委会主任由公司业务分管副总经理担任，副主任由机动设备处处长担任，成员由机动设备处和各生产厂的设备厂长组成，具体如下：

主　　任	马铁钢					
副　主　任	刘文智					
成　　员	顾培臣	王玉成	许中义	钱福群	李鹏蛟	宋　阳
	吕海清	韩月辉	马晓勇	张国民	李　伟	赵忠生
	姜　波	田　野	孙宏安	赵尔权	王树国	贡学刚

设备管理分委会办公室设在机动设备处，办公室主任由机动设备处处长担任。

（三）工程管理分委会

工程管理分委会主任由公司业务分管副总经理担任，副主任由工程管理部主任担任，成员由工程管理部和各二级单位的设备厂长（副经理）组成，具体如下：

主　　任	黄成义					
副　主　任	李龙江					
成　　员	孙玉林	刘跃明	迟宏文	宋　阳	吕海清	韩月辉
	马晓勇	张国民	李　伟	赵忠生	姜　波	田　野
	孙宏安	赵尔权	张学峰	张春跃	王学增	杨纯秋
	李秋野	李　江	张新立	张尧先	王　刚	

工程管理分委会办公室设在工程管理部，办公室主任由工程管理部主任担任。

（四）科技与规划分委会

科技与规划分委会主任由公司业务分管副总经理担任，副主任由科技与规划发展处处长担任，成员由科技与规划发展处和各相关二级单位的总工程师组成，具体如下：

主　　　任　黄成义

副 主 任　姜兴财

成　　　员　王　震　郑广仁　魏　弢　凌人志　赵万臣　王景良
孙会斌　程宇光　黄文三　孙宏安　石革清　肖晨光
孙继良　马长友　刘　丰

科技与规划分委会办公室设在科技与规划发展处，办公室主任由科技与规划发展处处长担任。

（五）员工素质提升分委会

员工素质提升分委会主任由公司副总经理担任，副主任由人事处处长担任，成员由公司机关各部门和各二级单位的厂长（经理）组成，具体如下：

主　　　任　康志军

副 主 任　曾志军

成　　　员　孟凡伟　陈开奎　秦志斌　柳迎斌　李宜辉　范晓彬
孔庆发　姜兴财　刘文智　崔积峰　孟祥山　李龙江
刘传明　张义斌　王发胜　魏宪堂　张韧坚　刘国海
王智刚　李秀伟　陈树相　娄玉良　刘松岩　曲顺利
朱占国　窦　岩　田文超　韩宏达　李乃森　张晓秋
王忠良　曹成才　张世祥　张　昆　肖　立　王恩兆
施　雄　蔡立申　刘　辉　孙洪海　王和宇　祝　亮
兰向东　雷雪峰

员工素质提升分委会办公室设在人事处，办公室主任由人事处处长担任。

（六）矿区管理分委会

矿区管理分委会主任由公司业务分管副总经理担任，副主任由矿区事业服务部主任担任，成员由矿区事业服务部机关部门领导和矿区各二级单位组成，具体如下：

主　　任　康志军

副 主 任　戴建军

成　　员　梁　富　王利君　许中义　李增富　张文红　王和宇

祝　亮　兰向东　雷雪峰　马长友　张　涌　李永浩

王旭光　牛晓光　王为哲

矿区管理分委会办公室设在矿区事业服务部生产管理部，办公室主任由生产管理部部长担任。

2018年8月，为规范公司健康安全与环境委员会（以下简称HSE委员会）、专业（分）委员会的设立与运作，促进公司各级管理人员和基层员工有效地履行HSE职责，突出各专业化的管理责任，公司决定调整HSE委员会，委员会下设八个分委会。

一、大庆石化分公司HSE（安全生产）委员会

（一）主要职责

（1）负责研究部署、指导协调公司的安全、环保、消防和职业健康工作；

（2）负责确定公司HSE管理体系的方针和目标，推动公司建立、运行HSE管理体系；

（3）研究提出公司安全环保工作的重大方针政策，解决安全环保工作中的重大问题；

（4）负责公司各类事故事件的调查、分析、统计、上报、善后和处理；

（5）完成上级部门安委会及其办公室交办的其他工作。

（二）组织机构

主　　任　康志军　杨大明

副 主 任　孙玉彬　宗义山　马铁钢　孙庆生　魏志国　刘国海

李秀伟

成　　员　张欣林　戴建军　范晓彬　孔庆发　刘松岩　孟凡伟

陈开奎　秦志斌　韩永和　李宜辉　窦　岩　陈树相

孟照海　刘文智　史一君　崔积峰　刘传明　张义斌

王发胜　李龙江　魏宪堂　何立民　田春光　张继才

王智刚　陈洪岩　魏　弢　王　威　林　洋　陈宝泉

娄玉良	韩锡禄	曹景良	王奎元	曲顺利	白克祥
朱占国	赵东鹏	刘　均	戴　岩	王　岩	王国福
樊三林	宫　伟	韩宏达	张满会	李乃森	孙贵民
董国治	唐世国	兰向东	魏文涛	张　昆	李　信
肖　立	杜永贵	王恩兆	杨宪龙	施　雄	曲洪涛
蔡立申	杨　帆	刘　辉	崔明福	孙洪海	韩伟东
雷雪峰	路永涛	王和宇	王雨春	车晓东	王凤龙
高恩忠	董宏伟				

（三）HSE 委员会办公室

（1）公司 HSE 委员会办公室设在安全环保处，办公室主任由安全环保处处长担任。

（2）办公室主要职责：

①负责公司 HSE 委员会的日常工作：HSE 委员会与专业（分）委员会的联络、文件资料的准备、督促和协调各专业（分）委员会活动、会议安排等；

②收集 HSE 委员会提案；

③负责跟踪 HSE 委员会提出问题的落实情况。

二、大庆石化分公司 HSE 委员会分委会

（一）安全环保分委会

1. 主要职责

（1）贯彻执行国家安全环保方针政策，法律法规和上级有关规定；

（2）研究提出公司安全环保规划和目标，组织制定公司安全环保规章制度，协调指导实施并对实施结果跟踪监督；

（3）审定公司年度安全环保目标计划、安全环保隐患治理计划和劳保费用计划等；

（4）开展安全环保形势分析，及时对公司的安全环保工作提出具体实施办法；

（5）研究解决安全环保工作中的重大问题，决定重大安全环保事项；

（6）组织开展安全环保检查和评价，实施有效的奖励或处罚；

（7）组织安全环保事故调查，审查公司事故调查报告，提出事故追责初

步意见；

（8）完成公司 HSE 委员会交办的其他工作。

2. 组织机构

安全环保分委会主任由公司总经理担任，常务副主任由安全总监担任，副主任由分管设备、工程项目、多种经营和矿区服务的副总经理担任，成员由公司分管生产、计划、安全和矿区的副总师，人事处、计划处、生产运行处、科技规划处、机动设备处、安全环保处、企管法规处、工程管理部、安全监督站及相关二级单位主要负责人组成，具体如下：

主　　　任　康志军

常务副主任　刘国海

副　主　任　宗义山　马铁钢　孙庆生　李秀伟

成　　　员　戴建军　刘松岩　孔庆发　范晓彬　陈开奎　陈树相

　　　　　　窦　岩　孟照海　刘文智　史一君　崔积峰　李龙江

　　　　　　薛歧新　相关二级单位主要负责人

安全环保分委会办公室设在安全环保处，办公室主任由安全环保处处长担任。

（二）生产运行分委会

1. 主要职责

（1）调查、分析、研究公司生产运行、工艺技术、应急、质量管理及生产受控方面的 HSE 事项，提出专业范围内 HSE 改进建议或方案，提交 HSE 委员会决策并指导、协调相关职能部门或单位实施；

（2）负责专业范围内有关 HSE 的数据收集、案例分析和最佳实践分享，为公司提供专业指导；

（3）推动专业 HSE 活动在公司范围内的开展；

（4）及时完成公司 HSE 委员会安排的工作。

2. 组织机构

生产运行分委会主任由公司业务分管副总经理担任，副主任由工艺副总工程师担任，成员由生产运行处及相关二级单位生产运行主要负责人组成，具体如下：

主　　　任　刘国海

副　主　任　陈树相

成　　　员　生产运行处及相关二级单位生产运行主要负责人

生产运行分委会办公室设在生产运行处，办公室主任由生产运行处处长担任。

（三）设备管理分委会

1. 主要职责

（1）调查、分析、研究公司设备与机械、仪器仪表、电气设备及运行、防雷和防静电、预防性试验、防腐、水质、热工以及设备技措及更新改造的日常管理、维护保养、装置检维修等方法面涉及的 HSE 事项，提出专业范围内 HSE 改进建议或方案，实现专业管理的持续改进；

（2）负责专业范围内有关 HSE 的数据收集、案例分析和最佳实践分享，为公司提供专业指导；

（3）推动专业 HSE 活动在公司范围内的开展；

（4）及时完成公司 HSE 委员会安排的工作。

2. 组织机构

设备管理分委会主任由公司业务分管副总经理担任，副主任由机动设备处处长担任，成员由机动设备处及相关二级单位设备主要负责人组成，具体如下：

主　　　任　李秀伟

副　主　任　刘文智

成　　　员　机动设备处及相关二级单位设备主要负责人

设备管理分委会办公室设在机动设备处，办公室主任由机动设备处处长担任。

（四）工程管理分委会

1. 主要职责

（1）调查、分析、研究公司工程建设过程中如现场施工作业、承包商管理、设备采购、设计、"三同时"管理等方面的 HSE 事项，提出相应 HSE 改进建议或方案，努力实现工程建设的 HSE 目标；

（2）推动公司工程建设过程中各项 HSE 活动的全面、有效开展；

（3）及时完成公司 HSE 委员会安排的工作。

2.组织机构

工程管理分委会主任由公司业务分管副总经理担任，副主任由副总工程师、工程管理部主任、工程项目管理中心主任担任，成员由工程管理部、工程项目管理中心及相关二级单位工程项目主要负责人组成，具体如下：

主　　任　宗义山

副 主 任　张欣林　李龙江　刘瑞巍

成　　员　工程管理部及相关二级单位工程项目主要负责人

工程管理分委会办公室设在工程管理部，办公室主任由工程管理部主任担任。

（五）科技规划分委会

1.主要职责

（1）调查、分析、研究公司科技开发、新产品开发、技术攻关项目、三剂、科技开发经费、科技成果、投资项目的前期和后评价工作、编制中长期发展规划及年度建议计划等管理工作涉及的 HSE 事项，提出专业范围内 HSE 改进建议或方案，提交 HSE 管理委员会决策并指导、协调相关职能部门或单位实施；

（2）负责跟踪收集国内外同行业前沿技术及其 HSE 方面的发展动态、组织对外科技交流与合作，组织国内外、新颖、先进、成熟的技术在公司同类装置上的推广应用；

（3）推动专业 HSE 活动在公司范围内的开展；

（4）及时完成公司 HSE 委员会安排的工作。

2.组织机构

科技与规划分委会主任由公司业务分管副总经理担任，副主任由科技与规划发展处处长担任，成员由科技规划处及相关二级单位科技规划主要负责人组成，具体如下：

主　　任　宗义山

副 主 任　孟照海

成　　员　科技与规划发展处及相关二级单位科技规划主要负责人

科技规划分委会办公室设在科技与规划发展处，办公室主任由科技与规划发展处处长担任。

（六）员工素质提升分委会

1. 主要职责

（1）负责建立 HSE 培训管理制度，将 HSE 培训计划纳入本单位培训计划进行统筹管理，并提供培训资源保障；

（2）负责对 HSE 培训工作开展情况进行督导；

（3）负责在培训经费、培训场地、培训设施等方面提供支持。

2. 组织机构

员工素质提升分委会主任由公司党委副书记担任，副主任由人事处处长担任，成员由公司机关各部门主要负责人和各二级单位的厂长（经理）组成，具体如下：

主　　任　孙玉彬

副　主　任　陈开奎

成　　员　公司机关各部门主要负责人和各二级单位的厂长（经理）

员工素质提升分委会办公室设在人事处，办公室主任由人事处处长担任。

（七）矿区管理分委会

1. 主要职责

（1）负责确定大庆石化分公司矿区服务事业部（以下简称矿区）HSE 管理体系的方针和目标，推动矿区建立、健全 HSE 管理体系；

（2）在矿区范围内运用系统管理的思想，结合矿区经营和管理实际，制定相关 HSE 管理程序，全面提高矿区 HSE 管理水平；

（3）为矿区 HSE 管理体系的建立和保持提供充分的人力、财力和物力资源；

（4）定期对矿区 HSE 管理运行中出现的问题进行研究和决策；

（5）及时完成公司 HSE 委员会安排的工作。

2. 组织机构

矿区管理分委会主任由公司业务分管总会计师担任，副主任由副总工程师担任，成员由矿区事业服务部机关部门领导和矿区各二级单位经理（主任）组成，具体如下：

主　　任　孙庆生

副 主 任　戴建军

成　　员　矿区事业服务部领导和矿区各二级单位经理（主任）矿区管理分委会办公室设在矿区事业服务部机关，办公室主任由矿区事业服务部副主任担任。

（八）事故管理分委会

1. 主要职责

（1）贯彻执行国家安全环保的方针政策，法律法规和上级有关规定；

（2）组织制定公司安全环保事故事件管理制度；

（3）参与公司范围内的安全环保事故事件的调查分析；

（4）审定事故事件调查报告和事故事件责任人的处理意见意见；

（5）组织利用各种会议进行典型事故案例经验分享；

（6）完成公司 HSE 委员会交办的其他工作。

2. 组织机构

事故管理分委会主任由公司总经理担任，副主任由党委书记、副总经理、党委副书记、纪委书记、总会计师担任；成员由人事处、监察处、生产运行处、机动设备处、安全环保处、工会、工程管理部及相关二级单位主要负责人组成，具体如下：

主　　任　康志军

副 主 任　杨大明　孙玉彬　宗义山　马铁钢　孙庆生　魏志国
　　　　　刘国海　李秀伟

成　　员　刘松岩　陈开奎　韩永和　陈树相　刘文智　史一君
　　　　　张义斌　李龙江　相关二级单位主要负责人

事故管理分委会办公室设在安全环保处，办公室主任由安全环保处处长担任。

2020 年 10 月，为规范公司健康安全与环境委员会（以下简称 HSE 委员会）、专业（分）委员会的设立与运作，贯彻落实"四查"工作要求，突出问题导向、目标导向、结果导向，树牢"安全是碗、效益是饭"的理念，促进公司各级管理人员和基层员工有效履行 HSE 职责，根据工作职责和人员变动情况，公司决定调整 HSE 委员会，委员会下设 8 个分委会。

一、大庆石化分公司 HSE（安全生产）委员会

1. 组织机构

主　　任	王一民				
副 主 任	孙玉彬	宗义山	马铁钢	孙庆生	魏志国	刘国海
	李秀伟	刘文智			
成　　员	刘松岩	陈树相	李龙江	孟凡伟	田春光	魏　弢
	盛　开	秦志斌	韩永和	李宜辉	窦　岩	缪春祥
	孟照海	白天相	史一君	王　威	刘传明	张义斌
	王发胜	韩宏达	刘瑞巍	薛岐新	王　岩	张继才
	王智刚	陈洪岩	隋元春	林　洋	陈宝泉	娄玉良
	韩锡禄	曹景良	张国民	曲顺利	张　伟	朱占国
	戴　岩	刘　均	丁汉明	樊三林	王景良	刘为民
	赵尔权	高新年	宋　阳	李乃森	孙贵民	董国治
	张学峰	兰向东	赵东鹏	钱福群	王学增	王恩兆
	何立民	施　雄	刘仁权	蔡立申	杨　帆	刘　辉
	李文奇	孙洪海	韩伟东	王和宇	关　蕾	高恩忠
	董宏伟	雷雪峰	路永涛			

2. HSE 委员会办公室

公司 HSE 委员会办公室设在安全环保处，办公室主任由安全环保处处长担任。

二、大庆石化分公司 HSE（安全生产）委员会分委会

（一）安全环保分委会

安全环保分委会主任由公司党委书记、总经理担任，副主任由安全总监担任，成员由公司安全副总监、副总师、安全环保处和相关处室及二级单位主要负责人组成，具体如下：

主　　任	王一民				
副 主 任	刘国海				
成　　员	刘松岩	陈树相	李龙江	孟凡伟	田春光	魏　弢
	安全环保处、相关处室及二级单位主要负责人				

安全环保分委会办公室设在安全环保处，办公室主任由安全环保处处长担任。

（二）生产运行分委会

生产运行分委会主任由公司业务分管副总经理担任，副主任由副总师担任，成员由生产运行处和相关处室及二级单位生产运行负责人组成，具体如下：

　主　　任　刘国海

　副 主 任　陈树相　田春光　魏　弢

　成　　员　生产运行处和相关处室及二级单位生产运行负责人

生产运行分委会办公室设在生产运行处，办公室主任由生产运行处处长担任。

（三）设备管理分委会

设备管理分委会主任由公司业务分管副总经理担任，副主任由机动设备处处长担任，成员由机动设备处和相关处室及二级单位设备负责人组成，具体如下：

　主　　任　刘文智

　副 主 任　白天相

　成　　员　机动设备处和相关处室及二级单位设备负责人

设备管理分委会办公室设在机动设备处，办公室主任由机动设备处处长担任。

（四）工程管理分委会

工程管理分委会主任由公司业务分管副总经理担任，副主任由工程管理部主任担任，成员由工程管理部和相关处室及二级单位分管工程建设负责人组成，具体如下：

　主　　任　李秀伟

　副 主 任　韩宏达

　成　　员　工程管理部和相关处室及二级单位分管工程建设
　　　　　　负责人

工程管理分委会办公室设在工程管理部，办公室主任由工程管理部主任担任。

（五）科技规划分委会

科技与规划分委会主任由公司业务分管副总经理担任，副主任由科技与规划发展处处长担任，成员由科技规划处和相关处室及二级单位分管科技规划负责人组成，具体如下：

主　　　任　宗义山

副 主 任　孟照海

成　　　员　科技与规划发展处和相关处室及二级单位分管科技规划负责人

科技规划分委会办公室设在科技与规划发展处，办公室主任由科技与规划发展处处长担任。

（六）员工素质提升分委会

员工素质提升分委会主任由公司业务分管副总经理担任，副主任由人事处处长担任，成员由人事处和相关处室及二级单位主要负责人组成，具体如下：

主　　　任　宗义山

副 主 任　盛　开

成　　　员　人事处和相关处室及二级单位主要负责人

员工素质提升分委会办公室设在人事处，办公室主任由人事处处长担任。

（七）矿区管理分委会

矿区管理分委会主任由公司业务分管总会计师担任，副主任由副总师担任，成员由矿区管理部和相关处室及矿区各二级单位主要负责人组成，具体如下：

主　　　任　孙庆生

副 主 任　李龙江

成　　　员　矿区事服务部和相关处室及矿区各二级单位主要负责人

矿区管理分委会办公室设在矿区管理部，办公室主任由矿区管理部主任担任。

（八）事故管理分委会

事故管理分委会主任由公司党委书记、总经理担任，副主任由党委常务副书记、副总经理、安全总监、纪委书记、总会计师担任；成员由人事处、纪委办公室、生产运行处、机动设备处、安全环保处、工会、工程管理部及相关二级单位主要负责人组成，具体如下：

主　　任　　王一民

副 主 任　　孙玉彬　宗义山　马铁钢　孙庆生　魏志国　刘国海
　　　　　　李秀伟　刘文智

成　　员　　刘松岩　盛　开　韩永和　缪春祥　白天相　史一君
　　　　　　张义斌　韩宏达
　　　　　　相关二级单位主要负责人

事故管理分委会办公室设在安全环保处，办公室主任由安全环保处处长担任。

大庆石化分公司保密委员会—保密委员会
（密码工作领导小组）

大庆石化保密委员会最初为大庆石油化工总厂保密委员会，成立于1991年。大庆石化分公司保密委员会主要负责督促、检查公司各单位涉密文件、资料及涉密事项的保密工作，确保国家秘密的安全；负责公司保密工作检查、组织、指导和全厂保密制度的建立、健全及修订；负责公司确定密级工作的组织、指导、协调工作及对全厂失泄密事件的查处工作等工作。下设保密委员会办公室。多年来，大庆石化保密委员会始终随着企业发展组织机构变化而适时调整。公司另设密码工作领导小组，主要负责公司普通密码管理领导工作。领导小组下设办公室，办公室设在公司党委办公室。

2012年3月，根据工作需要和人员变动情况，经研究决定，对大庆石化分公司密码工作领导小组成员进行相应调整。调整后的人员组成如下：

组　　长　　杨大明

副　组　长　王东军

成　　　员　李　虎　孙玉彬　孙庆生　姜兴财　孟凡伟　张韧坚
　　　　　　张　昆　穆晓秋

大庆石化分公司密码工作领导小组办公室

　　　主　　　任　李　虎

保密委员会组成：

一、大庆石化分公司保密委员会

　　　主　　　任　公司党委书记

　　　副　主　任　公司党委副书记

　　　　　　　　　公司主管科技、信息工作的副总经理

　　　成　　　员　公司机关各部门负责人

二、大庆石化分公司保密委员会办公室

　　　主　　　任　公司党委办公室主任

　　　成　　　员　公司党委办公室主管保密工作的副主任

　　　　　　　　　公司党委办公室负责保密工作的人员

截至2020年12月，大庆石化分公司保密委员会和密码工作领导小组合并办公，组成如下：

　　　主　任（组长）　公司党委书记

　　　副主任（副组长）　公司党委副书记

　　　　　　　　　　　公司主管科技、信息工作的副总经理

　　　委　员（成员）　公司机关各部门主要领导

保密委员会（密码工作领导小组）下设办公室，办公室设在公司党委办公室，办公室主任由党委办公室主任兼任。

大庆石化分公司爱国卫生运动委员会

大庆石化爱国卫生运动委员会最初为大庆石油化工总厂爱国卫生运动委员会，成立于1979年11月，主要负责全面推进大庆石化群众性爱国卫生运动的深入开展，提高本地区卫生环境质量和员工家属的健康水平。大庆石化爱国卫生运动委员从成立到现在，始终随着企业发展组织机构变化而适时调整。2007年6月，大庆石油化工总厂与大庆石化分公司重组整合后，企业机构人员发生变化，2008年3月，大庆石化分公司决定，对大庆石化爱国卫生运动委员会成员进行调整。爱国卫生运动委员会下设办公室。

截至2020年12月，大庆石化分公司爱国卫生运动委员会成员组成如下：

主　　任　总经理　党委书记

副 主 任　主管副总经理

成　　员　总经理办公室主任、人事处处长、企业文化处处长、纪委副书记、财务处处长、工会副主席

大庆石化分公司内控与风险管理委员会

2010年3月，按照集团公司（股份公司）内部控制建设总体部署，为进一步加强风险管理，加大风险评估和管理力度，适应内部控制管理发展的需要，公司决定撤销内控项目建设委员会，成立大庆石化分公司内控与风险管理委员会。主要负责审议公司内控与风险管理工作计划；审议公司内控与风险管理部门的工作职责；组织对一般缺陷、重大缺陷和实质性漏洞等风险事件进行评估；对梳理的流程以及重要业务流程的变化进行审议；对公司内控与风险管理制度进行审议；审议并发布《内部控制管理手册——大庆石化分公司分册》。内控与风险管理委员会下设办公室，办公室设在法律事务与企管法规处（内控与风险管理处）。

截至2015年12月，内控与风险管理委员会组成如下：

一、大庆石化分公司内控与风险管理委员会

主　　任　公司总经理、党委书记

副 主 任　公司总会计师

委　　员　公司各二级单位行政主要领导和公司机关各部门主要

领导

二、大庆石化分公司内控与风险管理委员会办公室

主　　任　内控与风险管理处处长

副 主 任　内控与风险管理处主管副处长

成　　员　公司机关及二级单位内控主管领导和专兼职内控人员

2018 年 6 月，按照公司规范各专业委员会的整体要求，从风险管控角度出发，保留公司内控与风险管理委员会，并进行如下调整：

一、内控与风险管理委员会

主　　任　公司总经理、党委书记

副 主 任　公司主管副总经理

委　　员　公司机关各部门主要负责人

二、大庆石化分公司内控与风险管理委员会办公室

内控与风险管理委员会下设办公室，设在法律事务与企管处（内控与风险管理处），负责公司内控与风险管理日常工作。

主　　任　法律事务与企管处（内控与风险管理处）处长

副 主 任　法律事务与企管处（内控与风险管理处）主管副处长

成　　员　公司机关及二级单位内控工作主管领导和专兼职内控
　　　　　工作人员

截至 2020 年 12 月，内控与风险管理委员会组成。

主　　任　王一民

副 主 任　马铁钢

成　　员　公司机关各部门主要领导

内控与风险管理委员会下设办公室，办公室设在公司法律事务与企管处（内控与风险管理处），办公室主任由法律事务与企管处（内控与风险管理处）处长兼任。

大庆石化分公司企业年金管理委员会

2008年4月，为加强企业年金管理，根据《中国石油天然气集团公司企业年金方案》有关规定，经研究决定，成立中国石油大庆石化分公司企业年金管理委员会。委员会下设办公室，负责企业年金日常管理工作。

截至2015年12月，企业年金管理委员会组成如下：

一、大庆石化分公司企业年金管理委员会

主　　任　王德义

副　主　任　孙玉彬　孙庆生

成　　员　柳迎斌　祝甦　张义斌　丁汉明　李宜辉　刘春华

2018年4月，经研究决定，对公司企业年金管理委员会成员调整如下：

主　　任　康志军

副　主　任　孙玉彬

成　　员　陈开奎　李宜辉　韩永和　刘传明　张义斌　丁汉明

　　　　　刘春华

二、大庆石化分公司企业年金管理委员会办公室

主　　任　陈开奎

2020年7月，根据公司领导分工调整和人员变动情况，经研究，决定对公司企业年金管理委员会成员调整如下：

主　　任　康志军

副　主　任　宗义山

成　　员　盛开　李宜辉　王威　刘传明　张义斌　孙强

企业年金管理委员会办公室成员调整如下：

主　　任　盛开

成　　员　人事、财务、法律、审计、工会等部门工作人员

截至2020年12月，企业年金管理委员会组成如下：

主　　任　王一民

副　主　任　宗义山

成　　　员　人事处、财务处、法律事务与企管处、审计处、工会
　　　　　　等单位领导

企业年金管理委员会下设办公室，办公室设在公司人事处，办公室主任由人事处处长兼任。

大庆石化分公司预算管理委员会

2005年4月，根据《中国石油天然气股份有限公司预算管理暂行办法》的规定，公司成立预算管理委员会。日常工作由预算管理委员会办公室负责，办公室设在财务处。2015年10月，公司对预算管理委员会职责及成员组成进行调整。办公室仍设在财务处，负责日常工作。

预算管理委员会职责：调整为负责根据集团公司和股份公司战略发展目标，制定本公司滚动预算目标和年度预算目标，积极研究推进大预算管理，进一步优化资源配置，实现整体效益最大化；确定预算期内的预算管理重点内容及其责任制度；批准下达各部门预算定额，督促各部门根据公司预算编制程序规定，按时编报部门预算草案和定期提供预算执行结果；审定公司年度预算方案，报集团公司预算管理办公室和股份公司专业公司批准实施；协调公司预算管理有关问题；审查年度重大预算调整项目和预算追加项目；评价认定预算执行情况，审定公司年度财务决算报告，审查年度财务预算执行报告，并提出考核奖惩意见。

截至2015年12月，预算管理委员会组成如下：

主　　　任　公司总经理、公司党委书记

副　主　任　公司总会计师

成　　　员　财务处、总经理办公室、人事处、法律事务与企管
　　　　　　处、生产运行处、计划处、机动设备处、质量安全环
　　　　　　保处、科技与规划发展处、纪委（监察处）、信息管
　　　　　　理部部门的负责人

2020年10月，为进一步深化全面预算管理工作，强化财务管理和财务

监督职能，有效控制各项费用支出，发挥全面预算管理的组织、指挥、协调和控制作用，做好预算管理的编制、执行、监督与考核工作，结合现阶段工作需要，公司决定对预算管理委员会成员进行调整。

一、预算管理委员会

主　　　任　王一民

副 主 任　孙玉彬　施铁权　宗义山　马铁钢　李秀伟　刘文智

成　　　员　总经理办公室、人事处、财务处、计划处、生产运行处、机动设备处、安全环保处、科技与规划发展处、法律事务与企管处、纪委办公室等部门负责人

二、预算管理委员会办公室成员

主　　　任　李宜辉

大庆石化分公司价格管理委员会

2011年12月，为加强公司价格管理，理顺价格关系，规范产品及劳务等价格的制定和监督，经研究决定，成立公司价格管理委员会。日常工作由价格管理委员会办公室负责，办公室设在财务处。2016年1月，公司对价格管理委员会职责及成员组成进行调整。办公室仍设在财务，负责日常工作。

价格管理委员会职责：

1. 负责贯彻落实国家、地方政府相关的法律法规和集团公司、股份公司有关价格管理规定；

2. 负责审议公司价格管理规定；

3. 负责审批公司有关价格管理文件；

4. 负责规范价格行为，对价格的执行情况进行监督、检查和考核；

5. 负责查处公司所属单位各种违反价格行为；

6. 掌握国家、地方政府及集团公司、股份公司的价格政策和规定；

7. 负责与上级价格管理部门和地方政府物价部门的业务联系；

8. 组织制定和修改公司价格管理规定；

9. 负责测算公司自销产品、副产品、内部互供产品、外供能源和带料加工业务加工费等成本情况，为价格申请单位提供定价参考依据；

10. 负责价格管理执行情况的跟踪、监督等工作；

11. 负责承办价格管理委员会议案、决议、纪要文件等日常事务。

2016 年 1 月，公司对价格管理委员会成员组成进行调整。办公室仍设在财务处，负责日常工作。

　　　主　　任　公司总经理

　　　副 主 任　公司总会计师、主管经营副总经理

　　　成　　员　财务处、监察处、计划处、法律事务与企管处、审计处、储运中心、物资中心部门的负责人

截至 2020 年 12 月，大庆石化分公司价格管理委员会组成如下：

　　　主　　任　公司总经理

　　　副 主 任　公司总会计师、主管经营副总经理

　　　成　　员　财务处、纪委办公室、计划处、法律事务与企管处、审计处、储运中心、物资供应中心等相关单位领导

大庆石化分公司招投标委员会

2011 年 7 月，为加强大庆石化分公司招投标管理工作，进一步规范大庆石化工程、物资、服务招投标活动，维护公司利益，根据国家有关法律法规和《中国石油天然气集团公司招标管理办法（试行）》等文件，经研究决定成立大庆石化分公司招投标委员会。招投标委员会下设招投标管理中心。招投标委员会主要负责对公司工程、物资、服务招投标工作行使管理、指导、监督等综合职能。解决、裁定招投标争议，处罚违反招投标规定的责任者。审定招标计划、投标单位范围。研究审定参与投标的中标单位。协调集团、省、市招投标主管部门的有关事宜。招投标管理中心负责：按照相关规定程序组织协调公司监察处（纪委）、法律事务与企管处（内控与风险管理处）、审计处等部门和其他参与单位开展招投标实施工作。

截至 2015 年 12 月，招投标委员会组成如下：

主　　任　总经理、党委书记

副　主　任　公司主管工程、物资、服务的副总经理

委　　员　公司监察处（纪委）、法律事务与企管处（内控与风险管理处）、审计处、工程管理部、乙烯工程指挥部和物资供应中心的负责人

截至 2020 年 12 月，招投标委员会组成如下：

主　　任　李秀伟

副　主　任　王　威

成　　员　纪委办公室、计划处、科技与规划发展处、机动设备处、安全环保处、工程管理部、工程造价部、物资供应中心、招标中心等单位领导

大庆石化分公司全面深化改革领导小组

2015 年 4 月，为深入贯彻党的十八大和十八届三中、四中全会精神，全面落实集团公司深化改革的统一部署，积极稳妥推进公司深化改革与发展工作，经研究决定，成立大庆石化分公司全面深化改革领导小组。

组　　长　王德义　杨大明

成　　员　黄成义　王东军　康志军　孙玉彬　宗义山　马铁钢
　　　　　孙庆生

领导小组下设办公室，办公室设在法律事务与企管处，办公室主任由法律事务与企管处处长兼任。

2017 年 3 月，为全面落实党中央、国务院和集团公司深化改革的统一部署，保证深化改革的组织领导和有序推进，结合公司实际，对全面深化改革领导小组进行调整。

一、领导小组及职责

组　　长　王德义　杨大明

副　组　长　康志军（常务）　孙玉彬　宗义山　马铁钢　孙庆生
　　　　　　　魏志国

成　　　员　公司机关相关部门负责人　相关单位党政主要领导

领导小组负责落实中央和集团公司全面深化改革的决策部署；研究审定大庆石化分公司深化改革总体方案、专项方案和改革配套政策；统筹协调改革过程中的重点难点问题；统一部署和推动各项改革工作。

二、领导小组办公室及职责

领导小组下设办公室，办公室设在公司法律事务与企管处。成员包括公司总经理办公室、人事处、企业文化处、监察处、财务处、科技与规划发展处、机动设备处、维护稳定工作办公室。

主　　　任　孟祥山

成　　　员　孟凡伟　陈开奎　秦志斌　李宜辉　姜兴财　刘文智
　　　　　　　王发胜　孟凡华　李　想　李丽艳　胡　泊　吴小龙

办公室负责处理领导小组日常事务；负责起草大庆石化分公司改革方案、督促推进方案落实；负责总结上报改革进展情况；负责与集团公司和相关部门的沟通，组织协调改革相关工作；负责对相关单位改革工作的监督与考核；负责宣传改革政策和典型经验；负责改革过程中的维稳工作。

三、领导小组专项小组及职责

根据改革重点任务需要，全面深化改革领导小组特设矿区改革专项小组。成员包括公司总经理办公室、人事处、企业文化处、监察处、财务处、科技与规划发展处、机动设备处、法律事务与企管处、维护稳定工作办公室、矿区服务事业部。

组　　　长　戴建军

成　　　员　孟凡伟　陈开奎　秦志斌　李宜辉　姜兴财　刘文智
　　　　　　　孟祥山　王发胜　孟凡华　矿区服务事业部责任部门
　　　　　　　负责人

专项小组负责组织制定矿区业务改革专项方案和配套政策并推动落实。

2018 年 4 月，按照中央全面深化改革要求和集团公司党组深化改革统一部署，为确保全面深化改革的组织领导和有序推进，结合大庆石化分公司实际，现对全面深化改革领导小组进行如下调整。

一、领导小组及职责

组　　长　康志军　杨大明

副　组　长　孙玉彬（常务）　宗义山　马铁钢　孙庆生　魏志国
　　　　　　刘国海　李秀伟

成　　员　公司机关部门负责人　相关单位党政主要领导

负责落实中央和集团公司全面深化改革的决策部署；研究审定大庆石化分公司深化改革整体方案、专项方案和改革配套政策；统筹协调改革过程中的重点难点问题；统一部署和推进各项改革工作。

二、领导小组办公室及职责

领导小组办公室设在法律事务与企管处。

主　　任　孟祥山

副　主　任　李　想

成　　员　公司机关各职能部门　各二级单位相关人员

办公室负责处理领导小组日常事务；负责起草大庆石化分公司改革方案、督促推进方案落实；负责总结上报改革进展情况；负责与集团公司和政府相关部门沟通，组织协调改革相关工作；负责对相关单位改革工作的监督与考核；负责宣传改革政策和典型经验；负责改革过程中的维稳工作；负责改革过程中的保密工作。

三、专项小组及职责

根据改革重点任务需要，全面深化改革领导小组设 5 个专项小组。成员包括机关相关部门和相关单位。

（一）人力资源优化专业组

组　　长　孙玉彬

副　组　长　陈开奎

成　　员　相关部门负责人　各二级单位党政正职领导

联　络　员　孙　强

主要负责公司两级机关精简、人力资源优化、三项制度改革、组织架构调整等改革工作。

（二）企业发展战略研究专业组

组　　　长　马铁钢

副　组　长　孟祥山

成　　　员　人事处、计划处、财务处、科技与规划发展处、法律事务与企管处等相关部门负责人

联　络　员　梁守新

主要负责公司发展战略研究；规范化、精细化对标；经营性企业转换经营机制等改革工作。

（三）企业办社会职能分离移交专业组

组　　　长　孙庆生

副　组　长　戴建军

成　　　员　人事处、财务处、科技与规划发展处、法律事务与企管处、工会、维护稳定工作办公室、矿区服务事业部、物业管理中心、职工医院等相关部门单位负责人

联　络　员　李增富

主要负责公司"三供一业"、医疗托幼、场馆道路等社会职能的分离移交改革工作。

（四）特色优势专业向"职业化"方向发展专业组

组　　　长　宗义山

副　组　长　张欣林

成　　　员　人事处、机动设备处、法律事务与企管处、工程管理部、工程造价部、信息管理部、工程质量监督站、工程项目管理中心、招标中心、储运中心、化建公司、机械厂等相关部门单位负责人

联　络　员　张双栋

主要负责公司人力资源的职业化培养，为公司、集团公司兄弟单位和社会专业化需要提供工程建设、装备制造、工程管理、工程造价、安全监督、招标代理、物供仓储、信息化建设等职业化服务。

（五）探索离退休业务社会化专业组

组　　　长　孙玉彬

副 组 长 雷雪峰
成 员 人事处、法律事务与企管处、维护稳定工作办公室、
矿区服务事业部、离退休管理中心等相关部门、单位
负责人
联 络 员 周恩月

主要负责离退休业务社会化的探索与研究。

截至 2020 年 12 月，全面深化改革领导小组组成：

组 长 王一民
副 组 长 孙玉彬（常务） 宗义山 马铁钢 孙庆生 魏志国
刘国海 李秀伟 刘文智
成 员 公司机关各部门、相关单位党政主要领导

全面深化改革领导小组下设办公室，办公室设在公司法律事务与企管处，办公室主任由法律事务与企管处处长兼任。

大庆石化分公司防范和处理邪教问题领导小组

大庆石化分公司防范和处理邪教问题领导小组主要负责公司防范和处理邪教问题工作的领导，做好教育转化、防范和处理工作。2007 年 6 月，大庆石油化工总厂与大庆石化分公司重组整合后，由于大庆石化分公司防范和处理邪教问题领导小组部分成员工作变动，9 月，大庆石化分公司决定，对防范和处理邪教问题领导小组成员进行调整。大庆石化分公司防范和处理邪教问题领导小组下设办公室。

截至 2015 年 12 月，大庆石化分公司防范和处理邪教问题领导小组组成如下：

一、大庆石化分公司防范和处理邪教问题领导小组
组 长 杨大明 王德义
副 组 长 黄成义 王东军 康志军 孙玉彬 宗义山 马铁钢
孙庆生

| 成 | 员 | 孟凡伟　曾志军　秦志斌　柳迎斌　孙庆生　孟祥山 |
| | | 张义斌　王发胜　公司二级单位党委（党总支）书记 |

二、大庆石化分公司防范和处理邪教问题领导小组办公室

主　　任　王发胜

截至 2020 年 10 月，大庆石化分公司防范和处理邪教问题领导小组组成：

组　　长　孙玉彬

副　组　长　宗义山　马铁钢　孙庆生　魏志国　刘国海　李秀伟
　　　　　　刘文智

成　　员　公司机关各部门、各二级单位党政主要领导

防范和处理邪教问题领导小组下设办公室，办公室设在公司维护稳定工作办公室，办公室主任由维护稳定工作办公室主任兼任。

大庆石化分公司国家安全领导小组

大庆石化国家安全领导小组最初为大庆石油化工总厂国家安全小组，成立于 1985 年 6 月。主要负责大庆石化国家安全工作相关事宜的领导工作。并随着企业发展、组织机构变化适时进行调整。大庆石化分公司国家安全领导小组办公室设在公司党委办公室。

截至 2020 年 12 月，大庆石化分公司国家安全领导小组组成如下：

一、大庆石化分公司国家安全领导小组

组　　长　公司党委书记

副　组　长　公司党委副书记

成　　员　公司党委办公室主任、公司党委组织部部长、公司党
　　　　　委宣传部部长、公司纪委副书记、公司科技与规划发
　　　　　展处处长、公司法律事务与企管处处长、公司维护稳
　　　　　定工作办公室主任

二、大庆石化分公司国家安全领导小组办公室

　　主　　　任　公司党委办公室主任

　　成　　　员　公司党委办公室主管国家安全工作的副主任、公司党
　　　　　　　　委办公室负责国家安全工作的人员

大庆石化分公司网络安全和信息化领导小组

　　2012年5月，根据信息化安全工作需要，经研究决定，成立大庆石化分公司信息化安全领导小组，领导小组下设办公室，办公室设在信息管理部。

　　截至2015年12月，大庆石化分公司信息化安全领导小组组成如下：

一、大庆石化分公司信息化安全领导小组

　　组　　　长　黄成义

　　成　　　员　张韧坚　孟凡伟　张　昆　肖　立　司万祥

二、大庆石化分公司信息化安全领导小组办公室

　　主　　　任　张韧坚

　　副　主　任　司万祥　姜书君　霍国彬

　　成　　　员　冯庆文　陶东生　李云涛　金绍元　王淑珍　慕永明
　　　　　　　　蔡宏宇　李宏宇　石云革　张大治　潘晓磊　范恩瑞
　　　　　　　　邓　林　魏西宁　李殿中　朱海鸿

　　2016年12月，根据工作需要和人员变动情况，对大庆石化分公司网络信息安全领导小组成员进行相应调整。调整后的人员组成如下：

一、大庆石化分公司信息化安全领导小组

　　组　　　长　宗义山

　　成　　　员　张韧坚　孟凡伟　秦志斌　王发胜　张　昆　肖　立
　　　　　　　　司万祥　张清军　姜书君　李　江

二、公司网络信息安全领导小组办公室

主　　　任　张韧坚

副　主　任　司万祥

成　　　员　冯庆文　慕永明　程　莹　刘　力　郑爱军　潘晓磊
　　　　　　范恩瑞　陶东生　李殿中　周柏松

2020 年 8 月，根据工作需要，对大庆石化分公司网络安全和信息化领导小组进行相应调整。调整后的领导小组组成如下：

一、大庆石化分公司网络安全和信息化领导小组

组　　　长　王一民　党委书记、总经理

副　组　长　宗义山　副总经理

成　　　员　科技与规划发展处处长、机动设备处处长、党委办公
　　　　　　室（总经理办公室）主任、党委宣传部（企业文化
　　　　　　处）部长、维护稳定工作办公室主任、财务处处长、
　　　　　　生产运行处处长、法律事务与企管处处长、检测信息
　　　　　　技术中心主任

二、大庆石化分公司网络安全和信息化领导小组办公室

主　　　任　孟照海　科技与规划发展处处长

副　主　任　李云涛　科技与规划发展处副处长

成　　　员　冯庆文　金绍元　岳云鹏　机动设备处、党委办公室
　　　　　　（总经理办公室）、党委宣传部（企业文化处）、维护
　　　　　　稳定工作办公室、财务处、生产运行处、法律事务与
　　　　　　企管处、检测信息技术中心等部门主管副处长（副主
　　　　　　任）

大庆石化分公司节能节水领导小组

大庆石化分公司节能节水领导小组主要负责贯彻落实国家、地方政府和上级部门节能节水方针、政策、法规、条例和标准，领导公司节能节水工

作，研究制定公司节能节水工作政策和制度，确定公司节能节水工作目标，决策公司节能节水工作的重大事项，建立公司节能节水激励与约束机制。公司节能节水领导小组下设节能节水办公室，办公室设在计划处，负责领导小组具体工作事宜。

截至 2015 年 12 月，大庆石化分公司节能节水领导小组组成如下：

一、大庆石化分公司节能节水领导小组

组　　长　总经理

副　组　长　主管副总经理

成　　员　计划处、生产运行处、科技与规划发展处、机动设备处主要领导

二、大庆石化分公司节能节水办公室

主　　任　计划处主管领导

成　　员　生产运行处、科技与规划发展处、机动设备处主管领导及相关岗位人员、计划处能源管理岗位人员

截至 2020 年 10 月，大庆石化分公司节能节水领导小组组成如下：

组　　长　王一民

副　组　长　刘国海

成　　员　计划处、生产运行处、科技与规划发展处、机动设备处等单位领导

节能节水领导小组下设办公室，办公室设在公司计划处，办公室主任由计划处处长兼任。

大庆石化分公司清欠工作领导小组

2009 年 5 月，大庆石化分公司决定，成立公司清欠工作领导小组。主要负责公司有关清欠工作文件的审批；审定公司的清欠工作目标；审定公司清欠奖励办法；对坏账核销的确认和上报方案审批；对欠款单位提起诉讼审批；对以物抵债和抹账等事项批准；对提取清欠费用及支付审批；对公司清

欠工作重大事项进行决策；公司股权投资管理的重要决策等。公司清欠工作领导小组下设办公室。

截至 2015 年 12 月，大庆石化分公司清欠工作领导小组组成如下：

一、大庆石化分公司清欠工作领导小组

组　　长　孙庆生

成　　员　孟祥山　李宜辉　曾志军　范晓彬　柳迎斌　祝　甦
田文超　曹成才

二、大庆石化分公司清欠工作领导小组办公室

主　　任　李宜辉（兼）

2016 年 8 月，根据工作需要，经研究决定，对大庆石化分公司清欠工作领导小组成员进行相应调整：

组　　长　孙庆生

成　　员　孟祥山　柳迎斌　李宜辉　陈开奎　范晓彬　刘传明
田文超　曹成才

清欠工作领导小组办公室：

主　　任　李宜辉（兼）

成　　员　丁汉明　季金华　邵　波　李成利　罗志伟

截至 2020 年 10 月，大庆石化分公司清欠工作领导小组组成如下：

组　　长　孙庆生

成　　员　李宜辉　韩永和　盛　开　窦　岩　王　威　刘传明
樊三林　兰向东

清欠工作领导小组下设办公室，办公室设在公司财务处，办公室主任由财务处处长兼任。

大庆石化分公司应急管理领导小组

2007 年 8 月，根据集团公司、股份公司关于加强应急工作管理的有关要求，公司决定，成立大庆石化分公司应急管理领导小组。大庆石化分公司应急管理领导小组主要接受集团公司、股份公司应急管理办公室的业务指导；负责公司重特大突发事件的领导工作；统一协调应急状态下的应急资源；向政府及主管部门申请救援或配合政府开展应急救援工作；重特大突发事件应急处置等工作。小组下设应急管理办公室，办公室设在生产运行处。

截至 2015 年 12 月，大庆石化分公司应急管理领导小组组成如下：

一、大庆石化分公司应急管理领导小组

组　　　长　　总经理、党委书记

副　组　长　　副总经理、党委副书记、纪委书记、工会主席

成　　　员　　公司总经理助理、公司副总师，公司机关职能部门主要负责人和公司各二级单位党政主要负责人

二、大庆石化分公司应急管理办公室

主　　　任　　生产运行处处长

截至 2020 年 12 月，大庆石化分公司应急管理领导小组组成如下：

组　　　长　　王一民

副　组　长　　公司党委常务副书记、公司副总经理、公司总会计师、公司纪委书记、公司工会主席

成　　　员　　公司助理副总师，公司机关各部门、各二级单位党政主要领导

应急管理领导小组下设办公室，办公室设在公司生产运行处，办公室主任由生产运行处处长兼任。

大庆石化分公司扶贫互助基金领导小组

2015 年 10 月，依据《中国石油天然气集团公司困难员工帮扶资金管理暂行办法》《关于进一步建立和完善全员参与扶贫帮困工作长效机制的实施意见》和《关于界定困难职工标准的通知》等文件，结合大庆石化分公司实际情况，成立扶贫互助基金领导小组。负责扶贫互助资金的筹集、管理和使用。

　　组　　　长　公司工会主席

　　副　组　长　公司工会副主席

　　成　　　员　公司工会生活、生产、民管、宣教、财务、女工、办公室等部门人员

　　扶贫互助基金领导小组下设办公室，办公室设在公司工会生活部。负责扶贫互助基金的日常管理和使用工作。

大庆石化分公司党委巡察工作领导小组

　　2018 年 4 月，为进一步加强公司巡察工作，依据集团公司《中共中国石油天然气集团公司党组关于企事业单位党委建立巡察制度的意见》（中油党组〔2018〕21 号）《中共中国石油天然气集团公司党组巡视巡察工作规划（2018—2022 年）》（中油党组〔2018〕22 号）有关要求，成立中共中国石油大庆石化分公司委员会巡察工作领导小组（以下简称党委巡察工作领导小组）、中共中国石油大庆石化分公司委员会巡察工作领导小组办公室（以下简称党委巡察工作领导小组办公室）。

一、党委巡察工作领导小组

　　组　　　长　杨大明　康志军

　　副　组　长　孙玉彬　魏志国

　　成　　　员　韩永和　陈开奎

党委巡察工作领导小组的日常工作由魏志国同志负责。

二、党委巡察工作领导小组办公室

　　主　　　任　韩永和

　　2020 年 9 月，根据工作需要和人员变动情况，经研究决定，对中共中国石油大庆石化分公司党委巡察工作领导小组进行调整，调整后的人员组成如下：

一、党委巡察工作领导小组

　　组　　　长　王一民

　副　组　长　孙玉彬　魏志国
　成　　　员　韩永和　盛　开
党委巡察工作领导小组的日常工作由魏志国同志负责。

二、党委巡察工作领导小组办公室
　主　　　任　韩永和

大庆石化分公司党委党风廉政建设和反腐败工作领导小组

2015年12月，大庆石化分公司设有反腐倡廉建设工作领导小组，办公室设在公司纪委（监察处）。

2018年6月，为进一步加强公司党风廉政建设和反腐败工作的组织领导，经研究，决定成立大庆石化分公司党委党风廉政建设和反腐败工作领导小组。领导小组成员组成如下：

　组　　　长　杨大明　康志军
　副　组　长　孙玉彬　魏志国
　成　　　员　宗义山　马铁钢　孙庆生　刘国海　李秀伟　孟凡伟
　　　　　　　陈开奎　秦志斌　韩永和　刘传明　孟祥山　孟凡华
领导小组办公室设在公司纪委（监察处），韩永和兼任办公室主任。

截至2020年12月，大庆石化分公司党委党风廉政建设和反腐败工作领导小组组成如下：

　组　　　长　王一民　孙玉彬
　常务副组长　魏志国
　副　组　长　宗义山　马铁钢　孙庆生　刘国海　李秀伟　刘文智
　成　　　员　孟凡伟　盛　开　秦志斌　韩永和　王　威　刘传明
党风廉政建设和反腐败工作领导小组下设办公室，办公室设在公司纪委办公室，办公室主任由纪委副书记、纪委办公室主任兼任。

大庆石化分公司党建信息化工作领导小组

2018年5月，为深入贯彻党的十九大精神，不断提升公司党建工作信息化科学化水平，确保集团公司党建信息化平台推广应用工作的顺利开展，经公司党委会研究，决定设立公司党建信息化工作领导小组。

一、大庆石化分公司党建信息化工作领导小组

组　　长　杨大明　康志军

副　组　长　孙玉彬　宗义山

成　　员　孟凡伟　陈开奎　秦志斌　韩永和　李宜辉

　　　　　张义斌　王发胜　张韧坚　何剑镔

二、大庆石化分公司党建信息化工作领导小组办公室

主　　任　陈开奎

副　主　任　柳文杰　孟凡华　王洪涛　牛晓光　贾　英

　　　　　司万祥　何剑镔

成　　员　王慧勇　郑爱军　邹　杰　刘　英　李秀峰

　　　　　张海龙　王淑珍　李明国　孟维鑫

2019年3月，根据工作需要和人员变动情况，党建信息化工作领导小组成员调整后的人员组成如下：

一、大庆石化分公司党建信息化工作领导小组

组　　长　康志军

副　组　长　孙玉彬　宗义山

成　　员　陈开奎　孟凡伟　盛　开　秦志斌　韩永和

　　　　　李宜辉　张义斌　王发胜　张韧坚　何剑镔

二、大庆石化分公司党建信息化工作领导小组办公室

主　　任　盛　开

2020年8月，根据工作需要和人员变动情况，党建信息化工作领导小组成员调整后的人员组成如下：

一、大庆石化分公司党建信息化工作领导小组

组　　长　王一民

副 组 长　孙玉彬　宗义山

成　　员　孟凡伟　盛　开　秦志斌　韩永和　李宜辉　张义斌

　　　　　王发胜　何剑镔　李云涛

二、大庆石化分公司党建信息化工作领导小组办公室

主　　任　盛　开

大庆石化分公司清理拖欠民营企业账款专项清理领导小组

2018年12月，根据《关于开展中央企业清理拖欠民营企业账款专项工作的通知》（国资厅发财管〔2018〕49号）要求，按照集团公司总体部署成立专项清理领导小组及专项清理领导小组办公室。

主要工作职责：公司各二级单位要按照国资委的要求，对照合同逐笔梳理，对应付民营企业账款和农民工工资情况进行全面排查。要区分账期内应付款和逾期欠款（已到合同约定付款时间应当支付而未支付的款项）、核实清楚本单位表内和表外各类欠款，对于逾期欠款要按照有无分歧分类统计。农民工工资的拖欠情况要单独统计。各单位要组织各级子企业对排查结果进行复核，层层严格审核把关，确保排查数据真实可靠，为后续清理工作奠定坚实基础。在工作中要把握以下原则：一要应付尽付，对于具备支付条件的逾期欠款和农民工工资，限时清零；对于暂不具备支付条件的，积极推动解决。二要统筹推进，认真做好资金计划安排。三要依法合规，遵守《中华人民共和国合同法》等法律法规，严格履行合同约定和企业资金管理的有关规定。

一、专项清理领导小组

组　　长　康志军

副 组 长　孙庆生　马铁钢

成　　员　戴建军　李宜辉　韩宏达　李乃森　董国治　张　昆
　　　　　孙洪海

二、专项清理领导小组办公室

主　　任　李宜辉

副　主　任　鲍　英

成　　员　侯晓峰　迟曼丽　高　岩　罗志伟　张宝军　周松涛
　　　　　李春文　张玉堂　于　浩
　　　　　委派二级单位财务科（处）长

截至 2020 年 12 月，清理拖欠民营企业账款专项清理领导小组组成如下：

组　　长　王一民

副　组　长　马铁钢　孙庆生

成　　员　李宜辉　高新年　李乃森　董国治　钱福群　孙洪海

清理拖欠民营企业账款专项工作领导小组下设办公室，办公室设在公司财务处，办公室主任由财务处处长兼任。

大庆石化分公司扫黑除恶专项斗争领导小组

为深入贯彻落实全国、全省、全市扫黑除恶专项斗争会议精神，进一步强化组织领导，落实责任，全力推进扫黑除恶专项斗争深入开展，特成立大庆石化分公司扫黑除恶专项斗争领导小组。

一、大庆石化分公司扫黑除恶专项斗争领导小组

组　　长　康志军

副　组　长　孙玉彬　宗义山　马铁钢　孙庆生　魏志国　刘国海
　　　　　李秀伟

成　　员　公司机关处室及直属部门负责人，二级单位党政
　　　　　负责人

二、大庆石化分公司扫黑除恶专项斗争领导小组领导小组办公室

    主　　任　公司维稳办主任

    成　　员　公司综治办管理人员、二级单位负责综治工作管理人员

截至 2020 年 12 月，大庆石化分公司扫黑除恶专项斗争领导小组组成。

    组　　长　王一民

    副 组 长　孙玉彬　宗义山　马铁钢　孙庆生　魏志国　刘国海

　　　　　　　李秀伟　刘文智

    成　　员　公司机关各部门、各二级单位党政主要领导

    扫黑除恶专项斗争领导小组下设办公室，办公室设在维护稳定工作办公室，办公室主任由维护稳定工作办公室主任兼任。

大庆石化分公司党的建设工作领导小组

2019 年 2 月，为深入贯彻落实全面从严治党要求和全国国有企业党的建设工作会议精神，强化公司党委主体责任，进一步加强和改进公司党建工作，经研究，决定成立大庆石化分公司党的建设工作领导小组，强化党建工作的顶层设计和综合协调，加大系统党建指导力度，充分凝聚"大党建"工作合力。

主要职责：领导小组作为公司党委领导党的建设工作的议事协调机构，协助公司党委并指导协调所属单位党委履行管党治党责任；贯彻落实上级党组织和公司党委部署，研究协调解决公司党建工作有关重大问题；领导和协调有关职能部门做好党建相关工作；承担与集团公司党的建设领导小组办公室的联系工作；加强与地方党委沟通协调；组织推进公司党的建设制度改革；组织开展公司全面从严治党规律的研究探索。

一、大庆石化分公司党的建设工作领导小组

    组　　长　康志军

    副 组 长　孙玉彬　魏志国

成　　　员　陈开奎　孟凡伟　盛　开　秦志斌　韩永和　张义斌
　　　　　　何剑镔

二、大庆石化分公司党的建设工作领导小组办公室

领导小组下设办公室，办公室设在公司党委组织部。

主　　任　盛　开

2020 年 8 月，根据工作需要和人员变动情况，经研究决定，对大庆石化分公司党的建设工作领导小组成员进行调整，调整后的人员组成如下：

一、大庆石化分公司党的建设工作领导小组

组　　　长　王一民

副　组　长　孙玉彬　魏志国

成　　　员　孟凡伟　盛　开　秦志斌　韩永和　张义斌　何剑镔

二、大庆石化分公司党的建设工作领导小组办公室

领导小组下设办公室，办公室设在公司党委组织部。

主　　　任　盛　开

大庆石化分公司党建思想政治工作研究会

2020 年 4 月，为进一步加强党建和思想政治研究工作，经研究，决定成立公司党建思想政治工作研究会。

主要职责：负责公司党建和思想政治研究等工作。

主　　　任　孙玉彬

常务副主任　陈开奎

成　　　员　党委办公室、党委组织部、党委宣传部、纪委办公
　　　　　　室、工会、维护稳定工作办公室、各二级单位党委负
　　　　　　责人

党建思想政治工作研究会办公室设在公司党委宣传部，负责日常管理工作，办公室主任由公司党委宣传部部长兼任。

第五章 组织人事大事纪要

二〇一六年

1月5日 大庆石化分公司人事处下发《关于批准张秀岩等3人中级专业技术职务任职资格的通知》，批准物业管理中心张秀岩晋升小学教师专业小学高级教师；总经理办公室马珺晋升图书档案专业馆员；企业文化处白如冰晋升新闻专业编辑。任职资格时间从2015年12月1日开始算起。【人事〔2016〕1号】

1月18日 大庆石化分公司党委会议研究决定：孙玉彬同志任公司党校校长（兼）；肖晨光同志任开发公司党委委员；免去王东军同志的公司党校校长职务。【庆石化党〔2016〕3号】

1月18日 大庆石化分公司决定：聘任康志军为公司总法律顾问（兼）；解聘孙玉彬的公司总法律顾问职务。【庆石化任〔2016〕1号】

2月3日 按照教育培训工作总体思路和要求，大庆石化分公司制定并印发《大庆石化分公司2016年教育培训工作要点》。【庆石化人事〔2016〕2号】

2月3日 为做好2016年职业技能鉴定工作，大庆石化分公司印发《大庆石化分公司2015年职业技能鉴定工作总结及2016年工作安排》。【人事〔2016〕3号】

2月16日 股份公司决定：大庆石化分公司王东军退休。【石油人事〔2016〕32号】

2月24日 大庆石化分公司印发《大庆石化分公司在职工伤人员旧伤病复发就医管理暂行办法》。【人事〔2016〕4号】

3月3日 大庆石化分公司制定并印发《大庆石化分公司处置不合格党

员办法（试行）》。【组织〔2016〕2号】

3月25日 大庆石化分公司决定：推荐大庆石化分公司曾志军为大庆华科股份有限公司总经理、董事。【庆石化任〔2016〕2号】

3月30日 大庆石化分公司决定，调整公司质量管理工作职责分工：将公司质量管理工作职责由质量安全环保处调整到生产运行处，质量安全环保处的质量管理岗位及定员划归生产运行处，质量安全环保处更名为安全环保处。【庆石化编〔2016〕1号】

3月30日 大庆石化分公司决定，将安全监督站更名为安全环保监督站。主要负责公司安全工作的监督检查和环保工作的监督检查。【庆石化编〔2016〕2号】

3月30日 大庆石化分公司决定，撤销能源管理中心建制，将能源管理中心业务和人员整合到物业管理中心。【庆石化编〔2016〕4号】

3月30日 大庆石化分公司决定，撤销餐饮服务中心建制，将餐饮服务中心的业务和人员划归开发公司。食堂科列开发公司业务科室，大庆石化宾馆列开发公司基层单位。【庆石化编〔2016〕5号】

3月30日 大庆石化分公司党委会议研究决定，撤销中共大庆石化分公司餐饮服务中心总支部委员会；撤销中共大庆石化分公司矿区服务事业部能源管理中心委员会，同时撤销中共大庆石化分公司矿区服务事业部能源管理中心纪律检查委员会。【庆石化党〔2016〕9号】

3月30日 大庆石化分公司党委会议研究决定：戴建军同志任矿区服务事业部党委书记；李相日同志任物业管理中心党委委员，免去其能源管理中心党委委员职务；赵勇同志任物业管理中心党委委员，免去其能源管理中心党委委员职务；穆晓秋同志任职工医院正处级干部，免去其职工医院党委书记、纪委书记、党委委员职务；黄海龙同志任客运中心党委委员、工会主席，免去其能源管理中心工会主席、党委委员职务；何阿新同志任炼油厂正处级干部，免去其矿区服务事业部党委书记、党委委员职务；金正奎同志任热电厂正处级干部，免去其热电厂党委书记、纪委书记、工会主席、党委委员职务；沙国典同志任化建公司副处级干部，免去其化建公司工会主席、党委委员职务；陈立军同志任开发公司党委委员，免去其餐饮服务中心党总支书记、党总支委员职务；杜永贵同志任通讯中心党委委员、党委书记、纪委书记，免去其能源管理中心党委书记、纪委书记、党委委员职务；龚哲学同志任通讯中心工会主席；贾志勇同志任通讯中心副处级干部，免去其通讯中心工会主席、党委委员职务；杨宪龙同志任培训中心党委委员、党委书记、纪委书记、公司党校副校长，免去其客运中心党委书记、纪委书记、工会主席、党委委员职务；王国平同志任消防支队正处级干部，免去其消防支队党委书记、纪委书记、党委委员职务；杨文有同志任保卫部党委委员，免去其能源管理中心党委委员职务；免去李德仁同志的公司机关纪委委员职务；免去李文奇同志的公司工程项目管理中心党总支委员职务；免去蔚尚希同志的化肥厂党委委员职务；免去杨反修同志的化工二厂党委委员职务；免去张兴奎同志的质量检验中心党委委员职务；免去肖立同志的通讯中心党委书记、纪委书记职务；免去王恩兆同志的培训中心党委书记、纪委书记职务；免去邱立君同志的消防支队党委委员职务；免去张立君同志的矿区服务事业部党委委员职务；免去王艳同志的矿区服务事业部党委委员职务；免去王利君同志的矿区服务事业部党群工作部部长职务；免去李增富同志的矿区服务事业部党委办公室副主任职务；免去赵东鹏同志的矿区服务事业部党委组织部副部长职务；免去张丽红同志的物业管理中心党委委员职务；免去杨在兴同志的能源管理中心党委委员职务；免去李洪秀同志的职工医院党委委员职务。

【庆石化党〔2016〕6号】

3月30日 大庆石化分公司决定：聘任郑守林为公司总经理办公室正处级干部，解聘其公司总经理助理职务；聘任冯悦暖为公司总经理办公室正处级干部，解聘其公司总经理助理职务；聘任王艳为公司财务处正处级干部，解聘其矿区服务事业部总会计师职务；聘任崔积峰为公司安全环保处处长；聘任李文奇为公司安全环保处副处长，解聘其公司工程项目管理中心副主任职务；聘任王晓枫为公司安全环保处副处长；聘任李德仁为公司法律事务与企管处副处级干部，解聘其公司法律事务与企管处副处长（内控与风险管理处副处长）职务；聘任周永青为公司维护稳定工作办公室副处级干部，解聘其公司维护稳定工作办公室副主任职务；聘任李国明为炼油厂副处级干部，解聘其炼油厂安全监督职务；聘任蔚尚希为化肥厂正处级干部，解聘其化肥厂厂长职务；聘任项福波为化肥厂副处级干部，解聘其化肥厂总工程师职务；聘任张立君为化工一厂正处级干部，解聘其矿区服务事业部副主任、生产管理部部长职务；聘任华军为化工一厂副处级干部，解聘其公司质量安全环保处副处长职务；聘任杨反修为化工二厂副处级干部，解聘其化工二厂副厂长职务；聘任张兴奎为化工三厂副处级干部，解聘其质量检验中心副主任、安全总监职务；聘任王国清为化建公司副处级干部，解聘其塑料厂副厂长职务；聘任陈立军为开发公司副经理，解聘其餐饮服务中心主任职务；聘任杜永贵为通讯中心监察室主任，解聘其能源管理中心监察室主任职务；聘任杨宪龙为培训中心监察室主任，解聘其客运中心监察室主任职务；聘任邱立君为消防支队正处级干部，解聘其消防支队支队长职务；聘任薛岐新为安全环保监督站站长（副处级）；聘任杨文有为保卫部副主任，解聘其能源管理中心副主任职务；聘任李增富为矿区服务事业部综合管理办公室主任，解聘其矿区服务事业部办公室副主任职务；聘任邵波为矿区服务事业部财务资产部部长；聘任马长友为矿区服务事业部规划计划部部长；聘任李永浩为矿区服务事业部生产管理部部长，解聘其矿区服务事业部安全环保部副部长职务；聘任张涌为矿区服务事业部工程管理部部长；聘任王旭光为矿区服务事业部绿化房管部部长；聘任李相日为物业管理中心副主任，解聘其能源管理中心副主任、安全总监职务；聘任赵勇为物业管理中心副主任，解聘其能源管理中心副主任职务；聘任杨在兴为物业管理中心正处级干部，解聘其能源管理中心主任职务；聘任张丽红为物业管理中心副处级干部，解聘其物业管理中心副主任职务；聘任李洪秀为职工医院副处级干部，解聘其职工医院副院长职务；解聘史一君的公司质量安全环保处副处长职务；解聘金正奎的热电厂监察室主任职务；解聘肖立的通讯中心监察室主任职务；解聘龚哲学的通讯中心副主任职务；解聘王恩兆的培训中心监察室主任职务；解聘王国平的消防支队政委、监察室主任职务；解聘何阿新的矿区服务事业部副主任职务；解聘赵东鹏的矿区服务事业部人事劳资部副部长职务；解聘穆晓秋的职工医院监察室主任职务。【庆石化任〔2016〕3号】

4月1日 为认真贯彻执行党的干部路线方针政策，落实全面从严治党、从严管理干部的要求，进一步推进领导干部管理工作的科学化、制度化、规范化，大庆石化分公司制定并印发《大庆石化分公司领导干部管理规定》。【庆石化党〔2016〕7号】

4月1日　为进一步规范领导干部选拔任用工作，提高选人用人质量，根据《党政领导干部选拔任用工作条例》《大庆石化分公司领导干部管理规定》等有关规定，大庆石化分公司制定并印发《大庆石化分公司领导干部选拔任用规范》。【庆石化党〔2016〕8号】

5月5日　为开展好"学党章党规、学系列讲话，做合格党员"学习教育活动，大庆石化分公司制定并印发《大庆石化分公司开展"学党章党规、学系列讲话，做合格党员"学习教育实施方案》。【庆石化党〔2016〕11号】

5月5日　为纪念中国共产党成立95周年，大力推进基层党组织的思想、组织、作风、反腐倡廉和制度建设，弘扬正气，激励先进。大庆石化分公司党委下发《关于做好纪念建党95周年先进集体和先进个人推荐评选工作的通知》。【庆石化党〔2016〕12号】

5月7日　大庆石化分公司党委会议研究决定：陈开奎同志任公司党委组织部部长、公司纪委委员、公司机关党委委员，免去其离退休管理中心党委委员职务；曲少志同志任公司党委组织部副部长；何剑镔同志任公司党委宣传部副部长、公司团委书记、公司机关工会主席；王智刚同志任化肥厂党委委员，免去其质量检验中心党委委员职务；马晓勇同志任化工二厂党委委员；赵东鹏同志任热电厂党委委员、党委书记、纪委书记；谷丰同志任热电厂党委委员、工会主席，免去其公司党委宣传部副部长职务；印大伟同志任热电厂党委委员；王岩同志任质量检验中心党委委员，免去其公司机关纪委委员职务；李德军同志任质量检验中心党委委员；张大治同志任质量检验中心党委委员、工会主席；雷雪峰同志任离退休管理中心党委委员，免去其公司党委办公室副主任职务；许中义同志任矿区服务事业部党委委员；史一君同志任客运中心党委委员、党委书记、纪委书记；免去曾志军同志的公司党委组织部部长、公司纪委委员、公司机关党委委员职务；免去王为哲同志的公司团委书记、公司机关工会主席职务；免去王国福同志的质量检验中心工会主席职务。【庆石化党〔2016〕13号】

5月7日　大庆石化分公司决定：聘任陈开奎为公司人事处处长，解聘其离退休管理中心主任职务；聘任曲少志为公司人事处副处长；聘任王为哲为公司新闻中心主任；聘任何剑镔为公司企业文化处副处长；聘任张文红为公司财务处副处长、矿区服务事业部财务资产部部长，解聘其公司审计处副处长、审计中心主任职务；聘任季金华为公司计划处副处长；聘任李想为公司法律事务与企管处（内控与风险管理处）副处长；聘任邵波为公司审计处副处长、审计中心主任，解聘其公司财务处副处长、矿区服务事业部财务资产部部长职务；聘任贾英为公司维护稳定工作办公室副主任；聘任王智刚为化肥厂厂长，解聘其质量检验中心主任职务；聘任马晓勇为化工二厂副厂长；聘任赵东鹏为热电厂监察室主任；聘任印大伟为热电厂副厂长、安全总监；聘任王岩为质量检验中心主任，解聘其公司计划处副处长职务；聘任李德军为质量检验中心副主任；聘任蔡立申为消防支队支队长；聘任雷雪峰为离退休管理中心主任，解聘其公司总经理办公室副主任职务；聘任许中义为矿区服务事业部副主任（正处级），解聘其公司机动设备处副处长职务；聘任史一君为客运中心监察室主任；解聘曾志军的公司人事处处长职务；解聘谷丰的公司企业文化处副处长、新闻中心主任职务；解聘朱占国的热电厂安全总监职务。【庆石化任〔2016〕4号】

5月25日 根据集团公司人事部《关于批准王妮妮等68人晋升高级专业技术职务任职资格的通知》《关于批准马超等33人晋升高级专业技术职务任职资格的通知》（人事〔2016〕67号）、《关于批准郭书强等131人晋升高级专业技术职务任职资格的通知》（人事〔2016〕75号）、《关于批准侯典文等117人晋升高级专业技术职务任职资格的通知》（人事〔2016〕88号）、《关于批准苏颖等215人晋升高级专业技术职务任职资格的通知》（人事〔2016〕94号）、《关于批准郝海燕等1064人晋升高级专业技术职务任职资格的通知》（人事〔2016〕172号）等文件，批准王文清等100人晋升高级专业技术职务任职资格。任职资格时间从2015年12月30日算起。【庆石化人事〔2016〕3号】

5月30日 根据人员变动情况，大庆石化分公司下发《关于调整大庆石化分公司党费管理委员会成员的通知》，对公司党费管理委员会成员进行调整。【庆石化党〔2016〕14号】

6月6日 根据集团公司党组要求及公司实际，大庆石化分公司党委下发《关于公司各二级党组织进行换届选举并选举出席公司第三次党代会代

表的通知》，明确公司及各二级单位党委换届选举事宜。【庆石化党〔2016〕16号】

7月14日 经研究并商得中共黑龙江省委同意，集团公司党组决定：魏志国同志任大庆石化分公司纪委书记、党委委员。【中油党组〔2016〕104号】

7月21日 大庆石化分公司下发《关于启用和废止中国石油大庆石化分公司社会保险中心医疗保险专用章的通知》，从即日起启用"中国石油大庆石化分公司社会保险中心医疗保险专用章"印章，同时废止旧印章。【人事〔2016〕20号】

7月26日 大庆石化分公司下发《关于启用和废止中国石油大庆石化分公司人事处工资专用章的通知》，启用"中国石油大庆石化分公司人事处工资专用章"印章，同时废止旧印章。【人事〔2016〕27号】

9月8日 大庆石化分公司下发《关于聘任丁少伟等26人为大庆石化分公司技能专家的通知》，聘任丁少伟为常减压蒸馏装置技能专家；张丛海为污水处理技能专家；陈喜明为机泵维修钳工技能专家；方全起为合成氨装置技能专家；谢会武为机泵维修钳工技能专家；姜大为为乙烯装置技能专家；刘俊为丁二烯装置技能专家；孙伟为机泵维修钳工技能专家；吕文学为丁辛醇装置技能专家；徐良为苯乙烯装置技能专家；马春友为仪表维修技能专家；王东波为机泵维修钳工技能专家；陈晓庆、马宏伟为聚乙烯装置技能专家；沈树生为腈纶纺丝技能专家；芦彦东为腈纶聚合技能专家；徐常斌为汽轮机运行值班员技能专家；李岐春为电工技能专家；乔青春为气体深冷分离技能专家；吴庆源为循环水技能专家；韩有娟为化工分析技能专家；周升侠为油品分析技能专家；陈伟为石油金属结构制作技能专家；蔡洪波为安装起重技能专家；卫晓晨为车工技能专家；于文忠为电焊技能专家。聘期从2016年7月1日开始算起，至2019年6月30日止，聘期3年。自聘任之月起享受技能专家津贴。【庆石化人事〔2016〕5号】

9月26日 大庆石化分公司下发《关于明确招标等职能业务管理单位的通知》，进一步明确招标、科学技术协会和安全环保监督等职能业务的管理单位。公司招标中心设在物资供应中心，负责招标业务办理的实施工作以及文件备案和资料归档等日常工作，是招标业务的实施单位；法律事务与企管处负责招标业务的管理和审核工作，是公司招标工作的归口管理部门。公司科学技术协会的常设机构为秘书办公室，秘书办公室设在培训中心，负责公司学会学术管理、科普管理和《炼油与化工》编辑出版等工作。公司安全环保监督站设在消防支队，负责公司安全环保监督管理等工作。【庆石化编〔2016〕6号】

9月27日 大庆石化分公司下发《关于批准芦海燕等37人初级专业技术职务任职资格的通知》，批准芦海燕等37人初级专业技术职务任职资格。任职资格时间从2016年9月1日算起。【人事〔2016〕34号】

9月27日 大庆石化分公司决定：聘任张世祥为物资供应中心副主任，负责招标工作；聘任冷铁军为培训中心副主任，负责科学技术协会日常工作；聘任薛岐新为消防支队副支队长，负责安全环保监督工作；以上人员原任职务同时解聘。【庆石化任〔2016〕5号】

9月27日 大庆石化分公司决定：聘任柳迎斌为公司总经理助理。【庆石化任〔2016〕6号】

10月12日 根据各单位党的委员会、纪律检查委员会选举结果的报告，大庆石化分公司党委会议研究决定，中共大庆石化分公司炼油厂第六届委员会委员由王威、王震、田春光、刘国海、李尊江、吴永焕、宋阳、崔俊峰、缪春祥等9人组成，李尊江任党委书记，王威任党委副书记；中共大庆石化分公司炼油厂纪律检查委员会委员由王宏、王威、王湛、曲波、陈勇、单伟、侯雅静等7人组成，王威任纪委书记；中共大庆石化分公司化肥厂第七届委员会委员由王智刚、吕海清、陈洪岩、郑广仁、黄志勇等5人组成，陈洪岩任党委书记；中共大庆石化分公司化肥厂纪律检查委员会委员由王海军、白云涛、刘铁金、张君雁、陈洪岩等5人组成，陈洪岩任纪委书记；中共大庆石化分公司化工一厂第六届委员会委员由白天相、李秀伟、张继才、夏智富、隋元春、韩月辉、魏羧等7人组成，张继才任党委书记；中共大庆石化分公司化工一厂纪律检查委员会委员由刁树森、孙鑫、张继才、孟祥龙、董锡钢等5人组成，张继才任纪委书记；中共大庆石化分公司化工二厂第五届委员会委员由马晓勇、沙莉、陈宝泉、陈树相、林洋、凌人志等6人组成，陈宝泉任党委书记；中共大庆石化分公司化工二厂纪律检查委员会委员由刘瑞祥、孙强、张振、张玉海、陈宝泉等5人组成，陈宝泉任纪委书记；中共大庆石化分公司化工三厂第四届委员会委员由张国民、张新江、赵万臣、赵永兵、赵金玉、娄玉良、韩锡禄等7人组成，韩锡禄任党委书记；中共大庆石化分公司化工三厂纪律检查委员会委员由于洪晶、马禄山、刘富祥、寇洪宇、韩锡禄等5人组成，韩锡禄任纪委书记；中共大庆石化分公司塑料厂第六届委员会委员由王奎元、王景良、公维军、刘松岩、李伟、张宪成、曹景良等7人组成，王奎元任党委书记；中共大庆石化分公司塑料厂纪律检查委员会委员由王天江、王志刚、王奎元、王思哲、张成吉等5人组成，王奎元任纪委书记；中共大庆石化分公司腈纶厂第六届委员会委员由王寒冰、白克祥、孙会斌、曲顺利、张伟、李成葆、赵忠生等7人组成，白克祥任党委书记；中共大庆石化分公司腈纶厂纪律检查委员会委员由马春和、白克祥、张玉双、吴成凤、胡玉革等5人组成，白克祥任纪委书记；中共大庆石化分公司热电厂第六届委员会委员由印大伟、朱占国、谷丰、赵东鹏、姜波、程宇光等6人组成，赵东鹏任党委书记；中共大庆石化分公司热电厂纪律检查委员会委员由张春鹤、陈晓明、赵东鹏、姜岩、徐立忠等5人组成，赵东鹏任纪委书记；中共大庆石化分公司水气厂第六届委员会委员由王忠庆、田野、徐龙海、黄文三、窦岩、戴岩等6人组成，戴岩任党委书记；中共大庆石化分公司水气厂纪律检查委员会委员由王刚、刘婧、李雪冰、金松泉、戴岩等5人组成，戴岩任纪委书记；中共大庆石化分公司储运中心第六届委员会委员由田文超、关蕾、孙宏安、李成利、果宏、宫伟、樊三林等7人组成，宫伟任党委书记；中共大庆石化分公司储运中心纪律检查委员会委员由广明、王子荣、张艳丽、汪洋、宫伟等5人组成，宫伟任纪委书记；中共大庆石化分公司化建公司第二届委员会委员由王晖、石革清、刘春雷、李峰、肖作德、张学峰、张满会、高新年、韩宏达等9人组成，张满会任党委书记；中共大庆石化分公司化建公司纪律检查委员会委员由刘杰、李金德、李艳秋、张学明、张满会、姚海辉、蔡迎新等7人组成，张满会任纪委书记；中共大庆石化分公司机械厂第八届委员会委员由朱明智、孙贵民、李乃森、何培堂、侯晓峰、高恩忠等6人组成，高恩忠任党委书记；中共大庆石化分公司机械厂纪律检查委员会委员由于淑艳、王立新、巨艳春、田广海、高恩忠等5人组成，高恩忠任纪委书记；中共大庆石化分公司检测公司委员会委员由王威、王学增、刘居江、杨帆、张晓秋等5人组成，杨帆任党委书记；中共大庆石化分公司检测公司纪律检查委员会委员由朱辉、张君、张君秋、杨帆、宗辉等5人组成，杨帆任纪委书记；中共大庆石化分公司开发公司第一届委员会委员由王忠良、肖晨光、张军、张春跃、陈立军、姜国军、唐世国、董国治等8人组成，唐世国任党委书记；中共大庆石化分公司开发公司纪律检查委员会委员由纪艳、李天宇、唐世国、陶晓君、梁继波等5人组成，唐世国任纪委书记；中共大庆石化分公司物资供应中心第八届委员会委员由王继波、李永田、张君、杨纯秋、陆继学、曹成才、魏文涛等7人组成，魏文涛任党委书记；中共大庆石化分公司物资供应中心纪律检查委员会委员由王大庆、田恩昇、任冬梅、郝剑锋、魏文涛等5人组成，魏文涛任纪委书记；中共大庆石化分公司信息技术中心第一届委员会委员由李信、李秋野、刘跃、姜书君等4人组成，李信任党委书记；中共大庆石化分公司信息技术中心纪律检查委员会委员由马英彤、李信、杨永达、赵凤荣、魏延方等5人组成，李信任纪委书记；中共大庆石化分公司通讯中心委员会委员由肖立、杜永贵、李江、龚哲学、霍国彬等5人组成，杜永贵任党委书记；中共大庆石化分公司通讯中心纪律检查委员会委员由杜永贵、张力、张颖、杨庆莉、郭建军等5人组成，杜永贵任纪委书记；中共大庆石化分公司培训中心委员会委员由王岩松、王恩兆、有旻、杨宪龙、徐宪君、崔剑平等6人组成，杨宪龙任党委书记；中共大庆石化分公司培训中心纪律检查委员会委员由王丽、王玉清、许传平、杜忠林、杨宪龙等5人组成，杨宪龙任纪委书记；中共大庆石化分公司实业公司第四届委员会委员由丁明雨、孙继良、曲洪涛、刘仁权、张新立、张利刚、施雄、修宝成等8人组成，曲洪涛任党委书记；中共大庆石化分公司实业公司纪律检查委员会委员由曲洪涛、李春明、吕春兰、韩燕等4人组成，曲洪涛任纪委书记；中共大庆石化分公司保卫部第一届委员会委员由刘辉、杨文有、杨士军、崔明福、董兆林等5人组成，崔明福任党委书记；中共大庆石化分公司保卫部纪律检查委员会委员由王经登、张亚杰、崔明福、徐迎福、贾福海等5人组成，崔明福任纪委书记；中共大庆石化分公司久隆房地产公司委员会委员由王刚、孙洪海、李长斌、吴永林、吴则平、韩伟东等6人组成，韩伟东任党委书记；中共大庆石化分公司久隆房地产公司纪律检查委员会委员由王国章、刘清杰、李辉、韩伟东、蔡瑞滨等5人组成，韩伟东任纪委书记；中共大庆石化分公司离退休管理中心第二届委员会委员由宋清文、张奉超、蒋艳玮、路永涛、雷雪峰等5人组成，路永涛任党委书记；中共大庆石化分公司离退休管理中心纪律检查委员会委员由于庆国、王晓琳、周恩月、路永涛、魏会斌等5人组成，路永涛任纪委书记；中共大庆石化分公司矿区服务事业部第一届委员会委员由王利君、许中义、梁富、戴建军等4人组成，戴建军任党委书记，王利君任党委副书记；中共大庆石化分公司矿区服务事业部纪律检查委员会委员由马英、王利君、刘志辉、闫兵、蔡新宇等5人组成，王利君任纪委书记；中共大庆石化分公司矿区服务事业部物业管理中心第二届委员会委员由王永波、王和宇、王雨春、曲圣陶、刘国强、李相日、赵勇等7人组成，王雨春任党委书记；中共大庆石化分公司矿区服务事业部物业管理中心纪律检查委员会委员由邓枫、王雨春、刘鹏、范永光、彭启刚等5人组成，王雨春任纪委书记；中共大庆石化分公司矿区服务事业部客运中心第一届委员会委员由兰向东、史一君、李渤、郑连忠、黄海龙等5人组成，史一君任党委书记；中共大庆石化分公司矿区服务事业部客运中心纪律检查委员会委员由史一君、叶文美、张宪伟、李晓红、杨春潮等5人组成，史一君任纪委书记；中共大庆石化分公司机关第三届委员会委员由孔庆发、张义斌、李宜辉、陈开奎、孟凡伟、姜兴财、秦志斌等7人组成，秦志斌任党委书记；中共大庆石化分公司机关纪律检查委员会委员由王晓枫、李想、孟凡华、罗亚凤、秦志斌等5人组成，秦志斌任纪委书记。以上各单位两委委员排列均按姓氏笔画为序。【庆石化党〔2016〕55号】

10月13日　为进一步加强劳动纪律管理，规范员工行为，创建和谐的工作环境，保障公司安全生产，经大庆石化分公司2016年第11次总经理办公会议、公司第十届职工代表大会第三次职工代表团长和专门委员会负责人联席会议审议通过，大庆石化分公司印发《大庆石化分公司劳动纪律管理规定（暂行）》。【庆石化人事〔2016〕6号】

10月13日　根据《大庆市人力资源和社会保障局关于公布2015年度卫生专业技术资格考试合格标准及合格人员名单的通知》（庆人社发〔2016〕

20 号）精神，大庆石化分公司下发《关于公布 2015 年度卫生专业技术资格考试合格标准及合格人员名单的通知》，公布 2015 年度卫生专业技术资格考试合格标准及公司考试合格的高剑等 24 名人员名单。考试合格人员任职资格时间从 2015 年 5 月 24 日开始算起。【人事〔2016〕35 号】

10 月 13 日　根据《大庆市人力资源和社会保障局关于公布 2015 年度统计专业技术资格考试合格标准及合格人员名单的通知》（庆人社发〔2016〕19 号）精神，大庆石化分公司下发《关于公布 2015 年度统计专业技术资格考试合格标准及合格人员名单的通知》，公布 2015 年度统计专业技术资格考试合格标准及公司考试合格的耿乙群等 3 名人员名单。考试合格人员任职资格时间从 2015 年 10 月 18 日开始算起。【人事〔2016〕36 号】

10 月 14 日　股份公司决定：大庆石化分公司黄成义退休。【石油人事〔2016〕266 号】

11 月 14 日　按照集团公司《关于开展 2016 年度职称评审工作的通知》（人事〔2016〕313 号）和《中国石油天然气集团公司职称评审工作管理规定》（中油人事〔2008〕367 号）等文件规定，大庆石化分公司下发《关于开展公司 2016 年度职称评审工作的通知》。【人事〔2016〕40 号】

12 月 13 日　根据集团公司《关于认真开好 2016 年度党员领导干部民主生活会的通知》（人事〔2016〕411 号）要求，结合公司实际，大庆石化分公司下发《关于认真开好 2016 年度党员领导干部民主生活会的通知》。【庆石化党〔2016〕58 号】

12 月 20 日　中共大庆石化分公司第三次代表大会召开，出席会议代表 222 人。会议选举产生了中共大庆石化分公司第三届委员会和纪律检查委员会，杨大明为党委书记，王德义为党委副书记，孙玉彬为党委副书记；魏志国为纪委书记，柳迎斌为纪委副书记。【庆石化党委〔2016〕10 号】

12 月 22 日　在"龙江力量——2016 首届龙江企业社会责任榜"颁奖晚会上，大庆石化分公司荣获"2016 首届龙江企业社会责任开拓创新奖"。【大庆石化分公司大事记】

二〇一七年

2月13日　大庆石化分公司决定，将久隆房地产公司工程运输车队及人员划归热电厂，暂列热电厂车间级单位。工程运输车队的离退休、有偿解除劳动合同等未在册人员，随机构一并划归热电厂管理。【庆石化编〔2017〕1号】

2月24日　为适应集团公司深化改革、创新驱动和依法治企对员工队伍提出的新要求，不断深化培训工作改革，全面提高员工培训质量，为公司发展提供强有力的人才支撑和智力保证，大庆石化分公司制定并印发《大庆石化分公司2017年教育培训工作方案》。【庆石化人事〔2017〕1号】

3月6日　集团公司第五巡视组在大庆石化分公司召开专项巡视情况反馈会。集团公司党组第五巡视组组长李善春、副组长薛嘉日出席会议，大庆石化分公司党委书记杨大明代表公司党委作表态发言，总经理王德义主持会议。【大庆石化分公司大事记】

3月15日　集团公司党组副书记、副总经理到大庆石化分公司就党建工作进行专项调研。大庆石化分公司领导班子成员，机关部门、二级单位主要领导及部分基层党支部书记参加汇报会。【大庆石化分公司大事记】

3月17日　大庆石化分公司决定，将工程质量检测公司由久隆房地产公司及人员划归检测公司管理，列检测公司基层单位。工程质量检测公司的离退休、有偿解除劳动合同等未在册人员，随机构一并划归检测公司管理。【庆石化编〔2017〕2号】

3月17日　大庆石化分公司决定，将劲松公司由开发公司划归实业公司管理。从事劲松业务的员工划归实业公司管理；原劲松公司离退休、有偿解除劳动合同等未在册人员划归实业公司管理。【庆石化编〔2017〕3号】

3月30日　为贯彻落实集团公司关于结构调整和开源节流、降本增效的工作部署，妥善分流安置岗位退出人员，依据国家法律法规和《中国石油天然气集团公司关于结构调整中人员分流安置的指导意见》（中油人事〔2016〕169号）文件精神，结合实际，大庆石化分公司制定并印发《大庆

石化分公司关于结构调整中人员分流安置的实施办法（暂行）》。【庆石化人事〔2017〕2 号】

4 月 2 日　为大力弘扬石油精神，持续深化重塑石油良好形象，以优异成绩迎接党的十九大胜利召开，按照集团公司党组要求，大庆石化分公司党委制定并印发《关于在全体党员中开展"践行四合格四诠释，弘扬石油精神，喜迎党的十九大"岗位实践活动方案》。【庆石化党〔2017〕12 号】

4 月 17 日　集团公司举行的技能专家工作室技术交流暨一线创新成果推广活动在大庆启动。大庆石化分公司炼油厂员工潘大龙作为集团公司技能专家在启动会上与集团公司和大庆石化签订了"石油名匠"重点培养协议、技能专家和技术专家合作协议。与会炼化专业技能专家到左成玉大师工作室现场观摩了工作室建设情况。集团公司人事部副总经理黄革，大庆石化分公司副总经理康志军，集团公司部分企业单位领导及人事管理人员、技术专家、150 余名集团公司级和成员企业级技能专家参加了启动会。【大庆石化分公司大事记】

4 月 20 日　集团公司副总经理段良伟、炼油与化工分公司党委书记杨继钢一行到大庆石化分公司调研，先后到石化之光展厅、化工一厂中控室、化工一厂 E3 装置现场参观指导。段良伟指出，大庆石化发展势头良好，创效能力逐步显现，企业管理精细规范，竞争优势日趋明显，安全环保业绩良好，党建工作深耕细作。大庆石化分公司总经理王德义、党委书记杨大明陪同调研。【大庆石化分公司大事记】

4 月 24 日　大庆石化分公司党委会议研究决定：韩永和同志任公司纪委副书记；免去柳迎斌同志的公司纪委副书记职务。【庆石化党〔2017〕14 号】

4 月 24 日　大庆石化分公司决定：聘任韩永和为公司监察处处长；聘任李德军为质量检验中心安全总监；解聘柳迎斌的公司监察处处长职务。【庆石化任〔2017〕1 号】

4 月 25 日　大庆石化分公司编委办决定，将炼油厂、化建公司、检测公司、物资供应中心、通讯中心、久隆房地产公司的企业文化科（党委宣传部、工会办公室、团委）更名为党群工作部；化肥厂、化工一厂、化工二厂、化工三厂、塑料厂、腈纶厂、热电厂、水气厂、机械厂、开发公司、消防支队、保卫部、物业管理中心、职工医院、客运中心的企业文化科（党委宣传部、监察室、工会办公室、团委）更名为党群工作部；储运中心的企业文化科（党委宣传部）更名为党群工作部；培训中心的企业文化科（党群工作部）更名为党群工作部；实业公司的企业文化部更名为党群工作部；质量检验中心的党群工作部、信息技术中心的党群工作部、离退休管理中心的党群工作部，名称不变。公司各二级单位党群工作部的主要职能是负责宣传、纪检监察、工会、团委、企业文化等业务。【庆石化编〔2017〕4号】

4月26日　集团公司下发《关于聘任金成志等126人为中国石油天然气集团公司高级技术专家的通知》，聘任大庆石化分公司张春刚为石油炼制专业领域临氢工艺及氢气系统专业岗位高级技术专家；聘任朱连勋为石油化工专业领域低碳烯烃专业岗位高级技术专家；聘任张弘旻为信息工程专业领域信息技术应用专业岗位高级技术专家。聘期从2017年1月至2019年12月，从聘任之月起享受专家津贴。【中油人事〔2017〕170号】

5月6日　大庆石化分公司下发《关于表彰第十届"十大杰出青年"的决定》，授予王慎吟、朴成浩、刘小建、刘智慧（女）、李廷强、李嘉平、张学佳、陈福霞（女）、宫向英、高晓宇等10名同志大庆石化分公司第十届"十大杰出青年"荣誉称号。【庆石化党〔2017〕15号】

5月10日　为推进"两学一做"学习教育常态化制度化，大庆石化分公司党委制定并下发《关于推进"两学一做"学习教育常态化制度化的实施意见》。【庆石化党〔2017〕16号】

5月12日　大庆石化分公司召开第六届十大特级劳动模范表彰大会，授予张艳伟、王传玉、张宇辉等十名同志"十大特级劳动模范"荣誉称号。【大庆石化分公司大事记】

6月9日　按照集团公司"弘扬石油精神、重塑良好形象"主题活动周的要求，大庆石化分公司举行"弘扬石油精神、重塑良好形象"先进典型事迹报告会。公司领导班子成员，总经理助理、副总师，公司机关部门负责人和相关人员，二级单位党政主要领导、工会主席、党群工作部部长，二级单

位机关和基层车间干部员工代表参加了报告会。【大庆石化分公司大事记】

6月22日 根据集团公司人事部《关于批准何少林等1222人晋升高级专业技术职务任职资格的通知》（人事〔2017〕156号），批准大庆石化分公司唐振波等72人晋升高级专业技术职务任职资格。任职资格时间从2016年12月30日算起。【庆石化人事〔2017〕3号】

6月22日 根据集团公司人事部《关于批准朱传龙等121人晋升高级专业技术职务任职资格的通知》（人事〔2017〕112号）、《关于批准于晓红等134人晋升高级专业技术职务任职资格的通知》（人事〔2017〕186号）、《关于批准许峰等248人晋升高级专业技术职务任职资格的通知》（人事〔2017〕215号）等文件，批准大庆石化分公司孔祥宇等36人晋升高级专业技术职务任职资格。任职资格时间从2016年12月30日算起。【庆石化人事〔2017〕4号】

7月13日 经研究并商得中共黑龙江省委同意，集团公司党组决定：康志军同志任大庆石化分公司党委副书记；免去王德义同志的大庆石化分公司党委副书记、党委委员职务。【中油党组〔2017〕156号】

7月13日 经研究并商得中共黑龙江省委同意，股份公司决定：康志军任大庆石化分公司总经理；免去王德义的大庆石化分公司总经理职务，另有任用。【石油任〔2017〕177号】

7月13日 集团公司研究决定：康志军任大庆石油化工总厂厂长；免去王德义的大庆石油化工总厂厂长职务。【中油任〔2017〕291号】

7月24日 大庆石化分公司召开干部大会，宣布集团公司党组关于大庆石化分公司领导班子调整的决定。集团公司副总经理段良伟出席会议并讲话。会议由公司党委书记、副总经理杨大明主持。会上，集团公司人事部副总经理李懂章宣读了集团公司党组、股份公司关于大庆石化分公司领导干部的任免文件。王德义、康志军、杨大明分别作表态发言。【大庆石化分公司大事记】

7月25日 中共大庆市委常委会议决定：孙连阁同志挂任大庆市发展和改革委员会副主任；马长友同志挂任大庆市科学技术局副局长；张洪强同志挂任大庆市工业和信息化委员会副主任。挂职时间自2017年7月起至

2019 年 6 月止，挂职期满后，挂任职务自行免除。（挂职期间原身份、职级不变。）【庆发干字〔2017〕99 号】

7 月 30 日 为深入贯彻落实中央全面从严治党、依规治党要求，严格落实主体责任和监督责任，准确把握和运用监督执纪"四种形态"，为公司稳健发展提供坚强纪律保障，依据《中共黑龙江省关于实践监督执纪"四种形态"办法》、集团公司党组《关于把纪律和规矩挺在前面，把握运用好监督执纪"四种形态"的意见》，结合大庆石化分公司实际，制定并印发《大庆石化分公司落实监督执纪"四种形态"实施细则（试行）》。【庆石化党〔2017〕21 号】

8 月 6 日 根据集团公司《关于推进操作员工技能晋级计划实施工作有关意见的通知》精神，大庆石化分公司制定并印发《大庆石化分公司高技能人才管理办法》。【庆石化人事〔2017〕7 号】

8 月 8 日 大庆石化分公司召开干部大会，传达贯彻集团公司 2017 年领导干部会议精神，部署持续深化改革、加强管理创新任务措施，安排下半年重点工作。会议动员全体干部员工统一思想、坚定信心，全面完成各项目标任务，以改革创新精神推进公司持续稳健发展。【大庆石化分公司大事记】

8 月 28 日 大庆石化分公司党委会议研究决定：柳文杰同志任公司党委办公室副主任，免去其职工医院工会主席、党委委员职务。【庆石化党〔2017〕23 号】

8 月 28 日 大庆石化分公司决定：聘任柳文杰为公司总经理办公室副主任。【庆石化任〔2017〕2 号】

9 月 8 日 集团公司下发《关于表彰中国石油天然气集团公司组织史资料编纂工作先进单位、先进个人和优秀著作的决定》，大庆石化分公司荣获中国石油天然气集团公司组织史资料编纂工作先进单位荣誉称号；《中国石油大庆石化组织史资料》荣获中国石油天然气集团公司组织史资料企业卷优秀著作一等奖。【中油人事〔2017〕371 号】

9 月 8 日 集团公司下发《关于表彰集团公司党支部书记优秀党课的通报》，大庆石化分公司质量检验中心化肥化验车间党支部书记詹天宇的题为

《疏导不良服务心理，建立服务型党支部》党课荣获一等奖；化建公司防腐筑炉分公司党支部书记陈文东的题为《弘扬石油精神，做合格共产党员》党课和机械厂运行车间党支部书记马承才的题为《践行承诺，弘扬石油精神，喜迎党的十九大》党课荣获优秀奖。【组织〔2017〕7号】

9月29日 根据《大庆石化分公司高技能人才管理办法》（庆石化人事〔2017〕7号）文件精神，经研究决定，聘任陈喜明等32人为大庆石化分公司首席技师。其中直接确认24人：陈喜明、夏彦民为机泵维修钳工首席技师；丁少伟为常减压蒸馏装置首席技师；包忠臣为催化裂化装置首席技师；潘大龙、马春友为仪表维修首席技师；左成玉、孙新民、曾占军、姜大为为乙烯装置首席技师；张子成、范洪伟、马宏伟为聚乙烯装置首席技师；李岐春为电工首席技师；刘红旭为汽轮机运行值班员首席技师；贾洪彬为锅炉运行值班员首席技师；严金龙为电气试验首席技师；马孝伦为油气管线安装首席技师；申玉春、于文忠为电焊工首席技师；王立明为化工分析首席技师；景慧忠为石油金属结构制作首席技师；卫晓晨为车工首席技师；郎立军为机修钳工首席技师。考核聘任8人：雷应发为催化裂化装置首席技师；段接富为尿素装置首席技师；董金刚为乙烯装置首席技师；周俭平为丙烯腈装置首席技师；王宝刚为苯乙烯装置首席技师；刘钢为聚乙烯装置首席技师；郑树忠为腈纶纺丝首席技师；宋丙华为汽轮机本体检修首席技师。以上32名首席技师的聘期从2017年10月1日开始算起，至2020年9月30日止，聘期三年。自2017年10月起享受首席技师津贴。【庆石化人事〔2017〕8号】

9月29日 根据集团公司人事部《关于企业开展技术专家岗位聘任工作的通知》（人事〔2009〕174号）和《大庆石化分公司技术专家管理办法》（庆石化人事〔2010〕9号）等文件精神，经大庆石化分公司炼油化工、机械两个专业小组考核选拔，公司总经理办公会审议通过，决定聘任刘向峰、魏铁锋、凌人志、孙文盛、宫向英、孙会斌、王阅兵、张宇辉、孙德君、侯晓峰、王海燕等11人为新一届公司级技术专家。聘期为2年，从2017年10月1日至2019年9月30日，自聘任之月起享受技术专家津贴。【庆石化人事〔2017〕9号】

11月3日 集团公司决定，将大庆石油化工总厂改制为一人责任有限公司，全称为中国石油大庆石油化工有限公司（简称大庆石油化工有限公司）。中国石油天然气集团公司持股100%。改制后，大庆石油化工有限公司不设股东会，设执行董事、监事、总经理，总经理由执行董事兼任，企业经营范围不变。党组织关系隶属大庆石化分公司党委。【中油企管〔2017〕425号】

11月6日　大庆石化分公司下发《大庆石化分公司关于命名表彰第六届"绝招绝技"的决定》。命名炼油厂王利强创建的"快速修复压力表超差、非线性等问题"、化工一厂李兴东创建的"高速泵低速轴安装轴承专用工具"、化工一厂孙大志创建的"裂解炉长明线一次风门疏通技术"、质量检验中心赫英利创建的"固样变气样处理技术"、炼油厂杨永嘉创建的"安全检维修的可旋转高空照明灯杆"、热电厂刘红旭创建的"真空降压操作法"、机械厂于文忠创建的"不锈钢复合板焊接方法"、腈纶厂马建山创建的"拉断机丝束换箱新式操作法"等8项优秀成果为第六届"绝招绝技"。【庆石化办〔2017〕3号】

11月6日　大庆石油化工总厂厂务会议研究决定：聘任施雄为大庆市劲松工业公司经理（法定代表人）；解聘王忠良的大庆市劲松工业公司经理（法定代表人）职务。【庆石化任发〔2017〕1号】

11月9日　集团公司下发《关于表彰集团公司优秀党建研究成果的决定》，大庆石化分公司参与研究党建成果《关于加强基层党支部书记队伍建设的实践与研究》荣获集团公司优秀党建研究成果荣誉。【组织〔2017〕9号】

11月13日　为深入学习宣传贯彻党的十九大精神，按照集团公司要求，大庆石化分公司党委下发《关于认真学习宣传贯彻党的十九大精神的通知》，就学习宣传贯彻党的十九大精神作出安排部署。【庆石化党〔2017〕26号】

11月16日　为贯彻落实中国石油天然气集团公司党组《中国石油天然气集团公司领导人员履行推进法治建设职责实施办法》，进一步推进法治企业建设，保障深化改革、稳健发展，结合实际，大庆石化分公司党委制定并印发《大庆石化分公司领导人员履行推进法治建设职责实施细则》。【庆石化党〔2017〕27号】

11月27日 集团公司决定：康志军任中国石油大庆石油化工有限公司执行董事、总经理。【中油任〔2017〕499号】

11月27日 集团公司人事部决定：委派孙庆生为中国石油大庆石油化工有限公司监事。【人事函〔2017〕223号】

12月5日 为推进全面从严治党责任向基层延伸，进一步强化岗位廉洁风险防控，大庆石化分公司党委制定并印发《大庆石化分公司岗位廉洁风险数据库》（2017年）。【庆石化党〔2017〕29号】

12月7日 集团公司下发《关于表彰中国石油天然气集团公司企业年金工作先进单位和先进个人的通知》，大庆石化分公司荣获集团公司企业年金工作先进工作单位荣誉称号；刘春华、李增庆、王保旭、柏晶4人获得集团公司企业年金工作先进个人荣誉称号。【人事〔2017〕459号】

12月12日 大庆石化分公司党委会议研究决定：张继才同志任炼油厂党委委员、党委书记，免去其化工一厂党委书记、纪委书记、党委委员职务；吴永焕同志任炼油厂党委副书记、纪委书记；李尊江同志任炼油厂正处级干部，免去其炼油厂党委书记、党委委员职务；黄志勇同志任化肥厂党委副书记、纪委书记；王威同志任化工一厂党委委员、党委副书记（主持党委全面工作），免去其炼油厂党委副书记、纪委书记、党委委员职务；夏智富同志任化工一厂党委副书记、纪委书记；刘奎同志任化工二厂党委委员、党委副书记、纪委书记、工会主席；沙莉同志任化工二厂副处级干部，免去其化工二厂工会主席、党委委员职务；张新江同志任化工三厂党委副书记、纪委书记；公维军同志任塑料厂党委副书记、纪委书记；王寒冰同志任腈纶厂党委副书记、纪委书记；李长斌同志任腈纶厂党委委员，免去其久隆房地产公司党委委员职务；谷丰同志任热电厂党委副书记、纪委书记；徐龙海同志任水气厂党委副书记、纪委书记；张大治同志任质量检验中心党委副书记、纪委书记；关蕾同志任储运中心党委副书记、纪委书记；石革清同志任化建公司党委副书记、纪委书记、工会主席；朱明智同志任机械厂党委副书记、纪委书记；姜国军同志任开发公司党委副书记、纪委书记；陆继学同志任物资供应中心党委副书记、纪委书记；刘跃同志任信息技术中心党委副书记、纪委书记；龚哲学同志任通讯中心党委副书记、纪委书记；崔剑平同志任培训中心党委副书记、纪委书记；刘仁权同志任实业公司党委副书记、纪委书记；董兆林同志任保卫部党委副书记、纪委书记；韩伟东同志任久隆房地产公司工会主席；张奉超同志任离退休管理中心党委副书记、纪委书记；曲圣陶同志任物业管理中心党委副书记、纪委书记；黄海龙同志任客运中心党委副书记、纪委书记；免去陈洪岩同志的化肥厂纪委书记职务；免去陈宝泉同志的化工二厂纪委书记职务；免去韩锡禄同志的化工三厂纪委书记职务；免去王奎元同志的塑料厂纪委书记职务；免去白克祥同志的腈纶厂纪委书记职务；免去赵东鹏同志的热电厂纪委书记职务；免去戴岩同志的水气厂纪委书记职务；免去王国福同志的质量检验中心纪委书记职务；免去宫伟同志的储运中心纪委书记职务；免去张满会同志的化建公司纪委书记职务；免去高恩忠同志的机械厂纪委书记职务；免去唐世国同志的开发公司纪委书记职务；免去魏文涛同志的物资供应中心纪委书记职务；免去李信同志的信息技术中心纪委书记职务；免去杜永贵同志的通讯中心纪委书记职务；免去杨宪龙同志的培训中心纪委书记职务；免去曲洪涛同志的实业公司纪委书记职务；免去崔明福同志的保卫部纪委书记职务；免去路永涛同志的离退休管理中心纪委书记职务；免去王雨春同志的物业管理中心纪委书记职务；免去史一君同志的客运中心纪委书记职务；免去左才同志的工程项目管理中心党总支委员职务。【庆石化党〔2017〕31号】

12月12日　大庆石化分公司决定：聘任李长斌为腈纶厂副厂长，解聘其久隆房地产公司副经理、安全总监职务；聘任迟宏文为质量检验中心副主任，解聘其工程管理部副主任职务；聘任左才为质量检验中心副主任，解聘其工程项目管理中心副主任职务；聘任董志波为检测公司副经理，解聘其工程质量监督站副站长职务；解聘王威的炼油厂监察室主任职务；解聘陈洪岩的化肥厂监察室主任职务；解聘张继才的化工一厂监察室主任职务；解聘陈宝泉的化工二厂监察室主任职务；解聘韩锡禄的化工三厂监察室主任职务；解聘王奎元的塑料厂监察室主任职务；解聘白克祥的腈纶厂监察室主任职务；解聘赵东鹏的热电厂监察室主任职务；解聘戴岩的水气厂监察室主任职务；解聘王国福的质量检验中心监察室主任职务；解聘宫伟的储运中心监察室主任职务；解聘张满会的化建公司监察室主任职务；解聘石革清的化建公司副总经理职务；解聘高恩忠的机械厂监察室主任职务；解聘杨帆的检测公司监察室主任职务；解聘唐世国的开发公司监察室主任职务；解聘魏文涛的物资供应中心监察室主任职务；解聘李信的信息技术中心监察室主任职务；解聘杜永贵的通讯中心监察室主任职务；解聘杨宪龙的培训中心监察室主任职务；解聘曲洪涛的实业公司监察室主任职务；解聘崔明福的保卫部监察室主任职务；解聘韩伟东的久隆房地产公司监察室主任职务；解聘路永涛的离退休管理中心监察室主任职务；解聘王利君的矿区服务事业部监察室主任职务；解聘王雨春的物业管理中心监察室主任职务；解聘史一君的客运中心监察室主任职务；解聘秦志斌的公司机关监察室主任职务；解聘刘奎的公司维护稳定工作办公室副主任职务。【庆石化任〔2017〕3号】

12月15日　大庆石化分公司举办党的十九大精神宣讲报告会，公司党委书记杨大明作主题宣讲，从新主题、新成果、新时代、新思想、新论断、新要求等6个方面对党的十九大报告作了深入解读。针对新党章的认识和解读，杨大明强调，新党章在党的建设、党的组织设置、党的干部管理、党的纪律方面提出了很多新思想、新要求，公司各级党组织要注意对国有企业基层党组织定位的新要求、新变化，明确职责定位，实现组织目标、完成组织使命，真正发挥战斗堡垒作用。【大庆石化分公司大事记】

二〇一八年

1月15日　集团公司下发《关于批准杨东等400人晋升教授级高级职称的通知》，聘任大庆石化分公司王震、陈树相、张勇、刘伟为教授级高级工程师；聘任詹剑梅为主任医师。【中油人事〔2018〕16号】

4月3日　经研究并商得中共黑龙江省委同意，集团公司党组决定：刘国海、李秀伟同志任大庆石化分公司党委委员。【中油党组〔2018〕55号】

4月5日　经研究并商得中共黑龙江省委同意，股份公司决定：刘国海任大庆石化分公司副总经理、安全总监；李秀伟任大庆石化分公司副总经理；免去宗义山的大庆石化分公司安全总监职务。【石油任〔2018〕103号】

4月16日　大庆石化分公司举办处级以上领导干部学习贯彻党的十九大精神培训班。本次培训共分为4期进行，每期培训班时长5天，公司副处级以上领导干部共计 257 人参加培训。培训主要以宣传贯彻党的十九大精神为重点，结合公司实际，突出从国有企业改革、企业管理、企业党建 3 个方面，分 8 个专题为学员进行重点辅导。【大庆石化分公司大事记】

5 月 23 日 根据集团公司人事部《关于批准王海峰等 220 人晋升高级专业技术职务任职资格的通知》（人事〔2018〕125 号）、《关于批准杨海威等 227 人晋升高级专业技术职务任职资格的通知》（人事〔2018〕196 号）、《关于批准冯松涛等 977 人晋升高级专业技术职务任职资格的通知》（人事〔2018〕224 号）等文件，批准郑铁等 111 人晋升高级专业技术职务任职资格。任职资格时间从 2017 年 12 月 30 日算起。【庆石化人事〔2018〕3 号】

6 月 14 日 大庆石化分公司党委决定：王伟国同志任炼油厂党委委员；王威同志任化工一厂党委书记；刘树青同志任化工一厂党委委员；方文章同志任化工二厂党委委员；关海延同志任化工三厂党委委员；汲寿广同志任塑料厂党委委员；宫向英同志任塑料厂党委委员；刘均同志任水气厂党委委员；李宏伟同志任储运中心党委委员；阜林同志任储运中心正处级干部，免去其公司派驻北京联络处党总支书记、党总支委员职务；孙贵民同志任机械厂党委书记；王学增同志任机械厂党委委员，免去其检测公司党委委员职务；王威同志任机械厂党委委员，免去其检测公司党委委员职务；张勇同志任机械厂党委委员；兰向东同志任物资供应中心党委委员，免去其客运中心党委委员职务；陆继学同志任物资供应中心副处级干部，免去其物资供应中心党委副书记、纪委书记、工会主席、党委委员职务；司万祥同志任信息技术中心党委委员；李增富同志任信息技术中心党委委员、党委副书记、纪委书记、工会主席；刘跃同志任信息技术中心副处级干部，免去其信息技术中心党委副书记、纪委书记、工会主席、党委委员职务；杨帆同志任消防支队党委委员、党委书记，免去其检测公司党委书记、纪委书记、工会主席、党委委员职务；王利君同志任矿区服务事业部正处级干部，免去其矿区服务事业部党委副书记、纪委书记、工会主席、党委委员职务；曲圣陶同志任物业管理中心副处级干部，免去其物业管理中心党委副书记、纪委书记、工会主席、党委委员职务；王凤龙同志任职工医院党委书记；董宏伟同志任客运中心党委委员、党委书记，免去其消防支队工会主席、党委委员职务；高恩忠同志任客运中心党委委员，免去其机械厂党委书记、党委委员职务；张奉超同志任离退休管理中心副处级干部，免去其离退休管理中心党委副书记、纪委书记、工会主席、党委委员职务；盛开同志任公司机关党委委员、党委书记、纪委书记；陈树相同志任公司机关党委委员，免去其化工二厂党委委员职务；孟照海同志任公司机关党委委员；郭正朴同志任公司纪检监察中心副处级干部，免去其公司纪检监察中心副处级纪检监察员职务；免去张德祥同志的公司党委宣传部副部长职务；免去秦志斌同志的公司机关党委书记、纪委书记职务；免去孔庆发同志的公司机关党委委员职务；免去姜兴财同志的公司机关党委委员职务；免去刘国海同志的炼油厂党委委员职务；免去王震同志的炼油厂党委委员职务；免去李秀伟同志的化工一厂党委委员职务；免去赵金玉同志的化工三厂党委委员职务；免去刘松岩同志的塑料厂党委委员职务；免去李伟同志的塑料厂党委委员职务；免去程宇光同志的热电厂党委委员职务；免去窦岩同志的水气厂党委委员职务；免去黄文三同志的水气厂党委委员职务；免去李峰同志的化建公司党委委员职务；免去张晓秋同志的检测公司党委委员职务；免去刘居江同志的检测公司党委委员职务；免去王忠良同志的开发公司党委委员职务；免去徐宪君同志的培训中心党委委员职务；免去修宝成同志的实业公司党委委员职务；免去祝亮同志的职工医院党委委员职务；免去史一君同志的客运中心党委书记、党委委员职务。【庆石化党委〔2018〕24号】

6月14日　大庆石化分公司决定：聘任范晓彬为公司副总经济师，解聘其公司计划处处长职务；聘任孔庆发为公司副总工程师，解聘其公司生产运行处处长、应急管理办公室主任职务；聘任刘松岩为公司安全副总监，解聘其塑料厂厂长职务；聘任孟昭月为公司总经理办公室正处级干部，解聘其公司副总工程师职务；聘任刘新国为公司总经理办公室正处级干部，解聘其公司副总工程师职务。【庆石化任〔2018〕1号】

6月14日　大庆石化分公司决定：聘任田春光为炼油厂厂长；聘任王伟国为炼油厂副厂长；聘任祝亮为化肥厂正处级干部，解聘其职工医院院长职务；聘任魏羧为化工一厂厂长，解聘其化工一厂总工程师职务；聘任刘树青为化工一厂副厂长；聘任林洋为化工二厂厂长，解聘其化工二厂安全总监职务；聘任方文章为化工二厂副厂长、安全总监；聘任关海延为化工三厂副厂长；聘任曹景良为塑料厂厂长，解聘其塑料厂安全总监职务；聘任汲寿广为塑料厂副厂长；聘任宫向英为塑料厂副厂长、安全总监；聘任姜兴财为塑料厂正处级干部，解聘其公司科技与规划发展处处长职务；聘任张晓秋为塑料厂正处级干部，解聘其检测公司经理职务；聘任李伟为塑料厂副处级干部，解聘其塑料厂副厂长职务；聘任程宇光为热电厂副处级干部，解聘其热电厂总工程师职务；聘任刘均为水气厂厂长，解聘其公司生产运行处副处长、调度中心主任职务；聘任黄文三为水气厂副处级干部，解聘其水气厂总工程师职务；聘任樊三林为储运中心主任；聘任李宏伟为储运中心副主任；聘任李峰为化建公司副处级干部，解聘其化建公司副总经理职务；聘任王学增为机械厂副厂长，解聘其检测公司副经理、安全总监职务；聘任王威为机械厂副厂长，解聘其检测公司副经理职务；聘任张勇为机械厂副厂长；聘任董志波为机械厂副厂长，解聘其检测公司副经理职务；聘任刘居江为机械厂副处级干部，解聘其检测公司总工程师职务；聘任董国治为开发公司经理，解聘其开发公司安全总监职务；聘任张春跃为开发公司安全总监；聘任王忠良为开发公司正处级干部，解聘其开发公司经理职务；聘任兰向东为物资供应中心主任，解聘其客运中心主任职务；聘任司万祥为信息技术中心副主任，解聘其公司信息管理部副主任职务；聘任徐宪君为培训中心副处级干部，解聘其培训中心副主任职务；聘任修宝成为实业公司副处级干部，解聘其实业公司总会计师职务；聘任杨帆为消防支队政委；聘任车晓东为职工医院院长；聘任高恩忠为客运中心主任；聘任王震为工程项目管理中心副主任，解聘其炼油厂总工程师职务；聘任赵金玉为工程项目管理中心副主任，解聘其化工三厂副厂长职务；聘任顾培臣为工程项目管理中心副主任，解聘其公司机动设备处副处长职务；聘任李永浩为工程项目管理中心副主任，解聘其矿区服务事业部生产管理部部长职务；聘任李东明为工程项目管理中心副主任；聘任麻明智为工程项目管理中心副处级干部，解聘其工程项目管理中心副主任职务；聘任张德祥为公司企业文化处副处级干部，解聘其公司企业文化处副处长职务；聘任张文红为公司财务处副处级干部，解聘其公司财务处副处长、矿区服务事业部财务资产部部长职务；聘任窦岩为公司计划处处长，解聘其水气厂厂长职务；聘任陈树相为公司生产运行处处长、应急管理办公室主任，解聘其化工二厂厂长职务；聘任刘永为公司调度中心主任；聘任孟照海同志为公司科技与规划发展处处长；聘任张韧坚为公司科技与规划发展处副处长（正处级），解聘其公司信息管理部主任职务；聘任马长友为公司科技与规划发展处副处长，解聘其矿区服务事业部规划计划部部长职务；聘任史一君为公司安全环保处处长；聘任崔积峰为法律事务与企管处（内控与风险管理处）副处长（正处级、主持工作），解聘其公司安全环保处处长职务；聘任张涌为公司工程管理部副主任，解聘其矿区服务事业部工程管理部部长职务；解聘刘国海的炼油厂厂长职务；解聘李秀伟的化工一厂厂长职务；解聘李增富的矿区服务事业部综合管理办公室主任职务。【庆石化任〔2018〕2号】

6月14日　大庆石化分公司决定，公司机关党委和机关纪委的职能业务、人员编制由企业文化处（党委宣传部、团委、机关党委）划归人事处（党委组织部）。人事处（党委组织部）更名为人事处（党委组织部、机关党委），企业文化处（党委宣传部、团委、机关党委）更名为企业文化处（党委宣传部、团委）。机关工会和机关团委的职能业务、人员编制保留在企业文化处（党委宣传部、团委）。【庆石化编〔2018〕1号】

6月14日　大庆石化分公司决定，整合科技与规划发展处和信息管理部的业务职能，实行一体化管理。【庆石化编〔2018〕2号】

6月14日　大庆石化分公司决定，撤销检测公司建制。【庆石化编〔2018〕3号】

7月7日　大庆石化分公司炼油结构调整转型升级项目建设座谈会及启动仪式在公司举行。黑龙江省委书记、省人大常委会主任张庆伟，中国石油集团党组书记、董事长，黑龙江省委副书记、省长王文涛出席座谈会并讲话。大庆石化分公司领导康志军、杨大明、宗义山参加座谈。【大庆石化分公司大事记】

7月　大庆石化分公司生产的热引发本体聚合高腈SAN（苯乙烯－丙烯腈）树脂产品SAN-355填补国内空白。【大庆石化分公司大事记】

8月10日　根据《关于调整公司机关党委等职能分工的通知》（庆石化

编〔2018〕1号）文件，经大庆石化分公司机关党委同意，人事处（党委组织部）党支部更名为人事处（党委组织部、机关党委）党支部，企业文化处（党委宣传部、团委、机关党委）党支部更名为企业文化处（党委宣传部、团委）党支部。【机关党〔2018〕7号】

8月13日　大庆石化分公司党委决定：聘任马铁钢为公司总法律顾问（兼）；解聘康志军的公司总法律顾问职务。【庆石化任〔2018〕3号】

10月12日　经研究并商得中共黑龙江省委同意，集团公司党组决定：康志军同志任大庆石化分公司党委书记；免去杨大明同志的大庆石化分公司党委书记、党委委员职务。【中油党组〔2018〕158号】

10月26日　大庆石化分公司召开干部大会，宣布集团公司党组关于大庆石化分公司领导班子调整的决定，康志军同志任大庆石化分公司党委书记，免去杨大明同志的大庆石化分公司党委书记、党委委员、副总经理职务。集团公司党组成员、副总经理刘宏斌出席会议并讲话。集团公司人事部副总经理郭向东宣读了集团公司党组和股份公司关于大庆石化分公司领导干部的任免文件。【大庆石化分公司大事记】

11月5日　为优化公司机关人力资源，改善人员年龄结构，拓宽超员部门人员分流渠道，推进建立公司机关人员退出机制，结合公司机关实际，大庆石化分公司印发《大庆石化分公司机关人员退出岗位管理办法（暂行）》。【人事〔2018〕36号】

11月29日　大庆石化分公司党委决定：阎峰华同志任化肥厂党委委员；魏铁锋同志任化工一厂党委委员；孙贵春同志任塑料厂党委委员；王雨春同志任热电厂党委委员、党委书记，免去其物业管理中心党委书记、党委委员职务；逄锦屹同志任开发公司党委委员；赵东鹏同志任物资供应中心党委委员、党委书记，免去其热电厂党委书记、党委委员职务；孟凡华同志任物资供应中心党委委员、党委副书记、纪委书记、工会主席，免去其公司纪委副处级纪检员、公司纪委委员、公司机关纪委委员职务；冷铁军同志任培训中心党委委员；崔剑平同志任培训中心副处级干部，免去其培训中心党委副书记、党委委员、纪委书记、工会主席职务；丁汉明同志任实业公司党委委员；王睿同志任实业公司党委委员；杨帆同志任消防支队纪委书记；刘杰国同志任离退休管理中心党委委员、党委副书记、纪委书记、工会主席；魏文涛同志任物业管理中心党委委员、党委书记，免去其物资供应中心党委书记、党委委员职务；朱宝山同志任职工医院党委委员；侯广志同志任职工医院党委委员、党委副书记、纪委书记、工会主席；赵德龙同志任公司党委办公室副主任；张永林同志任公司党委办公室副主任；刘春华同志任公司党委组织部副部长；李想同志任公司党委组织部副部长；赵立新同志任公司纪委委员、公司纪委副处级纪检员、纪检监察中心主任、公司机关纪委委员；免去韩月辉同志的化工一厂党委委员职务；免去赵万臣同志的化工三厂党委委员职务；免去陈开奎同志的公司机关党委委员职务；免去韩永和同志的公司纪检监察中心主任职务。【庆石化党委〔2018〕35 号】

11 月 29 日 大庆石化分公司决定：聘任阎峰华为化肥厂副厂长、安全总监；聘任韩月辉为化工一厂正处级干部，解聘其化工一厂副厂长职务，另有任用；聘任刘树青为化工一厂安全总监；聘任魏铁锋为化工一厂总工程师；聘任赵永兵为化工三厂安全总监；聘任孙贵春为塑料厂副厂长；聘任张勇为机械厂安全总监；聘任逄锦屹为开发公司副经理，解聘其公司计划处副处长职务；聘任杨纯秋为物资供应中心安全总监；聘任丁汉明为实业公司副总经理，解聘其公司副总法律顾问、法律事务与企管处（内控与风险管理处）副处长职务；聘任王睿为实业公司总会计师；聘任朱宝山为职工医院副院长；聘任赵德龙为公司总经理办公室副主任；聘任张永林为公司总经理办公室副主任；聘任刘春华为公司人事处副处长；聘任李想为公司人事处副处长；聘任赵立新为公司监察处副处长；聘任张茂生为公司财务处副处长、结算中心主任；聘任鲍英为公司财务处副处长；聘任孙洪星为法律事务与企管处（内控与风险管理处）副处长；解聘郑广仁的化肥厂安全总监职务；解聘白天相的化工一厂安全总监职务；解聘赵万臣的化工三厂副厂长、安全总监职务，另有任用；解聘何培堂的机械厂安全总监职务；解聘王继波的物资供应中心安全总监职务；解聘王凤龙的职工医院副院长职务；解聘孟凡华的公司监察处副处长职务；解聘李宜辉的公司结算中心主任职务；解聘李龙江的乙烯工程指挥部副指挥职务；解聘魏宪堂的乙烯工程指挥部副指挥、投资控制部主任职务。【庆石化任〔2018〕4 号】

11 月 29 日　大庆石化分公司决定：推荐大庆石化分公司韩月辉为大庆华科股份有限公司常务副总经理，推荐赵万臣为大庆华科股份有限公司副总经理。【庆石化任〔2018〕5 号】

11 月 29 日　大庆石化分公司决定，将开发公司编织袋车间和成品车间成建制划归塑料厂，暂列塑料厂基层单位，重载膜业务划归塑料厂，综合车间负责编织袋业务的质量检验和电钳维修的人员划归塑料厂。【庆石化编〔2018〕5 号】

11 月　大庆石化分公司炼油厂新建 9 万吨 / 年 MTBE 装置开车一次成功，顺利产出合格产品，标志着炼油结构调整转型升级项目首套装置投产成功。【大庆石化分公司大事记】

11 月　大庆石化分公司质量检验中心在 2018 年中国技能大赛——第十届全国石油和化工行业职业技能竞赛化学检验员决赛中荣获团体二等奖，刘秀华获得"全国石油和化工行业技术能手"称号，高媛获得"全国石油和化工行业优秀技能人才"称号。【大庆石化分公司大事记】

12 月 4 日　大庆石化分公司党委决定，撤销中共大庆石化分公司工程项目管理中心总支部委员会；撤销中共大庆石化分公司驻京联络处总支部委员会；原党总支党员组织关系一并按工作业务划分转入中共大庆石化分公司机关委员会。【庆石化党委〔2018〕39 号】

12 月 5 日　大庆石化分公司党委决定：免去刘瑞巍同志的工程项目管理中心党总支委员职务；免去吴波同志的工程项目管理中心党总支委员职务；免去孙彦彬同志的工程项目管理中心党总支委员职务；免去杨春明同志的工程项目管理中心党总支委员职务；免去张尧先同志的工程项目管理中心党总支委员职务；免去王庆启同志的公司派驻北京联络处党总支委员职务。【庆石化党委〔2018〕40 号】

12 月 5 日　大庆石化分公司决定：聘任宗义山为炼油工程指挥部指挥（兼）；聘任张欣林为炼油工程指挥部副指挥；聘任李龙江为炼油工程指挥部副指挥；聘任郑建文为炼油工程指挥部副指挥；聘任刘瑞巍为炼油工程指挥部副指挥；聘任迟宏文为炼油工程指挥部施工管理部主任；聘任刘跃明为炼油工程指挥部控制部主任；聘任李永浩为炼油工程指挥部 HSE 管理部主

任；聘任关世波为炼油工程指挥部质量管理部主任；聘任孙玉林为炼油工程指挥部设计技术管理部主任；聘任王震为炼油工程指挥部设计技术管理部副主任；聘任孙彦彬为炼油工程指挥部设计技术管理部副主任；聘任赵金玉为炼油工程指挥部设计技术管理部副主任；聘任张君为炼油工程指挥部采购部主任；聘任张尧先为炼油工程指挥部综合管理部主任；聘任崔俊峰为炼油工程指挥部生产准备办主任；聘任吴波为炼油工程指挥部柴油加氢及常减压改造项目组经理；聘任杨春明为炼油工程指挥部储运工程项目组经理；聘任顾培臣为炼油工程指挥部公用工程项目组经理。【庆石化任〔2018〕6号】

12月5日 为确保公司炼油结构调整转型升级项目顺利完成，根据中国石油天然气股份有限公司人事部《关于大庆石化分公司调整机构编制有关事项的批复》（油人事函〔2018〕55号）精神，经大庆石化分公司总经理办公会议研究，决定组建炼油工程指挥部，撤销乙烯工程指挥部；炼油工程指挥部为临时性机构，设在工程管理部，人员统一调配。【庆石化编〔2018〕4号】

12月6日 大庆石化分公司党委决定：聘任司大滨为炼油工程指挥部重整项目组经理兼施工管理部副主任；聘任郑铁为炼油工程指挥部催化及气分项目组经理；聘任杜瑞明为炼油工程指挥部硫磺三联合项目组经理；聘任贾文林为炼油工程指挥部施工管理部副主任；聘任兰剑为炼油工程指挥部控制部副主任；聘任于春滨为炼油工程指挥部控制部副主任；聘任郇雪琴为炼油工程指挥部控制部副主任；聘任高凤军为炼油工程指挥部控制部副主任；聘任马洪伟为炼油工程指挥部HSE管理部副主任；聘任朱大为为炼油工程指挥部HSE管理部副主任；聘任廉玉国为炼油工程指挥部质量管理部副主任；聘任张淑芝为炼油工程指挥部质量管理部副主任；聘任高春华为炼油工程指挥部质量管理部副主任；聘任万志明为炼油工程指挥部设计技术管理部副主任；聘任王威为炼油工程指挥部设计技术管理部副主任；聘任李富英为炼油工程指挥部设计技术管理部副主任；聘任梁萌为炼油工程指挥部采购部副主任；聘任张永路为炼油工程指挥部采购部副主任；聘任张双栋为炼油工程指挥部采购部副主任；聘任李静超为炼油工程指挥部采购部副主任；聘任杨继超为炼油工程指挥部采购部副主任；聘任王洪刚为炼油工程指挥部采购部副主任；聘任吕勃为炼油工程指挥部综合管理部副主任；聘任王彦庆为炼

油工程指挥部综合管理部副主任；聘任由忠微为炼油工程指挥部重整项目组副经理；聘任张兴勇为炼油工程指挥部重整项目组副经理；聘任董航为炼油工程指挥部催化及气分项目组副经理；聘任马广宇为炼油工程指挥部催化及气分项目组副经理；聘任王德彦为炼油工程指挥部柴油加氢及常减压改造项目组副经理；聘任丁激文为炼油工程指挥部硫磺三联合项目组副经理；聘任汪洋为炼油工程指挥部储运工程项目组副经理；聘任冯俊为炼油工程指挥部储运工程项目组副经理；聘任吴成宏为炼油工程指挥部公用工程项目组副经理；聘任牟义慧为炼油工程指挥部公用工程项目组副经理；聘任刘宝忠为炼油工程指挥部公用工程项目组副经理；聘任宋迪绪为炼油工程指挥部公用工程项目组副经理。【人事〔2018〕43号】

二○一九年

1月4日　根据《关于发布〈中国石油石化工种目录〉的通知》（人事〔2018〕663号）和《大庆石化分公司高技能人才管理办法》（庆石化人事〔2017〕7号）文件精神，经研究决定，聘任雷应发等9人为大庆石化分公司技能专家，赵国君等10人为首席技师。公司技能专家、首席技师的聘期从2019年1月1日开始算起，至2021年12月31日止，聘期3年。自2019年1月起享受津贴待遇。【庆石化人事〔2019〕1号】

1月7日　根据《中国石油天然气集团公司高技能人才管理办法》（中油人事〔2017〕257号）和《中国石油天然气集团有限公司关于完善人才成长通道建设的意见》（中油人事〔2018〕403号）有关要求，经各企业推荐、集团公司评审，决定聘任刘丽等388人为中国石油天然气集团有限公司技能专家（以下简称集团公司技能专家）。聘期从2019年1月1日至2021年12月31日。【中油人事〔2019〕11号】

1月22日　根据集团公司职鉴〔2018〕9号文件和《关于发布〈中国石油石化工种目录〉的通知》人事〔2018〕663号文件精神，聘任高文河等23人为技师、赵建文等19人为高级技师。【人事〔2019〕2号】

1月23日　中国石油集团公司总经理、党组副书记张伟一行到公司考察重点项目建设情况，看望慰问劳动模范。大庆石化分公司领导康志军、

宗义山、马铁钢、孙庆生、魏志国、刘国海、李秀伟陪同调研。【大庆石化分公司大事记】

2月15日 大庆石化分公司党委决定，中共大庆石化分公司质量检验中心第二届委员会委员由王岩、王国福、李德军、张大治、赵尔权等5名同志组成，王国福同志任党委书记，张大治同志任党委副书记；纪律检查委员会委员由王宝文、吴刚、张大治、赵飞燕、赵玉梅等5名同志组成，张大治同志任纪委书记。中共大庆石化分公司消防支队委员会委员由王德民、杨帆、蔡立申等3名同志组成，杨帆同志任党委书记；纪律检查委员会委员由于海洋、刘东兴、杨帆、周宏伟、黄旭东等5名同志组成，杨帆同志任纪委书记。中共大庆石化分公司职工医院第二届委员会委员由王凤龙、车晓东、朱宝山、刘振华、侯广志等5名同志组成，王凤龙同志任党委书记，侯广志同志任党委副书记；纪律检查委员会委员由陈月玲、侯广志、陶印巍、常铁宏、程淑艳等5名同志组成，侯广志同志任纪委书记。【庆石化党委〔2019〕3号】

2月15日 大庆石化分公司党委决定：岳东利同志任炼油厂党委委员；李崧延同志任炼油厂党委委员；孙文盛同志任化工三厂党委委员；邢广智同志任热电厂党委委员；陈玉龙同志任水气厂党委委员；刘为民同志任质量检验中心党委委员；王岩同志任化建公司党委委员、党委书记，免去其质量检验中心党委委员职务；肖立同志任检测信息技术中心党委委员、党委书记，免去其通讯中心党委委员职务；李秋野同志任检测信息技术中心党委委员；姜书君同志任检测信息技术中心党委委员；司万祥同志任检测信息技术中心党委委员；王学增同志任检测信息技术中心党委委员，免去其机械厂党委委员职务；李增富同志任检测信息技术中心党委委员、党委副书记、纪委书记、工会主席；李江同志任检测信息技术中心党委委员，免去其通讯中心党委委员职务；王威同志任检测信息技术中心党委委员，免去其机械厂党委委员职务；张弘旻同志任检测信息技术中心党委委员；李学范同志任培训中心党委委员；孙一啸同志任培训中心党委委员；张有松同志任消防支队党委委员；杨玉胜同志任消防支队党委委员、党委副书记、纪委书记、工会主席；李文奇同志任保卫部党委委员、党委书记；霍国彬同志任保卫部党委委员，免去其通讯中心党委委员职务；杨阳同志任物业管理中心党委委员；刘召鹏同志任物业管理中心党委委员、党委副书记、纪委书记、工会主席；董宏伟同志任客运服务中心党委委员、党委书记；高恩忠同志任客运服务中心党委委员；李渤同志任客运服务中心党委委员；黄海龙同志任客运服务中心党委委员、党委副书记、纪委书记、工会主席；郑连忠同志任客运服务中心党委委员；陈立军同志任客运服务中心党委委员，免去其开发公司党委委员职务；邹鹏飞同志任公司党委组织部副部长；孟祥山同志任公司党委专职巡察员（二级正职），免去其公司纪委委员职务；盛开同志任公司纪委委员，免去其公司机关党委书记、纪委书记、党委委员职务；崔积峰同志任公司纪委委员；张满会同志任公司工会副主席，免去其化建公司党委书记、党委委员职务；李想同志任公司机关党委委员、党委书记、纪委书记；缪春祥同志任公司机关党委委员，免去其炼油厂党委委员职务；免去夏智富同志的化工一厂党委副书记、纪委书记、工会主席、党委委员职务（退出领导岗位）；免去凌人志同志的化工二厂党委委员职务；免去王奎元同志的塑料厂党委书记、党委委员职务（退出领导岗位）；免去白克祥同志的腈纶厂党委书记、党委委员职务（退出领导岗位）；免去宫伟同志的储运中心党委书记、党委委员职务（退出领导岗位）；免去果宏同志的储运中心党委委员职务；免去肖作德同志的化建公司党委委员职务；免去王晖同志的化建公司党委委员职务；免去姜国军同志的开发公司党委副书记、纪委书记、工会主席、党委委员职务（退出领导岗位）；免去李信同志的信息技术中心党委书记、党委委员职务（退出领导岗位）；免去杜永贵同志的通讯中心党委书记、党委委员职务（退出领导岗位）；免去龚哲学同志的通讯中心党委副书记、纪委书记、工会主席、党委委员职务（退出领导岗位）；免去有旻同志的培训中心党委委员职务；免去曲洪涛同志的实业公司党委书记、党委委员职务（退出领导岗位）；免去杨帆同志的消防支队纪委书记职务；免去崔明福同志的保卫部党委书记、党委委员职务（退出领导岗位）；免去吴则平同志的久隆房地产公司党委委员职务；免去宋清文同志的离退休管理中心党委委员职务；免去戴建军同志的矿区服务事业部党委书记、党委委员职务；免去梁富同志的矿区服务事业部党委委员职务；免去许中义同志的矿区服务事业部党委委员职务；免去李相日同志的物业管理中心党委委员职务；免去王永波同志的物业管理中心党委委员职务；免去陈开奎同志的公司党委组织部部长、公司纪委委员职务；免去李振明同志的公司纪检监察中心纪检监察员职务（退出领导岗位）；免去马振祥同志的公司工会副主席职务（退出领导岗位）；免去陈树相同志的公司机关党委委员职务；免去罗亚凤同志的公司机关纪委委员职务。【庆石化党委〔2019〕6号】

2月15日 大庆石化分公司党委决定：盛开同志任公司党委组织部部长。【庆石化党委〔2019〕14号】

2月15日 大庆石化分公司决定：聘任陈开奎为公司总经理助理，解聘其公司人事处处长职务；聘任陈树相为公司副总工程师，解聘其公司生产运行处处长、应急管理办公室主任职务；解聘朱连勋的公司副总工程师职务，保留副总师待遇，另有任用；解聘孔庆发的公司副总工程师职务（退出领导岗位）。【庆石化任〔2019〕1号】

2月15日 大庆石化分公司决定：聘任戴建军为公司矿区管理部主任（兼），解聘其矿区服务事业部主任职务；聘任梁富为公司矿区管理部副主任（二级正职），解聘其矿区服务事业部副主任职务；聘任王旭光为公司矿区管理部副主任，解聘其矿区服务事业部绿化房管部部长职务；聘任崔俊峰为炼油厂安全总监；聘任岳东利为炼油厂副厂长；聘任李崧延为炼油厂总工程师；聘任孙文盛为化工三厂总工程师；聘任邢广智为热电厂总工程师；聘任陈玉龙为水气厂副厂长、安全总监；聘任刘为民为质量检验中心主任，解聘其公司生产运行处副处长职务；聘任张昆为检测信息技术中心主任；聘任李秋野为检测信息技术中心副主任、安全总监；聘任姜书君为检测信息技术中心副主任；聘任司万祥为检测信息技术中心副主任；聘任王学增为检测信息技术中心副主任，解聘其机械厂副厂长职务；聘任李江为检测信息技术中心副主任，解聘其通讯中心副主任、安全总监职务；聘任王威为检测信息技术中心副主任，解聘其机械厂副厂长职务；聘任张弘旻为检测信息技术中心副主任；聘任李学范为培训中心副主任；聘任孙一啸为培训中心副主任；聘任张有松为消防支队副支队长；聘任霍国彬为保卫部副主任，解聘其通讯中心副主任职务；聘任杨阳为物业管理中心副主任；聘任高恩忠为客运服务中心主任；聘任李渤为客运服务中心副主任；聘任郑连忠为客运服务中心副主任、安全总监；聘任陈立军为客运服务中心副主任，解聘其开发公司副经理职务；聘任邹鹏飞为公司人事处副处长、技能鉴定中心主任；聘任贲涛为公司计划处副处长；聘任缪春祥为公司生产运行处处长、应急管理办公室主任，解聘其炼油厂副厂长、安全总监职务；聘任刘彬彬为公司生产运行处副处长；聘任王子瑜为公司机动设备处副处长；聘任崔积峰为公司法律事务与企管处（内控与风险管理处）处长；聘任王永波为公司维护稳定工作办公室副主任，解聘其物业管理中心副主任职务；聘任薛岐新为公司安全环保监督站站长，解聘其消防支队副支队长职务；解聘吴航英的炼油厂副总工程师职务（退出领导岗位）；解聘张洪强的炼油厂副总工程师职务（退出领导岗位）；解聘凌人志的化工二厂总工程师职务（退出领导岗位）；解聘王忠庆的水气厂安全总监职务；解聘王岩的质量检验中心主任职务；解聘果宏的储运中心副主任职务（退出领导岗位）；解聘肖作德的化建公司副总经理职务（退出领导岗位）；解聘王晖的化建公司总会计师职务（退出领导岗位）；解聘李信的信息技术中心副主任职务；解聘有旻的培训中心副主任职务（退出领导岗位）；解聘肖立的通讯中心主任职务；解聘吴则平的久隆房地产公司副经理职务（退出领导岗位）；解聘宋清文的离退休管理中心副主任职务（退出领导岗位）；解聘许中义的矿区服务事业部副主任职务（退出领导岗位）；解聘李相日的物业管理中心副主任职务（退出领导岗位）；解聘李想的公司技能鉴定中心主任职务；解聘宁书贵的公司科技与规划发展处副处长职务（退出领导岗位）；解聘孙连阁的公司科技与规划发展处副处长职务（退出领导岗位）；解聘王玉成的公司机动设备处副处长职务（退出领导岗位）；解聘李文奇的公司安全环保处副处长职务；解聘孟祥山的公司法律事务与企管处（内控与风险管理处）处长职务；解聘罗亚凤的公司审计处副处长职务（退出领导岗位）；解聘贾英的公司维护稳定工作办公室副主任职务（退出领导岗位）；解聘孙玉林的公司工程管理部副主任、炼油工程指挥部设计技术管理部主任职务（退出领导岗位）。【庆石化任〔2019〕2号】

2月15日　大庆石化分公司决定：聘任盛开为公司人事处处长。【庆石化任〔2019〕4号】

2月15日　大庆石化分公司决定，撤销通讯中心建制。【庆石化编〔2019〕1号】

2月15日 大庆石化分公司决定，成立安全环保监督站，列公司直属机构，机构规格为正处级；安全环保监督站主要负责公司的安全环保监督等工作。【庆石化编〔2019〕2号】

2月15日 大庆石化分公司决定，工程检测、特种设备检测和建筑工程质量检测业务和机构整合到信息技术中心。整合后，信息技术中心对公司内部名称变更为检测信息技术中心；检测信息技术中心对外开展工作时，根据工作需要使用相应资质名称。【庆石化编〔2019〕3号】

2月15日 大庆石化分公司决定，开发公司的石化宾馆和食堂管理中心成建制划归客运中心管理，列客运中心基层单位；石化宾馆和食堂管理中心划归客运中心后，客运中心更名为客运服务中心。【庆石化编〔2019〕4号】

2月15日 大庆石化分公司决定，撤销矿区服务事业部机关各职能部门；成立矿区管理部，列公司直属机构，机构规格为正处级。【庆石化编〔2019〕5号】

2月19日 大庆石化分公司党委决定，撤销中共大庆石化分公司矿区服务事业部委员会及其纪律检查委员会；撤销中共大庆石化分公司通讯中心委员会及其纪律检查委员会；将中共大庆石化分公司信息技术中心委员会、纪律检查委员会更名为中共大庆石化分公司检测信息技术中心委员会、纪律检查委员会；将中共大庆石化分公司矿区服务事业部客运中心委员会、纪律检查委员会更名为中共大庆石化分公司矿区服务事业部客运服务中心委员会、纪律检查委员会。【庆石化党委〔2019〕4号】

2月26日 大庆石化分公司党委决定，成立大庆石化分公司党的建设工作领导小组。【庆石化党委〔2019〕7号】

2月26日 大庆石化分公司党委决定，调整大庆石化分公司党费管理委员会成员。【庆石化党委〔2019〕8号】

3月12日 根据集团公司人事部《关于批准马俊等892人晋升高级专业技术职务任职资格的通知》（人事〔2019〕129号）、《关于批准刘伟等245人晋升高级专业技术职务任职资格的通知》（人事〔2019〕175号）等文件，批准大庆石化分公司马俊等97人晋升高级专业技术职务任职资格。任职资

格时间从 2018 年 12 月 30 日算起。【庆石化人事〔2019〕3 号】

3 月 21 日 大庆石化分公司党委决定，对大庆石化分公司党建信息化工作领导小组成员进行调整，领导小组下设办公室，办公室主任由盛开同志兼任。【庆石化党委〔2019〕9 号】

4 月 1 日 大庆石化分公司决定：聘任逄锦屹为开发公司安全总监；聘任李江为检测信息技术中心安全总监；聘任王刚为久隆房地产公司安全总监；解聘张春跃的开发公司安全总监职务；解聘李秋野的检测信息技术中心安全总监职务。【庆石化任〔2019〕3 号】

4 月 1 日 经中国石油大庆石油化工有限公司厂务会议研究决定：聘任韩宏达为大庆石化建设有限公司经理、执行董事；聘任王岩为大庆石化建设有限公司监事；解聘张满会的大庆石化建设有限公司监事职务。【庆石化公司任〔2019〕1 号】

4 月 1 日 经中国石油大庆石油化工有限公司厂务会议研究决定：聘任李乃森为大庆石油化工机械厂有限公司经理、执行董事；聘任孙贵民为大庆石油化工机械厂有限公司监事；解聘高恩忠的大庆石油化工机械厂有限公司监事职务。【庆石化公司任〔2019〕2 号】

4 月 1 日 经中国石油大庆石油化工有限公司厂务会议研究决定：聘任董国治为大庆雪龙石化技术开发有限公司经理、执行董事；解聘王忠良的大庆雪龙石化技术开发有限公司执行董事、经理职务。【庆石化公司任〔2019〕3 号】

4 月 1 日 经中国石油大庆石油化工有限公司厂务会议研究决定：聘任兰向东为大庆石化技术开发有限公司经理、执行董事；聘任赵东鹏为大庆石化技术开发有限公司监事；解聘曹成才的大庆石化技术开发有限公司执行董事、经理职务；解聘魏文涛的大庆石化技术开发有限公司监事职务。【庆石化公司任〔2019〕4 号】

4 月 1 日 经中国石油大庆石油化工有限公司厂务会议研究决定：聘任张昆为大庆石油化工工程检测技术有限公司执行董事；聘任王学增为大庆石油化工工程检测技术有限公司经理；解聘张晓秋的大庆石油化工工程检测技术有限公司执行董事、副经理职务。【庆石化公司任〔2019〕5 号】

4 月 1 日 经中国石油大庆石油化工有限公司厂务会议研究决定：聘任

崔积峰为大庆久隆房地产开发股份有限公司董事；聘任董国治为大庆久隆房地产开发股份有限公司监事；解聘孟祥山的大庆久隆房地产开发股份有限公司董事职务；解聘柳迎斌的大庆久隆房地产开发股份有限公司监事职务；解聘罗亚凤的大庆久隆房地产开发股份有限公司监事职务；解聘王国章的大庆久隆房地产开发股份有限公司监事职务。【庆石化公司任〔2019〕6号】

4月1日 经中国石油大庆石油化工有限公司厂务会议研究决定：聘任王恩兆为中国石油大庆石油化工有限公司龙凤招待所负责人。【庆石化公司任〔2019〕7号】

4月1日 经中国石油大庆石油化工有限公司厂务会议研究决定：聘任李乃森为中国石油大庆石油化工有限公司计量检定测试中心主任；解聘张晓秋的中国石油大庆石油化工有限公司计量检定测试中心主任职务。【庆石化公司任〔2019〕8号】

4月1日 经中国石油大庆石油化工有限公司厂务会议研究决定：聘任李秀伟为大庆石化工程招标代理有限公司董事、董事长；聘任崔积峰为大庆石化工程招标代理有限公司董事；聘任兰向东为大庆石化工程招标代理有限公司董事；解聘马铁钢的大庆石化工程招标代理有限公司董事长、董事职务；解聘孟祥山的大庆石化工程招标代理有限公司董事职务；解聘曹成才的大庆石化工程招标代理有限公司董事职务。【庆石化公司任〔2019〕9号】

5月17日 股份公司决定：李秀伟兼任大庆石化工程招标代理有限公司董事、董事长。【油人事函〔2019〕41号】

6月16日 集团公司"不忘初心、牢记使命"主题教育第一巡回指导组，在大庆石化分公司召开了大庆石化、大庆炼化沟通见面会。集团公司第一巡回指导组组长沈钢与指导组成员，大庆石化分公司党委书记、总经理康志军，大庆炼化分公司党委书记、总经理姜国骅，大庆石化、大庆炼化分公司"不忘初心、牢记使命"主题教育领导小组成员及办公室主要成员参加了会议。康志军代表大庆石化分公司表态。【大庆石化分公司大事记】

6月20日 为认真贯彻落实中共中央《关于在全党开展"不忘初心、牢记使命"主题教育的意见》精神，根据集团公司《开展"不忘初心、牢记使命"主题教育实施方案》要求，结合大庆石化分公司实际，开展"不忘初心，牢记使命"主题教育工作。【庆石化党委〔2019〕17号】

7月4日　大庆石化分公司决定，安全环保监督站和工程质量监督站整合为安全环保工程监督站，列公司直属机构，机构规格为正处级。【庆石化编〔2019〕8号】

7月4日　大庆石化分公司党委决定：王彦江同志任炼油厂党委委员；柳文杰同志任化工一厂党委委员、党委副书记、纪委书记、工会主席，免去其公司党委办公室副主任职务；何培堂同志任化工二厂党委委员、党委副书记、纪委书记、工会主席，免去其机械厂党委委员职务；袁建同志任化工三厂党委委员；张国民同志任塑料厂党委委员、党委书记，免去其化工三厂党委委员职务；张伟同志任腈纶厂党委书记；董旭东同志任腈纶厂党委委员；杨纯秋同志任热电厂党委委员，免去其物资供应中心党委委员职务；关蕾同志任储运中心党委书记，免去其储运中心纪委书记、工会主席职务；王伟同志任储运中心党委委员、党委副书记、纪委书记、工会主席；宋阳同志任化建公司党委委员、党委书记，免去其炼油厂党委委员职务；赵洋同志任化建公司党委委员；武云峰同志任化建公司党委委员；张学峰同志任开发公司党委委员、党委书记，免去其化建公司党委委员职务；王继波同志任开发公司党委委员，免去其物资供应中心党委委员职务；郝剑锋同志任物资供应中心党委委员；王红同志任物资供应中心党委委员；张宇辉同志任物资供应中心党委委员；何立民同志任培训中心党委委员、党委书记、公司党校副校长；李永田同志任培训中心党委委员，免去其物资供应中心党委委员职务；吴玉海同志任培训中心党委委员、党委副书记、纪委书记、工会主席；刘仁权同志任实业公司党委书记，免去其实业公司纪委书记、工会主席职务；张新立同志任实业公司党委副书记、纪委书记、工会主席；齐春雷同志任实业公司党委委员；张君同志任物业管理中心党委委员，免去其物资供应中心党委委员职务；刘奎同志任离退休管理中心党委委员、党委副书记、纪委书记、工会主席，免去其化工二厂党委副书记、党委委员、纪委书记、工会主席职务；刘明新同志任公司党委办公室副主任；张满会同志任公司机关工会主席；免去王国福同志的质量检验中心党委书记、党委委员职务（退出领导岗位）；免去王岩同志的化建公司党委书记、党委委员职务；免去唐世国同志的开发公司党委书记、党委委员职务（退出领导岗位）；免去杨宪龙同志的培训中心党委书记、党委委员、公司党校副校长职务（退出领导岗位）；免去冷铁军同志的培训中心党委委员职务；免去李渤同志的客运服务中心党委委员职务；免去刘杰国同志的离退休管理中心党委副书记、纪委书记、工会主席职务；免去张永林同志的公司党委办公室副主任职务；免去何剑镔同志的公司机关工会主席职务。【庆石化党委〔2019〕20号】

7月4日 大庆石化分公司决定：聘任王彦江为炼油厂副厂长，解聘其炼油厂副总工程师职务；聘任袁建为化工三厂副厂长；聘任董旭东为腈纶厂副厂长、安全总监；聘任杨纯秋为热电厂副厂长，解聘其物资供应中心副主任、安全总监职务；聘任赵洋为化建公司副总经理、安全总监；聘任武云峰为化建公司总会计师；聘任王继波为开发公司副经理，解聘其物资供应中心副主任职务；聘任郝剑锋为物资供应中心副主任、炼油工程指挥部采购部主任；聘任王红为物资供应中心副主任、安全总监；聘任张宇辉为物资供应中心副主任；聘任李永田为培训中心副主任，解聘其物资供应中心副主任职务；聘任齐春雷为实业公司副总经理、安全总监；聘任张君为物业管理中心副主任，解聘其物资供应中心副主任、炼油工程指挥部采购部主任职务；聘任刘杰国为离退休管理中心副主任；聘任刘明新为公司总经理办公室副主任；聘任于水为公司生产运行处副处长、调度中心主任；聘任辛治溢为公司科技与规划发展处副处长；聘任吕印达为公司安全环保处副处长；聘任聂玉龙为公司审计处副处长；聘任张永林为公司维护稳定工作办公室副主任，解聘其公司总经理办公室副主任、档案中心主任职务；聘任刘瑞巍为公司工程造价部主任，解聘其公司工程项目管理中心主任、炼油工程指挥部副指挥职务；聘任王岩为公司矿区管理部主任；聘任李龙江为公司工程项目管理中心主任；解聘戴建军的公司副总工程师、矿区管理部主任职务（退出领导岗位）；解聘宋阳的炼油厂副厂长职务；解聘张国民的化工三厂副厂长职务；解聘张伟的腈纶厂副厂长、安全总监职务；解聘关世波的储运中心副主任、炼油工程指挥部质量管理部主任职务（退出领导岗位）；解聘张学峰的化建公司副总经理、安全总监职务；解聘何培堂的机械厂副厂长职务；解聘冷铁军的培训中心副主任职务（退出领导岗位）；解聘张新立的实业公司副总经理、安全总监职务；解聘李渤的客运服务中心副主任职务（退出领导岗位）；解聘柳文杰的公司总经理办公室副主任职务；解聘刘永的公司生产运行处副处长、调度中心主任职务；解聘魏宪堂的公司工程造价部主任职务（退出领导岗位）；解聘何立民的公司工程质量监督站站长职务；解聘赵金玉的公司工程项目管理中心副主任、炼油工程指挥部设计技术管理部副主任职务（退出领导岗位）。【庆石化任〔2019〕5号】

7月4日　大庆石化分公司决定：聘任薛岐新为公司安全环保工程监督站站长，解聘其公司安全环保监督站站长职务；聘任董志波为公司安全环保工程监督站副站长，解聘其机械厂副厂长职务；聘任邢春发为公司安全环保工程监督站副站长；聘任李伟为公司安全环保工程监督站副站长。【庆石化任〔2019〕6号】

7月4日　经中国石油大庆石油化工有限公司厂务会议研究决定：聘任宋阳为大庆石化建设有限公司监事；解聘王岩的大庆石化建设有限公司监事职务。【庆石化公司任〔2019〕10号】

7月4日　经中国石油大庆石油化工有限公司厂务会议研究决定：聘任郑连忠为中国石油大庆石油化工有限公司大庆石化宾馆负责人、中国石油大庆石油化工有限公司龙凤宾馆负责人、中国石油大庆石油化工有限公司雅迪威商务酒店负责人；解聘陈立军的中国石油大庆石油化工有限公司大庆石化宾馆负责人、中国石油大庆石油化工有限公司龙凤宾馆负责人、中国石油大庆石油化工有限公司雅迪威商务酒店负责人职务。【庆石化公司任〔2019〕11号】

7月9日　大庆石化分公司决定，将公司机关工会职能由企业文化处（党委宣传部、团委）划转到公司工会。【庆石化编〔2019〕6号】

7月9日　大庆石化分公司决定，储运中心仓储一车间划归塑料厂，与塑料厂成品一车间整合为新的成品一车间；储运中心仓储二车间划归化工三厂，按业务分别与化工三厂成品车间、橡胶制品一车间、橡胶制品二车间整合为新的成品车间、橡胶制品一车间、橡胶制品二车间；储运中心仓储三车间划归塑料厂，与塑料厂成品二车间整合为新的成品二车间；仓储业务划转后，储运中心更名为销售储运中心。【庆石化编〔2019〕7号】

8月2日 集团公司第一巡回指导组组长沈钢到大庆石化分公司机械厂容器制造车间调研，大庆石化分公司领导马铁钢陪同。【大庆石化分公司大事记】

8月2日 大庆石化分公司召开"不忘初心、牢记使命"主题教育调研成果交流会。集团公司第一巡回指导组组长沈钢到会指导。大庆石化分公司党委书记、总经理康志军主持会议。大庆石化分公司领导班子成员出席会议。【大庆石化分公司大事记】

8月14日 经大庆石化分公司机关党委同意，撤销工程质量监督站党支部，工程质量监督站党支部的党员合并到安全环保监督站党支部；安全环保监督站党支部更名为安全环保工程监督站党支部。【机关党〔2019〕13号】

8月29日 大庆石化分公司决定，撤销公司驻京联络处。【庆石化编〔2019〕9号】

9月2日 大庆石化分公司决定：推荐韩月辉为大庆华科股份有限公司总经理，赵万臣为大庆华科股份有限公司常务副总经理。【庆石化任〔2019〕7号】

9月25日 集团公司党组成员、副总经理刘宏斌到大庆石化分公司炼油厂120万吨/年连续重整装置建设现场、机械厂展厅和容器制造车间现场，就大炼油项目建设、装备制造精益管理暨服务型制造现场会筹备等方面工作进行调研，大庆石化分公司领导康志军、马铁钢陪同。【大庆石化分公司大事记】

9月25日 股份公司副总裁、炼化板块总经理杨继钢到大庆石化分公司检查指导工作，大庆石化分公司领导康志军、孙玉彬、李秀伟等陪同。【大庆石化分公司大事记】

9月30日 大庆石化分公司党委研究决定，现将公司领导班子成员党建职责分工通知如下：公司党委书记是公司党建工作"第一责任人"，负责党委全面工作；公司党委副书记（党委常务副书记）协助党委书记抓好党委工作，负责党委日常工作，履行党建直接责任；公司党委委员履行"一岗双责"重要领导责任。【庆石化党委〔2019〕25号】

9月　大庆石化分公司质量检验中心喜获中国石油2019年职业技能竞赛环境监测大赛团体和个人"双银"奖项。【大庆石化分公司大事记】

10月22日　集团公司总经理助理汪世宏到大庆石化分公司调研。大庆石化分公司领导康志军、马铁钢陪同调研。【大庆石化分公司大事记】

10月23日　集团公司党组成员、副总经理刘宏斌，股份公司副总裁孙龙德，集团公司总经理助理汪世宏到大庆石化分公司机械厂参观精益管理成果。大庆石化分公司领导康志军、马铁钢、李秀伟陪同参观。【大庆石化分公司大事记】

11月11日　大庆石化分公司党委决定：关蕾同志任销售储运中心党委委员、党委书记；樊三林同志任销售储运中心党委委员；孙宏安同志任销售储运中心党委委员；李成利同志任销售储运中心党委委员；王庆启同志任销售储运中心党委委员；李宏伟同志任销售储运中心党委委员；王伟同志任销售储运中心党委委员、党委副书记、纪委书记、工会主席。【庆石化党委〔2019〕27号】

11月11日　大庆石化分公司决定：樊三林任销售储运中心主任；孙宏安任销售储运中心副主任、安全总监；李成利任销售储运中心副主任；王庆启任销售储运中心副主任，免去其公司派驻北京联络处主任职务；李宏伟任销售储运中心副主任。【庆石化任〔2019〕8号】

11月12日　为深入贯彻落实《中共中国石油天然气集团有限公司党组关于推进纪检监察体制改革的通知》要求，结合公司实际，大庆石化分公司党委印发《大庆石化分公司党委关于推进纪检监察体制改革的实施方案》。【庆石化党委〔2019〕28号】

11月20日　集团公司召开"弘扬爱国奋斗精神、建功立业新时代"总结表彰会，公司炼油厂副厂长王伟国荣获集团公司"建功立业模范人物"称号。【大庆石化分公司大事记】

11月　大庆石化分公司两支参赛队获得2019年中国技能大赛第十一届全国石油和化工行业职业技能竞赛团体三等奖，水气厂员工高波、李险峰、宫文宇和炼油厂员工李妍月获得"全国石油和化工行业优秀技能人才"称

号。【大庆石化分公司大事记】

12月9日　根据《大庆石化分公司高技能人才管理办法》（庆石化人事〔2017〕7号）文件精神，经研究决定，聘任丁少伟等10人为大庆石化分公司技能专家，刘松涛等7人为首席技师。公司技能专家、首席技师的聘期从2020年1月1日开始算起，至2022年12月31日止，聘期3年。【人事〔2019〕62号】

12月19日　大庆石化分公司党委决定：宋树林同志任炼油厂党委委员；冯忠亮同志任化工一厂党委委员；王焱鹏同志任化工一厂党委委员；唐兆坤同志任塑料厂党委委员；崔勇同志任热电厂党委委员；刘涛同志任销售储运中心党委委员；孟令君同志任化建公司党委委员；戴英健同志任检测信息技术中心党委委员；曲少志同志任离退休管理中心党委委员，免去其公司党委组织部副部长职务；李箐泉同志任公司党委办公室副主任；吴长金同志任公司党委办公室副主任；赵德龙同志任公司党委组织部副部长，免去其公司党委办公室副主任职务；韩永和同志任公司纪委办公室主任；赵立新同志任公司纪委办公室副主任、纪检中心主任，免去其公司副处级纪检员、公司纪检监察中心主任职务；李海龙同志任公司纪委办公室副主任。【庆石化党委〔2019〕31号】

12月19日　大庆石化分公司决定：宋树林任炼油厂副厂长；冯忠亮任化工一厂副厂长；王焱鹏任化工一厂副厂长；唐兆坤任塑料厂副厂长；崔勇任热电厂副厂长；刘涛任销售储运中心副主任；孟令君任化建公司副总经理；戴英健任检测信息技术中心副主任；曲少志任离退休管理中心副主任，免去其公司人事处副处长职务；张清军任公司档案中心主任；李箐泉任公司总经理办公室副主任；吴长金任公司总经理办公室副主任、行政事务中心主任；赵德龙任公司人事处副处长，免去其公司总经理办公室副主任、行政事务中心主任职务；焦庆雨任公司机动设备处副处长；免去韩永和的公司监察处处长职务；免去赵立新的公司监察处副处长职务。【庆石化任〔2019〕9号】

二〇二〇年

1月8日　为进一步加强公司党委巡察办公室与纪委办公室、组织人事、审计等部门的协调协作，有效对接，形成监督合力，根据《关于建立集团公司党组巡视机构与纪检监察组及组织人事、审计等有关部门协调配合机制的意见》（中油党组〔2019〕149号）要求，制定公司党委巡察办公室与纪委办公室、组织人事、审计等有关部门协调配合机制的实施办法。【庆石化党委〔2020〕1号】

1月19日　根据集团公司职鉴〔2019〕5号文件精神，决定授予李强等27人技师和杨忠文等10人高级技师技能等级资格。以上人员技能等级资格认定时间为2019年12月30日。【人事〔2020〕1号】

1月27日　大庆石化分公司制定《大庆石化分公司应对新型冠状病毒感染的肺炎疫情防控工作实施方案》，成立以党委书记、总经理为组长，其他班子成员为副组长的应对新冠肺炎疫情防控工作领导小组。【大庆石化分公司大事记】

2月2日　大庆石化分公司下发《大庆石化分公司新型冠状病毒防控工作指导手册》。【大庆石化分公司大事记】

2月10日　大庆石化分公司党委印发《大庆石化分公司领导干部退出领导岗位管理规定》。【庆石化党委〔2020〕8号】

3月26日　大庆石化分公司编委办决定，石蜡仓储、装车业务和人员划归炼油厂制蜡联合车间管理；负责尿素和液氨装车业务的销售储运中心化肥装运车间划归化肥厂，与化肥厂成品车间整合为新的成品车间。【编委办〔2020〕14号】

4月1日　大庆石化分公司党委决定：隋元春同志任化工一厂党委书记；赵晓伟同志任化工二厂党委委员；戴岩同志任热电厂党委委员、党委书记，免去其水气厂党委书记、党委委员职务；丁汉明同志任水气厂党委委员、党委书记，免去其实业公司党委委员职务；李雪冰同志任水气厂党委委员、党委副书记、纪委书记、工会主席；赵尔权同志任质量检验中心党委书记；邢春发同志任化建公司党委委员；李松涛同志任化建公司党委委员；刘斌同志任机械厂党委委员；徐龙海同志任检测信息技术中心党委委员、党委副书记、纪委书记、工会主席，免去其水气厂党委副书记、党委委员、纪委书记、工会主席职务；赵秀娟同志任实业公司党委委员；贾淑芬同志任职工医院党委委员；郝惠南同志任职工医院党委委员；王威同志任公司纪委委员，免去其化工一厂党委书记、党委委员职务；免去王雨春同志的热电厂党委书记、党委委员职务（退出领导岗位）；免去孙宏安同志的销售储运中心党委委员职务；免去韩宏达同志的化建公司党委委员职务；免去李增富同志的检测信息技术中心党委副书记、党委委员、纪委书记、工会主席职务（退出领导岗位）；免去吴永林同志的久隆房地产公司党委委员职务；免去刘振华同志的职工医院党委委员职务；免去崔积峰同志的公司纪委委员职务。【庆石化党委〔2020〕22号】

4月1日 大庆石化分公司决定：免去张欣林的公司副总工程师、炼油工程指挥部副指挥职务（退出领导岗位）；免去范晓彬的公司副总经济师职务（退出领导岗位）；免去陈开奎的公司总经理助理职务，另有任用。【庆石化任〔2020〕4号】

4月1日 大庆石化分公司决定：赵晓伟任化工二厂总工程师；高新年任化建公司总经理；邢春发任化建公司副总经理，免去其公司安全环保工程监督站副站长职务；李松涛任化建公司副总经理；刘斌任机械厂副厂长；赵秀娟任实业公司副总经理；贾淑芬任职工医院副院长；郝惠南任职工医院副院长；付尧任职工医院副院长；陈立军任客运服务中心安全总监；雷钧任公司生产运行处副处长；李云涛任公司科技与规划发展处副处长；王威任公司法律事务与企管处（内控与风险管理处）处长；韩宏达任公司工程管理部副主任（二级正职）、炼油工程指挥部副指挥，免去其化建公司总经理职务；免去刘文福的炼油厂副总工程师职务（退出领导岗位）；免去隋元春的化工一厂副厂长职务；免去孙宏安的销售储运中心副主任、安全总监职务（退出领导岗位）；免去赵尔权的质量检验中心副主任职务；免去丁汉明的实业公司副总经理职务；免去吴永林的久隆房地产公司副经理职务（退出领导岗位）；免去刘振华的职工医院副院长职务（退出领导岗位）；免去郑连忠的客运服务中心安全总监职务；免去张韧坚的公司科技与规划发展处副处长职务（退出领导岗位）；免去王晓枫的公司安全环保处副处长职务（退出领导岗位）；免去崔积峰的公司法律事务与企管处（内控与风险管理处）处长职务，另有任用；免去顾培臣的公司工程项目管理中心副主任、炼油工程指挥部公用工程项目组经理职务（退出领导岗位）。【庆石化任〔2020〕5号】

4月1日 经中国石油大庆石油化工有限公司厂务会议研究决定：高新年任大庆石化建设有限公司执行董事、经理；免去韩宏达的大庆石化建设有限公司执行董事、经理职务。【庆石化公司任〔2020〕1号】

4月1日 经中国石油大庆石油化工有限公司厂务会议研究决定：王威任大庆久隆房地产开发股份有限公司董事；免去张欣林的大庆久隆房地产开发股份有限公司董事职务；免去崔积峰的大庆久隆房地产开发股份有限公司董事职务。【庆石化公司任〔2020〕2号】

4月1日 经中国石油大庆石油化工有限公司厂务会议研究决定：王威任大庆石化工程招标代理有限公司董事；免去崔积峰的大庆石化工程招标代理有限公司董事职务。【庆石化公司任〔2020〕3号】

4月2日 大庆石化分公司党委印发《中共大庆石化分公司委员会2020年工作要点》。【庆石化党委〔2020〕16号】

4月8日 大庆石化分公司党委决定，成立公司生产经营优化领导小组。【庆石化党委〔2020〕19号】

4月8日 大庆石化分公司党委决定，成立公司工程建设推进领导小组。【庆石化党委〔2020〕20号】

4月8日 大庆石化分公司党委决定，成立公司党建思想政治工作研究会。【庆石化党委〔2020〕21号】

4月17日 根据集团公司人事部《关于批准白银等1178人晋升高级专业技术职务任职资格的通知》（人事〔2020〕130号）、《关于批准刘洪波等222人晋升高级专业技术职务任职资格的通知》（人事〔2020〕98号）等文件，批准大庆石化分公司夏志国等102人晋升高级专业技术职务任职资格。以上102人的任职资格时间从2019年12月30日算起。【庆石化人事〔2020〕1号】

5月12日　经研究并商得中共黑龙江省委同意，集团公司党组决定：孙玉彬同志任大庆石化分公司党委常务副书记；刘文智同志任大庆石化分公司党委委员。【中油党组〔2020〕79号】

5月12日　经研究并商得中共黑龙江省委同意，股份公司决定：刘文智任大庆石化分公司副总经理。【石油任〔2020〕73号】

5月26日　大庆石化分公司召开干部大会，集团公司党组以视频会议形式，宣布关于大庆石化分公司领导班子成员任职的决定。集团公司党组成员、副总经理、安全总监、股份公司总裁段良伟在主会场出席会议并讲话。集团公司人事部副总经理李刚主持会议并宣读任免文件：孙玉彬同志任大庆石化分公司党委常务副书记；刘文智同志任大庆石化分公司党委委员、副总经理。大庆石化分公司常务副书记孙玉彬作表态发言。【大庆石化分公司大事记】

6月3日　集团公司董事长、党组书记戴厚良到大庆石化分公司调研，了解企业疫情防控、生产经营、提质增效、改革发展、科技创新和党的建设等情况，看望慰问一线员工。集团公司总经理、党组副书记李凡荣参加调研。股份公司副总裁孙龙德、李鹭光、杨继钢，集团公司总经理助理刘志华，集团公司办公室、政策研究室、规划计划部、财务部、改革与企业管理部等负责同志参加调研。大庆石化分公司领导班子成员陪同调研。【大庆石化分公司大事记】

6月12日　大庆石化分公司党委印发《大庆石化分公司"三重一大"决策制度实施细则》。【庆石化党委〔2020〕27号】

6月12日　为进一步加强公司党风廉政建设和反腐败工作的组织领导，大庆石化分公司党委印发《大庆石化分公司党风廉政建设和反腐败工作领导小组工作规则（试行）》和《大庆石化分公司党风廉政建设和反腐败工作协调小组工作规则（试行）》。【庆石化党委〔2020〕29号】

6月12日　大庆石化分公司党委印发《大庆石化分公司先优模评选表彰管理办法》。【庆石化党委〔2020〕30号】

6月12日　根据《中国共产党党务公开条例（试行）》《中共中国石油天然气有限公司党组党务公开工作实施细则》（中油党组〔2018〕134号）要求，大庆石化分公司制定并印发《大庆石化分公司党委党务公开工作管理

办法》。【庆石化党委〔2020〕31号】

6月17日　大庆石化分公司党委决定：李传明同志任塑料厂党委委员；郝丹同志任水气厂党委委员；王景良同志任销售储运中心党委委员、党委书记，免去其塑料厂党委委员职务；王树术同志任销售储运中心党委委员；剡光耀同志任质量检验中心党委委员；冯凯明同志任机械厂党委委员；刘英杰同志任开发公司党委委员；张晓娇同志任物资供应中心党委委员；王学增同志任检测信息技术中心党委书记；钱福群同志任检测信息技术中心党委委员；关蕾同志任物业管理中心党委委员、党委书记，免去其销售储运中心党委书记、党委委员职务；孙强同志任公司党委组织部副部长；免去白天相同志的化工一厂党委委员职务；免去杨纯秋同志的热电厂党委委员职务；免去王忠庆同志的水气厂党委委员职务；免去肖立同志的检测信息技术中心党委书记、党委委员职务（退出领导岗位）；免去魏文涛同志的物业管理中心党委书记、党委委员职务（退出领导岗位）；免去刘春华同志的公司党委组织部副部长职务。【庆石化党委〔2020〕33号】

6月17日　大庆石化分公司决定：李龙江任公司副总工程师，免去其公司工程管理部主任、炼油工程指挥部副指挥、工程项目管理中心主任职务；孟凡伟任公司总经理助理；田春光任公司副总工程师；魏豥任公司副总工程师。【庆石化任〔2020〕7号】

6月17日　大庆石化分公司决定：李秀伟兼任公司炼油工程指挥部指挥；崔俊峰任炼油厂常务副厂长；刘树青任化工一厂常务副厂长；李传明任塑料厂总工程师；郝丹任水气厂副厂长；王树术任销售储运中心副主任、安全总监；剡光耀任质量检验中心副主任、安全总监；冯凯明任机械厂总会计师；刘英杰任开发公司副经理；张晓娇任物资供应中心副主任；钱福群任检测信息技术中心主任，免去其公司机动设备处副处长职务；孙强任公司人事处副处长、社会保险中心主任；白天相任公司机动设备处处长，免去其化工一厂副厂长职务；刘小建任公司安全环保处副处长；韩宏达任公司工程管理部主任；王忠庆任公司安全环保工程监督站副站长，免去其水气厂副厂长职务；免去宗义山兼任的公司炼油工程指挥部指挥职务；免去刘文智兼任的公司机动设备处处长职务；免去王景良的塑料厂总工程师职务；免去杨纯秋的热电厂副厂长职务（退出领导岗位）；免去李德军的质量检验中心安全总监职务；免去张昆的检测信息技术中心主任职务（退出领导岗位）；免去王学增的检测信息技术中心副主任职务；免去刘春华的公司人事处副处长、社会保险中心主任职务（退出领导岗位）；免去马长友的公司科技与规划发展处副处长职务（退出领导岗位）。【庆石化任〔2020〕8号】

6月17日 经中国石油大庆石油化工有限公司厂务会议研究决定：钱福群任北京圣金桥信息技术有限公司执行董事、经理；免去张昆的北京圣金桥信息技术有限公司执行董事、经理职务。【庆石化公司任〔2020〕4号】

6月17日 经中国石油大庆石油化工有限公司厂务会议研究决定：钱福群任大庆石油化工工程检测技术有限公司执行董事、经理；免去张昆的大庆石油化工工程检测技术有限公司执行董事职务；免去王学增的大庆石油化工工程检测技术有限公司经理职务。【庆石化公司任〔2020〕5号】

6月17日 经中国石油大庆石油化工有限公司厂务会议研究决定：钱福群任大庆金桥信息技术工程有限公司执行董事、经理；免去张昆的大庆金桥信息技术工程有限公司执行董事、经理职务。【庆石化公司任〔2020〕6号】

6月21日 大庆石化分公司集体所有制企业大庆龙化新实业总公司将集体企业改制为有限公司，更名为大庆五龙实业有限公司，对内仍称为实业公司。【国资厅发改革〔2019〕20号】【中油企管〔2019〕225号】【（龙凤）登记企变字〔2020〕第13号】

6月28日 为进一步规范大庆石化分公司（以下简称公司）重大事项的决策内容及程序，提高议事效率，规避决策风险，切实提升公司领导班子的科学民主决策水平，根据《中国共产党章程》《中共中国石油天然气集团有限公司党组工作规则》（中油党组〔2020〕19号）、《关于进一步明确所属企事业单位决策"三重一大"与其他重要经营管理事项的指导意见（试行）》（党组办发〔2019〕8号）、《关于印发油气田企业等"三重一大"决策事项清单（专用部分）的通知》（党组办发〔2020〕3号）、《关于印发〈各级党组织生态环境保护重大事项议事规则〉的通知》（党组办发〔2020〕2号）等规定，结合公司实际，制定《大庆石化分公司领导班子议事规则》。【庆石化党委〔2020〕34号】

7月20日　大庆石化分公司决定：免去梁富的公司矿区管理部副主任职务。【庆石化任〔2020〕9号】

7月　由大庆石化分公司化工一厂参与研发的国内首台高寒地区大型裂解装置急冷油循环泵试运成功，打破了以往此类泵只能依赖进口的局面，填补了国内空白。【大庆石化分公司大事记】

8月4日　经研究并商得中共黑龙江省委同意，集团公司党组决定：王一民同志任大庆石化分公司党委委员、党委书记；免去康志军同志的大庆石化分公司党委书记、党委委员职务。【中油党组任〔2020〕29号】

8月4日　经研究并商得中共黑龙江省委同意，股份公司决定：王一民任大庆石化分公司总经理；免去康志军的大庆石化分公司总经理职务，调广东石化分公司工作。【石油任〔2020〕12号】

8月4日　经研究并商得中共黑龙江省委同意，集团公司决定：王一民任中国石油大庆石油化工有限公司执行董事、总经理；免去康志军的中国石油大庆石油化工有限公司执行董事、总经理职务。【中油任〔2020〕19号】

8月17日　大庆石化分公司召开干部大会，集团公司以视频会议形式宣布关于大庆石化分公司主要领导调整的决定。集团公司党组成员、副总经理、安全总监、股份公司总裁段良伟在主会场出席会议并讲话。集团公司人事部副总经理李刚主持会议并宣读任免文件：王一民同志任大庆石化分公司党委委员、党委书记、总经理，大庆石油化工有限公司执行董事、总经理；康志军同志任广东石化分公司党委委员、党委书记、总经理，免去其大庆石化分公司党委书记、党委委员、总经理，大庆石油化工有限公司执行董事、总经理职务。【大庆石化分公司大事记】

8月29日　为贯彻落实集团公司2020年领导干部会议精神，以及戴厚良董事长提出"四查"要求，遵循"专业化发展、市场化运作、精益化管理、一体化统筹"治理准则，突出问题导向、目标导向、结果导向，树牢"安全是碗、效益是饭"的理念，强化安全管理的关口前移、源头管控，全员参与、综合施策，深化以市场为导向、效益为中心的生产经营运行机制，不断明晰公司安全生产和提质增效"两大"体系，推进公司治理体系和治理能力现代化，大庆石化分公司党委决定，开展"四查四提升"活动，深化提质

增效专项行动。【庆石化党委〔2020〕43号】

8月30日 "大庆石化炼油结构调整转型升级项目中交仪式"在350万吨/年常减压装置现场举行，标志着该项目12套装置及29项配套公用工程和辅助设施全面建成，大庆石化分公司由此正式跨入千万吨级炼化一体化企业行列。大庆石化分公司党委书记、总经理王一民，党委常务副书记孙玉彬，以及全体领导班子成员，各参建单位主要负责同志及代表及相关单位、机关相关部门负责同志参加仪式。【大庆石化分公司大事记】

9月3日 集团公司副总经理焦方正在股份公司副总裁、大庆油田党委书记、大庆油田有限责任公司执行董事孙龙德陪同下到大庆石化分公司调研，深入大庆石化分公司开展的能源领域核心业务系统自主化安全防护示范工程（简称D1）项目现场慰问看望项目人员，并听取工作汇报。大庆石化分公司领导王一民、宗义山陪同调研。【大庆石化分公司大事记】

10月14日至17日 大庆石化分公司举办中国石油首届一线生产创新大赛炼油与化工专业比赛。大庆石化分公司取得炼油与化工专业团队一、二等奖，团体三等奖，工程建设专业团队三等奖，塑料厂"QL505P与其他牌号切换问题"项目获得代表集团公司参加国赛资格。【大庆石化分公司大事记】

10月19日 大庆石化分公司党委决定：免去田春光同志兼任的炼油厂党委委员职务；免去魏殁同志兼任的化工一厂党委委员职务；免去张军同志的开发公司党委委员职务；免去肖晨光同志的开发公司党委委员职务。【庆石化党委〔2020〕46号】

10月19日 大庆石化分公司决定：崔俊峰任炼油厂厂长，免去其炼油厂安全总监职务；宋树林任炼油厂安全总监；刘树青任化工一厂厂长，免去其化工一厂安全总监职务；王焱鹏任化工一厂安全总监；免去田春光兼任的炼油厂厂长职务；免去魏殁兼任的化工一厂厂长职务；免去张军的开发公司副经理职务（退出领导岗位）；免去肖晨光的开发公司总工程师职务（退出领导岗位）。【庆石化任〔2020〕10号】

10月30日 大庆石化分公司印发《大庆石化分公司二级领导干部退出

岗位管理补充规定》。【庆石化党委〔2020〕47号】

11月3日　大庆石化分公司党委决定：王为哲同志任炼油厂党委委员、党委书记，免去其公司党委宣传部副部长职务；王彦江同志任炼油厂党委副书记、纪委书记、工会主席；马俊同志任炼油厂党委委员；赵宝春同志任化工一厂党委委员；缪春祥同志任化工三厂党委委员、党委书记，免去其公司机关党委委员职务；吕书军同志任塑料厂党委委员；于水同志任水气厂党委委员；张世祥同志任销售储运中心党委委员；张勇同志任机械厂党委书记；孙继良同志任开发公司党委委员，免去其实业公司党委委员职务；王岩同志任培训中心党委委员、党委书记、公司党校副校长；丁明雨同志任实业公司党委书记；宫向英同志任实业公司党委委员，免去其塑料厂党委委员职务；路锦新同志任实业公司党委委员、党委副书记、纪委书记、工会主席；张利刚同志任保卫部党委委员，免去其实业公司党委委员职务；刘仁权同志任久隆房地产公司党委委员、党委书记，免去其实业公司党委书记、党委委员职务；张新立同志任客运服务中心党委委员，免去其实业公司党委副书记、党委委员、纪委书记、工会主席职务；何立民同志任离退休管理中心党委委员、党委书记，免去其培训中心党委书记、党委委员、公司党校副校长职务；雷雪峰同志任公司党委办公室主任、机关党委委员、公司纪委委员，免去其离退休管理中心党委委员职务；柳文杰同志任公司党委宣传部副部长，免去其化工一厂党委副书记、党委委员、纪委书记、工会主席职务；王伟国同志任公司机关党委委员，免去其炼油厂党委委员职务；王永波同志任公司武装部部长、公司610办公室主任；免去孟凡伟同志兼任的公司党委办公室主任、机关党委委员、公司纪委委员职务；免去陈开奎同志的公司党建思想政治研究会常务副主任职务（退出领导岗位）；免去张继才同志的炼油厂党委书记、党委委员职务（退出领导岗位）；免去吴永焕同志的炼油厂党委副书记、党委委员、纪委书记、工会主席职务（退出领导岗位）；免去魏铁锋同志的化工一厂党委委员职务；免去韩锡禄同志的化工三厂党委书记、党委委员职务（退出领导岗位）；免去李传明同志的塑料厂党委委员职务；免去刘均同志的水气厂党委委员职务；免去樊三林同志的销售储运中心党委委员职务；免去孙贵民同志的机械厂党委书记职务；免去李乃森同志的机械厂党委委员职务；免去冯凯明同志的机械厂党委委员职务；免去施雄同志的实业公司党委委员职务；免去王德民同志的消防支队党委委员职务；免去路永涛同志的离退休管理中心党委书记职务；免去王发胜同志的公司武装部部长、公司610办公室主任职务。【庆石化党委〔2020〕48号】

11月3日 大庆石化分公司决定：马俊任炼油厂副厂长；赵宝春任化工一厂副厂长；辛治溢任化工三厂副厂长，免去其公司科技与规划发展处副处长职务；唐兆坤任塑料厂安全总监；吕书军任塑料厂总工程师；于水同志任水气厂厂长，免去其公司生产运行处副处长、调度中心主任职务；王景良任销售储运中心主任；张世祥任销售储运中心副主任，免去其物资供应中心副主任职务；孙贵民任机械厂厂长；刘斌任机械厂安全总监；孙继良任开发公司总工程师，免去其实业公司副总经理职务；孙长江任物资供应中心副主任（负责招标中心工作）；宫向英任实业公司总经理，免去其塑料厂副厂长、安全总监职务；张利刚任保卫部副主任，免去其实业公司副总经理职务；张新立任客运服务中心副主任；路永涛任离退休管理中心主任；雷雪峰任公司总经理办公室主任，免去其离退休管理中心主任职务；柳文杰任公司企业文化处副处长；何剑镔任公司新闻中心主任；冯凯明任公司计划处副处长，免去其机械厂总会计师职务；王伟国任公司生产运行处处长、应急管理办公室主任，免去其炼油厂副厂长职务；郭英爽任公司生产运行处副处长、调度中心主任；魏铁锋任公司科技与规划发展处副处长，免去其化工一厂总工程师职务；李传明任公司科技与规划发展处副处长，免去其塑料厂总工程师职务；王永波任公司维护稳定工作办公室主任；张涌任公司矿区管理部主任，免去其公司工程管理部副主任职务；免去孟凡伟兼任的公司总经理办公室主任职务；免去王彦江的炼油厂副厂长职务；免去刘均的水气厂厂长职务（退出领导岗位）；免去樊三林的销售储运中心主任职务（退出领导岗位）；免去李乃森的机械厂厂长职务（退出领导岗位）；免去张勇的机械厂副厂长、安全总监职务；免去施雄的实业公司总经理职务（退出领导岗位）；免去丁明雨的实业公司副总经理职务；免去王德民的消防支队副支队长职务（退出领导岗位）；免去王为哲的公司企业文化处副处长、新闻中心主任职务；免去缪春祥的公司生产运行处处长、应急管理办公室主任职务；免去牛晓光的公司文体活动中心主任职务（退出领导岗位）；免去王发胜的公司维护稳定工作办公室主任职务（退出领导岗位）；免去王岩的公司矿区管理部主任职务；朱连勋退出领导岗位，从事专项工作。【庆石化任〔2020〕11 号】

11 月 8 日　经中国石油大庆石油化工有限公司厂务会议研究决定：宫向英任大庆五龙实业有限公司经理；免去施雄的大庆五龙实业有限公司经理职务。【庆石化公司任〔2020〕7 号】

11 月 8 日　经中国石油大庆石油化工有限公司厂务会议研究决定：刘仁权任大庆久隆房地产开发股份有限公司监事；免去韩伟东的大庆久隆房地产开发股份有限公司监事职务。【庆石化公司任〔2020〕8 号】

11 月 8 日　经中国石油大庆石油化工有限公司厂务会议研究决定：宫向英任大庆市劲松工业公司经理；免去施雄的大庆市劲松工业公司经理职务。【庆石化公司任〔2020〕9 号】

11 月 8 日　经中国石油大庆石油化工有限公司厂务会议研究决定：孙贵民任中国石油大庆石油化工有限公司计量检定测试中心主任；免去李乃森的中国石油大庆石油化工有限公司计量检定测试中心主任职务。【庆石化公司任〔2020〕10 号】

11 月 8 日　经中国石油大庆石油化工有限公司厂务会议研究决定：孙贵民任大庆石油化工机械厂有限公司经理、执行董事，解聘其大庆石油化工机械厂有限公司监事职务；张勇任大庆石油化工机械厂有限公司监事；免去李乃森的大庆石油化工机械厂有限公司执行董事、经理职务。【庆石化公司任〔2020〕11 号】

11 月 8 日　经中国石油大庆石油化工有限公司厂务会议研究决定：孙长江任大庆石化工程招标代理有限公司经理；免去张世祥的大庆石化工程招标代理有限公司经理职务。【庆石化公司任〔2020〕12 号】

11 月 9 日　经研究并商得中共黑龙江省委同意，集团公司党组决定：施铁权同志任大庆石化分公司党委委员；免去孙庆生、刘国海同志的大庆石化分公司党委委员职务；免去魏志国同志的大庆石化分公司党委委员、纪委书记职务。【中油党组任〔2020〕91 号】

11 月 9 日　经研究并商得中共黑龙江省委同意，股份公司决定：施铁权任大庆石化分公司总会计师；免去孙庆生的大庆石化分公司总会计师职务，

另有任用；免去刘国海的大庆石化分公司副总经理、安全总监职务，另有任用。【石油任〔2020〕57号】

11月11日 根据集团公司《关于非常设机构调整清理情况的通知》（中油人事〔2020〕73号）文件精神，为进一步精简、规范非常设机构，经2020年11月3日公司党委会议研究决定，撤销大庆石化分公司生产经营优化领导小组和大庆石化分公司工程建设推进领导小组两个非常设机构，机构内人员职务自行免除，不再另行行文任免。【庆石化党委〔2020〕49号】

11月20日 大庆石化分公司化工一厂乙烯车间值班长邢通达、裂解车间员工宫玉婷、刘晓旭、段玉琼、孙宏文获得全国行业职业技能竞赛乙烯装置操作工竞赛两枚金牌、两枚银牌和团体第五名，包揽了DCS仿真单项赛前五名。【大庆石化分公司大事记】

11月23日 大庆石化分公司决定，技能鉴定中心更名为技能人才评价中心，仍列公司机关附属单位，对外名称为中国石油大庆石化技能人才评价中心。机构更名后，原机构人员职务名称相应变更为新机构职务名称，不再另行行文任免。【庆石化编〔2020〕1号】

11月 大庆石化分公司三支参赛队伍在全国第十二届石油和化工行业职业技能竞赛中分别获得"仪表维修工竞赛项目团体一等奖、三等奖"和"化学检验员竞赛项目团体二等奖"荣誉。炼油厂陆杨、化肥厂林前前和质量检验中心吴琼荣获"全国石油和化工行业技术能手"称号。【大庆石化分公司大事记】

12月9日 大庆石化分公司印发《大庆石化分公司党委落实全面从严治党主体责任清单》。【庆石化党委〔2020〕50号】

12月16日 集团公司党组成员、副总经理黄永章到大庆石化分公司调研。股份公司副总裁孙龙德，大庆石化分公司党委书记、总经理王一民，党委常务副书记孙玉彬，副总经理宗义山陪同。【大庆石化分公司大事记】

12月18日 大庆石化分公司党委决定：焦庆雨同志任炼油厂党委委员；吕印达同志任化肥厂党委委员；张宇辉同志任化工一厂党委委员，免去其物资供应中心党委委员职务；郑建文同志任化工二厂党委委员、党委书记；

高恩忠同志任腈纶厂党委委员、党委书记，免去其客运服务中心党委委员职务；孙贵春同志任质量检验中心党委委员，免去其塑料厂党委委员职务；李想同志任机械厂党委委员；陈宝泉同志任物业管理中心党委委员，免去其化工二厂党委书记、党委委员职务；赵德龙同志任物业管理中心党委委员、党委书记，免去其公司党委组织部副部长职务；关蕾同志任客运服务中心党委委员，免去其物业管理中心党委书记、党委委员职务；免去吕海清同志的化肥厂党委委员职务；免去郑广仁同志的化肥厂党委委员职务；免去汲寿广同志的塑料厂党委委员职务；免去张伟同志的腈纶厂党委书记、党委委员职务（退出领导岗位）；免去王庆启同志的销售储运中心党委委员职务；免去王和宇同志的物业管理中心党委委员职务。【庆石化党委〔2020〕51号】

12月18日 大庆石化分公司决定：陈树相兼任公司安全环保处处长；焦庆雨任炼油厂副厂长，免去其公司机动设备处副处长职务；吕印达任化肥厂副厂长，免去其公司安全环保处副处长职务；张宇辉任化工一厂副厂长，免去其物资供应中心副主任职务；赵晓伟任化工二厂副厂长，免去其化工二厂总工程师职务；孙贵春任质量检验中心副主任，免去其塑料厂副厂长职务；李想任机械厂副厂长，免去其公司法律事务与企管处（内控与风险管理处）副处长职务；陈宝泉任物业管理中心主任；关蕾任客运服务中心主任；汲寿广任公司机动设备处副处长，免去其塑料厂副厂长职务；刘彬彬任公司安全环保处副处长，免去其公司生产运行处副处长职务；郑广仁任公司安全环保工程监督站副站长，免去其化肥厂副厂长职务；吕海清任公司矿区管理部副主任，免去其化肥厂副厂长职务；董志波任公司炼油工程指挥部质量管理部主任，免去其公司安全环保工程监督站副站长职务；吴波任公司文体活动中心主任，免去其公司工程项目管理中心副主任、炼油工程指挥部柴油加氢及常减压改造项目组经理职务；免去王庆启的销售储运中心副主任职务；免去王和宇的物业管理中心主任职务；免去高恩忠的客运服务中心主任职务；免去赵德龙的公司人事处副处长职务；免去史一君的公司安全环保处处长职务；免去郑建文的公司工程造价部副主任、炼油工程指挥部副指挥职务。【庆石化任〔2020〕12号】

12月26日 经研究并商得中共黑龙江省委同意，集团公司党组决定：周慧泽同志任大庆石化分公司党委委员、纪委书记。【中油党组任〔2020〕

156号】

12月28日 根据《中国石油天然气集团公司职业技能鉴定管理办法》（中油人事〔2016〕483号）规定，经个人申报，企业人事劳资部门审核，对高亚明等174人技师、高级技师职业技能等级资格予以确认。职业技能等级资格时间从2020年12月24日计算。【人事函〔2020〕174号】

第六章 附 录

第一节 组织机构沿革图

一、2016 年 1 月组织机构名录

	单位	所在地
一、机关部门及直属机构（19 个）		
1	总经理办公室（党委办公室）	大庆市龙凤区兴化大街 2 号
2	人事处（党委组织部）	大庆市龙凤区兴化大街 2 号
3	企业文化处（党委宣传部、团委、机关党委）	大庆市龙凤区兴化大街 2 号
4	纪委（监察处）	大庆市龙凤区兴化大街 2 号
5	财务处	大庆市龙凤区兴化大街 2 号
6	计划处	大庆市龙凤区兴化大街 2 号
7	生产运行处	大庆市龙凤区兴化大街 2 号
8	科技与规划发展处	大庆市龙凤区兴化大街 2 号
9	机动设备处	大庆市龙凤区兴化大街 2 号
10	质量安全环保处	大庆市龙凤区兴化大街 2 号
11	法律事务与企管法规处（内控与风险管理处）	大庆市龙凤区兴化大街 2 号
12	审计处	大庆市龙凤区兴化大街 2 号
13	工会	大庆市龙凤区兴化大街 2 号
14	维护稳定工作办公室（武装部）	大庆市龙凤区兴化大街 2 号
15	工程管理部	大庆市龙凤区兴化南街
16	工程造价部	大庆市龙凤区兴化南街
17	信息管理部	大庆市龙凤区兴化大街 2 号
18	工程质量监督站	大庆市龙凤区兴化南街

续表

	单位	所在地
19	工程项目管理中心（乙烯工程指挥部）	大庆市龙凤区兴化大街1-01楼
二、基层单位（26个）		
1	炼油厂	大庆市龙凤区龙凤大街148号
2	化肥厂	大庆市龙凤区化永路8号
3	化工一厂	大庆市龙凤区化工路93号
4	化工二厂	大庆市龙凤区化工路93号
5	化工三厂	大庆市龙凤区化南路
6	塑料厂	大庆市龙凤区兴化北街8号
7	腈纶厂	大庆市龙凤区兴化村化工厂区13号路
8	热电厂	大庆市龙凤区兴化村化工厂区13号路
9	水气厂	大庆市龙凤区兴化北街2号
10	储运中心	大庆市龙凤区环北路储运中心办公楼
11	质量检验中心	大庆市龙凤区兴化大街2号
12	化建公司	大庆市龙凤区兴化南街2号
13	机械厂	大庆市龙凤区化工路95号
14	检测公司	大庆市龙凤区化工路90号
15	开发公司	大庆市龙凤区化谊路22号
16	物资供应中心	大庆市龙凤区兴化村环北路
17	信息技术中心	大庆市龙凤区兴化大街2号
18	通讯中心	大庆市龙凤区化祥路30号
19	培训中心	大庆市龙凤区龙凤大街150号
20	实业公司	大庆市龙凤区兴化大街1-02楼
21	消防支队	大庆市龙凤区环北路1号
22	保卫部	大庆市龙凤区化祥路6号
23	久隆房地产公司	大庆市龙凤区龙八路1号
24	餐饮服务中心	大庆市龙凤区卧里屯大街49号
25	离退休管理中心	大庆市龙凤区卧龙路1号
26	矿区服务事业部	大庆市龙凤区兴化南街

续表

	单位	所在地
三、大庆石化矿区服务事业部所属单位（6个）		
1	物业管理中心	大庆市龙凤区兴化大街 15 号
2	能源管理中心	大庆市龙凤区化工路 39 号
3	职工医院	大庆市龙凤区兴化北街 122 号
4	客运中心	大庆市龙凤区化祥路 18 号
5	文体活动中心	大庆市龙凤区兴化大街 2 号
6	新闻中心	大庆市龙凤区兴化南街

二、2016—2020 年组织机构沿革图

机构沿革图例说明

1. 机构的延续：⟶，更名、撤销：⟶‖。

2. 机构的合并：⊐，分设（分拆）：⊏。

3. 一个机构多块牌子：（ ）。

4. 机构与 ×× 合署办公：⊐ⓐ，并以字母标注合署对象。

5. 机构的托管、代管、挂靠（主要是机关部门涉及）、设在 ×× 单位、归口管理：用⇧直接连接托管机构或其后括号内标注具体挂靠机构。

6. 系统内的划入与划转，可以用"数字序号"标注去向（对应标注）：⇧①、⇩①。

7. 移交地方或划转系统外的，括号内直接标明去向：↓（去向），由地方或系统外划入的，括号内直接表明来源：↑（来源）。

8. 上划上级组织与由上级组织划入（主要针对企业）：⋀、⋁。

9. 调整为机关部门或企业：◇。

10. 地方管理为主，但业务归口管理（主要是针对国家部委时期下放地方管理后又陆续划归的单位）：----➤。

11. 具体图例符号使用详见每页机构沿革图下的图例说明。

2016—2020年大庆石化公司机关部门机构沿革图

2016	→2017	→2018	→2019	→2020	(年)

总经理办公室（党委办公室） → 总经理办公室（党委办公室）

人事处（党委组织部） → 人事处（党委组织部、机关党委） → 人事处（党委组织部、机关党委）

企业文化处（党委宣传部、团委、机关党委） → 企业文化处（党委宣传部、团委） → 企业文化处（党委宣传部、团委）

纪委（监察处） → 纪委办公室 → 纪委办公室

财务处 → 财务处

计划处 → 计划处

生产运行处 → 生产运行处

科技与规划发展处 → 科技与规划发展处

机动设备处 → 机动设备处

质量安全环保处 → 安全环保处 → 安全环保处

法律事务与企管法规处（内控与风险管理处） → 法律事务与企管法规处（内控与风险管理处）

审计处 → 审计处

工会 → 工会

维护稳定工作办公室（武装部） → 维护稳定工作办公室（武装部）

图例说明　──→：延续　( )：一个机构多块牌子

2016—2020年大庆石化公司直属机构沿革图

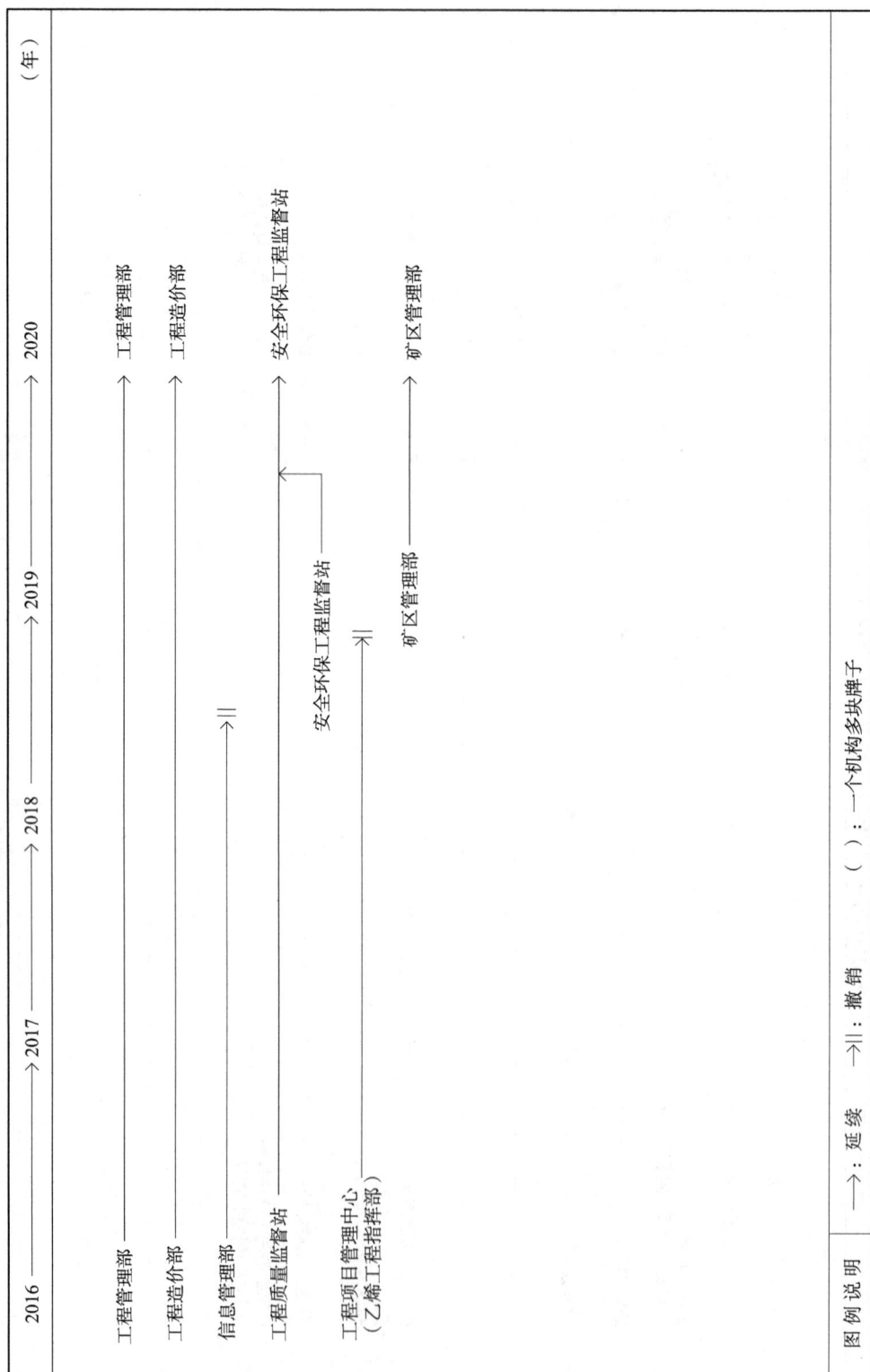

2016	→2017	→2018	→2019	→2020	（年）

工程管理部 ————————————————→ 工程管理部

工程造价部 ————————————————→ 工程造价部

信息管理部 ——————→‖

工程质量监督站 ————————————————→ 安全环保工程监督站

工程项目管理中心 ‖
（乙烯工程指挥部）

安全环保工程监督站 ↑

矿区管理部 ————————→ 矿区管理部

图例说明　　→：延续　　→‖：撤销　　（ ）：一个机构多块牌子

2016—2020年大庆石化公司所属基层单位沿革图

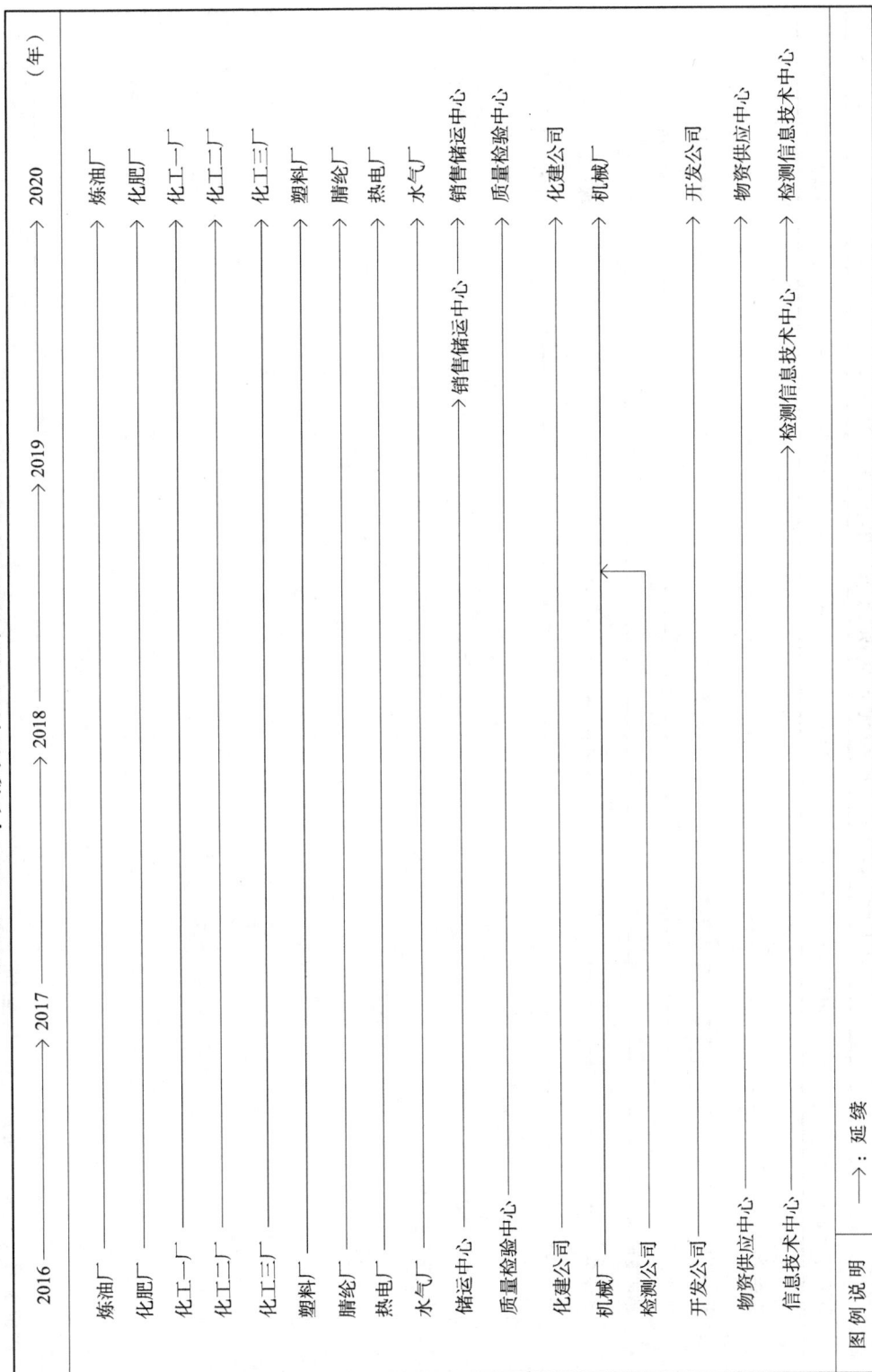

2016	2017	2018	2019	2020	（年）
炼油厂				→ 炼油厂	
化肥厂				→ 化肥厂	
化工一厂				→ 化工一厂	
化工二厂				→ 化工二厂	
化工三厂				→ 化工三厂	
塑料厂				→ 塑料厂	
腈纶厂				→ 腈纶厂	
热电厂				→ 热电厂	
水气厂				→ 水气厂	
储运中心			→ 销售储运中心	→ 销售储运中心	
质量检验中心				→ 质量检验中心	
化建公司				→ 化建公司	
机械厂				→ 机械厂	
检测公司					
开发公司				→ 开发公司	
物资供应中心				→ 物资供应中心	
信息技术中心		→ 检测信息技术中心		→ 检测信息技术中心	

图 例 说 明	——→：延续

2016—2020年大庆石化公司所属基层单位沿革图

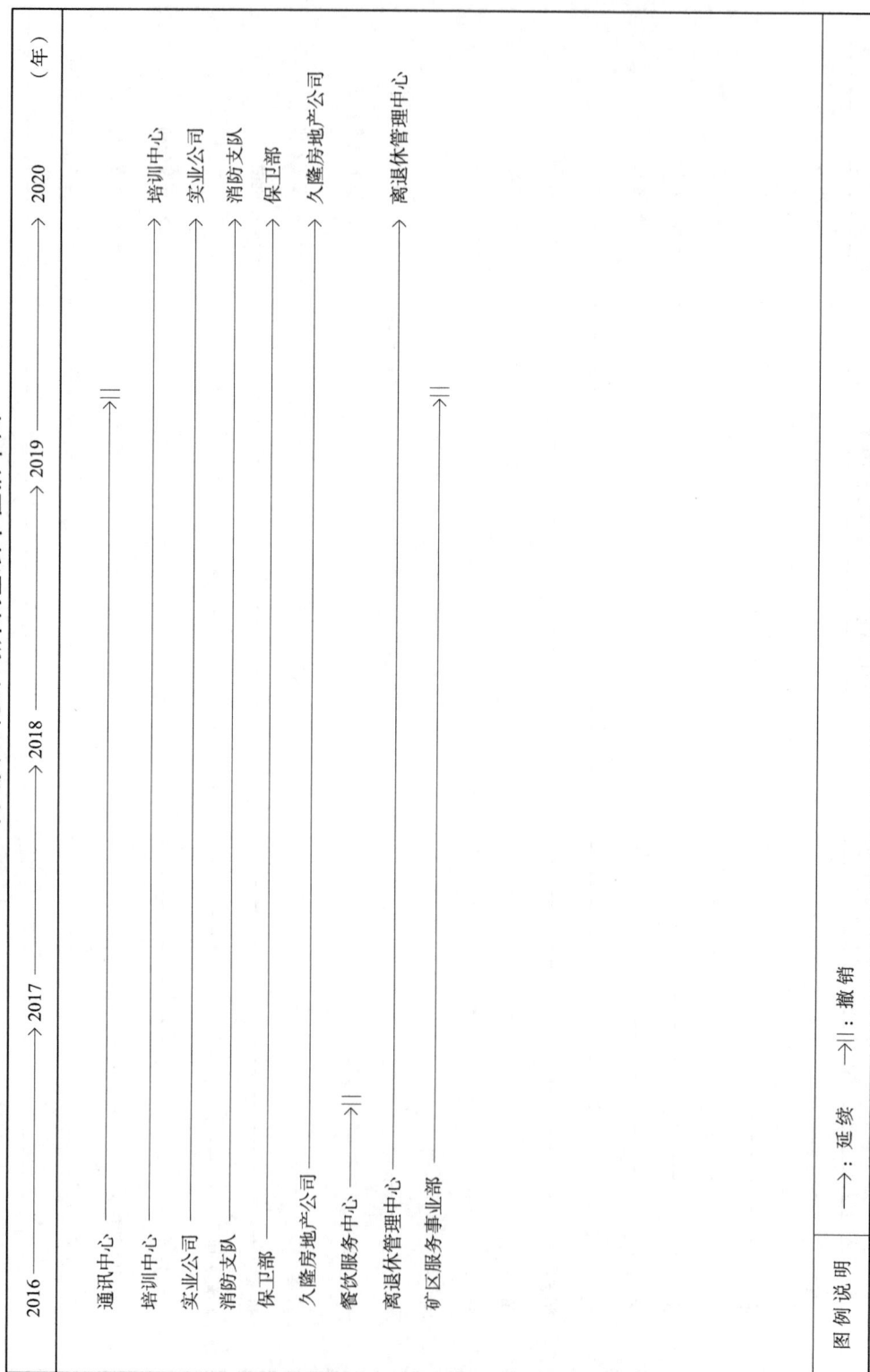

2016	→ 2017	→ 2018	→ 2019	→ 2020	（年）
通讯中心			→‖		
培训中心				→	培训中心
实业公司				→	实业公司
消防支队				→	消防支队
保卫部				→	保卫部
久隆房地产公司				→	久隆房地产公司
餐饮服务中心	→‖				
离退休管理中心				→	离退休管理中心
矿区服务事业部			→‖		

图例说明　　→：延续　　→‖：撤销

2016—2020年大庆石化矿区服务事业部所属单位沿革图

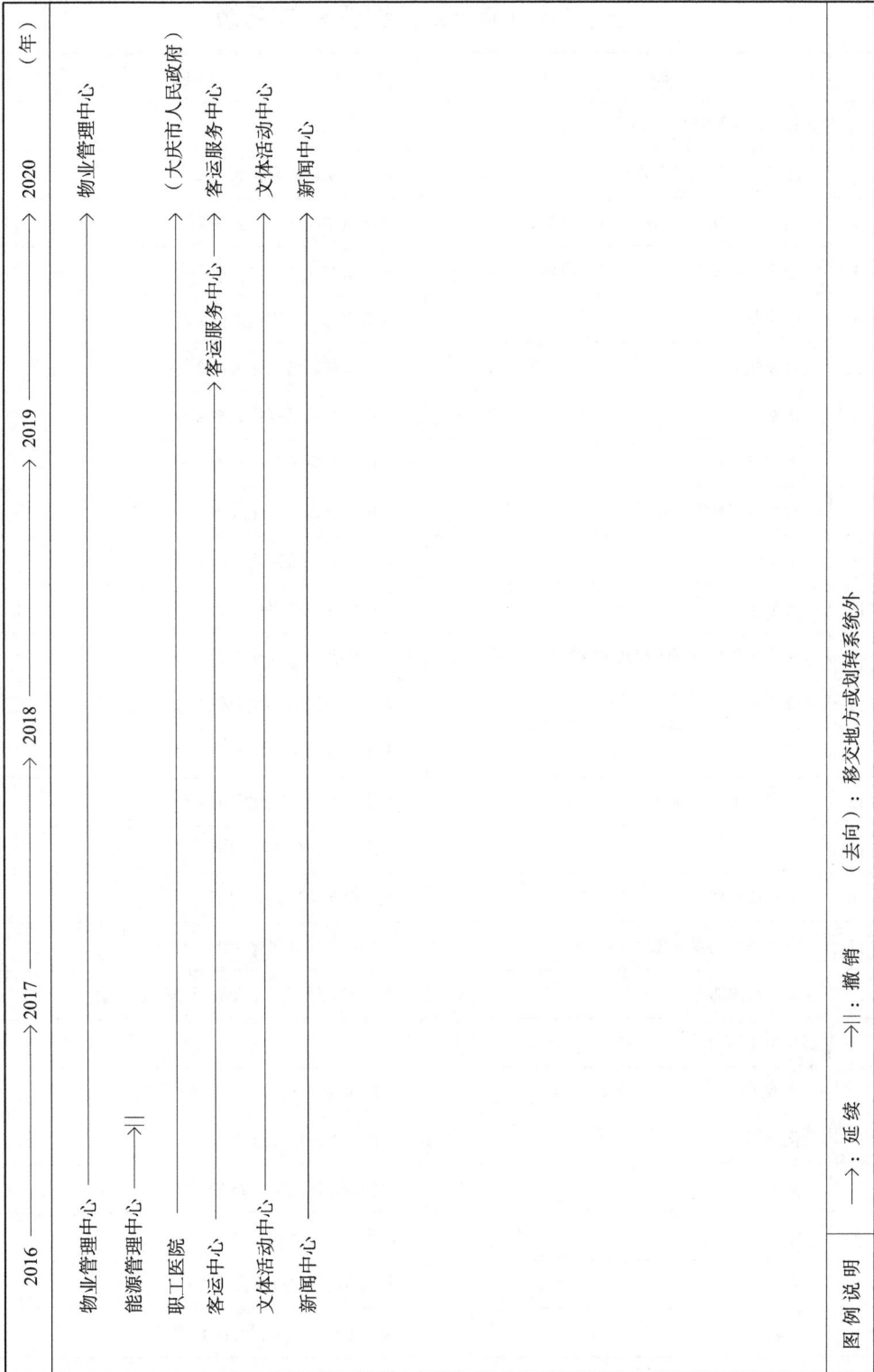

2016	→ 2017	→ 2018	→ 2019	→ 2020	（年）
物业管理中心				物业管理中心	
能源管理中心 →‖					
职工医院				（大庆市人民政府）	
客运中心		→客运服务中心	客运服务中心		
文体活动中心				文体活动中心	
新闻中心				新闻中心	

图例说明	→：延续	→‖：撤销	（去向）：移交地方或划转系统外

三、2020 年 12 月组织机构名录

单位	所在地
一、机关部门及直属机构（18 个）	
1　总经理办公室（党委办公室）	大庆市龙凤区兴化大街 2 号
2　人事处（党委组织部、机关党委）	大庆市龙凤区兴化大街 2 号
3　企业文化处（党委宣传部、团委）	大庆市龙凤区兴化大街 2 号
4　纪委办公室	大庆市龙凤区兴化大街 2 号
5　财务处	大庆市龙凤区兴化大街 2 号
6　计划处	大庆市龙凤区兴化大街 2 号
7　生产运行处	大庆市龙凤区兴化大街 2 号
8　科技与规划发展处	大庆市龙凤区兴化大街 2 号
9　机动设备处	大庆市龙凤区兴化大街 2 号
10　安全环保处	大庆市龙凤区兴化大街 2 号
11　法律事务与企管法规处（内控与风险管理处）	大庆市龙凤区兴化大街 2 号
12　审计处	大庆市龙凤区兴化大街 2 号
13　工会	大庆市龙凤区兴化大街 2 号
14　维护稳定工作办公室（武装部）	大庆市龙凤区兴化大街 2 号
15　工程管理部	大庆市龙凤区兴化南街
16　工程造价部	大庆市龙凤区兴化南街
17　安全环保工程监督站	大庆市龙凤区兴化南街
18　矿区管理部	大庆市龙凤区兴化大街 2 号和 109# 楼
二、基层单位（24 个）	
1　炼油厂	大庆市龙凤区龙凤大街 148 号
2　化肥厂	大庆市龙凤区化永路 8 号
3　化工一厂	大庆市龙凤区化工路 93 号
4　化工二厂	大庆市龙凤区化工路 93 号
5　化工三厂	大庆市龙凤区化南路
6　塑料厂	大庆市龙凤区兴化北街 8 号

续表

	单位	所在地
7	腈纶厂	大庆市龙凤区兴化村化工厂区 13 号路
8	热电厂	大庆市龙凤区兴化村化工厂区 13 号路
9	水气厂	大庆市龙凤区兴化北街 2 号
10	销售储运中心	大庆市龙凤区环北路储运中心办公楼
11	质量检验中心	大庆市龙凤区兴化大街 2 号
12	化建公司	大庆市龙凤区兴化南街 2 号
13	机械厂	大庆市龙凤区化工路 95 号
14	开发公司	大庆市龙凤区化谊路 22 号
15	物资供应中心	大庆市龙凤区兴化村环北路
16	检测信息技术中心	大庆市龙凤区兴化大街 2 号
17	培训中心	大庆市龙凤区龙凤大街 150 号
18	实业公司	大庆市龙凤区兴化大街 1-02 楼
19	消防支队	大庆市龙凤区环北路 1 号
20	保卫部	大庆市龙凤区化祥路 6 号
21	久隆房地产公司	大庆市龙凤区龙八路 1 号
22	离退休管理中心	大庆市龙凤区卧龙路 1 号
23	物业管理中心	大庆市龙凤区兴化大街 15 号
24	客运服务中心	大庆市龙凤区化祥路 18 号
三、副处级直属单位（2 个）		
1	文体活动中心	大庆市龙凤区兴化大街 2 号
2	新闻中心	大庆市龙凤区兴化南街
四、临时机构（1 个）		
1	炼油工程指挥部	大庆市龙凤区龙凤大街凤 6 路 12 号

第二节　基本情况统计表

一、大庆石油化工总厂—大庆石油化工有限公司基本情况

项目　年份	企业经营及资产情况统计（亿元）				
	1.工业总产值	2.利润	3.销售收入	4.利税	5.资产总额
2016	3.21	-2.79	50.44	0.30	56.81
2017	2.99	0.13	43.14	2.84	56.99
2018	4.20	-0.72	57.72	1.66	50.65
2019	4.24	-5.99	46.62	-4.14	49.93
2020	3.69	-6.38	42.08	-4.65	52.52

二、大庆石化分公司基本情况

项目　年份	一、企业经营及资产情况统计（亿元）				
	1.工业总产值	2.利润	3.销售收入	4.利税	5.资产总额
2016	366.48	34.18	372.47	121.14	165.11
2017	414.09	32.72	417.95	119.21	150.91
2018	410.48	4.63	416.00	80.09	169.70
2019	418.03	0.10	431.97	75.86	176.78
2020	343.22	6.47	346.19	67.84	173.66

项目　年份	二、主要产品产量（万吨）										
	1.原油加工	2.汽油	3.煤油	4.柴油	5.乙烯	6.丙烯	7.丁二烯	8.苯	9.腈纶丝	10.聚乙烯	11.聚丙烯
2016	646.19	157.68	28.04	175.73	110.76	68.39	16.05	19.41	6.09	108.47	11.42
2017	595.76	153.81	26.73	131.61	115.83	71.22	16.45	18.72	5.76	112.43	11.31
2018	540.06	135.74	28.84	108.20	105.81	64.92	15.47	17.69	5.18	103.03	10.76
2019	604.02	176.47	38.01	92.63	128.83	77.27	18.92	22.27	3.65	126.05	11.66
2020	605.56	167.98	28.06	85.4	131.1	77.62	18.99	23.68	2.51	128.18	11.31

项目\年份	二、主要产品产量（万吨）					
	12.苯乙烯	13.ABS	14.SAN	15.顺丁橡胶	16.合成氨	17.尿素
2016	10.88	10.41	7.94	14.19	44.84	51.18
2017	13.19	11.09	9.14	14.42	46.36	35.78
2018	12.24	10.13	8.84	13.68	36.96	11.47
2019	14.58	11.7	10.98	16.94	44.8	17.56
2020	15.15	12.31	11.47	16.98	44.62	28.93

项目\年份	三、主要生产能力（万吨/年）										
	1.原油加工能力	2.乙烯	3.腈纶	4.聚乙烯	5.苯乙烯	6.聚丙烯	7.ABS	8.SAN	9.顺丁橡胶	10.合成氨	11.尿素
2016	600	120	6	110.8	19	10	10.5	7.5	16	45	72
2017	600	120	6	110.8	19	10	10.5	7.5	16	45	72
2018	600	120	6.5	110.8	19	10	10.5	9.5	16	45	72
2019	600	120	6.5	110.8	19	10	10.5	9.5	16	45	72
2020	1000	120	6.5	110.8	19	10	10.5	9.5	16	45	72

第三节 机关部门、附属机构、直属机构、大庆石化矿区服务事业部、临时机构机关工作人员名单

一、机关部门及其附属机构工作人员名单

（2016.1—2020.12）

序号	部门	管理岗位人员名单
1	总经理办公室（党委办公室）	刘 力　孙熙中　张永丰　刘雷鸣　顾海玲　邵正丽　刘杰国　张立华　程 莹　朱相军　张凯明　汪延春　王 威　方 红　李玉英　隋永芹　高荣祥　刘建军　李晓梅　赵旭琰　王晓彦　马 珺　吴玉芹　吕 红　付淑华　陈 震　王佳男　钟国强　孟维鑫　金 磊　胡 娜　徐 玲　赵 旭　董 睿　赵 毅

续表

序号	部门	管理岗位人员名单
2	人事处（党委组织部）—人事处（党委组织部、机关党委）	王慧勇 李明宇 张海峰 李永军 刘晓冰 李彦辉 王君海 刘勇 赵雨峰 刘怀胜 陈文军 高玉玮 高萍 宋凯 李增庆 宣士艳 王保旭 陈莹 李立志 陆军 黄星辉 王琪 刘婧（机关党委）张萍 王明明 刘斌 刘婧
3	企业文化处（党委宣传部、团委、机关党委）—企业文化处（党委宣传部、团委）	魏念滨 吉万春 张玲 祝丽茹 徐淑芹 周胜国 郑爱军 陈瑞 李明国 张德惠 张萍 刘秋雁 李健
4	纪委（监察处）—纪委办公室	齐云峰 佐红菊 宣明欣 张显峰 张建国 邹杰 姜维海 李加武 王忠辉 刘传军 佟晓光 张艳波 金朝辉 郑琳 刘静波 怀茹 关宏鸣 李明宇 刘庆 宋清林 孟德文 闫世平 叶福昌 徐亚欧 高博 邵慧娴
5	财务处	韩兴林 杨洪利 罗丽伟 朱翠红 郑洪波 武云峰 王美丽 侯晓林 宋晓理 鄂世佳 陈悦新 黎冬梅 鲁丽洁 张志杰 孙思春 刘博然 黄颖华 周杰 范宇东 冯凯明 杨庆军 徐海欣 刘冶 卢梅 安阳 迟曼莉 郭丹 王志刚 田甜 程春杰 李文慧 何春红 申玉梅 李勇 邹积彩 罗志伟 张清泉 崔志秋 李晓新 刘金枝 王颖 高立刚 王玉梅 刘文慧 蔡晓琪 洪梅 于慧敏 孙红卫 高岩 张艳华 刘艳 刘懿慧 高俊海 王睿 张立梅 王振义 邵春玉 隋璞 汪群 杨蕾 苏广敏 李晓光 赵易 刘文香 李霞 王桂芹 伦振生 郭亚峰 邵丽 王淑英 张雅荔 侯雪颖 李红秋 王佳林 关静 朱丽娟 刘英 李海霞 王冬梅 许晶 常新敏 姚健 李凤秋 樊洪海 王晓梅 冯元英 任丽萍 霍利君 贾巍 严晓敏 杨晓明 王大印 商桂华 耿晓蕾 赵欣宇 杨晓霞 王欢 王家玲 左艺 刘玉兰 杨淑霞 刘春友 肖玉军 孔德超 白桦 陈梦 汤冬梅 崔文珍 关全 张贺义 张剑峰 韩利 潘云婷 李玉婷 孙健楠 王娜 颜永军 朱宝丽 崔悦 何春雨 唐甜甜 孙晓菲 孙海涛 曹艳春 张金鸿 李昕 郭丽 柳杨 郝江鸿 贾红云 史志敏 董鑫 周丽娜 张毅 杨文鑫 张丽 于立涛 范磊 周宇 李旭 马晶晶 吴苑 安润涛
6	计划处	程延生 霍国庆 李吉庆 刘彦霞 李振国 赵春晖 姜雪峰 马玉英 王海涛 杨喜福 杨培敏 刘龙庆 王洁 李玉春 张海燕 徐静 王仁南 张强
7	生产运行处	马国杰 曹小舟 宋玉国 李殿兴 蒋昊 毛德君 张洪波 梁建 明利鹏 王国强 杜本林 孙德海 李洪涛 赵树光 凌立军 赵庆龙 范文革 唐连富 王鹤庆 杨喜福 杨俊新 赵丘阳 韩会君 张健 杨旭 张凤军 邱冬 孙海涛
8	科技与规划发展处	岳明丽 孙伟 庞宏伟 费宏民 张婧 杨春华 王颖 高光伟 石宏伟 于庆恩 刘丰 夏振国 韩凤义 王文英 崔利红 崔利仁 李云涛 金绍元 冯庆文 于家涛 孙启虎

续表

序号	部门	管理岗位人员名单								
9	机动设备处	王树国	韩立清	贡学刚	常广冬	唐 华	周 雷	刘朝山	王清国	邢春发
		王显伟	孙长林	涂丽波	刘树祥	苏 彬	祁 凤	邹德刚	刘鑫伟	张 鹏
		杨配峰	罗广辉	尚贵公						
10	质量安全环保处—安全环保处	周玉莹	孔祥宇	汪北江	郭宝珠	陈有光	周 倜	陶德彦	程连谱	董文霞
		于 丽	李 野	王 昌	何敬菊	杨欢乐	孔令刚			
11	法律事务与企管处（内控与风险管理处）	梁守新	薛瑞艳	刘俊伟	崔 为	于丽娜	高 杨	高悦鸣	杨百忱	李丽艳
		胡 泊	王 威	吴小龙	王洪刚	谢 迪	杜立岩	林 红	门亚男	
12	审计处	李晓红	刘建华	孙国清	韩玉林	骆傲涌	白佩艺	郑贵先	陈新元	张 虹
		骆启昱	潘月福	张雅杰	李淑云	杨 军	张义辉	张 彀	李书艳	魏 伟
		陈 健	周 庆	薛 瑞	孙 鹏	孟祥雨	刘忠辉			
13	工会	孙跃忠	李建伟	李秀峰	吕洪国	周文来				
14	维护稳定工作办公室（武装部）	王东伟	宋铁峰	范恩瑞	潘晓磊	田 野	张海龙	祝清林	陶延春	刘克怀
		王岩峰	张亚军	张莉莉						

注：本表记录的工作人员不包括副处级以上干部。

二、直属机构工作人员名单（2016.1—2020.12）

序号	部门	管理岗位人员名单								
1	工程管理部	程英杰	王占林	李晓红	刘彦海	叶立波	万志明	朱绍芬	汪 洋	谢明洋
		董 航	杜瑞明	田立忠	褚兴邦	郑 铁	徐澎波	华继伟	王 堃	郭伟忠
		崔宏滨	张立山	王国利	梁 祥	车宝华	李希民	黎 军	洪运武	徐 哲
		程宏伟	由忠微	马爱民	司大滨	侯昭海	于海洋	牟义慧	马广宇	张广民
		贾文林	贾忠伟	宋迪绪	吴成宏	王彦庆	刘 军	曹树和	刘兆一	石 龙
		宫成全	马洪伟	高占文	宋广德	罗正纲	张淑芝	刘宝忠	张兴勇	冯 俊
		邢震宇	梁 萌	秦 峰	董智红	吕 行	邬雪琴	张玉宽	刘志刚	闫乃柱
		孔令杰	于海军	高春华	王 巍	董 波	张玉林	朱大为	原 永	陈明升
		杨云森	吴 云	周春义	戴凤阁	李开才	王 纲	赵庆平	韩献春	廉玉国
		沈沿泽	季双林							
2	工程造价部	何 昆	蔡晓音	赵丽滨	吕振荣	张志勇	赵秀丽	高 峰	李秀科	高 磊
		王向东	孟 岩	赵桂香	王明霞	王自玲	吴玉红	徐 杨	司 薇	耿庆芬
		刘似飞	赵新华	王俊英	王 威	戚仁峰	葛 晶	马明丽	郭 丽	张 鹏
		刘进军								
3	信息管理部	李云涛	金绍元	冯庆文	王淑珍	幕永明	石云革	蔡宏宇	李宏宇	
4	工程质量监督站	王浩洋	侯明辉	梁晓杰	韩 彤	鞠铁锋	范文一	李 涛	张 翼	李向东
		罗善子								

续表

序号	部门	管理岗位人员名单								
5	工程项目管理中心（乙烯工程指挥部）	张学彦	吕勃	生国松	王彦庆	吴莉	李志国	秦凤龙	于春滨	罗正纲
		孟德文	吴云	贾文林	秦峰	蔡云艳	董智红	季双林	程红伟	戴凤阁
		王威	由忠微	马爱民	吕行	刘志刚	于海军	赵男	赵毅	李富英
		兰剑	孔晓勇	郇雪琴	李建波	洪焱	董苏斌	高凤军	高阳	侯连普
		刘艳梅	马成海	朱丽梅	尚旺盛	刘艳革	牟义慧	刘兆一	张营	宋广德
		史群策	马洪伟	孙桂芳	赵庆平	孙贵才	韩献春	张玉宽	张兴勇	姚丽萍
		张文国	车宝华	黎军	高春华	梁萌	王清文	张淑芝	何继刚	贾忠伟
		廉玉国	王纲	马庚瑜	孔令杰	宫成全	林淑艳	宋庆刚	刘军	马广宇
		莫晓军	石龙	于海洋	张广民	张振宇	李希民	吴成宏	王国利	侯昭海
		曹树和	马长久	沈沿泽	宋迪绪	王巍	梁祥	高占文	姜伟	郑铁柱
		李开才	闫乃柱	杨云森	刘妍	刘宝忠	周春义	冯俊	洪运武	司大滨
		陈明升	徐哲	朴明浩	杨继超	刘晓蓉	张传伟	王海明	张双栋	张玉林
		刘文举	陈雪	董波	董平	李红煜	柳旭	梁西珍	任金玉	王海亮
		张晓秋	王玉兰	白小华	王洪涛	叶亦寒	司大滨	郑铁	杜瑞明	贾文林
		兰剑	于春滨	郇雪琴	高凤军	马洪伟	朱大为	廉玉国	张淑芝	高春华
		万志明	王威	李富英	梁萌	张永路	张双栋	李静超	杨继超	王洪刚
		吕勃	王彦庆	由忠微	张兴勇	董航	马广宇	王德彦	丁激文	汪洋
		冯俊	吴成宏	牟义慧	刘宝忠	宋迪绪				
6	安全环保监督站—安全环保工程监督站	张刚	张勇	李岩	汪富文	薛大庆	李洪昌	王喜坤	林伟琪	李峻峰
		刘树昌	唐利峰	谢龙	丁林涛	王庆祥	肖光	郇伟东	侯明辉	梁晓杰
		李涛	张翼	王浩洋	鞠铁锋	韩彤	李向东	王楠	于鹏	王玉海
		石明	朱文川	李卫东	张元春	周传仁	杨俊睿	朱大为	原永	
		包色吉拉呼								
7	矿区管理部（2019.2—2020.12）	马英	刘文成	刘志辉	吕欣	张万庆	翟庆宏	宋昱萱	张金波	张波

注：本表记录的工作人员不包括副处级以上干部。

三、矿区服务事业部机关及直属机构工作人员名单（2016.1—2020.12）

序号	部门	管理岗位人员名单								
1	矿区服务事业部机关（2016.1—2019.2）	吴凤波	吴楠	吕欣	马忠民	曹松庆	李雪涛	张景林	战险峰	闫兵
		李志永	马英	赵侠	王坤	宋昱萱	张金鸿	贾红云	刘大庆	王长林
		郝江鸿	柳杨	闫霞	李昕	邱宇	杨征林	付晨辉	郭丽	史志敏
		高奎海	翟庆宏	王艳玲	王兰宇	张金波	陈学健	蔡新宇	张波	牛杰
		郝庆海	刘香军	周岩	孙卫东	朱大为	张勇	刘文成	刘升平	王泉
		张万庆	刘志辉	肖寒	王黎国	王艳玲	李秀艳	李昱华	门卓丹	赵杰
2	新闻中心	符立萍	郭志新	王权	赵国辉	史终笑	王华文	张燕	谢文艳	李文杰
		秦伟	刘兵	刘秋雁	马立云	杨志明	刘慧	丁海军	高红梅	李振宁
		田菁芳	贺强	许庆海	吕英英	于永平	严晟	赵颖	刘洪刚	魏澜
		刘鸿宇	陈志刚	苏雨冬	秦玉莉	白如冰	田秋生	刘莉莉	魏庆荣	高飞
		王勇	吕楠	张宏伟	郑长红	张敬霞	贡玉辉	王晓静	李海军	梁波
		樊金娇	李悦	王德伟	陈瑶	原嫣若	齐思焕	高扬	孙艾平	

序号	部门	管理岗位人员名单							
3	文体活动中心	龚　锐　于凯峰　王长征　黄正大　姜继民　徐　辉　何　颖　张明玉　张　杏 王　燕　郑志刚　刘世业　夏志慧　仲党善　唐　颖　陶井库　陈继东　王　红 韩　阳　张志军　费宝红　周学鲁　吴金梅　马逢伯　杨　昕　姜竹琴　边喜珍 王丹丹　魏宪花　兰　岚　王洪岩　孙洪岩　王　凤　王　龙　陈　阳　张银静							

注：本表记录的工作人员不包括副处级以上干部。

四、机关属性挂靠单位工作人员名单
（2016.1—2020.12）

序号	部门	管理岗位人员名单							
1	科学技术协会	王振南　刘彦奇　王金顺　袁剑辉　华　蓉　赵玉群　张大明　赵　超　黄巧琴 付晓杰							
2	招标中心	崔永福　曹　慧　傅向民　周志宏　李　莉　吕姝媛　王　松　郭　军　周凤芝 李乃生　何秀艳　李　刚　王　军　李华锡　邵永帅　汪　林　朱刘苗　刘婷婷 鲁冬梅　关艳杰　李　佳　崔立文　李静超　刘进军　郭岩宏　刘延军　田洪坤 林　红　李丽艳　邢震宇　王洪刚　谢　迪　杜立岩　邢震宇　吴彤旭　胡　泊 王　威							
3	安全监督站— 安全环保监督站	李　岩　汪富文　刘国志　朱大为　李洪昌　肖　光　丁林涛　薛大庆　唐利峰 李峻峰　刘树昌　王秀元　张　勇　王庆祥　林伟琪　冷险峰　张　刚							
4	驻京联络处	白云峰　陈洪武　韩亚丽　张　宏　唐连英　张　蕾							

注：本表记录的工作人员不包括副处级以上干部。

五、临时机构工作人员名单（2018.12—2020.12）

序号	部门	管理岗位人员名单							
1	炼油工程指挥部	贾文林　孔令杰　闫乃柱　宋广德　刘香军　周　岩　郝庆海　孙卫东　于春滨 郇雪琴　秦　峰　董智红　马爱民　董　波　季双林　柳　旭　梁西珍　张晓秋 李红煜　马洪伟　宫成全　张玉宽　高占文　高春华　何继刚　贾忠伟　刘晓蓉 王　威　刘　妍　李富英　刘兆一　吕　行　刘志刚　于海军　莫晓军　赵　男 赵　毅　董　平　梁　萌　张双栋　杨继超　吕　勃　王彦庆　吴　莉　秦凤龙 高　阳　陈　雪　司大滨　由忠微　张兴勇　张广民　侯昭海　郑　铁　董　航 马广宇　罗正纲　刘　军　王德彦　杜瑞明　丁激文　汪　洋　冯　俊　沈沿泽 于海洋　吴成宏　牟义慧　刘宝忠　宋迪绪　王　巍　姜　伟　石　龙							

注：本表记录的工作人员不包括副处级以上干部。

第四节　基层单位科级干部名录

序号	姓名	性别	出生年月	民族	曾任主要岗位
1	艾连锋	男	1967.11	汉族	炼油厂制蜡二车间主任；输转联合车间党支部书记
2	安　路	男	1973.9	汉族	职工医院理疗二科主任；理疗科主任
3	安道远	男	1982.6	汉族	热电厂动力车间副主任
4	安清泉	男	1985.2	汉族	炼油厂延迟焦化车间设备副主任
5	白　彦	女	1963.12	汉族	腈纶厂材料供应站安全生产综合管理高级主管（正科级）
6	白福涛	男	1962.10	汉族	水气厂脱盐水一车间副主任、脱盐水车间副主任；材料供应站安全综合管理办公室主管（副科级）
7	白　杰	男	1984.3	汉族	化建公司项目管理中心项目经理（三级副）
8	白佩艺	男	1963.11	汉族	热电厂材料供应站安全生产综合管理高级主管（正科级）
9	白淑莲	女	1968.7	汉族	职工医院医务科副科长
10	白伟江	男	1969.3	汉族	消防支队三大队副大队长
11	白旭宏	男	1967.7	蒙古族	炼油厂办公室（党委办公室、维稳办、保卫科）、办公室（党委办公室）企管、保卫、综治与维稳管理主管（副科级）
12	白雪松	男	1972.6	汉族	化肥厂供电车间主任
13	白一丁	男	1965.1	汉族	职工医院后勤服务站副主任
14	白英杰	男	1966.10	汉族	腈纶厂机动科副科长
15	白英俊	男	1979.11	汉族	质量检验中心化肥化验车间副主任；质量检验中心树脂与化肥化验车间副主任
16	白云涛	男	1972.12	汉族	化肥厂办公室（党委办公室、维稳办、保卫科）主任、办公室（党委办公室）主任；综合管理科（党群工作部）科长（主任）
17	柏　晶	女	1979.7	汉族	热电厂人事科（党委组织部）科长（部长）
18	柏　影	女	1974.6	汉族	塑料厂低压聚乙烯车间设备副主任；成品二车间副主任、党支部书记（副科级）；成品二车间党支部书记；成品一车间主任

序号	姓名	性别	出生年月	民族	曾任主要岗位
19	包长宏	男	1963.12	蒙古族	物业管理中心龙凤公园党支部书记；公路公司副经理（正科级）、正科级干部；物业管理中心督查大队安全生产综合管理（正科级）
20	保国忠	男	1963.4	回族	炼油厂材料供应站安全生产综合管理岗位高级主管（正科级）
21	鲍煦光	男	1959.10	汉族	水气厂材料供应站安全生产综合管理主管（副科级）
22	贲振峰	男	1956.7	汉族	化肥厂材料供应站安全生产综合管理高级主管（正科级）
23	毕纯生	男	1966.12	汉族	物资供应中心卧里屯接运队副队长；卧里屯总库副主任
24	毕桂轩	男	1962.9	汉族	客运中心小车一队副队长；小车队副队长、副科级干部；客运服务中心机关小车队副科级干部；食堂管理中心安全生产综合管理（副科级）
25	毕明山	男	1971.3	汉族	物业管理中心兴化物业一所副所长
26	毕庆龙	男	1966.3	汉族	化建公司修保分公司副经理
27	毕树忠	男	1962.11	汉族	保卫部巡逻三大队党支部书记；巡逻二大队副队长（正科级）、守卫二大队正科级干部；机关保卫大队高级主管（正科级）
28	毕雪梅	女	1969.9	汉族	物资供应中心管理科副科长；管理科安全生产综合管理主管（副科级）
29	毕中华	男	1981.12	汉族	炼油厂重油催化二车间设备副主任
30	边骥	男	1983.10	汉族	培训中心机电仪教研室副主任、主任；炼化联合党支部书记
31	步玉臣	男	1957.9	汉族	实业公司龙化经销中心正科级干部
32	蔡滨鸿	男	1989.5	汉族	塑料厂装运车间副主任；全密度聚乙烯联合车间工艺副主任
33	蔡红梅	女	1974.5	汉族	久隆房地产公司技术科科长；规划技术科科长；安全生产管理科副科长（正科级）
34	蔡红梅	女	1974.9	汉族	离退休管理中心组织员兼其他；卧里屯服务站党支部书记兼离退休党总支书记；管理科科长
35	蔡宏宇	男	1972.3	汉族	检测信息技术中心综合管理部（党群工作部）副主任
36	蔡洪亮	男	1971.4	汉族	化工三厂供电车间主任；电气副总工程师

续表

序号	姓名	性别	出生年月	民族	曾任主要岗位
37	蔡立春	男	1973.3	汉族	机械厂容器制造车间主任；技术设计中心主任
38	蔡瑞滨	男	1965.11	汉族	久隆房地产公司人事科（党委组织部）科长（部长）；综合管理科（党群工作部）副科长
39	蔡新宇	男	1964.5	汉族	热电厂材料供应站安全生产综合管理高级主管（正科级）
40	蔡迎新	男	1964.1	汉族	化建公司电气三分公司党支部书记；市场开发部包头分公司党支部书记兼副经理；项目管理中心包头分公司党支部书记兼副经理；检修分公司安全生产综合管理办公室安全生产综合管理高级主管（正科级）
41	蔡长斌	男	1957.7	汉族	培训中心炼化教研室正科级干部
42	操龙安	男	1982.8	汉族	化建公司市场开发部炉衬分公司经理（副科级）；防腐筑炉分公司副经理（副科级）
43	曹 鸿	女	1966.9	汉族	塑料厂计划科科长；材料站安全生产综合管理高级主管（正科级）
44	曹 凯	男	1974.6	汉族	培训中心管理科副科长；党委组织部副部长（人事科副科长）兼机关党支部副书记、党委组织部部长（人事科科长）
45	曹 明	男	1970.8	汉族	炼油厂安全环保科安全管理主管（副科级）
46	曹凤杰	女	1971.4	汉族	化建公司质量管理部主任；建筑分公司经理
47	曹国斌	男	1968.8	汉族	炼油厂装油车间主任
48	曹国清	男	1964.3	汉族	质量检验中心原材料检验车间党支部书记；腈纶化验车间主任；原材料与腈纶化验车间安全生产综合管理高级主管（正科级）
49	曹洪伟	男	1965.5	汉族	化建公司安全环保部主任；防腐筑炉分公司党支部临时负责人（正科级）；项目管理中心安全生产综合管理高级主管（正科级）
50	曹 慧	女	1973.8	汉族	招标中心副主任
51	曹君臣	男	1983.1	汉族	塑料厂维修车间副主任；机动科副科长
52	曹瑞晓	男	1979.7	汉族	实业公司兴化安装队副队长
53	曹树和	男	1964.11	汉族	热电厂材料供应站安全生产综合管理高级主管（正科级）
54	曹小舟	男	1964.2	汉族	热电厂材料供应站安全生产综合管理高级主管（正科级）

续表

序号	姓名	性别	出生年月	民族	曾任主要岗位
55	曹学丰	男	1964.2	汉族	塑料厂高压聚乙烯一车间主任；市场技术服务中心市场技术服务；市场技术服务岗位离岗歇业
56	曾文砚	男	1984.5	汉族	化肥厂企业文化科（党委宣传部、监察室、工会办公室、团委）团委书记；党群工作部团委书记；综合管理科（党群工作部）团委书记兼纪检
57	查海平	男	1961.10	汉族	塑料厂成品一车间党支部书记；材料站安全生产综合管理高级主管（正科级）
58	查荣涛	男	1964.12	满族	炼油厂系统管网车间工艺副主任兼安全环保总监；炼油项目管理办公室项目 HSE 管理主管（副科级）
59	柴若玲	女	1965.12	汉族	职工医院妇中一党支部书记
60	柴志宏	女	1977.4	汉族	炼油厂酮苯糠醛车间党支部书记兼设备副主任、主任兼党支部书记；润滑油联合车间主任
61	常江	男	1973.7	汉族	机械厂安全仪器检测室副主任、安全总监
62	常承文	男	1956.11	汉族	化肥厂材料供应站安全生产综合管理高级主管（正科级）
63	常东辉	男	1964.9	汉族	物资供应中心进出口管理科副科长；管理科安全生产综合管理主管（副科级）
64	常铁宏	女	1967.2	汉族	职工医院人事科（党委组织部）科长（部长）
65	常哲伏	男	1965.7	汉族	化肥厂安全环保科科长；尿素车间工艺副主任党支部书记
66	常忠伟	男	1973.11	汉族	水气厂水气车间主任；水处理车间主任
67	车宏晶	男	1965.5	汉族	腈纶厂技术科科长
68	陈斌	男	1968.8	汉族	化建公司建筑分公司专业组长（副科级）；项目管理中心项目经理（三级副）
69	陈刚	男	1973.7	汉族	物资供应中心卧里屯总库副主任
70	陈海	男	1962.7	汉族	化肥厂维修车间党支部书记；材料供应站安全生产综合管理高级主管（正科级）
71	陈辉	男	1971.5	汉族	客运中心小车二队队长；小车队队长；客运服务中心机关小车副队长（正科级）
72	陈捷	女	1975.5	汉族	职工医院急诊科主任
73	陈军	男	1961.8	汉族	开发公司纯净水车间党支部书记；材料供应站安全生产综合管理高级主管（正科级）；销售服务中心安全生产综合管理高级主管（正科级）

续表

序号	姓名	性别	出生年月	民族	曾任主要岗位
74	陈雷	男	1972.9	汉族	塑料厂办公室（党委办公室）副主任（副科长）；市场技术服务中心副主任、主任
75	陈林	男	1965.10	汉族	通讯中心数据业务维护站党支部书记；办公室（党委办公室）主任；炼油厂计量中心综合管理高级主管（正科级）；材料供应站安全生产综合管理主管（三级正职）
76	陈琳	男	1956.11	汉族	物业管理中心龙凤城管大队正科级干部
77	陈铁	男	1969.9	汉族	职工医院后勤服务站主任；物资供应站副主任（正科级）
78	陈旭	男	1985.4	汉族	腈纶厂仪表车间副主任；电仪车间副主任
79	陈岩	男	1974.9	汉族	炼油厂材料供应站副主任（正科级）；维修一车间副主任（正科级）；维修车间副主任（正科级）
80	陈岩	男	1976.7	汉族	水气厂空分车间副主任；空分车间主任；调度室调度长；生产计划科科长
81	陈瑶	女	1973.7	汉族	物业管理中心物业管理督查大队督查员（副科级）
82	陈勇	男	1964.10	汉族	炼油厂动力站主任；材料供应站安全生产综合管理高级主管（正科级）
83	陈昭	男	1967.1	汉族	机械厂安全环保科科长；设备维修分厂副主任（正科级）；运行车间副主任（正科级）
84	陈忠	男	1964.6	汉族	炼油厂催化重整车间工艺副主任兼安全总监；炼油项目管理办公室项目工艺管理主管（副科级）
85	陈安营	男	1982.7	汉族	化工一厂系统车间工艺副主任、主任；安全环保科科长
86	陈春玲	女	1967.4	汉族	职工医院总务党支部书记
87	陈大奎	男	1966.2	汉族	化工三厂维修车间副主任（正科级）
88	陈福霞	女	1982.1	汉族	水气厂污水一车间副主任；污水联合车间副主任；热网车间党支部书记兼副主任；管网联合车间党支部副书记兼副主任、书记兼副主任
89	陈广峰	男	1964.7	汉族	保卫部机关保卫大队队长、机关保卫大队正科级干部；机关保卫大队高级主管（正科级）
90	陈国虹	男	1956.7	汉族	实业公司龙化经销中心副科级干部
91	陈海莹	男	1968.8	汉族	炼油厂制蜡二车间党支部书记；制腊一车间主任；制蜡联合车间主任

续表

序号	姓名	性别	出生年月	民族	曾任主要岗位
92	陈亨哲	男	1967.11	朝鲜族	化工三厂供电车间副主任、安全总监（正科级）；维修车间党支部临时负责人、党支部书记
93	陈洪武	男	1965.6	汉族	热电厂材料供应站安全生产综合管理高级主管（正科级）
94	陈金晖	男	1970.5	汉族	炼油厂常减压一车间设备副主任；炼油项目管理办公室项目施工管理主管（副科级）
95	陈丽凤	女	1966.9	汉族	化建公司企业文化部（党委宣传部、工会、团委）副主任（副部长）；检修分公司安全生产综合管理办公室安全生产综合管理主管（副科级）
96	陈丽娜	女	1977.11	汉族	检测信息技术中心党委组织员
97	陈普光	男	1973.5	汉族	塑料厂仪表车间副主任
98	陈启明	男	1987.10	汉族	化建公司安装四分公司副经理
99	陈书仙	女	1980.10	汉族	质量检验中心机动设备科副科长
100	陈淑清	男	1965.11	汉族	物业管理中心党委组织部组织员（正科级）；督查大队正科级干部；督查大队安全生产综合管理
101	陈树峰	男	1964.12	汉族	久隆房地产公司投资控制科科长；计划经营科副科长（正科级）；物资供应站安全生产综合管理办公室高级主管（正科级）；塑钢门窗厂安全生产综合管理办公室高级主管（正科级）
102	陈松江	男	1965.4	汉族	餐饮服务中心雅迪威商务酒店副经理；客运服务中心食堂管理中心食堂管理（副科级）
103	陈维宏	男	1968.8	汉族	炼油厂气体原料车间党支部书记；输转联合车间党支部副书记（三级正职）
104	陈伟光	男	1981.9	汉族	化建公司安装二分公司副经理；项目管理中心副经理（正科级）
105	陈卫林	男	1959.6	汉族	化工一厂材料供应站安全生产综合管理高级主管（正科级）
106	陈卫中	男	1979.5	汉族	物业管理中心绿化环卫科副科长；兴化物业七所副所长
107	陈文东	男	1965.2	汉族	化建公司化工项目部经理、项目管理中心项目经理；防腐筑炉分公司副经理（党支部负责人）、防腐筑炉分公司党支部书记；安装三分公司党支部书记；炼油项目部经理

序号	姓名	性别	出生年月	民族	曾任主要岗位
108	陈文军	男	1962.11	汉族	热电厂材料供应站安全生产综合管理高级主管（正科级）
109	陈文敏	女	1978.1	汉族	通讯中心有线电视维护站副站长；乙烯电话站副站长
110	陈晓波	男	1971.7	汉族	腈纶厂供电车间主任；电仪车间主任；毛条车间主任
111	陈晓峰	男	1965.7	汉族	水气厂水汽技术中心副主任；材料供应站安全生产综合管理主管（副科级）
112	陈晓明	男	1963.6	汉族	化工二厂硫铵车间主任；材料供应站安全生产综合管理高级主管（正科级）
113	陈晓明	男	1962.11	汉族	热电厂电气车间党支部书记；材料供应站安全生产综合管理高级主管（正科级）
114	陈新元	男	1963.12	汉族	热电厂材料供应站安全生产综合管理高级主管（正科级）
115	陈修和	男	1965.6	汉族	化建公司项目管理中心项目经理（副科级）
116	陈旭卓	男	1966.3	汉族	炼油厂催化重整车间设备副主任；设备副主任兼车间安全环保总监
117	陈学建	男	1962.7	汉族	热电厂材料供应站安全生产综合管理高级主管（正科级）
118	陈学智	男	1965.9	汉族	开发公司劳保用品厂副厂长；联合二车间副主任（正科级）
119	陈亚维	男	1966.1	汉族	水气厂仪表车间副主任
120	陈延富	男	1959.4	汉族	能源管理中心兴化能源监察大队正科级干部；物业管理中心兴化能源监察大队正科级干部；兴化城管大队正科级干部
121	陈　岩	女	1988.1	蒙古族	销售储运中心团委书记
122	陈永武	男	1966.4	蒙古族	消防支队三大队教导员、大队长；气防站站长
123	陈友庆	男	1967.3	汉族	化建公司检修分公司副经理（借任市场开发部多伦分公司党支部副职负责人兼副经理（副科级）；项目管理中心榆林分公司副经理、榆林项目部副经理
124	陈佑军	男	1970.2	汉族	水气厂水汽技术中心主任兼党支部书记；水汽技术中心主任
125	陈玉龙	男	1979.2	汉族	水气厂调度室调度长
126	陈玉龙	男	1966.2	汉族	开发公司成品车间主任；办公室（党委办公室）主任（科长）；塑料厂编织袋车间主任；办公室（党委办公室）主任（科长）

续表

序号	姓名	性别	出生年月	民族	曾任主要岗位
127	陈月玲	女	1968.6	汉族	职工医院人事科（党委组织部）党委组织员
128	陈悦新	女	1964.10	汉族	热电厂材料供应站安全生产综合管理（机关）正科级
129	陈泽强	男	1980.1	汉族	化工二厂丙烯腈车间工艺副主任；丙烯腈联合车间工艺副主任
130	陈增喜	男	1972.11	汉族	职工医院医疗设备科科长
131	陈志辉	男	1982.3	汉族	化工三厂橡胶聚合二车间副主任、安全总监；橡胶聚合联合车间副主任、安全总监
132	陈志娟	女	1975.4	汉族	炼油厂计量中心党支部副书记、党支部书记；仪表车间党支部书记、党总支部书记兼第一党支部书记
133	陈志勇	男	1970.4	汉族	炼油厂重油催化一车间党支部书记
134	成桂先	女	1962.4	汉族	职工医院老年病科主任
135	程 华	男	1973.9	汉族	通讯中心有线电视维护站副站长；乙烯电话站副站长；信息技术中心通讯业务代维站副站长；检测信息技术中心通讯业务代维站副站长
136	程 岩	男	1963.11	汉族	职工医院门诊二党支部书记、防感党支部书记
137	程 芸	女	1973.6	汉族	离退休管理中心管理科科长；人事科（党委组织部）、科长（部长）
138	程春杰	女	1968.4	汉族	热电厂材料供应站安全生产综合管理高级主管（正科级）
139	程贵健	男	1982.11	汉族	炼油厂加氢一车间设备副主任；加氢二车间设备副主任、主任
140	程国生	男	1962.8	回族	久隆房地产公司塑钢门窗厂党支部书记；物资供应站安全生产综合管理办公室高级主管（正科级）；塑钢门窗厂安全生产综合管理办公室高级主管（正科级）
141	程胜勇	男	1963.7	汉族	物资供应中心仓储管理科科长；安全生产综合管理高级主管（正科级）
142	程淑艳	女	1967.12	汉族	职工医院优质服务办（行风监督站）主任
143	程彦德	男	1963.11	汉族	保卫部安全设备科科长、监控指挥中心正科级干部；机关保卫大队高级主管（正科级）
144	程长海	男	1964.11	汉族	保卫部守卫三大队党支部书记；守卫一大队正科级干部；机关保卫大队高级主管（正科级）
145	程志明	男	1965.4	汉族	化建公司建筑分公司副经理（正科级）；项目管理中心安全生产综合管理高级主管（正科级）

序号	姓名	性别	出生年月	民族	曾任主要岗位
146	程志平	男	1964.8	汉族	热电厂材料供应站安全生产综合管理主管（副科级）
147	迟红军	男	1963.2	汉族	物资供应中心原料科科长；化工科副科长；安全生产综合管理高级主管（正科级）
148	迟焕宝	男	1966.3	汉族	化建公司市场开发部揭阳分公司经理（借任市场开发部工作）（正科级）；项目管理中心项目经理（借任市场开发部工作）（正科级）、项目管理中心项目经理（借用到经营开发部负责市场开发工作）（正科级）
149	迟铁钢	男	1973.9	汉族	化建公司装备分公司副经理；特种设备安装维修分公司副经理
150	迟铁民	男	1971.3	汉族	物业管理中心机动设备科科长；物业管理督查大队督查员（正科级）
151	迟月娥	女	1964.9	汉族	物资供应中心安全生产综合管理主管（副科级）
152	仇宝柱	男	1956.6	汉族	物业管理中心龙凤物业三所正科级干部
153	楚艳玲	女	1963.1	汉族	能源管理中心兴化能源监察大队正科级干部；物业管理中心兴化能源监察大队正科级干部
154	褚磊	男	1982.7	汉族	炼油厂重油催化一车间设备副主任
155	褚迪青	女	1990.4	汉族	培训中心团委书记
156	丛君	男	1985.8	汉族	热电厂维修二车间副主任；维修车间副主任
157	丛威	男	1973.9	汉族	储运中心仓储一车间副主任；塑料厂成品一车间副主任
158	丛永财	男	1964.5	汉族	炼油厂计划科副科长（正科级）；材料供应站安全生产综合管理高级主管（正科级）
159	崔军	男	1965.6	汉族	腈纶厂系统车间副主任；回收车间副主任
160	崔芹	女	1967.4	汉族	开发公司助剂车间党支部书记；材料供应站安全生产综合管理高级主管（正科级）；销售服务中心安全生产综合管理高级主管（正科级）
161	崔勇	男	1981.9	汉族	热电厂汽机车间副主任；调度室副调度长；汽机车间主任
162	崔国臣	男	1961.10	汉族	化工一厂原料一车间主任；材料供应站安全生产综合管理高级主管（正科级）
163	崔金福	男	1963.9	汉族	久隆房地产公司生产管理科副科长；物资供应站安全生产综合管理办公室主管（副科级）；塑钢门窗厂安全生产综合管理办公室主管（副科级）

序号	姓名	性别	出生年月	民族	曾任主要岗位
164	崔进波	男	1961.3	汉族	物业管理中心龙凤物业四所党支部书记、正科级干部；物业管理督查大队安全生产综合管理（正科级）
165	崔进勇	男	1971.2	汉族	腈纶厂毛条车间副主任
166	崔利仁	男	1963.4	汉族	热电厂材料供应站安全生产综合管理高级主管（正科级）
167	崔连荣	男	1977.3	汉族	化肥厂调度室副调度长；水汽车间主任；水汽联合车间主任
168	崔庆铁	男	1967.1	汉族	客运服务中心客运一队副队长
169	崔世海	男	1964.10	汉族	消防支队企业文化科（党委宣传部、监察室、工会、团委）科长（部长）、党群工作部主任；办公室（党委办公室）正科级干部；气防站安全生产综合管理高级主管（正科级）
170	崔文珍	女	1965.10	汉族	热电厂材料供应站安全生产综合管理高级主管（正科级）
171	崔向军	男	1958.6	汉族	腈纶厂材料供应站安全生产综合管理高级主管（正科级）
172	崔晓蕾	男	1971.9	汉族	培训中心学生科副科长
173	崔业梅	女	1967.3	汉族	职工医院防保科主任；门诊一部副主任（正科级）
174	崔永福	男	1967.6	汉族	招标中心副主任
175	崔玉峰	男	1966.5	汉族	化工三厂仪表车间副主任、安全总监；成品车间副主任；材料供应站安全生产综合管理主管（三级副职）
176	崔玉清	男	1962.4	汉族	化工一厂加氢抽提二车间主任；材料供应站安全生产综合管理高级主管（正科级）
177	崔长利	男	1959.8	汉族	能源管理中心兴化能源监察大队正科级干部；物业管理中心兴化能源监察大队正科级干部；兴化城管大队正科级干部
178	戴春红	女	1975.5	汉族	职工医院消化内镜科（肛肠科）副主任
179	戴凤阁	女	1967.5	汉族	热电厂材料供应站安全生产综合管理高级主管（正科级）
180	戴英健	男	1980.11	汉族	信息技术中心系统集成部主任
181	单 鹏	男	1971.1	汉族	储运中心炼油销售部副主任；销售储运中心炼油销售部副主任、运输部副主任

序号	姓名	性别	出生年月	民族	曾任主要岗位
182	单 伟	男	1962.10	汉族	炼油厂安全环保科科长；材料供应站安全生产综合管理高级主管（正科级）
183	单宝虎	男	1972.10	汉族	炼油厂重油催化二车间党支部书记兼工艺副主任、主任；党支部书记兼主任
184	单大亨	男	1979.8	汉族	储运中心仓储三车间副主任、党支部书记；塑料厂成品二车间副主任（正科级）、质量检验中心办公室主任
185	单大睿	男	1979.11	汉族	热电厂动力车间工艺副主任；调度室副调度长；生产科副科长；锅炉车间副主任
186	单景梅	女	1973.11	汉族	职工医院街园社区党支部副书记
187	单瑞莉	女	1976.2	汉族	物业管理中心托幼管理所副所长
188	单永权	男	1965.12	汉族	客运中心安全环保科科长；客运服务中心安全环保科科长
189	党妍姝	女	1973.10	汉族	腈纶厂企业文化科（党委宣传部、监察室、工会办公室、团委）团委书记；党群工作部团委书记；毛条一车间党支部书记；毛条车间党支部书记
190	邓 枫	男	1969.9	汉族	物业管理中心办公室（党委办公室）主任；保卫科主任（科长）
191	邓 国	男	1962.11	汉族	化工一厂机械副总工程师；材料供应站安全生产综合管理高级主管（正科级）
192	邓 林	男	1966.2	汉族	信息技术中心系统运营部主任；检测信息技术中心系统运营部主任
193	邓 勇	男	1980.1	汉族	热电厂电气车间副主任；技术科副科长；生产科副科长；生产技术科副科长（正科级）
194	邓国军	男	1971.9	汉族	消防支队四大队副大队长
195	邓克明	男	1970.9	汉族	炼油厂重油催化二车间主任；材料供应站主任（主持材料站党支部全面工作）；机动科副科长（正科级）、机动科副科长兼任机关生产支部书记（正科级）、机动科副科长兼任机关二支部书记（正科级）
196	邓学敏	男	1965.12	汉族	储运中心装卸车间副主任；销售储运中心装卸车间副主任、主任；成品车间副主任（正科级）
197	刁树森	男	1967.3	汉族	化工一厂办公室（党委办公室、维稳办、保卫科）主任（科长）；动力车间党支部负责人；加氢抽提联合一车间党支部书记；加氢抽提联合车间党支部书记；加氢抽提联合车间党总支书记
198	丁 锋	男	1969.3	汉族	炼油厂人事科（党委组织部）副部长（正科级）

序号	姓名	性别	出生年月	民族	曾任主要岗位
199	丁爱泉	女	1963.9	汉族	储运中心仓储三车间安全生产综合管理主管（副科级）
200	丁冠男	女	1966.5	汉族	信息技术中心系统测试部主任；项目管理科正科级干部；检测信息技术中心系统测试部正科级干部
201	丁海军	男	1961.10	汉族	热电厂材料供应站安全生产综合管理（机关）
202	丁激文	男	1971.4	汉族	炼油厂常减压二车间设备副主任；污水车间设备副主任；炼油项目管理办公室项目施工管理主管（副科级）
203	丁佩顺	男	1966.3	汉族	信息技术中心控制与网络工程部副主任；检测信息技术中心控制与网络工程部副主任
204	丁天权	男	1966.5	汉族	实业公司龙凤冷库主任；三分公司服务队队长
205	丁万新	男	1984.12	汉族	塑料厂供电车间副主任
206	丁延彬	男	1979.4	汉族	炼油厂硫磺回收车间工艺副主任、党支部书记
207	丁妍	女	1982.3	汉族	物资供应中心管理科副科长
208	丁阳平	男	1980.2	汉族	信息技术中心研发部副主任；检测信息技术中心研发部副主任
209	丁云龙	男	1970.10	汉族	化建公司市场开发部哈尔滨分公司经理（副科级）、市场开发部哈尔滨分公司经理、电仪二分公司党支部书记
210	董峰	男	1963.7	汉族	炼油厂材料供应站副主任（正科级）；安全生产综合管理高级主管（正科级）
211	董睿	女	1988.7	汉族	水气厂团委书记（副科级）
212	董阳	男	1987.11	汉族	化工一厂裂解车间设备副主任；乙烯车间设备副主任
213	董英	男	1977.2	汉族	实业公司三分公司服务队副队长
214	董博武	男	1964.9	汉族	炼油厂调度室副调度长（正科级）；材料供应站安全生产综合管理高级主管（正科级）
215	董大伟	男	1978.3	汉族	化建公司市场开发部哈尔滨分公司副经理
216	董德峰	男	1977.7	汉族	化工三厂聚苯乙烯车间副主任；SAN树脂车间副主任；SAN联合车间副主任
217	董连立	男	1964.6	汉族	化建公司安装三分公司党支部书记；防腐筑炉分公司党支部书记；检修分公司安全生产综合管理办公室安全生产综合管理高级主管（正科级）
218	董佩峰	男	1973.7	汉族	塑料厂仪表车间主任；装运车间副主任（正科级）、党支部书记

序号	姓名	性别	出生年月	民族	曾任主要岗位
219	董庆林	男	1968.1	汉族	物业管理中心物业管理督查大队党支部书记；龙凤城管大队党支部书记；物业管理督查大队队长
220	董庆龙	男	1975.3	汉族	信息技术中心控制与网络工程部副主任；检测信息技术中心控制与网络工程部副主任
221	董树新	男	1966.12	汉族	炼油厂调度室副调度长（正科级）
222	董卫兵	男	1968.4	汉族	能源管理中心经营管理科科长；物业管理中心经营管理科副科长（正科级）、科长
223	董卫涛	男	1982.9	汉族	实业公司福利化工厂副厂长；管道配件厂副厂长
224	董文华	男	1978.12	汉族	热电厂化学车间副主任；机动科副科长；动力车间党支部书记；化学车间主任
225	董文杰	男	1981.6	汉族	化工三厂苯乙烯车间副主任
226	董文霞	女	1965.2	汉族	热电厂材料供应站安全生产综合管理高级主管（正科级）
227	董锡钢	男	1984.5	汉族	化工一厂企业文化科（党委宣传部、监察室、工会办公室、团委）科长（部长）、党群工作部主任
228	董晓庆	男	1981.8	汉族	化工三厂维修车间副主任、安全总监
229	董秀荣	女	1969.2	汉族	职工医院放射二科主任；放射科主任
230	董旭东	男	1972.1	汉族	腈纶厂调度室调度长；纺丝车间主任
231	董亚东	男	1960.12	汉族	热电厂副总工程师；材料供应站安全生产综合管理高级主管（正科级）
232	董玉华	女	1972.6	汉族	检测公司设备诊断与节能监测中心副主任、主任；机械厂设备诊断与节能监测中心主任；副总工程师；设备诊断与防护监测中心主任（兼任）
233	董云林	男	1965.10	汉族	化建公司项目管理中心项目经理（副科级）；项目管理中心安全生产综合管理主管（副科级）
234	窦传宇	男	1983.4	汉族	炼油厂常减压一车间工艺副主任兼安全环保总监；常减压联合车间工艺副主任、党支部书记
235	窦传宇	男	1983.3	汉族	炼油厂硫磺回收车间工艺副主任
236	窦维翰	男	1982.9	汉族	水气厂水处理车间副主任
237	窦雪飞	女	1980.11	汉族	炼油厂输转联合车间设备副主任
238	杜娟	女	1977.9	汉族	物业管理中心兴化运行车间副主任；兴化生产运行车间党支部书记

续表

序号	姓名	性别	出生年月	民族	曾任主要岗位
239	杜 君	男	1968.8	汉族	化工一厂系统车间主任；原料一车间主任；输转联合车间工艺副主任（正科级）
240	杜 敏	男	1963.1	汉族	化工三厂SAN车间党支部书记；材料供应站安全生产综合管理高级主管（正科级）
241	杜本林	男	1962.10	汉族	热电厂材料供应站安全生产综合管理高级主管（正科级）
242	杜德君	男	1963.10	汉族	职工医院内分泌科主任（主持内分泌科、呼吸内科行政工作）
243	杜纪恩	男	1968.4	汉族	实业公司弘润精细化工厂厂长；塑龙公司经理
244	杜建辉	女	1973.3	汉族	物业管理中心兴化城管大队党支部书记；卧里屯物业一所党支部书记
245	杜景生	男	1967.10	汉族	质量检验中心办公室行政管理岗位主管（副科级）；原材料与腈纶化验车间安全生产综合管理主管（副科级）
246	杜立建	男	1965.8	满族	机械厂设备科科长；营销中心安全生产综合管理高级主管（正科级）
247	杜庆瑞	男	1973.10	汉族	腈纶厂中试车间工艺副主任；纺丝车间副主任；毛条车间副主任
248	杜晓怀	男	1964.7	汉族	物资供应中心进出口管理科副科长（正科级）；管理科安全生产综合管理高级主管（正科级）
249	杜雅杰	男	1979.1	汉族	机械厂设备维修分厂副厂长
250	杜忠林	男	1963.1	汉族	培训中心网络化教研室机关党支部书记、正科级干部
251	段贵林	男	1964.1	汉族	物业管理中心龙凤物业五所所长；物业管理督查大队督查员（正科级）；物业管理督查大队安全生产综合管理（正科级）
252	段立志	男	1969.12	汉族	开发公司车队队长；联合二车间主任
253	段树成	男	1968.6	汉族	炼油厂供电车间主任
254	段永林	男	1966.8	蒙古族	炼油厂办公室（党委办公室、维稳办、保卫科）副主任（正科级）、办公室（党委办公室）副主任（副科长）（正科级）
255	顿庆安	男	1965.2	汉族	职工医院保卫科（维稳办）科长（主任）；办公室（党委办公室）副主任（正科级）

序号	姓名	性别	出生年月	民族	曾任主要岗位
256	鄂玉斌	男	1962.2	满族	物资供应中心备件科科长；管理科安全生产综合管理主管（正科级）
257	樊金安	男	1964.10	汉族	化建公司项目管理中心项目经理（副科级）、施工管理主管（副科级）
258	范　宝	男	1974.9	汉族	信息技术中心ERP项目部副主任；检测信息技术中心ERP项目部主任
259	范铁军	男	1964.1	汉族	物业管理中心特种车队队长；维修车间正科级干部；物业管理督查大队安全生产综合管理（正科级）
260	范铁生	男	1980.8	汉族	塑料厂高压聚乙烯二车间设备副主任；高压聚乙烯联合车间设备副主任、主任
261	范文一	男	1959.2	汉族	热电厂材料供应站安全生产综合管理高级主管（正科级）
262	范希峰	男	1964.1	汉族	保卫部治安保卫大队正科级干部
263	范雅芳	女	1966.6	汉族	培训中心管理科副科长；党校与企业管理教研室副科级干部
264	范彦军	男	1967.3	汉族	化工三厂仪表车间副主任、安全总监
265	范永光	男	1965.6	汉族	物业管理中心人事科（党委组织部）科长（部长）；物业管理督查大队正科级干部；物业管理督查大队安全生产综合管理（正科级）
266	方　红	女	1968.5	汉族	热电厂材料供应站安全生产综合管理高级主管（正科级）
267	方军凯	男	1964.7	汉族	机械厂阀门修造分厂副厂长（正科级）；运行车间正科级干部
268	方文章	男	1966.11	汉族	化工二厂丁辛醇造气车间主任；调度室调度长
269	方秀丽	女	1962.3	汉族	客运中心客运三队正科级干部
270	房亚君	男	1974.5	汉族	塑料厂机动科副科长；仪表副总工程师
271	费恩柱	男	1983.4	汉族	炼油厂加氢二车间设备副主任；调度室副调度长
272	费玉章	男	1981.12	汉族	化工三厂办公室（党委办公室）副主任
273	丰　伟	男	1964.8	汉族	保卫部巡逻二大队党支部书记；机关保卫大队高级主管（正科级）
274	丰之江	男	1981.4	汉族	塑料厂全密度聚乙烯一车间设备副主任；线性聚乙烯车间主任；机械副总工程师

序号	姓名	性别	出生年月	民族	曾任主要岗位
275	冯 静	男	1963.10	汉族	能源管理中心龙凤能源监察大队监察员（正科级）物业管理中心龙凤能源监察大队监察员（正科级）；龙凤城管大队监察员（正科级）、正科级干部；物业管理督查大队安全生产综合管理（正科级）
276	冯 岩	男	1963.4	汉族	化工一厂安全环保科科长；材料供应站安全生产综合管理高级主管（正科级）
277	冯建雄	男	1962.4	汉族	炼油厂延迟焦化车间党支部书记；材料供应站安全生产综合管理高级主管（正科级）
278	冯兰维	男	1956.5	汉族	培训中心炼化教研室正科级干部
279	冯明泉	男	1969.10	汉族	实业公司龙化经销中心主任；兴达包装厂副厂长（正科）；三分公司包装队党支部书记
280	冯悦良	男	1965.1	汉族	物业管理中心龙凤公园副主任、公路公司副经理
281	冯忠亮	男	1981.4	汉族	化工一厂乙烯车间设备副主任（正科级）；加氢抽提二车间主任；机动科科长
282	付 冰	女	1982.1	汉族	培训中心机电仪教研室副主任
283	付 强	男	1970.1	汉族	塑料厂高压聚乙烯一车间工艺副主任
284	付 尧	男	1974.5	汉族	职工医院骨外科主任
285	付凤海	男	1968.5	汉族	物资供应中心调度室调度长
286	付金荣	男	1970.3	汉族	化工二厂安全环保科科长
287	付井和	男	1966.3	汉族	餐饮服务中心工会主席；开发公司石化宾馆党支部书记；食堂管理中心党支部书记；客运服务中心石化宾馆党支部书记（正科级）；炼油厂供热空分联合车间综合管理（正科级）
288	付凯旋	男	1961.11	汉族	化工一厂仪表车间副主任；材料供应站安全生产综合管理主管（副科级）
289	付淑华	女	1967.11	汉族	热电厂材料供应站安全生产综合管理高级主管（正科级）
290	付学文	男	1975.1	汉族	实业公司回收一队副队长；审计监察室主任（副科级）；综合管理部副主任（正科级）
291	付亚东	女	1974.11	汉族	离退休管理中心离退休管理科副科长
292	富玉玲	女	1964.2	汉族	职工医院内分泌科副主任（正科级）
293	盖大海	男	1974.3	汉族	化工三厂综合车间副主任；仪表车间副主任

续表

序号	姓名	性别	出生年月	民族	曾任主要岗位
294	盖敬民	男	1964.4	汉族	炼油厂延迟焦化车间工艺副主任兼车间安全总监；材料供应站安全生产综合管理主管（副科级）
295	盖晓权	男	1982.2	汉族	开发公司市场开发中心副主任；销售服务中心副主任
296	盖秀红	女	1973.10	汉族	开发公司销售服务中心副主任；市场开发中心副主任、书记；打包带车间党支部书记；联合二车间党支部副书记；销售服务中心党支部副书记岗位；联合二车间副主任（正科级）
297	甘宏伟	男	1957.12	汉族	水气厂材料供应站安全生产综合管理高级主管（正科级）
298	高明	女	1979.5	汉族	物业管理中心龙凤保安队副队长
299	高波	男	1967.4	汉族	机械厂办公室（党委办公室）副主任（正科级）；机加分厂副厂长（正科级）；运行车间副科级干部
300	高峰	男	1964.11	汉族	热电厂材料供应站安全生产综合管理高级主管（正科级）
301	高晶	女	1968.2	汉族	离退休管理中心老年大学教务管理室副主任；安全设备科科长；厂西服务站正科级干部
302	高磊	男	1986.1	汉族	腈纶厂回收车间副主任；纺丝联合车间副主任
303	高明	男	1971.2	汉族	客运中心维修车间主任；客运服务中心维修车间主任；设备技术科科长
304	高明	男	1981.8	汉族	久隆房地产公司安全环保科副科长；销售中心主任（副科级）；质量安全环保科科长；安全生产管理科副科长
305	高萍	女	1968.4	汉族	热电厂材料供应站安全生产综合管理高级主管（正科级）
306	高睿	男	1985.12	汉族	质量检验中心安全生产技术科副科长；水气化验车间副主任、主任；质量检验中心环保监测站主任
307	高洋	男	1976.6	汉族	机械厂压力元件分厂副厂长兼安全总监、安全总监、党支部书记
308	高峥	女	1962.10	汉族	质量检验中心树脂化验车间副科级干部
309	高恩军	男	1968.5	汉族	能源管理中心龙凤能源监察大队党支部副书记（负责人事科〈党委组织部〉党委组织员工作）、书记；物业管理中心龙凤能源监察大队党支部书记；龙凤物业四所党支部书记

序号	姓名	性别	出生年月	民族	曾任主要岗位
310	高凤军	女	1969.2	汉族	热电厂材料供应站安全生产综合管理高级主管（正科级）
311	高洪兵	男	1968.1	汉族	物资供应中心物资检验科副科长；调度室副调度长
312	高洪峰	男	1981.7	汉族	化建公司炼油项目部经理（正科级）
313	高洪涛	男	1966.3	汉族	能源管理中心兴化能源计量车间主任；物业管理中心兴化能源计量车间主任；计量收费副主任（正科级）
314	高洪义	男	1963.2	汉族	化建公司电气三分公司经理；项目管理中心辽宁分公司党支部负责人兼副经理；检修分公司安全生产综合管理办公室安全生产综合管理高级主管（正科级）
315	高建斌	男	1974.1	汉族	炼油厂动力站电气副主任；供电车间党支部书记；炼油厂电气副总工程师
316	高景东	男	1966.6	汉族	职工医院医疗设备科副科长
317	高立平	男	1971.2	汉族	热电厂燃料车间副主任
318	高丽艳	女	1964.1	汉族	物业管理中心兴化物业六所正科级干部
319	高明阁	男	1966.10	蒙古族	能源管理中心龙凤能源计量车间主任；物业管理中心龙凤计量车间主任；计量收费站副主任（正科级）
320	高明光	男	1963.1	汉族	化工二厂己烯 -1 车间设备副主任（正科级）；材料供应站安全生产综合管理高级主管（正科级）
321	高鹏举	男	1965.9	汉族	化建公司安装三分公司副经理；项目管理中心电仪分公司副经理；电仪二分公司副经理；项目管理中心安全生产综合管理主管（副科级）；项目管理中心包头分公司经理、党支部书记
322	高启生	男	1963.3	汉族	物业管理中心兴化物业五所党支部书记、正科级干部；物业管理督查大队安全生产综合管理（正科级）
323	高庆春	男	1956.9	汉族	实业公司回收二队正科级干部
324	高荣祥	男	1963.8	汉族	热电厂材料供应站安全生产综合管理高级主管（正科级）
325	高守宇	男	1971.7	汉族	化建公司安装一分公司副经理；市场开发部包头分公司经理（副科级）、经理；项目管理中心包头分公司经理、项目管理中心包头分公司经理兼任党支部书记临时负责人
326	高伟霞	女	1968.10	汉族	质量检验中心水气化验车间副主任；原材料检验车间安全生产综合管理主管（副科级）；原材料与腈纶化验车间安全生产综合管理主管（副科级）

续表

序号	姓名	性别	出生年月	民族	曾任主要岗位
327	高文忠	男	1968.7	汉族	开发公司劳保用品厂厂长；联合二车间副主任
328	高晓宇	男	1980.5	汉族	化工二厂丁辛醇造气车间工艺副主任、主任；技术科科长
329	高雪峰	男	1965.2	汉族	实业公司雪峰石化配件厂厂长；三分公司服务队副队长（正科）；四分公司龙凤冷库主任；房屋租赁管理中心副主任（正科级）；塑龙公司安全生产综合管理高级主管（正科级）
330	高彦江	男	1964.8	汉族	机械厂容器制造车间副主任（正科级）；运行车间正科级干部
331	高永鑫	男	1982.7	汉族	化建公司技术发展部副主任
332	高玉国	男	1965.1	汉族	化工二厂维修车间主任；机动科副科长（正科级）
333	高玉芹	女	1965.6	汉族	化工三厂办公室（党委办公室、维稳办、保卫科）、办公室（党委办公室）副主任；材料供应站安全生产综合管理主管（副科级）
334	戈德玉	男	1968.9	汉族	化肥厂供电车间党支部书记
335	葛铁胤	男	1977.1	汉族	实业公司弘润精细化工厂副厂长
336	葛为民	男	1965.9	汉族	客运中心运行经营科副科长；客运服务中心运行经营科副科长；食堂管理中心安全生产综合管理（副科级）
337	葛迎峰	男	1967.6	汉族	腈纶厂维修车间副主任；仪表车间副主任（负责党务工作）、党支部书记；成品车间主任
338	葛永新	男	1963.6	汉族	炼油厂机车车间设备副主任；安全生产综合管理主管（副科级）
339	耿　会	男	1965.12	汉族	化工二厂调度室调度长；工艺副总工程师
340	耿　力	男	1967.8	汉族	腈纶厂聚合车间工艺副主任；仪表车间党支部书记；电仪车间党支部书记
341	耿传庆	男	1963.1	汉族	炼油厂材料供应站安全生产综合管理主管（副科级）
342	耿传秋	女	1978.10	汉族	物业管理中心龙凤保洁公司副经理
343	耿桂春	女	1962.3	汉族	职工医院药剂一科主任正科级干部
344	耿国辉	女	1973.12	汉族	离退休管理中心厂西联合党支部书记；厂西服务站党支部书记兼离退休党总支书记
345	耿乐民	男	1974.5	汉族	炼油厂供热空分车间工艺副主任

续表

序号	姓名	性别	出生年月	民族	曾任主要岗位
346	耿乐为	男	1968.7	汉族	通讯中心有线电视维护站站长；青龙山电话站站长；信息技术中心通讯业务代维站站长；检测信息技术中心通讯业务代维站站长
347	耿庆芬	女	1969.11	汉族	热电厂材料供应站安全生产综合管理高级主管（正科级）
348	耿玉良	男	1964.11	汉族	餐饮服务中心食堂科科长；客运服务中心食堂管理中心食堂管理（正科级）、正科级干部、安全生产综合管理（正科级）
349	宫本君	男	1963.9	汉族	水气厂机械副总工程师；材料供应站安全生产综合管理高级主管（正科级）
350	宫福斌	男	1983.7	汉族	化工二厂丁辛醇造气车间工艺副主任
351	宫连春	男	1970.4	汉族	物资供应中心静设备科副科长；设备科副科长；龙凤总库主任；调度室副调度长（三级正职）
352	宫向英	男	1982.4	汉族	塑料厂全密度聚乙烯一车间主任
353	宫雪松	男	1966.1	汉族	水气厂脱盐水一车间主任；技术科副科长（正科级）、科长；材料供应站安全生产综合管理高级主管（正科级）
354	龚岩	男	1964.3	汉族	餐饮服务中心龙凤宾馆经理；开发公司食堂管理中心副主任（正科级）；客运服务中心食堂管理中心副主任（正科级）、正科级干部、安全生产综合管理（正科级）
355	巩波	男	1970.9	汉族	化工三厂聚苯乙烯车间主任；SAN树脂车间主任、安全总监；SAN联合车间主任
356	贡玉辉	男	1981.7	汉族	培训中心办公室副主任；党委办公室副主任；办公室主任；党委办公室主任
357	谷鹏飞	男	1966.12	汉族	化肥厂计划科科长；生产科副科长；生产技术科副科长（正科级）
358	谷文志	男	1965.6	汉族	水气厂污水一车间党支部书记；工业水车间党支部书记；材料供应站安全生产综合管理高级主管（正科级）
359	谷永军	男	1957.7	汉族	实业公司腈纶加工厂正科级干部
360	谷玉珍	女	1970.2	汉族	开发公司成品车间党支部书记；贸易公司经理；庆营公司副经理（正科级）；联合三车间党支部书记
361	谷振宇	男	1966.9	汉族	储运中心运转车间副主任；销售储运中心运转车间副主任、党支部书记；装卸车间副主任（正科级）
362	顾立民	男	1956.4	汉族	物业管理中心龙凤社区管理所正科级干部

续表

序号	姓名	性别	出生年月	民族	曾任主要岗位
363	顾喜春	男	1961.5	汉族	化建公司总经理助理（正科级）；检修分公司安全生产综合管理办公室安全生产综合管理高级主管（正科级）
364	顾元柱	男	1967.10	汉族	信息技术中心物资供应站主任；检测信息技术中心物资供应站主任
365	关 川	男	1982.9	汉族	化建公司安装一分公司副经理
366	关 峰	男	1976.2	满族	开发公司气体车间主任；联合一车间副主任
367	关 红	女	1963.12	汉族	能源管理中心龙凤计量车间正科级干部；物业管理中心龙凤能源计量车间正科级干部
368	关 辉	男	1970.3	满族	开发公司市场开发中心副主任、市场开发管理高级主管（正科级）
369	关 凯	男	1978.5	满族	化工三厂橡胶聚合二车间党支部书记；成品车间党支部书记、党总支书记（三级正职）、第一党支部书记
370	关 凯	男	1964.8	满族	水气厂热网车间党支部书记；材料供应站安全生产综合管理高级主管（正科级）
371	关 平	女	1963.5	汉族	职工医院药剂一科主任
372	关 涛	男	1982.5	满族	化工三厂苯乙烯车间副主任；苯乙烯联合车间副主任
373	关 伟	男	1968.10	汉族	水气厂维修车间党支部副书记
374	关海延	男	1968.5	满族	化工三厂调度室调度长
375	关立恒	男	1984.7	满族	化工二厂办公室（党委办公室）副主任；综合管理科（党群工作部）科长（主任）
376	关蒙滨	男	1961.5	汉族	化建公司市场开发部包头分公司党支部负责人兼副经理（正科级）；检修分公司安全生产综合管理办公室安全生产综合管理高级主管（正科级）
377	关晓峰	男	1957.3	满族	炼油厂材料供应站安全生产综合管理高级主管（正科级）
378	广 明	男	1964.11	汉族	储运中心企业文化科（党委宣传部、监察室、工会办公室、团委）科长（部长）、党群工作部主任；装卸车间安全生产综合管理高级主管（正科级）；销售储运中心装卸车间安全生产综合管理高级主管（正科级）
379	桂晓红	女	1965.12	汉族	实业公司腈纶加工厂党支部书记；龙化经销中心正科级干部；塑龙公司安全生产综合管理高级主管（正科级）
380	郭 宏	男	1964.1	汉族	化工三厂仪表车间党支部书记；材料供应站安全生产综合管理高级主管（正科级）

续表

序号	姓名	性别	出生年月	民族	曾任主要岗位
381	郭　健	女	1967.8	汉族	质量检验中心水气化验车间主任；原材料检验车间安全生产综合管理高级主管（正科级）；原材料与腈纶化验车间安全生产综合管理高级主管（正科级）
382	郭　清	女	1965.11	汉族	检测公司计量检定一室主任；材料站正科级干部机械厂运行车间正科级干部
383	郭　伟	女	1968.6	满族	信息技术中心人事科（党委组织部）党委组织员（正科级）；检测信息技术中心系统集成部正科级干部
384	郭　文	女	1967.9	汉族	物业管理中心托幼管理所副所长、副科级干部；托幼管理所安全生产综合管理（副科级）；托幼管理所托幼教育管理（副科级）
385	郭　野	男	1960.7	汉族	化工一厂材料供应站正科级干部；材料供应站安全生产综合管理高级主管（正科级）
386	郭　毅	女	1962.10	汉族	职工医院肾内科（血透室）主任
387	郭　英	女	1960.11	汉族	实业公司龙化经销中心副科级干部
388	郭柏言	男	1983.9	汉族	机械厂生产计划科副科长
389	郭宝珠	女	1968.7	汉族	热电厂材料供应站安全生产综合管理高级主管（正科级）
390	郭常辉	男	1973.3	汉族	塑料厂全密度聚乙烯二车间主任；计划科科长；生产科副科长（正科级）
391	郭成林	男	1965.9	汉族	通讯中心龙凤电话站站长；化肥厂办公室（党委办公室）保卫、综治与维稳管理岗位高级主管（正科级）；材料供应站安全生产综合管理高级主管（正科级）
392	郭德儒	男	1962.5	汉族	机械厂机加分厂厂长兼安全总监、正科级干部；运行车间正科级干部
393	郭东辉	男	1956.9	汉族	热电厂材料供应站安全生产综合管理高级主管（正科级）
394	郭东凯	男	1966.8	汉族	实业公司安全环保部安全监督（副科级）
395	郭东升	男	1970.7	汉族	炼油厂常减压一车间主任；兼常减压二车间主任；常减压联合车间主任
396	郭东伟	男	1962.11	汉族	开发公司车队党支部书记；材料供应站安全生产综合管理高级主管（正科级）；销售服务中心安全生产综合管理高级主管（正科级）
397	郭东兴	男	1969.8	汉族	物业管理中心龙凤物业一所所长

续表

序号	姓名	性别	出生年月	民族	曾任主要岗位
398	郭冬丽	女	1967.12	汉族	物业管理中心兴化社区管理所党支部书记、正科级干部；物业管理督查大队安全生产综合管理（正科级）
399	郭恩勇	男	1966.7	汉族	化肥厂水汽车间主任；调度室副调度长（正科级）；机动科副科长（正科级）
400	郭继宁	男	1974.7	汉族	物资供应中心配件科副科长
401	郭建军	男	1962.3	汉族	通讯中心人事科（党委组织部）科长（部长）；客户营销收费站正科级干部信息技术中心通讯业务代维站正科级干部；检测信息技术中心通讯业务代维站正科级干部
402	郭建新	男	1977.3	汉族	炼油厂蜡脱油车间工艺副主任兼车间安全环保总监；润滑油联合车间工艺副主任兼车间安全环保总监
403	郭 军	男	1971.6	汉族	招标中心化工组组长
404	郭俊芳	男	1973.6	汉族	机械厂设备安全管理科副科长
405	郭力波	男	1980.11	汉族	检测信息技术中心系统运营部副主任
406	郭立国	男	1980.2	满族	化工二厂丁辛醇造气车间工艺副主任、党支部书记；生产科科长
407	郭清海	男	1971.10	汉族	化工三厂 ABS 车间主任
408	郭仕莲	女	1965.9	汉族	培训中心办公室（党委办公室）副主任（正科级）；党校与企业管理教研室正科级干部
409	郭为民	男	1972.3	汉族	化建公司项目管理中心哈尔滨分公司副经理［借任市场开发部加格达奇油库项目项目经理（副科级）；借任项目管理中心七台河项目部项目部项目经理（副科级）；借用到龙油项目部任项目经理（副科级）］
410	郭小东	男	1965.11	汉族	水气厂热网车间副主任、主任；管网联合车间主任；材料供应站安全生产综合管理高级主管（正科级）
411	郭晓宁	男	1979.12	汉族	物资供应中心进出口管理科副科长、科长；兼机关二党支部副书记（正科级）；兼任机关二党支部书记
412	郭晓耀	男	1957.4	汉族	实业公司光华机电厂正科级干部
413	郭延光	男	1968.7	汉族	能源管理中心人事科（党委组织部）科长（部长）；物业管理中心人事科（党委组织部）副科长（副部长）（正科级）；能源收费站主任；计量收费站主任
414	郭彦臣	男	1985.5	汉族	炼油厂重油催化二车间工艺副主任；工艺副主任兼车间安全环保总监

续表

序号	姓名	性别	出生年月	民族	曾任主要岗位
415	郭艳辉	女	1974.9	汉族	职工医院大化社区党支部书记；兴化社区党支部书记
416	郭燕春	女	1966.8	汉族	实业公司回收二队队长；塑龙公司安全生产综合管理高级主管（正科级）
417	郭英爽	男	1975.6	汉族	化工一厂碳四联合车间主任；工艺副总工程师
418	郭云飞	男	1964.9	汉族	质量检验中心办公室行政管理高级主管（正科级）
419	郭增君	男	1961.7	汉族	开发公司庆营公司经理；材料供应站安全生产综合管理高级主管（正科级）；销售服务中心安全生产综合管理高级主管（正科级）
420	郭长利	男	1980.3	汉族	塑料厂供电车间副主任；供电车间党支部书记
421	国文朋	男	1982.2	汉族	塑料厂低压聚乙烯车间设备副主任
422	果杰	男	1965.4	汉族	实业公司管道配件厂副厂长；雪峰石化配件厂厂长（副科级）；管道配件厂党支部书记；塑龙公司安全生产综合管理高级主管（正科级）
423	韩丹	男	1957.4	汉族	塑料厂材料供应站安全生产综合管理高级主管（正科级）
424	韩清	男	1965.1	汉族	热电厂维修二车间副主任；维修车间副主任；材料供应站安全生产综合管理主管（副科级）
425	韩松	男	1974.4	汉族	客运中心客运一队副队长；设备技术科科长；客运服务中心设备技术科科长；维修车间党支部书记、主任
426	韩伟	男	1959.10	汉族	炼油厂材料供应站安全生产综合管理主管（副科级）
427	韩燕	女	1967.10	汉族	实业公司人力资源部党委组织员（副科级）；塑龙公司安全生产综合管理主管（正科级）
428	韩英	女	1962.7	汉族	炼油厂材料供应站安全生产综合管理高级主管（正科级）
429	韩昱	女	1986.6	汉族	物业管理中心能源收费站副主任；计量收费站副主任
430	韩柏田	男	1967.2	满族	炼油厂气体原料车间工艺副主任兼车间安全环保总监；炼油项目管理办公室项目工艺管理
431	韩冰峰	男	1965.9	满族	腈纶厂中试车间党支部书记；聚合车间党支部书记；纺丝联合车间副主任
432	韩春龙	男	1982.3	汉族	化工二厂供电车间副主任、主任
433	韩大为	男	1965.1	汉族	物业管理中心兴化厂区绿化队党支部书记；物业管理督查大队督查员（正科级）

续表

序号	姓名	性别	出生年月	民族	曾任主要岗位
434	韩光辉	男	1972.12	汉族	炼油厂动力站电气副主任；供电车间副主任
435	韩光普	男	1976.3	汉族	水气厂水处理车间副主任
436	韩国义	男	1965.5	汉族	化工三厂维修车间党支部书记；成品车间副主任（正科级）
437	韩洪义	男	1970.12	汉族	化工三厂材料供应站科长；机动科副科长（正科级）
438	韩会君	男	1983.1	满族	化工一厂乙烯车间工艺副主任（正科级）
439	韩立祥	男	1965.1	汉族	化建公司电气二分公司党支部书记；电气一分公司党支部书记；电仪一分公司党支部书记
440	韩那刚	男	1982.6	汉族	化建公司党群工作部副主任；综合管理部（党群工作部）副主任
441	韩曙光	男	1986.4	汉族	化工一厂碳四联合车间工艺副主任
442	韩献春	男	1964.11	汉族	热电厂材料供应站安全生产综合管理主管（副科级）
443	韩秀英	女	1967.3	汉族	物业管理中心苗圃党支部书记；土地管理站正科级干部；物业管理督查大队安全生产综合管理（正科级）
444	韩学俊	男	1974.7	汉族	化建公司电仪四分公司副经理
445	韩雪原	男	1972.10	蒙古族	机械厂压力元件分厂副厂长；设备诊断与节能监测中心副主任（正科级）、党支部书记；设备诊断与防护监测中心党支部书记
446	韩亚春	女	1963.2	汉族	腈纶厂材料供应站安全生产综合管理高级主管（正科级）
447	韩艳秋	女	1967.8	汉族	储运中心维修车间党支部书记；仓储三车间安全生产综合管理高级主管（正科级）；装卸车间安全生产综合管理高级主管（正科级）；销售储运中心装卸车间安全生产综合管理高级主管（正科级）
448	韩英姬	女	1962.1	汉族	物业管理中心龙凤绿化队副科级干部
449	韩永强	男	1979.8	汉族	机械厂技术设计中心副主任
450	韩玉华	女	1966.10	汉族	职工医院妇产二科主任
451	韩玉林	男	1962.9	汉族	热电厂材料供应站安全生产综合管理高级主管（正科级）
452	韩云阁	男	1963.9	汉族	化建公司项目管理中心项目经理（正科级）；检修分公司安全生产综合管理办公室安全生产综合管理高级主管（正科级）

续表

序号	姓名	性别	出生年月	民族	曾任主要岗位
453	郝 丹	男	1982.1	汉族	水气厂污水一车间副主任；工业水车间主任；污水联合车间主任
454	郝 峰	男	1962.3	汉族	客运中心客运三队副队长；客运二队副队长、副科级干部；客运服务中心客运二队副科级干部；食堂管理中心安全生产综合管理（副科级）
455	郝 信	男	1957.10	汉族	炼油厂材料供应站安全生产综合管理主管（副科级）
456	郝 艺	女	1977.6	汉族	质量检验中心水气化验车间副主任、党支部书记（副科级）；化肥化验车间副主任；质量检验中心树脂与化肥化验车间副主任
457	郝成山	男	1963.8	汉族	职工医院呼吸内科主任
458	郝春风	女	1974.3	汉族	物业管理中心企业文化科（党委宣传部、工会办公室、团委）副科长（副部长）；党群工作部副科长（副部长）；物业管理督查大队督查员（副科级）
459	郝福坤	男	1982.1	汉族	化建公司安装一分公司副经理
460	郝惠南	男	1976.2	汉族	职工医院重症医学科主任兼神经外科副主任
461	郝剑锋	男	1969.2	汉族	物资供应中心计划科科长；备件科科长；兼机关二党支部书记；物资供应中心副主任（副处级）
462	郝京川	男	1963.8	汉族	化建公司项目管理中心项目经理（正科级）；检修分公司安全生产综合管理办公室安全生产综合管理高级主管（正科级）
463	郝兴国	男	1972.9	汉族	物业管理中心龙凤社区管理所所长
464	郝志军	男	1979.5	汉族	化工三厂橡胶聚合一车间副主任、主任、安全总监；橡胶聚合联合车间主任、第一党支部书记
465	何 操	男	1965.4	锡伯族	久隆房地产公司工程运输车队副队长；热电厂工程运输车队副队长；燃料车间主任；材料供应站安全生产综合管理主管（副科级）
466	何 晶	男	1965.11	汉族	久隆房地产公司客户服务中心党支部书记；客户服务中心党支部书记；塑钢门窗厂党支部书记；塑钢门窗厂安全生产综合管理办公室高级主管（正科级）
467	何 秋	男	1968.8	汉族	化建公司市场开发部四川分公司党支部负责人（正科级）、党支部书记兼副经理；项目管理中心四川分公司党支部书记兼副经理；哈尔滨分公司经理
468	何 涛	男	1962.2	汉族	炼油厂材料供应站副主任兼安全生产综合办公室主任（正科级）、安全生产综合管理办公室高级主管（正科级）

续表

序号	姓名	性别	出生年月	民族	曾任主要岗位
469	何方华	男	1970.3	汉族	化工三厂成品车间主任、第二党支部书记
470	何继江	男	1962.4	汉族	客运中心小车二队副队长；小车队副队长、副科级干部；客运服务中心机关小车队副科级干部；食堂管理中心安全生产综合管理（副科级）
471	何建勋	男	1966.2	汉族	实业公司物资采购部部长；技术生产部部长；安全生产管理部主任
472	何景光	男	1957.10	汉族	化工二厂材料供应站安全生产综合管理高级主管（正科级）
473	何立新	男	1964.1	汉族	水气厂质量安全环保科、安全环保科科长；材料供应站安全生产综合管理岗位高级主管（正科级）
474	何鹏飞	女	1974.8	汉族	开发公司气体车间副主任；联合一车间副主任
475	何清文	男	1960.11	汉族	通讯中心副总工程师；客户营销收费站正科级干部信息技术中心通讯业务代维站正科级干部；检测信息技术中心通讯业务代维站正科级干部
476	何庆革	男	1968.8	汉族	检测公司锅炉容器检验室副主任；机械厂锅炉容器检验室副主任；检测信息技术中心工程技术检测室副主任
477	何山水	男	1979.10	汉族	实业公司雪峰石化配件厂厂长（副科级）；管道配件厂副厂长
478	何邵博	男	1966.1	汉族	培训中心考试中心副主任（正科级）
479	何铁军	男	1957.7	汉族	物业管理中心兴化物业七所正科级干部
480	何文杰	女	1966.12	汉族	质量检验中心原材料检验车间主任；原材料检验车间安全生产综合管理高级主管（正科级）；原材料与腈纶化验车间安全生产综合管理高级主管（正科级）
481	何延龙	男	1974.3	汉族	保卫部巡逻三大队副队长；经济保卫大队副队长；监控指挥中心主任；巡逻大队队长；治安应急大队队长
482	贺丰收	男	1965.7	汉族	实业公司回收一队党支部书记
483	贺永民	男	1968.8	汉族	离退休管理中心兴化活动室副主任；兴化服务站副主任；龙凤服务站副主任；广西服务站主任
484	贺 峥	男	1987.1	汉族	化工三厂聚丙烯车间副主任、安全总监
485	赫明成	男	1970.2	汉族	炼油厂输转车间党支部书记兼工艺副主任；常减压二车间主任兼安全环保总监；污水车间主任
486	洪 梅	女	1968.12	汉族	热电厂材料供应站安全生产综合管理高级主管（正科级）

序号	姓名	性别	出生年月	民族	曾任主要岗位
487	洪博岩	男	1983.12	汉族	化工一厂裂解车间生产副主任
488	洪常春	男	1970.12	汉族	水气厂脱盐水二车间主任；脱盐水车间主任；安全环保科科长
489	洪金慧	女	1969.3	汉族	化工一厂加氢抽提一车间主任、党支部书记；材料供应站安全生产综合管理高级主管（正科级）
490	侯 强	男	1968.7	汉族	物业管理中心安全环保科科长
491	侯丛佳	男	1968.8	汉族	职工医院物资供应站副主任、主任
492	侯广志	男	1965.9	满族	物资供应中心企业文化科（党委宣传部、工会办公室、团委）科长；党群工作部主任
493	侯贵富	男	1965.7	汉族	检测公司压力管道检验室副主任；设备诊断与节能监测中心副主任；机械厂设备诊断与节能监测中心副主任；理化与泄漏检测室副主任；检测信息技术中心特种设备检验室副主任
494	侯连捷	男	1962.4	汉族	物资供应中心项目协调科副科长（正科级）；安全生产综合管理主管（副科级）
495	侯培瑄	男	1963.10	汉族	实业公司龙凤管理中心党支部书记；龙凤冷库党支部书记；塑龙公司安全生产综合管理高级主管（正科级）
496	侯庆红	女	1969.10	汉族	餐饮服务中心人事科科长；开发公司人事科（党委组织部）副科长（副部长）（正科级）；销售服务中心安全生产综合管理高级主管（正科级）
497	侯少坤	男	1964.2	汉族	塑料厂市场技术服务中心副主任、主任；材料供应站安全生产综合管理高级主管（正科级）
498	侯文龙	男	1964.1	汉族	储运中心洗槽车间党支部书记；成品车间党支部副书记；仓储三车间安全生产综合管理高级主管（正科级）；装卸车间安全生产综合管理高级主管（正科级）；销售储运中心装卸车间安全生产综合管理高级主管（正科级）
499	侯晓飞	男	1973.7	汉族	化肥厂成品车间设备副主任、主任；人事科（党委组织部）科长（部长）
500	侯晓林	女	1970.12	汉族	热电厂材料供应站安全生产综合管理高级主管（正科级）
501	侯肖飞	男	1962.10	汉族	职工医院安全环保科科长
502	侯兴玉	男	1964.10	汉族	热电厂维修二车间副主任、党支部书记；维修车间党支部书记；材料供应站安全生产综合管理高级主管（正科级）

续表

序号	姓名	性别	出生年月	民族	曾任主要岗位
503	侯雅静	女	1966.4	汉族	炼油厂企业文化科（党委宣传部、工会办公室、团委）、党群工作部党风建设高级主管（正科级）；材料供应站安全生产综合管理高级主管（正科级）
504	侯艳东	女	1968.11	汉族	物业管理中心绿化环卫科科长；物业管理督查大队正科级干部；物业管理督查大队安全生产综合管理（正科级）
505	侯裕厅	男	1980.12	汉族	塑料厂线性聚乙烯车间设备副主任；全密度聚乙烯联合车间设备副主任
506	侯志刚	男	1976.6	汉族	信息技术中心系统运营部副主任；检测信息技术中心系统运营部副主任
507	侯志文	男	1960.9	汉族	实业公司管道配件厂党支部书记；龙化经销中心正科级干部；塑龙公司安全生产综合管理高级主管（正科级）
508	胡　刚	男	1979.7	汉族	质量检验中心化工化验车间副主任、主任；质量检验中心水气化验车间主任
509	胡　涛	男	1963.9	蒙古族	化工二厂丙酮氰醇车间工艺副主任；材料供应站安全生产综合管理主管（副科级）
510	胡宝义	男	1968.1	汉族	检测公司安全仪器检测室党支部书记；机械厂安全仪器检测室党支部书记
511	胡传军	男	1958.2	汉族	客运中心小车队正科级干部
512	胡春霞	女	1967.9	汉族	物业管理中心兴化保洁公司党支部书记、正科级干部；物业管理督查大队安全生产综合管理（正科级）
513	胡光伦	男	1975.1	汉族	腈纶厂聚合车间副主任；毛条车间副主任
514	胡光宇	男	1971.10	汉族	消防支队一大队副大队长；消防四大队教导员、党支部书记
515	胡汉旗	男	1956.7	汉族	腈纶厂材料供应站安全生产综合管理高级主管（正科级）
516	胡继伟	男	1978.10	汉族	质量检验中心团委书记兼宣传（副科级）；树脂化验车间副主任（负责党务工作）、党支部书记；水气化验车间党支部书记
517	胡建鹏	男	1971.10	汉族	开发公司编织袋车间主任；开发公司生产科科长；安全生产管理科副科长（正科级）

续表

序号	姓名	性别	出生年月	民族	曾任主要岗位
518	胡立波	男	1972.5	汉族	化肥厂办公室（党委办公室）副主任；综合管理科（党群工作部）副科长（副主任）
519	胡连昌	男	1972.3	汉族	开发公司质量安全环保科科长；安全生产管理科副科长（正科级）
520	胡连明	男	1959.12	汉族	检测公司材料供应站正科级干部；机械厂运行车间正科级干部
521	胡文清	男	1981.6	汉族	质量检验中心树脂化验车间副主任（安全监督）；化肥化验车间主任；质量检验中心树脂化验车间主任；质量检验中心树脂与化肥化验车间主任兼树脂与化肥化验车间第二党支部书记
522	胡彦涛	男	1967.2	汉族	开发公司劲松公司六通建材厂副厂长；实业公司劲松公司六通建材厂副厂长；兴化土建队副队长；一分公司四达气站党支部书记
523	胡彦卓	男	1971.7	汉族	化建公司检修分公司副经理；安装一分公司副经理；修保分公司副经理
524	胡轶琳	女	1973.6	汉族	职工医院医疗设备科副科长
525	胡玉革	男	1968.4	汉族	腈纶厂人事科（党委组织部）科长（部长）
526	胡月胜	男	1964.12	汉族	能源管理中心计量科科长；物业管理中心计量管理科科长；物业管理督查大队督查员（正科级）、正科级干部；物业管理督查大队安全生产综合管理（正科级）
527	胡振国	男	1964.5	汉族	久隆房地产公司生产管理科科长；生产管理科副科长（正科级）；物资供应站安全生产综合管理办公室高级主管（正科级）；塑钢门窗厂安全生产综合管理办公室高级主管（正科级）
528	胡志国	男	1978.7	蒙古族	化建公司综合管理部（党群工作部）副主任
529	华继伟	男	1960.11	汉族	热电厂材料供应站安全生产综合管理高级主管（正科级）
530	华蕾	女	1987.5	蒙古族	销售储运中心维修车间副主任
531	黄斌	男	1982.10	汉族	化工三厂苯乙烯车间副主任、安全总监；苯乙烯联合车间副主任
532	黄芳	女	1966.7	汉族	质量检验中心树脂化验车间党支部书记；原材料检验车间安全生产综合管理高级主管（正科级）；原材料与腈纶化验车间安全生产综合管理高级主管（正科级）

序号	姓名	性别	出生年月	民族	曾任主要岗位
533	黄　锋	男	1963.5	汉族	化工三厂高腈SAN项目组项目副经理；材料供应站安全生产综合管理主管（副科级）
534	黄　睿	男	1977.4	汉族	通讯中心综合业务服务站站长；人事科（党委组织部）科长（部长）；炼油厂计量中心综合管理高级主管（正科级）；仪表车间综合管理岗位高级主管（正科级）
535	黄宝岩	女	1975.5	汉族	塑料厂成品二车间党支部书记；高压聚乙烯二车间党支部书记；高压聚乙烯联合车间党支部书记
536	黄冬生	男	1962.11	汉族	水气厂技术科科长；材料供应站安全综合管理办公室高级主管（正科级）
537	黄法武	男	1972.10	汉族	化工三厂SAN联合车间副主任
538	黄国栋	男	1979.1	汉族	炼油厂加氢二车间工艺副主任、党支部书记
539	黄国富	男	1964.11	汉族	客运中心客运一队党支部书记；办公室（党委办公室）主任；客运服务中心客运一队正科级干部；食堂管理中心安全生产综合管理（正科级）
540	黄建富	男	1968.5	汉族	物业管理中心材料供应站主任；物业管理督查大队监察员（正科级）
541	黄静安	男	1963.10	汉族	化建公司技术发展部副主任（正科级）；检修分公司安全生产综合管理办公室安全生产综合管理高级主管（正科级）
542	黄　磊	男	1983.5	汉族	化建公司云南分公司副经理（借榆林神木项目部任副经理）；技术发展部副主任
543	黄利琴	女	1973.2	汉族	开发公司液化气站党支部书记；联合一车间党支部副书记（正科级）；联合一车间副主任（正科级）
544	黄胜云	男	1975.2	汉族	物资供应中心龙凤接运队副队长；龙凤总库副主任；集采科副科长、科长
545	黄素艳	女	1965.4	汉族	质量检验中心化肥化验车间工艺副主任；原材料检验车间安全生产综合管理主管（副科级）；原材料与腈纶化验车间安全生产综合管理主管（副科级）
546	黄喜良	男	1962.10	汉族	水气厂水气车间副主任；水处理车间副主任；材料供应站安全综合管理办公室主管（副科级）
547	黄向东	男	1966.2	汉族	化工二厂丙酮氰醇车间党支部书记；丙烯腈车间党支部书记；丙烯腈联合车间党支部书记、丙烯腈联合车间党总支书记兼第一党支部书记
548	黄旭东	男	1976.1	汉族	消防支队团委书记；综合管理科（党群工作部）科长（主任）（三级正职）

续表

序号	姓名	性别	出生年月	民族	曾任主要岗位
549	黄业兴	男	1983.4	汉族	开发公司党群工作部团委书记
550	黄长河	男	1956.4	汉族	化肥厂材料供应站安全生产综合管理主管（副科级）
551	惠怀诚	男	1965.1	汉族	物资供应中心龙凤总库主任；卧里屯总库主任
552	惠军平	男	1983.8	汉族	水气厂工业水车间副主任；管网联合车间副主任
553	霍磊	男	1983.12	汉族	炼油厂气体原料车间工艺副主任；输转联合车间工艺副主任兼车间安全环保总监
554	霍海峰	男	1972.2	汉族	开发公司劲松化工厂副厂长；实业公司劲松公司劲松化工厂副厂长；弘润精细化工厂副厂长
555	霍久山	男	1966.5	汉族	热电厂汽机车间主任；机动科科长
556	霍玉祥	男	1968.2	汉族	热电厂电气车间副主任、党支部书记
557	霍志刚	男	1972.2	汉族	化肥厂供电车间副主任；仪表车间副主任、主任
558	汲寿广	男	1968.12	汉族	塑料厂机动科科长
559	计远中	男	1963.7	汉族	质量检验中心化肥化验车间主任；原材料检验车间安全生产综合管理高级主管（正科级）；原材料与腈纶化验车间安全生产综合管理高级主管（正科级）
560	纪艳	女	1968.1	汉族	开发公司办公室（党委办公室、维稳办、保卫科）、办公室（党委办公室）副主任（副科长）；材料供应站安全生产综合管理（正科级）；销售服务中心安全生产综合管理高级主管（正科级）
561	季德胜	男	1962.9	汉族	质量检验中心腈纶化验车间党支部书记；原材料检验车间安全生产综合管理高级主管（正科级）；原材料与腈纶化验车间安全生产综合管理高级主管（正科级）
562	季德育	男	1964.1	汉族	实业公司恒温库副主任；塑龙公司安全生产综合管理主管（副科级）
563	季宏峰	男	1977.6	汉族	物业管理中心龙凤物业四所副所长；龙凤生产运行车间副主任、主任
564	季建新	男	1968.5	汉族	炼油厂维修一车间副主任兼车间安全环保总监；维修车间副主任兼车间安全环保总监
565	季全心	男	1972.6	汉族	实业公司技术开发部部长；安全环保部主任；安全生产管理部副主任（正科级）
566	冀振华	男	1982.1	汉族	久隆房地产公司项目管理科副科长；生产管理科副科长；安全生产管理科副科长

续表

序号	姓名	性别	出生年月	民族	曾任主要岗位
567	贾春雨	男	1971.1	汉族	保卫部守卫三大队队长、办公室（党委办公室）主任；综合管理科（党群工作部）副科长、副主任（三级正）
568	贾凤达	男	1969.8	汉族	热电厂化学车间副主任；化学车间主任；锅炉车间党支部书记
569	贾福海	男	1965.1	汉族	保卫部企业文化科（党委宣传部）科长（部长）、党群工作部主任；经济保卫大队队长；守卫二大队副队长（三级正）
570	贾海有	男	1980.7	汉族	化建公司安装二分公司副经理
571	贾洪江	男	1973.11	汉族	质量检验中心树脂化验车间副主任；质量检验中心树脂与化肥化验车间副主任
572	贾吉林	男	1965.6	汉族	能源管理中心龙凤能源计量车间副主任；物业管理中心办公室（党委办公室）副主任；兴化物业三所党支部书记；龙凤机电车间党支部书记
573	贾金华	男	1961.1	汉族	塑料厂机械副总工程师；材料站安全生产综合管理高级主管（正科级）
574	贾明华	男	1970.2	汉族	炼油厂系统管网车间设备副主任
575	贾秋生	男	1965.10	汉族	质量检验中心树脂化验车间副主任；炼油化验车间副主任（负责党务工作）、党支部书记
576	贾淑芬	女	1972.7	汉族	职工医院麻醉一科主任
577	贾文杰	男	1959.4	汉族	物业管理中心龙凤机电车间副科级干部
578	贾永年	男	1962.3	汉族	化工一厂系统车间党支部书记；材料供应站安全生产综合管理高级主管（正科级）
579	贾元启	男	1969.1	汉族	炼油厂仪表车间副主任兼党支部副书记；党支部副书记、副主任，主持行政全面工作；兼第二党支部书记
580	贾振柱	男	1968.12	汉族	炼油厂催化重整车间党支部书记兼设备副主任；炼油项目管理办公室项目 HSE 管理
581	江敏	女	1964.12	汉族	物业管理中心兴化物业四所副科级干部
582	江明亮	男	1985.5	汉族	化建公司安装一分公司副经理
583	江相国	男	1972.6	汉族	化肥厂尿素车间主任
584	江小平	男	1967.12	汉族	保卫部人事科（党委组织部）党委组织员（副科级）；经济保卫大队党支部书记；机关保卫大队党支部书记
585	姜兵	男	1963.8	汉族	化建公司市场开发部电仪分公司经理；项目管理中心电仪分公司经理；检修分公司安全生产综合管理办公室安全生产综合管理高级主管（正科级）

序号	姓名	性别	出生年月	民族	曾任主要岗位
586	姜波	男	1964.3	汉族	消防支队四大队副大队长、副科级干部
587	姜波	男	1967.7	汉族	炼油厂机车车间主任
588	姜辉	女	1973.2	汉族	检测公司副总工程师；机械厂副总工程师；检测信息技术中心技术负责人副总工程师
589	姜南	男	1987.7	汉族	塑料厂全密度聚乙烯二车间工艺副主任
590	姜涛	男	1963.2	汉族	物业管理中心龙凤物业三所党支部书记、正科级干部；物业管理督查大队安全生产综合管理（正科级）
591	姜涛	男	1975.10	汉族	化工三厂橡胶聚合二车间主任；橡胶聚合联合车间党支部书记、党总支记（三级正职）、第二党支部书记
592	姜涛	男	1963.3	汉族	能源管理中心龙凤运行车间副主任；物业管理中心龙凤运行车间副主任、副科级干部；物业管理督查大队安全生产综合管理（副科级）
593	姜岩	男	1965.8	汉族	热电厂锅炉车间党支部书记；材料供应站安全生产综合管理高级主管（正科级）
594	姜阳	男	1966.6	汉族	化工一厂芳烃抽提车间工艺副主任；加氢抽提联合二车间工艺副主任；加氢抽提联合车间工艺副主任
595	姜道民	男	1978.7	汉族	化工一厂甲基叔丁基醚车间主任；机动科科长；加氢抽提二车间主任
596	姜福全	男	1971.3	汉族	化建公司电气三分公司副经理；电仪三分公司副经理、经理
597	姜富生	男	1962.3	汉族	物业管理中心维修车间党支部书记、正科级干部；物业管理督查大队安全生产综合管理（正科级）
598	姜广军	男	1957.9	汉族	塑料厂材料供应站安全生产综合管理高级主管（正科级）
599	姜海峰	男	1968.7	汉族	能源管理中心兴化运行车间主任；物业管理中心兴化生产运行车间主任、离岗歇业
600	姜洪海	男	1966.12	汉族	热电厂煤管科科长；生产科副科长（正科级）；仪表车间党支部书记
601	姜洪军	男	1963.4	汉族	物业管理中心龙凤公园主任；公路公司副经理（正科级）、正科级干部；物业管理督查大队安全生产综合管理（正科级）
602	姜继民	男	1964.12	汉族	热电厂材料供应站安全生产综合管理高级主管（正科级）

续表

序号	姓名	性别	出生年月	民族	曾任主要岗位
603	姜天民	男	1979.7	汉族	物业管理中心机动设备科副科长；计量管理科副科长、科长；机动设备科副科长（正科级）、科长；运营管理科科长
604	姜晓强	男	1981.6	汉族	实业公司党委办公室副主任
605	姜延春	男	1965.7	汉族	化工一厂加氢抽提一车间工艺副主任；原料一车间工艺副主任；材料供应站安全生产综合管理主管（副科级）
606	姜再峰	男	1966.12	汉族	塑料厂材料供应站高级主管（正科级）
607	姜长胜	男	1968.4	汉族	腈纶厂纺丝车间工艺副主任；材料供应站副主任；毛二车间副主任（负责党务工作）；办公室（党委办公室）主任
608	姜长文	男	1958.12	汉族	保卫部机关保卫大队正科级干部
609	蒋春美	女	1961.5	汉族	培训中心党校与管理培训教研室正科级干部
610	蒋立加	男	1963.10	汉族	久隆房地产公司商服管理中心副主任；物资供应站安全生产综合管理办公室主管（副科级）；塑钢门窗厂安全生产综合管理办公室主管（副科级）
611	蒋庆华	男	1961.12	汉族	化工三厂高腈SAN项目组项目副经理（正科级）；材料供应站安全生产综合管理高级主管（正科级）
612	蒋玉良	男	1978.4	汉族	实业公司龙凤土建队副队长；龙凤土建队党支部书记
613	焦　洁	女	1974.8	汉族	餐饮服务中心石化宾馆销售部经理；开发公司石化宾馆销售部经理；客运服务中心石化宾馆销售部经理（副科级）；炼油厂计量中心综合管理（副科级）；仪表车间综合管理（副科级）；供热空分联合车间综合管理（副科级）
614	焦会峰	男	1982.5	汉族	化工一厂加氢抽提联合一车间设备副主任；加氢抽提联合车间设备副主任
615	焦立军	男	1969.12	汉族	炼油厂安全环保科副科长（正科级）
616	焦庆雨	男	1980.2	汉族	炼油厂加氢二车间主任；机动科科长
617	焦守奎	男	1961.7	汉族	物业管理中心兴化机电车间党支部书记、正科级干部；物业管理督查大队安全生产综合管理（正科级）
618	焦兴宇	男	1962.4	汉族	化工二厂材料供应站安全生产综合管理高级主管（正科级）
619	金浩	男	1973.6	回族	消防支队气防站党支部书记、教导员（三级副职）

序号	姓名	性别	出生年月	民族	曾任主要岗位
620	金　龙	男	1967.3	满族	能源管理中心质量安全环保科科长；物业管理中心安全环卫科副科长（正科级）；特种车队党支部书记；维修车间党支部书记
621	金　明	男	1982.5	汉族	化建公司辽宁分公司副经理；项目管理中心项目经理（三级正）兼安装四分公司副经理
622	金　星	女	1977.6	汉族	物业管理中心托幼管理所副所长
623	金　颖	女	1967.8	汉族	职工医院基础一党支部书记；放射科党支部书记
624	金　跃	男	1960.10	朝鲜族	机械厂营销中心副主任、副科级干部；运行车间副科级干部
625	金朝晨	男	1970.12	汉族	化建公司装备分公司副经理；特种设备安装维修分公司副经理
626	金凤东	女	1966.10	汉族	实业公司兴达包装厂党支部书记、正科级干部；塑龙公司安全生产综合管理高级主管（正科级）
627	金凤莲	女	1968.9	朝鲜族	物资供应中心企业文化科（党委宣传部、工会办公室、团委）、党群工作部副科长（正科级）；安全生产综合管理高级主管（正科级）
628	金广日	男	1965.2	朝鲜族	职工医院放射一科副主任
629	金海山	男	1969.7	汉族	物资供应中心材料科副科长；合同科副科长、科长；兼机关三党支部副书记（正科级）
630	金宏图	男	1970.1	朝鲜族	炼油厂供热空分车间工艺副主任兼车间安全环保总监；炼油厂供热空分联合车间工艺副主任兼车间安全环保总监
631	金洪军	男	1966.5	朝鲜族	炼油厂机动科施工与静设备管理主管（副科级）；材料供应站安全生产综合管理主管（三级副职）
632	金连生	男	1956.7	汉族	热电厂材料供应站安全生产综合管理高级主管（正科级）
633	金连伟	男	1964.3	汉族	化建公司榆林分公司副经理（借任到项目中心任项目经理）；市场开发部榆林项目部经理（副科级）；项目管理中心项目经理（副科级）；检修分公司安全生产综合管理办公室安全生产综合管理主管（副科级）
634	金年成	男	1962.6	汉族	通讯中心综合业务服务站党支部书记；客户营销收费站党支部书记、正科级干部；信息技术中心通讯业务代维站正科级干部；检测信息技术中心通讯业务代维站正科级干部

序号	姓名	性别	出生年月	民族	曾任主要岗位
635	金年荣	女	1964.8	汉族	通讯中心综合业务服务站正科级干部；客户营销收费站正科级干部；信息技术中心通讯业务代维站正科级干部
636	金秋来	男	1976.8	汉族	化工一厂系统车间设备副主任；输转联合车间设备副主任
637	金松泉	男	1964.2	汉族	水气厂空分车间党支部书记；材料供应站安全生产综合管理高级主管（正科级）
638	金贤玉	女	1974.9	朝鲜族	物业管理中心维修车间副主任
639	金雪花	女	1978.2	朝鲜族	物业管理中心托幼管理所副所长
640	金艳春	男	1974.1	汉族	储运中心炼油销售部主任；销售储运中心炼油销售部主任
641	金玉萍	女	1969.11	汉族	质量检验中心化工化验车间主任；腈纶化验车间副主任（负责党务工作）、党支部书记；原材料与腈纶化验车间安全生产综合管理高级主管（正科级）
642	靳　波	女	1968.11	汉族	通讯中心技术信息科科长；乙烯电话站党支部书记；化工一厂材料供应站安全生产综合管理高级主管（正科级）
643	井　洁	女	1972.4	汉族	物业管理中心龙凤城管大队党支部书记；龙凤物业一所党支部书记
644	鞠　涛	女	1972.2	汉族	炼油厂企业文化科（党委宣传部、工会办公室、团委）副主任（副部长）（正科级）、党群工作部副部长（正科级）、党群工作部副部长兼机关一支部书记（正科级）
645	巨艳春	男	1964.10	汉族	机械厂人事科（党委组织部）科长（部长）、副科长（副部长）（正科级）；运行车间正科级干部
646	阚　锐	男	1971.2	汉族	储运中心运输部副主任、主任；销售储运中心运输部主任
647	阚　双	男	1970.2	汉族	腈纶厂纺丝车间设备副主任；材料供应站主任；机动科副科长（正科级）；机动科科长
648	阚志龙	男	1982.8	汉族	实业公司龙凤土建队副队长
649	亢政权	男	1969.11	汉族	化肥厂维修车间主任
650	孔德生	男	1964.4	汉族	化建公司项目管理中心项目经理（副科级，借用仪表二分公司协助生产管理）；电气一分公司副经理；电仪一分公司副经理；检修分公司安全生产综合管理办公室安全生产综合管理主管（副科级）

续表

序号	姓名	性别	出生年月	民族	曾任主要岗位
651	孔凡彬	男	1986.8	汉族	化工二厂供电车间副主任
652	孔凡宏	男	1966.9	汉族	化建公司总经理助理兼辽宁分公司经理（正科级）、总经理助理兼辽宁分公司经理及党支部临时负责人（正科级）、总经理助理（辽宁分公司经理）
653	孔巧智	女	1971.10	汉族	能源管理中心龙凤运行车间党支部书记；物业管理中心龙凤生产运行车间党支部书记
654	孔庆权	男	1962.4	汉族	物业管理中心兴化物业三所所长、正科级干部；物业管理督查大队安全生产综合管理（正科级）
655	孔晓勇	男	1961.4	汉族	热电厂材料供应站安全生产综合管理高级主管（正科级）
656	寇洪宇	男	1972.6	满族	化工三厂综合车间党支部书记；供电车间党支部书记
657	兰 剑	男	1964.5	汉族	热电厂材料供应站安全生产综合管理高级主管（正科级）
658	兰玉华	女	1964.3	汉族	热电厂材料供应站安全生产综合管理主管（副科级）
659	郎 冬	男	1980.2	汉族	炼油厂重油催化二车间设备副主任、主持重油催化二车间党支部全面工作（副科级）、党支部书记；炼油厂设备副总工程师（正科级）
660	郎兆伟	男	1964.4	汉族	能源管理中心龙凤能源监察大队监察员（副科级）；物业管理中心龙凤能源监察大队监察员（副科级）；龙凤城管大队监察员（副科级）
661	冷德成	男	1981.1	汉族	化肥厂水汽车间工艺副主任；水汽联合车间副主任
662	黎 军	女	1970.1	汉族	热电厂材料供应站安全生产综合管理主管（副科级）
663	黎才斌	男	1974.10	汉族	水气厂维修车间主任；机动科科长
664	李 实	男	1978.4	汉族	炼油厂制蜡二车间工艺副主任；工艺副主任兼车间安全环保总监
665	李 杏	女	1983.4	汉族	物业管理中心兴化保洁公司副经理
666	李 昂	男	1984.9	回族	水气厂污水二车间副主任；污水联合车间副主任
667	李 波	男	1980.6	汉族	化建公司电仪二分公司副经理
668	李 纯	男	1971.5	汉族	机械厂计量检定测试中心副主任、安全总监
669	李 东	男	1971.10	汉族	久隆房地产公司项目管理科副科长；生产管理科科长（副科级）；安全生产管理科副科长
670	李 冬	男	1966.5	汉族	消防支队一大队教导员、大队长

序号	姓名	性别	出生年月	民族	曾任主要岗位
671	李 峰	男	1965.2	汉族	塑料厂成品二车间主任
672	李 宏	女	1967.12	汉族	职工医院妇产一科主任
673	李 辉	女	1970.10	汉族	久隆房地产公司人事科（党委组织部）党委组织员；党群工作部（综合管理科）党委组织员
674	李 辉	女	1965.5	汉族	久隆房地产公司营销中心副主任；物资供应站安全生产综合管理办公室主管（副科级）
675	李 辉	男	1964.8	汉族	炼油厂系统管网车间主任；材料供应站安全生产综合管理高级主管（正科级）
676	李 会	女	1968.7	汉族	实业公司人力资源部部长；塑龙公司安全生产综合管理高级主管（正科级）
677	李 纪	男	1973.1	汉族	保卫部守卫二大队副队长；党委组织员
678	李 季	女	1972.3	汉族	热电厂技术科科长；副总工程师
679	李 健	男	1961.5	汉族	炼油厂企业文化科（党委宣传部、工会办公室、团委）、党群工作部工会干事高级主管（正科级）；材料供应站安全生产综合管理高级主管（正科级）
680	李 健	男	1985.5	汉族	实业公司团委书记
681	李 杰	男	1960.9	汉族	培训中心维稳办（保卫科）副主任（副科长）；保卫科副科长；炼化教研室副科级干部
682	李 娟	女	1970.4	汉族	能源管理中心企业文化科（党委宣传部、监察室、工会、团委）科长（部长）；物业管理中心企业文化科（党委宣传部、工会办公室、团委）副科长（正科级）；党群工作部副部长（正科级）；龙凤绿化队党支部书记；龙凤保洁公司副经理
683	李 军	男	1972.5	汉族	化建公司安装二分公司经理；检修分公司经理；四川分公司党支部书记兼副经理
684	李 坤	男	1963.11	汉族	化工一厂动力车间党支部书记；供电车间党支部书记；加氢抽提二车间党支部书记；材料供应站安全生产综合管理高级主管（正科级）
685	李 磊	女	1972.7	汉族	检测公司人事科（党委组织部）党委组织员兼机关党支部书记；机械厂人事科（党委组织部）机关党支部书记
686	李 蕾	女	1972.6	汉族	通讯中心青龙山电话站副站长；信息技术中心通讯业务代维站副站长；检测信息技术中心通讯业务代维站副站长
687	李 丽	女	1974.7	汉族	化工三厂供电车间副主任

续表

序号	姓名	性别	出生年月	民族	曾任主要岗位
688	李 良	男	1966.9	汉族	化建公司电气三分公司副经理；电仪三分公司副经理
689	李 亮	男	1970.7	汉族	开发公司打包带车间主任；综合车间主任；塑料厂编织袋车间副主任；包装制品车间设备副主任（正科级）
690	李 林	男	1969.12	汉族	水气厂材料供应站主任；机动科副科长（正科级）；办公室（党委办公室）副主任（正科级）；综合管理科（党群工作部）副主任（正科级）
691	李 娜	女	1982.10	汉族	客运中心党群工作部团委书记兼宣传、企业文化；客运服务中心党群工作部团委书记兼宣传、企业文化；客运一队党支部书记
692	李 宁	男	1961.11	汉族	化工二厂仪表副总工程师；机动科电仪管理高级主管（正科级）；材料供应站安全生产综合管理高级主管（正科级）
693	李 强	男	1972.10	汉族	水气厂脱盐水二车间副主任；脱盐水车间副主任；维修车间主任
694	李 强	男	1982.4	汉族	物资供应中心团委书记；党委组织部、党群工作部副部长；人事科副科长
695	李 强	男	1981.1	汉族	化工一厂碳四联合车间设备副主任
696	李 蕊	男	1982.7	汉族	热电厂锅炉车间副主任
697	李 瑞	男	1974.9	汉族	开发公司材料供应站党支部书记；综合车间副主任（正科级）；联合二车间党支部书记
698	李 田	男	1965.6	汉族	职工医院放射一科主任；放射科副主任（正科级）
699	李 威	男	1959.4	汉族	塑料厂材料供应站安全生产综合管理高级主管（正科级）
700	李 伟	女	1975.3	汉族	久隆房地产公司团委书记；党群工作部主任（副科级）；塑钢门窗厂副厂长
701	李 鑫	男	1980.1	汉族	化工一厂供电车间副主任（主持工作）；供电车间主任、党支部书记
702	李 星	男	1981.3	汉族	物资供应中心集中采购科、集采科科长；管理科科长
703	李 雪	女	1983.2	汉族	培训中心企业文化科（党委宣传部）团委书记（副科级）；网络化教研室副主任
704	李 岩	女	1979.12	汉族	化工二厂团委书记（副科级）；党委组织员；机关党支部书记
705	李 瑛	女	1961.9	汉族	质量检验中心树脂化验车间正科级干部

序号	姓名	性别	出生年月	民族	曾任主要岗位
706	李 瑛	女	1972.9	汉族	离退休管理中心党委组织员；卧里屯服务站党支部书记（副科级）兼卧里屯服务站离退休党总支书记
707	李 盈	女	1982.4	汉族	质量检验中心化工化验车间副主任
708	李 颖	女	1973.3	汉族	化建公司防腐筑炉分公司副经理、防腐筑炉分公司党支部书记兼副经理
709	李 勇	男	1965.9	汉族	信息技术中心外部项目部云南项目副主任；检测信息技术中心外部项目部云南项目副主任
710	李 哲	男	1974.3	汉族	塑料厂低压聚乙烯车间工艺副主任；市场技术服务中心副主任
711	李爱武	男	1966.12	汉族	实业公司管道配件厂副厂长；实业公司房屋租赁管理中心主任（副科级）、主任
712	李爱武	女	1966.8	汉族	培训中心人事科（党委组织部）党委组织员（正科级）；党校与企业管理教研室正科级干部
713	李宝贵	男	1960.7	汉族	物业管理中心龙凤保洁公司副经理、副科级干部
714	李宝红	女	1974.8	汉族	离退休管理中心龙凤活动室副主任；龙凤服务站副主任、办公室、（党委办公室）副主任
715	李宝龙	男	1963.12	汉族	质量检验中心办公室企业管理岗位主管（副科级）；原材料检验车间安全生产综合管理主管（副科级）；原材料与腈纶化验车间安全生产综合管理主管（副科级）
716	李宝强	男	1971.4	汉族	通讯中心办公室（党委办公室）主任；青龙山电话站副站长（正科级）；信息技术中心通讯业务代维站党支部负责人；检测信息技术中心通讯业务代维站党支部书记
717	李宝生	男	1972.5	汉族	保卫部守卫三大队副队长；守卫二大队副队长
718	李宝霞	女	1964.10	汉族	炼油厂材料供应站安全生产综合管理主管（副科级）
719	李炳军	男	1964.8	汉族	腈纶厂毛条一车间副主任；材料供应站安全生产综合管理主管（副科级）
720	李炳奎	男	1963.10	汉族	炼油厂制蜡一车间设备副主任；安全生产综合管理主管（副科级）
721	李传梅	女	1965.1	汉族	热电厂材料供应站安全生产综合管理高级主管（正科级）
722	李传明	男	1979.6	满族	塑料厂高压聚乙烯二车间工艺副主任；高压聚乙烯二车间主任；高压聚乙烯联合车间主任

续表

序号	姓名	性别	出生年月	民族	曾任主要岗位
723	李春光	男	1972.3	汉族	信息技术中心外部项目部实时数据库项目副主任；检测信息技术中心外部项目部北京项目副主任
724	李春雷	男	1982.10	汉族	化建公司企业文化部（党委宣传部、工会、团委）副主任（副部长）；检修分公司副经理；检修分公司副经理；电仪一分公司副经理
725	李春明	男	1962.10	汉族	实业公司经营管理部部长；塑龙公司安全生产综合管理高级主管（正科级）
726	李春文	女	1965.9	汉族	信息技术中心计划经营科科长；检测信息技术中心外部项目部正科级干部
727	李春香	女	1964.3	汉族	通讯中心综合业务服务站正科级干部；客户营销收费站正科级干部；信息技术中心通讯业务代维站正科级干部
728	李春英	女	1975.1	汉族	职工医院厂前社区卫生服务中心副主任
729	李大君	男	1962.10	汉族	职工医院消化内科主任
730	李大鹏	男	1984.9	汉族	化工三厂 ABS 车间副主任、安全总监
731	李德福	男	1957.2	汉族	炼油厂材料供应站安全生产综合管理高级主管（正科级）
732	李德海	男	1958.1	汉族	水气厂材料供应站安全生产综合管理高级主管（正科级）
733	李德军	男	1965.1	汉族	质量检验中心安全生产技术科科长
734	李德龙	男	1985.3	汉族	化工一厂乙烯车间工艺副主任
735	李德民	男	1967.11	汉族	化建公司山东销售维修项目部项目经理；建筑分公司党支部负责人（正科级）、党支部书记
736	李德全	男	1965.8	汉族	热电厂维修一车间副主任；维修车间副主任；材料供应站安全生产综合管理主管（副科级）
737	李德泉	男	1968.6	汉族	能源管理中心兴化运行车间副主任；物业管理中心兴化生产运行车间副主任、党支部书记；物业管理督查大队监察员（正科级）
738	李德山	男	1960.8	汉族	物业管理中心物业管理督查大队督查员（正科级）、正科级干部；物业管理督查大队安全生产综合管理（正科级）
739	李东清	女	1971.9	汉族	炼油厂办公室（党委办公室、维稳办、保卫科）、办公室（党委办公室）企管、保卫、综治与维稳管理主管（副科级）

续表

序号	姓名	性别	出生年月	民族	曾任主要岗位
740	李凤媛	女	1965.12	汉族	开发公司劲松公司废旧物资回收队队长；材料供应站安全生产综合管理高级主管（正科级）；销售服务中心安全生产综合管理高级主管（正科级）
741	李富华	男	1976.12	汉族	信息技术中心外部项目部成都项目副主任；检测信息技术中心外部项目部成都项目副主任
742	李光辉	男	1985.8	汉族	炼油厂污水车间设备副主任
743	李光辉	男	1972.9	汉族	餐饮服务中心党群工作部党委组织员；开发公司办公室（党委办公室）副主任（副科长）；综合管理课副科长
744	李光杰	男	1965.5	汉族	通讯中心龙凤电话站副站长；青龙山电话站副站长炼油厂仪表车间综合管理主管（副科级）；材料供应站安全生产综合管理主管（三级副职）
745	李桂兰	女	1964.9	汉族	实业公司雪龙涂料厂厂长；龙化经销中心正科级干部；塑龙公司安全生产综合管理高级主管（正科级）
746	李国军	男	1961.12	汉族	水气厂电气副总工程师；材料供应站安全综合管理办公室高级主管（正科级）
747	李国平	男	1966.7	汉族	腈纶厂装运车间主任；电仪车间主任
748	李海林	男	1963.10	汉族	水气厂供电车间党支部书记；水处理车间党支部书记；材料供应站安全生产综合管理高级主管（正科级）
749	李海生	男	1964.1	汉族	化工一厂动力车间工艺副主任（正科级）；机动科副科长（正科级）；材料供应站安全生产综合管理高级主管（正科级）
750	李海涛	男	1972.4	汉族	化工三厂乙苯脱氢车间党支部书记；橡胶制品二车间党支部书记
751	李恒砖	男	1964.11	汉族	客运中心物资供应站站长；客运服务中心客运一队正科级干部；食堂管理中心安全生产综合管理（正科级）
752	李红光	男	1959.9	汉族	物业管理中心龙凤物业一所副科级干部
753	李宏山	男	1967.5	汉族	化肥厂水汽车间党支部书记；党委办公室副主任（正科级）；办公室保卫、综治与维稳管理岗位高级主管（正科级）
754	李宏伟	男	1966.1	汉族	储运中心主任助理
755	李宏宇	男	1973.10	汉族	化肥厂仪表副总工程师
756	李宏宇	女	1967.3	汉族	热电厂材料供应站安全生产综合管理高级主管（正科级）

续表

序号	姓名	性别	出生年月	民族	曾任主要岗位
757	李洪标	男	1982.9	汉族	炼油厂制蜡二车间设备副主任；制蜡联合车间设备副主任
758	李洪斌	男	1966.10	汉族	物业管理中心物业服务科科长；运营管理科副科长（正科级）
759	李洪刚	男	1970.12	汉族	开发公司编织袋车间设备副主任；综合车间副主任、党支部书记；塑料厂包装制品车间设备副主任（正科级）
760	李洪仁	男	1964.12	汉族	化工一厂维修车间主任；加氢抽提一车间主任；材料供应站安全生产综合管理高级主管（正科级）
761	李洪胜	男	1984.1	汉族	水气厂热网车间副主任；管网联合车间副主任
762	李洪伟	男	1981.1	汉族	检测公司无损检测室副主任；机械厂无损检测室副主任；检测信息技术中心工程技术检测室副主任
763	李洪宇	男	1974.8	汉族	信息技术中心 ERP 项目部副主任；检测信息技术中心 ERP 项目部副主任
764	李 华	女	1985.11	汉族	炼油厂延迟焦化车间工艺副主任兼车间安全环保总监
765	李怀勇	男	1957.1	汉族	炼油厂材料供应站安全生产综合管理主管（副科级）
766	李会文	男	1964.3	汉族	保卫部巡逻一大队党支部书记；巡逻大队正科级干部；机关保卫大队高级主管（正科级）
767	李慧明	男	1963.12	汉族	炼油厂常减压一车间工艺副主任；安全生产综合管理主管（副科级）
768	李慧艳	女	1963.10	汉族	储运中心仓储三车间安全生产综合管理高级主管（正科级）
769	李吉成	男	1966.10	汉族	化建公司检修分公司经理；电仪四分公司党支部临时负责人（正科级）、电仪四分公司党支部书记
770	李继伟	男	1965.9	汉族	职工医院心胸外科主任（主持心胸外科、神经外科行政工作）
771	李继颖	女	1975.9	汉族	物业管理中心党群工作部副主任；综合管理科（党群工作部）副科长（副主任）
772	李加源	男	1981.2	汉族	化建公司质量管理部副主任；安全环保部副主任；质量安全环保部副主任；安全施工管理部副主任
773	李嘉平	男	1978.11	汉族	腈纶厂聚合车间副主任；纺丝联合车间副主任
774	李建国	男	1956.11	汉族	塑料厂材料供应站安全生产综合管理高级主管（正科级）

续表

序号	姓名	性别	出生年月	民族	曾任主要岗位
775	李建国	男	1974.7	汉族	机械厂容器制造车间副主任、安全总监
776	李建华	男	1977.7	汉族	开发公司团委书记；企业文化科（党委宣传部、监察室、工会办公室、团委）科长；党群工作部主任；综合管理科（党群工作部）副科长（副部长）（正科级）
777	李建军	男	1972.10	汉族	化建公司安装四分公司副经理；检修分公司副经理
778	李剑平	男	1968.10	汉族	化工三厂技术科副科长；SAN车间主任；SAN联合车间副主任（三级正职）
779	李金德	男	1974.6	汉族	化建公司项目管理中心党支部书记；安装二分公司党支部书记；项目管理中心项目经理（三级正职）
780	李金龙	男	1975.2	汉族	客运中心小车一队党支部书记；客运一队党支部书记、队长；客运服务中心机关小车队长
781	李金英	女	1967.2	汉族	物业管理中心兴化物业三所副所长；物业管理督查大队督查员（副科级）、副科级干部；物业管理督查大队安全生产综合管理（副科级）
782	李井堂	男	1965.4	汉族	炼油厂仪表车间党支部书记、主任；材料供应站安全生产综合管理高级主管（三级正职）
783	李景波	男	1964.7	汉族	热电厂脱硫改造办主任；计划科科长；材料供应站安全生产综合管理高级主管（正科级）
784	李景峰	男	1971.11	汉族	保卫部守卫四大队副队长；巡逻一大队副队长；治安应急大队副队长
785	李景贵	男	1965.10	汉族	化建公司市场开发部云南分公司副经理；项目管理中心云南分公司副经理；项目管理中心安全生产综合管理主管（副科级）
786	李敬艳	女	1972.3	达斡尔族	职工医院门诊一部主任
787	李静超	男	1965.8	汉族	招标中心副主任
788	李君平	男	1958.6	汉族	机械厂设备科正科级干部；运行车间正科级干部
789	李俊峰	男	1964.7	汉族	炼油厂调度室综合管理主管（副科级）
790	李俊杰	女	1961.5	汉族	炼油厂材料供应站安全生产综合管理主管（副科级）
791	李俊杰	男	1962.4	满族	塑料厂供电车间党支部书记；材料站安全生产综合管理高级主管（正科级）
792	李俊清	男	1964.11	汉族	检测公司安全仪器检测室主任；机械厂安全仪器检测室主任；运行车间正科级干部

续表

序号	姓名	性别	出生年月	民族	曾任主要岗位
793	李开岐	男	1966.11	汉族	开发公司液化气站副主任；联合一车间副主任
794	李 磊	女	1972.7	汉族	检测信息技术中心工程技术检测室党支部书记
795	李力峰	男	1974.4	汉族	塑料厂成品二车间副主任；装运车间副主任
796	李立志	男	1960.2	汉族	热电厂材料供应站安全生产综合管理高级主管（正科级）
797	李 莉	女	1971.7	汉族	招标中心电仪组组长
798	李连成	男	1958.9	汉族	实业公司四达气站正科级干部
799	李亮亮	男	1983.1	汉族	化工二厂丁辛醇造气车间工艺副主任
800	李洛洵	男	1964.12	朝鲜族	炼油厂污水车间党支部书记兼工艺副主任；安全综合管理办公室副主任（副主任）（正科级）；材料供应站安全生产综合管理高级主管（正科级）
801	李茂全	男	1979.11	汉族	开发公司编织袋车间设备副主任；塑料厂编织袋车间副主任；包装制品车间生产副主任
802	李明杰	男	1964.10	汉族	机械厂备料车间（材料供应站）副主任；运行车间副科级干部
803	李明义	男	1962.6	汉族	信息技术中心系统运营部党支部书记兼副主任；系统运营部正科级干部；检测信息技术中心系统运营部正科级干部
804	李明宇	女	1971.11	汉族	化工一厂办公室（党委办公室）副主任（正科级）
805	李明志	男	1964.5	汉族	化工二厂仪表车间党支部书记；材料供应站安全生产综合管理高级主管（正科级）
806	李乃生	男	1967.10	汉族	招标中心备配件组组长
807	李青春	男	1962.9	汉族	职工医院基础二党支部书记；门诊二党支部书记
808	李庆彬	男	1974.10	汉族	保卫部办公室（党委办公室）副主任；综合管理科（党群工作部）副科长、副主任
809	李庆海	男	1971.4	汉族	炼油厂供电车间副主任、副主任兼安全环保总监、党支部书记
810	李庆海	男	1981.12	汉族	实业公司塑龙公司副经理
811	李庆江	男	1964.5	汉族	炼油厂污水车间工艺副主任兼车间安全总监；炼油项目管理办公室项目工艺管理主管（副科级）
812	李庆敏	女	1974.4	汉族	物业管理中心龙凤物业二所副所长

续表

序号	姓名	性别	出生年月	民族	曾任主要岗位
813	李庆全	男	1971.6	汉族	物业管理中心兴化物业七所党支部书记
814	李庆文	男	1972.3	汉族	炼油厂重油催化一车间工艺副主任兼车间安全环保总监
815	李全福	男	1957.7	汉族	物业管理中心物业管理督查大队正科级干部
816	李群祥	男	1966.6	汉族	储运中心化工销售部主任；销售储运中心化工销售部主任
817	李世辉	男	1962.10	汉族	实业公司龙凤管理中心副主任；龙凤冷库副主任；塑龙公司安全生产综合管理主管（副科级）
818	李世军	男	1963.3	汉族	物资供应中心卧里屯总库党支部书记；仓储管理科副科长（正科级）；安全生产综合管理高级主管（正科级）
819	李世民	男	1961.5	汉族	实业公司福利化工厂厂长；三分公司包装队队长
820	李守山	男	1967.9	汉族	物业管理中心兴化物业六所所长
821	李淑杰	女	1961.3	汉族	物业管理中心公路公司副科级干部
822	李淑云	女	1965.8	汉族	热电厂材料供应站安全生产综合管理高级主管（正科级）
823	李树春	男	1966.8	汉族	化建公司市场开发部云南分公司经理；项目管理中心云南分公司经理
824	李树冬	男	1973.12	汉族	化工三厂橡胶聚合一车间主任；质管科科长；质量安全环保科副科长（三级正职）
825	李树山	男	1959.11	汉族	培训中心炼化教研室主任兼教务联合党支部书记、正科级干部
826	李树杉	男	1965.2	汉族	化建公司市场开发部炉衬分公司副经理（借用到化建公司市场开发部山东销售维修项目部任副经理）；项目管理中心项目经理（副科级，借用到化建公司项目管理中心黑龙江分公司任副经理）；项目管理中心安全生产综合管理主管（副科级）
827	李树生	男	1964.4	汉族	化工二厂供电车间主任；材料供应站安全生产综合管理高级主管（正科级）
828	李松涛	男	1974.8	汉族	化建公司经营计划部主任；经营开发部主任
829	李崧延	男	1976.12	满族	炼油厂技术科科长
830	李天启	男	1964.9	汉族	化建公司装备分公司党支部书记；检修分公司安全生产综合管理办公室安全生产综合管理高级主管（正科级）

续表

序号	姓名	性别	出生年月	民族	曾任主要岗位
831	李天宇	男	1974.5	汉族	开发公司人事科（党委组织部）科长（部长）
832	李万吉	男	1967.8	朝鲜族	塑料厂仪表车间副主任
833	李维平	男	1961.4	汉族	检测公司物理检验室主任；材料站供应正科级干部；机械厂运行车间正科级干部；检测信息技术中心物资供应站正科级干部
834	李维新	男	1958.2	汉族	化工三厂材料供应站安全生产综合管理高级主管（正科级）
835	李伟国	男	1968.7	汉族	物业管理中心兴化物业四所副所长
836	李伟萍	女	1970.8	汉族	离退休管理中心卧里屯离退休服务站主任；兴化服务站主任
837	李伟群	男	1968.9	汉族	物业管理中心龙凤绿化队副队长；龙凤保洁公司副经理；土地管理站党支部书记
838	李伟旭	男	1983.7	汉族	化工一厂原料一车间工艺副主任；输转联合车间工艺副主任；原料车间工艺副主任
839	李文革	男	1966.3	汉族	开发公司办公室（党委办公室、维稳办、保卫科）、办公室（党委办公室）副主任（副科长）；综合管理科（党群工作部）副科长（副部长）（正科级）
840	李文慧	女	1965.9	汉族	热电厂材料供应站安全生产综合管理高级主管（正科级）
841	李文杰	男	1966.4	满族	炼油厂气体原料车间主任；制蜡联合车间工艺副主任
842	李文杰	女	1967.10	汉族	热电厂材料供应站安全生产综合管理高级主管（正科级）
843	李文平	男	1963.7	汉族	培训中心鉴定中心副主任（正科级）；技能鉴定中心正科级干部
844	李希民	男	1962.8	汉族	热电厂材料供应站安全生产综合管理高级主管（正科级）
845	李喜成	男	1957.11	汉族	炼油厂材料供应站安全生产综合管理高级主管（正科级）
846	李羡庆	男	1964.10	汉族	腈纶厂系统车间主任；材料供应站安全生产综合管理高级主管（正科级）
847	李小斌	男	1977.7	汉族	水气厂污水一车间党支部副书记、书记；党委办公室（办公室）主任；综合管理科（党群工作部）副主任（正科级）

续表

序号	姓名	性别	出生年月	民族	曾任主要岗位
848	李小军	男	1976.9	汉族	化工三厂 ABS 车间副主任、安全总监；技术科科长、技术科科长兼机关第二党支部书记（兼）；生产技术科副科长（三级正职）
849	李晓峰	男	1979.5	汉族	腈纶厂办公室（党委办公室）副主任
850	李晓刚	男	1978.1	汉族	储运中心成品车间党支部书记；销售储运中心党支部书记、主任
851	李晓红	女	1967.12	汉族	客运二队党支部书记、正科级干部；客运服务中心客运二队正科级干部；食堂管理中心安全生产综合管理（正科级）
852	李晓红	女	1967.2	汉族	热电厂材料供应站安全生产综合管理高级主管（正科级）
853	李晓慧	女	1964.1	汉族	物业管理中心兴化厂区绿化队正科级干部；兴化绿化队正科级干部
854	李晓梅	女	1967.1	汉族	热电厂材料供应站安全生产综合管理高级主管（正科级）
855	李晓鹏	男	1966.3	汉族	物业管理中心龙凤物业五所党支部书记；物业管理督查大队监察员（正科级）
856	李晓平	男	1965.5	汉族	检测公司安全仪器检测室副主任；计量检定一室主任；机械厂计量检定一室主任；起重机械检验室副主任（正科级）
857	李晓平	男	1973.2	汉族	塑料厂高压聚乙烯一车间党支部书记
858	李晓平	男	1965.5	汉族	检测信息技术中心特种设备检验室党支部临时负责人
859	李晓萍	女	1967.8	汉族	实业公司机动生产部部长；塑龙公司安全生产综合管理高级主管（正科级）
860	李晓茹	女	1964.1	汉族	物业管理中心龙凤绿化队正科级干部
861	李晓琰	男	1983.12	满族	销售储运中心运转车间副主任
862	李新国	男	1971.5	汉族	化工三厂供电车间党支部书记、副主任（兼）、主任
863	李新海	男	1965.3	汉族	炼油厂机动科电气管理高级主管（正科级）；炼油项目管理办公室项目电仪管理高级主管（正科级）
864	李兴盛	男	1964.5	汉族	炼油厂计量中心副主任兼安全环保总监；材料供应站安全生产综合管理主管（副科级）
865	李秀科	女	1965.2	汉族	热电厂材料供应安全生产综合管理高级主管（正科级）

序号	姓名	性别	出生年月	民族	曾任主要岗位
866	李旭光	男	1965.3	汉族	职工医院输血科主任
867	李学范	男	1966.4	朝鲜族	培训中心主任助理（正科级）
868	李学会	男	1964.11	汉族	化肥厂维修车间副主任、主任；材料供应站安全生产综合管理高级主管（正科级）
869	李雪	男	1982.2	汉族	化工三厂生产技术科副科长
870	李雪冰	男	1970.10	汉族	水气厂人事科（党委组织部）科长（部长）
871	李雪川	男	1963.1	汉族	实业公司兴达包装厂厂长；福利化工厂厂长；塑龙公司安全生产综合管理高级主管（正科级）
872	李雪松	女	1963.1	汉族	化工三厂材料供应站安全生产综合管理高级主管（正科级）
873	李亚君	男	1964.1	汉族	物业管理中心兴化物业三所党支部书记；物业管理督查大队督查员（正科级）；物业管理督查大队安全生产综合管理（正科级）
874	李延松	男	1966.5	汉族	物资供应中心地材库主任；龙凤总库副主任；安全环保科副科长；兼机关一党支部书记
875	李艳红	女	1967.6	汉族	质量检验中心环保监测站党支部书记；原材料检验车间安全生产综合管理高级主管（正科级）；原材料与腈纶化验车间安全生产综合管理高级主管（正科级）
876	李艳秋	女	1969.9	汉族	化建公司人力资源部（党委组织部）主任（部长）
877	李艳秋	女	1982.2	满族	化工一厂生产科副科长
878	李业成	男	1982.3	汉族	塑料厂技术科副科长
879	李应力	男	1980.1	汉族	炼油厂加氢一车间设备副主任、党支部书记；制蜡联合车间党支部书记兼设备副主任
880	李英俊	男	1972.11	汉族	化工一厂仪表车间主任
881	李英志	男	1968.8	汉族	化建公司云南分公司副经理（借任河北大厂项目部任项目经理）；技术发展部副主任兼焊培主任（副科级）、技术发展部焊接及工艺技术管理高级主管（正科级）
882	李永峰	男	1971.7	汉族	化工三厂橡胶制品二车间主任、安全总监
883	李永志	男	1979.12	汉族	塑料厂低压聚乙烯车间设备副主任
884	李雨青	女	1972.8	汉族	腈纶厂材料供应站副主任；系统车间副主任；回收车间副主任
885	李玉成	男	1958.2	汉族	实业公司龙化经销中心正科级干部

续表

序号	姓名	性别	出生年月	民族	曾任主要岗位
886	李玉华	女	1965.4	汉族	质量检验中心树脂化验车间正科级干部；原材料与腈纶化验车间安全生产综合管理高级主管（正科级）
887	李玉杰	女	1964.8	朝鲜族	职工医院检验一科主任；检验科副主任（正科级）
888	李远君	男	1962.2	汉族	化工三厂聚苯乙烯车间副主任、安全总监；SAN树脂车间副主任、安全总监；材料供应站安全生产综合管理主管（副科级）
889	李月明	男	1967.5	汉族	化建公司总经理助理兼市场开发部主任（正科级）、总经理助理
890	李云江	男	1961.8	汉族	餐饮服务中心维护稳定工作办公室（保卫科）科长；开发公司食堂管理中心副主任（正科级）；材料供应安全生产综合管理；销售服务中心安全生产综合管理高级主管（正科级）；客运服务中心食堂管理中心安全生产综合管理（正科级）、正科级干部、安全生产综合管理（正科级）
891	李泽田	男	1956.5	汉族	机械厂压力元件分厂副科级干部
892	李占生	男	1959.4	汉族	客运中心小车队正科级干部；客运服务中心机关小车队正科级干部
893	李湛涛	男	1961.8	汉族	化工三厂设备副总工程师；材料供应站安全生产综合管理高级主管（正科级）
894	李长恩	男	1987.10	汉族	炼油厂硫磺回收车间设备副主任
895	李长福	男	1962.11	汉族	保卫部巡逻一大队队长；巡逻一大队正科级干部；机关保卫大队高级主管（正科级）
896	李兆杰	男	1965.2	汉族	化肥厂供水车间党支部书记；材料供应站安全生产综合管理高级主管（正科级）
897	李兆清	男	1965.3	汉族	物业管理中心龙凤机电车间副主任、党支部书记、正科级干部；物业管理督查大队安全生产综合管理（正科级）
898	李振伟	男	1976.4	汉族	化工三厂橡胶制品一车间副主任、安全总监
899	李振盈	男	1964.2	汉族	化工二厂机动科状态监测高级工程师（副科级）；材料供应站安全生产综合管理高级主管（正科级）
900	李正红	男	1973.12	汉族	质量检验中心化工化验车间副主任（安全监督）
901	李正为	男	1970.11	汉族	塑料厂电气副总工程师
902	李志红	女	1969.2	汉族	离退休管理中心管理科副科级科长；卧里屯服务站副科级干部

序号	姓名	性别	出生年月	民族	曾任主要岗位
903	李志军	男	1971.10	汉族	储运中心成品车间副主任；维修车间主任；销售储运中心维修车间主任
904	李志凯	男	1965.11	汉族	化肥厂仪表车间主任；材料供应站安全生产综合管理高级主管（正科级）
905	李志山	男	1962.11	汉族	机械厂机加分厂副厂长、副科级干部；运行车间副科级干部
906	李忠财	男	1962.12	汉族	化建公司项目管理中心项目经理（正科级）；检修分公司安全生产综合管理办公室安全生产综合管理高级主管（正科级）
907	李忠庆	男	1960.6	汉族	物业管理中心物业管理督查大队督查员（副科级）、副科级干部；物业管理督查大队安全生产综合管理（副科级）
908	郦巍	女	1983.9	汉族	化工三厂团委书记（副科级）
909	栗勇	男	1967.9	汉族	机械厂阀门修造分厂副厂长兼安全总监；压力元件分厂厂长
910	连传涛	男	1987.3	汉族	机械厂备料车间（材料供应站）副主任（副站长）
911	廉文	男	1974.6	汉族	腈纶厂维修车间主任
912	廉玉国	男	1964.3	汉族	热电厂材料供应站安全生产综合管理主管（副科级）
913	梁晶	女	1972.7	满族	储运中心装卸车间党支部书记；化工销售部高级主管（正科级）；销售储运中心化工销售部高级主管（正科级）
914	梁军	男	1966.2	汉族	水气厂供水车间党支部书记；脱盐水车间党支部书记
915	梁安全	男	1958.3	汉族	炼油厂材料供应站安全生产综合管理高级主管（正科级）
916	梁国利	男	1965.3	满族	炼油厂装油车间工艺副主任兼车间安全总监；炼油项目管理办公室项目工艺管理；材料供应站安全生产综合管理主管（副科级）
917	梁好君	男	1958.12	汉族	实业公司金源物资站正科级干部；龙化经销中心正科级干部
918	梁红梅	女	1972.11	汉族	检测公司安全仪器检测室副主任；机械厂安全仪器检测室副主任；检测信息技术中心计划经营科副科长
919	梁吉柱	男	1975.12	汉族	化工二厂丙酮氰醇车间工艺副主任；丙烯腈联合车间工艺副主任

序号	姓名	性别	出生年月	民族	曾任主要岗位
920	梁继波	男	1969.10	汉族	开发公司编织袋车间党支部书记；塑料厂编织袋车间党支部书记；成品二车间党支部书记
921	梁美凤	女	1981.9	汉族	开发公司人事科（党委组织部）副科长（副部长）；庆营公司经理；综合管理科（党群工作部）副科长（副部长）（正科级）
922	梁鹏云	男	1972.3	汉族	化工一厂加氢抽提二车间工艺副主任；技术科副科长
923	梁守新	男	1963.12	汉族	热电厂材料供应站安全生产综合管理高级主管（正科级）
924	梁树峰	男	1966.4	汉族	化肥厂维修车间副主任；成品车间副主任、主任
925	梁孝龙	男	1972.9	汉族	化建公司市场开发部黑龙江分公司经理（副科级）；项目管理中心黑龙江分公司经理（副科级）
926	梁兴峰	男	1957.4	汉族	热电厂燃料车间正科级干部；材料供应站安全生产综合管理高级主管（正科级）
927	梁兴伟	男	1964.9	汉族	塑料厂仪表车间党支部书记；高压聚乙烯一车间党支部书记；材料供应站安全生产综合管理高级主管（正科级）
928	梁屹诺	女	1968.2	汉族	物业管理中心卧里屯物业二所党支部书记、正科级干部；物业管理督查大队安全生产综合管理（正科级）
929	梁玉平	男	1966.11	汉族	开发公司质量安全环保科副主任；原料车间党支部书记；联合二车间党支部副书记（正科级）；联合二车间副主任（正科级）
930	梁占海	男	1971.1	汉族	餐饮服务中心雅迪威商务酒店经理；储运中心仓储二车间副主任（正科级）；化工三厂成品车间副主任（正科级）
931	梁正峰	男	1978.7	汉族	储运中心维修车间副主任；销售储运中心维修车间副主任；成品车间副主任；装卸车间副主任（主持行政工作）
932	梁忠越	男	1978.4	汉族	塑料厂团委书记；供电车间党支部书记；全密度聚乙烯二车间党支部书记
933	廖祝家	男	1969.4	汉族	化建公司市场开发部四川分公司副经理；项目管理中心四川分公司副经理
934	林哲	男	1983.10	汉族	炼油厂成品车间工艺副主任兼车间安全环保总监
935	林德滨	男	1965.9	汉族	物资供应中心网络信息科副科长；管理科副科长
936	林景泰	男	1959.3	汉族	物业管理中心土地管理站正科级干部

续表

序号	姓名	性别	出生年月	民族	曾任主要岗位
937	林向东	男	1968.6	汉族	腈纶厂成品车间党支部书记
938	凌海明	男	1976.2	汉族	热电厂锅炉车间副主任、主任、项目管理；机动科副科长（正科级）
939	刘洋	男	1983.2	汉族	热电厂供电车间副主任
940	刘宝	男	1982.6	汉族	炼油厂延迟焦化车间设备副主任、主持焦化车间党支部全面工作（副科级）、党支部书记、主任；机动科科长
941	刘彬	女	1968.1	汉族	质量检验中心腈纶化验车间副主任；原材料检验车间安全生产综合管理主管（副科级）；原材料与腈纶化验车间安全生产综合管理主管（副科级）
942	刘斌	男	1983.11	汉族	化建公司包头分公司副经理
943	刘斌	男	1979.6	汉族	机械厂技术设计中心副主任（正科级）、主任；副总工程师；生产计划科科长（兼）
944	刘滨	男	1981.9	汉族	化肥厂企业文化科（党委宣传部、监察室、工会办公室、团委）科长；党群工作部主任；机关党支部书记
945	刘冰	男	1979.5	汉族	水气厂空分车间副主任、主任
946	刘才	男	1958.2	汉族	离退休管理中心兴化活动室主任；兴化服务站正科级干部
947	刘芳	女	1973.8	汉族	餐饮服务中心龙凤宾馆副经理
948	刘峰	男	1968.10	汉族	塑料厂调度室调度长；材料管理高级主管（正科级）
949	刘峰	男	1967.9	汉族	信息技术中心测试部主任；检测信息技术中心系统测试部主任
950	刘凤	女	1974.4	汉族	水气厂污水一车间副主任；水处理车间副主任；供水车间主任；供水车间联合党支部书记
951	刘刚	男	1975.8	汉族	炼油厂硫磺回收车间主任
952	刘华	女	1970.10	汉族	检测公司压力管道检验室主任；质量安全科科长；机械厂质量管理科副科长（正科级）；检测信息技术中心质量安全环保科科长
953	刘华	男	1978.4	汉族	信息技术中心党群工作部副主任；检测信息技术中心综合管理部（党群工作部）副主任
954	刘辉	男	1966.1	汉族	储运中心副总工程师；生产科科长；销售储运中心生产科科长；生产部主任；副总工程师

续表

序号	姓名	性别	出生年月	民族	曾任主要岗位
955	刘　健	男	1977.12	汉族	化建公司市场开发部辽宁分公司副经理、项目管理中心辽宁分公司副经理［借用到大连项目部任项目经理（副科级）、借用到龙油项目部任项目经理（副科级）］
956	刘　杰	男	1965.10	汉族	化建公司检修分公司党支部书记；安装一分公司党支部负责人（正科级）、党支部书记
957	刘　婧	女	1985.11	汉族	水气厂团委书记；污水二车间党支部书记
958	刘　静	女	1967.3	汉族	开发公司材料供应站党支部书记、安全生产综合管理高级主管（正科级）；销售服务中心安全生产综合管理高级主管（正科级）
959	刘　凯	男	1966.3	汉族	培训中心教务科科长、科长兼教务联合党支部书记；炼化教研室主任兼炼化联合党支部书记、副主任（正科级）
960	刘　坤	男	1976.4	汉族	物资供应中心卧里屯总库副主任；管理科副科长
961	刘　利	男	1963.10	汉族	热电厂维修一车间党支部书记；材料供应站安全生产综合管理高级主管（正科级）
962	刘　林	男	1983.1	汉族	炼油厂硫磺回收车间工艺副主任
963	刘　森	男	1973.4	汉族	物业管理中心龙凤物业三所副所长
964	刘　敏	女	1979.6	汉族	物业管理中心托幼管理所副所长；能源收费站党支部书记；计量收费站党支部书记
965	刘　明	男	1971.12	汉族	化建公司安装三分公司党支部书记；特种设备安装维修分公司党支部负责人（正科级）；装备分公司经理；特种设备安装维修分公司经理
966	刘　鹏	男	1967.11	汉族	物业管理中心龙凤保洁公司党支部书记
967	刘　平	男	1962.10	汉族	化建公司项目管理中心副经理（正科级）；检修分公司安全生产综合管理办公室高级主管（正科级）
968	刘　庆	男	1964.5	汉族	热电厂材料供应站安全生产综合管理高级主管（正科级）
969	刘　庆	男	1964.5	汉族	塑料厂企业文化科（党委宣传部、监察室、工会办公室、团委）副科长（正科级）、党群工作部副主任；材料供应站纪检监察高级主管（正科级）
970	刘　涛	男	1975.12	汉族	质量检验中心炼油化验车间党支部书记；人事科（党群工作部）团委书记（正科级）、组织员（正科级）；质量检验中心原材料与腈纶化验车间党支部书记

续表

序号	姓名	性别	出生年月	民族	曾任主要岗位
971	刘涛	男	1980.7	汉族	储运中心开发部主任；化工销售部副主任（正科级）；销售储运中心化工销售部副主任（正科级）；销售储运中心主任助理
972	刘巍	女	1974.9	汉族	职工医院病案信息科副科长
973	刘巍	男	1972.2	汉族	炼油厂技术科技措管理高级主管（正科级）
974	刘伟	男	1973.6	汉族	炼油厂调度室白班油品调度主管（副科级）
975	刘伟	男	1972.11	汉族	开发公司劲松公司计划经营科科长；实业公司劲松公司计划经营科科长；三分公司服务队副队长（正科级）、党支部书记
976	刘伟	男	1963.8	汉族	信息技术中心副总工程师；检测信息技术中心咨询部正科级干部
977	刘炜	男	1962.2	汉族	职工医院眼科主任；眼科（中西医结合眼科）主任
978	刘文	男	1963.10	汉族	化工一厂芳烃抽提车间设备副主任；材料供应站安全生产综合管理高级主管（副科级）
979	刘咸	男	1970.10	汉族	腈纶厂机械副总工程师
980	刘欣	男	1968.6	汉族	化工三厂仪表车间副主任（正科级）、党支部临时负责人、党支部书记
981	刘信	男	1971.1	汉族	餐饮服务中心石化宾馆餐饮部经理；客运服务中心食堂管理中心食堂管理（副科级）
982	刘兴	男	1958.3	汉族	实业公司龙化经销中心正科级干部
983	刘衍	男	1963.2	汉族	物业管理中心龙凤厂区绿化队副队长；龙凤绿化队副队长、副科级干部；保洁公司副科级干部；物业管理督查大队安全生产（副科级）
984	刘艳	女	1964.6	汉族	通讯中心综合业务服务站正科级干部；客户营销收费站正科级干部；信息技术中心通讯业务代维站副科级干部
985	刘峻	男	1977.5	汉	保卫部守卫一大队副队长
986	刘义	男	1962.5	汉族	质量检验中心机动设备科电气管理岗位主管（副科级）；原材料检验车间安全生产综合管理主管（副科级）；质量检验中心原材料与腈纶化验车间安全生产综合管理主管（副科级）
987	刘影	女	1980.6	汉族	职工医院团委副书记兼机关党支部副书记
988	刘宇	男	1974.8	汉族	餐饮服务中心团总支书记；客运服务中心食堂管理中心食堂管理（副科级）

续表

序号	姓名	性别	出生年月	民族	曾任主要岗位
989	刘爱国	男	1964.11	汉族	客运中心客运三队副队长；客运一队副队长；客运服务中心客运一队副科级干部；食堂管理中心安全生产综合管理（副科级）
990	刘宝江	男	1968.3	汉族	炼油厂车队队长兼安全环保总监；办公室（党委办公室）副主任（三级正职）
991	刘宝来	男	1982.4	汉族	化肥厂尿素车间副主任；合成氨车间设备副主任
992	刘宝庆	男	1968.3	汉族	久隆房地产公司工程质量检测公司副经理；检测公司工程质量检测中心副主任；机械厂建筑工程质量检测中心副主任
993	刘丙良	女	1977.8	汉族	质量检验中心树脂化验车间副主任；质量检验中心树脂与化肥化验车间副主任；质量检验中心安全生产技术科副科长
994	刘彩侠	女	1963.1	汉族	质量检验中心环保监测站副科级干部
995	刘昌毓	男	1957.1	汉族	化工三厂材料供应站安全生产综合管理高级主管（正科级）
996	刘春林	男	1969.3	汉族	炼油厂酮苯糠醛车间工艺副主任；润滑油联合车间工艺副主任
997	刘春喜	男	1982.7	汉族	化建公司经营开发部副主任
998	刘春岩	男	1978.12	汉族	炼油厂延迟焦化车间主任；技术科科长
999	刘春友	男	1964.9	汉族	热电厂材料供应站安全生产综合管理高级主管（正科级）
1000	刘德志	男	1966.2	汉族	客运中心小车二队副队长；小车队副队长；客运服务中心机关小车队副队长
1001	刘德柱	男	1962.4	汉族	化工三厂机关第一党支部书记（兼）；材料供应站安全生产综合管理高级主管（正科级）
1002	刘德柱	男	1979.10	汉族	炼油厂企业文化科（党委宣传部、工会办公室、团委）团委书记（副科级）；党群工作部团委书记（副科级）；主持车队党支部全面工作（副科级）、车队党支部书记；制腊二车间党支部书记；党群工作部主任
1003	刘东兴	男	1967.12	汉族	消防支队人事科（党委组织部）党委组织员（正科级）；党群工作部主任；综合管理科（党群工作部）副科长（副主任）（三级正职）
1004	刘枫林	男	1964.6	汉族	化工二厂己烯-1车间工艺副主任；调度室副调度长；材料供应站安全生产综合管理主管（副科级）

序号	姓名	性别	出生年月	民族	曾任主要岗位
1005	刘凤臣	男	1965.12	汉族	热电厂供电车间党支部书记；材料供应站安全生产综合管理高级主管（正科级）
1006	刘凤杰	女	1966.11	汉族	实业公司回收二队副队长；龙化经销中心副科级干部；塑龙公司安全生产综合管理主管（副科级）
1007	刘凤林	男	1962.12	汉族	物业管理中心兴化机电车间主任、正科级干部；物业管理督查大队安全生产综合管理（正科级）
1008	刘富祥	男	1962.6	满族	化工三厂成品车间党支部书记；材料供应站安全生产综合管理高级主管（正科级）
1009	刘刚健	男	1976.7	汉族	炼油厂制蜡二车间设备副主任；炼油项目管理办公室项目施工管理高级主管（副科级）
1010	刘广任	男	1973.3	汉族	腈纶厂运车间副主任；成品车间副主任
1011	刘桂波	女	1971.9	汉族	通讯中心企业文化科（党委宣传部、工会、团委）科长（部长）（兼机关党支部书记）、党群工作部部长（兼机关党支部书记）；炼油厂仪表车间综合管理高级主管（正科级）
1012	刘国都	男	1980.9	汉族	实业公司清洗队副队长
1013	刘国峰	男	1970.8	汉族	化建公司项目管理中心项目经理（副科级，借用安装一分公司协助生产管理）
1014	刘国辉	男	1972.6	汉族	化工二厂机动科科长
1015	刘国文	男	1964.12	汉族	物业管理中心兴化物业七所副所长、所长
1016	刘国志	男	1963.3	汉族	热电厂材料供应站安全生产综合管理高级主管（正科级）
1017	刘红旗	男	1962.2	汉族	化建公司电气一分公司经理；检修分公司安全生产综合管理办公室安全生产综合管理高级主管（正科级）
1018	刘宏军	男	1972.1	汉族	化工二厂维修车间党支部书记
1019	刘洪臣	男	1959.1	汉族	水气厂材料供应站安全综合管理高级主管（正科级）
1020	刘洪彦	男	1971.3	汉族	炼油厂制蜡一车间主任兼车间安全总监；动力站主任；制腊二车间党支部书记；制蜡联合车间党支部副书记（三级正职）
1021	刘厚超	男	1982.10	汉族	炼油厂动力站设备副主任；设备副主任兼车间安全环保总监
1022	刘会茹	女	1972.3	汉族	物业管理中心兴化保安队副队长、党支部书记

序号	姓名	性别	出生年月	民族	曾任主要岗位
1023	刘会义	男	1963.2	汉族	物业管理中心物业管理督查大队督查员（正科级）、正科级干部；物业管理督查大队安全生产综合管理（正科级）
1024	刘吉芬	女	1962.5	汉族	物业管理中心龙凤物业五所副科级干部
1025	刘佳林	男	1962.1	汉族	检测公司计量检定一室党支部书记；机械厂计量检定一室党支部书记
1026	刘佳鹏	男	1988.3	汉族	检测公司理化与泄漏检测室副主任；机械厂理化与泄漏检测室副主任；检测信息技术中心工程技术检测室副主任；机械厂备料车间（材料供应站）副主任、安全总监
1027	刘建连	女	1965.8	汉族	质量检验中心化工化验车间副主任（正科级）；原材料检验车间安全生产综合管理主管（副科级）；原材料与腈纶化验车间安全生产综合管理主管（副科级）
1028	刘建威	男	1972.7	汉族	客运中心客运二队副队长；客运服务中心客运二队副队长
1029	刘建忠	男	1982.2	汉族	检测公司锅炉容器检验室主任；机械厂锅炉容器检验室主任；检测信息技术中心工程技术检测室主任
1030	刘剑艳	女	1972.9	汉族	物业管理中心兴化物业六所党支部书记
1031	刘金宝	男	1961.5	汉族	质量检验中心环保监测站设备副主任；原材料检验车间安全生产综合管理主管（副科级）；原材料与腈纶化验车间安全生产综合管理主管（副科级）
1032	刘金岭	男	1981.9	汉族	炼油厂常减压一车间设备副主任；常减压联合车间设备副主任
1033	刘金山	男	1984.10	汉族	炼油厂重油催化一车间设备副主任；加氢二车间设备副主任
1034	刘金生	男	1967.3	汉族	化工一厂供电车间副主任
1035	刘金鑫	男	1977.8	汉族	物业管理中心公路公司副经理
1036	刘锦祎	男	1980.9	汉族	离退休管理中心办公室（党委办公室）副主任
1037	刘景军	男	1965.10	满族	化建公司修保分公司副经理（正科级）
1038	刘景文	男	1966.4	汉族	塑料厂供电车间副主任；安全环保科副科长；维修车间副主任、党支部书记（副科级）、党支部书记
1039	刘立林	男	1964.9	汉族	炼油厂机动科副科长（正科级）；材料供应站安全生产综合管理高级主管（正科级）
1040	刘立岩	男	1977.3	汉族	化工一厂仪表车间副主任

续表

序号	姓名	性别	出生年月	民族	曾任主要岗位
1041	刘丽宏	女	1971.3	汉族	化建公司人力资源部（党委组织部）党委组织员；辽宁分公司党支部书记兼党委组织员
1042	刘丽君	女	1964.7	汉族	水气厂材料供应站安全综合管理主管（副科级）
1043	刘丽娜	女	1978.3	汉族	职工医院电诊科副主任
1044	刘连章	男	1965.7	汉族	热电厂燃料车间副主任；供电车间主任；材料供应站安全生产综合管理高级主管（正科级）
1045	刘龙庆	男	1964.9	汉族	热电厂材料供应站安全生产综合管理高级主管（正科级）
1046	刘孟玮	男	1984.1	汉族	销售储运中心维修车间副主任
1047	刘谟强	男	1965.4	汉族	信息技术中心销售部副主任；检测信息技术中心销售部副主任
1048	刘鹏飞	男	1969.10	汉族	炼油厂供水车间党支部书记兼工艺副主任、主任
1049	刘岐慧	男	1973.8	汉族	实业公司企业文化部长、党群工作部主任；综合管理部主任
1050	刘启超	男	1965.2	汉族	开发公司劳保用品厂党支部书记；联合二车间党支部副书记（正科级）
1051	刘启文	男	1966.8	汉族	物业管理中心龙凤物业二所党支部书记；物业管理督查大队督查员（正科级）
1052	刘绮明	女	1972.8	汉族	培训中心人事科（党委组织部）党委组织员（副科级）；党校与企业管理教研室副主任（主持工作）、主任
1053	刘清杰	男	1965.7	汉族	久隆房地产公司计划经营科科长；塑钢门窗厂安全生产综合管理办公室高级主管（正科级）
1054	刘庆宾	男	1977.4	汉族	化工一厂芳烃联合车间工艺副主任；芳烃抽提车间党工艺副主任、党支部书记兼工艺副主任；原料二车间工艺副主任（正科级）；原料车间工艺副主任（正科级）；芳烃联合车间工艺副主任（正科级）
1055	刘庆超	男	1979.9	汉族	水气厂污水一车间副主任；污水联合车间副主任；污水联合车间主任
1056	刘庆民	男	1980.12	汉族	化工三厂聚丙烯车间副主任、安全总监
1057	刘庆民	男	1980.12	汉族	化工二厂己烯-1车间工艺副主任
1058	刘庆山	男	1964.1	汉族	物业管理中心卧里屯物业二所所长；卧里屯物业一所所长、正科级干部；物业管理督查大队安全生产综合管理（正科级）

序号	姓名	性别	出生年月	民族	曾任主要岗位
1059	刘全夫	男	1981.2	汉族	化工一厂技术科副科长；裂解车间生产副主任、生产副主任（正科级）；技术科科长
1060	刘全有	男	1967.12	汉族	炼油厂维修一车间党支部书记；维修车间党支部书记
1061	刘荣江	男	1967.9	汉族	腈纶厂回收车间主任；聚合车间主任；纺丝联合车间主任
1062	刘瑞祥	男	1963.8	汉族	化工二厂办公室（党委办公室、维稳办、保卫科）、办公室（党委办公室）主任；材料供应站安全生产综合管理高级主管（正科级）
1063	刘绍宽	男	1980.2	汉族	机械厂容器制造车间副主任
1064	刘绍文	男	1964.11	汉族	化建公司项目管理中心项目经理（副科级）；检修分公司安全生产综合管理办公室安全生产综合管理主管（副科级）
1065	刘升平	女	1968.10	汉族	热电厂材料供应站安全生产综合管理主管（正科级）
1066	刘似飞	男	1961.5	汉族	热电厂材料供应站安全生产综合管理高级主管（正科级）
1067	刘淑田	男	1964.3	汉族	塑料厂全密度聚乙烯一车间党支部书记；材料供应站安全生产综合管理高级主管（正科级）
1068	刘树青	男	1981.1	汉族	化工一厂裂解车间主任
1069	刘树祥	男	1960.4	汉族	热电厂材料供应站安全生产综合管理高级主管（正科级）
1070	刘天飞	男	1971.11	汉族	化建公司防腐筑炉分公司经理
1071	刘铁金	男	1961.10	汉族	化肥厂材料供应站主任、安全生产综合管理高级主管（正科级）
1072	刘万军	男	1967.12	汉族	物业管理中心龙凤厂区绿化队队长；物业管理督查大队督查员（正科级）
1073	刘文举	男	1961.8	汉族	热电厂材料供应站安全生产综合管理主管（副科级）
1074	刘文全	男	1979.5	汉族	客运中心人事科（党委组织部）党委组织员；客运服务中心人事科（党委组织部）党委组织员；综合管理科（党群工作部）党委组织员
1075	刘文香	女	1968.3	汉族	热电厂材料供应站安全生产综合管理高级主管（正科级）
1076	刘文岩	男	1981.11	满族	化建公司安装四分公司副经理；安装四分公司党支部书记

序号	姓名	性别	出生年月	民族	曾任主要岗位
1077	刘文一	男	1964.3	汉族	腈纶厂电气副总工程师；材料供应站安全生产综合管理高级主管（正科级）
1078	刘文治	男	1963.12	汉族	炼油厂维修二车间党支部书记；安全生产综合管理高级主管（正科级）
1079	刘希文	男	1963.5	汉族	物业管理中心企业文化科（党委宣传部、工会办公室、团委）科长（部长）；党群工作部科长（部长）；督查大队正科级干部；物业管理督查大队安全生产综合管理（正科级）
1080	刘先东	男	1956.6	汉族	检测公司安全仪器检测室正科级干部
1081	刘显本	男	1967.9	汉族	保卫部守卫四大队队长；督察科科长；安全督察科副科长（三级正）
1082	刘显晶	女	1969.5	汉族	化建公司仪表二分公司副经理；电仪四分公司副经理；检修分公司安全生产综合管理办公室安全生产综合管理主管（副科级）
1083	刘显圣	男	1985.5	汉族	塑料厂全密度聚乙烯一车间工艺副主任；全密度聚乙烯联合车间工艺副主任；生产科科长
1084	刘小平	男	1965.2	汉族	水气厂供电车间副主任、主任；材料供应站安全生产综合管理高级主管（正科级）
1085	刘晓冰	女	1966.10	汉族	热电厂材料供应站安全生产综合管理高级主管（正科级）
1086	刘晓丹	女	1971.1	汉族	储运中心炼油销售部党支部书记；销售储运中心炼油销售部党支部书记
1087	刘晓峰	男	1983.1	汉族	热电厂计划科副科长；生产科副科长；生产技术科副科长
1088	刘晓伟	男	1966.12	汉族	化建公司市场开发部江苏分公司经理；项目管理中心江苏分公司经理
1089	刘晓岩	女	1964.3	汉族	化工二厂材料供应站安全生产综合管理高级主管（正科级）
1090	刘新录	男	1962.12	汉族	客运中心客运一队队长、正科级干部；客运服务中心客运一队正科级干部；食堂管理中心安全生产综合管理（正科级）
1091	刘新玉	男	1961.2	汉族	炼油厂常减压一车间工艺副主任兼项目筹备办公室副主任（正科级）；材料供应站安全生产综合管理高级主管（正科级）

续表

序号	姓名	性别	出生年月	民族	曾任主要岗位
1092	刘信财	男	1960.9	汉族	炼油厂调度室油品调度主管（副科级）；材料供应站安全生产综合管理主管（副科级）
1093	刘醒愚	男	1982.11	汉族	化肥厂尿素车间设备副主任
1094	刘秀芳	女	1980.7	汉族	职工医院优质服务办（行风监督站）副主任
1095	刘旭光	男	1967.2	汉族	水气厂仪表副总工程师
1096	刘旭升	男	1983.8	汉族	储运中心维修车间副主任；装卸车间副主任；销售储运中心装卸车间副主任（主持工作）
1097	刘雪梅	女	1966.9	汉族	职工医院药检二党支部书记；检验党支部书记
1098	刘雪松	女	1973.10	汉族	质量检验中心树脂化验车间副主任、党支部书记；质量检验中心树脂与化肥化验车间副主任（正科级）
1099	刘亚杰	男	1960.12	汉族	炼油厂成品车间主任；材料供应站安全生产综合管理高级主管（正科级）
1100	刘亚玲	女	1970.3	汉族	质量检验中心环保监测站副主任；质量检验中心原材料与腈纶化验车间安全生产综合管理主管（主管）
1101	刘延军	男	1964.7	汉族	物业管理中心机动设备科副科长（正科级）、科长；运营管理科副科长（正科级）
1102	刘延军	男	1982.6	汉族	招标中心工程组组长
1103	刘彦春	男	1971.3	汉族	化肥厂水汽车间设备副主任；水汽联合车间副主任
1104	刘彦海	男	1959.9	汉族	热电厂材料供应站安全生产综合管理高级主管（正科级）
1105	刘彦龙	男	1968.12	汉族	餐饮服务中心龙凤宾馆党支部书记
1106	刘彦奇	男	1965.5	汉族	培训中心炼油与化工杂志编辑部主任
1107	刘艳革	女	1966.10	汉族	热电厂材料供应站安全生产综合管理高级主管（正科级）
1108	刘艳梅	女	1971.3	汉族	通讯中心客户营销收费站站长
1109	刘义新	男	1961.7	汉族	化建公司装备分公司经理；检修分公司安全生产综合管理办公室安全生产综合管理高级主管（正科级）
1110	刘英杰	男	1972.2	汉族	开发公司副总工程师
1111	刘永和	男	1969.6	汉族	炼油厂安全环保科综合管理主管（副科级）；污水车间党支部书记
1112	刘永伟	男	1980.12	汉族	物资供应中心材料科副科长

续表

序号	姓名	性别	出生年月	民族	曾任主要岗位
1113	刘友丰	男	1987.4	汉族	保卫部团委书记（副科级）；巡逻大队党支部书记；治安应急大队党支部书记
1114	刘玉臣	男	1964.12	汉族	储运中心装卸车间主任；炼油销售部结算高级主管（正科级）；装卸车间安全生产综合管理高级主管；销售储运中心装卸车间安全生产综合管理高级主管（正科级）
1115	刘玉凤	女	1965.9	汉族	开发公司销售服务中心主任；材料供应站安全生产综合管理高级主管（正科级）；销售服务中心安全生产综合管理高级主管（正科级）
1116	刘玉坤	男	1957.10	汉族	炼油厂材料供应站安全生产综合管理高级主管（正科级）
1117	刘玉伟	男	1981.3	汉族	销售储运中心装卸车间副主任
1118	刘占志	男	1962.9	汉族	物资供应中心水泥库党支部书记；安全生产综合管理主管（正科级）
1119	刘长华	女	1963.3	汉族	储运中心仓储三车间安全生产综合管理高级主管（正科级）
1120	刘长兴	男	1956.9	汉族	实业公司雪龙涂料厂正科级干部
1121	刘兆东	男	1958.2	汉族	化工二厂材料供应站安全生产综合管理高级主管（正科级）
1122	刘振刚	男	1958.1	汉族	物资供应中心安全生产综合管理高级主管（正科级）
1123	刘振红	女	1974.3	汉族	质量检验中心腈纶化验车间副主任；原材料与腈纶化验车间副主任
1124	刘振奎	男	1957.12	汉族	热电厂汽机车间正科级干部；材料供应站安全生产综合管理高级主管（正科级）
1125	刘志刚	男	1969.6	汉族	热电厂调度室调度长；生产科科长；技术科科长；生产技术科科长
1126	刘志华	男	1961.12	汉族	塑料厂维修车间副主任；材料站安全生产综合管理主管（副科级）
1127	刘中国	男	1973.10	汉族	客运中心办公室（党委办公室）副主任；客运服务中心办公室（党委办公室）副主任；综合管理科（党群工作部）副科长（副主任）；食堂管理中心党支部书记
1128	刘中涛	男	1971.3	汉族	塑料厂材料供应站主任；机动科副科长
1129	刘忠彬	男	1957.2	汉族	物业管理中心龙凤城管大队正科级干部
1130	刘忠恩	男	1978.1	汉族	腈纶厂回收车间副主任

续表

序号	姓名	性别	出生年月	民族	曾任主要岗位
1131	刘忠福	男	1966.5	汉族	热电厂供电车间主任；材料供应站主任；机动科副科长；办公室（党委办公室）主任
1132	刘忠华	男	1974.12	汉族	离退休管理中心党委组织员
1133	刘忠礼	男	1959.4	汉族	实业公司恒温库正科级干部
1134	柳春山	男	1968.8	汉族	炼油厂机动科副科长兼项目筹备办公室主任（正科级）；炼油厂储运副总工程师（正科级）
1135	柳殿富	男	1965.9	汉族	实业公司双利公司经理；回收一队队长
1136	柳洪滨	男	1964.12	汉族	实业公司四达液化气站站长；塑龙公司安全生产综合管理高级主管（正科级）
1137	卢　刚	男	1965.1	汉族	质量检验中心办公室（党委办公室）主任；办公室（党委办公室）副主任（正科级）；质量检验中心原材料与腈纶化验车间安全生产综合管理高级主管（正科级）
1138	卢玲利	女	1961.11	汉族	炼油厂材料供应站安全生产综合管理主管（副科级）
1139	卢茂东	男	1959.11	汉族	客运中心客运一队正科级干部；客运服务中心客运一队正科级干部
1140	卢育宁	女	1974.1	汉族	物业管理中心财务科副科长
1141	芦　山	男	1970.2	汉族	保卫部安全设备科副科长、科长；安全督察科科长
1142	鲁　鹏	男	1986.7	汉族	化工一厂加氢抽提一车间工艺副主任；加氢抽提联合一车间工艺副主任；芳烃联合车间工艺副主任
1143	鲁海龙	男	1961.10	汉族	实业公司龙凤安装队队长；塑龙公司安全生产综合管理高级主管（正科级）
1144	鲁丽洁	女	1968.2	汉族	热电厂材料供应站安全生产综合管理高级主管（正科级）
1145	鲁长斌	男	1970.3	满族	检测公司安全仪器检测室副主任；机械厂安全仪器检测室副主任、主任
1146	陆　军	女	1969.4	汉族	热电厂材料供应站安全生产综合管理高级主管（正科级）
1147	陆　鹏	男	1970.11	汉族	职工医院耳鼻喉科副主任
1148	陆　昕	男	1980.12	汉族	化工三厂综合车间副主任、安全总监；ABS车间副主任
1149	陆德惠	男	1962.12	汉族	炼油厂仪表车间副主任兼车间安全环保总监；材料供应站安全生产综合管理主管（副科级）

续表

序号	姓名	性别	出生年月	民族	曾任主要岗位
1150	陆继涛	男	1974.5	汉族	物业管理中心龙凤机电车间副主任
1151	陆兴旺	男	1965.10	汉族	塑料厂仪表副总工程师
1152	陆玉红	女	1980.3	汉族	开发公司编织袋车间设备副主任；塑料厂编织袋车间副主任；包装制品车间生产副主任
1153	鹿东梅	女	1966.12	汉族	质量检验中心化工化验车间党支部书记；原材料检验车间安全生产综合管理高级主管（正科级）；原材料与腈纶化验车间安全生产综合管理高级主管（正科级）
1154	鹿晓波	男	1965.8	汉族	腈纶厂调度室副调度长；生产科副科长
1155	路国富	男	1969.12	汉族	化工一厂维修车间副主任；原料二车间设备副主任；原料车间设备副主任
1156	路锦新	女	1977.1	汉族	热电厂化学车间主任兼任党支部书记；安全环保科科长；锅炉车间主任
1157	栾春光	男	1957.1	汉族	化肥厂材料供应站安全生产综合管理高级主管（正科级）
1158	栾加天	男	1983.1	汉族	塑料厂全密度聚乙烯二车间设备副主任
1159	栾士伟	男	1963.3	汉族	开发公司劲松化工厂厂长；实业公司劲松公司劲松化工厂厂长；弘润精细化工厂副厂长（正科级）；塑龙公司安全生产综合管理高级主管（正科级）
1160	罗德庆	男	1968.4	汉族	实业公司经理办公室（党委办公室、维稳办、保卫科）副主任、办公室（党委办公室）副主任、主任；综合管理部副主任（正科级）
1161	罗海峰	男	1984.12	汉族	保卫部守卫二大队副队长；守卫三大队队长
1162	罗明书	女	1961.7	汉族	物业管理中心兴化物业四所正科级干部
1163	罗伟忠	男	1968.2	汉族	开发公司液化气站主任；联合一车间副主任（正科级）
1164	罗正纲	男	1963.9	汉族	热电厂材料供应站安全生产综合管理高级主管（正科级）
1165	骆启昱	女	1970.2	汉族	热电厂材料供应站安全生产综合管理高级主管（正科级）
1166	雒艳红	女	1979.5	汉族	离退休管理中心团委书记（副科）兼其他
1167	吕　光	男	1967.1	汉族	职工医院办公室（党委办公室）主任
1168	吕　华	男	1959.8	汉族	化工三厂材料供应站安全生产综合管理高级主管（正科级）

续表

序号	姓名	性别	出生年月	民族	曾任主要岗位
1169	吕　良	男	1972.2	汉族	客运中心人事科（党委组织部）党委组织员；人事科（党委组织部）科长（部长）；客运服务中心人事科（党委组织部）科长（部长）；综合管理科（党群工作部）副科长（副主任）（正科级）
1170	吕　萍	女	1964.8	汉族	能源管理中心龙凤能源监察大队正科级干部；物业管理中心龙凤能源监察大队正科级干部；龙凤城管大队正科级干部
1171	吕　勇	男	1973.11	汉族	职工医院麻醉二科主任
1172	吕　喆	男	1982.5	汉族	化工二厂己烯-1车间设备副主任；丙烯腈联合车间设备副主任
1173	吕彩凤	女	1965.7	汉族	质量检验中心腈纶化验车间副主任；原材料检验车间安全生产综合管理主管（副科级）；原材料与腈纶化验车间安全生产综合管理主管（副科级）
1174	吕春兰	女	1965.7	汉族	实业公司纪检监察室、审计室主任；龙化经销中心正科级干部；塑龙公司安全生产综合管理高级主管
1175	吕洪国	男	1964.6	汉族	热电厂材料供应站安全生产综合管理高级主管（正科级）
1176	吕建宝	男	1959.7	汉族	物业管理中心物业管理督查大队正科级干部
1177	吕建国	男	1963.8	汉族	化建公司经理办公室（党委办公室、维稳办、保卫科）副主任（副科长）；办公室（党委办公室）副主任、检修分公司安全生产综合管理办公室安全生产综合管理主管（副科级）
1178	吕守铭	男	1971.4	汉族	物资供应中心电气科副科长；电仪科副科长
1179	吕书军	男	1979.4	汉族	塑料厂低压聚乙烯车间工艺副主任；调度室调度长；生产科科长
1180	吕晓剑	男	1965.4	汉族	机械厂营销中心副主任、安全生产综合管理主管（副科级）
1181	吕兴华	男	1969.6	汉族	储运中心仓储二车间党支部书记；仓储一车间党支部书记；塑料厂成品一车间党支部书记
1182	吕秀霞	女	1972.8	汉族	职工医院护理部总护士长（副科级）
1183	吕印达	男	1975.11	汉族	化肥厂调度室调度长
1184	吕振荣	女	1964.4	汉族	热电厂材料供应站安全生产综合管理高级主管（正科级）
1185	马　岩	女	1982.4	汉族	化肥厂人事科（党委组织部）党委组织员（副科级）

续表

序号	姓名	性别	出生年月	民族	曾任主要岗位
1186	马 刚	男	1967.8	汉族	物资供应中心化工科科长
1187	马 俊	男	1981.2	汉族	炼油厂重油催化一车间工艺副主任、主任
1188	马 良	男	1972.11	汉族	化工三厂聚丙烯车间主任、安全总监
1189	马 艳	女	1969.12	汉族	物业管理中心兴化保安队党支部书记、正科级干部；物业管理督查大队安全生产综合管理（正科级）
1190	马宝龙	男	1965.1	汉族	客运中心汽运队队长；客运服务中心机关小车队副队长（正科级）
1191	马宝武	男	1965.5	汉族	化建公司市场开发部多伦分公司经理（借用到化建公司市场开部榆林分公司经理）；项目管理中心多伦分公司经理（借用到化建公司项目管理中心榆林分公司经理）、项目管理中心榆林项目部经理；项目管理中心安全生产综合管理高级主管（正科级）
1192	马宝玉	男	1961.10	汉族	化建公司建筑分公司党支部书记；仪表一分公司党支部负责人（正科级）；检修分公司安全生产综合管理办公室安全生产综合管理高级主管（正科级）
1193	马彩瑞	男	1964.12	汉族	储运中心仓储三车间党支部书记；化工销售部产品开发高级主管（正科级）；仓储三车间安全生产综合管理高级主管（正科级）
1194	马彩毓	男	1967.1	汉族	职工医院介入治疗科主任兼心胸外科副主任
1195	马成立	男	1960.5	汉族	腈纶厂成品车间工艺副主任；材料供应站安全生产综合管理主管（副科级）
1196	马成喜	男	1956.10	汉族	物业管理中心龙凤物业三所正科级干部
1197	马承才	男	1965.8	汉族	机械厂运行车间党支部书记、安全生产综合管理高级主管（正科级）
1198	马春和	男	1963.11	汉族	腈纶厂办公室（党委办公室、维稳办、保卫科）主任；办公室（党委办公室）主任；材料供应站安全生产综合管理高级主管（正科级）
1199	马春梅	女	1964.3	汉族	化肥厂材料供应站安全生产综合管理高级主管（正科级）
1200	马德贵	男	1963.3	汉族	化工一厂维修车间副主任；材料供应站安全生产综合管理主管（副科级）
1201	马德强	男	1981.8	汉族	实业公司洪流清洗队副队长；兴化土建队党支部书记
1202	马凤宝	男	1972.6	汉族	化建公司仪表一分公司经理；电仪二分公司经理；生产管理部主任；仪表副总工程师兼机关生产支部党支部书记

续表

序号	姓名	性别	出生年月	民族	曾任主要岗位
1203	马凤娟	女	1973.8	汉族	质量检验中心炼油化验车间副主任
1204	马庚瑜	男	1964.11	汉族	热电厂材料供应站安全生产综合管理高级主管（正科级）
1205	马桂荣	女	1963.2	汉族	炼油厂材料供应站安全生产综合管理高级主管（正科级）
1206	马国杰	男	1960.2	汉族	热电厂材料供应站安全生产综合管理高级主管（正科级）
1207	马海峰	男	1979.11	汉族	水气厂脱盐水二车间副主任；脱盐水车间副主任、主任
1208	马海龙	男	1979.10	汉族	客运中心客运二队副队长；客运服务中心客运二队副队长
1209	马宏丽	女	1973.1	汉族	物资供应中心卧里屯总库副主任；人事科（党委组织部）组织员；机关党支部书记（正科级）
1210	马宏生	男	1968.10	汉族	保卫部安全设备科副科长；安全督察科副科长
1211	马洪义	男	1964.2	汉族	化工三厂橡胶制品一车间主任；材料供应站安全生产综合管理高级主管（正科级）
1212	马骥驰	男	1984.9	汉族	离退休管理中心团委书记（副科）兼其他；卧里屯离退休服务站主任
1213	马井元	男	1965.6	汉族	通讯中心工程管理科副科长
1214	马立群	男	1962.5	汉族	机械厂压力元件分厂厂长、正科级干部；运行车间正科级干部
1215	马丽涛	女	1985.4	汉族	炼油厂常减压联合车间设备副主任
1216	马禄山	男	1962.2	汉族	化工三厂办公室（党委办公室、维稳办、保卫科）副主任（副科长）（正科级）；办公室（党委办公室）副主任（正科级）；材料供应站安全生产综合管理高级主管（正科级）
1217	马明杰	男	1973.11	汉族	化建公司仪表二分公司经理；电仪四分公司经理
1218	马清波	男	1964.8	汉族	热电厂燃料车间党支部书记；材料供应站安全生产综合管理高级主管（正科级）
1219	马树青	男	1965.6	蒙古族	物资供应中心办公室（党委办公室、维稳办、保卫科）副主任（正科级）
1220	马天威	男	1973.6	汉族	化工三厂聚苯乙烯车间党支部书记；SAN树脂车间党支部书记；SAN联合车间党支部副书记（三级正职）

续表

序号	姓名	性别	出生年月	民族	曾任主要岗位
1221	马廷连	男	1964.12	汉族	腈纶厂工艺副总工程师；材料供应站安全生产综合管理高级主管（正科级）
1222	马维祥	男	1981.1	苗族	水气厂空分车间副主任
1223	马相春	男	1962.3	汉族	化工三厂橡胶制品二车间党支部书记；材料供应站安全生产综合管理高级主管（正科级）
1224	马晓明	男	1962.2	回族	物资供应中心静设备科科长；管理科安全生产综合管理高级主管（正科级）
1225	马晓勇	男	1965.9	汉族	化工二厂机械副总工程师
1226	马秀菊	女	1963.8	汉族	物资供应中心管理科安全生产综合管理主管（副科级）
1227	马英彤	男	1971.3	汉族	信息技术中心控制与网络工程部党支部书记兼副主任、主任兼党支部书记；检测信息技术中心控制与网络工程部主任
1228	马迎春	女	1972.1	汉族	开发公司印刷厂党支部书记；食堂管理中心副主任客运服务中心食堂管理中心副主任（正科级）
1229	马长江	男	1961.3	汉族	实业公司金源物资站副经理；恒温库副主任；塑龙公司安全生产综合管理主管（副科级）
1230	马长庆	男	1980.2	汉族	实业公司兴化土建队副队长、队长
1231	满再望	男	1968.10	回族	物业管理中心兴化物业二所副所长、所长；兴化物业三所所长
1232	毛万玺	男	1964.2	汉族	久隆房地产公司塑料制品有限公司（XPS板厂）经理；商服管理中心主任；塑钢门窗厂副厂长（正科级）；物资供应站安全生产综合管理办公室高级主管（正科级）；塑钢门窗厂安全生产综合管理办公室高级主管（正科级）
1233	毛祥刚	男	1983.8	汉族	化建公司电仪一分公司副经理
1234	毛雅君	女	1966.10	汉族	塑料厂人事科（党委组织部）党委组织员；材料供应站安全生产综合管理主管（副科级）
1235	梅艳春	男	1960.1	汉族	培训中心学生科副科长；炼化教研室副科级干部
1236	门亚男	男	1981.7	汉族	化工一厂乙烯车间工艺副主任；党群工作部团委书记；计划科科长（副科级）；生产科副科长；输转联合车间工艺副主任
1237	门卓丹	女	1969.12	汉族	热电厂材料供应站安全生产综合管理主管（副科级）

序号	姓名	性别	出生年月	民族	曾任主要岗位
1238	蒙大力	男	1962.6	汉族	热电厂机动科副科长；材料供应站安全生产综合管理高级主管（正科级）
1239	孟德文	女	1973.5	汉族	炼油厂材料供应站纪检监察高级主管（正科级）
1240	孟凡利	男	1975.3	汉族	物业管理中心龙凤物业三所副所长、所长
1241	孟凡龙	男	1971.6	汉族	物业管理中心龙凤机电车间主任
1242	孟繁江	男	1964.2	汉族	通讯中心青龙山电话站站长；客户营销收费站正科级干部
1243	孟繁喆	男	1966.1	满族	炼油厂加氢一车间主任
1244	孟令君	男	1980.2	汉族	化建公司生产管理部副主任、负责人（副科级）、主任；安装三分公司经理
1245	孟　泰	男	1962.10	汉族	水气厂热网车间主任；材料供应站安全生产综合管理高级主管（正科级）
1246	孟祥龙	男	1980.1	汉族	化工一厂人事科（党委组织部）科长（部长）；裂解车间党支部书记；裂解车间党总支书记
1247	孟祥勇	男	1979.4	汉族	质量检验中心原材料检验车间副主任；质量检验中心原材料与腈纶化验车间副主任
1248	米粮超	男	1963.4	汉族	消防支队一大队大队长、正科级干部；气防站安全生产综合管理高级主管（正科级）
1249	米粮川	男	1959.12	汉族	通讯中心综合业务服务站副科级干部；客户营销收费站副科级干部；信息技术中心通讯业务代维站副科级干部
1250	米文华	男	1968.10	汉族	化肥厂尿素车间工艺副主任；成品车间副主任、工艺副主任
1251	米治宇	男	1965.9	汉族	炼油厂技术科工艺管理高级主管（副科级）
1252	宓洪军	男	1967.2	汉族	久隆房地产公司技术科副科长；质量安全环保科科长（副科级）；安全生产管理科科长
1253	苗　锋	男	1965.6	汉族	热电厂办公室（党委办公室）副主任；动力车间党支部书记；材料供应站安全生产综合管理高级主管（正科级）
1254	苗艾娜	女	1983.11	汉族	塑料厂质量管理科副科长；生产科副科长
1255	苗德旭	男	1986.1	汉族	化工一厂加氢抽提联合一车间工艺副主任；加氢抽提联合车间工艺副主任；安全环保科副科长
1256	苗延卿	男	1985.3	汉族	热电厂党群工作部团委书记；维修车间党支部书记

续表

序号	姓名	性别	出生年月	民族	曾任主要岗位
1257	莫三华	男	1982.4	汉族	化工三厂橡胶制品一车间副主任；综合车间副主任、安全总监；维修车间副主任
1258	莫云峰	男	1974.5	汉族	销售储运中心产部副主任；安全生产部副主任
1259	穆 强	男	1969.7	汉族	实业公司洪流清洗队副队长、党支部书记
1260	那宝章	男	1967.2	满族	化工三厂橡胶制品二车间副主任
1261	那绍富	男	1964.7	满族	水气厂污水一车间主任；污水联合车间主任；材料供应站安全生产综合管理高级主管（正科级）
1262	那小东	男	1964.8	满族	消防支队一大队副大队长、副科级干部；气防站安全生产综合管理主管（副科级）
1263	南文利	男	1967.3	汉族	塑料厂成品二车间副主任；成品一车间副主任、党支部书记；包装制品车间党支部书记、党总支书记、第一支部党支部书记（兼）
1264	倪 杰	男	1956.9	汉族	能源管理中心兴化能源监察大队正科级干部；物业管理中心兴化能源监察大队正科级干部
1265	倪春生	男	1965.3	汉族	储运中心篷布车间党支部书记；装卸车间副主任（正科级）、党支部书记；销售储运中心装卸车间党支部书记；维修车间党支部书记
1266	倪福武	男	1974.11	汉族	热电厂动力车间设备副主任；维修车间主任
1267	倪忠德	男	1965.9	汉族	质量检验中心化工化验车间副主任；树脂与化肥化验车间副主任
1268	聂 鑫	男	1983.9	汉族	实业公司三分公司回收队副队长
1269	聂国强	男	1969.10	汉族	信息技术中心系统运营部副主任；检测信息技术中心系统运营部副主任
1270	聂云龙	男	1975.2	汉族	化肥厂成品车间副主任、设备副主任
1271	牛海波	男	1974.5	汉族	储运中心仓储二车间主任；化工三厂橡胶制品一车间副主任（正科级）；生产科副科长（正科级）；生产技术科副科长（三级正职）
1272	牛海英	女	1969.1	汉族	物业管理中心兴化绿化队副队长；兴化保洁公司副经理、正科级干部；物业管理督查大队安全生产综合管理（副科级）
1273	牛欣宇	男	1983.7	汉族	实业公司弘润精细化工厂副厂长
1274	牛学勤	男	1963.11	汉族	机械厂经营科科长；运行车间正科级干部

续表

序号	姓名	性别	出生年月	民族	曾任主要岗位
1275	欧阳晓波	女	1963.11	汉族	化工一厂材料供应站安全生产综合管理高级主管（正科级）
1276	欧永忠	男	1968.5	苗族	机械厂营销中心副主任（正科级）；运行车间副主任（正科级）
1277	潘　庆	男	1966.8	汉族	化工三厂人事科（党委组织部）科长（部长）
1278	潘海龙	男	1963.2	汉族	化建公司市场开发部东北销售维修分公司经理；项目管理中心项目经理；检修分公司安全生产综合管理办公室安全生产综合管理高级主管（正科级）
1279	潘洪飚	男	1968.1	汉族	消防队四大队大队长
1280	潘世峰	男	1962.12	汉族	炼油厂质管科副科长（正科级）；材料供应站安全生产综合管理高级主管（正科级）
1281	潘文博	男	1965.9	汉族	实业公司兴化安装队党支部书记；塑龙公司安全生产综合管理高级主管（正科级）
1282	潘雪峰	男	1967.1	汉族	能源管理中心兴化能源监察大队党支部书记；物业管理中心兴化生产运行车间党支部书记；兴化物业一所党支部书记
1283	潘雪梅	女	1973.7	汉族	久隆房地产公司营销中心党支部书记；销售中心党支部书记
1284	潘云志	男	1974.8	汉族	职工医院职业病科主任
1285	庞耕宇	男	1967.8	汉族	化肥厂供水车间工艺副主任；水汽联合车间副主任
1286	庞晓丹	女	1975.3	汉族	离退休管理中心老年大学教务管理室主任
1287	逄　彬	男	1980.1	汉族	塑料厂调度室副调度长；生产科副科长
1288	逄超然	男	1972.10	汉族	客运中心办公室（党委办公室）主任；汽运队书记
1289	裴　福	男	1959.7	汉族	培训中心学生科科长；培训中心炼化教研室正科级干部
1290	裴玉晶	女	1961.8	汉族	质量检验中心化工化验车间正科级干部
1291	彭公平	男	1980.8	汉族	化工三厂维修车间副主任、安全总监、主任；机动科科长
1292	彭海波	男	1982.4	汉族	化工一厂裂解车间生产副主任
1293	彭启刚	男	1979.9	汉族	物业管理中心企业文化科团委书记（副科级）、团委书记兼基层建设；党群工作部团委书记兼基层建设（副科级）（副部长）；办公室（党委办公室）副主任、主任；综合管理科（党群工作部）主任

序号	姓名	性别	出生年月	民族	曾任主要岗位
1294	彭兴国	男	1983.1	汉族	开发公司销售服务中心副主任
1295	彭豫龙	男	1971.5	汉族	检测公司计量检定二室党支部书记；机械厂计量检定二室党支部书记；计量检定测试中心党支部书记；党群工作部主任
1296	蒲凤春	女	1964.11	汉族	物业管理中心龙凤物业四所正科级干部
1297	漆建辉	男	1968.9	汉族	消防支队装备安全科科长；装备科科长
1298	漆江龙	男	1983.7	汉族	消防支队二大队副大队长
1299	齐森	男	1967.12	汉族	餐饮服务中心办公室主任；水气厂党委办公室（办公室）副主任（正科级）；综合管理科（党群工作部）副主任（正科级）
1300	齐春雷	男	1968.10	汉族	实业公司经理办公室主任；雪龙涂料厂厂长
1301	齐善斌	男	1980.8	汉族	化工一厂芳烃联合车间设备副主任；加氢抽提联合二车间党支部书记；加氢抽提联合车间党支部副书记（正科级）；维修车间主任
1302	齐士杰	女	1965.3	汉族	物资供应中心机关党支部书记；企业文化科（党委宣传部、工会办公室、团委）副科长（副部长）（正科级）；党群工作部副主任兼机关一党支部书记；安全生产综合管理高级主管（正科级）
1303	齐世明	男	1966.9	汉族	化工三厂维修车间副主任
1304	齐学鹏	男	1979.11	汉族	化工一厂仪表车间副主任；仪表车间党支部书记（副科级）
1305	齐长海	男	1966.3	汉族	保卫部治安保卫大队队长；巡逻二大队副队长（正科级）
1306	綦建宏	女	1965.9	汉族	物业管理中心龙凤绿化队党支部书记、正科级干部；龙凤保洁公司正科级干部；物业管理督查大队安全生产综合管理（正科级）
1307	钱君	男	1964.8	汉族	储运中心管理部主任；副总经济师；装卸车间安全生产综合管理高级主管（正科级）；销售储运中心装卸车间安全生产综合管理高级主管（正科级）
1308	乔伟	男	1981.3	汉族	化建公司建筑分公司专业组长（副科级，借用到化建公司市场开发部炉衬分公司、防腐筑炉分公司协助管理筑炉业务）；建筑分公司副经理
1309	乔福来	男	1972.8	汉族	腈纶厂回收车间工艺副主任
1310	乔国东	男	1976.7	汉族	物业管理中心物业管理督查大队队长；人事科（党委组织部）科长

续表

序号	姓名	性别	出生年月	民族	曾任主要岗位
1311	乔玉春	男	1964.3	汉族	久隆房地产公司质量管理科科长；质量安全环保科副科长（正科级）；物资供应站安全生产综合管理办公室高级主管（正科级）；塑钢门窗厂安全生产综合管理办公室高级主管（正科级）
1312	秦 凯	男	1976.3	汉族	化工三厂橡胶制品一车间党支部书记兼副主任、安全总监；聚丙烯车间党支部书记
1313	秦国民	男	1982.9	汉族	机械厂机加分厂副厂长（借调技术设计中心副主任）
1314	秦立臣	男	1963.9	汉族	化肥厂党委办公室（党委办公室、维稳办、保卫科）副主任、办公室（党委办公室）副主任；水汽车间党支部书记；材料供应站安全生产综合管理高级主管（正科级）
1315	秦述志	男	1972.7	汉族	餐饮服务中心雅迪威商务酒店销售部经理；开发公司食堂管理中心副主任；客运服务中心食堂管理中心副主任
1316	秦文明	男	1966.2	汉族	化工一厂裂解车间党支部书记；输转联合车间党支部副书记（正科级）
1317	秦永林	男	1979.8	汉族	培训中心实训管理室副主任
1318	秦智勇	男	1978.6	汉族	热电厂党群工作部团委书记
1319	卿 东	男	1963.2	汉族	化工三厂SAN车间主任；材料供应站安全生产综合管理高级主管（正科级）
1320	裘 睿	男	1972.10	汉族	通讯中心材料供应站站长；销售储运中心成品车间党支部书记
1321	曲 波	男	1971.10	汉族	炼油厂办公室（党委办公室、维稳办、保卫科）副主任（副科长）（正科级）；办公室（党委办公室）副主任（副科长）（正科级）；办公室（党委办公室）副主任兼机关三支部书记（正科级）
1322	曲成岩	男	1964.1	汉族	久隆房地产公司开发策划科科长；规划技术科科副科长（正科级）；物资供应站安全生产综合管理办公室高级主管（正科级）；塑钢门窗厂安全生产综合管理办公室高级主管（正科级）
1323	曲立志	男	1966.10	汉族	保卫部守卫一大队副队长
1324	曲庆安	男	1965.10	汉族	水气厂空分车间主任；计划科科长；生产计划科副科长（正科级）；材料供应站安全生产综合管理高级主管（正科级）

续表

序号	姓名	性别	出生年月	民族	曾任主要岗位
1325	曲彦书	男	1961.9	汉族	腈纶厂毛条二车间设备副主任；材料供应站安全生产综合管理主管（副科级）
1326	屈玉华	女	1973.11	汉族	机械厂计量检定测试中心副主任
1327	全福军	男	1962.2	汉族	通讯中心人事科（党委组织部）党委组织员；客户营销收费站正科级干部；信息技术中心通讯业务代维站正科级干部；检测信息技术中心通讯业务代维站正科级干部
1328	冉　涛	男	1974.7	汉族	化工三厂综合车间副主任、安全总监；橡胶制品一车间副主任（负责党支部全面工作）、党支部书记、主任
1329	冉　维	男	1983.9	汉族	水气厂工业水车间副主任；管网联合车间副主任
1330	任　龙	男	1967.5	汉族	水气厂热网车间副主任；管网联合车间副主任
1331	任　鹏	男	1974.10	汉族	化工一厂维修车间党支部书记兼副主任、党支部书记
1332	任冬梅	女	1969.11	汉族	物资供应中心管理科科长；主任助理；管理科安全生产综合管理高级主管（正科级）
1333	任会欣	男	1958.5	汉族	离退休管理中心龙凤活动室主任；龙凤服务站正科级干部
1334	任家新	男	1964.9	汉族	实业公司雪龙涂料厂党支部书记（副科级）、党支部书记（正科级）；四达气站党支部书记；塑龙公司安全生产综合管理高级主管（正科级）
1335	任俊艳	女	1962.7	汉族	物业管理中心龙凤保安队正科级干部
1336	任立玮	男	1975.5	汉族	化肥厂尿素车间设备副主任；材料供应站主任；机动科副科长（正科级）、机动科副科长（正科级）兼职机关第二党支部书记
1337	任召春	男	1966.2	汉族	机械厂生产计划科科长；备料车间（材料供应站）主任
1338	任志峰	女	1982.2	汉族	检测公司综合管理部副主任；理化与泄漏检测室副主任；机械厂理化与泄漏检测室副主任；检测信息技术中心VOCs检测室副主任
1339	任志刚	男	1962.2	汉族	质量检验中心炼油化验车间工艺副主任；原材料检验车间安全生产综合管理主管（副科级）；原材料与腈纶化验车间安全生产综合管理主管（副科级）
1340	任中育	男	1974.11	汉族	化工二厂丙烯腈车间设备副主任；丁辛醇造气车间设备副主任

续表

序号	姓名	性别	出生年月	民族	曾任主要岗位
1341	荣祎	男	1985.1	汉族	炼油厂污水车间工艺副主任；工艺副主任兼车间安全环保总监
1342	赛永军	男	1964.3	汉族	餐饮服务中心副主任；开发公司食堂管理中心副主任、主任；客运服务中心食堂管理中心副主任（正科级）、正科级干部
1343	桑宝龙	男	1972.11	汉族	炼油厂制蜡一车间设备副主任；动力站设备副主任
1344	沙成文	男	1960.3	汉族	化工三厂高腈SAN项目组项目副经理；材料供应站安全生产综合管理主管（副科级）
1345	沙全恕	男	1966.9	汉族	化建公司市场开发部四川分公司经理；项目管理中心四川分公司经理
1346	沙燕文	男	1965.5	汉族	保卫部守卫四大队党支部书记；经济保卫大队党支部书记；治安应急大队副队长（三级正）
1347	剡光耀	男	1971.11	汉族	质量检验中心炼油化验车间主任；安全生产技术科科长
1348	商明越	女	1986.11	汉族	培训中心团委书记
1349	商永奎	男	1961.2	汉族	离退休管理中心关工委办公室主任、关工委办公室（服务监督科）主任（科长）；卧里屯离退休服务站正科级干部
1350	商政山	男	1960.4	汉族	物业管理中心物业管理督查大队督查员（正科级）、正科级干部；物业管理安全生产综合管理（正科级）
1351	尚大军	男	1963.9	汉族	炼油厂技术科工艺管理主管（副科级）；安全生产综合管理主管（副科级）
1352	尚广明	男	1971.11	汉族	化建公司项目管理中心项目经理（正科级，借用到炼油项目部任项目经理）
1353	尚贵公	男	1984.6	汉族	化工一厂乙烯车间设备副主任；裂解车间设备副主任
1354	邵春雷	男	1982.5	汉族	热电厂仪表车间副主任
1355	邵慧娴	女	1972.4	汉族	离退休管理中心办公室（党委办公室）副主任；关工委办公室（服务监督科）主任（科长）
1356	邵金荣	女	1966.8	汉族	职工医院妇二党支部书记；门诊二党支部书记
1357	邵李明	男	1971.8	汉族	化建公司市场开发部辽宁分公司副经理；项目管理中心辽宁分公司副经理
1358	申东	男	1972.12	汉族	久隆房地产公司客户服务中心副主任；待售资产管理中心党支部书记（副科级）

续表

序号	姓名	性别	出生年月	民族	曾任主要岗位
1359	申 林	男	1963.11	汉族	塑料厂维修车间党支部书记；高压聚乙烯二车间党支部书记；材料供应站安全生产综合管理高级主管（正科级）
1360	沈 琦	男	1974.10	汉族	机械厂质量管理科副科长
1361	沈昌乐	男	1978.3	汉族	化工一厂甲基叔丁基醚车间副主任；碳四联合车间工艺副主任、主任
1362	沈德清	男	1961.8	汉族	水气厂供水车间主任；材料供应站安全生产综合管理高级主管（正科级）
1363	沈慧彬	男	1963.1	汉族	开发公司打包带车间党支部书记；材料供应站安全生产综合管理（正科级）；销售服务中心安全生产综合管理（正科级）
1364	沈建民	男	1958.6	汉族	物业管理中心卧里屯物业一所正科级干部
1365	沈建勇	男	1967.8	汉族	炼油厂机动科仪表与计算机管理主管（副科级）
1366	沈艳华	女	1966.12	汉族	炼油厂供电车间副主任兼车间安全环保总监；材料供应站安全生产综合管理主管（副科级）
1367	生国松	男	1963.5	汉族	热电厂材料供应站安全生产综合管理高级主管（正科级）
1368	师为童	男	1964.4	汉族	储运中心运转车间主任；炼油销售部现场销售高级主管（正科级）；装卸车间安全生产综合管理高级主管（正科级）；销售储运中心装卸车间安全生产综合管理高级主管（正科级）
1369	师晓东	男	1984.11	汉族	塑料厂党群工作部团委书记
1370	施冬梅	女	1964.1	汉族	职工医院电诊二科主任
1371	施国伟	男	1964.1	汉族	久隆房地产公司物资供应站副主任；塑钢门窗厂党支部书记（副科级）；塑钢门窗厂副厂长；物资供应站安全生产综合管理办公室主管（副科级）；塑钢门窗厂安全生产综合管理办公室主管（副科级）
1372	石 磊	男	1980.2	汉族	开发公司综合车间副主任；市场开发中心主任；联合一车间党支部书记
1373	石补天	男	1982.10	满族	实业公司管道配件厂副厂长
1374	石国民	男	1966.12	汉族	化建公司市场开发部鄂尔多斯分公司经理（副科级）；项目管理中心鄂尔多斯分公司经理（副科级）；项目管理中心项目经理（三级副）
1375	石庆春	男	1972.3	满族	物业管理中心经营管理科副科长；物业兴化三所党支部书记

续表

序号	姓名	性别	出生年月	民族	曾任主要岗位
1376	石云革	女	1967.2	汉族	热电厂材料供应站安全生产综合管理高级主管（正科级）
1377	石长旭	男	1957.4	汉族	化肥厂仪表副总工程师；材料供应站安全生产综合管理高级主管（正科级）
1378	石振宇	男	1982.7	汉族	实业公司雪龙涂料厂副厂长
1379	时 巍	男	1971.5	汉族	物业管理中心维稳办（保卫科）主任（科长）；龙凤物业四所所长
1380	时国栋	男	1979.4	汉族	水气厂调度室副调度长；水处理车间副主任；供水车间主任；机动科动设备管理岗位高级主管（正科级）
1381	时培玉	男	1972.3	汉族	化工二厂丁辛醇造气车间设备副主任；丙酮氰醇车间主任、党支部书记；丙烯腈联合车间副主任（正科级）；机动科科长
1382	史宝林	男	1964.4	汉族	质量检验中心原材料检验车间副主任、副主任、党支部书记；原材料与腈纶化验车间安全生产综合管理高级主管（正科级）
1383	史春金	男	1966.5	汉族	物资供应中心物资检验科副科长；卧里屯总库副主任、安全总监（兼职）
1384	史红宇	女	1975.11	汉族	塑料厂装运车间党支部书记；低压聚乙烯车间党支部书记
1385	史文庆	男	1966.5	汉族	物业管理中心兴化绿化队队长；土地管理站主任
1386	史云峰	男	1964.12	汉族	腈纶厂机动科科长；材料供应站安全生产综合管理高级主管（正科级）
1387	史肇罡	男	1974.6	汉族	实业公司企业文化部工会干事（副科级）；四达液化气站党支部书记（正科级）；福利化工厂党支部书记；管道配件厂党支部书记
1388	史志敏	女	1969.10	汉族	热电厂材料供应站安全生产综合管理高级主管（正科级）
1389	司 刚	男	1981.9	汉族	化建公司炼油项目部副经理
1390	司马偲	男	1963.10	汉族	水气厂供水车间副主任；材料供应站安全生产综合管理主管（副科级）
1391	司品义	男	1966.7	汉族	机械厂后处理车间主任兼容器制造车间安全总监；营销中心副主任（正科级）、党支部书记
1392	宋 晗	男	1985.9	汉族	储运中心运转车间副主任；销售储运中心运转车间副主任

续表

序号	姓名	性别	出生年月	民族	曾任主要岗位
1393	宋　洪	女	1974.6	汉族	化工一厂电气副总工程师
1394	宋　剑	男	1982.1	汉族	储运中心团委书记；销售储运中心团委书记、党群工作部主任；人事科（党委组织部、党群工作部）副科（部）长（正科级）；运转车间党支部书记
1395	宋　乐	男	1975.9	汉族	保卫部经济保卫大队副队长；防范管理大队队长
1396	宋　巍	男	1975.8	汉族	化肥厂成品车间主任；合成氨车间党支部书记
1397	宋　义	男	1964.6	汉族	炼油厂材料供应站安全生产综合管理高级主管（正科级）
1398	宋保国	男	1966.11	汉族	炼油厂供热空分车间主任；供热空分联合车间主任
1399	宋春梅	女	1972.3	汉族	化工三厂乙苯脱氢车间副主任；苯乙烯联合车间副主任
1400	宋纯杉	男	1963.7	汉族	餐饮服务中心石化宾馆经理；开发公司石化宾馆经理；材料供应站安全生产综合管理（正科级）；客运服务中心食堂管理中心安全生产综合管理（正科级）、正科级干部
1401	宋丹普	男	1964.11	汉族	客运中心汽运队副队长；客运服务中心机关小车队副科级干部
1402	宋道明	男	1985.10	汉族	腈纶厂回收车间设备副主任；纺丝车间副主任；回收车间设备副主任
1403	宋德海	男	1969.8	汉族	通讯中心数据业务维护站站长；质量安全环保科科炼油厂计量中心综合管理高级主管（正科级）；仪表车间综合管理岗位高级主管（正科级）
1404	宋殿阁	男	1959.10	汉族	能源管理中心兴化运行车间副科级干部；物业管理中心兴化生产运行车间副科级干部
1405	宋光伟	男	1984.12	汉族	塑料厂仪表车间副主任；机动科副科长；仪表车间主任
1406	宋广军	男	1958.1	汉族	水气厂材料供应站安全生产综合管理高级主管（正科级）
1407	宋贵财	男	1968.9	汉族	实业公司金源物资站经理；恒温库副主任（正科级）、党支部书记
1408	宋桂琴	女	1964.3	汉族	炼油厂材料供应站安全生产综合管理主管（副科级）
1409	宋国军	男	1966.7	汉族	餐饮服务中心石化宾馆党支部书记；开发公司石化宾馆副经理（正科级）、党支部书记；客运服务中心食堂管理中心副主任（正科级）、安全生产综合管理（正科级）；化工一厂供电车间综合管理（正科级）；机动科材料组安全生产综合管理（正科级）

续表

序号	姓名	性别	出生年月	民族	曾任主要岗位
1410	宋国玉	男	1973.2	汉族	化工二厂电气副总工程师
1411	宋海玉	男	1960.4	汉族	腈纶厂材料供应站安全生产综合管理高级主管（正科级）
1412	宋继辉	男	1973.11	汉族	炼油厂机车车间党支部书记
1413	宋俊山	男	1977.4	汉族	信息技术中心外部项目部广东项目副主任；检测信息技术中心外部项目部广东项目副主任
1414	宋立强	男	1982.2	汉族	储运中心化肥装运车间副主任；销售储运中心化肥装运车间副主任、主任；化肥厂成品车间工艺副主任；尿素车间工艺副主任
1415	宋清林	男	1965.3	汉族	炼油厂企业文化科（党委宣传部、工会办公室、团委）、党群工作部党风建设高级主管（正科级）；材料供应站纪检监察高级主管（正科级）
1416	宋瑞冬	男	1985.11	汉族	化工二厂己烯-1车间设备副主任
1417	宋世君	男	1965.6	汉族	炼油厂装油车间党支部书记兼工艺副主任
1418	宋树林	男	1982.4	汉族	炼油厂催化重整车间主任；调度室调度长
1419	宋 涛	男	1974.4	汉族	化工一厂原料二车间党支部书记（副科级）；原料车间党支部书记（副科级）
1420	宋文明	男	1981.10	汉族	化肥厂维修车间副主任
1421	宋晓辉	男	1968.4	汉族	炼油厂机动科水质与动力风管理高级主管（副科级）
1422	宋晓荣	女	1966.2	汉族	职工医院儿五党支部书记；五官党支部书记
1423	宋晓阳	男	1962.6	汉族	炼油厂车队党支部书记；安全生产综合管理办公室安全生产综合管理高级主管（正科级）
1424	宋兴龙	男	1982.3	汉族	化工二厂丙烯腈车间工艺副主任；丙烯腈联合车间工艺副主任
1425	宋英军	男	1970.8	汉族	开发公司纯净水车间主任；印刷厂厂长；联合三车间副主任（正科级）
1426	宋玉臣	男	1964.2	汉族	机械厂运行车间主任、正科级干部
1427	宋志成	男	1966.8	汉族	职工医院神经内科主任
1428	宋智慧	男	1983.2	汉族	实业公司回收二队副队长兼党支部副书记、副队长；人力资源部主任
1429	苏 彬	男	1974.6	汉族	热电厂技术负责人电气负责人；副总工程师
1430	苏 杭	男	1985.1	汉族	实业公司一分公司四达气站副站长

续表

序号	姓名	性别	出生年月	民族	曾任主要岗位
1431	苏 毅	男	1981.8	汉族	检测公司起重机械检验室副主任；机械厂起重机械检验室副主任；检测信息技术中心特种设备检验室副主任
1432	苏大忠	男	1964.1	汉族	保卫部机关保卫大队党支部书记；守卫三大队副队长（正科级）；机关保卫大队正科级干部；机关保卫大队高级主管
1433	苏庆东	男	1973.9	汉族	消防支队企业文化科（党委宣传部、监察室、工会、团委）团委书记兼其他（副科级）
1434	苏秋红	女	1965.9	汉族	炼油厂质管科综合管理、全面质量管理高级主管（副科级）；材料供应站安全生产综合管理高级主管（副科级）
1435	苏万禄	男	1985.9	汉族	储运中心成品车间副主任；销售储运中心成品车间副主任、党支部书记
1436	苏文光	男	1970.6	汉族	化工一厂企业文化科（党委宣传部、监察室、工会办公室、团委）工会干事（副科级）；党群工作部工会干事（副科级）；供电车间党支部书记；输转车间党支部书记；输转联合车间党支部副书记（正科级）；芳烃联合车间党支部书记
1437	隋 欣	男	1975.7	汉族	保卫部巡逻一大队副队长；防范管理大队党支部书记
1438	隋德生	男	1960.6	汉族	物资供应中心副总工程师；管理科安全生产综合管理主管（正科级）
1439	隋丰伟	男	1980.9	汉族	化工一厂裂解车间生产副主任（正科级）；调度室副调度长（正科级）；计划科科长；调度室调度长；生产科科长
1440	隋建国	男	1983.12	汉族	炼油厂重油催化二车间工艺副主任兼车间安全环保总监
1441	隋永丰	男	1966.7	汉族	开发公司销售服务中心党支部书记；销售服务中心主任
1442	隋永芹	女	1964.11	汉族	热电厂材料供应站安全生产综合管理高级主管（正科级）
1443	孙 博	男	1984.1	汉族	炼油厂加氢二车间设备副主任；加氢一车间设备副主任
1444	孙 博	男	1983.3	汉族	培训中心考试中心副主任、党支部副书记
1445	孙 健	男	1983.4	汉族	储运中心成品车间副主任；销售储运中心成品车间副主任

续表

序号	姓名	性别	出生年月	民族	曾任主要岗位
1446	孙　晶	女	1980.11	汉族	水气厂党委组织员
1447	孙　敬	女	1962.2	汉族	物业管理中心兴化厂区绿化队正科级干部
1448	孙　猛	男	1966.10	汉族	实业公司洪流清洗队副队长（正科级）、队长
1449	孙　锰	男	1965.4	汉族	热电厂电气车间主任；材料供应站安全生产综合管理高级主管（正科级）
1450	孙　明	男	1973.12	汉族	水气厂污水二车间主任；污水联合车间副主任（正科级）
1451	孙　岐	男	1962.5	汉族	塑料厂高压聚乙烯二车间党支部书记；材料站安全生产综合管理高级主管（正科级）
1452	孙　强	男	1963.8	汉族	化工二厂丁辛醇造气车间党支部书记；材料供应站安全生产综合管理高级主管（正科级）
1453	孙　强	男	1971.6	汉族	炼油厂仪表车间副主任
1454	孙　羿	男	1976.6	汉族	信息技术中心控制与网络工程部副主任
1455	孙　鑫	男	1976.2	汉族	化工一厂团委书记；人事科（党委组织部）党委组织员；系统车间党支部书记；输转联合车间党支部书记
1456	孙　志	男	1964.12	汉族	开发公司生产科调度长；食堂管理中心副主任；销售服务中心安全生产综合管理高级主管（正科级）
1457	孙　智	男	1988.4	汉族	水气厂供水车间副主任
1458	孙丙伟	男	1969.4	汉族	化建公司防腐筑炉分公司副经理
1459	孙大成	男	1966.8	汉族	物业管理中心特种车队党支部书记；物业管理督查大队督查员（正科级）
1460	孙德海	男	1963.12	汉族	热电厂材料供应站安全生产综合管理高级主管（正科级）
1461	孙德君	男	1970.11	汉族	化工二厂丙酮氰醇车间主任；机械副总工程师
1462	孙东海	男	1972.3	汉族	质量检验中心炼油化验车间工艺副主任
1463	孙凤全	男	1956.6	汉族	炼油厂材料供应站安全生产综合管理主管（副科级）
1464	孙福刚	男	1981.1	汉族	化建公司电仪三分公司副经理
1465	孙福江	男	1960.7	汉族	炼油厂维修一车间副主任；材料供应站安全生产综合管理主管（副科级）
1466	孙贵春	男	1967.4	汉族	开发公司副总工程师

续表

序号	姓名	性别	出生年月	民族	曾任主要岗位
1467	孙贵德	男	1965.4	汉族	储运中心洗槽车间主任；成品车间副主任（正科级）；销售储运中心成品车间副主任（正科级）；化工销售部产品开发高级主管（正科级）
1468	孙桂庆	男	1967.10	汉族	炼油厂供热空分车间设备副主任；供热空分联合车间设备副主任
1469	孙海涛	男	1976.3	汉族	开发公司编织袋车间生产副主任；塑料厂编织袋车间副主任；包装制品车间生产副主任
1470	孙昊阳	男	1984.10	汉族	实业公司党委组织员
1471	孙浩丰	男	1982.4	汉族	炼油厂仪表车间副主任；副主任兼车间安全环保总监
1472	孙宏磊	男	1981.10	汉族	炼油厂加氢二车间工艺副主任兼车间安全环保总监
1473	孙洪昌	男	1971.1	汉族	餐饮服务中心副主任
1474	孙会举	男	1963.5	汉族	物资供应中心进出口管理科副科长（正科级）；安全生产综合管理高级主管（正科级）
1475	孙建军	男	1974.9	汉族	腈纶厂成品车间工艺副主任；回收车间党支部书记
1476	孙经东	男	1977.8	汉族	化肥厂合成氨车间工艺副主任
1477	孙景澄	男	1963.5	汉族	热电厂企业文化科（党委宣传部、监察室、工会办公室、团委）副科长；办公室（党委办公室）副主任；材料供应站安全生产综合管理主管（副科级）
1478	孙军红	女	1968.3	汉族	实业公司福利化工厂党支部书记；塑龙公司安全生产综合管理高级主管（正科级）
1479	孙立中	男	1965.11	汉族	炼油厂材料供应站副主任；计量中心副主任；仪表车间副主任
1480	孙丽娜	女	1965.8	汉族	水气厂办公室（党委办公室、维稳办、保卫科）副主任（副科长）（正科级）、办公室（党委办公室）副主任（副科长）（正科级）；材料供应站安全生产综合管理高级主管（正科级）
1481	孙 利	男	1979.10	汉族	化工三厂橡胶制品一车间副主任
1482	孙连合	男	1967.4	汉族	化工二厂仪表车间副主任
1483	孙茂文	男	1978.10	汉族	水气厂污水二车间副主任；污水联合车间副主任
1484	孙明志	男	1963.11	汉族	炼油厂酮苯糠醛车间主任；安全生产综合管理高级主管（正科级）
1485	孙庆田	男	1981.1	汉族	客运中心客运一队副队长、党支部书记；客运服务中心客运一队队长

续表

序号	姓名	性别	出生年月	民族	曾任主要岗位
1486	孙瑞华	男	1964.4	汉族	腈纶厂毛条二车间主任；材料供应站安全生产综合管理高级主管（正科级）
1487	孙少杰	男	1981.10	汉族	化肥厂合成氨车间设备副主任；维修车间主任
1488	孙树芳	男	1965.3	汉族	物业管理中心兴化物业二所党支部书记；物业管理督查大队督查员（正科级）、党支部书记
1489	孙树山	男	1969.2	汉族	化工一厂办公室（党委办公室、维稳办、保卫科）副主任（副科长）、办公室（党委办公室）副主任；碳四联合车间党支部书记；办公室（党委办公室）主任（科长）
1490	孙桐斌	男	1972.12	汉族	实业公司光华机电厂厂长
1491	孙维彬	男	1961.5	汉族	久隆房地产公司办公室（党委办公室、维稳办、保卫科）主任（科长）、办公室（党委办公室）主任；物资供应站安全生产综合管理办公室高级主管（正科级）；塑钢门窗厂安全生产综合管理办公室高级主管（正科级）
1492	孙文才	男	1964.5	汉族	实业公司兴化土建队副队长；二分公司机电厂联合党支部书记；塑龙公司安全生产综合管理高级主管（正科级）
1493	孙文江	男	1963.6	汉族	水气厂水气车间副主任；水处理车间副主任（正科级）；材料供应站安全生产综合管理高级主管（正科级）
1494	孙文盛	男	1970.6	汉族	化工三厂工艺副总工程师兼技术科科长
1495	孙希利	男	1966.9	汉族	信息技术中心咨询部主任；外部项目部沈阳项目主任；检测信息技术中心外部项目部沈阳项目主任
1496	孙希胜	男	1970.10	汉族	腈纶厂装运车间党支部书记；纺丝车间党支部书记；纺丝联合车间党总支书记
1497	孙喜勇	男	1964.3	汉族	化工一厂供电车间主任；芳烃抽提车间主任；材料供应站安全生产综合管理高级主管（正科级）
1498	孙先亮	男	1985.2	汉族	塑料厂供电车间副主任
1499	孙晓梅	女	1974.2	汉族	化肥厂人事科（党委组织部）党委组织员（副科级）；维修车间党支部书记
1500	孙新新	男	1981.1	汉族	化工一厂输转车间设备副主任；输转联合车间设备副主任
1501	孙兴博	男	1964.3	汉族	化肥厂机动科副科长（正科级）；调度室副调度长（正科级）；材料供应站安全生产综合管理高级主管（正科级）

续表

序号	姓名	性别	出生年月	民族	曾任主要岗位
1502	孙秀敏	女	1979.5	汉族	水气厂供电车间党支部书记（三级副职）
1503	孙亚祥	男	1964.12	汉族	客运中心小车一队副队长；小车队副队长；客运服务中心机关小车队副科级干部；食堂管理中心安全生产综合管理（副科级）
1504	孙延斌	男	1966.2	汉族	化工三厂综合车间主任；橡胶聚合二车间副主任（正科级）；橡胶聚合联合车间副主任（三级正职）
1505	孙延君	男	1962.12	汉族	热电厂材料供应站主任、安全生产综合管理高级主管（正科级）
1506	孙一啸	男	1973.9	汉族	培训中心党校与企业管理教研室主任
1507	孙永杰	男	1965.1	汉族	水气厂材料供应站副主任（正科级）；机动科副科长（正科级）；材料供应站安全生产综合管理高级主管（正科级）
1508	孙永晶	女	1975.3	汉族	物业管理中心党群工作部副主任；物业管理中心党群工作部部长；物业管理中心综合管理科（党群工作部）副科长（副主任）（正科级）
1509	孙玉林	男	1965.1	汉族	物业管理中心兴化物业一所所长
1510	孙玉明	男	1956.6	汉族	物业管理中心特种车队正科级干部
1511	孙元恩	男	1961.12	汉族	水气厂污水二车间副主任；材料供应站安全生产综合管理主管（副科级）
1512	孙长江	男	1981.8	汉族	化工一厂裂解车间设备副主任（正科级）；维修车间主任；机械副总工程师
1513	孙振华	男	1976.9	汉族	实业公司塑龙公司副经理
1514	孙忠革	男	1968.8	汉族	实业公司龙凤冷库副主任
1515	索德昌	男	1962.8	蒙古族	培训中心实训管理室主任、主任兼考试中心联合党支部书记；炼化教研室正科级干部
1516	谭彬	男	1972.8	汉族	热电厂仪表车间副主任、主任
1517	谭凡	男	1963.8	毛南族	化工三厂聚苯乙烯车间副主任（正科级）；SAN树脂车间副主任（正科级）；材料供应站安全生产综合管理高级主管（正科级）
1518	谭国明	男	1970.10	汉族	化建公司技术发展部主任
1519	谭吉鸿	男	1967.7	汉族	实业公司施工管理部部长；安全生产管理部副主任（正科级）

续表

序号	姓名	性别	出生年月	民族	曾任主要岗位
1520	谭立峰	男	1972.3	汉族	机械厂换热器制造车间主任（营销中心党支部负责人）；营销中心党支部书记兼副主任；运行车间主任
1521	谭立国	男	1970.12	汉族	保卫部治安保卫大队副队长；人事科（党委组织部）组织员（副科级）；党群工作部主任；综合管理科（党群工作部）副科长、副主任（三级正）
1522	谭旺胜	男	1972.12	汉族	物业管理中心兴化保安队副队长；龙凤保安队副队长
1523	谭亚东	男	1981.8	汉族	开发公司综合车间副主任；成品车间主任；塑料厂编织袋成品车间主任；包装制品车间设备副主任（正科级）
1524	谭志欣	男	1964.5	汉族	质量检验中心化肥化验车间工艺副主任；原材料与腈纶化验车间安全生产综合管理主管（副科级）
1525	谭竹山	男	1968.1	汉族	物资供应中心安全环保科科长
1526	汤涛	男	1970.10	汉族	能源管理中心能源收费站副主任；物业管理中心能源收费站副主任；兴化城管大队党支部书记；计量收费站副主任（正科级）
1527	唐华	女	1968.2	汉族	热电厂材料供应站安全生产综合管理高级主管（正科级）
1528	唐国臣	男	1961.1	汉族	物资供应中心卧里屯总库主任、安全生产综合管理主管（正科级）
1529	唐国庆	男	1966.9	汉族	检测公司设备诊断与节能监测中心副主任；计量检定一室党支部副书记；机械厂计量检定一室党支部书记（副科级）；生产第一联合党支部书记（副科级）；检测信息技术中心营销中心副主任
1530	唐海平	男	1965.7	汉族	化建公司电气一分公司副经理；电仪一分公司副经理
1531	唐金良	男	1964.11	汉族	化肥厂成品车间复合肥副主任；材料供应站安全生产综合管理主管（副科级）
1532	唐龙焱	男	1964.11	满族	物资供应中心煤炭科科长；集采科副科长（正科级）、科长；管理科安全生产综合管理高级主管（正科级）
1533	唐万颖	女	1962.3	汉族	实业公司龙化经销中心正科级干部；塑龙公司安全生产综合管理高级主管（正科级）
1534	唐晓锋	男	1979.5	汉族	机械厂质量管理科科长
1535	唐兆坤	男	1984.10	汉族	塑料厂线性聚乙烯车间工艺副主任、主任；全密度聚乙烯一车间主任；全密度聚乙烯联合车间主任

续表

序号	姓名	性别	出生年月	民族	曾任主要岗位
1536	唐忠德	男	1963.12	汉族	化建公司项目管理中心副经理（正科级）；施工管理高级主管（正科级）
1537	陶 林	男	1968.7	汉族	化建公司生产管理部副主任；安装三分公司经理；电气三分公司经理；电仪三分公司经理；电仪一分公司经理
1538	陶 源	女	1971.4	汉族	职工医院儿一科主任；儿科主任
1539	陶东生	男	1967.3	汉族	信息技术中心副总工程师兼外部项目部实时数据库项目主任；检测信息技术中心技术负责人副总工程师
1540	陶建军	男	1968.6	汉族	化建公司特种设备安装维修分公司党支部书记；检修分公司党支部负责人（正科级）、党支部书记
1541	陶晓君	女	1967.8	汉族	开发公司企业文化科（党委宣传部、监察室、工会办公室、团委）科长（部长）；材料供应站安全生产综合管理高级主管（正科级）；销售服务中心安全生产综合管理高级主管（正科级）
1542	陶信良	男	1962.7	汉族	保卫部巡逻三大队队长；巡逻一大队副队长（正科级）、守卫一大队正科级干部；机关保卫大队高级主管（正科级）
1543	陶印巍	女	1968.4	汉族	职工医院医务科科长；病理科主任（兼医务科副科长）
1544	陶战波	男	1974.11	汉族	化建公司辽宁分公司党支部副职负责人兼副经理；市场开发部辽宁分公司党支部书记兼副经理；项目管理中心辽宁分公司党支部书记兼副经理；项目管理中心党支部书记
1545	滕海洋	男	1979.6	汉族	检测公司综合管理部主任；起重机械检验室副主任（正科级）；机械厂起重机械检验室副主任（正科级）；检测信息技术中心VOCs检测室党支部临时负责人（正科级）
1546	滕圣刚	男	1977.3	汉族	化工一厂原料二车间党支部书记兼设备副主任、主任兼设备副主任、主任；原料车间主任
1547	滕天扶	男	1970.2	蒙古族	物资供应中心办公室（党委办公室、维稳办、保卫科）副主任
1548	滕文鹏	男	1967.9	汉族	塑料厂技术科科长
1549	滕文盛	男	1964.5	汉族	检测公司计量检定二室主任；机械厂计量检定二室主任；运行车间正科级干部
1550	滕晓丹	女	1973.10	汉族	培训中心管理科副科长

续表

序号	姓名	性别	出生年月	民族	曾任主要岗位
1551	滕云程	男	1974.6	汉族	信息技术中心主任助理兼外部项目部成都项目主任；检测信息技术中心技术负责人主任助理
1552	田 东	男	1971.9	汉族	信息技术中心副总工程师兼外部项目部广东项目主任；副总工程师兼咨询部主任；检测信息技术中心技术负责人副总工程师
1553	田 军	女	1976.7	汉族	开发公司企业文化科（党委宣传部、监察室、工会办公室、团委）副科长（副部长）；综合管理科（党群工作部）副科长（副部长）（正科级）
1554	田 野	男	1973.5	汉族	化工三厂橡胶聚合二车间副主任（正科级）；橡胶聚合联合车间副主任（三级正职）
1555	田宝林	男	1963.11	汉族	化建公司电气二分公司副经理、化建公司电气一分公司副经理、化建公司检修分公司安全生产综合管理办公室安全生产综合管理主管（副科级）
1556	田恩昇	男	1970.9	汉族	物资供应中心人事科（党委组织部）科长（组织部长）；党委组织部、党群工作部部长；人事科科长
1557	田丰满	男	1965.4	汉族	化建公司项目管理中心副经理（正科级）；仪表一分公司副经理（党支部负责人）（正科级）、党支部书记；项目管理中心安全生产综合管理高级主管（正科级）
1558	田广海	男	1965.2	汉族	机械厂容器制造车间党支部书记；营销中心安全生产综合管理高级主管（正科级）
1559	田国臣	男	1973.4	汉族	塑料厂维修车间副主任
1560	田海军	男	1983.3	汉族	腈纶厂纺丝车间副主任；纺丝联合车间副主任
1561	田建伟	男	1973.7	汉族	开发公司人事科（党委组织部）党委组织员；气体车间党支部书记；联合一车间党支部副书记（正科级）
1562	田景路	男	1968.7	汉族	开发公司贸易分公司经理；助剂车间党支部书记；联合三车间党支部副书记（正科级）；联合三车间副主任（正科级）
1563	田力强	男	1963.7	汉族	开发公司成品车间生产副主任；材料供应站安全生产综合管理（副科级）；销售服务中心安全生产综合管理（副科级）
1564	田兴国	男	1973.7	汉族	化工三厂苯乙烯车间主任；苯乙烯联合车间主任
1565	田艳华	女	1967.1	汉族	炼油厂动力站工艺副主任、党支部副书记；材料供应站安全生产综合管理主管（副科级）
1566	田玉英	男	1962.6	汉族	水气厂供电车间主任；材料供应站安全生产综合管理高级主管（正科级）

续表

序号	姓名	性别	出生年月	民族	曾任主要岗位
1567	田正华	男	1963.9	汉族	实业公司塑龙公司经理；塑龙公司安全生产综合管理高级主管（正科级）
1568	田志敏	男	1965.1	汉族	物业管理中心龙凤城管大队城管员（副科级）；计量收费站监察员（副科级）
1569	佟承云	男	1974.12	汉族	炼油厂供水车间设备副主任
1570	佟建齐	男	1961.11	汉族	职工医院检验二科主任；检验科主任
1571	佟奎江	男	1983.12	蒙古族	化工一厂乙烯车间设备副主任
1572	佟鹏远	男	1968.5	汉族	能源管理中心龙凤运行车间主任；物业管理中心龙凤生产运行车间主任；绿化环卫科科长
1573	佟松雪	女	1977.10	汉族	物业管理中心人事科（党委组织部）组织员（副科级）
1574	佟晓光	男	1962.3	汉族	热电厂材料供应站安全生产综合管理高级主管（正科级）
1575	佟志刚	男	1972.5	汉族	餐饮服务中心石化宾馆副经理；开发公司石化宾馆副经理；客运服务中心食堂管理中心副主任、食堂管理（副科级）
1576	涂丽波	女	1966.5	满族	热电厂材料供应站安全生产综合管理高级主管（正科级）
1577	柁亚彬	男	1968.10	满族	炼油厂供热空分车间党支部书记；供热空分联合车间党支部书记
1578	万 江	女	1976.1	汉族	职工医院感染科主任
1579	万 欣	男	1982.9	汉族	炼油厂供电车副主任
1580	万家宏	男	1963.2	汉族	水气厂质量安全环保科、安全环保科环保项目管理高级主管（正科级）；计划科科长；材料供应站安全生产综合管理高级主管（正科级）
1581	万俊龙	男	1963.4	汉族	化建公司电气二分公司经理；电气一分公司经理；检修分公司安全生产综合管理办公室安全生产综合管理高级主管（正科级）
1582	万喜臣	男	1957.11	汉族	实业公司回收一队正科级干部
1583	万宇明	男	1983.4	汉族	水气厂办公室（党委办公室）副主任；空分车间党支部副书记、党支部书记；人事科（党委组织部）科长（部长）
1584	汪 波	男	1964.1	汉族	化肥厂成品车间工艺副主任；材料供应站安全生产综合管理主管（副科级）

序号	姓名	性别	出生年月	民族	曾任主要岗位
1585	汪 洋	男	1973.1	汉族	储运中心生产科科长；运转车间主任；销售储运中心运转车间主任；人事科（党委组织部、党群工作部）副科（部）长（正科级）
1586	汪成刚	男	1972.12	汉族	腈纶厂仪表车间副主任；仪表副总工程师
1587	汪富文	男	1965.3	汉族	热电厂材料供应站安全生产综合管理高级主管（正科级）
1588	汪青春	男	1967.2	汉族	职工医院心胸外科副主任
1589	汪小光	女	1973.11	汉族	腈纶厂人事科（党委组织部）党委组织员（正科级）
1590	汪延春	男	1964.4	汉族	热电厂材料供应站安全生产综合管理高级主管（正科级）
1591	王 蕊	女	1980.1	汉族	物业管理中心兴化保安队副队长
1592	王 斌	女	1972.6	汉族	职工医院药剂二科主任；药剂科主任
1593	王 镔	男	1972.1	汉族	开发公司原料车间主任；联合二车间副主任（正科级）
1594	王 波	男	1966.1	汉族	化建公司项目管理中心常务副经理、项目经理（正科级）；仪表二分公司副经理（党支部负责人）（正科级）；项目管理中心施工管理高级主管（正科级）
1595	王 臣	男	1984.3	汉族	机械厂技术设计中心副主任（实际任设备科副科长）；质量管理科副科长
1596	王 东	男	1958.5	汉族	炼油厂材料供应站安全生产综合管理高级主管（正科级）
1597	王 冬	男	1973.2	汉族	保卫部巡逻二大队副队长；守卫三大队党支部书记；守卫一大队副队长（正科级）
1598	王 栋	男	1968.6	汉族	开发公司纯净水车间主任；销售中心主任；安全生产管理科副科长（正科级）
1599	王 芳	女	1970.11	汉族	物业管理中心龙凤保安队副队长、党支部书记
1600	王 峰	男	1984.5	汉族	热电厂汽机车间副主任、主任
1601	王 凤	女	1972.7	汉族	储运中心企业文化科（党委宣传部、监察室、工会办公室、团委）副科长（副部长）（正科级）、党群工作部副主任（正科级）、主任；销售储运中心党群工作部主任
1602	王 刚	男	1965.1	汉族	水气厂办公室（党委办公室、维稳办、保卫科）主任（科长）、办公室（党委办公室）主任；供水车间党支部书记；供水车间联合党支部书记；材料供应站安全生产综合管理高级主管（正科级）

序号	姓名	性别	出生年月	民族	曾任主要岗位
1603	王 海	男	1960.2	汉族	腈纶厂供电车间党支部书记；材料供应站安全生产综合管理高级主管（正科级）
1604	王 浩	男	1983.2	汉族	物业管理中心龙凤保洁公司副经理；绿化环卫科副经理
1605	王 恒	男	1985.8	满族	炼油厂重油催化二车间工艺副主任兼车间安全环保总监、党支部书记；调度室调度长
1606	王 红	男	1968.8	汉族	炼油厂人事科（党委组织部）科长（部长）
1607	王 辉	女	1966.2	汉族	化工一厂乙烯车间党支部书记；材料供应站安全生产综合管理高级主管（正科级）
1608	王 辉	男	1983.12	汉族	检测公司压力管道检验室副主任；机械厂压力管道检验室副主任；检测信息技术中心特种设备检验室副主任
1609	王 健	男	1963.6	汉族	热电厂安全环保科科长；材料供应站安全生产综合管理高级主管（正科级）
1610	王 军	女	1963.12	汉族	炼油厂材料供应站安全生产综合管理高级主管（副科级）
1611	王 军	男	1967.1	汉族	化肥厂供水车间设备副主任；水汽联合车间副主任
1612	王 恺	男	1971.4	汉族	化建公司市场开发部江苏分公司副经理；项目管理中心江苏分公司副经理；项目管理中心项目经理（三级副）
1613	王 柯	男	1960.1	汉族	水气厂材料供应站安全综合管理高级主管（正科级）
1614	王 兰	女	1964.9	汉族	客运中心客运一队正科级干部；客运服务中心客运一队正科级干部
1615	王 雷	男	1976.11	汉族	储运中心生产科副科长；销售储运中心生产科副科长；生产部副主任；安全生产部副主任
1616	王 磊	男	1983.1	汉族	化工一厂加氢抽提二车间工艺副主任；加氢抽提联合二车间工艺副主任；加氢抽提联合车间工艺副主任
1617	王 磊	男	1985.10	汉族	塑料厂办公室副主任
1618	王 丽	女	1964.4	汉族	职工医院病案信息科主任
1619	王 丽	女	1972.2	汉族	培训中心企业文化科（党委宣传部）科长（部长）
1620	王 利	男	1962.7	汉族	水气厂仪表车间党支部书记；材料供应站安全综合管理办公室高级主管（正科级）

续表

序号	姓名	性别	出生年月	民族	曾任主要岗位
1621	王 良	男	1964.10	汉族	职工医院物资供应站主任；门诊二部主任
1622	王 林	男	1963.10	汉族	物业管理中心龙凤物业四所所长；物业管理督查大队督查员（正科级）、正科级干部；物业管理督查大队安全生产综合管理（正科级）
1623	王 娜	女	1967.6	汉族	物业管理中心龙凤厂区绿化队党支部书记；龙凤绿化队正科级干部；龙凤保洁公司正科级干部；物业管理督查大队安全生产综合管理（正科级）
1624	王 朋	男	1972.9	汉族	炼油厂供水车间设备副主任兼安全环保总监、设备副主任（主持供水车间党支部全面工作）、党支部书记（正科级）
1625	王 鹏	男	1968.1	汉族	塑料厂线性聚乙烯车间主任；调度室调度长；线性聚乙烯车间工艺副主任（正科级）、党支部书记；全密度聚乙烯联合车间党支部书记
1626	王 平	男	1964.12	汉族	化工三厂SAN车间副主任；材料供应站安全生产综合管理主管（副科级）
1627	王 萍	女	1965.8	汉族	化工二厂人事科（组织部）党委组织员（正科级）；材料供应站安全生产综合管理高级主管（正科级）
1628	王 全	男	1963.10	汉族	热电厂材料供应站安全生产综合管理（机关）（副科级）
1629	王 涛	男	1974.11	汉族	热电厂供电车间副主任、主任
1630	王 彤	女	1979.10	汉族	物业管理中心人事科（党委组织部）党委组织员（副科级）；龙凤能源计量车间党支部书记；计量收费站副主任（正科级）
1631	王 望	男	1985.11	汉族	客运服务中心设备技术科副科长
1632	王 巍	男	1975.5	汉族	塑料厂机动科副科长；维修车间副主任、党支部书记、主任
1633	王 伟	女	1972.3	汉族	物业管理中心兴化社区管理所副所长；龙凤社区管理所副所长；公路公司党支部书记
1634	王 伟	男	1968.10	汉族	储运中心办公室（党委办公室、维稳办、保卫科）、办公室（党委办公室）主任；储运中心主任助理
1635	王 伟	男	1962.1	汉族	化肥厂成品车间党支部书记；材料供应站安全生产综合管理高级主管（正科级）
1636	王 新	男	1957.11	汉族	物业管理中心兴化城管大队正科级干部
1637	王 鑫	男	1986.10	汉族	机械厂容器制造车间副主任

续表

序号	姓名	性别	出生年月	民族	曾任主要岗位
1638	王鑫	男	1962.12	汉族	水气厂材料供应站安全生产综合管理高级主管（正科级）
1639	王旭	男	1971.8	汉族	开发公司办公室（党委办公室、维稳办、保卫科）主任（科长）、办公室（党委办公室）主任（科长）；打包带车间主任；联合二车间副主任（正科级）
1640	王瑄	男	1970.4	汉族	离退休管理中心安全设备科科长；党群工作部主任
1641	王岩	男	1962.10	汉族	化工三厂聚丙烯车间党支部书记；材料供应站安全生产综合管理高级主管（正科级）
1642	王艳	女	1963.12	汉族	化工一厂材料供应站安全生产综合管理高级主管（正科级）
1643	王洋	女	1975.7	汉族	化工三厂企业文化科（党委宣传部、监察室、工会办公室、团委）副科长（副部长）（正科级）、党群工作部副主任兼机关第一党支部书记；苯乙烯车间工艺副主任（正科级）；党群工作部主任
1644	王勇	男	1972.12	汉族	消防支队一大队副大队长
1645	王宇	男	1977.12	汉族	水气厂机动科副科长
1646	王禹	男	1982.3	汉族	客运服务中心维修车间副主任
1647	王禹	男	1968.11	汉族	水气厂仪表车间主任
1648	王云	男	1958.1	蒙古族	物业管理中心龙凤厂区绿化队正科级干部
1649	王湛	男	1976.8	汉族	炼油厂计划科科长
1650	王忠	男	1967.6	汉族	质量检验中心办公室企业管理岗位主管（副科级）；质量检验中心原材料与腈纶化验车间安全生产综合管理主管（副科级）
1651	王爱英	男	1965.4	汉族	化工一厂材料供应站安全生产综合管理高级主管（正科级）
1652	王爱忠	男	1966.8	汉族	化工二厂工艺副总工程师
1653	王柏福	男	1961.1	汉族	炼油厂供电车间副主任；材料供应站安全生产综合管理主管（副科级）
1654	王宝昌	男	1964.12	满族	物业管理中心物业管理督查大队督查员（副科级）、党支部书记、正科级干部
1655	王宝昌	男	1960.3	汉族	物业管理中心物业管理督查大队督查员（副科级）、党支部书记、正科级干部；物业管理督查大队安全生产综合管理（正科级）

续表

序号	姓名	性别	出生年月	民族	曾任主要岗位
1656	王宝文	男	1965.2	汉族	质量检验中心水气化验车间党支部书记；机动设备科科长、副科长（正科级）；质量检验中心原材料与腈纶化验车间安全生产综合管理高级主管（正科级）
1657	王宝业	男	1966.1	汉族	腈纶厂中试车间主任；纺丝车间副主任（正科级）
1658	王宝珍	男	1961.1	汉族	培训中心炼化教研室副主任、主任、正科级干部
1659	王保忠	男	1972.2	汉族	炼油厂维修二车间副主任兼车间安全环保总监；维修车间副主任兼车间安全环保总监
1660	王冰松	男	1983.1	汉族	化工三厂供电车间副主任、安全总监
1661	王博梁	男	1970.3	汉族	久隆房地产公司重庆分公司主任兼党支部书记；规划技术科副科长（正科级）；塑钢门窗厂党支部书记
1662	王彩萍	女	1978.9	满族	化工一厂原料一车间党支部书记；乙烯车间党支部书记
1663	王灿武	男	1972.5	汉族	检测公司设备诊断与节能监测中心主任；副总工程师；机械厂副总工程师；检测信息技术中心技术负责人副总工程师
1664	王常清	男	1964.4	汉族	保卫部守卫一大队队长；守卫一大队正科级干部；机关保卫大队高级主管（正科级）
1665	王成琦	男	1965.11	汉族	化肥厂仪表车间副主任
1666	王崇喜	男	1966.6	汉族	热电厂电气车间副主任；热电厂技术科技术管理
1667	王春财	男	1978.10	汉族	实业公司回收二队副队长；劲松公司机关副经理
1668	王春娥	女	1966.10	汉族	质量检验中心腈纶化验车间主任；原材料检验车间安全生产综合管理高级主管（正科级）；原材料与腈纶化验车间安全生产综合管理高级主管（正科级）
1669	王春芳	女	1974.4	汉族	物业管理中心兴化绿化队党支部书记；物业二所党支部书记
1670	王春雷	男	1971.9	汉族	消防支队防火科科长、防火安全科科长
1671	王春丽	女	1976.7	汉族	物业管理中心兴化保洁公司副经理；龙凤物业二所党支部书记
1672	王春明	男	1962.10	汉族	炼油厂技术科工艺管理主管（副科级）；材料供应站安全生产综合管理主管（副科级）
1673	王春生	男	1967.5	汉族	化建公司质量管理部副主任；质量安全环保部副主任；安全施工管理部副主任

续表

序号	姓名	性别	出生年月	民族	曾任主要岗位
1674	王春宇	男	1980.10	汉族	化工二厂丙酮氰醇车间设备副主任；丙烯腈联合车间设备副主任；己烯-1车间设备副主任
1675	王大成	男	1969.8	汉族	化工三厂办公室（党委办公室）副主任、主任
1676	王大丰	男	1964.9	汉族	保卫部守卫二大队党支部书记；巡逻二大队队长；守卫二大队正科级干部；机关保卫大队高级主管（正科级）
1677	王大庆	男	1965.8	汉族	物资供应中心办公室（党委办公室、维稳办、保卫科）、办公室（党委办公室）主任
1678	王大伟	男	1962.10	汉族	化建公司仪表二分公司党支部书记；检修分公司安全生产综合管理办公室安全生产综合管理高级主管（正科级）
1679	王大伟	男	1961.5	汉族	塑料厂办公室（党委办公室、维稳办、保卫科）、办公室（党委办公室）副主任；材料站安全生产综合管理高级主管（正科级）
1680	王大印	男	1963.8	汉族	热电厂材料供应站安全生产综合管理高级主管（正科级）
1681	王德龙	男	1970.2	汉族	开发公司助剂车间主任；联合三车间副主任（正科级）
1682	王德彦	男	1965.11	满族	炼油厂常减压一车间工艺副主任；炼油项目管理办公室项目工艺管理主管（副科级）
1683	王电友	男	1968.3	汉族	久隆房地产公司工程质量检测公司副经理；投资控制科副科长；销售中心副主任；塑钢门窗厂副厂长
1684	王东晨	男	1976.7	汉族	化建公司修保分公司副经理（借任化建公司特种设备安装维修分公司副经理）；安装三分公司副经理
1685	王东梅	女	1970.10	汉族	通讯中心龙凤电话站副站长；化工三厂材料供应站安全生产综合管理主管（三级副职）
1686	王法雪	女	1972.11	汉族	餐饮服务中心龙凤宾馆客房部经理；客运服务中心食堂管理中心食堂管理（副科级）；化工一厂供电车间综合管理（副科级）
1687	王 峰	男	1984.6	汉族	化工一厂碳四联合车间工艺副主任
1688	王福宝	男	1975.10	汉族	化工二厂调度室副调度长；技术科科长；丁辛醇造气车间主任
1689	王福林	男	1961.12	汉族	化工一厂供电车间党支部书记；材料供应站安全生产综合管理高级主管（正科级）
1690	王福生	男	1974.5	汉族	化工二厂技术科科长；己烯-1车间主任

续表

序号	姓名	性别	出生年月	民族	曾任主要岗位
1691	王冠勇	男	1981.10	汉族	炼油厂催化重整车间设备副主任兼安全环保总监、主任
1692	王广彬	男	1966.10	汉族	开发公司市场开发中心科长；成品车间支部书记；塑料厂编织袋成品车间党支部书记；包装制品车间党支部副书记（正科级）、党总支副书记
1693	王广祥	男	1975.2	汉族	化肥厂机械副总工程师
1694	王贵彬	男	1964.10	汉族	水气厂污水一车间副主任；安全环保科副科长；材料供应站安全生产综合管理主管（副科级）
1695	王桂芹	女	1964.2	汉族	职工医院药检一党支部书记
1696	王国辉	男	1963.5	汉族	物业管理中心维修车间副主任、正科级干部；物业管理督查大队安全生产综合管理（副科级）
1697	王国杰	男	1962.5	汉族	化工一厂材料供应站副主任（正科级）、安全生产综合管理高级主管（正科级）
1698	王国庆	男	1957.10	汉族	炼油厂材料供应站安全生产综合管理主管（副科级）
1699	王国章	男	1965.2	汉族	久隆房地产公司工程质量检测公司党支部书记；检测公司工程质量检测中心党支部书记、建筑工程质量检测中心党支部书记；机械厂建筑工程质量检测中心党支部书记；检测信息技术中心建筑工程质量检测中心副主任
1700	王海波	男	1975.7	汉族	培训中心教务科副科长；实训管理室主任
1701	王海波	男	1969.11	汉族	职工医院口腔科副主任
1702	王海波	男	1962.8	汉族	能源管理中心能源收费站副主任（正科级）；物业管理中心能源收费站副主任（正科级）；能源收费站正科级干部；物业管理督查大队安全生产综合管理（正科级）
1703	王海峰	男	1983.10	汉族	化工二厂维修车间副主任
1704	王海峰	男	1984.1	汉族	检测公司企业文化科（党委宣传部；工会；团委）副科长；党群工作部副主任；机械厂党群工作部副主任（负责纪检业务）、主任；机关党支部书记（兼）；办公室（党委办公室）主任
1705	王海军	男	1962.10	汉族	化肥厂企业文化科（党委宣传部、监察室、工会办公室、团委）副科长（正科级）；材料供应站安全生产综合管理高级主管（正科级）
1706	王海燕	男	1967.1	汉族	化工一厂仪表副总工程师

序号	姓名	性别	出生年月	民族	曾任主要岗位
1707	王海洋	男	1984.7	汉族	腈纶厂装运车间副主任；成品车间副主任
1708	王汉城	男	1988.5	汉族	销售储运中心成品车间副主任
1709	王灏澍	男	1965.3	汉族	化建公司项目管理中心项目经理（借任化建公司市场开发部云南分公司双脱项目部项目经理、徐州油库项目部任项目经理）、安全生产综合管理高级主管（正科级）
1710	王恒信	男	1962.5	汉族	物资供应中心管理科安全生产综合管理主管（正科级）
1711	王宏伟	男	1964.12	汉族	化建公司市场开发部福建分公司经理（副科级）；市场开发部上海分公司经理（副科级）；项目管理中心项目经理（副科级）；检修分公司安全生产综合管理办公室安全生产综合管理主管（副科级）
1712	王宏志	男	1967.12	汉族	实业公司机动生产部设备管理主管（副科级）；机动设备部主任（副科级）；安全生产管理部副主任（正科级）
1713	王洪滨	男	1984.2	汉族	水气厂供电车间副主任
1714	王洪臣	男	1972.12	汉族	保卫部督察科副科长；守卫一大队党支部书记
1715	王洪江	男	1975.2	汉族	检测信息技术中心销售部副主任
1716	王洪军	男	1964.4	汉族	化工三厂成品车间副主任；SAN树脂车间副主任；材料供应站安全生产综合管理主管（副科级）
1717	王洪旗	男	1967.7	汉族	化工二厂硫铵车间工艺副主任；调度室副调度长；生产科副科长
1718	王洪涛	男	1963.1	汉族	化建公司项目管理中心项目经理（正科级）（借任化建公司市场开发部辽宁分公司副经理；化建公司项目管理中心辽宁分公司副经理）（正科级）；检修分公司安全生产综合管理办公室安全生产综合管理高级主管（正科级）
1719	王洪伟	男	1967.11	汉族	化工三厂机动科科长；设备副总工程师
1720	王洪祥	男	1966.1	汉族	信息技术中心办公室（党委办）主任；检测信息技术中心综合管理部（党群工作部）主任
1721	王洪义	男	1964.3	汉族	化建公司多伦分公司副经理（借任化建公司市场开发部炉衬分公司副经理）；防腐筑炉分公司副经理；检修分公司安全生产综合管理办公室安全生产综合管理主管（副科级）
1722	王华文	女	1968.1	汉族	热电厂材料供应站安全生产综合管理高级主管（正科级）

序号	姓名	性别	出生年月	民族	曾任主要岗位
1723	王辉宇	男	1979.7	汉族	化工三厂苯乙烯车间副主任、安全总监；调度室调度长；生产科科长；生产技术科科长
1724	王吉华	男	1964.2	汉族	腈纶厂回收车间党支部书记；供电车间党支部书记；材料供应站安全生产综合管理高级主管（正科级）
1725	王继飞	男	1962.1	汉族	化工二厂材料供应站安全生产综合管理高级主管（正科级）
1726	王继国	男	1980.8	汉族	实业公司三分公司包装队副队长
1727	王继海	男	1964.10	汉族	水气厂供水车间副主任；材料供应站安全生产综合管理主管（副科级）
1728	王继和	男	1964.7	汉族	化建公司鹤岗分公司副经理；项目管理中心项目经理（副科级）；检修分公司安全生产综合管理办公室安全生产综合管理主管（副科级）
1729	王继忠	男	1972.11	汉族	化工一厂芳烃抽提车间主任；动力车间主任；加氢抽提联合一车间主任；供电车间主任
1730	王佳东	男	1973.2	汉族	实业公司雪龙涂料厂副厂长；经理办公室（党委办公室）主任（副科级）
1731	王佳悦	男	1971.8	汉族	化建公司特种设备安装维修分公司副经理
1732	王家玲	女	1966.6	汉族	热电厂材料供应站安全生产综合管理高级主管（正科级）
1733	王建华	男	1968.2	汉族	腈纶厂纺丝车间党支部书记；装运车间党支部书记；成品车间副主任
1734	王建军	男	1970.5	汉族	炼油厂蜡脱油车间主任、党支部书记
1735	王建军	男	1975.11	汉族	塑料厂全密度聚乙烯二车间工艺副主任；全密度聚乙烯二车间主任
1736	王建庆	男	1969.12	汉族	炼油厂蜡脱油车间设备副主任；润滑油联合车间设备副主任
1737	王建秀	男	1963.5	汉族	质量检验中心人事科（党群工作部）科长（主任）；原材料检验车间安全生产综合管理高级主管（正科级）；原材料与腈纶化验车间安全生产综合管理高级主管（正科级）
1738	王金树	男	1963.4	汉族	炼油厂供电车间党支部书记；安全生产综合管理高级主管（正科级）
1739	王锦凤	女	1972.2	汉族	餐饮服务中心龙凤宾馆餐饮部经理；客运服务中心食堂管理中心食堂管理（副科级）

续表

序号	姓名	性别	出生年月	民族	曾任主要岗位
1740	王进泽	男	1964.12	汉族	塑料厂装运车间主任；材料站安全生产综合管理高级主管（正科级）
1741	王经登	男	1970.6	汉族	保卫部督察科科长；治安保卫大队大队长；治安应急大队副队长（三级正职）
1742	王荆陆	男	1967.8	汉族	水气厂机动科科长；污水二车间副主任（正科级）；机械副总工程师
1743	王 晶	男	1983.3	汉族	化工二厂己烯-1车间设备副主任
1744	王敬石	男	1967.12	汉族	培训中心鉴定中心副主任（正科级）、鉴定中心副主任兼任考试中心联合党支部书记、鉴定中心主任
1745	王久良	男	1963.8	汉族	开发公司气体车间党支部书记；材料供应站安全生产综合管理高级主管（正科级）；销售服务中心安全生产综合管理高级主管（正科级）
1746	王觉非	男	1973.1	汉族	炼油厂输转车间工艺副主任；输转联合车间工艺副主任
1747	王 军	男	1976.10	汉族	招标中心副主任
1748	王军华	男	1958.2	汉族	物业管理中心物业管理督查大队正科级干部
1749	王君祥	男	1962.7	汉族	能源管理中心兴化运行车间党支部书记；物业管理中心龙凤能源计量车间党支部书记；物业管理督查大队督查员（正科级）、正科级干部；物业管理督查大队安全生产综合管理（正科级）
1750	王俊峰	男	1978.8	汉族	化建公司安装三分公司经理；安装一分公司经理
1751	王俊山	男	1971.1	汉族	消防支队三大队副大队长、大队长
1752	王克庆	男	1966.12	汉族	物业管理中心龙凤城管大队队长；物业管理督查大队督查员（正科级）
1753	王兰香	男	1981.5	汉族	腈纶厂材料供应站副主任；纺丝车间工艺副主任；计划科科长；调度室调度长；生产科科长
1754	王乐然	男	1981.1	汉族	水气厂供水车间副主任
1755	王理西	男	1973.10	汉族	化肥厂工艺副总工程师
1756	王立爱	男	1963.12	汉族	物资供应中心合同科科长；安全生产综合管理高级主管（正科级）
1757	王立东	男	1970.1	汉族	化建公司特种设备安装维修分公司副经理
1758	王立国	男	1966.8	汉族	保卫部守卫三大队副队长；治安保卫大队副队长；治安应急大队副队长

序号	姓名	性别	出生年月	民族	曾任主要岗位
1759	王立军	男	1959.8	汉族	物业管理中心龙凤物业一所正科级干部
1760	王立军	男	1959.1	汉族	化肥厂合成氨车间党支部书记；材料供应站安全生产综合管理高级主管（正科级）
1761	王立敏	男	1957.6	汉族	炼油厂材料供应站安全生产综合管理高级主管（正科级）
1762	王立文	男	1980.1	汉族	化工一厂原料一车间工艺副主任；安全环保科副科长；加氢抽提联合一车间工艺副主任；加氢抽提联合车间工艺副主任
1763	王立文	男	1958.4	汉族	质量检验中心腈纶化验车间正科级干部
1764	王立新	男	1970.8	汉族	机械厂办公室（党委办公室、维稳办、保卫科）主任；办公室（党委办公室）主任；人事科（党委组织部）科长（部长）
1765	王立阳	男	1972.4	汉族	物业管理中心龙凤物业二所所长；维修车间党支部书记；卧里屯物业一所所长
1766	王立业	男	1986.3	汉族	塑料厂安全环保科副科长
1767	王丽华	女	1967.8	汉族	炼油厂机动科施工与静设备管理高级主管（副科级）；材料供应站安全生产综合管理高级主管（副科级）
1768	王丽华	女	1977.9	汉族	职工医院党群工作部副部长
1769	王丽群	女	1966.9	汉族	职工医院儿五一党支部书记；基础二党支部书记；电诊党支部书记
1770	王丽微	女	1966.10	汉族	实业公司一分公司三类物资组副经理（副科级）；塑龙公司安全生产综合管理主管（副科级）
1771	王利国	男	1963.5	汉族	实业公司塑龙公司正科级干部；塑龙公司安全生产综合管理高级主管（正科级）
1772	王利民	男	1968.10	汉族	物业管理中心卧里屯物业一所所长；卧里屯物业二所所长
1773	王连友	男	1960.6	汉族	保卫部经济保卫大队队长、正科级干部
1774	王满娟	女	1968.9	汉族	职工医院经营管理科科长
1775	王　蒙	男	1983.9	蒙古族	实业公司兴化土建队副队长
1776	王明会	男	1968.6	汉族	储运中心成品车间主任；销售储运中心成品车间主任；安全生产科科长；安全生产部副主任（正科级）
1777	王明霞	女	1967.3	汉族	热电厂材料供应站安全生产综合管理高级主管（正科级）

序号	姓名	性别	出生年月	民族	曾任主要岗位
1778	王平西	男	1959.4	汉族	培训中心考试中心联合党支部书记；炼化教研室正科级干部
1779	王强强	男	1981.1	汉族	热电厂汽机车间副主任
1780	王清国	男	1963.4	汉族	热电厂材料供应站安全生产综合管理高级主管（正科级）
1781	王清梅	女	1970.8	汉族	培训中心培训科科长
1782	王清文	男	1961.11	汉族	热电厂材料供应站安全生产综合管理高级主管（正科级）
1783	王庆海	男	1958.3	汉族	实业公司龙化经销中心副科级干部
1784	王庆和	男	1966.5	汉族	检测公司无损检测室主任；计划经营科科长；机械厂营销中心副主任（正科级）；检测信息技术中心营销中心主任
1785	王庆武	男	1958.2	汉族	化工三厂材料供应站安全生产综合管理高级主管（正科级）
1786	王绍斌	男	1964.1	回族	物资供应中心材料科科长、副科长（正科级）；管理科安全生产综合管理高级主管（正科级）
1787	王世安	男	1962.12	汉族	水气厂工业水车间党支部书记；材料供应站安全综合管理办公室高级主管（正科级）
1788	王世杰	男	1963.9	汉族	物业管理中心维修车间主任、正科级干部；物业管理督查大队安全生产综合管理（正科级）
1789	王淑华	女	1961.3	汉族	培训中心炼化教研室副科级干部
1790	王淑兰	女	1974.2	汉族	餐饮服务中心雅迪威商务酒店副经理；客运服务中心食堂管理中心食堂管理（副科级）
1791	王淑清	女	1963.4	汉族	通讯中心客户营销收费站正科级干部
1792	王淑霞	女	1975.6	汉族	餐饮服务中心销售部经理；开发公司石化宾馆副经理（正科级）；食堂管理中心副主任（正科级）；客运服务中心食堂管理中心副主任（正科级）；水气厂供水车间综合管理高级主管（正科级）
1793	王淑珍	女	1971.5	汉族	信息技术中心门户管理部主任；检测信息技术中心门户管理部主任
1794	王述全	男	1965.7	汉族	化工三厂仪表副总工程师
1795	王树德	男	1963.12	汉族	职工医院普外科主任（主持普外科、骨外科行政工作）

续表

序号	姓名	性别	出生年月	民族	曾任主要岗位
1796	王树民	男	1981.11	汉族	化工一厂乙烯车间设备副主任；裂解车间设备副主任；加氢抽提联合二车间主任；加氢抽提联合车间主任
1797	王树平	男	1959.3	汉族	物资供应中心安全生产综合管理主管（副科级）
1798	王树术	男	1980.11	满族	炼油厂常减压一车间党支部书记兼设备副主任、党支部书记；常减压联合车间党支部书记；机动科副科长、炼油项目管理办公室主任（正科级）
1799	王树植	女	1978.4	汉族	培训中心炼化教研室副主任、主任
1800	王双全	男	1972.5	汉族	水气厂水处理车间党支部副书记（副科级）、党支部书记（副科级）
1801	王思哲	女	1975.1	汉族	塑料厂企业文化科（党委宣传部、监察室、工会办公室、团委）科长（部长）、党群工作部主任
1802	王 松	男	1985.12	汉族	招标中心设备材料组组长
1803	王淞宁	男	1988.11	汉族	炼油厂团委书记
1804	王苏杰	女	1961.12	汉族	职工医院大化社区卫生服务中心正科级干部
1805	王素芳	女	1963.9	汉族	久隆房地产公司安全环保科科长；物资供应站安全生产综合管理办公室高级主管（正科级）
1806	王 涛	男	1982.10	汉族	化工三厂SAN车间副主任；SAN联合车间副主任
1807	王天江	男	1965.1	汉族	塑料厂办公室（党委办公室、维稳办、保卫科）、办公室（党委办公室）主任；全密度聚乙烯联合车间副主任（正科级）
1808	王铁峰	男	1979.12	汉族	消防支队二大队副大队长、大队长
1809	王 伟	男	1989.12	汉族	化工二厂综合管理科（党群工作部）团委书记
1810	王伟国	男	1978.11	汉族	炼油厂调度室调度长
1811	王为松	男	1969.4	汉族	炼油厂输转车间工艺副主任兼车间安全环保总监；输转联合车间工艺副主任兼车间安全环保总监
1812	王文臣	男	1963.3	汉族	客运中心服务监督科科长；物资供应站正科级干部；客运服务中心客运一队正科级干部；食堂管理中心安全生产综合管理（正科级）
1813	王文革	男	1966.7	汉族	能源管理中心兴化能源监察大队党支部副书记；物业管理中心龙凤能源计量车间副主任；兴化能源监察大队党支部书记；物业管理中心经营管理科科长；党群工作部主任；物业管理督查大队督查员（正科级）

序号	姓名	性别	出生年月	民族	曾任主要岗位
1814	王文利	男	1961.12	汉族	客运中心设备技术科科长；物资供应站正科级干部；客运服务中心客运一队正科级干部；食堂管理中心安全生产综合管理（正科级）
1815	王文平	男	1978.9	汉族	炼油厂硫磺回收车间设备副主任；装油车间设备副主任
1816	王文强	男	1963.3	汉族	腈纶厂计划科科长；材料供应站安全生产综合管理高级主管（正科级）
1817	王文清	男	1964.3	汉族	炼油厂重油催化一车间主任；炼油项目管理办公室项目HSE管理高级主管（正科级）
1818	王文胜	男	1971.10	汉族	化建公司市场开发部云南分公司党支部负责人兼副经理（正科级）、党支部书记兼副经理；项目管理中心云南分公司党支部书记兼副经理；项目管理中心项目经理；特种设备安装维修分公司党支部书记
1819	王文英	女	1966.12	汉族	热电厂材料供应站安全生产综合管理高级主管（正科级）
1820	王希权	男	1968.6	汉族	开发公司技术科科长；安全生产管理科副科长（正科级）；副总工程师
1821	王玺洲	男	1962.12	汉族	热电厂化学车间党支部书记；材料供应站安全生产综合管理高级主管（正科级）
1822	王显宇	男	1986.3	汉族	实业公司光华机电厂副厂长
1823	王现芳	男	1975.3	汉族	物业管理中心龙凤物业二所副所长、所长
1824	王相君	男	1976.1	汉族	化工一厂加氢抽提二车间设备副主任；加氢抽提联合二车间设备副主任；加氢抽提联合车间设备副主任
1825	王小强	男	1971.5	汉族	化工二厂丙烯腈车间党支部书记；调度室调度长；生产科科长；丙烯腈联合车间主任
1826	王晓东	男	1963.7	汉族	化建公司仪表一分公司副经理；检修分公司安全生产综合管理办公室安全生产综合管理主管（副科级）
1827	王晓东	男	1970.11	汉族	开发公司纯净水车间副主任、党支部书记；联合三车间党支部副书记（正科级）
1828	王晓华	女	1961.3	汉族	质量检验中心炼油化验车间正科级干部
1829	王晓琳	女	1973.5	汉族	离退休管理中心人事科（党委组织部）科长（部长）；龙凤服务站党支部书记兼离退休党总支书记
1830	王晓梅	女	1965.12	汉族	热电厂材料供应站安全生产综合管理高级主管（正科级）

序号	姓名	性别	出生年月	民族	曾任主要岗位
1831	王晓敏	男	1961.9	汉族	久隆房地产公司塑钢门窗厂副厂长；物资供应站安全生产综合管理办公室主管（副科级）；塑钢门窗厂安全生产综合管理办公室主管（副科级）
1832	王晓平	女	1973.5	汉族	职工医院护理部总护士长（副科级）；厂前社区卫生服务中心主任
1833	王晓庆	男	1979.10	汉族	化工三厂苯乙烯车间副主任；机动科副科长
1834	王晓伟	女	1975.3	汉族	餐饮服务中心雅迪威商务酒店餐饮部经理；开发公司石化宾馆餐饮部经理；客运服务中心石化宾馆餐饮部经理（副科）；石化宾馆副经理
1835	王新波	男	1975.8	汉族	储运中心仓储三车间副主任；塑料厂成品二车间副主任
1836	王兴武	男	1963.9	汉族	炼油厂机动科水质与动力风管理主管（副科级）；安全生产综合管理主管（副科级）
1837	王秀坤	女	1965.7	汉族	客运服务中心食堂管理中心安全生产综合管理（正科级）、正科级干部、安全生产综合管理（正科级）
1838	王雪峰	男	1970.7	汉族	化工二厂硫铵车间党支部书记；丙烯腈联合车间党支部副书记（正科级）
1839	王雪峰	男	1960.8	汉族	物业管理中心龙凤物业三所所长、正科级干部；物业管理督查大队安全生产综合管理（正科级）
1840	王雪荣	女	1971.8	汉族	物资供应中心卧里屯总库副主任
1841	王雅东	女	1965.1	汉族	物资供应中心财务科副科长、安全生产综合管理主管（副科级）
1842	王亚静	女	1962.9	汉族	腈纶厂材料供应站安全生产综合管理高级主管（正科级）
1843	王彦斌	男	1975.5	汉族	化工三厂乙苯脱氢车间主任；苯乙烯联合车间党支部临时负责人、党支部书记
1844	王彦超	男	1984.7	汉族	炼油厂加氢一车间设备副主任
1845	王艳玲	女	1968.11	汉族	热电厂材料供应站安全生产综合管理高级主管（正科级）
1846	王艳秋	女	1972.11	汉族	化工三厂计划科科长；生产科副科长（正科级）；生产技术科副科长（三级正职）
1847	王焱鹏	男	1981.8	汉族	化工一厂乙烯车间工艺副主任、工艺副主任（正科级）、主任

序号	姓名	性别	出生年月	民族	曾任主要岗位
1848	王耀刚	男	1975.6	汉族	开发公司综合车间主任；印刷厂厂长；联合三车间副主任（正科级）
1849	王义勇	男	1973.1	汉族	职工医院肾内科（血透科）副主任
1850	王轶楠	男	1964.2	汉族	培训中心管理联合党支部书记；机电仪教研室副主任（正科级）、正科级干部
1851	王永海	男	1965.8	汉族	热电厂维修一车间主任；维修车间主任；材料供应站安全生产综合管理高级主管（正科级）
1852	王永海	男	1967.4	汉族	腈纶厂回收车间副主任（负责党务工作）、主任
1853	王永民	男	1968.7	汉族	机械厂备料车间（材料供应站）主任；阀门修造分厂党支部负责人；运行车间副主任（正科级）
1854	王永强	男	1972.6	汉族	客运中心维修车间副主任；客运二队副队长；客运服务中心客运二队副队长（负责行政全面工作）、队长
1855	王永强	男	1967.7	汉族	物业管理中心兴化物业四所所长；兴化物业二所所长
1856	王永田	男	1961.1	汉族	客运中心客运三队队长；客运二队正科级干部；客运服务中心客运二队正科级干部
1857	王永新	男	1969.7	汉族	化肥厂供水车间主任；水汽联合车间副主任（正科级）
1858	王雨春	男	1971.5	汉族	化建公司修保分公司经理
1859	王玉军	男	1965.6	汉族	久隆房地产公司物资供应站党支部书记；物资供应站主任；销售中心主任
1860	王玉梅	女	1968.7	汉族	热电厂材料供应站安全生产综合管理高级主管（正科级）
1861	王玉民	男	1967.12	汉族	信息技术中心控制与网络工程部副主任；检测信息技术中心控制与网络工程部副主任
1862	王玉清	男	1970.5	汉族	培训中心网络化教研室主任兼基础联合党支部书记
1863	王玉荣	女	1972.7	汉族	物业管理中心兴化物业六所副所长；兴化物业三所副所长、所长；兴化物业五所所长
1864	王玉贤	女	1965.12	汉族	炼油厂计划科统计主管（副科级）；材料供应站安全生产综合管理主管（副科级）
1865	王元坤	男	1957.1	汉族	物资供应中心安全生产综合管理高级主管（正科级）
1866	王元琪	男	1974.2	汉族	炼油厂加氢一车间党支部书记兼工艺副主任；催化重整车间党支部书记
1867	王阅兵	男	1967.9	汉族	水气厂工艺副总工程师

续表

序号	姓名	性别	出生年月	民族	曾任主要岗位
1868	王跃勇	男	1976.1	汉族	职工医院病案信息科副主任
1869	王云东	男	1968.12	汉族	能源管理中心兴化能源监察大队队长；物业管理中心兴化能源监察大队队长；兴化城管大队队长；物业管理督查大队副队长（正科级）
1870	王云飞	男	1987.3	汉族	化工一厂裂解车间设备副主任
1871	王占林	男	1962.7	汉族	热电厂材料供应站安全生产综合管理高级主管（正科级）
1872	王占生	男	1971.7	汉族	化建公司电气一分公司党支部书记；电气三分公司党支部书记；电仪三分公司党支部书记；安装二分公司经理
1873	王占阳	男	1965.9	汉族	物资供应中心物资超市主任；卧里屯总库副主任、党支部书记
1874	王占勇	男	1977.11	汉族	化建公司安装二分公司副经理、党支部负责人、党支部书记；安装三分公司经理；安装二分公司经理
1875	王长林	男	1963.6	汉族	热电厂材料供应站安全生产综合管理高级主管（正科级）
1876	王长学	男	1971.11	汉族	热电厂燃料车间主任；燃料车间副主任；动力车间工艺副主任（正科级）
1877	王筝	男	1988.12	汉族	化工一厂党群工作部团委书记
1878	王政东	男	1973.9	汉族	腈纶厂聚合车间设备副主任；维修车间副主任
1879	王政球	男	1976.4	汉族	化肥厂合成氨车间工艺副主任；安全环保科科长
1880	王芝红	女	1984.11	汉族	培训中心网络化教研室副主任；培训科副科长
1881	王直刚	男	1970.1	汉族	质量检验中心环保监测站主任；炼油化验车间主任
1882	王志滨	男	1957.3	汉族	水气厂材料供应站安全生产综合管理高级主管（正科级）
1883	王志刚	男	1974.3	汉族	塑料厂人事科（党委组织部）科长（部长）
1884	王志娟	女	1970.10	汉族	职工医院病理科副主任
1885	王志文	男	1960.9	汉族	客运中心客运三队党支部书记、正科级干部；客运二队正科级干部；客运服务中心客运二队正科级干部
1886	王志祥	男	1961.1	汉族	化肥厂尿素车间党支部书记；材料供应站安全生产综合管理高级主管（正科级）
1887	王志英	女	1964.11	汉族	物业管理中心兴化保安队正科级干部

序号	姓名	性别	出生年月	民族	曾任主要岗位
1888	王志岳	男	1979.1	汉族	炼油厂供水车间工艺副主任、工艺副主任兼车间安全环保总监
1889	王忠辉	男	1966.9	汉族	塑料厂成品一车间主任；包装制品车间主任、第二支部党支部书记（兼）
1890	王忠辉	男	1963.6	汉族	热电厂材料供应站安全生产综合管理高级主管（正科级）
1891	王舟林	男	1964.11	汉族	化工二厂材料供应站安全生产综合管理高级主管（正科级）
1892	王柱涛	男	1971.11	汉族	销售储运中心化肥装运车间副主任；化肥厂成品车间设备副主任
1893	王子荣	男	1962.10	回族	储运中心人事科（党委组织部）科长（部长）；仓储三车间安全生产综合管理高级主管（正科级）；装卸车间安全生产综合管理高级主管（正科级）；销售储运中心装卸车间安全生产综合管理高级主管（正科级）
1894	王子铮	男	1971.12	汉族	化工三厂乙苯脱氢车间副主任；苯乙烯联合车间副主任
1895	王梓宇	男	1982.8	汉族	销售储运中心团委书记；办公室（党委办公室）副主任（主持工作）
1896	王自玲	女	1969.2	汉族	热电厂材料供应站安全生产综合管理高级主管（正科级）
1897	王宗海	男	1985.3	汉族	化工一厂动力车间工艺副主任；加氢抽提联合一车间工艺副主任
1898	卫广生	男	1964.11	汉族	炼油厂常减压二车间党支部书记；材料供应站安全生产综合管理高级主管（正科级）
1899	魏庆	男	1980.3	汉族	销售储运中心党委组织员
1900	魏伟	男	1972.3	汉族	化肥厂机动科科长
1901	魏鑫	男	1981.11	汉族	实业公司雪龙涂料厂副厂长
1902	魏宝金	男	1968.9	汉族	化工三厂橡胶制品二车间副主任、安全总监、副主任（负责党支部全面工作）、党支部书记；橡胶制品一车间党支部书记、主任
1903	魏成国	男	1968.2	汉族	质量检验中心炼油化验车间工艺副主任
1904	魏洪波	女	1973.10	汉族	物业管理中心土地管理站党支部书记；龙凤三所党支部书记

续表

序号	姓名	性别	出生年月	民族	曾任主要岗位
1905	魏会斌	男	1963.1	汉族	离退休管理中心卧里屯服务站党支部书记兼卧里屯离退休党总支书记；兴化服务站党支部书记兼兴化服务站离退休党总支书记、正科级干部
1906	魏江东	男	1973.12	汉族	通讯中心客户营销收费站副站长
1907	魏强	男	1985.7	满族	化工二厂丙烯腈联合车间设备副主任
1908	魏士勇	男	1984.2	汉族	水气厂空分车间副主任；空分车间党支部书记兼副主任
1909	魏铁锋	男	1974.5	汉族	化工一厂工艺副总工程师
1910	魏文慧	女	1978.10	满族	职工医院大化社区卫生服务中心副主任
1911	魏西宁	女	1966.4	汉族	信息技术中心系统运营部副主任、副科级干部；检测信息技术中心系统运营部副科级干部
1912	魏小强	男	1984.8	汉族	化肥厂尿素车间工艺副主任
1913	魏鑫	男	1981.11	汉族	实业公司雪龙涂料厂副厂长、党支部书记
1914	魏延方	男	1961.3	汉族	信息技术中心人事科（党委组织部）科长（部长）；控制与网络工程部正科级干部；检测信息技术中心控制与网络工程部正科级干部
1915	魏永声	男	1964.1	朝鲜族	物资供应中心电气科科长；电仪科副科长（正科级）、科长；安全生产综合管理高级主管（正科级）
1916	魏永涛	男	1980.8	汉族	热电厂动力车间副主任；锅炉车间副主任、主任
1917	魏永新	女	1962.5	汉族	物资供应中心安全生产综合管理高级主管（正科级）
1918	魏云飞	男	1957.5	汉族	化肥厂材料供应站安全生产综合管理高级主管（正科级）
1919	魏云鹤	男	1970.10	汉族	职工医院厂前社区卫生服务中心主任
1920	魏长春	男	1967.5	汉族	质量检验中心办公室综合管理岗位高级主管（正科级）；质量检验中心原材料与腈纶化验车间安全生产综合管理高级主管（正科级）
1921	温广春	男	1966.10	汉族	腈纶厂质量安全环保科、安全环保科科长
1922	温海波	男	1968.5	汉族	化工三厂质管科科长兼机关第二党支部书记；工艺副总工程师
1923	温志军	男	1965.6	汉族	炼油厂企业文化科（党委宣传部、工会办公室、团委）科长（部长）（正科级）、党群工作部部长；材料供应站副主任（正科级）；安全生产综合管理高级主管（正科级）

续表

序号	姓名	性别	出生年月	民族	曾任主要岗位
1924	翁相佳	男	1957.8	汉族	化工二厂材料供应站安全生产综合管理高级主管（正科级）
1925	邬　萍	女	1968.4	汉族	餐饮服务中心雅迪威商务酒店客房部经理；化工三厂材料供应站安全生产综合管理主管（副科级）
1926	邬洪宇	男	1975.5	汉族	化工三厂仪表车间主任
1927	吴　刚	男	1966.8	汉族	质量检验中心人事科（党群工作部）工会干事岗位高级主管（正科级）；质量检验中心原材料与腈纶化验车间安全生产综合管理高级主管（正科级）
1928	吴　云	男	1964.3	汉族	热电厂材料供应站安全生产综合管理高级主管（正科级）
1929	吴　俭	男	1958.5	汉族	炼油厂材料供应站安全生产综合管理高级主管（正科级）
1930	吴　迪	男	1974.1	汉族	化建公司项目管理中心项目经理（副科级）；榆林项目部经理（三级副）
1931	吴　军	男	1967.1	汉族	化工二厂计划科科长；生产科副科长（正科级）
1932	吴　雷	男	1975.5	汉族	化建公司安全环保部副主任；安装四分公司副经理、党支部书记、经理
1933	吴　磊	男	1971.12	汉族	物资供应中心龙凤总库党支部书记；党群工作部主任；党委组织部、党群工作部副部长（三级正职）；人事科副科长（三级正职）；龙凤总库主任
1934	吴　强	男	1962.4	汉族	炼油厂供水车间主任；材料供应站安全生产综合管理高级主管（正科级）
1935	吴　涛	男	1963.4	汉族	热电厂机动科科长、副科长；材料供应站安全生产综合管理高级主管（正科级）
1936	吴　威	男	1984.10	汉族	塑料厂低压聚乙烯车间设备副主任
1937	吴阿丹	女	1974.1	满族	久隆房地产公司工程质量检测公司副经理；检测公司工程质量检测中心副主任、建筑工程质量检测中心副主任；机械厂建筑工程质量检测中心副主任；检测信息技术中心建筑工程质量检测中心副主任
1938	吴玢妍	女	1976.7	汉族	开发公司综合车间副主任；塑料厂编织袋成品车间副主任；包装制品车间生产副主任
1939	吴成凤	女	1967.11	汉族	腈纶厂聚合车间党支部书记；材料供应站安全生产综合管理高级主管（正科级）
1940	吴成宏	男	1965.1	汉族	炼油工程指挥部公用工程项目组副经理；热电厂材料供应站安全生产综合管理高级主管（正科级）

序号	姓名	性别	出生年月	民族	曾任主要岗位
1941	吴凤波	男	1962.3	汉族	热电厂材料供应站安全生产综合管理高级主管（正科级）
1942	吴建波	男	1965.2	汉族	培训中心办公室（党委办公室）主任；管理科科长
1943	吴金合	男	1967.12	汉族	久隆房地产公司营销中心主任；办公室副主任（正科级）；塑钢门窗厂副厂长（正科级）
1944	吴景辉	男	1965.10	汉族	久隆房地产公司客户服务中心主任；待售资产管理中心主任
1945	吴昆鹏	男	1982.3	汉族	化工一厂输转车间主任；加氢抽提联合一车间工艺副主任（正科级）
1946	吴连东	男	1971.8	汉族	机械厂运行车间副主任兼安全总监、党支部书记
1947	吴明亮	男	1984.7	汉族	塑料厂低压聚乙烯车间工艺副主任
1948	吴荣伟	男	1977.9	汉族	腈纶厂党群工作部团委书记
1949	吴士佳	男	1983.9	汉族	水气厂脱盐水车间副主任
1950	吴世平	男	1969.5	汉族	物业管理中心兴化物业四所党支部书记；龙凤物业五所党支部书记
1951	吴为民	男	1967.9	汉族	化工二厂供电车间副主任（正科级）、党支部书记；己烯-1车间党支部书记
1952	吴小峰	男	1982.12	汉族	水气厂供电车间副主任、主任
1953	吴晓辉	女	1971.10	汉族	信息技术中心外部项目部沈阳项目主任；销售部党支部书记兼副主任；检测信息技术中心销售部党支部书记兼副主任
1954	吴秀锋	男	1970.10	汉族	机械厂机加分厂副厂长（正科级）、厂长
1955	吴一晨	男	1962.4	汉族	检测公司计量检定二室副主任；材料供应站副科级干部　机械厂运行车间副科级干部
1956	吴永欣	男	1970.6	汉族	储运中心化肥装运车间主任；办公室（党委办公室）副主任（正科级）；销售储运中心办公室（党委办公室）副主任（正科级）
1957	吴玉海	男	1967.3	汉族	培训中心主任助理（正科级）
1958	吴云发	男	1964.6	汉族	消防支队气防站教导员、站长；三大队教导员、正科级干部；气防站安全生产综合管理高级主管（正科级）

序号	姓名	性别	出生年月	民族	曾任主要岗位
1959	吴增炎	男	1962.3	汉族	水气厂质量安全环保科、安全环保科副科长；现任材料供应站安全生产综合管理主管（副科级）
1960	吴兆利	男	1965.4	汉族	实业公司龙凤安装队党支部书记；管道配件厂副厂长；兴化安装队党支部书记
1961	吴宗文	男	1967.4	汉族	培训中心考试中心主任；学生科科长；培训科科长
1962	武文	男	1969.9	汉族	物业管理中心兴化物业五所副所长、党支部书记
1963	武景芝	女	1968.3	达斡尔族	腈纶厂毛条二车间党支部书记；材料供应站安全生产综合管理高级主管（正科级）
1964	武立秋	女	1976.2	汉族	化工三厂企业文化科（党委宣传部、监察室、工会办公室、团委）科长（部长）；党群工作部主任；党委组织员（三级正职）
1965	武文仲	男	1973.1	汉族	化建公司生产管理部主任；项目管理中心常务副经理（正科级）
1966	武秀华	女	1972.12	汉族	职工医院职业健康体检中心主任
1967	奚闻隆	男	1986.10	满族	水气厂空分车间副主任
1968	席晓	男	1982.2	汉族	信息技术中心MES项目部副主任；检测信息技术中心MES项目部副主任
1969	夏鲁刚	男	1975.6	汉族	化工三厂橡胶聚合一车间副主任；橡胶聚合联合车间副主任
1970	夏溥阳	男	1989.9	汉族	热电厂办公室（党委办公室）副主任
1971	夏英鑫	女	1972.9	汉族	水气厂人事科（党委组织部）党委组织员（正科级）；党群工作部主任；综合管理科（党群工作部）主任（正科级）
1972	夏志鹏	男	1971.10	汉族	储运中心调度室调度长；销售储运中心调度室调度长；生产部副主任（正科级）；安全生产部副主任（正科级）
1973	肖虹	女	1972.11	汉族	化工三厂仪表车间副主任
1974	肖勇	男	1980.1	汉族	炼油厂安全环保科副科长（正科级）；塑料厂工艺副总工程师
1975	肖宝光	男	1975.4	汉族	塑料厂全密度聚乙烯二车间设备副主任；维修车间主任；机动科科长
1976	肖春宝	男	1980.7	汉族	开发公司综合车间主任、党支部书记；编织袋车间主任；联合三车间主任

续表

序号	姓名	性别	出生年月	民族	曾任主要岗位
1977	肖 飞	男	1978.10	汉族	化建公司电仪二分公司副经理
1978	肖海庆	男	1972.8	汉族	机械厂营销中心副主任；财务科副科长
1979	肖金龙	男	1981.1	汉族	客运中心维修车间副主任；客运服务中心维修车间副主任；客运一队队长
1980	肖敬玉	女	1970.11	汉族	物业管理中心龙凤保安队党支部书记；兴化社区管理所党支部书记
1981	肖丽英	女	1963.10	汉族	职工医院企业文化科科长
1982	肖顺江	男	1964.1	汉族	物资供应中心龙凤接运队党支部书记；龙凤总库副主任（正科级）；配件科副科长（正科级）；安全生产综合管理高级主管（正科级）
1983	肖维泰	男	1963.4	汉族	塑料厂安全环保科科长兼质管科科长；安全环保科科长；材料站安全生产综合管理高级主管（正科级）
1984	肖文涛	男	1958.8	汉族	物资供应中心安全生产综合管理高级主管（正科级）
1985	肖旭峰	男	1963.9	汉族	化工三厂电气副总工程师；材料供应站安全生产综合管理高级主管（正科级）
1986	肖学斌	男	1962.1	汉族	热电厂维修二车间党支部书记；材料供应站安全生产综合管理高级主管（正科级）
1987	肖彦枫	女	1984.10	汉族	质量检验中心原材料检验车间副主任；环保监测站主任；原材料与腈纶化验车间主任
1988	谢 晖	男	1970.6	汉族	化工一厂芳烃联合车间工艺副主任；输转车间主任；输转联合车间主任
1989	谢道元	男	1962.11	汉族	消防支队三大队大队长、教导员、正科级干部；气防站安全生产综合管理高级主管（正科级）
1990	谢海舟	男	1983.8	汉族	炼油厂常减压联合车间工艺副主任、工艺副主任兼车间安全环保总监
1991	谢莉莉	女	1973.2	汉族	离退休管理中心兴化服务站副主任
1992	谢明洋	男	1963.3	汉族	热电厂材料供应站安全生产综合管理高级主管（正科级）
1993	谢小辉	女	1977.11	汉族	开发公司市场开发中心副主任；销售服务中心副主任
1994	谢月芹	女	1965.7	汉族	餐饮服务中心龙凤宾馆销售部经理
1995	谢志强	男	1973.9	汉族	腈纶厂供电车间副主任；仪表车间主任；电仪车间副主任（正科级）

续表

序号	姓名	性别	出生年月	民族	曾任主要岗位
1996	谢志松	男	1968.8	汉族	水气厂脱盐水二车间党支部书记；脱盐水车间党支部书记；供水车间党支部书记；污水一车间党支部书记；污水联合车间党支部书记
1997	辛 丽	女	1975.2	汉族	化建公司市场开发部副主任；项目管理中心副经理；经营开发部副主任
1998	信本龙	男	1968.9	汉族	炼油厂系统管网车间工艺副主任；供热空分联合车间工艺副主任兼车间安全环保总监
1999	邢 伟	男	1982.7	汉族	热电厂汽机车间副主任
2000	邢 芳	女	1978.4	汉族	机械厂技术设计中心副主任
2001	邢 辉	男	1977.3	汉族	化工三厂成品车间副主任、安全总监
2002	邢广智	男	1974.3	汉族	热电厂技术负责人副总工程师
2003	邢桂萍	女	1968.2	汉族	炼油厂常减压二车间设备副主任；安全生产综合管理高级主管（正科级）；机械厂副总工程师
2004	邢宏斌	男	1971.1	汉族	腈纶厂纺丝车间主任
2005	邢立新	男	1969.2	汉族	开发公司机动科科长；联合一车间主任
2006	邢林庆	男	1972.4	汉族	通讯中心乙烯电话站副站长；龙凤电话站副站长
2007	邢林松	男	1981.11	汉族	腈纶厂毛二车间副主任
2008	邢士轩	男	1965.6	汉族	塑料厂全密度聚乙烯一车间工艺副主任；技术科副科长
2009	邢祥林	男	1957.6	汉族	实业公司洪流清洗队正科级干部
2010	邢银玲	女	1974.5	汉族	热电厂企业文化科（党委宣传部、监察室、工会办公室、团委）科长（部长）、党群工作部主任
2011	熊国辉	男	1979.9	汉族	化工三厂橡胶聚合二车间副主任、安全总监
2012	熊淋涛	男	1986.1	汉族	炼油厂加氢一车间工艺副主任兼车间安全环保总监
2013	熊小凤	女	1973.10	汉族	餐饮服务中心销售总监；开发公司食堂管理中心主任、党支部书记；石化宾馆经理；客运服务中心食堂管理中心主任；石化宾馆经理、党支部书记
2014	修春来	男	1981.10	汉族	检测信息技术中心系统集成部副主任
2015	修德军	男	1963.2	汉族	物业管理中心龙凤城管大队副队长、副科级干部；物业管理督查大队安全生产综合管理（副科级）

续表

序号	姓名	性别	出生年月	民族	曾任主要岗位
2016	修金柱	男	1965.4	汉族	炼油厂供热空分车间工艺副主任；供热空分联合车间工艺副主任
2017	修亚杰	女	1967.7	汉族	职工医院感染性疾病科主任；防保科主任
2018	胥占凤	男	1981.10	汉族	化工二厂丁辛醇造气车间工艺副主任；安全环保科科长
2019	徐枫	男	1974.3	汉族	开发公司助剂车间副主任；车队党支部书记；销售服务中心党支部书记
2020	徐锋	男	1977.6	汉族	检测公司办公室（党委办公室）主任；机械厂办公室（党委办公室）副主任（正科级）；检测信息技术中心建筑工程质量检测中心党支部临时负责人（正科级）
2021	徐静	女	1973.8	汉族	水气厂计划科科长、副科长（正科级）
2022	徐时	女	1975.10	汉族	客运中心企业文化科（党委宣传部、监察室、工会办公室、团委）科长（部长）；党群工作部主任；客运服务中心党群工作部主任；综合管理科（党群工作部）机关党支部书记
2023	徐伟	男	1983.12	汉族	化建公司安装四分公司副经理；生产管理部副主任
2024	徐岩	男	1982.9	汉族	化工二厂丙烯腈车间工艺副主任；丙酮氰醇车间工艺副主任；丙烯腈联合车间工艺副主任
2025	徐杨	男	1981.10	汉族	久隆房地产公司开发策划科副科长；办公室（党委办公室）主任（科长）（副科级）；综合管理科（党群工作部）科长（主任）
2026	徐英	女	1963.8	汉族	通讯中心客户营销收费站正科级干部
2027	徐英	女	1972.2	汉族	物资供应中心企业文化科（党委宣传部、工会办公室、团委）团委书记、党群工作部副主任
2028	徐英	女	1965.1	汉族	检测公司计划经营科科长；材料供应站正科级干部；机械厂运行车间正科级干部；检测信息技术中心物资供应站正科级干部
2029	徐颖	女	1975.1	汉族	机械厂人事科（党委组织部）副科长（正科级）；技术设计中心党支部书记
2030	徐成刚	男	1965.5	汉族	物业管理中心龙凤机电车间党支部书记；物业管理督查大队督查员（正科级）
2031	徐成意	男	1962.7	汉族	久隆房地产公司物资供应站主任；物资供应站安全生产综合管理办公室高级主管（正科级）；塑钢门窗厂安全生产综合管理办公室高级主管（正科级）

续表

序号	姓名	性别	出生年月	民族	曾任主要岗位
2032	徐春雨	男	1980.2	汉族	职工医院感染性疾病科副主任
2033	徐德库	男	1962.2	汉族	物资供应中心副总经济师；安全生产综合管理主管（正科级）
2034	徐广海	男	1972.9	汉族	腈纶厂聚合车间主任；回收车间党支部书记；工艺副总工程师
2035	徐广松	男	1972.9	汉族	久隆房地产公司塑料制品有限公司（XPS板厂）副经理；商服管理中心副主任；待售资产管理中心副主任
2036	徐恒江	男	1968.3	汉族	塑料厂高压聚乙烯一车间设备副主任、主任；高压聚乙烯联合车间设备副主任（正科级）
2037	徐金龙	男	1964.12	汉族	炼油厂材料供应站副主任；常减压二车间设备副主任；材料供应站安全生产综合管理主管（副科级）
2038	徐靖平	男	1962.8	汉族	开发公司劲松公司废旧物资回收队副队长；材料供应站安全生产综合管理主管（副科级）；销售服务中心安全生产管理主管（副科级）
2039	徐立忠	男	1968.6	汉族	热电厂办公室（党委办公室、维稳办、保卫科）、办公室（党委办公室）主任；化学车间党支部书记；燃料车间党支部书记
2040	徐连生	男	1963.8	汉族	炼油厂系统管网车间设备副主任；安全生产综合管理主管（副科级）
2041	徐连忠	男	1968.5	汉族	物业管理中心兴化厂区绿化队队长；兴化绿化队队长；兴化保洁公司副经理（正科级）；物业管理督查大队副队长（正科级）
2042	徐清川	男	1972.1	汉族	能源管理中心能源收费站党支部副书记；物业管理中心能源收费站党支部副书记；龙凤城管大队长；计量收费站副主任（正科级）
2043	徐庆安	男	1969.8	汉族	化建公司经营计划部副主任；项目管理中心项目经理（正科级，借经营开发部任副主任）
2044	徐仁飞	男	1985.2	汉族	炼油厂加氢一车间工艺副主任、工艺副主任兼车间安全环保总监
2045	徐世杰	男	1971.7	汉族	塑料厂成品一车间副主任
2046	徐淑芹	女	1968.5	汉族	热电厂材料供应站安全生产综合管理高级主管（正科级）
2047	徐松波	男	1967.10	汉族	化工三厂SAN车间副主任、安全总监；SAN联合车间副主任、安全总监

序号	姓名	性别	出生年月	民族	曾任主要岗位
2048	徐卫东	男	1971.4	汉族	炼油厂办公室（党委办公室、维稳办、保卫科）主任（科长）；办公室（党委办公室）主任（科长）；炼油厂厂长助理（正科级）
2049	徐行术	男	1963.10	汉族	物业管理中心经营管理科科长；物业管理督查大队督查员（正科级）、正科级干部；物业管理督查大队安全生产综合管理（正科级）
2050	徐亚丽	女	1963.6	汉族	物业管理中心绿化环卫科正科级干部
2051	徐彦明	男	1959.11	汉族	炼油厂材料供应站安全生产综合管理高级主管（正科级）
2052	徐迎福	男	1963.4	汉族	保卫部办公室（党委办公室）主任、监控指挥中心正科级干部；机关保卫大队高级主管（正科级）
2053	徐元东	男	1969.3	汉族	物资供应中心仪表科科长；电仪科科长；配件科科长
2054	徐云英	女	1975.3	汉族	通讯中心乙烯电话站站长
2055	徐战卫	男	1979.8	汉族	机械厂阀门修造分厂副厂长、安全总监
2056	徐振龙	男	1986.10	汉族	化建公司安装四分公司副经理；安装三分公司经理
2057	徐振武	男	1965.4	汉族	炼油厂制蜡一车间党支部书记兼工艺副主任；材料供应站安全生产综合管理高级主管（三级正职）
2058	徐忠国	男	1967.5	汉族	化肥厂电气副总工程师
2059	许冰海	男	1972.6	满族	腈纶厂维修车间副主任、党支部书记
2060	许崇文	男	1966.8	汉族	机械厂压力元件分厂党支部书记；设备维修分厂党支部书记
2061	许传平	男	1963.8	汉族	培训中心人事科（党委组织部）科长（部长）；党校与企业管理教研室正科级干部
2062	许贵成	男	1963.12	汉族	腈纶厂维修车间党支部书记；材料供应站安全生产综合管理高级主管（正科级）
2063	许加实	男	1984.8	汉族	化建公司综合管理部（党群工作部）副主任
2064	许立平	男	1964.2	汉族	实业公司施工管理部施工预算兼质检（正科级）；塑龙公司安全生产综合管理高级主管（正科级）
2065	许庆亮	男	1980.2	汉族	腈纶厂毛二车间副主任；毛条车间副主任
2066	许天国	男	1970.5	汉族	职工医院烧伤整形美容科主任
2067	许长辉	男	1980.8	汉族	炼油厂技术科副科长

续表

序号	姓名	性别	出生年月	民族	曾任主要岗位
2068	许志刚	男	1973.1	汉族	炼油厂成品车间设备副主任
2069	宣朝娟	女	1971.8	汉族	物业管理中心托幼管理所所长
2070	宣明欣	男	1964.5	汉族	热电厂材料供应站安全生产综合管理高级主管（正科级）
2071	薛莹	男	1976.5	汉族	水气厂脱盐水二车间副主任；工业水车间副主任；脱盐水车间副主任
2072	薛智	男	1956.6	汉族	质量检验中心树脂化验车间正科级干部
2073	薛大庆	男	1965.4	汉族	热电厂材料供应站安全生产综合管理高级主管（正科级）
2074	薛和平	女	1962.8	汉族	检测公司安全仪器检测室副科级干部；机械厂安全仪器检测室副科级干部
2075	薛继庆	男	1974.5	汉族	化建公司检修分公司副经理；安装三分公司副经理；安装二分公司副经理
2076	薛平泰	男	1972.5	汉族	久隆房地产公司塑料制品有限公司（XPS板厂）党支部书记；商服管理中心党支部书记；物资供应站党支部书记；物资供应站副主任；塑钢门窗厂副厂长
2077	薛岐明	男	1957.3	汉族	热电厂材料供应站安全生产综合管理高级主管（正科级）
2078	薛庆维	男	1982.1	汉族	物资供应中心电仪科副科长
2079	薛瑞艳	女	1966.3	汉族	热电厂材料供应站安全生产综合管理高级主管（正科级）
2080	薛宪彬	男	1975.2	汉族	机械厂容器制造车间副主任
2081	荀晶	女	1968.7	汉族	职工医院中医科主任
2082	闫城	男	1976.7	汉族	物业管理中心龙凤保安队副队长；卧里屯物业二所党支部书记
2083	闫伟	男	1962.8	汉族	化工一厂维修车间副主任（正科级）；材料供应站安全生产综合管理高级主管（正科级）
2084	闫伯鸿	男	1968.6	汉族	炼油厂供水车间工艺副主任兼车间安全总监
2085	闫德强	男	1965.9	满族	化工三厂合成树脂研究室党支部书记；ABS车间党支部副书记（正科级）
2086	闫凤芹	女	1968.10	汉族	化工一厂芳烃联合车间党支部书记；材料供应站安全生产综合管理高级主管（正科级）

续表

序号	姓名	性别	出生年月	民族	曾任主要岗位
2087	闫海涛	男	1970.6	汉族	机械厂设备诊断与节能监测中心副主任；设备诊断与防护监测中心副主任、安全总监
2088	闫海英	女	1968.12	汉族	久隆房地产公司企业文化科（党委宣传部、工会办公室、团委）科长（部长）；党群工作部主任；物资供应站安全生产综合管理办公室高级主管（正科级）；塑钢门窗厂安全生产综合管理办公室高级主管（正科级）
2089	闫少义	男	1965.7	汉族	炼油厂安全环保科副科长兼项目筹备办公室副主任（正科级）；材料供应站材料管理岗位高级主管（正科级）
2090	闫世昌	男	1969.6	汉族	信息技术中心控制与网络工程部主任；主任助理兼控制与网络工程部主任；主任助理兼中心外部项目部云南项目主任；检测信息技术中心技术负责人主任助理
2091	闫文丽	女	1965.12	汉族	腈纶厂材料供应站安全生产综合管理高级主管（正科级）
2092	闫琇峰	男	1973.2	汉族	塑料厂高压聚乙烯二车间主任
2093	闫玉函	女	1985.3	汉族	客运服务中心党群工作部团委书记兼宣传、企业文化；综合管理科（党群工作部）团委书记兼纪检
2094	闫兆麟	男	1966.6	汉族	化工一厂仪表车间副主任、党支部书记兼副主任、党支部书记、主任
2095	闫振龙	男	1970.12	汉族	化肥厂仪表车间副主任
2096	闫宗宇	男	1961.1	汉族	开发公司助剂车间副主任；材料供应站安全生产综合管理高级主管（正科级）；销售服务中心安全生产管理高级主管（正科级）
2097	严 伟	男	1973.3	汉族	化工一厂电仪科科长；机动科副科长（正科级）
2098	严卫国	男	1973.3	汉族	化工一厂输转车间设备副主任；芳烃抽提车间设备副主任；加氢抽提联合二车间设备副主任；加氢抽提联合车间设备副主任
2099	严晓敏	女	1965.5	汉族	热电厂材料供应站安全生产综合管理高级主管（正科级）
2100	阎峰华	男	1968.3	汉族	化肥厂合成氨车间主任
2101	颜井国	男	1968.12	汉族	化建公司电气二分公司副经理；电气一分公司副经理；电仪一分公司副经理
2102	颜景维	男	1964.2	汉族	物资供应中心地材库党支部书记；龙凤总库副主任（正科级）；安全生产综合管理高级主管（正科级）

续表

序号	姓名	性别	出生年月	民族	曾任主要岗位
2103	杨 斌	男	1965.9	汉族	物资供应中心化工科副科长
2104	杨 夺	男	1984.11	汉族	炼油厂成品车间工艺副主任
2105	杨 红	女	1971.6	回族	物业管理中心托幼管理所党支部书记
2106	杨 红	女	1981.5	汉族	储运中心管理部副主任；化工销售部副主任；销售储运中心化工销售部副主任
2107	杨 季	男	1971.5	汉族	炼油厂企业文化科（党委宣传部、工会办公室、团委）工会干事主管（副科级）、党群工作部工会干事主管（副科级）；车队党支部书记；办公室（党委办公室）副主任（三级正职）
2108	杨 军	女	1968.12	汉族	热电厂材料供应站安全生产综合管理高级主管（正科级）
2109	杨 莉	女	1970.7	汉族	能源管理中心能源收费站副主任；物业管理中心能源收费站副主任；兴化能源计量车间副主任；计量收费站副主任
2110	杨 亮	男	1985.11	汉族	质量检验中心人事科（党群工作部）团委书记（副科级）；质量检验中心原材料与腈纶化验车间副主任
2111	杨 密	男	1965.5	汉族	化建公司市场开发部辽宁分公司副经理；项目管理中心辽宁分公司副经理（借用到龙油项目部负责经营）、项目管理中心安全生产综合管理主管（副科级）
2112	杨 敏	女	1977.9	汉族	腈纶厂企业文化科（党委宣传部、监察室、工会办公室、团委）科长；党群工作部主任
2113	杨 明	男	1970.12	汉族	炼油厂动力站党支部书记；炼油项目管理办公室项目HSE管理高级主管（正科级）
2114	杨 攀	男	1979.4	汉族	通讯中心数据业务维护站副站长；生产技术服务副科长
2115	杨 平	男	1964.3	汉族	化工三厂办公室（党委办公室、维稳办、保卫科）主任（科长）、办公室（党委办公室）主任；材料供应站安全生产综合管理高级主管（正科级）
2116	杨 威	男	1978.12	满族	销售储运中心化工销售部副主任
2117	杨 阳	女	1975.3	汉族	物业管理中心龙凤保洁公司经理
2118	杨 洋	男	1982.11	汉族	塑料厂供电车间主任
2119	杨 义	男	1960.4	汉族	炼油厂材料供应站党支部书记；安全生产综合管理高级主管（正科级）

序号	姓名	性别	出生年月	民族	曾任主要岗位
2120	杨　咏	男	1983.9	汉族	化工一厂系统车间工艺副主任；输转联合车间工艺副主任
2121	杨　勇	男	1981.10	汉族	实业公司房屋租赁管理中心副主任
2122	杨　勇	男	1979.12	汉族	物业管理中心机动设备科副科长；龙凤生产运行车间副主任
2123	杨　志	男	1980.7	汉族	化建公司安装二分公司副经理、党支部书记兼副经理
2124	杨滨祖	男	1971.4	汉族	化建公司项目管理中心项目经理（副科级，借用到氮气线项目部任项目经理）
2125	杨　波	男	1971.11	汉族	机械厂运行车间副主任、安全总监
2126	杨部庆	男	1978.6	汉族	塑料厂维修车间副主任
2127	杨春潮	男	1971.3	汉族	客运中心运行经营科科长；客运服务中心运行经营科科长
2128	杨春雷	男	1984.11	汉族	化建公司安装四分公司副经理
2129	杨德永	男	1966.9	汉族	化建公司建筑分公司副经理（正科级）（借任化建公司市场开发部山西侯马项目部项目经理、肇东项目部任项目经理、龙油项目部土建施工经理）
2130	杨恩军	男	1958.3	汉族	客运中心客运二队正科级干部
2131	杨福胜	男	1969.2	汉族	腈纶厂纺丝车间副主任
2132	杨贵君	男	1968.6	汉族	物资供应中心原料科副科长（正科级）；化工科副科长
2133	杨桂禹	女	1973.4	汉族	餐饮服务中心石化宾馆客房部经理；开发公司石化宾馆客房部经理；客运服务中心石化宾馆客服部经理（副科级）；石化宾馆副经理
2134	杨国君	男	1964.5	汉族	化工三厂橡胶聚合一车间党支部书记；材料供应站安全生产综合管理高级主管（正科级）
2135	杨海滔	男	1972.2	汉族	化建公司仪表一分公司副经理；司电仪二分公司副经理、经理
2136	杨海元	男	1957.12	汉族	消防支队防火科科长
2137	杨鹤红	女	1981.2	汉族	培训中心鉴定中心副主任
2138	杨恒伟	男	1964.5	汉族	化建公司市场开发部榆林分公司经理（副科级）；项目管理中心榆林分公司经理（副科级）；项目管理中心辽宁分公司党支部负责人兼职副经理（副科级）；检修分公司安全生产综合管理办公室安全生产综合管理主管（副科级）

序号	姓名	性别	出生年月	民族	曾任主要岗位
2139	杨红军	男	1973.5	汉族	炼油厂维修二车间副主任；维修车间副主任
2140	杨洪彪	男	1971.1	汉族	餐饮服务中心雅迪威商务酒店党支部书记
2141	杨洪喜	男	1963.9	汉族	培训中心鉴定中心副主任（正科级）；技能鉴定中心正科级干部
2142	杨鸿伟	男	1979.5	汉族	实业公司雪龙涂料厂副厂长、厂长
2143	杨鸿翔	男	1973.10	回族	化工一厂安全环保科副科长（正科级）、科长；系统车间主任；输转联合车间设备副主任（正科级）
2144	杨会明	男	1981.6	汉族	机械厂容器制造车间副主任；办公室（党委办公室）副主任；营销中心主任
2145	杨家靖	男	1985.3	汉族	塑料厂线性聚乙烯车间工艺副主任；全密度聚乙烯联合车间工艺副主任、主任
2146	杨建华	男	1964.10	汉族	化建公司项目管理中心项目经理（正科级）；特种设备安装维修分公司副经理（党支部负责人）（正科级）、党支部书记；检修分公司安全生产综合管理办公室安全生产综合管理高级主管（正科级）
2147	杨剑波	男	1968.5	汉族	机械厂后处理车间副主任；容器制造车间副主任；计量检定测试中心副主任、党支部副书记、党支部书记
2148	杨金兰	女	1963.8	汉族	水气厂材料供应站安全生产综合管理高级主管（正科级）
2149	杨开远	男	1962.12	汉族	机械厂营销中心销售管理高级主管（正科级）；运行车间正科级干部
2150	杨科雷	男	1971.6	汉族	塑料厂安全环保科副科长；计划科科长；安全环保科科长；装运车间副主任（三级正职）
2151	杨磊	男	1992.2	汉族	炼油厂动力站工艺副主任
2152	杨立忠	男	1968.6	汉族	物资供应中心龙凤总库副主任、党支部书记（副科级）、安全总监、党支部书记（副科级）、安全总监、党支部书记（正科级）
2153	杨丽华	女	1972.5	汉族	腈纶厂毛条二车间工艺副主任；毛条一车间主任；毛条车间主任；销售服务中心主任
2154	杨连志	男	1963.10	汉族	物业管理中心龙凤物业一所党支部书记、正科级干部；物业管理督查大队安全生产综合管理（正科级）
2155	杨敏建	男	1983.9	汉族	热电厂电气车间副主任
2156	杨楠楠	女	1975.3	汉族	离退休管理中心老年大学教务管理室副主任

序号	姓名	性别	出生年月	民族	曾任主要岗位
2157	杨培敏	男	1963.2	汉族	热电厂材料供应站安全生产综合管理高级主管（正科级）
2158	杨庆晖	男	1973.11	汉族	化建公司安装三分公司副经理、党支部书记兼副经理
2159	杨庆莉	女	1965.3	汉族	通讯中心青龙山电话站党支部书记；客户营销收费站正科级干部；信息技术中心通讯业务代维站正科级干部；检测信息技术中心通讯业务代维站正科级干部
2160	杨庆玉	男	1962.11	汉族	检测公司材料供应站主任、正科级干部；机械厂运行车间正科级干部；检测信息技术中心物资供应站正科级干部
2161	杨生辉	男	1967.6	汉族	职工医院皮肤科主任
2162	杨淑华	女	1963.2	蒙古族	职工医院厂前社区党支部书记
2163	杨淑敏	男	1962.9	汉族	化建公司包头分公司副经理；特种设备安装维修分公司副经理；检修分公司安全生产综合管理办公室安全生产综合管理主管（副科级）
2164	杨淑贤	女	1970.10	汉族	职工医院电诊一科主任；电诊科主任
2165	杨树林	男	1965.3	汉族	化建公司仪表二分公司副经理；电仪四分公司副经理
2166	杨铁岭	男	1960.9	汉族	炼油厂计量中心党支部书记；材料供应站安全生产综合管理主管（正科级）
2167	杨文良	男	1956.12	汉族	物业管理中心维修车间副科级干部
2168	杨文生	男	1967.8	汉族	机械厂运行车间副主任
2169	杨晓军	男	1967.12	汉族	物资供应中心安全副总监（正科级）
2170	杨晓利	男	1966.4	汉族	化工二厂己烯-1车间党支部书记；丁辛醇造气车间党支部书记
2171	杨晓明	男	1969.3	汉族	餐饮服务中心食堂科行政总厨（副科级）；化肥厂仪表车间副主任；仪表车间党支部副书记、党支部书记
2172	杨晓明	女	1967.4	汉族	热电厂材料供应站安全生产综合管理高级主管（正科级）
2173	杨晓鹏	男	1965.7	汉族	化建公司项目管理中心项目经理（副科级，借用修保分公司协助生产管理）；鄂尔多斯分公司党支部负责人兼副经理（副科级）、党支部书记兼副经理（副科级）；检修分公司副经理
2174	杨晓岩	男	1966.3	汉族	炼油厂供电车间副主任；炼油项目管理办公室项目电仪管理主管（副科级）

序号	姓名	性别	出生年月	民族	曾任主要岗位
2175	杨妍晔	女	1974.6	汉族	化工一厂供电车间副主任（正科级）
2176	杨易朋	男	1975.4	汉族	炼油厂计量中心副主任；仪表车间副主任兼车间安全环保总监
2177	杨永达	男	1964.4	汉族	信息技术中心系统集成部党支部书记兼副主任；检测信息技术中心系统集成部正科级干部
2178	杨永嘉	男	1985.1	汉族	炼油厂供电车间副主任、副主任兼车间安全环保总监
2179	杨羽林	男	1969.2	汉族	离退休管理中心厂西活动室主任；龙凤服务站主任
2180	杨羽庆	男	1980.7	汉族	化工三厂技术科副科长；生产技术科副科长
2181	杨玉芬	女	1964.11	汉族	炼油厂材料供应站安全生产综合管理主管（副科级）
2182	杨玉杰	女	1962.4	汉族	培训中心炼化教研室副科级干部
2183	杨玉胜	男	1968.12	汉族	消防支队办公室（党委办公室）主任
2184	杨玉种	男	1971.10	汉族	实业公司光华机电厂党支部副书记、党支部书记
2185	杨跃龙	男	1958.2	汉族	炼油厂材料供应站安全生产综合管理高级主管（正科级）
2186	杨云浩	男	1988.7	汉族	化工一厂企业文化科（党委宣传部、监察室、工会办公室、团委）团委书记；党群工作部团委书记（副科级）；芳烃联合车间党支部负责人、党支部书记；人事科（组织部）科长（部长）
2187	杨云森	男	1967.11	汉族	热电厂材料供应站安全生产综合管理高级主管（正科级）
2188	杨珍波	男	1983.1	汉族	化肥厂合成氨车间工艺副主任
2189	杨振波	男	1984.2	汉族	炼油厂催化重整车间工艺副主任
2190	杨志成	男	1970.8	汉族	物资供应中心建材科科长；材料科科长
2191	杨志刚	男	1970.11	汉族	化工二厂安全环保科副科长；丙烯腈联合车间副主任
2192	杨志强	男	1972.11	汉族	消防支队战训科科长
2193	杨中国	男	1959.10	汉族	化工二厂材料供应站安全生产综合管理高级主管（正科级）
2194	杨忠志	男	1967.7	汉族	炼油厂气体原料车间工艺副主任；炼油项目管理办公室项目工艺管理主管（副科级）
2195	姚 君	男	1962.6	汉族	能源管理中心龙凤能源监察大队队长；物业管理中心龙凤能源监察大队队长、正科级干部；物业管理督查大队安全生产综合管理（正科级）

序号	姓名	性别	出生年月	民族	曾任主要岗位
2196	姚　平	女	1962.3	汉族	客运中心汽运队副科级干部
2197	姚斗春	男	1972.4	汉族	腈纶厂供电车间副主任；电仪车间副主任
2198	姚海辉	男	1972.5	汉族	化建公司安装一分公司经理；企业文化部（党委宣传部、工会、团委）主任（部长）；党群工作部主任；人力资源部（党委组织部）主任
2199	姚晗曦	男	1974.5	汉族	机械厂营销中心副主任
2200	姚红梅	女	1971.1	汉族	储运中心仓储一车间党支部书记；仓储二车间党支部书记；化工三厂橡胶制品二车间党支部副书记（正科级）
2201	姚士民	男	1965.12	汉族	化工二厂仪表车间党支部书记〔借调信息技术中心控制与网络工程部（云南）工作〕
2202	姚淑杰	女	1973.11	汉族	实业公司财务资产部副主任
2203	叶　莉	女	1966.11	汉族	物业管理中心物业管理督查大队督查员（正科级）、正科级干部；物业管理安全生产综合管理（正科级）
2204	叶海滨	男	1957.11	汉族	信息技术中心办公室正科级干部
2205	叶立波	男	1960.11	汉族	热电厂材料供应站安全生产综合管理高级主管（正科级）
2206	叶明香	女	1966.6	汉族	物业管理中心苗圃主任；土地管理站正科级干部；物业管理督查大队安全生产综合管理（正科级）
2207	叶文美	女	1967.12	汉族	客运中心人事科（党委组织部）科长（部长）；物资供应站正科级干部；客运服务中心客运一队正科级干部；食堂管理中心安全生产综合管理（正科级）
2208	衣殿学	男	1965.2	汉族	化建公司企业文化部（党委宣传部、工会、团委）主任（部长）；质量管理部主任；质量安全环保部主任；项目管理中心安全生产管理高级主管（正科级）
2209	衣彦武	男	1962.1	汉族	物业管理中心兴化保洁公司经理、正科级干部；物业管理督查大队安全生产综合管理（正科级）
2210	易国中	男	1978.9	汉族	化肥厂合成氨车间工艺副主任、主任
2211	殷国成	男	1980.11	汉族	机械厂备料车间（材料供应站）副主任；安全科副科长；安全环保科科长；设备安全管理科科长
2212	尹　英	女	1972.8	汉族	职工医院护理部总护士长（副科级）、主任
2213	尹　勇	男	1975.3	汉族	炼油厂硫磺回收车间党支部书记；延迟焦化车间党支部书记、党支部书记兼设备副主任

续表

序号	姓名	性别	出生年月	民族	曾任主要岗位
2214	尹德高	男	1976.11	汉族	物业管理中心物业服务科副科长；兴化生产运行车间副主任、主任
2215	尹洪江	男	1973.9	汉族	化工一厂维修车间工艺副主任
2216	尹建民	男	1963.3	汉族	水气厂工业水车间主任；材料供应站安全生产综合管理高级主管（正科级）
2217	尹庆龙	男	1971.6	汉族	炼油厂办公室（党委办公室、维稳办、保卫科）、办公室（党委办公室）企管、保卫、综治与维稳管理主管（副科级）
2218	尹燕磊	女	1981.1	汉族	化工一厂人事科（组织部）党委组织员（副科级）；输转车间党支部书记；碳四联合车间党支部书记
2219	印大伟	男	1973.9	汉族	热电厂锅炉车间主任
2220	永 群	男	1965.5	汉族	质量检验中心人事科（党群工作部）工会干事岗位主管（副科级）；质量检验中心原材料与腈纶化验车间安全生产综合管理主管（副科级）
2221	由维峰	男	1963.11	汉族	腈纶厂材料供应站主任；材料供应站安全生产综合管理高级主管（正科级）
2222	于 飞	男	1979.1	汉族	化工三厂ABS车间副主任；综合车间党支部临时负责人、党支部书记；维修车间主任
2223	于 洪	男	1976.5	满族	炼油厂输转车间主任；安全环保科科长
2224	于 江	男	1984.6	汉族	塑料厂高压聚乙烯二车间工艺副主任；高压聚乙烯联合车间工艺副主任
2225	于 杰	男	1963.5	汉族	塑料厂全密度聚乙烯二车间党支部书记；材料站安全生产综合管理高级主管（正科级）
2226	于 雷	男	1967.2	汉族	久隆房地产公司工程质量检测公司经理；检测公司工程质量检测中心主任、建筑工程质量检测中心主任；机械厂建筑工程质量检测中心主任；检测信息技术中心建筑工程质量检测中心主任
2227	于 利	男	1964.12	汉族	热电厂维修二车间主任；维修车间副主任
2228	于 良	男	1983.5	汉族	炼油厂催化重整车间设备副主任
2229	于 权	男	1964.4	汉族	储运中心仓储二车间副主任；仓储三车间安全生产综合管理主管（副科级）；化工三厂材料供应站安全生产综合管理主管（副科级）
2230	于 水	男	1982.5	汉族	化工一厂调度室调度长

序号	姓名	性别	出生年月	民族	曾任主要岗位
2231	于 洋	男	1983.3	汉族	检测公司计量检定二室副主任；机械厂计量检定二室副主任；计量检定测试中心主任
2232	于 滢	男	1981.10	汉族	质量检验中心腈纶化验车间副主任；原材料与腈纶化验车间副主任、主任；质量检验中心化工化验车间主任
2233	于 勇	男	1975.1	汉族	客运中心客运二队队长；客运服务中心办公室（党委办公室）主任；综合管理科（党群工作部）科长（主任）
2234	于 张	男	1981.5	汉族	化建公司电气一分公司副经理；生产管理部副主任
2235	于 征	女	1972.6	汉族	质量检验中心水气化验车间副主任；炼油化验车间副主任
2236	于称海	男	1973.5	汉族	物业管理中心卧里屯物业一所党支部书记；兴化机电车间党支部书记
2237	于称泽	男	1972.3	汉族	化工三厂SAN车间副主任（正科级）、副主任（负责党支部全面工作，正科级）、党支部书记；SAN联合车间党支部书记
2238	于成志	男	1964.6	汉族	检测公司化学分析室主任；无损检测室主任；生产第一联合党支部书记（兼）；检测信息技术中心工程技术检测室正科级干部
2239	于传玉	男	1976.12	汉族	炼油厂机车车间生产副主任兼车间安全环保总监
2240	于春华	女	1962.10	汉族	职工医院门诊二部主任
2241	于春林	男	1965.4	汉族	化建公司特种设备安装维修分公司经理；特种设备安装维修分公司党支部临时负责人（正科级）；项目管理中心安全生产高级主管（正科级）
2242	于大江	男	1964.10	汉族	职工医院儿二科主任；儿科副主任（正科级）
2243	于德香	女	1963.5	汉族	职工医院科教科科长
2244	于广延	男	1962.3	汉族	久隆房地产公司办公室（党委办公室、维稳办、保卫科）副主任（副科长）（正科级）、办公室（党委办公室）副主任（正科级）；物资供应站安全生产综合管理办公室高级主管（正科级）
2245	于广志	男	1976.9	汉族	实业公司兴化安装队队长
2246	于国彬	男	1966.5	汉族	能源管理中心办公室（党委办公室）主任；物业管理中心办公室（党委办公室）副主任（正科级）；维修车间副主任（正科级）、主任

续表

序号	姓名	性别	出生年月	民族	曾任主要岗位
2247	于国军	男	1979.7	汉族	炼油厂计量中心副主任兼安全总监、主任；人事科（党委组织部）科长（部长）
2248	于国志	男	1972.8	汉族	储运中心化肥装运车间党支部书记；销售储运中心化肥装运车间党支部书记；化肥厂成品车间党支部副书记
2249	于海滨	男	1965.1	汉族	职工医院神经外科主任
2250	于海洋	男	1974.12	汉族	消防支队四大队教导员、消防一大队教导员
2251	于洪晶	女	1972.11	汉族	化工三厂人事科（党委组织部）党委组织员（副科级）；橡胶聚合一车间党支部书记；橡胶聚合联合车间党支部副书记（三级正职）、党总支副书记（三级正职）
2252	于继尧	男	1972.12	汉族	餐饮服务中心人事科综合管理（正科级）；客运服务中心食堂管理中心食堂管理（正科级）
2253	于家涛	男	1983.5	汉族	化工一厂裂解车间生产副主任
2254	于金宇	男	1980.3	汉族	储运中心人事科（党委组织部）党委组织员（副科级）；人事科（党委组织部）科长（部长）
2255	于俊才	男	1981.12	汉族	化建公司安装三分公司副经理；检修分公司副经理、经理
2256	于明洋	男	1969.5	汉族	物业管理中心龙凤绿化队队长；龙凤保洁公司经理
2257	于鹏飞	男	1984.9	汉族	炼油厂酮苯糠醛车间设备副主任；润滑油联合车间设备副主任
2258	于 强	男	1989.3	汉族	炼油厂纪检员、团委书记
2259	于庆国	男	1962.5	汉族	离退休管理中心党群工作部主任、正科级干部
2260	于生洋	男	1964.12	满族	物业管理中心兴化机电车间副主任
2261	于胜海	男	1974.11	汉族	信息技术中心研发部党支部书记兼副主任、主任兼党支部书记；检测信息技术中心研发部主任
2262	于淑艳	女	1974.4	汉族	机械厂人事科（党委组织部）党委组织员兼纪检员（正科级）；机关党支部书记（兼）
2263	于水涛	男	1979.7	汉族	塑料厂仪表车间党支部书记（副科级）
2264	于文军	男	1971.6	汉族	保卫部守卫一大队队长；守卫二大队队长
2265	于晓辉	男	1958.1	汉族	机械厂人事科正科级干部；运行车间正科级干部
2266	于晓艳	女	1978.4	汉族	机械厂企业文化科（党委宣传部、监察室、工会办公室、团委）团委书记兼工会干事（副科级）；党群工作部团委书记兼工会（副科级）

序号	姓名	性别	出生年月	民族	曾任主要岗位
2267	于秀珍	女	1964.2	汉族	腈纶厂材料供应站安全生产综合管理高级主管（正科级）
2268	于延庆	男	1964.7	汉族	化工二厂供电车间党支部书记；材料供应站副主任（正科级）、安全生产综合管理高级主管（正科级）
2269	于艳萍	女	1973.7	汉族	物业管理中心龙凤保洁公司副经理、党支部书记
2270	于长宇	男	1966.6	汉族	炼油厂蜡脱油车间党支部书记；润滑油联合车间党支部副书记
2271	于志祥	男	1968.1	汉族	化肥厂供电车间副主任
2272	于志远	男	1981.3	汉族	质量检验中心安全生产技术科副科长；原材料检验车间主任；原材料与腈纶化验车间主任；质量检验中心化肥化验车间主任；质量检验中心树脂与化肥化验车间副主任（正科级）
2273	于智慧	男	1982.5	汉族	塑料厂成品二车间副主任
2274	于忠文	男	1973.12	汉族	储运中心运输部副主任（正科级）；生产科副科长（正科级）；安全环保科科长；销售储运中心安全环保科科长；炼油销售部副主任（正科级）
2275	余　静	男	1984.5	土家族	化工一厂芳烃联合车间工艺副主任、主任
2276	余廷友	男	1960.4	汉族	化工二厂材料供应站安全生产综合管理高级主管（正科级）
2277	俞云松	男	1983.4	汉族	化工一厂裂解车间设备副主任；维修车间主任；裂解车间设备副主任（正科级）
2278	郁兰锋	男	1961.3	汉族	炼油厂常减压一车间工艺副主任（正科级）；材料供应站安全生产综合管理高级主管（正科级）
2279	郁向民	男	1976.6	汉族	化工一厂加氢抽提一车间设备副主任；加氢抽提联合一车间设备副主任；加氢抽提一车间主任；加氢抽提联合车间设备副主任（正科级）
2280	袁　辉	男	1966.2	汉族	储运中心仓储三车间主任；塑料厂成品二车间副主任（正科级）
2281	袁　建	男	1974.4	汉族	化工三厂维修车间主任；机动科科长
2282	袁　麒	男	1965.1	汉族	培训中心维稳办（保卫科）副主任（副科长）；保卫科副科长、科长；办公室副主任（正科级）
2283	袁　冶	女	1984.10	汉族	机械厂备料车间（材料供应站）副主任（副站长）

续表

序号	姓名	性别	出生年月	民族	曾任主要岗位
2284	袁成华	男	1958.12	汉族	消防支队二大队教导员、正科级干部
2285	袁传宝	男	1963.1	汉族	能源管理中心龙凤运行车间副主任；物业管理中心龙凤生产运行车间副主任、副科级干部；物业管理督查大队安全生产综合管理（副科级）
2286	袁定伟	男	1975.5	汉族	机械厂企业文化科（党委宣传部、监察室、工会办公室、团委）科长（部长）；机关党支部书记（兼）；党群工作部主任；设备维修分厂副主任（正科级）、党支部书记；容器制造车间党支部书记
2287	袁法君	男	1963.11	汉族	通讯中心龙凤电话站党支部书记；乙烯电话站党支部书记；化工一厂材料供应站安全生产综合管理高级主管（正科级）
2288	袁俊昌	男	1962.9	汉族	炼油厂材料供应站主任、安全生产综合管理高级主管（正科级）
2289	袁淑杰	女	1962.3	汉族	质量检验中心化肥化验车间正科级干部
2290	袁晓明	男	1964.2	汉族	化建公司市场开发部鄂尔多斯分公司党支部副职负责人兼副经理（副科级）；市场开发部电仪分公司副经理；项目管理中心电仪分公司副经理；电气一分公司副经理；电仪一分公司副经理；检修分公司安全生产综合管理办公室安全生产综合管理主管（副科级）
2291	袁学军	男	1963.5	汉族	物业管理中心苗圃副主任；土地管理站副主任、副科级干部；物业管理督查大队安全生产综合管理（副科级）
2292	苑 毅	男	1966.12	汉族	热电厂工程运输车队队长；燃料车间主任；久隆房地产公司工程运输车队队长
2293	苑维烈	男	1964.6	汉族	储运中心办公室（党委办公室、维稳办、保卫科）副主任（副科长）（正科级）、办公室（党委办公室）副主任（正科级）；装卸车间安全生产综合管理高级主管（正科级）；销售储运中心装卸车间安全生产综合管理高级主管（正科级）
2294	苑修跃	男	1958.1	汉族	机械厂运行车间正科级干部
2295	岳东利	男	1969.11	汉族	炼油厂机动科科长
2296	岳明丽	女	1969.4	汉族	热电厂材料供应站安全生产综合管理高级主管（正科级）
2297	岳远航	男	1984.12	汉族	化工三厂橡胶制品二车间副主任、安全总监
2298	云利东	女	1969.1	汉族	化工一厂输转车间党支部书记；供电车间党支部书记；材料供应站安全生产综合管理高级主管（正科级）

续表

序号	姓名	性别	出生年月	民族	曾任主要岗位
2299	臧国彬	男	1972.1	汉族	塑料厂装运车间副主任；仪表车间副主任、党支部书记；装运车间党支部书记
2300	詹海雷	男	1960.12	汉族	信息技术中心销售部正科级干部；检测信息技术中心销售部正科级干部
2301	詹天宇	女	1971.9	汉族	质量检验中心化肥化验车间党支部书记；环保监测站党支部书记
2302	詹玉龙	男	1965.1	汉族	塑料厂成品一车间副主任
2303	张 宝	男	1963.1	汉族	物资供应中心龙凤总库副主任；安全生产综合管理主管（副科级）
2304	张 兵	男	1983.11	汉族	炼油厂重油催化一车间工艺副主任
2305	张 波	男	1960.9	汉族	培训中心管理科科长；炼化教研室正科级干部
2306	张 晨	男	1973.9	汉族	炼油厂制蜡一车间工艺副主任兼车间安全环保总监；制蜡联合车间设备副主任兼车间安全环保总监
2307	张 成	男	1975.7	汉族	化建公司检修分公司副经理
2308	张 丹	女	1983.1	汉族	水气厂党委办公室（办公室）副主任；综合管理科（党群工作部）副主任
2309	张 飞	男	1966.3	汉族	机械厂备料车间（材料供应站）党支部书记、安全总监
2310	张 福	男	1965.1	汉族	质量检验中心炼油化验车间设备副主任；水气化验车间主任主任、副主任（正科级）；原材料与腈纶化验车间安全生产综合管理高级主管（正科级）
2311	张 弘	男	1968.6	汉族	化建公司市场开发部广东分公司经理；项目管理中心项目经理（借用到党群工作部负责劳务用工监察）；云南分公司党支部临时负责人兼副经理（正科级）、党支部书记兼副经理（正科级）
2312	张 虹	女	1968.5	汉族	热电厂材料供应站安全生产综合管理高级主管（正科级）
2313	张 辉	男	1971.9	汉族	保卫部人事科（党委组织部）科长（部长）；综合管理科（党群工作部）科长、主任
2314	张 辉	男	1974.5	汉族	炼油厂成品车间党支部书记兼工艺副主任、主任
2315	张 慧	男	1966.3	汉族	久隆房地产公司塑钢门窗厂厂长
2316	张 杰	女	1973.2	汉族	餐饮服务中心质检部经理；开发公司食堂管理中心党支部书记、副主任、主任；客运服务中心食堂管理中心党支部书记、主任

续表

序号	姓名	性别	出生年月	民族	曾任主要岗位
2317	张 婧	女	1968.10	汉族	热电厂材料供应站安全生产综合管理高级主管（正科级）
2318	张 军	男	1972.7	汉族	机械厂现场制作分厂副厂长；营销中心副主任
2319	张 君	男	1965.10	汉族	检测公司人事科（党委组织部）科长（部长）；机械厂人事科（党委组织部）科长（部长）；营销中心安全生产综合管理高级主管（正科级）
2320	张 磊	男	1979.2	汉族	炼油厂计划科副科长
2321	张 磊	男	1982.8	汉族	化工三厂橡胶聚合一车间副主任、安全总监；橡胶聚合联合车间副主任
2322	张 力	男	1962.9	汉族	通讯中心乙烯电话站党支部书记；客户营销收费站正科级干部；信息技术中心通讯业务代维站正科级干部；检测信息技术中心通讯业务代维站正科级干部
2323	张 力	男	1963.5	汉族	机械厂机加分厂副厂长（正科级）；运行车间正科级干部
2324	张 玲	女	1964.8	汉族	热电厂材料供应站安全生产综合管理高级主管（正科级）
2325	张 目	男	1972.6	汉族	化工三厂安全环保科科长；质量安全环保科科长
2326	张 鹏	男	1962.10	汉族	化工一厂厂长助理；材料供应站安全生产综合管理高级主管（正科级）
2327	张 平	男	1964.11	汉族	炼油厂制蜡二车间工艺副主任兼车间安全环保总监；材料供应站安全生产综合管理主管（副科级）
2328	张 萍	女	1967.7	汉族	热电厂材料供应站安全生产综合管理高级主管（正科级）
2329	张 奇	男	1974.1	汉族	久隆房地产公司项目管理科科长；工程管理科科长；安全生产管理科科长
2330	张 庆	男	1966.7	汉族	开发公司打包带车间副主任；气体车间副主任；联合一车间副主任
2331	张 荣	男	1965.6	汉族	储运中心运转车间党支部书记；销售储运中心运转车间党支部书记；化工销售部产品开发高级主管（正科级）
2332	张 石	男	1987.4	汉族	化工一厂乙烯车间设备副主任；机动科科长（副科级）；机动科科长
2333	张 铁	男	1978.6	汉族	保卫部机关保卫大队副队长；机关保卫大队队长

续表

序号	姓名	性别	出生年月	民族	曾任主要岗位
2334	张　挺	男	1959.10	汉族	炼油厂材料供应站安全生产综合管理高级主管（正科级）
2335	张　威	男	1963.10	汉族	实业公司塑龙公司党支部书记；塑龙公司安全生产综合管理高级主管（正科级）
2336	张　巍	男	1978.5	汉族	机械厂机加分厂副厂长、安全总监
2337	张　伟	男	1963.8	汉族	物业管理中心兴化物业二所所长；物业管理督查大队督查员（正科级）、正科级干部；物业管理督查大队安全生产综合管理（正科级）
2338	张　稳	男	1985.10	汉族	塑料厂高压聚乙烯一车间设备副主任；高压聚乙烯联合车间设备副主任
2339	张　玺	男	1972.7	汉族	职工医院医务科副科长、科长
2340	张　祥	男	1960.2	汉族	物业管理中心物业管理督查大队督查员（正科级）、正科级干部
2341	张　新	男	1970.8	汉族	化工一厂碳四联合车间设备副主任；原料一车间设备副主任；输转联合车间设备副主任
2342	张　旭	男	1963.9	汉族	职工医院口腔科主任
2343	张　旭	男	1982.2	汉族	开发公司市场开发中心副主任；开发公司气体车间副主任；联合一车间副主任
2344	张　岩	男	1981.9	汉族	塑料厂高压聚乙烯二车间工艺副主任；高压聚乙烯联合车间工艺副主任
2345	张　艳	女	1981.8	汉族	炼油厂重油催化一车间设备副主任；机动科施工与静设备管理主管（副科级）
2346	张　莹	女	1970.12	汉族	炼油厂输转车间设备副主任、主持输转车间党支部全面工作（副科级）；党支部书记兼设备副主任；输转联合车间主任
2347	张　颖	男	1971.11	汉族	客运中心客运二队副队队长、党支部书记；客运服务中心客运二队党支部书记
2348	张　颖	女	1975.1	汉族	通讯中心企业文化科（党委宣传部、工会、团委）团委书记
2349	张　颖	女	1964.6	汉族	通讯中心综合业务服务站正科级干部；客户营销收费站正科级干部；信息技术中心通讯业务代维站正科级干部
2350	张　勇	男	1972.10	汉族	机械厂副总工程师

续表

序号	姓名	性别	出生年月	民族	曾任主要岗位
2351	张 勇	男	1967.10	汉族	化建公司修保分公司党支部书记
2352	张 禹	男	1981.10	汉族	久隆房地产公司生产管理科副科长；安全生产管理科副科长
2353	张 臻	男	1965.8	汉族	热电厂维修一车间副主任；维修车间副主任
2354	张 振	男	1965.9	汉族	化工二厂企业文化科（党委宣传部、监察室、工会办公室、团委）副科长（副部长）（正科级）、党群工作部副主任（正科级）；供电车间党支部书记
2355	张 峥	男	1961.1	汉族	化工一厂原料二车间主任；材料供应站安全生产综合管理高级主管（正科级）
2356	张 志	男	1961.3	汉族	培训中心机电仪教研室主任；炼化教研室正科级干部
2357	张爱军	女	1970.8	汉族	化工一厂输转车间工艺副主任；材料供应站安全生产综合管理主管（副科级）
2358	张宝峰	男	1970.8	汉族	储运中心开发部副主任；仓储一车间副主任；维修车间副主任、党支部书记；销售储运中心维修车间党支部书记；装卸车间党支部书记
2359	张宝刚	男	1963.11	汉族	实业公司恒温库主任；塑龙公司安全生产综合管理主管（副科级）
2360	张宝青	男	1982.12	汉族	化建公司安装二分公司副经理；安装三分公司副经理
2361	张保军	男	1968.11	汉族	化建公司财务资产部副主任
2362	张保民	男	1972.1	汉族	机械厂营销中心副主任（正科级）
2363	张成吉	男	1963.4	汉族	塑料厂线性聚乙烯车间党支部书记；材料站安全生产综合管理高级主管（正科级）
2364	张春富	男	1976.7	汉族	化工二厂硫铵车间工艺副主任；丙烯腈联合车间工艺副主任；生产科副科长
2365	张春海	男	1958.7	汉族	物业管理中心兴化社区管理所正科级干部
2366	张春鹤	男	1982.9	汉族	热电厂人事科（组织部）党委组织员（副科级）；汽机车间党支部书记
2367	张春江	男	1966.11	汉族	化工二厂材料供应站主任；机动科副科长（正科级）；仪表车间党支部书记
2368	张春雷	男	1966.9	汉族	保卫部治安保卫大队党支部书记；巡逻一大队队长；守卫一大队队长
2369	张大军	男	1966.3	汉族	机械厂现场制作分厂厂长；营销中心副主任（正科级）

续表

序号	姓名	性别	出生年月	民族	曾任主要岗位
2370	张大明	男	1964.10	汉族	培训中心炼油与化工杂志编辑部正科级干部
2371	张大伟	男	1983.4	汉族	客运中心团委书记；企业文化科（党委宣传部、监察室、工会办公室、团委）团委书记兼宣传、企业文化；小车队副队长、党支部书记；客运服务中心机关小车队党支部书记
2372	张丹丹	女	1985.2	汉族	培训中心党校与企业管理教研室副主任
2373	张德光	男	1964.2	汉族	化工二厂计划科副科长；材料供应站安全生产综合管理主管（副科级）
2374	张德龙	男	1982.1	汉族	炼油厂延迟焦化车间工艺副主任、工艺副主任兼车间安全环保总监
2375	张德轩	男	1965.1	汉族	久隆房地产公司工程运输车队党支部书记
2376	张德轩	男	1965.6	汉族	热电厂工程运输车队党支部书记；燃料车间党支部副书记；材料供应站安全生产综合管理高级主管（正科级）
2377	张冬峰	男	1974.5	汉族	职工医院正骨科负责人；心胸外科副主任（新医正骨专业）
2378	张恩雷	男	1975.3	汉族	信息技术中心项目管理科科长；检测信息技术中心项目管理科科长
2379	张凤艳	女	1966.9	汉族	职工医院心内科主任（主持心内科、神经内科行政工作）
2380	张福君	男	1965.7	汉族	实业公司一分公司三类物资组经理（正科级）；塑龙公司安全生产综合管理高级主管（正科级）
2381	张光涛	男	1981.10	汉族	化工三厂ABS车间副主任、安全总监
2382	张广辉	男	1964.10	汉族	腈纶厂系统车间党支部书记（副科级）、书记；材料供应站安全生产综合管理高级主管（正科级）
2383	张广伟	男	1980.2	汉族	化工三厂乙苯脱氢车间副主任、安全总监；苯乙烯联合车间副主任、安全总监
2384	张桂茹	女	1965.4	汉族	物资供应中心人事科（党委组织部）党委组织员（正科级）；安全生产综合管理主管（正科级）
2385	张国斌	男	1969.1	汉族	实业公司龙凤土建队队长
2386	张国鸿	男	1963.8	汉族	水气厂工业水车间副主任；材料供应站安全生产综合管理主管（副科级）

续表

序号	姓名	性别	出生年月	民族	曾任主要岗位
2387	张国静	男	1965.4	满族	炼油厂质管科科长；炼油厂工艺副总工程师（三级正职）
2388	张国明	男	1969.2	汉族	炼油厂酮苯糠醛车间工艺副主任兼车间安全环保总监；润滑油联合车间工艺副主任兼车间安全环保总监
2389	张国松	男	1978.6	汉族	机械厂技术设计中心副主任
2390	张国兴	男	1973.3	汉族	塑料厂全密度聚乙烯一车间设备副主任；全密度聚乙烯联合车间设备副主任
2391	张海龙	男	1978.9	汉族	机械厂技术设计中心副主任（实际任营销中心副主任）；营销中心主任；生产计划科科长
2392	张海鹏	男	1976.9	汉族	储运中心仓储一车间主任；塑料厂成品一车间副主任（正科级）
2393	张海涛	男	1975.10	汉族	化工一厂动力车间主任；机动科副科长（正科级）
2394	张和清	男	1959.5	汉族	炼油厂材料供应站安全生产综合管理高级主管（正科级）
2395	张弘旻	男	1973.2	汉族	信息技术中心副总工程师兼ERP项目部主任、党支部书记
2396	张红梅	女	1971.3	汉族	化工三厂合成树脂研究室主任；ABS车间工艺副主任（正科级）
2397	张宏伟	男	1964.11	汉族	化建公司市场开发部榆林分公司副经理；项目管理中心榆林分公司副经理；特种设备安装维修分公司副经理；检修分公司安全生产综合管理办公室安全生产综合管理主管（副科级）
2398	张宏宇	男	1984.10	汉族	炼油厂加氢二车间工艺副主任
2399	张洪斌	男	1970.6	汉族	机械厂生产计划科副科长
2400	张洪达	男	1970.1	汉族	塑料厂工艺副总工程师兼市场技术服务中心主任、工艺副总工程师
2401	张洪军	男	1963.8	汉族	腈纶厂毛条一车间主任；材料供应站安全生产综合管理高级主管（正科级）
2402	张洪涛	男	1984.11	汉族	热电厂电气车间副主任
2403	张洪喜	男	1974.11	汉族	检测公司腐蚀与防护检测室主任；机械厂腐蚀与防护检测室主任；设备诊断与防护监测中心副主任（三级正职）
2404	张鸿飞	男	1975.10	汉族	化工二厂仪表车间副主任

续表

序号	姓名	性别	出生年月	民族	曾任主要岗位
2405	张焕平	男	1963.4	汉族	腈纶厂仪表车间主任；材料供应站安全生产综合管理高级主管（正科级）
2406	张惠海	男	1965.4	汉族	机械厂营销中心主任、正科级干部、安全生产综合管理高级主管（正科级）
2407	张惠强	男	1966.3	汉族	物资供应中心动设备科科长；设备科科长
2408	张吉林	女	1962.12	汉族	化工三厂材料供应站安全生产综合管理高级主管（正科级）
2409	张继良	男	1975.3	汉族	化工二厂硫铵车间设备副主任；维修车间副主任
2410	张建中	男	1966.6	汉族	通讯中心经营管理科科长；炼油厂仪表车间综合管理高级主管（正科级）
2411	张金玲	女	1974.10	汉族	化工二厂企业文化科（党委宣传部、监察室、工会办公室、团委）副科长（副部长）、党群工作部副主任、党群工作部主任；综合管理科（党群工作部）副科长（副主任）
2412	张金奇	男	1971.4	汉族	腈纶厂计划科副科长；生产科副科长；销售服务中心副主任
2413	张金源	男	1976.11	汉族	物业管理中心公路公司党支部书记；兴化保洁公司经理
2414	张景林	男	1962.9	汉族	热电厂材料供应站安全生产综合管理高级主管（正科级）
2415	张景荣	女	1965.10	汉族	化工一厂加氢抽提二车间党支部书记；材料供应站安全生产综合管理高级主管（正科级）
2416	张静波	男	1967.12	汉族	炼油厂机动科信息化管理主管（副科级）
2417	张君雁	男	1963.10	汉族	化肥厂人事科（党委组织部）科长（部长）；材料供应站安全生产综合管理高级主管（正科级）
2418	张俊彪	男	1965.4	汉族	离退休管理中心厂西管理站站长；厂西服务站主任；安全设备科科长；离退休管理中心办公室（党委办公室）主任
2419	张乐廷	男	1964.2	汉族	塑料厂维修车间主任；机械副总工程师；材料站安全生产综合管理高级主管（正科级）
2420	张立辰	男	1964.2	汉族	化肥厂仪表车间党支部书记；水汽车间党支部书记；材料供应站安全生产综合管理高级主管（正科级）
2421	张立国	男	1964.2	汉族	储运中心维修车间主任；化工销售部产品开发高级主管（正科级）；销售储运中心化工销售部产品开发高级主管（正科级）

续表

序号	姓名	性别	出生年月	民族	曾任主要岗位
2422	张立华	女	1968.7	汉族	热电厂材料供应站安全生产综合管理高级主管（正科级）
2423	张立江	男	1960.9	汉族	通讯中心工程管理科科长；客户营销收费站正科级干部；信息技术中心通讯业务代维站正科级干部；检测信息技术中心通讯业务代维站正科级干部
2424	张立英	女	1964.1	汉族	质量检验中心环保监测站副主任、副科级干部；原材料与腈纶化验车间安全生产综合管理主管（副科级）
2425	张丽颖	女	1976.9	汉族	化肥厂人事科（党委组织部）党委组织员（副科级）；水汽联合车间党支部书记（副科级）、党支部书记
2426	张连生	男	1963.11	汉族	保卫部巡逻二大队队长；机关保卫大队高级主管（正科级）
2427	张连祥	男	1958.4	汉族	化工二厂材料供应站安全生产综合管理高级主管（正科级）
2428	张茂文	男	1957.7	汉族	物业管理中心兴化物业三所正科级干部
2429	张明松	男	1970.10	汉族	化肥厂技术科科长；生产技术科副科长
2430	张明先	女	1961.8	汉族	实业公司一分公司四达气站正科级干部
2431	张明彦	男	1964.5	汉族	物业管理中心公路公司经理
2432	张明哲	男	1973.12	汉族	餐饮服务中心旅游部经理；开发公司石化宾馆副经理（正科级）；食堂管理中心副主任（正科级）；客运服务中心食堂管理中心副主任（正科级）；食堂管理中心食堂管理（正科级）
2433	张鹏飞	男	1976.3	汉族	久隆房地产公司销售中心副主任
2434	张起才	男	1956.4	汉族	物业管理中心龙凤物业三所正科级干部
2435	张庆贺	女	1972.1	汉族	离退休管理中心龙凤服务站副主任
2436	张庆华	男	1971.9	汉族	职工医院理疗一科主任兼介入治疗科副主任；理疗科副主任（正科级）
2437	张庆军	男	1958.3	汉族	实业公司二分公司党支部书记、正科级干部
2438	张庆松	男	1977.12	汉族	实业公司塑龙公司副经理
2439	张瑞斌	男	1963.11	汉族	水气厂污水二车间党支部书记；材料供应站安全生产综合管理高级主管（正科级）
2440	张尚勇	男	1972.9	汉族	炼油厂常减压二车间工艺副主任；常减压联合车间工艺副主任、工艺副主任兼车间安全环保总监

续表

序号	姓名	性别	出生年月	民族	曾任主要岗位
2441	张盛波	女	1962.1	汉族	培训中心党校与管理培训教研室正科级干部
2442	张士伟	男	1985.5	汉族	化工一厂芳烃联合车间设备副主任
2443	张守君	男	1969.11	汉族	职工医院药剂科副主任
2444	张守明	男	1981.11	汉族	水气厂供水车间副主任
2445	张淑珍	女	1964.9	汉族	职工医院护理部主任
2446	张树平	男	1962.7	汉族	化建公司安装四分公司党支部书记；检修分公司安全生产综合管理办公室安全生产综合管理高级主管（正科级）
2447	张树全	男	1965.12	汉族	炼油厂气体原料车间设备副主任；材料供应站安全生产综合管理主管（三级副职）
2448	张松雪	女	1976.2	汉族	能源管理中心兴化能源计量车间党支部书记；物业管理中心兴化能源计量车间党支部书记；兴化四所党支部书记
2449	张铁岭	男	1964.7	汉族	塑料厂调度室副调度长；装运车间副主任；材料站安全生产综合管理主管（副科级）
2450	张铁权	男	1965.1	汉族	保卫部经济保卫大队党支部书记；治安保卫大队党支部书记；治安应急大队副队长（三级正职）
2451	张万臣	男	1978.1	汉族	职工医院眼科副主任；眼科（中西医结合眼科）副主任
2452	张万海	男	1964.2	汉族	实业公司一分公司钢厂厂长（副科级）；劲松公司机关经理（正科级）；塑龙公司安全生产综合管理高级主管（正科级）
2453	张维凡	男	1956.5	汉族	信息技术中心物资供应站正科级干部
2454	张维民	男	1965.6	汉族	物资供应中心配件科科长；计划科科长；计划项目科科长；管理科副科长（三级正职）
2455	张维生	男	1964.5	汉族	物业管理中心特种车队副队长；维修车间副科级干部；物业管理督查大队安全生产综合管理（副科级）
2456	张伟力	男	1964.11	汉族	腈纶厂办公室（党委办公室、维稳办、保卫科）副主任（正科级）；办公室（党委办公室）副主任（正科级）、主任；材料供应站安全生产综合管理高级主管（正科级）
2457	张卫东	男	1969.8	满族	化肥厂企业文化科（党委宣传部、监察室、工会办公室、团委）副科长（正科级）；成品车间副主任、党支部书记

续表

序号	姓名	性别	出生年月	民族	曾任主要岗位
2458	张文泉	男	1956.4	汉族	客运中心汽运队正科级干部
2459	张文亚	男	1961.1	汉族	化建公司建筑分公司专业组长（副科级）；检修分公司安全生产综合管理办公室安全生产综合管理主管（副科级）
2460	张文岩	男	1970.6	汉族	炼油厂维修一车间副主任；维修车间副主任、主任
2461	张希来	男	1973.5	汉族	塑料厂低压聚乙烯车间主任
2462	张显峰	男	1962.12	汉族	热电厂材料供应站安全生产综合管理高级主管（正科级）
2463	张宪伟	男	1971.4	汉族	客运中心办公室（党委办公室）副主任；服务监督科科长；客运服务中心运行经营科副科长（正科级）
2464	张祥允	男	1983.5	汉族	消防支队党委组织员（副科级）、消防支队三大队党支部书记、教导员（三级副职）
2465	张向阳	男	1969.3	汉族	炼油厂动力站工艺副主任兼车间安全环保总监、党支部书记兼工艺副主任
2466	张晓东	男	1972.9	汉族	培训中心考试中心副主任、主任
2467	张晓红	女	1969.12	汉族	客运中心维修车间党支部书记；客运服务中心维修车间正科级干部；食堂管理中心安全生产综合管理（正科级）
2468	张晓辉	女	1967.11	汉族	职工医院内科二党支部书记
2469	张晓娇	男	1979.6	汉族	物资供应中心进出口管理科科长、副总经济师
2470	张晓明	男	1968.7	汉族	化工一厂仪表车间副主任；机动科动设备管理
2471	张晓野	男	1965.11	汉族	化工三厂机动科副科长；成品车间副主任（负责党支部全面工作）、党支部书记；材料供应站安全生产综合管理高级主管（三级正职）
2472	张心勃	女	1963.12	汉族	物资供应中心安全生产综合管理高级主管（正科级）
2473	张新宪	男	1982.12	汉族	化工二厂丁辛醇造气车间设备副主任
2474	张兴福	男	1958.3	汉族	物业管理中心龙凤城管大队正科级干部
2475	张学佳	男	1982.8	汉族	炼油厂加氢二车间工艺副主任兼车间安全总监、党支部书记兼工艺副主任；党群工作部主任
2476	张学明	男	1972.8	汉族	化建公司经理办公室（党委办公室、维稳办、保卫科）主任（科长）、办公室（党委办公室）主任；综合管理部（党群工作部）主任

续表

序号	姓名	性别	出生年月	民族	曾任主要岗位
2477	张学武	男	1968.2	汉族	腈纶厂供电车间副主任；机动科科长；电气副总工程师
2478	张学彦	男	1963.8	汉族	热电厂材料供应站安全生产综合管理高级主管（正科级）
2479	张学业	男	1978.2	汉族	化工二厂己烯-1车间工艺副主任
2480	张雪松	男	1970.10	汉族	化工一厂甲基叔丁基醚车间党支部书记；芳烃抽提车间党支部书记；原料一车间党支部书记；输转联合车间工艺副主任（正科级）
2481	张雅杰	女	1965.1	汉族	热电厂材料供应站安全生产综合管理高级主管（正科级）
2482	张亚宝	男	1983.7	汉族	化工一厂维修车间副主任
2483	张亚杰	女	1973.9	汉族	保卫部企业文化科（党委宣传部、监察室、工会、团委）、党群工作部企业文化与基层建设岗位高级主管（正科级）、党群工作部主任；经济保卫大队副队长；防范管理大队副队长（三级正职）
2484	张延辉	男	1975.7	汉族	塑料厂仪表车间副主任
2485	张延雷	男	1983.7	汉族	水气厂污水一车间副主任；污水联合车间副主任
2486	张彦芳	女	1973.4	汉族	质量检验中心树脂化验车间主任；机动设备科科长
2487	张艳丽	女	1982.6	汉族	储运中心仓储三车间副主任（正科级）；塑料厂成品二车间副主任（正科级）
2488	张义海	男	1966.4	汉族	开发公司劲松公司劲松存车场主任；实业公司劲松公司劲松存车场主任；三分公司包装队副队长（正科级）
2489	张义民	男	1972.4	汉族	开发公司运输股份公司经理；综合管理科（党群工作部）副科长（副部长）（正科级）
2490	张翼飞	女	1977.12	汉族	检测信息技术中心综合管理部（党群工作部）团委书记
2491	张银静	女	1983.10	汉族	离退休管理中心离退休管理科副科长
2492	张印新	男	1971.6	汉族	物业管理中心兴化保安队队长；物业管理督查大队督查员（正科级）
2493	张英豪	男	1964.8	汉族	检测公司起重机械检验室副主任；压力管道检验室主任；机械厂压力管道检验室主任；检测信息技术中心特种设备检验室正科级干部

续表

序号	姓名	性别	出生年月	民族	曾任主要岗位
2494	张英杰	男	1978.11	汉族	化工三厂企业文化科（党委宣传部、监察室、工会办公室、团委）团委书记（副科级）；苯乙烯车间副主任（负责党支部全面工作）、党支部书记；苯乙烯联合车间党支部副书记（正科级）
2495	张影涛	男	1970.3	汉族	化建公司技术发展部副主任兼焊培主任（副科级）；项目管理中心项目经理（副科级）（借用到化建公司市场开发部陕西安康项目部项目经理、富拉尔基油库项目部任项目经理、龙油项目部任项目经理）、项目管理中心项目经理（正科级借用到榆林神木项目部任项目经理）
2496	张永路	男	1966.5	汉族	物资供应中心项目协调科副科长、科长；计划项目科副科长（正科级）；调度室副调度长（三级正职）
2497	张永涛	男	1967.9	汉族	水气厂维修车间党支部书记
2498	张友良	男	1962.10	汉族	开发公司纯净水车间副主任；材料供应站安全生产综合管理主管（副科级）；销售服务中心安全生产管理主管（副科级）
2499	张有松	男	1971.5	汉族	消防支队二大队大队长
2500	张宇辉	男	1974.10	汉族	化工一厂乙烯车间主任；机械副总工程师
2501	张玉波	女	1974.10	汉族	职工医院药剂党支部副书记
2502	张玉海	男	1975.7	汉族	化工二厂人事科（党委组织部）科长（部长）
2503	张玉君	男	1965.3	汉族	保卫部守卫一大队党支部书记；机关保卫大队高级主管（正科级）
2504	张玉林	男	1963.10	汉族	热电厂材料供应站安全生产综合管理高级主管（正科级）
2505	张玉梅	女	1966.9	汉族	信息技术中心副总工程师；检测信息技术中心技术负责人副总工程师
2506	张玉庆	男	1970.6	汉族	化肥厂仪表车间副主任
2507	张玉双	女	1967.11	汉族	腈纶厂毛条一车间党支部书记；材料供应站安全生产综合管理高级主管（正科级）
2508	张占宾	男	1982.4	汉族	塑料厂高压聚乙烯一车间工艺副主任；高压聚乙烯联合车间工艺副主任
2509	张长春	男	1956.11	汉族	职工医院内二科正科级干部

续表

序号	姓名	性别	出生年月	民族	曾任主要岗位
2510	张长印	男	1963.12	汉族	炼油厂维修二车间主任；材料供应站安全生产综合管理高级主管（正科级）
2511	张兆华	男	1964.1	汉族	物业管理中心兴化物业七所副所长、副科级干部；物业管理督查大队安全生产综合管理（副科级）
2512	张振泉	男	1961.4	汉族	质量检验中心机动设备科科长；原材料检验车间安全生产综合管理高级主管（正科级）；原材料与腈纶化验车间安全生产综合管理高级主管（正科级）
2513	张正南	男	1980.9	汉族	化工二厂丁辛醇造气车间设备副主任；机动科副科长；维修车间主任
2514	张志宏	男	1972.12	汉族	塑料厂材料供应站高级主管（正科级）
2515	张志虹	女	1966.5	汉族	职工医院门诊一党支部书记
2516	张志辉	男	1967.7	汉族	信息技术中心副总工程师；检测信息技术中心技术负责人副总工程师
2517	张志军	男	1967.7	汉族	机械厂阀门修造分厂厂长
2518	张志鹏	男	1964.5	汉族	炼油厂维修一车间主任；维修车间主任；材料供应站安全生产综合管理高级主管（正科级）
2519	张志强	男	1963.5	汉族	塑料厂装运车间副主任；材料站安全生产综合管理主管（副科级）
2520	张智勇	男	1970.10	汉族	开发公司劲松公司六通建材厂副厂长；实业公司三分公司服务队副队长
2521	张忠志	男	1957.8	汉族	化工二厂材料供应站安全生产综合管理高级主管（正科级）
2522	张子良	男	1966.11	汉族	信息技术中心销售部主任；检测信息技术中心外部项目部工业控制信息安全项目主任
2523	张子明	男	1966.6	汉族	炼油厂装油车间工艺副主任兼安全环保总监
2524	张祖进	男	1965.8	汉族	消防支队气防站站长、气防技术管理高级主管（正科级）
2525	赵 杰	女	1966.12	汉族	热电厂材料供应站安全生产综合管理主管（正科级）
2526	赵 雷	男	1973.5	汉族	检测公司材料供应站副主任；机械厂备料车间（材料供应站）副主任（副站长）；检测信息技术中心物资供应站副主任
2527	赵 雷	男	1979.10	汉族	热电厂电气车间副主任

续表

序号	姓名	性别	出生年月	民族	曾任主要岗位
2528	赵莉	女	1967.2	汉族	职工医院内科一党支部书记
2529	赵亮	女	1975.2	汉族	物业管理中心兴化社区管理所副所长
2530	赵林	男	1967.4	汉族	机械厂机加分厂党支部书记
2531	赵平	男	1956.11	汉族	能源管理中心龙凤计量车间副科级干部；物业管理中心龙凤能源计量车间副科级干部
2532	赵鑫	男	1969.12	汉族	检测公司起重机械检验室主任；机械厂起重机械检验室主任；检测信息技术中心特种设备检验室主任
2533	赵旭	男	1984.12	汉族	开发公司劳保用品厂副厂长；销售服务中心副主任
2534	赵旭	男	1986.8	汉族	化工一厂办公室（党委办公室）副主任（副科长）、主任（科长）
2535	赵彦	男	1964.5	汉族	物资供应中心水泥库主任；卧里屯总库副主任（正科级）；计划科副科长（正科级）；计划项目科副科长（正科级）；安全生产综合管理高级主管（正科级）
2536	赵洋	男	1974.9	汉族	化建公司安装四分公司经理
2537	赵勇	男	1971.6	汉族	物业管理中心龙凤保安队队长
2538	赵勇	男	1965.1	汉族	物资供应中心调度室副调度长
2539	赵镇	男	1977.5	汉族	化建公司榆林项目部副经理
2540	赵宝春	男	1973.2	蒙古族	化工一厂芳烃联合车间主任
2541	赵炳阳	男	1981.10	汉族	塑料厂低压聚乙烯车间工艺副主任；安全环保科科长
2542	赵彩虹	女	1962.2	汉族	培训中心党校与管理培训教研室副科级干部
2543	赵成刚	男	1972.9	汉族	实业公司安全环保部主任；物资采购部主任；物采企管部主任
2544	赵春吉	男	1978.8	汉族	化肥厂尿素车间副主任；生产科副科长、科长；生产技术科科长
2545	赵春梅	女	1963.11	汉族	炼油厂材料供应站安全生产综合管理高级主管（副科级）
2546	赵东旭	男	1970.8	汉族	炼油厂输转车间工艺副主任兼车间安全总监；炼油项目管理办公室项目工艺管理主管（副科级）
2547	赵飞燕	女	1970.12	汉族	质量检验中心人事科（党群工作部）组织员（正科级）、科长（主任）
2548	赵凤兰	女	1963.7	汉族	炼油厂材料供应站安全生产综合管理高级主管（正科级）

序号	姓名	性别	出生年月	民族	曾任主要岗位
2549	赵凤荣	女	1972.12	汉族	信息技术中心党群工作部主任；人事科（党委组织部）科长；检测信息技术中心人事科（党委组织部）科长（部长）
2550	赵福臣	男	1975.8	汉族	机械厂技术设计中心党支部书记；营销中心副主任（正科级）
2551	赵桂香	女	1965.1	朝鲜族	热电厂材料供应站安全生产综合管理高级主管（正科级）
2552	赵桂英	女	1963.2	汉族	通讯中心客户营销收费站正科级干部
2553	赵国达	男	1969.4	汉族	化建公司建筑分公司副经理（正科级）
2554	赵国光	男	1965.10	汉族	化建公司建筑副总工程师兼建筑分公司经理（正科级）、建筑副总工程师（正科级）；项目管理中心安全生产管理高级主管（正科级）
2555	赵国华	男	1963.10	汉族	储运中心调度室生产应急管理高级主管（正科级）；仓储三车间安全生产综合管理高级主管（正科级）；装卸车间安全生产综合管理高级主管（正科级）；销售储运中心装卸车间安全生产综合管理高级主管（正科级）
2556	赵国辉	男	1969.6	汉族	炼油厂系统管网车间党支部书记兼工艺副主任；供热空分联合车间党支部副书记
2557	赵国辉	男	1959.7	汉族	热电厂材料供应站安全生产综合管理高级主管（正科级）
2558	赵国松	男	1965.12	汉族	炼油厂常减压二车间主任兼车间安全环保总监；输转车间主任；材料供应站安全生产综合管理高级主管（三级正职）
2559	赵国震	男	1982.8	汉族	化工三厂调度室副调度长；ABS车间副主任
2560	赵国柱	男	1975.5	汉族	水气厂仪表车间副主任
2561	赵海波	男	1978.5	汉族	久隆房地产公司营销中心副主任；销售中心副主任
2562	赵红星	男	1972.10	汉族	炼油厂硫磺回收车间工艺副主任兼车间安全环保总监
2563	赵洪江	男	1966.4	汉族	水气厂工业水车间副主任；工业水车间主任；管网联合车间副主任（正科级）
2564	赵洪军	男	1960.8	汉族	客运中心小车一队队长；小车队党支部书记、正科级干部；客运服务中心机关小车队正科级干部；食堂管理中心安全生产综合管理（正科级）

续表

序号	姓名	性别	出生年月	民族	曾任主要岗位
2565	赵化全	男	1962.12	汉族	化建公司安装二分公司党支部书记；检修分公司安全生产综合管理办公室安全生产综合管理高级主管（正科级）
2566	赵家生	男	1962.3	汉族	通讯中心质量安全环保科科长；客户营销收费站正科级干部；信息技术中心通讯业务代维站正科级干部；检测信息技术中心通讯业务代维站正科级干部
2567	赵建军	男	1963.4	汉族	化工一厂维修车间副主任；材料供应站安全生产综合管理主管（副科级）
2568	赵剑秋	男	1963.4	汉族	塑料厂低压聚乙烯车间党支部书记；材料站安全生产综合管理高级主管（正科级）
2569	赵景生	男	1960.4	汉族	客运中心客运二队副队长、副科级干部；客运服务中心客运二队副科级干部；食堂管理中心安全生产综合管理（副科级）
2570	赵立华	男	1962.1	汉族	腈纶厂仪表副总工程师；材料供应站安全生产综合管理高级主管（正科级）
2571	赵丽滨	女	1965.10	满族	热电厂材料供应站安全生产综合管理高级主管（正科级）
2572	赵丽新	女	1969.11	汉族	物业管理中心兴化保安队副队长；兴化物业二所党支部书记、正科级干部；物业管理督查大队安全生产综合管理（正科级）
2573	赵利民	男	1971.1	汉族	检测公司生产技术科副科长；机械厂生产计划科副科长；检测信息技术中心检测技术科副科长
2574	赵连臣	男	1960.8	汉族	化工一厂加氢抽提一车间党支部书记；材料供应站安全生产综合管理高级主管（正科级）
2575	赵连玉	男	1962.11	汉族	化建公司项目管理中心项目经理（正科级）；检修分公司安全生产综合管理办公室安全生产综合管理高级主管（正科级）
2576	赵佩玲	女	1964.8	汉族	客运中心物资供应站正科级干部；客运服务中心客运一队正科级干部
2577	赵仁泉	男	1964.7	汉族	水气厂质量安全环保科、安全环保科环保项目管理高级主管（正科级）；材料供应站安全生产综合管理高级主管（正科级）
2578	赵淑霞	女	1967.11	汉族	职工医院外科二党支部书记
2579	赵树光	男	1962.12	汉族	热电厂材料供应站安全生产综合管理高级主管（正科级）

序号	姓名	性别	出生年月	民族	曾任主要岗位
2580	赵四方	男	1963.6	汉族	开发公司综合车间副主任；材料供应站安全生产综合管理主管（副科级）；销售服务中心安全生产综合管理主管（副科级）
2581	赵文彬	男	1959.4	汉族	客运中心客运一队正科级干部；客运服务中心客运一队正科级干部
2582	赵文辉	男	1966.9	汉族	炼油厂污水车间主任；项目筹备办公室副主任（正科级）；炼油项目管理办公室项目HSE管理高级主管（正科级）；材料供应站安全生产综合管理高级主管（正科级）
2583	赵文宇	男	1981.11	满族	热电厂锅炉车间副主任
2584	赵喜春	男	1958.2	汉族	炼油厂材料供应站安全生产综合管理高级主管（正科级）
2585	赵显文	男	1964.3	汉族	化工一厂原料二车间工艺副主任；材料供应站安全生产综合管理主管（副科级）
2586	赵宪庆	男	1971.6	汉族	客运中心客运一队副队长；客运服务中心客运一队党支部临时负责人；维修车间副主任、党支部书记
2587	赵向凤	女	1979.10	汉族	化工三厂聚丙烯车间副主任
2588	赵小群	女	1974.6	汉族	消防支队人事科（党委组织部）科长（部长）
2589	赵晓伟	男	1975.4	汉族	化工二厂丙烯腈车间主任；丙烯腈联合车间主任
2590	赵秀娟	女	1975.10	汉族	实业公司兴化土建队队长
2591	赵秀娟	女	1964.8	汉族	客运中心物资供应站正科级干部；客运服务中心客运一队正科级干部
2592	赵秀丽	女	1975.2	汉族	水气厂脱盐水一车间党支部书记；空分车间党支部副书记（正科级）；仪表车间党支部书记
2593	赵秀丽	女	1967.3	汉族	热电厂材料供应站安全生产综合管理高级主管（正科级）
2594	赵秀云	女	1964.12	汉族	职工医院外科一党支部书记
2595	赵颜清	男	1964.4	汉族	储运中心安全环保科科长；装卸车间安全生产综合管理高级主管；销售储运中心装卸车间安全生产综合管理高级主管
2596	赵义和	男	1960.9	汉族	物业管理中心物业管理督查大队督查员（正科级）、正科级干部；物业管理安全生产综合管理（正科级）
2597	赵瀛寰	男	1964.11	汉族	热电厂调度室副调度长；技术科技术管理高级主管（副科级）；材料供应站安全生产综合管理主管（副科级）

续表

序号	姓名	性别	出生年月	民族	曾任主要岗位
2598	赵永军	男	1967.6	汉族	实业公司一分公司三类物资组副经理（副科级）；房屋租赁管理中心副主任
2599	赵玉龙	男	1979.6	汉族	化工一厂技术科科长；乙烯车间主任
2600	赵玉龙	男	1975.10	汉族	机械厂生产计划科副科长、科长；容器制造车间主任
2601	赵玉梅	女	1971.4	汉族	质量检验中心化肥化验车间工艺副主任、副主任（负责党务工作）、党支部书记；质量检验中心树脂与化肥化验车间党总支书记（兼树脂与化肥化验车间第一党支部书记）
2602	赵玉文	男	1960.9	满族	检测公司质量安全科科长；材料供应站正科级干部机械厂运行车间正科级干部
2603	赵越超	男	1965.4	汉族	能源管理中心能源收费站主任；物业管理中心物业管理督查大队督查员（正科级）、正科级干部；物业管理督查大队安全生产综合管理（正科级）
2604	赵长海	男	1973.10	汉族	腈纶厂成品车间主任；聚合车间党支部书记；计划科科长；生产科副科长（正科级）
2605	赵长魁	男	1968.4	汉族	开发公司运输股份公司党支部书记兼副经理；联合一车间副主任（正科级）
2606	赵振平	男	1963.1	汉族	客运中心汽运队党支部书记
2607	赵志昌	男	1957.1	汉族	热电厂材料供应站安全生产综合管理高级主管（正科级）
2608	赵志山	男	1982.3	汉族	实业公司兴达包装厂副厂长；经营管理部主任；企管物采部副主任（正科级）
2609	赵中坤	男	1971.2	汉族	热电厂锅炉车间副主任、项目管理
2610	赵子冰	男	1971.10	汉族	机械厂备料车间（材料供应站）副主任（正科级）；质量管理科科长
2611	甄宏伟	男	1972.10	汉族	化工三厂橡胶聚合一车间副主任（正科级）；橡胶聚合联合车间副主任（三级正职）
2612	郑 和	男	1963.5	汉族	化工二厂办公室（党委办公室）保卫、综治与维稳管理高级主管（正科级）；材料供应站安全生产综合管理高级主管（正科级）
2613	郑春江	男	1966.10	汉族	化建公司经营计划部副主任（正科级）；市场开发部副主任（正科级）；经营开发部副主任（正科级）
2614	郑贵先	男	1962.3	汉族	热电厂材料供应站安全生产综合管理高级主管（正科级）

续表

序号	姓名	性别	出生年月	民族	曾任主要岗位
2615	郑国庆	男	1972.5	汉族	信息技术中心 MES 项目部主任；检测信息技术中心 MES 项目部主任
2616	郑海峰	男	1985.1	汉族	炼油厂办公室（党委办公室、维稳办、保卫科）、办公室（党委办公室）秘书主管（副科级）；炼油厂团委书记；主持催化重整车间全面党务工作；办公室（党委办公室）主任（正科级）
2617	郑宏伟	男	1966.9	汉族	实业公司管道配件厂厂长
2618	郑杰超	男	1985.7	汉族	塑料厂装运车间副主任
2619	郑万军	男	1973.5	蒙古族	化工三厂高腈 SAN 项目组项目副经理（正科级）；橡胶制品一车间设备副主任（正科级）
2620	郑晓光	男	1962.11	汉族	保卫部监控指挥中心主任、正科级干部；机关保卫大队高级主管（正科级）
2621	郑英华	女	1962.10	朝鲜族	化工三厂材料供应站安全生产综合管理高级主管（正科级）
2622	郑永强	男	1974.5	汉族	保卫部守卫二大队副队长
2623	郑玉刚	男	1964.3	汉族	化工一厂安全监督（正科级）；材料供应站安全生产综合管理高级主管（正科级）
2624	郑玉玲	女	1971.3	汉族	热电厂仪表车间党支部书记；化学车间党支部书记
2625	郑元宝	男	1963.4	汉族	物资供应中心卧里屯接运队党支部书记；卧里屯总库副主任（正科级）；合同科副科长（正科级）；安全生产综合管理高级主管（正科级）
2626	钟 毅	男	1966.8	汉族	物资供应中心卧里屯接运队队长；龙凤总库主任；调度室副调度长（正科级）
2627	钟立平	女	1971.11	汉族	质量检验中心机动设备科副科长；化工化验车间副主任（负责党务工作）、党支部书记
2628	仲兴维	男	1966.8	汉族	机械厂换热器制造车间副主任（营销中心副主任）；运行车间副主任；阀门修造分厂副厂长
2629	周 斌	男	1963.7	汉族	实业公司龙凤土建队副队长；塑龙公司安全生产综合管理主管（副科级）
2630	周 建	男	1974.3	汉族	化工三厂高腈 SAN 项目组项目经理；橡胶制品二车间副主任（正科级）
2631	周 龙	男	1971.10	汉族	物业管理中心龙凤物业一所副所长；龙凤物业五所副所长、所长

续表

序号	姓名	性别	出生年月	民族	曾任主要岗位
2632	周 庆	男	1968.10	回族	化工一厂材料供应站主任；原料二车间党支部书记
2633	周 巍	男	1981.7	汉族	化工一厂裂解车间生产副主任、主任
2634	周 颖	女	1972.9	汉族	通讯中心人事科（党委组织部）副科长（副部长）；质量检验中心人事科主管（副科级）
2635	周 游	男	1981.10	汉族	塑料厂人事科（组织部）党委组织员（副科级）
2636	周爱明	男	1964.11	汉族	实业公司龙凤管理中心主任（龙凤食品厂厂长）；龙化经销中心主任；塑龙公司安全生产综合管理高级主管（正科级）
2637	周柏松	男	1966.3	汉族	通讯中心生产计划科科长；生产技术服务科科长
2638	周传勇	男	1973.10	汉族	热电厂动力车间主任；动力车间主任兼书记
2639	周春义	男	1963.8	汉族	热电厂材料供应站安全生产综合管理高级主管（正科级）
2640	周达宁	男	1961.4	汉族	久隆房地产公司计划经营科副科长；物资供应站安全生产综合管理办公室主管（副科级）
2641	周德龙	男	1963.2	满族	实业公司兴化土建队副队长；塑龙公司安全生产综合管理主管（副科级）
2642	周恩月	男	1963.7	汉族	离退休管理中心办公室、（党委办公室）主任；广西服务站正科级干部
2643	周福胜	男	1964.4	汉族	水气厂企业文化科（党委宣传部、监察室、工会办公室、团委）科长（部长）；水气厂党群工作部主任；材料供应站安全生产综合管理高级主管（正科级）
2644	周付江	男	1980.6	汉族	热电厂化学车间副主任
2645	周广彬	男	1965.4	汉族	物业管理中心兴化城管大队队长；物业管理督查大队督查员（正科级）
2646	周广飞	男	1973.2	汉族	化工二厂仪表车间主任
2647	周国庆	男	1974.1	汉族	餐饮服务中心采购部经理；开发公司食堂管理中心副主任；客运服务中心食堂管理中心副主任（正科级）；客运服务中心运行经营科副科长（正科级）
2648	周海鹏	男	1977.11	汉族	化工一厂计划科科长；调度室副调度长（正科级）；生产科副科长（正科级）；输转联合车间工艺副主任（正科级）
2649	周和东	男	1974.11	汉族	水气厂维修车间副主任
2650	周红霞	女	1968.6	汉族	实业公司金源物资站副经理；恒温库副主任；塑龙公司安全生产综合管理主管（副科级）

序号	姓名	性别	出生年月	民族	曾任主要岗位
2651	周宏伟	男	1970.3	汉族	消防支队二大队副大队长、党支部书记、教导员
2652	周惠英	女	1973.11	汉族	实业公司弘润精细化工厂党支部书记
2653	周建平	男	1963.4	汉族	水气厂污水一车间副主任；材料供应站安全生产综合管理主管（副科级）
2654	周景山	男	1959.12	汉族	热电厂材料供应站安全生产综合管理高级主管（正科级）
2655	周静姝	女	1967.8	汉族	物业管理中心兴化物业一所党支部书记、正科级干部；物业管理督查大队安全生产综合管理（正科级）
2656	周丽萍	女	1965.1	汉族	离退休管理中心龙凤管理站副站长；龙凤服务站党支部书记兼龙凤服务站离退休党总支部书记、正科级干部
2657	周明宇	女	1972.8	汉族	培训中心网络化教研室副主任
2658	周奇宝	男	1965.2	满族	炼油厂装油车间设备副主任；炼油项目管理办公室项目HSE管理；材料供应站安全生产综合管理主管（副科级）
2659	周庆华	男	1969.9	汉族	物资供应中心物资超市副科长；卧里屯总库副主任
2660	周庆明	男	1971.10	汉族	化工三厂聚丙烯车间副主任、安全总监；调度室副调度长；聚丙烯车间副主任（负责党支部全面工作）、党支部书记
2661	周秋滨	男	1964.4	汉族	炼油厂系统管网车间工艺副主任（正科级）；炼油项目管理办公室项目HSE管理高级主管（正科级）
2662	周树江	男	1959.11	汉族	机械厂技术设计中心主任、正科级干部；运行车间正科级干部
2663	周松涛	男	1971.1	汉族	开发公司材料供应站主任；机动科副科长；安全生产管理科副科长（副科级）
2664	周显臣	男	1963.6	汉族	机械厂阀门修造分厂党支部书记；运行车间正科级干部
2665	周亚春	男	1963.7	汉族	物资供应中心物资检验科科长；安全生产综合管理高级主管（正科级）
2666	周永武	男	1973.4	汉族	开发公司计划科科长；安全生产管理科科长
2667	周　勇	男	1982.10	汉族	化工一厂输转车间工艺副主任；输转联合车间工艺副主任；生产科副科长
2668	周玉民	男	1964.8	汉族	机械厂阀门修造分厂副厂长；运行车间副科级干部

续表

序号	姓名	性别	出生年月	民族	曾任主要岗位
2669	周曰亮	男	1968.10	汉族	职工医院大化社区卫生服务中心主任
2670	周占文	男	1967.7	汉族	开发公司气体车间生产副主任；印刷厂党支部书记（副科）；联合三车间党支部书记；联合一车间副主任
2671	周振起	男	1970.11	汉族	化工二厂维修车间副主任；硫铵车间主任；丙烯腈联合车间副主任（正科级）；安全环保科科长；丙烯腈联合车间副主任（正科级）
2672	朱 辉	男	1966.8	汉族	检测公司生产技术科科长；机械厂生产计划科副科长（正科级）；检测信息技术中心检测技术科科长
2673	朱 杰	女	1964.7	汉族	化工一厂材料供应站安全生产综合管理高级主管（正科级）
2674	朱宝山	男	1973.9	汉族	职工医院肛肠科主任
2675	朱传亮	男	1965.1	汉族	热电厂汽机车间党支部书记；供电车间党支部书记
2676	朱恩重	男	1956.3	汉族	能源管理中心兴化能源监察大队正科级干部
2677	朱海波	男	1970.11	汉族	久隆房地产公司木器制品厂厂长；客户服务中心副主任（正科级）；办公室副主任（正科级）；塑钢门窗厂副厂长（正科级）
2678	朱海鸿	女	1972.5	汉族	通讯中心有线电视维护站党支部书记；龙凤电话站党支部书记
2679	朱海云	女	1971.7	汉族	销售储运中心炼油销售部副主任
2680	朱洪涛	男	1985.12	汉族	炼油厂重油催化一车间设备副主任
2681	朱晶茹	女	1972.5	汉族	离退休管理中心管理科副科长；卧里屯服务站党支部书记兼离退党总支书记；兴化服务站党支部书记兼兴化服务站离退休党总支书记
2682	朱景凯	男	1963.12	汉族	职工医院普外科副主任
2683	朱丽杰	女	1967.1	汉族	离退休管理中心兴化管理站站长；兴化服务站主任、正科级干部
2684	朱丽萍	女	1972.10	汉族	物业管理中心龙凤社区管理所党支部书记
2685	朱良兰	女	1969.12	汉族	腈纶厂毛条一车间工艺副主任
2686	朱刘苗	男	1981.4	汉族	招标中心管理组组长
2687	朱少鹏	男	1961.3	汉族	化工二厂己烯-1车间主任；人事科（组织部）培训与劳动管理高级主管（正科级）；材料供应站安全生产综合管理高级主管（正科级）

续表

序号	姓名	性别	出生年月	民族	曾任主要岗位
2688	朱绍芬	女	1965.1	汉族	热电厂材料供应站安全生产综合管理高级主管（正科级）
2689	朱维国	男	1973.9	汉族	化工三厂橡胶聚合二车间副主任；橡胶聚合联合车间副主任
2690	朱卫民	男	1969.12	汉族	保卫部办公室（党委办公室）副主任；守卫二大队党支部书记
2691	朱卫权	男	1968.11	汉族	化建公司物资供应部主任
2692	朱旭光	男	1965.11	汉族	机械厂副总工程师；营销中心安全生产综合管理高级主管（正科级）
2693	朱以成	男	1965.4	汉族	水气厂水气车间；水处理车间党支部书记；供电车间党支部书记；材料供应站安全生产综合管理高级主管（正科级）
2694	朱永波	男	1965.5	汉族	热电厂仪表车间主任；材料供应站安全生产综合管理高级主管（正科级）
2695	朱占庆	男	1968.9	汉族	物业管理中心兴化物业五所所长；物业管理督查大队监察员（正科级）
2696	祝　力	女	1967.6	满族	化建公司人力资源部（党委组织部）副主任（副部长）兼党委组织员（正科级）；检修分公司安全生产综合管理办公室安全生产综合管理高级主管（正科级）
2697	祝丹丹	女	1974.2	汉族	物资供应中心龙凤总库副主任
2698	祝喜恩	男	1961.2	汉族	化工三厂材料供应站安全生产综合管理高级主管（正科级）
2699	庄　岩	男	1962.12	汉族	化工三厂苯乙烯车间党支部书记；材料供应站安全生产综合管理高级主管（正科级）
2700	庄　宇	男	1978.7	汉族	信息技术中心系统集成部副主任；检测信息技术中心系统集成部副主任
2701	庄得庆	男	1971.2	汉族	物业管理中心兴化社区管理所所长
2702	庄茂胜	男	1961.7	汉族	化建公司防腐筑炉分公司党支部书记；检修分公司安全生产综合管理办公室安全生产综合管理高级主管（正科级）
2703	庄芹仙	女	1962.4	汉族	信息技术中心主任助理兼外部项目部北京项目主任
2704	宗　辉	女	1971.6	汉族	检测公司腐蚀与防护检测室副主任兼职生产第二党支部副书记；机械厂腐蚀与防护检测室副主任；生产第二联合党支部副书记（兼）；设备诊断与防护监测中心副主任

续表

序号	姓名	性别	出生年月	民族	曾任主要岗位
2705	宗喜军	男	1973.8	汉族	信息技术中心 ERP 项目部副主任；检测信息技术中心计划经营科科长
2706	邹 杰	女	1973.7	汉族	餐饮服务中心党群工作部主任
2707	邹 靖	男	1963.7	汉族	化建公司仪表副总工程师（正科级）
2708	邹洪波	男	1971.9	汉族	化工三厂 ABS 车间党支部书记
2709	邹俊平	男	1967.8	汉族	机械厂现场制作分厂副厂长（正科级）；机加分厂副厂长（正科级）；容器制造车间副主任（正科级）
2710	祖显宏	男	1968.5	汉族	物资供应中心网络信息科科长；管理科科长、兼机关三党支部书记；管理科科长
2711	左 岩	男	1983.9	汉族	腈纶厂维修车间副主任；成品车间副主任
2712	左立建	男	1980.3	汉族	炼油厂成品车间设备副主任、主持党支部全面工作（副科级）、党支部书记
2713	左秀文	女	1963.11	汉族	物业管理中心龙凤社区管理所正科级干部

第五节　技术专家名录

序号	姓名	性别	单位	专家名称	授予单位	聘任时间	聘期
1	王 震	男	炼油厂	石油炼制领域石油炼制专业	集团公司	2015.12	2016年1月至2018年12月
2	张春刚	男	炼油厂	石油炼制领域临氢工艺及氢气系统专业	集团公司	2017.4	2017年1月至2019年12月
3	朱连勋	男	大庆石化分公司	石油化工领域低碳烯烃专业	集团公司	2017.4	2017年1月至2019年12月
4	张弘旻	男	信息技术中心	信息工程领域信息技术应用专业	集团公司	2017.4	2017年1月至2019年12月
5	刘向峰	男	炼油厂	"炼油厂工艺加热炉烟气净化技术路线研究与改造"项目	大庆石化分公司	2017.9	2017年10月1日至2019年9月30日
6	魏铁锋	男	化工一厂	"E1、E3 装置脱瓶颈改造"项目	大庆石化分公司	2017.9	2017年10月1日至2019年9月30日

续表

序号	姓名	性别	单位	专家名称	授予单位	聘任时间	聘期
7	凌人志	男	化工二厂	"己烯-1装置试生产辛烯-1科研"项目	大庆石化分公司	2017.9	2017年10月1日至2019年9月30日
8	孙文盛	男	化工三厂	"化工三厂高腈SAN及板材ABS树脂成套技术工业化试验"项目	大庆石化分公司	2017.9	2017年10月1日至2019年9月30日
9	宫向英	男	塑料厂高密度聚乙烯一车间	"高端铬系高密度聚乙烯产品的技术攻关"项目	大庆石化分公司	2017.9	2017年10月1日至2019年9月30日
10	孙会斌	男	腈纶厂	"新型腈纶产品的研发及放大生产与市场推广"项目	大庆石化分公司	2017.9	2017年10月1日至2019年9月30日
11	王阅兵	男	水气厂	"利用微涡流技术提升一工业水场澄清池处理量"项目	大庆石化分公司	2017.9	2017年10月1日至2019年9月30日
12	张宇辉	男	化工一厂乙烯车间	"化工一厂EC-301ST汽轮机节能改造"项目	大庆石化分公司	2017.9	2017年10月1日至2019年9月30日
13	孙德君	男	化工二厂	"合成气装置气化炉烧嘴长周期运行攻关"项目	大庆石化分公司	2017.9	2017年10月1日至2019年9月30日
14	侯晓峰	男	机械厂	"公司换热器研发改造及冷换设备防泄漏攻关"项目	大庆石化分公司	2017.9	2017年10月1日至2019年9月30日
15	王海燕	男	化工一厂	"公司仪表控制系统管理优化升级"项目	大庆石化分公司	2017.9	2017年10月1日至2019年9月30日

第六节　高级专业技术职务人员名单

序号	单位	姓名	性别	任职资格	专业名称	授予单位	取得资格时间
1	炼油厂延迟焦化车间	刘春岩	男	高级工程师	石油炼制	集团公司	2016.12
2	炼油厂重油催化一车间	高飞	男	高级工程师	石油炼制	集团公司	2016.12

序号	单位	姓名	性别	任职资格	专业名称	授予单位	取得资格时间
3	炼油厂 常减压一车间	郁兰锋	男	高级工程师	石油炼制	集团公司	2016.12
4	炼油厂蜡脱油车间	郭建新	男	高级工程师	石油炼制	集团公司	2016.12
5	炼油厂调度室	王伟国	男	高级工程师	石油炼制	集团公司	2016.12
6	炼油厂 重油催化一车间	刘春贵	男	高级工程师	石油炼制	集团公司	2016.12
7	炼油厂制蜡一车间	郭文莉	女	高级工程师	石油炼制	集团公司	2016.12
8	炼油厂污水车间	杨立娟	女	高级工程师	地面建设和 油气储运	集团公司	2016.12
9	炼油厂输转车间	张艳丽	女	高级工程师	地面建设和 油气储运	集团公司	2016.12
10	炼油厂 重油催化二车间	郎 冬	男	高级工程师	机械	集团公司	2016.12
11	炼油厂加氢一车间	李应力	男	高级工程师	机械	集团公司	2016.12
12	炼油厂 重油催化一车间	张 艳	女	高级工程师	机械	集团公司	2016.12
13	炼油厂成品车间	左立建	男	高级工程师	机械	集团公司	2016.12
14	炼油厂机动科	姚树霞	女	高级工程师	信息工程	集团公司	2016.12
15	炼油厂安全环保科	刘永和	男	高级工程师	安全环保	集团公司	2016.12
16	炼油厂办公室	段永林	男	高级经济师	经济	集团公司	2016.12
17	炼油厂办公室	李东清	女	高级经济师	经济	集团公司	2016.12
18	炼油厂 气体原料车间	陈维宏	男	高级政工师	思想政治工作	集团公司	2016.12
19	炼油厂办公室	曲 波	男	高级政工师	思想政治工作	集团公司	2016.12
20	炼油厂企业文化科	刘德柱	男	高级政工师	思想政治工作	集团公司	2016.12
21	炼油厂人事科	徐 健	女	高级政工师	思想政治工作	集团公司	2016.12
22	化肥厂合成氨车间	孙经东	男	高级工程师	石油化工	集团公司	2016.12
23	化肥厂调度室	崔连荣	男	高级工程师	石油化工	集团公司	2016.12
24	化肥厂机动科	宋文明	男	高级工程师	机械	集团公司	2016.12
25	化肥厂合成氨车间	孙少杰	男	高级工程师	机械	集团公司	2016.12

续表

序号	单位	姓名	性别	任职资格	专业名称	授予单位	取得资格时间
26	化肥厂计划科	谷鹏飞	男	高级经济师	经济	集团公司	2016.12
27	化工一厂乙烯车间	黄文姣	女	高级工程师	石油化工	集团公司	2016.12
28	化工一厂输转车间	张爱军	女	高级工程师	石油化工	集团公司	2016.12
29	化工一厂裂解车间	于家涛	男	高级工程师	石油化工	集团公司	2016.12
30	化工一厂技术科	杨咏	男	高级工程师	石油化工	集团公司	2016.12
31	化工一厂加氢抽提一车间	李艳秋	女	高级工程师	石油化工	集团公司	2016.12
32	化工一厂乙烯车间	门亚男	男	高级工程师	石油化工	集团公司	2016.12
33	化工一厂供电车间	刘金生	男	高级工程师	电气	集团公司	2016.12
34	化工一厂供电车间	韩文龙	男	高级工程师	电气	集团公司	2016.12
35	化工一厂动力车间	郭英姿	女	高级工程师	石油化工	集团公司	2016.12
36	化工一厂加氢抽提二车间	王相君	男	高级工程师	石油化工	集团公司	2016.12
37	化工一厂乙烯车间	张宇辉	男	高级工程师	机械	集团公司	2016.12
38	化工一厂输转车间	云利东	女	高级政工师	思想政治工作	集团公司	2016.12
39	化工二厂丁辛醇造气车间	李彩霞	女	高级工程师	石油化工	集团公司	2016.12
40	化工二厂机动科	葛晶	女	高级工程师	机械	集团公司	2016.12
41	化工二厂仪表车间	张鸿飞	男	高级工程师	机械	集团公司	2016.12
42	化工三厂ABS车间	鲁敏	女	高级工程师	石油化工	集团公司	2016.12
43	化工三厂技术科	张丽丽	女	高级工程师	石油化工	集团公司	2016.12
44	化工三厂乙苯脱氢车间	王彦斌	男	高级工程师	石油化工	集团公司	2016.12
45	化工三厂合成树脂研究室	周丽娜	女	高级工程师	石油化工	集团公司	2016.12
46	化工三厂供电车间	刘庆鹏	男	高级工程师	电气	集团公司	2016.12
47	化工三厂苯乙烯车间	关涛	男	高级工程师	机械	集团公司	2016.12
48	化工三厂橡胶制品一车间	郭忠	男	高级工程师	机械	集团公司	2016.12

续表

序号	单位	姓名	性别	任职资格	专业名称	授予单位	取得资格时间
49	化工三厂机动科	陆昕	男	高级工程师	机械	集团公司	2016.12
50	化工三厂企业文化科	武立秋	女	高级政工师	思想政治工作	集团公司	2016.12
51	塑料厂低压聚乙烯车间	李哲	男	高级工程师	石油化工	集团公司	2016.12
52	塑料厂技术科	李业成	男	高级工程师	石油化工	集团公司	2016.12
53	塑料厂低压聚乙烯车间	国文朋	男	高级工程师	机械	集团公司	2016.12
54	塑料厂线性聚乙烯车间	侯裕厅	男	高级工程师	机械	集团公司	2016.12
55	塑料厂人事科	王志刚	男	高级经济师	经济	集团公司	2016.12
56	腈纶厂毛条二车间	唐振波	男	高级工程师	石油化工	集团公司	2016.12
57	腈纶厂毛条一车间	马苓	女	高级工程师	石油化工	集团公司	2016.12
58	腈纶厂聚合车间	李嘉平	男	高级工程师	石油化工	集团公司	2016.12
59	腈纶厂毛条二车间	姜贵军	男	高级工程师	石油化工	集团公司	2016.12
60	腈纶厂仪表车间	汪成刚	男	高级工程师	机械	集团公司	2016.12
61	热电厂调度室	杨配峰	男	高级工程师	电气	集团公司	2016.12
62	热电厂技术科	李季	女	高级工程师	地面建设和油气储运	集团公司	2016.12
63	热电厂化学车间	贾春雨	女	高级工程师	机械	集团公司	2016.12
64	热电厂企业文化科	蒋玉军	男	高级政工师	思想政治工作	集团公司	2016.12
65	水气厂调度室	陈玉龙	男	高级工程师	地面建设和油气储运	集团公司	2016.12
66	水气厂水汽技术中心	李颜云	女	高级工程师	地面建设和油气储运	集团公司	2016.12
67	水气厂污水一车间	刘凤	女	高级工程师	机械	集团公司	2016.12
68	水气厂机动科	孙秀敏	女	高级工程师	机械	集团公司	2016.12
69	质量检验中心炼油化验车间	剡光耀	男	高级工程师	石油化工	集团公司	2016.12
70	质量检验中心安全生产技术科	李建云	女	高级工程师	石油化工	集团公司	2016.12

序号	单位	姓名	性别	任职资格	专业名称	授予单位	取得资格时间
71	质量检验中心树脂化验车间	孙彩霞	女	高级工程师	石油化工	集团公司	2016.12
72	质量检验中心安全生产技术科	刘丙良	女	高级工程师	石油化工	集团公司	2016.12
73	储运中心生产科	聂　君	女	高级工程师	电气	集团公司	2016.12
74	储运中心成品车间	李志军	男	高级工程师	机械	集团公司	2016.12
75	储运中心炼油销售部	金艳春	男	高级经济师	经济	集团公司	2016.12
76	机械厂技术设计中心	金海嵘	男	高级工程师	机械	集团公司	2016.12
77	机械厂技术设计中心	殷国成	男	高级工程师	机械	集团公司	2016.12
78	开发公司财务科	颜永军	女	高级会计师	会计	集团公司	2016.12
79	物资供应中心化工科	刘　薇	女	高级经济师	经济	集团公司	2016.12
80	信息技术中心MES项目部	陈　丽	女	高级工程师	机械	集团公司	2016.12
81	信息技术中心控制与网络工程部	肖　健	男	高级工程师	机械	集团公司	2016.12
82	信息技术中心系统运营部	罗志宏	女	高级工程师	信息工程	集团公司	2016.12
83	信息技术中心系统集成部	王晓枫	女	高级工程师	信息工程	集团公司	2016.12
84	信息技术中心咨询部	张向东	男	高级工程师	信息工程	集团公司	2016.12
85	实业公司技术开发部	姜晓强	男	高级工程师	石油化工	集团公司	2016.12
86	久隆房地产公司	高　明	男	高级工程师	地面建设和油气储运	集团公司	2016.12
87	矿区服务事业部	陈学健	男	高级工程师	电气	集团公司	2016.12
88	物业管理中心	王永波	男	高级经济师	经济	集团公司	2016.12
89	物业管理中心龙凤社区管理所	朱丽萍	女	高级政工师	思想政治工作	集团公司	2016.12

序号	单位	姓名	性别	任职资格	专业名称	授予单位	取得资格时间
90	总经理办公室	赵德龙	男	高级经济师	经济	集团公司	2016.12
91	人事处	李彦辉	男	高级经济师	经济	集团公司	2016.12
92	财务处	孙红卫	女	高级会计师	会计	集团公司	2016.12
93	财务处	侯晓林	女	高级会计师	会计	集团公司	2016.12
94	财务处	张艳华	女	高级会计师	会计	集团公司	2016.12
95	财务处	王睿	女	高级会计师	会计	集团公司	2016.12
96	生产运行处	杨俊新	男	高级工程师	石油化工	集团公司	2016.12
97	机动设备处	刘鑫伟	男	高级工程师	电气	集团公司	2016.12
98	安全环保处	孔祥宇	男	高级工程师	安全环保	集团公司	2016.12
99	审计中心	骆启昱	女	高级经济师	经济	集团公司	2016.12
100	工程质量监督站	侯明辉	男	高级工程师	电气	集团公司	2016.12
101	乙烯工程指挥部	秦峰	男	高级工程师	地面建设和油气储运	集团公司	2016.12
102	乙烯工程指挥部	洪运武	男	高级工程师	机械	集团公司	2016.12
103	乙烯工程指挥部	马广宇	男	高级工程师	机械	集团公司	2016.12
104	乙烯工程指挥部	张淑芝	女	高级工程师	机械	集团公司	2016.12
105	乙烯工程指挥部	吕勃	男	高级政工师	思想政治工作	集团公司	2016.12
106	招标中心	李乃生	男	高级工程师	机械	集团公司	2016.12
107	招标中心	刘进军	男	高级工程师	机械	集团公司	2016.12
108	招标中心	张世祥	男	高级经济师	经济	集团公司	2016.12
109	炼油厂技术科	王仁南	男	高级工程师	石油炼制	集团公司	2017.12
110	炼油厂重油催化一车间	张兵	男	高级工程师	石油炼制	集团公司	2017.12
111	炼油厂重油催化一车间	张忠孝	男	高级工程师	石油炼制	集团公司	2017.12
112	炼油厂蜡脱油车间	王建军	男	高级工程师	石油炼制	集团公司	2017.12
113	炼油厂常减压一车间	陈金晖	男	高级工程师	机械	集团公司	2017.12

续表

序号	单位	姓名	性别	任职资格	专业名称	授予单位	取得资格时间
114	炼油厂 重油催化一车间	褚磊	男	高级工程师	机械	集团公司	2017.12
115	炼油厂材料供应站	邓克明	男	高级工程师	机械	集团公司	2017.12
116	炼油厂 重油催化二车间	毕中华	男	高级工程师	机械	集团公司	2017.12
117	炼油厂加氢二车间	焦庆雨	男	高级工程师	机械	集团公司	2017.12
118	炼油厂 供热空分车间	段立军	男	高级工程师	机械	集团公司	2017.12
119	炼油厂供水车间	胡轶杰	女	高级工程师	机械	集团公司	2017.12
120	炼油厂仪表车间	郭永刚	男	高级工程师	机械	集团公司	2017.12
121	炼油厂计量中心	王晓梅	女	高级工程师	机械	集团公司	2017.12
122	炼油厂计量中心	杨易朋	男	高级工程师	机械	集团公司	2017.12
123	炼油厂安全环保科	何敬菊	女	高级工程师	安全环保	集团公司	2017.12
124	炼油厂材料供应站	孙立中	男	高级经济师	经济	集团公司	2017.12
125	炼油厂材料供应站	张丽曼	女	高级经济师	经济	集团公司	2017.12
126	化肥厂合成氨车间	宋巍	男	高级工程师	石油化工	集团公司	2017.12
127	化肥厂成品车间	汪波	男	高级工程师	石油化工	集团公司	2017.12
128	化肥厂合成氨车间	朱志祥	男	高级工程师	机械	集团公司	2017.12
129	化肥厂尿素车间	常亮	男	高级工程师	机械	集团公司	2017.12
130	化工一厂系统车间	陈安营	男	高级工程师	石油化工	集团公司	2017.12
131	化工一厂 原料一车间	杜君	男	高级工程师	石油化工	集团公司	2017.12
132	化工一厂安全科	杨鸿翔	男	高级工程师	机械	集团公司	2017.12
133	化工一厂电仪科	于海城	男	高级工程师	机械	集团公司	2017.12
134	化工一厂动力车间	孙新新	男	高级工程师	机械	集团公司	2017.12
135	化工一厂仪表车间	闫兆麟	男	高级工程师	机械	集团公司	2017.12
136	化工一厂仪表车间	罗振涛	男	高级工程师	机械	集团公司	2017.12
137	化工一厂仪表车间	刘立岩	男	高级工程师	机械	集团公司	2017.12
138	化工一厂乙烯车间	张鹏	男	高级工程师	机械	集团公司	2017.12

序号	单位	姓名	性别	任职资格	专业名称	授予单位	取得资格时间
139	化工二厂调度室	刘枫林	男	高级工程师	石油化工	集团公司	2017.12
140	化工二厂技术科	刘殿中	男	高级工程师	石油化工	集团公司	2017.12
141	化工二厂计划科	安润涛	男	高级工程师	石油化工	集团公司	2017.12
142	化工二厂丙烯腈车间	宋兴龙	男	高级工程师	石油化工	集团公司	2017.12
143	化工二厂安全科	刘伟	女	高级工程师	石油化工	集团公司	2017.12
144	化工二厂机动科	刘国辉	男	高级工程师	机械	集团公司	2017.12
145	化工二厂人事科	谷冬梅	女	高级经济师	经济	集团公司	2017.12
146	化工三厂ABS车间	张光涛	男	高级工程师	石油化工	集团公司	2017.12
147	化工三厂橡胶制品一车间	李楠	女	高级工程师	石油化工	集团公司	2017.12
148	化工三厂橡胶聚合二车间	熊国辉	男	高级工程师	石油化工	集团公司	2017.12
149	化工三厂ABS车间	刘盈盈	女	高级工程师	机械	集团公司	2017.12
150	化工三厂橡胶聚合一车间	夏鲁刚	男	高级工程师	机械	集团公司	2017.12
151	化工三厂橡胶制品二车间	黄先瑞	男	高级工程师	机械	集团公司	2017.12
152	化工三厂聚丙烯车间	赵向凤	女	高级工程师	机械	集团公司	2017.12
153	化工三厂办公室	杨平	男	高级政工师	思想政治工作	集团公司	2017.12
154	塑料厂低压聚乙烯车间	吕书军	男	高级工程师	石油化工	集团公司	2017.12
155	塑料厂低压聚乙烯车间	柏影	女	高级工程师	机械	集团公司	2017.12
156	塑料厂全密度聚乙烯二车间	栾加天	男	高级工程师	机械	集团公司	2017.12
157	塑料厂仪表车间	马原	女	高级工程师	机械	集团公司	2017.12
158	塑料厂计划科	李佳	女	高级经济师	经济	集团公司	2017.12
159	腈纶厂毛条一车间	李炳军	男	高级工程师	机械	集团公司	2017.12

续表

序号	单位	姓名	性别	任职资格	专业名称	授予单位	取得资格时间
160	热电厂计划科	高桂英	女	高级工程师	机械	集团公司	2017.12
161	热电厂燃料车间	高立平	男	高级工程师	机械	集团公司	2017.12
162	热电厂燃料车间	马清波	男	高级政工师	思想政治工作	集团公司	2017.12
163	水气厂污水二车间	王荆陆	男	高级工程师	机械	集团公司	2017.12
164	水气厂污水一车间	陈福霞	女	高级工程师	地面建设和油气储运	集团公司	2017.12
165	水气厂计划科	徐静	女	高级经济师	经济	集团公司	2017.12
166	水气厂党群工作部	周福胜	男	高级政工师	思想政治工作	集团公司	2017.12
167	质量检验中心化肥化验车间	张虹燕	女	高级工程师	石油化工	集团公司	2017.12
168	质量检验中心化肥化验车间	马悦	女	高级工程师	石油化工	集团公司	2017.12
169	质量检验中心化工化验车间	钟立平	女	高级工程师	石油化工	集团公司	2017.12
170	质量检验中心树脂化验车间	刘雪松	女	高级工程师	石油化工	集团公司	2017.12
171	质量检验中心机动设备科	陈书仙	女	高级工程师	机械	集团公司	2017.12
172	质量检验中心机动设备科	苗丽娜	女	高级工程师	机械	集团公司	2017.12
173	化建公司技术发展部焊接培训中心	胡玉江	女	高级工程师	机械	集团公司	2017.12
174	化建公司市场开发部	宋景浩	男	高级工程师	机械	集团公司	2017.12
175	化建公司安装一分公司	王俊峰	男	高级工程师	机械	集团公司	2017.12
176	化建公司项目管理中心	苏永利	男	高级工程师	机械	集团公司	2017.12
177	化建公司项目管理中心	薛吉环	女	高级工程师	地面建设和油气储运	集团公司	2017.12
178	机械厂技术设计中心	刘颖	女	高级工程师	机械	集团公司	2017.12

序号	单位	姓名	性别	任职资格	专业名称	授予单位	取得资格时间
179	机械厂技术设计中心	韩永强	男	高级工程师	机械	集团公司	2017.12
180	物资供应中心招标中心	朱刘苗	男	高级工程师	机械	集团公司	2017.12
181	物资供应中心招标中心	刘延军	男	高级工程师	机械	集团公司	2017.12
182	物资供应中心招标中心	王洪刚	男	高级工程师	机械	集团公司	2017.12
183	物资供应中心网络信息科	祖显宏	男	高级工程师	信息工程	集团公司	2017.12
184	物资供应中心人事科	田恩昇	男	高级经济师	经济	集团公司	2017.12
185	物资供应中心招标中心	郭岩宏	女	高级经济师	经济	集团公司	2017.12
186	信息技术中心控制与网络工程部	刘新光	男	高级工程师	机械	集团公司	2017.12
187	信息技术中心控制与网络工程部	林建乔	男	高级工程师	机械	集团公司	2017.12
188	信息技术中心控制与网络工程部	单中强	男	高级工程师	机械	集团公司	2017.12
189	信息技术中心	滕云程	男	高级工程师	信息工程	集团公司	2017.12
190	信息技术中心系统集成部	赵丹	女	高级工程师	信息工程	集团公司	2017.12
191	信息技术中心MES项目部	许萍	女	高级工程师	信息工程	集团公司	2017.12
192	信息技术中心财务科	沈平	女	高级会计师	会计	集团公司	2017.12
193	通讯中心经营管理科	张建中	男	高级工程师	信息工程	集团公司	2017.12
194	通讯中心人事科（党委组织部）	周颖	女	高级经济师	经济	集团公司	2017.12
195	培训中心办公室（党委办公室）	吴建波	男	高级政工师	思想政治工作	集团公司	2017.12

续表

序号	单位	姓名	性别	任职资格	专业名称	授予单位	取得资格时间
196	消防支队 安全环保监督站	李 岩	女	高级工程师	安全环保	集团公司	2017.12
197	消防支队 安全环保监督站	张 刚	男	高级工程师	安全环保	集团公司	2017.12
198	离退休管理中心 党委办公室	周恩月	男	高级政工师	思想政治工作	集团公司	2017.12
199	矿区服务事业部 财务资产部	史志敏	女	高级会计师	会计	集团公司	2017.12
200	物业管理中心 龙凤生产运行车间	孔巧智	女	高级政工师	思想政治工作	集团公司	2017.12
201	人事处	陆 军	女	高级政工师	思想政治工作	集团公司	2017.12
202	财务处	郑洪波	男	高级经济师	经济	集团公司	2017.12
203	财务处	王美丽	女	高级会计师	会计	集团公司	2017.12
204	财务处结算中心	隋 璞	女	高级会计师	会计	集团公司	2017.12
205	计划处	杨培敏	男	高级经济师	经济	集团公司	2017.12
206	生产运行处	张洪波	男	高级工程师	石油化工	集团公司	2017.12
207	生产运行处	李殿兴	男	高级工程师	地面建设和 油气储运	集团公司	2017.12
208	机动设备处	邹德刚	男	高级工程师	机械	集团公司	2017.12
209	法律事务与企管处	高悦鸣	男	高级经济师	经济	集团公司	2017.12
210	维稳办	王东伟	男	高级政工师	思想政治工作	集团公司	2017.12
211	维稳办	田 野	男	高级政工师	思想政治工作	集团公司	2017.12
212	工程管理部	朱绍芬	女	高级工程师	石油化工	集团公司	2017.12
213	工程管理部	郑 铁	男	高级工程师	石油化工	集团公司	2017.12
214	信息管理部	慕永明	男	高级工程师	机械	集团公司	2017.12
215	工程质量监督站	王浩洋	男	高级工程师	机械	集团公司	2017.12
216	乙烯工程指挥部 芳烃联合项目组	张广民	男	高级工程师	石油化工	集团公司	2017.12
217	乙烯工程指挥部 设计管理部	由忠微	男	高级工程师	机械	集团公司	2017.12

续表

序号	单位	姓名	性别	任职资格	专业名称	授予单位	取得资格时间
218	乙烯工程指挥部裂解项目组	马庚瑜	男	高级工程师	机械	集团公司	2017.12
219	乙烯工程指挥部公用工程项目组	王 巍	男	高级工程师	地面建设和油气储运	集团公司	2017.12
220	炼油厂	王 震	男	教授级高级工程师	石油炼制	集团公司	2017.12
221	化工二厂	陈树相	男	教授级高级工程师	化工工艺	集团公司	2017.12
222	机械厂	张 勇	男	教授级高级工程师	机械	集团公司	2017.12
223	信息技术中心	刘 伟	男	教授级高级工程师	信息工程	集团公司	2017.12
224	职工医院	詹剑梅	女	主任医师	卫生	集团公司	2017.12
225	炼油厂	林 峰	男	高级工程师	安全环保	集团公司	2018.12
226	炼油厂	王志岳	男	高级工程师	地面建设和油气储运	集团公司	2018.12
227	炼油厂	郭 建	男	高级工程师	机械	集团公司	2018.12
228	炼油厂	孙国栋	男	高级工程师	机械	集团公司	2018.12
229	炼油厂	窦雪飞	女	高级工程师	机械	集团公司	2018.12
230	炼油厂	于国军	男	高级工程师	机械	集团公司	2018.12
231	炼油厂	季庆华	女	高级经济师	经济	集团公司	2018.12
232	炼油厂	马 俊	男	高级工程师	石油炼制	集团公司	2018.12
233	炼油厂	李 实	男	高级工程师	石油炼制	集团公司	2018.12
234	炼油厂	陈丽晶	女	高级工程师	石油炼制	集团公司	2018.12
235	炼油厂	黄国栋	男	高级工程师	石油炼制	集团公司	2018.12
236	炼油厂	黄雪莹	女	高级工程师	石油炼制	集团公司	2018.12
237	炼油厂	黄 睿	男	高级工程师	信息工程	集团公司	2018.12
238	化工一厂	俞云松	男	高级工程师	机械	集团公司	2018.12
239	化工一厂	孙长江	男	高级工程师	机械	集团公司	2018.12
240	化工一厂	南英淑	女	高级工程师	机械	集团公司	2018.12

续表

序号	单位	姓名	性别	任职资格	专业名称	授予单位	取得资格时间
241	化工一厂	刘莉	女	高级工程师	机械	集团公司	2018.12
242	化工一厂	孟祥龙	男	高级政工师	思想政治工作	集团公司	2018.12
243	化工一厂	周巍	男	高级工程师	石油化工	集团公司	2018.12
244	化工二厂	张正南	男	高级工程师	机械	集团公司	2018.12
245	化工二厂	王明合	男	高级工程师	机械	集团公司	2018.12
246	化工二厂	高玉国	男	高级工程师	机械	集团公司	2018.12
247	化工二厂	刘洪波	男	高级工程师	机械	集团公司	2018.12
248	化工二厂	郑丽华	女	高级经济师	经济	集团公司	2018.12
249	化工二厂	高晶	女	高级工程师	石油化工	集团公司	2018.12
250	化工二厂	郭立国	男	高级工程师	石油化工	集团公司	2018.12
251	化工二厂	赵晓伟	男	高级工程师	石油化工	集团公司	2018.12
252	化工二厂	张树继	男	高级工程师	石油化工	集团公司	2018.12
253	化工二厂	张学业	男	高级工程师	石油化工	集团公司	2018.12
254	化工三厂	袁建	男	高级工程师	机械	集团公司	2018.12
255	化工三厂	王洋	女	高级政工师	思想政治工作	集团公司	2018.12
256	化工三厂	李昌领	男	高级工程师	石油化工	集团公司	2018.12
257	化工三厂	郭丽娜	女	高级工程师	石油化工	集团公司	2018.12
258	化工三厂	刘庆民	男	高级工程师	石油化工	集团公司	2018.12
259	化工三厂	孙士昌	男	高级工程师	石油化工	集团公司	2018.12
260	塑料厂	丰之江	男	高级工程师	机械	集团公司	2018.12
261	塑料厂	韩云艳	女	高级工程师	石油化工	集团公司	2018.12
262	塑料厂	赵炳阳	男	高级工程师	石油化工	集团公司	2018.12
263	塑料厂	王立业	男	高级工程师	石油化工	集团公司	2018.12
264	塑料厂	郭常辉	男	高级工程师	石油化工	集团公司	2018.12
265	腈纶厂	刘忠辉	女	高级工程师	机械	集团公司	2018.12
266	腈纶厂	李羡庆	男	高级工程师	机械	集团公司	2018.12
267	腈纶厂	宋辉	男	高级工程师	机械	集团公司	2018.12

序号	单位	姓名	性别	任职资格	专业名称	授予单位	取得资格时间
268	腈纶厂	刘思岐	女	高级经济师	经济	集团公司	2018.12
269	热电厂	王君	男	高级工程师	机械	集团公司	2018.12
270	热电厂	崔勇	男	高级工程师	机械	集团公司	2018.12
271	热电厂	周传勇	男	高级工程师	机械	集团公司	2018.12
272	热电厂	刘涛	男	高级工程师	机械	集团公司	2018.12
273	热电厂	邵春雷	男	高级工程师	机械	集团公司	2018.12
274	热电厂	郑玉玲	女	高级政工师	思想政治工作	集团公司	2018.12
275	水气厂	孔令刚	男	高级工程师	安全环保	集团公司	2018.12
276	水气厂	时国栋	男	高级工程师	地面建设和油气储运	集团公司	2018.12
277	水气厂	郭丽	女	高级工程师	地面建设和油气储运	集团公司	2018.12
278	水气厂	王丹	女	高级工程师	地面建设和油气储运	集团公司	2018.12
279	水气厂	刘秀英	女	高级工程师	机械	集团公司	2018.12
280	水气厂	单素颖	女	高级工程师	机械	集团公司	2018.12
281	水气厂	李美群	女	高级工程师	机械	集团公司	2018.12
282	水气厂	刘庆超	男	高级工程师	机械	集团公司	2018.12
283	水气厂	孙茂文	男	高级工程师	机械	集团公司	2018.12
284	水气厂	吴小峰	男	高级工程师	机械	集团公司	2018.12
285	水气厂	李平杰	女	高级工程师	机械	集团公司	2018.12
286	水气厂	夏英鑫	女	高级政工师	思想政治工作	集团公司	2018.12
287	水气厂	谢志松	男	高级政工师	思想政治工作	集团公司	2018.12
288	质量检验中心	张大治	男	高级政工师	思想政治工作	集团公司	2018.12
289	质量检验中心	吴刚	男	高级政工师	思想政治工作	集团公司	2018.12
290	质量检验中心	贾洪江	男	高级工程师	石油化工	集团公司	2018.12
291	质量检验中心	高伟霞	女	高级工程师	石油化工	集团公司	2018.12
292	储运中心	夏志鹏	男	高级工程师	地面建设和油气储运	集团公司	2018.12

序号	单位	姓名	性别	任职资格	专业名称	授予单位	取得资格时间
293	储运中心	赵玉文	男	高级工程师	机械	集团公司	2018.12
294	储运中心	祝 力	女	高级政工师	思想政治工作	集团公司	2018.12
295	储运中心	田 甜	女	高级经济师	经济	集团公司	2018.12
296	储运中心	范晓君	男	高级经济师	经济	集团公司	2018.12
297	储运中心	韩亚丽	女	高级经济师	经济	集团公司	2018.12
298	化建公司	李雪峰	男	高级工程师	机械	集团公司	2018.12
299	机械厂	李明杰	男	高级工程师	机械	集团公司	2018.12
300	机械厂	李嫒嫒	女	高级工程师	机械	集团公司	2018.12
301	开发公司	高志云	男	高级工程师	机械	集团公司	2018.12
302	开发公司	梁美凤	女	高级经济师	经济	集团公司	2018.12
303	开发公司	何晓明	女	高级经济师	经济	集团公司	2018.12
304	开发公司	孟淑琴	女	高级工程师	石油化工	集团公司	2018.12
305	检测信息技术中心	张英豪	男	高级工程师	机械	集团公司	2018.12
306	检测信息技术中心	王 英	女	高级工程师	机械	集团公司	2018.12
307	检测信息技术中心	王秀玲	女	高级工程师	信息工程	集团公司	2018.12
308	检测信息技术中心	王红丽	女	高级工程师	信息工程	集团公司	2018.12
309	检测信息技术中心	莫国清	男	高级工程师	信息工程	集团公司	2018.12
310	检测信息技术中心	李 楠	女	高级工程师	信息工程	集团公司	2018.12
311	检测信息技术中心	郭 颖	女	高级工程师	信息工程	集团公司	2018.12
312	实业公司	石振宇	男	高级工程师	石油化工	集团公司	2018.12
313	实业公司	王春财	男	高级工程师	石油化工	集团公司	2018.12
314	人事处	王 琪	女	高级经济师	经济	集团公司	2018.12
315	财务处	潘云婷	女	高级会计师	会计	集团公司	2018.12
316	财务处	卢 梅	女	高级会计师	会计	集团公司	2018.12
317	财务处	邵玉春	女	高级会计师	会计	集团公司	2018.12
318	计划处	李玉春	男	高级经济师	经济	集团公司	2018.12
319	安全环保处	周玉莹	男	高级工程师	安全环保	集团公司	2018.12

序号	单位	姓名	性别	任职资格	专业名称	授予单位	取得资格时间
320	工会	高红心	女	高级政工师	思想政治工作	集团公司	2018.12
321	炼油工程指挥部	高凤军	女	高级经济师	经济	集团公司	2018.12
322	化工二厂	宋瑞冬	男	高级工程师	机械	集团公司	2019.12
323	化工二厂	张慧萍	女	高级工程师	机械	集团公司	2019.12
324	化工二厂	梁栋	男	高级工程师	机械	集团公司	2019.12
325	化工二厂	林洋	男	教授级高级工程师	化工工艺	集团公司	2019.10
326	化工一厂	丁丽丽	女	高级工程师	石油化工	集团公司	2019.12
327	化工一厂	肖海霞	女	高级工程师	机械	集团公司	2019.12
328	化工一厂	郑文晶	女	高级工程师	机械	集团公司	2019.12
329	化工一厂	赵玉龙	男	高级工程师	石油化工	集团公司	2019.12
330	化工一厂	周剑锋	男	高级工程师	石油化工	集团公司	2019.12
331	化工一厂	孟昭云	女	高级工程师	石油化工	集团公司	2019.12
332	化工一厂	尹洪江	男	高级工程师	机械	集团公司	2019.12
333	化工一厂	吕庆明	男	高级工程师	机械	集团公司	2019.12
334	化工一厂	曹文光	男	高级工程师	机械	集团公司	2019.12
335	化工一厂	国瀚文	女	高级工程师	机械	集团公司	2019.12
336	化建公司	司宪成	男	高级工程师	机械	集团公司	2019.12
337	化建公司	肖飞	男	高级工程师	机械	集团公司	2019.12
338	化建公司	王晓波	男	高级工程师	机械	集团公司	2019.12
339	化建公司	李金莹	女	高级工程师	地面建设和油气储运	集团公司	2019.12
340	化建公司	奚伟光	男	高级工程师	地面建设和油气储运	集团公司	2019.12
341	化建公司	张学明	男	高级经济师	会统经系列	集团公司	2019.12
342	化工三厂	贾士英	女	高级工程师	石油化工	集团公司	2019.12
343	化工三厂	段兆磊	男	高级工程师	石油化工	集团公司	2019.12
344	化工三厂	刘爽	女	高级工程师	石油化工	集团公司	2019.12

续表

序号	单位	姓名	性别	任职资格	专业名称	授予单位	取得资格时间
345	化工三厂	巩波	男	高级工程师	石油化工	集团公司	2019.12
346	化工三厂	王宇	男	高级工程师	机械	集团公司	2019.12
347	化工三厂	王奎勇	男	高级工程师	机械	集团公司	2019.12
348	化工三厂	梁占海	男	高级经济师	经济	集团公司	2019.12
349	化工三厂	姚红梅	女	高级政工师	政工	集团公司	2019.12
350	机械厂	侯晓峰	男	教授级高级工程师	机械	集团公司	2019.10
351	机械厂	金志新	男	高级工程师	机械	集团公司	2019.12
352	机械厂	韩超	男	高级工程师	机械	集团公司	2019.12
353	机械厂	郭钢	男	高级工程师	机械	集团公司	2019.12
354	检测信息技术中心	吴秀英	女	高级工程师	信息工程	集团公司	2019.12
355	检测信息技术中心	高雪	女	高级工程师	信息工程	集团公司	2019.12
356	检测信息技术中心	江浩生	男	高级工程师	信息工程	集团公司	2019.12
357	检测信息技术中心	侯星全	男	高级工程师	信息工程	集团公司	2019.12
358	检测信息技术中心	高军	男	高级工程师	机械	集团公司	2019.12
359	检测信息技术中心	张静	女	高级工程师	机械	集团公司	2019.12
360	检测信息技术中心	张玉梅	女	教授级高级工程师	信息工程	集团公司	2019.10
361	腈纶厂	张学武	男	高级工程师	机械	集团公司	2019.12
362	腈纶厂	于磊	男	高级工程师	石油化工	集团公司	2019.12
363	离退休管理中心	曹玉凤	女	高级工程师	高级会计师	集团公司	2019.12
364	培训中心	蒋金芳	女	高级工程师	机械	集团公司	2019.12
365	热电厂	苏彬	男	高级工程师	机械	集团公司	2019.12
366	热电厂	牛志峰	男	高级工程师	机械	集团公司	2019.12
367	热电厂	徐齐	男	高级工程师	机械	集团公司	2019.12
368	实业公司	石刚	男	高级工程师	石油化工	集团公司	2019.12
369	实业公司	刘国都	男	高级工程师	机械	集团公司	2019.12
370	水气厂	张雯	女	高级工程师	石油化工	集团公司	2019.12

续表

序号	单位	姓名	性别	任职资格	专业名称	授予单位	取得资格时间
371	水气厂	高波	女	高级工程师	地面建设及油气储运	集团公司	2019.12
372	水气厂	李波	男	高级工程师	机械	集团公司	2019.12
373	水气厂	王世祯	男	高级工程师	信息工程	集团公司	2019.12
374	水气厂	董立敏	男	高级工程师	机械	集团公司	2019.12
375	水气厂	李辉	男	高级工程师	机械	集团公司	2019.12
376	塑料厂	吴明亮	男	高级工程师	石油化工	集团公司	2019.12
377	塑料厂	曲伯仟	男	高级工程师	机械	集团公司	2019.12
378	塑料厂	周灿	女	高级工程师	石油化工	集团公司	2019.12
379	塑料厂	金鑫	女	高级工程师	机械	集团公司	2019.12
380	塑料厂	裴晨阳	男	高级工程师	机械	集团公司	2019.12
381	塑料厂	宋宪凤	女	高级工程师	石油化工	集团公司	2019.12
382	塑料厂	郭玲	女	高级工程师	石油化工	集团公司	2019.12
383	塑料厂	安华龙	男	高级工程师	石油化工	集团公司	2019.12
384	塑料厂	王建军	男	高级工程师	石油化工	集团公司	2019.12
385	物资供应中心	吕艳丽	女	高级工程师	信息工程	集团公司	2019.12
386	物资供应中心	张志波	男	高级工程师	机械	集团公司	2019.12
387	物资供应中心	衣红鸾	女	高级经济师	经济	集团公司	2019.12
388	招标中心	李佳	女	高级工程师	机械	集团公司	2019.12
389	职工医院	方海燕	女	副主任医师	卫生	黑龙江人力资源和社会保障厅	2019.9
390	职工医院	陈捷	女	副主任医师	卫生	黑龙江人力资源和社会保障厅	2019.9
391	职工医院	王义勇	男	副主任医师	卫生	黑龙江人力资源和社会保障厅	2019.9
392	职工医院	张秀华	女	副主任医师	卫生	黑龙江人力资源和社会保障厅	2019.9

续表

序号	单位	姓名	性别	任职资格	专业名称	授予单位	取得资格时间
393	职工医院	李春英	女	副主任护师	卫生	黑龙江人力资源和社会保障厅	2019.9
394	销售储运中心	于忠文	男	高级工程师	地面建设和油气储运	集团公司	2019.12
395	质量检验中心	杨冬梅	女	高级工程师	石油化工	集团公司	2019.12
396	质量检验中心	肖国庆	男	高级工程师	石油化工	集团公司	2019.12
397	生产运行处	梁建	男	高级工程师	地面建设和油气储运	集团公司	2019.12
398	计划处	王海涛	男	高级经济师	经济	集团公司	2019.12
399	财务处	安阳	女	高级会计师	会计	集团公司	2019.12
400	财务处	范宇东	男	高级经济师	经济	集团公司	2019.12
401	炼油工程指挥部	姜伟	女	高级经济师	经济	集团公司	2019.12
402	工会	徐辉	女	高级政工师	政工	集团公司	2019.12
403	新闻中心	谢文艳	女	高级政工师	政工	集团公司	2019.12
404	化肥厂	马骏驰	男	高级工程师	机械	集团公司	2019.12
405	化肥厂	侯晓飞	男	高级工程师	机械	集团公司	2019.12
406	化肥厂	刘滨	男	高级政工师	政工	集团公司	2019.12
407	化肥厂	邵东波	男	高级工程师	机械	集团公司	2019.12
408	纪委办公室	怀茹	女	高级政工师	政工	集团公司	2019.12
409	纪委办公室	邹杰	女	高级政工师	政工	集团公司	2019.12
410	总经理办公室	李菁泉	男	高级政工师	政工	集团公司	2019.12
411	炼油厂	夏志国	男	高级工程师	石油炼制	集团公司	2019.12
412	炼油厂	王艳平	女	高级工程师	石油炼制	集团公司	2019.12
413	炼油厂	胡明珠	女	高级工程师	石油炼制	集团公司	2019.12
414	炼油厂	王莲静	女	高级工程师	石油炼制	集团公司	2019.12
415	炼油厂	毕永慧	女	高级工程师	石油炼制	集团公司	2019.12
416	炼油厂	宁海涛	男	高级工程师	石油炼制	集团公司	2019.12
417	炼油厂	那旭东	男	高级工程师	石油炼制	集团公司	2019.12

续表

序号	单位	姓名	性别	任职资格	专业名称	授予单位	取得资格时间
418	炼油厂	司良波	女	高级工程师	石油炼制	集团公司	2019.12
419	炼油厂	王建	男	高级工程师	石油炼制	集团公司	2019.12
420	炼油厂	蒋秀岩	女	高级工程师	石油炼制	集团公司	2019.12
421	炼油厂	李新海	男	高级工程师	机械	集团公司	2019.12
422	炼油厂	马云飞	男	高级工程师	机械	集团公司	2019.12
423	炼油厂	姜威	女	高级工程师	机械	集团公司	2019.12
424	炼油厂	刘锐	男	高级工程师	机械	集团公司	2019.12
425	炼油厂	刘静	女	高级工程师	机械	集团公司	2019.12
426	炼油厂	李广志	男	高级工程师	机械	集团公司	2019.12
427	炼油厂	单忠庆	男	高级工程师	机械	集团公司	2019.12
428	炼油厂	李明	男	高级工程师	机械	集团公司	2019.12
429	培训中心	马玉龙	男	高级工程师	信息工程	集团公司	2020.12
430	培训中心	王丽艳	女	高级工程师	机械	集团公司	2020.12
431	培训中心	张滨滨	男	高级工程师	机械	集团公司	2020.12
432	培训中心	王印力	男	高级工程师	机械	集团公司	2020.12
433	财务处	申玉梅	女	高级会计师	会计	集团公司	2020.12
434	工程管理部	王堃	男	高级工程师	机械	集团公司	2020.12
435	化工二厂	张春富	男	高级工程师	石油化工	集团公司	2020.12
436	化工二厂	历洪波	女	高级工程师	石油化工	集团公司	2020.12
437	化工二厂	杜超	男	高级工程师	机械	集团公司	2020.12
438	化工二厂	茹言	男	高级工程师	机械	集团公司	2020.12
439	化工二厂	岳斌彬	男	高级工程师	机械	集团公司	2020.12
440	化工二厂	崔栋海	男	高级工程师	机械	集团公司	2020.12
441	化工二厂	王彭	男	高级工程师	信息工程	集团公司	2020.12
442	生产运行处	张凤军	男	高级工程师	石油炼制	集团公司	2020.12
443	实业公司	赵秀娟	女	高级工程师	地面建设	集团公司	2020.12
444	实业公司	路锦新	女	高级工程师	机械	集团公司	2020.12

续表

序号	单位	姓名	性别	任职资格	专业名称	授予单位	取得资格时间
445	物业管理中心	邓枫	男	高级政工师	政工	集团公司	2020.12
446	招标中心	李莉	女	高级经济师	经济	集团公司	2020.12
447	招标中心	王松	男	高级经济师	经济	集团公司	2020.12
448	质量检验中心	徐晓梅	女	高级工程师	石油化工	集团公司	2020.12
449	质量检验中心	孟祥勇	男	高级工程师	石油化工	集团公司	2020.12
450	质量检验中心	王卓	女	高级工程师	石油化工	集团公司	2020.12
451	质量检验中心	李梅	女	高级工程师	石油化工	集团公司	2020.12
452	质量检验中心	李丽	女	高级工程师	石油化工	集团公司	2020.12
453	质量检验中心	唐福明	男	高级工程师	机械	集团公司	2020.12
454	新闻中心	郭志新	男	高级政工师	政工	集团公司	2020.12
455	企业文化处	陈瑞	男	高级政工师	政工	集团公司	2020.12
456	企业文化处	刘秋雁	女	高级政工师	政工	集团公司	2020.12
457	化肥厂	刘醒愚	男	高级工程师	机械	集团公司	2020.12
458	化肥厂	张博	男	高级工程师	石油化工	集团公司	2020.12
459	化工三厂	张忠庆	男	高级工程师	石油化工	集团公司	2020.12
460	化工三厂	侯宝庆	男	高级工程师	石油化工	集团公司	2020.12
461	化工三厂	隋刘杰	男	高级工程师	机械	集团公司	2020.12
462	化工三厂	田相春	男	高级工程师	机械	集团公司	2020.12
463	化工三厂	李新国	男	高级工程师	机械	集团公司	2020.12
464	炼油厂	李航天	男	高级工程师	石油炼制	集团公司	2020.12
465	炼油厂	姚永杰	男	高级工程师	石油炼制	集团公司	2020.12
466	炼油厂	薛杰华	女	高级工程师	石油炼制	集团公司	2020.12
467	炼油厂	李艳晗	男	高级工程师	石油炼制	集团公司	2020.12
468	炼油厂	高元鹏	男	高级工程师	石油炼制	集团公司	2020.12
469	炼油厂	何爱茹	女	高级工程师	石油炼制	集团公司	2020.12
470	炼油厂	刘国刚	男	高级工程师	石油炼制	集团公司	2020.12
471	炼油厂	宫乐磊	男	高级工程师	机械	集团公司	2020.12

序号	单位	姓名	性别	任职资格	专业名称	授予单位	取得资格时间
472	炼油厂	张艳霞	女	高级工程师	机械	集团公司	2020.12
473	炼油厂	杨红军	男	高级工程师	机械	集团公司	2020.12
474	炼油厂	吴冰	女	高级工程师	机械	集团公司	2020.12
475	炼油厂	王国强	男	高级工程师	机械	集团公司	2020.12
476	炼油厂	李斌	男	高级工程师	机械	集团公司	2020.12
477	炼油厂	马超	男	高级工程师	机械	集团公司	2020.12
478	炼油厂	纪健梅	女	高级工程师	地面建设和油气储运	集团公司	2020.12
479	炼油厂	张书涛	男	高级工程师	地面建设和油气储运	集团公司	2020.12
480	炼油厂	张磊	男	高级经济师	经济	集团公司	2020.12
481	炼油厂	李显志	男	高级工程师	地面建设和油气储运	集团公司	2020.12
482	化工一厂	朱家新	男	高级工程师	石油化工	集团公司	2020.12
483	化工一厂	张忠宝	男	高级工程师	石油化工	集团公司	2020.12
484	化工一厂	李志东	男	高级工程师	石油化工	集团公司	2020.12
485	化工一厂	隋丰伟	男	高级工程师	石油化工	集团公司	2020.12
486	化工一厂	黄鹤	男	高级工程师	石油化工	集团公司	2020.12
487	化工一厂	张涛	男	高级工程师	石油化工	集团公司	2020.12
488	化工一厂	李野	男	高级工程师	机械	集团公司	2020.12
489	化工一厂	关庆龙	男	高级工程师	机械	集团公司	2020.12
490	化工一厂	赵广伟	男	高级工程师	机械	集团公司	2020.12
491	化工一厂	常亮	男	高级工程师	机械	集团公司	2020.12
492	化工一厂	牛建璋	男	高级工程师	机械	集团公司	2020.12
493	化工一厂	高大勇	男	高级工程师	机械	集团公司	2020.12
494	化工一厂	李博宇	男	高级工程师	机械	集团公司	2020.12
495	化建公司	李军	男	高级工程师	机械	集团公司	2020.12
496	化建公司	曲云芹	女	高级工程师	机械	集团公司	2020.12

续表

序号	单位	姓名	性别	任职资格	专业名称	授予单位	取得资格时间
497	化建公司	李晓慧	女	高级工程师	机械	集团公司	2020.12
498	化建公司	鹿文龙	男	高级工程师	机械	集团公司	2020.12
499	化建公司	刘峰	男	高级工程师	机械	集团公司	2020.12
500	化建公司	王文峰	男	高级工程师	机械	集团公司	2020.12
501	化建公司	赵以锋	男	高级工程师	地面建设和油气储运	集团公司	2020.12
502	化建公司	隋洪彦	女	高级经济师	经济	集团公司	2020.12
503	机械厂	孙隆浩	男	高级工程师	机械	集团公司	2020.12
504	机械厂	高少平	男	高级工程师	机械	集团公司	2020.12
505	机械厂	赵万里	男	高级工程师	机械	集团公司	2020.12
506	机械厂	张国松	男	高级工程师	机械	集团公司	2020.12
507	机械厂	舒世江	男	高级工程师	机械	集团公司	2020.12
508	机械厂	王海洋	男	高级工程师	机械	集团公司	2020.12
509	检测信息技术中心	丁阳平	男	高级工程师	信息工程	集团公司	2020.12
510	检测信息技术中心	佟继英	女	高级工程师	信息工程	集团公司	2020.12
511	检测信息技术中心	苏庆东	男	高级工程师	信息工程	集团公司	2020.12
512	检测信息技术中心	刘桂平	女	高级工程师	机械	集团公司	2020.12
513	腈纶厂	曹志	男	高级工程师	石油化工	集团公司	2020.12
514	腈纶厂	曾化勇	男	高级工程师	石油化工	集团公司	2020.12
515	腈纶厂	牟莹莹	女	高级工程师	石油化工	集团公司	2020.12
516	腈纶厂	吴开东	男	高级工程师	机械	集团公司	2020.12
517	腈纶厂	付书铖	男	高级工程师	机械	集团公司	2020.12
518	腈纶厂	袁宗辉	男	高级工程师	安全环保	集团公司	2020.12
519	热电厂	刘永辉	男	高级工程师	机械	集团公司	2020.12
520	热电厂	王智任	男	高级工程师	机械	集团公司	2020.12
521	热电厂	王金海	男	高级工程师	机械	集团公司	2020.12
522	热电厂	周付江	男	高级工程师	地面建设和油气储运	集团公司	2020.12

续表

序号	单位	姓名	性别	任职资格	专业名称	授予单位	取得资格时间
523	水气厂	刘 冰	男	高级工程师	机械	集团公司	2020.12
524	水气厂	丁 丽	女	高级工程师	机械	集团公司	2020.12
525	水气厂	路 鹏	男	高级工程师	机械	集团公司	2020.12
526	水气厂	王全发	男	高级工程师	机械	集团公司	2020.12
527	物资供应中心	尚志勇	男	高级经济师	经济	集团公司	2020.12
528	物资供应中心	丁 妍	女	高级经济师	经济	集团公司	2020.12
529	塑料厂	雍广州	男	高级工程师	石油化工	集团公司	2020.12
530	塑料厂	张希来	男	高级工程师	石油化工	集团公司	2020.12
531	塑料厂	王 江	男	高级工程师	石油化工	集团公司	2020.12
532	塑料厂	李 博	男	高级工程师	石油化工	集团公司	2020.12
533	塑料厂	齐 伟	男	高级工程师	石油化工	集团公司	2020.12
534	塑料厂	辛延强	男	高级工程师	石油化工	集团公司	2020.12
535	塑料厂	刘显圣	男	高级工程师	石油化工	集团公司	2020.12
536	塑料厂	付海英	女	高级工程师	石油化工	集团公司	2020.12
537	塑料厂	魏凌峰	男	高级工程师	石油化工	集团公司	2020.12
538	塑料厂	杨 剑	男	高级工程师	机械	集团公司	2020.12
539	塑料厂	曹君臣	男	高级工程师	机械	集团公司	2020.12
540	塑料厂	姜永亮	男	高级工程师	机械	集团公司	2020.12
541	塑料厂	吴春明	男	高级工程师	机械	集团公司	2020.12
542	塑料厂	栾岩慧	女	高级工程师	机械	集团公司	2020.12
543	塑料厂	史艳红	女	高级工程师	机械	集团公司	2020.12
544	炼油工程指挥部	赵 毅	男	高级工程师	石油化工	集团公司	2020.12
545	炼油工程指挥部	刘志刚	男	高级工程师	机械	集团公司	2020.12
546	炼油工程指挥部	董智红	女	高级经济师	经济	集团公司	2020.12
547	维护稳定工作办公室（武装部）	贾 英	女	高级政工师	政工	集团公司	2020.12
548	纪委办公室	邵慧娴	女	高级政工师	政工	集团公司	2020.12
549	纪委办公室	李加武	男	高级政工师	政工	集团公司	2020.12

续表

序号	单位	姓名	性别	任职资格	专业名称	授予单位	取得资格时间
550	安全环保处	李　野	男	高级工程师	安全环保	集团公司	2020.12
551	检测信息技术中心	于海洋	男	高级工程师	安全环保	集团公司	2020.12

第七节　高级技师名录

序号	单位	姓名	性别	专业名称	取得资格时间	备注
1	炼油厂催化重整车间	崔国文	男	催化重整装置操作工	2016年12月	
2	化工一厂裂解车间	周　俊	男	乙烯装置操作工	2016年12月	
3	化工二厂供电车间	王清森	男	电工	2016年12月	
4	化工三厂供电车间	赵　波	男	电工	2016年12月	
5	腈纶厂供电车间	冯运强	男	电工	2016年12月	
6	炼油厂催化重整车间	吴树海	男	炼油	2017年12月	
7	炼油厂重油催化二车间	郭爱军	男	炼油	2017年12月	
8	炼油厂加氢二车间	杨　刚	男	炼油	2017年12月	
9	炼油厂维修一车间	方建国	男	机械修理	2017年12月	
10	化肥厂合成氨车间	王传玉	男	化肥	2017年12月	
11	化肥厂尿素车间	郭凤海	男	化肥	2017年12月	
12	化工一厂乙烯车间	刘先国	男	化工	2017年12月	
13	化工一厂维修车间	毕书奎	男	机械修理	2017年12月	
14	化工二厂丁辛醇造气车间	冯成江	男	化工	2017年12月	
15	化工二厂丙烯腈车间	兰　友	男	化工	2017年12月	2018年4月解聘
16	化工三厂橡胶聚合二车间	李俊峰	男	化工	2017年12月	
17	化工三厂仪表车间	裴　非	男	仪器仪表安装修理	2017年12月	

序号	单位	姓名	性别	专业名称	取得资格时间	备注
18	腈纶厂纺丝车间	吴晓光	男	化纤	2017年12月	
19	热电厂电气车间	冯井福	男	供电	2017年12月	
20	水气厂污水一车间	林殿森	男	环境保护	2017年12月	
21	水气厂水气技术中心	朱会忠	男	科研与分析化验	2017年12月	
22	质量检验中心原材料检验车间	李冬梅	女	科研与分析化验	2017年12月	
23	质量检验中心原材料检验车间	周升侠	男	科研与分析化验	2017年12月	
24	化建公司安装一分公司	王洪国	男	工程施工	2017年12月	
25	化建公司安装二分公司	蔡洪波	男	安装起重工	2019年1月	
26	化建公司安装一分公司	陈伟	男	石油金属结构制作工	2019年1月	
27	质量检验中心化工化验车间	韩有娟	女	化工分析工	2019年1月	
28	腈纶厂聚合车间	芦彦冬	男	腈纶聚合操作工	2019年1月	
29	腈纶厂聚合车间	沈树生	男	腈纶聚合操作工	2019年1月	
30	炼油厂加氢一车间	赵建文	男	汽（煤、柴）油加氢装置操作工	2019年1月	
31	炼油厂污水车间	张丛海	男	污水处理	2019年1月	
32	化工一厂裂解车间	关洪飞	男	乙烯装置操作工	2019年1月	
33	化工一厂碳四联合车间	刘俊	男	丁二烯装置操作工	2019年1月	
34	化工一厂维修车间	孙伟	男	机械维修钳工	2019年1月	
35	化工二厂丁辛醇造气车间	吕文学	男	丁辛醇装置操作工	2019年1月	
36	化工三厂苯乙烯联合车间	徐良	男	苯乙烯装置操作工	2019年1月	
37	化工三厂维修车间	王东波	男	机械维修钳工	2019年1月	
38	塑料厂高压聚乙烯联合车间	陈晓庆	男	聚乙烯装置操作工	2019年1月	
39	塑料厂全密度聚乙烯联合车间	李文	男	聚乙烯装置操作工	2019年1月	
40	化肥厂合成氨车间	宋彦国	男	合成氨装置操作工	2019年1月	
41	化肥厂合成氨车间	方全起	男	合成氨装置操作工	2019年1月	

续表

序号	单位	姓名	性别	专业名称	取得资格时间	备注
42	化肥厂维修车间	谢会武	男	机械维修钳工	2019年1月	
43	热电厂动力车间	丛殿国	男	锅炉运行值班员	2019年1月	
44	化工二厂丁辛醇造气车间	吕文学	男	丁辛醇装置操作工	2019年1月	
45	化工二厂丙烯腈联合车间	李滨	男	丙烯腈装置操作工	2019年12月	
46	化工一厂裂解车间	张力军	男	乙烯装置操作工	2019年12月	
47	化工一厂乙烯车间	高俊杰	男	乙烯装置操作工	2019年12月	
48	机械厂容器制造车间	晏涛	男	石油金属结构制作工	2019年12月	
49	炼油厂常减压联合车间	朱瑞龙	男	常减压蒸馏装置操作工	2020年12月	
50	炼油厂重油催化一车间	历庆	男	催化裂化装置操作工	2020年12月	
51	炼油厂重油催化二车间	于学斌	男	催化裂化装置操作工	2020年12月	
52	炼油厂加氢一车间	李彦哲	男	汽（煤、柴）油加氢装置操作工	2020年12月	
53	加氢二车间	魏德文	男	制氢装置操作工	2020年12月	
54	炼油厂催化重整车间	王凯	男	催化重整装置操作工	2020年12月	
55	炼油厂延迟焦化车间	程志强	男	焦化装置操作工	2020年12月	
56	炼油厂硫磺回收车间	高炳刚	男	硫回收装置操作工	2020年12月	
57	炼油厂计量中心	龙辉	男	仪表维护工	2020年12月	
58	炼油厂成品车间	徐海滨	男	油品储运调合工	2020年12月	
59	炼油厂输转车间	张清海	男	油品储运调和工	2020年12月	
60	炼油厂动力站车间	沙起光	男	电工	2020年12月	
61	炼油厂维修车间	李光	男	机泵维修钳工	2020年12月	
62	化肥厂仪表车间	王怀勤	男	仪表维修工	2020年12月	
63	化肥厂合成氨车间	孙剑	男	合成氨装置操作工	2020年12月	
64	化工三厂苯乙烯联合车间	王万策	男	苯乙烯装置操作工	2020年12月	
65	化工三厂橡胶聚合联合车间	王岩	男	顺丁橡胶装置操作工	2020年12月	

续表

序号	单位	姓名	性别	专业名称	取得资格时间	备注
66	化工三厂SAN联合车间	鄂恒庆	男	苯乙烯-丙烯腈树脂（SAN）装置操作工	2020年12月	
67	化工三厂聚丙烯车间	张秀军	男	聚丙烯装置操作工	2020年12月	
68	化工三厂ABS车间	王洪喜	男	丙烯腈-丁二烯-苯乙烯共聚物（ABS）装置操作工	2020年12月	
69	化工一厂供电车间	王 彬	男	电工	2020年12月	
70	化工一厂维修车间	贾月奇	男	机泵维修钳工	2020年12月	
71	化工一厂仪表车间	张洪义	男	仪表维修工	2020年12月	
72	化工一厂仪表车间	卢会权	男	仪表维修工	2020年12月	
73	化工一厂裂解车间	张丽平	男	乙烯装置操作工	2020年12月	
74	化工一厂裂解车间	姜 维	男	乙烯装置操作工	2020年12月	
75	化工一厂乙烯车间	王 勇	男	乙烯装置操作工	2020年12月	
76	化工一厂裂解车间	郝国伟	男	乙烯装置操作工	2020年12月	
77	化工一厂乙烯车间	周建华	男	乙烯装置操作工	2020年12月	
78	机械厂容器制造车间	姜德龙	男	石油金属结构制作工	2020年12月	
79	热电厂汽机车间	张春晓	男	汽轮机值班员	2020年12月	
80	热电厂锅炉车间	王更河	男	电力锅炉运行值班员	2020年12月	
81	热电厂电气车间	康爱国	男	电工	2020年12月	
82	水气厂污水联合车间	周世彬	男	污水处理工	2020年12月	
83	水气厂污水联合车间	李险峰	男	污水处理工	2020年12月	
84	水气厂供电车间	牛俊德	男	电工	2020年12月	
85	水气厂仪表车间	许金亮	男	仪表维修工	2020年12月	
86	水气厂空分车间	郭少光	男	气体深冷分析工	2020年12月	
87	水气厂空分车间	许卫国	男	气体深冷分析工	2020年12月	
88	化建公司电仪一分公司	刘智义	男	工程电气设备安装调试工	2020年12月	
89	化建公司特种设备安装维修分公司	张建华	男	机修钳工	2020年12月	
90	化建公司电仪一分公司	吕跃春	男	电气试验工	2020年12月	

续表

序号	单位	姓名	性别	专业名称	取得资格时间	备注
91	塑料厂低压聚乙烯车间	龚松会	男	聚乙烯装置操作工	2020年12月	
92	塑料厂 高压聚乙烯联合车间	艾铁锋	男	聚乙烯装置操作工	2020年12月	
93	塑料厂 全密度聚乙烯联合车间	郭恩义	男	聚乙烯装置操作工	2020年12月	
94	塑料厂 全密度聚乙烯二车间	赵向东	男	聚乙烯装置操作工	2020年12月	
95	塑料厂供电车间	马占敏	男	电工	2020年12月	
96	塑料厂仪表车间	曲田华	男	仪表维修工	2020年12月	

第八节 首席技师名录

序号	姓名	性别	单位	专业名称	授予单位	聘期
1	陈喜明	男	炼油厂 维修一车间	机泵维修钳工	大庆石化分公司	2017年10月1日至2020年9月30日
2	夏彦民	男	水气厂 维修车间	机泵维修钳工	大庆石化分公司	2017年10月1日至2020年9月30日
3	丁少伟	男	炼油厂 常减压二车间	常减压蒸馏装置	大庆石化分公司	2017年10月1日至2020年9月30日
4	包忠臣	男	炼油厂 重油催化一车间	催化裂化装置	大庆石化分公司	2017年10月1日至2020年9月30日
5	潘大龙	男	炼油厂 仪表车间	仪表维修	大庆石化分公司	2017年10月1日至2020年9月30日
6	雷应发	男	炼油厂 重油催化二车间	催化裂化装置	大庆石化分公司	2017年10月1日至2020年9月30日
7	段接富	男	化肥厂 尿素车间	尿素装置	大庆石化分公司	2017年10月1日至2020年9月30日
8	董金刚	男	化工一厂 裂解车间	乙烯装置	大庆石化分公司	2017年10月1日至2020年9月30日
9	左成玉	男	化工一厂 裂解车间	乙烯装置	大庆石化分公司	2017年10月1日至2020年9月30日

续表

序号	姓名	性别	单位	专业名称	授予单位	聘期
10	孙新民	男	化工一厂 裂解车间	乙烯装置	大庆石化分公司	2017年10月1日至2020年9月30日
11	曾占军	男	化工一厂 乙烯车间	乙烯装置	大庆石化分公司	2017年10月1日至2020年9月30日
12	姜大为	男	化工一厂 裂解车间	乙烯装置	大庆石化分公司	2017年10月1日至2020年9月30日
13	马春友	男	化工二厂 仪表车间	仪表维修	大庆石化分公司	2017年10月1日至2020年9月30日
14	周俭平	男	化工二厂 丙烯腈车间	丙烯腈装置	大庆石化分公司	2017年10月1日至2020年9月30日
15	王宝刚	男	化工三厂 苯乙烯车间	苯乙烯装置	大庆石化分公司	2017年10月1日至2020年9月30日 2018年12月解聘
16	张子成	男	塑料厂全密度 聚乙烯一车间	聚乙烯装置	大庆石化分公司	2017年10月1日至2020年9月30日
17	范洪伟	男	塑料厂全密度 聚乙烯二车间	聚乙烯装置	大庆石化分公司	2017年10月1日至2020年9月30日
18	马宏伟	男	塑料厂 低压聚乙烯车间	聚乙烯装置	大庆石化分公司	2017年10月1日至2020年9月30日
19	刘钢	男	塑料厂高压 聚乙烯二车间	聚乙烯装置	大庆石化分公司	2017年10月1日至2020年9月30日
20	郑树忠	男	腈纶厂 纺丝车间	腈纶纺丝	大庆石化分公司	2017年10月1日至2020年9月30日
21	李岐春	男	热电厂 电气车间	电工	大庆石化分公司	2017年10月1日至2020年9月30日
22	刘红旭	男	热电厂 汽机车间	汽轮机 运行值班员	大庆石化分公司	2017年10月1日至2020年9月30日
23	贾洪彬	男	热电厂 锅炉车间	锅炉 运行值班员	大庆石化分公司	2017年10月1日至2020年9月30日
24	宋丙华	男	热电厂 维修二车间	汽轮机 本体检修	大庆石化分公司	2017年10月1日至2020年9月30日
25	王立明	男	质量检验中心 化工化验车间	化工分析	大庆石化分公司	2017年10月1日至2020年9月30日

续表

序号	姓名	性别	单位	专业名称	授予单位	聘期
26	严金龙	男	化建公司 电气一分公司	电气试验	大庆石化分公司	2017年10月1日至2020年9月30日
27	马孝伦	男	化建公司 安装一分公司	油气管线 安装	大庆石化分公司	2017年10月1日至2020年9月30日
28	申玉春	男	化建公司 安装二分公司	电焊工	大庆石化分公司	2017年10月1日至2020年9月30日
29	于文忠	男	机械厂 容器制造车间	电焊工	大庆石化分公司	2017年10月1日至2020年9月30日
30	景慧忠	男	机械厂 容器制造车间	石油金属 结构制作	大庆石化分公司	2017年10月1日至2020年9月30日
31	卫晓晨	男	机械厂 机加分厂	车工	大庆石化分公司	2017年10月1日至2020年9月30日
32	郎立军	男	机械厂 机加分厂	机修钳工	大庆石化分公司	2017年10月1日至2020年9月30日
33	赵国君	男	炼油厂 重油催化二车间	催化裂化 装置	大庆石化分公司	2019年1月1日至2021年12月31日
34	杜岩君	男	化肥厂 合成氨车间	合成氨装置	大庆石化分公司	2019年1月1日至2021年12月31日
35	李庆河	男	化工一厂 裂解车间	乙烯装置	大庆石化分公司	2019年1月1日至2021年12月31日
36	杨贵林	男	化工三厂 丁辛醇造气车间	丁辛醇装置	大庆石化分公司	2019年1月1日至2021年12月31日
37	于宏丽	女	化工三厂 ABS车间	ABS装置	大庆石化分公司	2019年1月1日至2021年12月31日
38	李云海	男	塑料厂 高压聚乙烯一车间	聚乙烯装置	大庆石化分公司	2019年1月1日至2021年12月31日
39	张立群	男	腈纶厂 纺丝车间	腈纶纺丝	大庆石化分公司	2019年1月1日至2021年12月31日
40	栾春阳	男	热电厂 锅炉车间	锅炉运行 值班员	大庆石化分公司	2019年1月1日至2021年12月31日
41	林殿森	男	水气厂 污水车间	污水处理	大庆石化分公司	2019年1月1日至2021年12月31日
42	王丹	女	质量检验中心 化工化验车间	化工分析	大庆石化分公司	2019年1月1日至2021年12月31日

序号	姓名	性别	单位	专业名称	授予单位	聘期
43	刘松涛	男	炼油厂延迟焦化车间	焦化装置	大庆石化分公司	2020年1月1日至2022年12月31日
44	李鞠祥	男	炼油厂加氢二车间	加氢裂化（处理）装置	大庆石化分公司	2020年1月1日至2022年12月31日
45	战永航	男	化肥厂合成氨车间	合成氨装置	大庆石化分公司	2020年1月1日至2022年12月31日
46	李朝岩	男	化肥厂供电车间	电工	大庆石化分公司	2020年1月1日至2022年12月31日
47	周俊	男	化工一厂裂解车间	乙烯装置	大庆石化分公司	2020年1月1日至2022年12月31日
48	黄金生	男	化工一厂裂解车间	乙烯装置	大庆石化分公司	2020年1月1日至2022年12月31日
49	于占海	男	化工三厂ABS车间	ABS装置	大庆石化分公司	2020年1月1日至2022年12月31日
50	张兴彬	男	化工三厂综合车间	仪表维修	大庆石化分公司	2020年1月1日至2022年12月31日

第九节　技能专家名录

序号	姓名	性别	单位	专家名称	授予单位	聘期	备注
1	丁少伟	男	炼油厂常减压二车间	常减压蒸馏装置	大庆石化分公司	2016.7—2019.6	
2	陈喜明	男	炼油厂维修一车间	机泵维修钳工	大庆石化分公司	2016.7—2019.6	
3	张丛海	男	炼油厂污水车间	污水处理	大庆石化分公司	2016.7—2019.6	2017.6解聘
4	方全起	男	化肥厂合成氨车间	合成氨装置	大庆石化分公司	2016.7—2019.6	2017.6解聘
5	谢会武	男	化肥厂维修车间	机泵维修钳工	大庆石化分公司	2016.7—2019.6	2017.6解聘

续表

序号	姓名	性别	单位	专家名称	授予单位	聘期	备注
6	姜大为	男	化工一厂裂解车间	乙烯装置	大庆石化分公司	2016.7—2019.6	
7	刘俊	男	化工一厂碳四联合车间	丁二烯装置	大庆石化分公司	2016.7—2019.6	2017.6解聘
8	孙伟	男	化工一厂维修车间	机泵维修钳工	大庆石化分公司	2016.7—2019.6	2017.6解聘
9	吕文学	男	化工二厂丁辛醇造气车间	丁辛醇装置	大庆石化分公司	2016.7—2019.6	2017.6解聘
10	马春友	男	化工二厂仪表车间	仪表维修	大庆石化分公司	2016.7—2019.6	
11	徐良	男	化工三厂乙苯脱氢车间	苯乙烯装置	大庆石化分公司	2016.7—2019.6	2017.6解聘
12	王东波	男	化工三厂综合车间	机泵维修钳工	大庆石化分公司	2016.7—2019.6	2017.6解聘
13	马宏伟	男	塑料厂低压车间	聚乙烯装置	大庆石化分公司	2016.7—2019.6	
14	陈晓庆	男	塑料厂高压二车间	聚乙烯装置	大庆石化分公司	2016.7—2019.6	2017.6解聘
15	沈树生	男	腈纶厂纺丝车间	腈纶纺丝	大庆石化分公司	2016.7—2019.6	2017.6解聘
16	芦彦冬	男	腈纶厂聚合车间	腈纶聚合	大庆石化分公司	2016.7—2019.6	2017.6解聘
17	李歧春	男	热电厂电气车间	电工	大庆石化分公司	2016.7—2019.6	
18	徐常斌	男	热电厂汽机车间	汽轮机运行值班员	大庆石化分公司	2016.7—2019.6	2017.6解聘
19	乔青春	男	水气厂空分车间	气体深冷分离	大庆石化分公司	2016.7—2019.6	2017.6解聘
20	吴庆源	男	水气厂水处理车间	循环水	大庆石化分公司	2016.7—2019.6	2017.6解聘
21	韩有娟	女	质量检验中心化工化验车间	化工分析	大庆石化分公司	2016.7—2019.6	2017.6解聘
22	周升侠	男	质量检验中心原材料检验车间	油品分析	大庆石化分公司	2016.7—2019.6	2017.6解聘

序号	姓名	性别	单位	专家名称	授予单位	聘期	备注
23	蔡洪波	男	化建公司安装二分公司	安装起重	大庆石化分公司	2016.7—2019.6	2017.6解聘
24	陈 伟	男	化建公司安装二分公司	石油金属结构制作	大庆石化分公司	2016.7—2019.6	2017.6解聘
25	卫晓晨	男	机械厂机加分厂	车工	大庆石化分公司	2016.7—2019.6	
26	于文忠	男	机械厂容器制造车间	电焊	大庆石化分公司	2016.7—2019.6	
27	雷应发	男	炼油厂重油催化二车间	催化裂化装置	大庆石化分公司	2019.1—2021.12	
28	段接富	男	化肥厂尿素车间	尿素装置	大庆石化分公司	2019.1—2021.12	
29	孙新民	男	化工一厂裂解车间	乙烯装置	大庆石化分公司	2019.1—2021.12	
30	周俭平	男	化工二厂丙烯腈车间	丙烯腈装置	大庆石化分公司	2019.1—2021.12	
31	王宝刚	男	化工三厂苯乙烯车间	苯乙烯装置	大庆石化分公司	2019.1—2021.12	
32	刘 钢	男	塑料厂高压聚乙烯二车间	聚乙烯装置	大庆石化分公司	2019.1—2021.12	
33	郑树忠	男	腈纶厂纺丝车间	腈纶纺丝	大庆石化分公司	2019.1—2021.12	
34	刘红旭	男	热电厂汽机车间	汽轮机运行值班员	大庆石化分公司	2019.1—2021.12	
35	夏彦民	男	水气厂维修车间	机泵维修钳工	大庆石化分公司	2019.1—2021.12	
36	丁少伟	男	炼油厂常减压联合车间	常减压蒸馏装置	大庆石化分公司	2020.1—2022.12	
37	赵国君	男	炼油厂重油催化二车间	催化裂化装置	大庆石化分公司	2020.1—2022.12	
38	杜岩军	男	化肥厂合成氨车间	合成氨装置	大庆石化分公司	2020.1—2022.12	
39	董金刚	男	化工一厂裂解车间	乙烯装置	大庆石化分公司	2020.1—2022.12	

续表

序号	姓名	性别	单位	专家名称	授予单位	聘期	备注
40	曾占军	男	化工一厂 乙烯车间	乙烯装置	大庆石化分公司	2020.1—2022.12	
41	杨贵林	男	化工二厂 丁辛醇造气车间	丁辛醇装置	大庆石化分公司	2020.1—2022.12	
42	张子成	男	塑料厂 全密度聚乙烯 联合车间	聚乙烯装置	大庆石化分公司	2020.1—2022.12	
43	申玉春	男	化建公司 安装二分公司	电焊工	大庆石化分公司	2020.1—2022.12	
44	张立群	男	腈纶厂 纺丝车间	腈纶纺丝	大庆石化分公司	2020.1—2022.12	
45	于文忠	男	机械厂 容器制造车间	电焊工	大庆石化分公司	2020.1—2022.12	

第十节　集团公司技能专家名录

序号	姓名	性别	单位	专业	授予单位	聘任时间	聘期
1	潘大龙	男	炼油厂	仪器仪表维修	集团公司	2019.1.1	2019年1月至 2021年12月
2	包忠臣	男	炼油厂	炼油	集团公司	2019.1.1	2019年1月至 2021年12月
3	左成玉	男	化工一厂	化工	集团公司	2019.1.1	2019年1月至 2021年12月
4	姜大为	男	化工一厂	化工	集团公司	2019.1.1	2019年1月至 2021年12月
5	马宏伟	男	塑料厂	化工	集团公司	2019.1.1	2019年1月至 2021年12月
6	贾洪彬	男	热电厂	发电	集团公司	2019.1.1	2019年1月至 2021年12月
7	王立明	男	质量检验中心	科研与分析化验	集团公司	2019.1.1	2019年1月至 2021年12月

第十一节 先进集体名录

序号	单位	荣誉称号	授予单位	取得时间
1	质量检验中心环保监测站	2015年度绿色基层队（站）、车间（装置）	集团公司	2016年1月
2	储运中心	"六五"普法先进集体	集团公司	2016年3月
3	大庆石化分公司	集团公司"六五"普法先进单位	集团公司	2016年3月
4	大庆石化分公司	2016年优秀会员单位	黑龙江省企业联合会	2016年4月
5	大庆石化分公司	"十二五"信息化工作先进单位	集团公司	2016年4月
6	炼油厂重油催化二车间	黑龙江省"工人先锋号"	黑龙江省总工会	2016年4月
7	塑料厂全密度一车间	工人先锋号	中华全国总工会	2016年4月
8	信息技术中心	"十二五"信息化工作创新团队	集团公司	2016年4月
9	财务处	2013—2015年度财务工作先进集体	集团公司	2016年4月
10	财务处	2015年度财务报告先进单位二等奖	集团公司	2016年4月
11	大庆石化分公司	2013—2014年度省级守合同重信用企业	黑龙江省工商行政管理局	2016年5月
12	腈纶厂毛条二车间	五四红旗团支部	集团公司团工委	2016年5月
13	开发公司报道组	中国石油先进报道组	中国石油报社	2016年5月
14	人事处（党委组织部）	2013—2015年维稳信访工作先进集体	集团公司	2016年5月
15	化工一厂乙烯车间	青年文明号	集团公司	2016年6月
16	炼油厂党委	先进基层党组织	中共黑龙江省委员会	2016年6月
17	塑料厂低压聚乙烯车间党支部	先进基层党组织	集团公司党组	2016年6月
18	物业管理中心龙凤保洁公司党支部	先进基层党组织	集团公司党组	2016年6月
19	化工三厂苯乙烯车间	全国"安康杯"竞赛优胜班组	中华全国总工会/国家安全生产监督管理总局	2016年6月

续表

序号	单位	荣誉称号	授予单位	取得时间
20	大庆石化分公司	2015—2016年度国家级守合同重信用企业	国家工商行政管理总局	2016年7月
21	大庆石化分公司	"十二五"全国石油和化工行业节能先进单位	中国石油和化学工业联合会	2016年7月
22	炼油厂加氢二车间团支部	青年文明号	集团公司	2016年7月
23	实业公司党委	先进基层党组织	集团公司党组	2016年7月
24	职工医院内科一团支部	青年文明号	集团公司	2016年7月
25	大庆石化分公司	招标管理先进单位	集团公司	2016年8月
26	化工三厂	全国石油和化工行业新闻宣传先进单位	中国石油和化学工业联合会、中国化工报社	2016年8月
27	炼油厂	全国石油和化工行业新闻宣传先进单位	中国石油和化学工业联合会、中国化工报社	2016年8月
28	质量检验中心	全国石油和化工行业新闻宣传先进单位	中国石油和化学工业联合会、中国化工报社	2016年8月
29	离退休管理中心	2013—2015年离退休职工管理信息系统应用管理和统计工作优秀单位	集团公司离退休职工管理局	2016年9月
30	离退休管理中心	"万人随手拍—我身边的正能量"摄影比赛优秀组织奖	集团公司离退休职工管理局	2016年9月
31	大庆石化分公司	2016年全省推进企业管理创新工作先进单位	黑龙江省企业联合会	2016年11月
32	大庆石化分公司	第八届全国石油和化工行业职业技能竞赛化学检验员赛团体二等奖	全国石油和化学工业行业职业技能竞赛组委会	2016年11月
33	炼油厂党委	党建及思想政治工作先进单位	中国石油和化学工业联合会、中国化工职工思想政治研究会	2016年11月
34	消防支队	全国119消防奖先进单位	中华人民共和国公安部	2016年11月
35	大庆石化分公司	中国质量检验协会团体会员单位	中国质量检验协会	2016年11月
36	大庆石化分公司	2016年度统计工作先进单位	集团公司规划计划部	2016年12月
37	大庆石化分公司	2016首届企业社会责任开拓创新奖	黑龙江省精神文明建设办公室	2016年12月

序号	单位	荣誉称号	授予单位	取得时间
38	化肥厂	省级文明标兵单位	黑龙江省总工会	2016年12月
39	化肥厂仪表车间	黑龙江省先进职工之家	黑龙江省总工会	2016年12月
40	消防支队	第十届全省职工道德建设"十佳"单位	黑龙江省职工素质工程推进指导协调小组办公室	2016年12月
41	消防支队	2016年全国工会职工书屋示范点	全国工会职工书屋建设领导小组办公室、全国总工会宣传教育部	2016年12月
42	工程质量监督站	2016年度石油天然气工程质量监督工作先进单位	集团公司质量安全环保部、石油天然气工程质量监督总站	2017年1月
43	大庆石化分公司	2016年度节能节水先进企业	集团公司	2017年2月
44	化工一厂乙烯车间	2016度节能节水先进基层单位	集团公司	2017年2月
45	大庆石化分公司	2016年度管理提升信息报送优秀单位	集团公司改革与企业管理部	2017年2月
46	质量检验中心环保监测站	2017年度绿色基层队（站）、车间（装置）	集团公司	2017年2月
47	化肥厂	文明单位标兵	中共黑龙江省委员会、黑龙江省人民政府	2017年3月
48	化肥厂合成氨车间四班	铁人先锋号	集团公司	2017年4月
49	塑料厂全密度一车间生产三班	工人先锋号	黑龙江省总工会	2017年5月
50	化工三厂	2016年度全省"安康杯"竞赛活动优胜企业	黑龙江省总工会、黑龙江省安全生产监督管理局、黑龙江省住房和城乡建设厅、黑龙江煤矿安全监察局	2017年7月
51	消防支队	2017年黑龙江多种形式消防队伍灭火救援比武竞赛最佳团队协作奖	黑龙江省消防总队	2017年8月
52	质量检验中心炼油化验车间成品班组	2017年度质量信得过班组	集团公司	2017年8月
53	大庆石化分公司	组织史资料编纂工作先进单位	集团公司	2017年9月

序号	单位	荣誉称号	授予单位	取得时间
54	大庆石化分公司	组织史资料企业卷优秀著作一等奖	集团公司	2017年9月
55	化工二厂	黑龙江省文明单位	中共黑龙江省委员会、黑龙江省人民政府	2017年9月
56	离退休管理中心	集团公司离退休系统思想政治宣传工作先进单位	集团公司离退休职工管理局	2017年9月
57	大庆石化分公司	2012—2017年度全国企业文化建设优秀单位	中国企业文化研究会	2017年10月
58	离退休管理中心	"重家教、传家风"征文活动优秀组织单位	集团公司离退休职工管理局	2017年11月
59	离退休管理中心	"畅谈十八大以来变化，展望十九大胜利召开"征文活动优秀组织单位	集团公司离退休职工管理局	2017年11月
60	消防支队	党的十九大消防安保成绩优秀支队	黑龙江省消防总队	2017年11月
61	化工一厂乙烯车间	青年安全生产示范岗	共青团黑龙江省委员会、黑龙江省安全生产监督管理局	2017年11月
62	化工一厂BG二芳烃车间	青年安全生产示范岗	共青团黑龙江省委员会、黑龙江省安全生产监督管理局	2017年11月
63	塑料厂全密度一车间回收岗位	青年安全生产示范岗	共青团黑龙江省委员会、黑龙江省安全生产监督管理局	2017年11月
64	大庆石化分公司	全国文明单位	中央精神文明建设指导委员会	2017年11月
65	开发公司编织袋车间	全国工会职工书屋	全国工会职工书屋建设领导小组办公室、全国总工会宣传教育部	2017年11月
66	总经理办公室（党委办公室）	中国石油办公室系统先进单位	集团公司	2017年11月
67	大庆石化分公司	黑龙江省推进企业管理创新工作先进单位	黑龙江省企业联合会	2017年11月
68	离退休管理中心	老年人体育工作先进集体	集团公司离退休职工管理局	2017年12月
69	炼油厂	全国石油和化工行业党建思想政治工作先进单位	中国石油和化学工业联合会	2017年12月

续表

序号	单位	荣誉称号	授予单位	取得时间
70	大庆石化分公司	2017年度统计工作先进单位	集团公司规划计划部	2017年12月
71	工程质量监督站	2017年度石油天然气工程质量监督工作先进单位	集团公司质量安全环保部、石油天然气工程质量监督总站	2018年1月
72	水气厂污水一车间	中国石油天然气集团有限公司2017年度绿色基层车间	集团有限公司	2018年2月
73	大庆石化分公司	2017年度集团公司管理提升信息报送优秀单位	集团公司改革与企业管理部	2018年2月
74	大庆石化分公司	中国石油天然气集团有限公司法律工作先进单位	集团公司	2018年3月
75	审计处	中国石油天然气集团有限公司2015—2017年度审计工作先进集体	集团公司	2018年3月
76	化工二厂丁辛醇车间	黑龙江省"工人先锋号"	黑龙江省总工会	2018年4月
77	化工三厂	2017年度全省推进企业管理创新工作先进单位	黑龙江省企业联合会	2018年4月
78	大庆石化分公司	2017年度节能节水先进企业	集团公司	2018年5月
79	新闻中心	2017年度《中国石油报道》优秀组织单位	集团公司思想政治工作部	2018年6月
80	开发公司报道组	中石油先进报道组	中国石油报社	2018年10月
81	大庆石化分公司	集团公司第三届新媒体内容创作大赛优秀组织单位	集团公司思想政治工作部	2018年10月
82	大庆石化记者站	中国石油报社五星级记者站	中国石油报社	2018年10月
83	质量检验中心	第十届全国石油和化工行业职业技能大赛"团体二等奖"	全国石油和化学工业行业职业技能竞赛组委会	2018年11月
84	化工三厂	中国石油和化学工业企业、院校文化建设先进单位	中国化工职工思想政治工作研究会中国石油和化学工业联合会	2018年11月
85	离退休管理中心	集团公司2018年度"重家教、传家风"征文活动优秀组织单位	离退休职工管理局	2018年12月
86	离退休管理中心	2018年集团公司离退休系统宣传思想工作优秀组织单位	离退休职工管理局	2018年12月

序号	单位	荣誉称号	授予单位	取得时间
87	离退休管理中心	"我看身边变化、点赞伟大成就——庆祝改革开放40年"征文活动优秀组织单位	离退休职工管理局	2018年12月
88	离退休管理中心	2018年度集团公司离退休职工管理信息系统办公平台推广应用工作优秀单位	离退休职工管理局	2018年12月
89	炼油厂	中国石油先进报道组	中国石油报	2018年12月
90	大庆石化分公司	2018年度统计工作先进单位	集团公司规划计划部	2018年12月
91	大庆石化分公司	集团公司远程培训网络课件征集活动优秀组织单位	集团公司	2019年1月
92	炼油厂	全国石油和化工行业新闻宣传先进单位	中国石油和化学工业联合会、中国化工报社	2019年1月
93	工程质量监督站	2018年度石油天然气工程质量监督工作先进单位	集团公司质量安全环保部石油天然气工程质量监督总站	2019年1月
94	大庆石化分公司	集团公司宣传思想文化工作先进集体	集团公司	2019年1月
95	大庆石化分公司	2018年度节能节水先进企业	集团公司	2019年1月
96	化工三厂	全国石油和化工行业新闻宣传先进单位	中国石油和化学工业联合会、中国化工报社	2019年1月
97	热电厂	节能节水先进基层单位	集团公司	2019年1月
98	炼油厂党群工作部	集团公司宣传思想文化工作先进集体	集团公司党组	2019年2月
99	人事处（党委组织部）	集团公司人力资源管理系统应用先进单位	集团公司	2019年2月
100	大庆石化分公司团委	集团公司宣传思想文化工作先进集体	集团公司党组	2019年2月
101	炼油厂党群工作部	集团公司宣传思想文化工作先进集体	集团公司党组	2019年2月
102	化工一厂党群工作部	集团公司宣传思想文化工作先进集体	集团公司党组	2019年2月
103	水气厂污水一车间	中国石油天然气集团有限公司2018年度绿色基层车间	集团公司	2019年2月

续表

序号	单位	荣誉称号	授予单位	取得时间
104	化工二厂党群工作部	集团公司宣传思想文化工作先进集体	集团公司党组	2019年2月
105	大庆石化分公司	2018年度黑龙江省企业联合会优秀会员单位	黑龙江省企业联合会	2019年3月
106	大庆石化分公司	2018年度全省推进企业管理创新工作先进单位	黑龙江省企业联合会	2019年4月
107	人事处（党委组织部）	2018年度集团公司人事信息报送工作先进单位	集团公司	2019年4月
108	化工一厂裂解车间	黑龙江省"工人先锋号"	黑龙江省总工会	2019年4月
109	机械厂容器制造车间	青年文明号	集团公司	2019年4月
110	大庆石化分公司	2019年黑龙江省推进管理创新工作先进单位	黑龙江省企业联合会	2019年4月
111	财务处	中国石油天然气集团有限公司资金管理先进单位	集团公司	2019年5月
112	化工二厂	文明单位标兵	中共黑龙江省委员会黑龙江省人民政府	2019年6月
113	机械厂党委	先进基层党组织	集团公司党组	2019年6月
114	化工二厂党委	先进基层党组织	集团公司党组	2019年6月
115	化工二厂丁辛醇车间党支部	先进基层党组织	集团公司党组	2019年6月
116	塑料厂高压聚乙烯车间党支部	先进基层党组织	集团公司党组	2019年6月
117	物业管理中心龙凤保洁公司党支部	先进基层党组织	集团公司党组	2019年6月
118	化肥厂合成氨车间党支部	先进基层党组织	集团公司党组	2019年6月
119	工会	中国石油美术工作先进集体	中国石油美术家协会	2019年7月
120	大庆石化分公司	2019中国石油天然气集团有限公司招标管理先进单位	集团公司	2019年9月

续表

序号	单位	荣誉称号	授予单位	取得时间
121	工会	第七届中国石油职工艺术节舞蹈大赛优秀组织奖	中国石油舞蹈家协会	2019年9月
122	工会	第七届中国石油职工艺术节舞蹈大赛特殊贡献奖	中国石油舞蹈家协会	2019年9月
123	工会	三人舞《心愿》获第七届中国石油职工艺术节舞蹈大赛金奖	中国石油舞蹈家协会	2019年9月
124	工会	《石化企业基于"五期"保护的女职工身心健康管理》获黑龙江省企业管理现代化创新成果二等奖	黑龙江省企业管理现代化创新成果审定委员会	2019年9月
125	机械厂	自主创新重大技术装备推广应用工作先进集体	集团公司	2019年11月
126	离退休管理中心	集团公司2019年度"庆祝新中国成立70周年"系列主题征文活动优秀组织单位	集团公司离退休职工管理局	2019年11月
127	物业管理中心	新中国成立70周年中国石油天然气集团有限公司维稳信访安保防恐工作特别贡献集体	集团公司	2019年11月
128	职工医院	新中国成立70周年中国石油天然气集团有限公司维稳信访安保防恐工作特别贡献集体	集团公司	2019年11月
129	保卫部	新中国成立70周年中国石油天然气集团有限公司维稳信访安保防恐工作特别贡献集体	集团公司	2019年11月
130	维护稳定工作办公室（武装部）	新中国成立70周年中国石油天然气集团有限公司维稳信访安保防恐工作特别贡献集体	集团公司	2019年11月
131	腈纶厂回收车间	集团公司先进HSE标准化站（队）	集团公司	2019年12月
132	质量检验中心	集团公司2019年职业技能竞赛环境监测专业竞赛团体二等奖	集团公司	2019年12月
133	大庆石化分公司	2019年度统计工作先进单位	集团公司规划计划部	2019年12月
134	大庆石化分公司	2019年度集团公司质量安全环保节能先进企业	集团公司	2019年12月
135	大庆石化分公司	集团公司第四届新媒体内容创作大赛优秀组织单位	集团公司思想政治工作部	2019年12月

序号	单位	荣誉称号	授予单位	取得时间
136	安全环保工程监督站	2019年度石油天然气工程质量监督先进单位	集团公司安全环保部	2020年1月
137	大庆石化分公司	中国石油天然气集团有限公司2019年度质量安全环保节能先进企业	集团公司	2020年1月
138	化工一厂乙烯车间	中国石油天然气集团有限公司2019年度先进HSE标准化站（队）	集团公司	2020年1月
139	腈纶厂回收车间	中国石油天然气集团有限公司2019年度先进HSE标准化站（队）	集团公司	2020年1月
140	消防支队三大队	中国石油天然气集团有限公司2019年度先进HSE标准化站（队）	集团公司	2020年1月
141	水气厂污水联合车间	中国石油天然气集团有限公司2019年度绿色基层队（站）、车间（装置）	集团公司	2020年1月
142	热电厂锅炉车间	中国石油天然气集团有限公司2019年度绿色基层队（站）、车间（装置）	集团公司	2020年1月
143	炼油厂重油催化二车间	中国石油天然气集团有限公司2019年度节能节水先进基层单位	集团公司	2020年1月
144	化工一厂裂解车间	中国石油天然气集团有限公司2019年度节能节水先进基层单位	集团公司	2020年1月
145	大庆石化分公司	2015—2019年度后评价工作先进集体	集团公司规划计划部	2020年3月
146	大庆石化分公司	集团公司2019年度优秀党建研究成果三等奖	集团公司党组	2020年3月
147	大庆石化分公司	2019年度黑龙江省企业联合会优秀会员单位	黑龙江省企业联合会	2020年4月
148	机械厂容器制造车间	2020年黑龙江省"工人先锋号"	黑龙江省总工会办公室	2020年4月
149	化工一厂芳烃联合车间	五四红旗团支部（总支）	集团公司	2020年5月
150	大庆石化分公司	2019年度集团公司离退休工作优秀论文一等奖	集团公司离退休职工管理中心	2020年6月
151	大庆石化分公司	2019年度集团公司离退休工作优秀论文二等奖	集团公司离退休职工管理中心	2020年6月

序号	单位	荣誉称号	授予单位	取得时间
152	开发公司	中国石油天然气集团有限公司抗击新冠肺炎疫情先进集体	集团公司	2020年9月
153	新闻中心	2019年度《中国石油报道》优秀组织单位	集团公司思想政治工作部	2020年10月
154	大庆石化分公司	中国石油天然气集团有限公司2019年度研发费加计扣除工作先进单位	集团公司财务部	2020年11月
155	质量检验中心	第十二届全国石油和化工行业职业技能竞赛化学检验员赛项团体二等奖	集团公司	2020年11月
156	大庆石化分公司	"同心奔小康、奋进新时代"系列主题征文活动优秀组织单位	集团公司离退休职工管理中心	2020年12月
157	炼油厂	中国石油天然气集团有限公司先进集体	集团公司	2020年12月
158	化工一厂乙烯车间	中国石油天然气集团有限公司先进集体	集团公司	2020年12月
159	化工二厂丙烯腈联合车间	中国石油天然气集团有限公司先进集体	集团公司	2020年12月
160	塑料厂高压聚乙烯联合车间	中国石油天然气集团有限公司先进集体	集团公司	2020年12月
161	水气厂污水联合车间	中国石油天然气集团有限公司先进集体	集团公司	2020年12月
162	水气厂供电车间	中国石油天然气集团有限公司首届一线生产创新大赛工程建设专业赛三等奖	集团公司	2020年12月
163	化工一厂乙烯车间	中国石油天然气集团有限公司2019年度先进HSE标准化站（队）	集团公司	2020年12月
164	腈纶厂回收车间	中国石油天然气集团有限公司2019年度先进HSE标准化站（队）	集团公司	2020年12月
165	消防支队三大队	中国石油天然气集团有限公司2019年度先进HSE标准化站（队）	集团公司	2020年12月
166	大庆石化分公司	集团公司"党课开讲啦"优秀组织单位	集团公司党组	2020年12月
167	质量检验中心	中国石油天然气集团有限公司首届一线生产创新大赛团体二等奖	集团公司	2020年12月
168	大庆石化记者站	2019—2020年度中国石油报五星级记者站	中国石油报社	2020年12月

续表

序号	单位	荣誉称号	授予单位	取得时间
169	炼油厂	2019—2020年度中国石油报先进报道组	中国石油报社	2020年12月
170	化工一厂	2019—2020年度中国石油报先进报道组	中国石油报社	2020年12月
171	化肥厂	2019—2020年度中国石油报先进报道组	中国石油报社	2020年12月
172	塑料厂	2019—2020年度中国石油报先进报道组	中国石油报社	2020年12月
173	机械厂	2019—2020年度中国石油报先进报道组	中国石油报社	2020年12月

第十二节　先进个人名录

序号	单位	姓名	性别	所获荣誉称号	授予单位	授予时间
1	法律事务与企管处	刘俊伟	女	"六五"普法先进个人	集团公司	2016年3月
2	法律事务与企管处	于丽娜	女	合规管理先进个人	集团公司	2016年3月
3	法律事务与企管处	薛瑞艳	女	黑龙江省企协优秀联络员	黑龙江省企业联合会	2016年3月
4	财务处	张艳华	女	"十二五"信息化工作先进个人	集团公司	2016年4月
5	储运中心运转车间	刘兴宝	男	黑龙江省五一劳动奖章	黑龙江省总工会	2016年4月
6	物资供应中心	祖显宏	男	"十二五"信息化工作先进个人	集团公司	2016年4月
7	信息管理部	司万祥	男	"十二五"信息化工作先进个人	集团公司	2016年4月
8	信息管理部	李云涛	女	"十二五"信息化工作先进个人	集团公司	2016年4月
9	信息技术中心	郑国庆	男	"十二五"信息化工作先进个人	集团公司	2016年4月
10	信息技术中心	宗喜军	男	"十二五"信息化工作先进个人	集团公司	2016年4月
11	信息技术中心	单长香	女	"十二五"信息化工作先进个人	集团公司	2016年4月
12	化工一厂	魏铁锋	男	中国石油天然气集团公司先进科技工作者	集团公司	2016年4月
13	公司团委	李明国	男	优秀共青团干部	集团公司团工委	2016年5月

续表

序号	单位	姓名	性别	所获荣誉称号	授予单位	授予时间
14	客运中心	张宪伟	男	2013—2015年维稳信访工作先进工作者	集团公司	2016年5月
15	热电厂仪表车间	孟维阳	男	优秀共青团员	集团公司团工委	2016年5月
16	人事处（党委组织部）	曾志军	男	2013—2015年维稳信访工作先进工作者	集团公司	2016年5月
17	职工医院	孙育辉	女	2015年度黑龙江省护理优质服务先进个人	黑龙江省卫计委	2016年5月
18	储运中心	李宏伟	男	优秀共产党员	集团公司党组	2016年6月
19	化肥厂合成车间	王立军	男	优秀党务工作者	集团公司党组	2016年6月
20	化工一厂裂解车间	刘树青	男	优秀共产党员	集团公司党组	2016年6月
21	水气厂	戴岩	男	优秀党务工作者	集团公司党组	2016年6月
22	热电厂锅炉车间	贾洪彬	男	优秀共产党员	集团公司党组	2016年7月
23	化工二厂	林洋	男	优秀共产党员	集团公司党组	2016年7月
24	化工一厂裂解车间	左成玉	男	龙江最美人物（石油人）	黑龙江省委宣传部、集团公司思想政治工作部	2016年7月
25	腈纶厂毛条二车间	乔艳光	女	龙江最美人物（石油人）提名奖	黑龙江省委宣传部、集团公司思想政治工作部	2016年7月
26	企业文化处（党委宣传部、团委、机关党委）	符立萍	女	2016年度全国石油和化学工业新闻宣传十佳企业媒体领导人	中国石油和化学工业联合会与中国化工报社	2016年7月
27	企业文化处（党委宣传部、团委、机关党委）	白如冰	女	2016年度全国石油和化学工业新闻宣传十佳节目主持和制作人	中国石油和化学工业联合会与中国化工报社	2016年7月
28	法律事务与企管处	王洪刚	男	物资采购与招标管理先进个人	集团公司	2016年8月
29	离退休管理中心	蒋艳玮	女	2013—2015年离退休职工管理信息系统应用管理和统计工作优秀管理用户	集团公司离退休职工管理局	2016年9月
30	离退休管理中心管理科	程芸	女	2013—2016年离退休职工管理信息系统应用管理和统计工作优秀管理用户	集团公司离退休职工管理局	2016年9月

序号	单位	姓名	性别	所获荣誉称号	授予单位	授予时间
31	离退休管理中心管理科	付亚东	女	2013—2017年离退休职工管理信息系统应用管理和统计工作优秀系统管理员	集团公司离退休职工管理局	2016年9月
32	离退休管理中心关工委	商永奎	男	2013—2018年离退休职工管理信息系统应用管理和统计工作优秀普通用户	集团公司离退休职工管理局	2016年9月
33	离退休管理中心人事科	王晓琳	女	2013—2019年离退休职工管理信息系统应用管理和统计工作优秀普通用户	集团公司离退休职工管理局	2016年9月
34	离退休管理中心党群工作部	于庆国	男	2013—2020年离退休职工管理信息系统应用管理和统计工作优秀普通用户	集团公司离退休职工管理局	2016年9月
35	法律事务与企管处	薛瑞艳	女	黑龙江省推进企业管理现代化创新优秀工作者	黑龙江省企业联合会	2016年11月
36	离退休管理中心	雒艳平	女	"万人随手拍——我身边的正能量"摄影比赛一等奖	集团公司离退休职工管理局	2016年11月
37	离退休管理中心	雒艳平	女	"万人随手拍——我身边的正能量"摄影比赛二等奖	集团公司离退休职工管理局	2016年11月
38	离退休管理中心	雒艳红	女	"万人随手拍——我身边的正能量"摄影比赛二等奖	集团公司离退休职工管理局	2016年11月
39	离退休管理中心	赵云松	女	"万人随手拍——我身边的正能量"摄影比赛三等奖	集团公司离退休职工管理局	2016年11月
40	离退休管理中心	张银静	女	"万人随手拍——我身边的正能量"摄影比赛三等奖	集团公司离退休职工管理局	2016年11月
41	工程质量监督站	王浩洋	男	全国建设工程质量监督系统先进个人	中国建筑业协会工程建设质量监督与检测分会	2016年11月
42	安全环保监督站	李洪昌	男	集团公司安全先进个人	集团公司	2016年12月
43	工程质量监督站	王浩洋	男	2016年度石油天然气工程质量监督工作先进个人	集团公司质量安全环保部石油天然气工程质量监督总站	2017年1月
44	工程质量监督站	侯明辉	男	2016年度石油天然气工程质量监督工作先进个人	集团公司质量安全环保部石油天然气工程质量监督总站	2017年1月
45	炼油厂党群工作部	鞠　涛	女	中国石油和化工行业优秀思想政治工作者	中国石油和化学工业联合会、中国化工职工思想政治工作研究会	2017年1月

续表

序号	单位	姓名	性别	所获荣誉称号	授予单位	授予时间
46	法律事务与企管处	李想	男	2016年度管理提升信息报送先进个人	集团公司改革与企业管理部	2017年2月
47	法律事务与企管处	李丽艳	女	2016年度管理提升信息报送先进个人	集团公司改革与企业管理部	2017年2月
48	法律事务与企管处	吴小龙	男	2016年度管理提升信息报送先进个人	集团公司改革与企业管理部	2017年2月
49	化工一厂	白天相	男	2016年度安全管理先进个人	集团公司	2017年2月
50	信息技术中心ERP项目部	迟洪斌	男	2016年度信息化建设与运维优秀工程师	集团公司信息管理部	2017年3月
51	信息技术中心ERP项目部	董秀岩	男	2016年度信息化建设与运维优秀工程师	集团公司信息管理部	2017年3月
52	信息技术中心ERP项目部	郭颖	女	2016年度信息化建设与运维优秀工程师	集团公司信息管理部	2017年3月
53	信息技术中心ERP项目部	刘剑卓	男	2016年度信息化建设与运维优秀工程师	集团公司信息管理部	2017年3月
54	信息技术中心ERP项目部	刘莹	女	2016年度信息化建设与运维优秀工程师	集团公司信息管理部	2017年3月
55	信息技术中心ERP项目部	陆毅	男	2016年度信息化建设与运维优秀工程师	集团公司信息管理部	2017年3月
56	信息技术中心ERP项目部	邰春海	男	2016年度信息化建设与运维优秀工程师	集团公司信息管理部	2017年3月
57	信息技术中心ERP项目部	王雪冰	男	2016年度信息化建设与运维优秀工程师	集团公司信息管理部	2017年3月
58	信息技术中心ERP项目部	于国锋	男	2016年度信息化建设与运维优秀工程师	集团公司信息管理部	2017年3月
59	信息技术中心ERP项目部	赵建涛	女	2016年度信息化建设与运维优秀工程师	集团公司信息管理部	2017年3月
60	信息技术中心ERP项目部	朱凯峰	男	2016年度信息化建设与运维优秀工程师	集团公司信息管理部	2017年3月
61	信息技术中心MES项目部	樊庆远	男	2016年度信息化建设与运维优秀工程师	集团公司信息管理部	2017年3月
62	信息技术中心MES项目部	侯星全	男	2016年度信息化建设与运维优秀工程师	集团公司信息管理部	2017年3月

序号	单位	姓名	性别	所获荣誉称号	授予单位	授予时间
63	信息技术中心MES项目部	刘 鹏	男	2016年度信息化建设与运维优秀工程师	集团公司信息管理部	2017年3月
64	信息技术中心MES项目部	王增刚	男	2016年度信息化建设与运维优秀工程师	集团公司信息管理部	2017年3月
65	信息技术中心外部项目部	庄芹仙	女	2016年度信息化建设与运维优秀项目经理	集团公司信息管理部	2017年3月
66	信息技术中心外部项目部	单长香	女	2016年度信息化建设与运维优秀项目经理	集团公司信息管理部	2017年3月
67	信息技术中心外部项目部	张德智	男	2016年度信息化建设与运维优秀工程师	集团公司信息管理部	2017年3月
68	信息技术中心外部项目部	赵艳微	女	2016年度信息化建设与运维优秀工程师	集团公司信息管理部	2017年3月
69	法律事务与企管处	薛瑞艳	女	黑龙江省企协优秀联络员	黑龙江省企业联合会	2017年3月
70	化肥厂合成车间	王传玉	男	黑龙江省劳动模范	中共黑龙江省委员会 黑龙江省人民政府	2017年4月
71	化工三厂合成树脂研究室	孙士昌	男	第九届"十大杰出青年"	集团公司	2017年4月
72	化工三厂苯乙烯车间	赵伟丹	男	黑龙江省劳动模范	中共黑龙江省委员会 黑龙江省人民政府	2017年4月
73	机械厂容器制造车间	晏 涛	男	黑龙江省劳动模范	黑龙江省人民政府	2017年4月
74	职工医院	张淑珍	女	黑龙江省护理质量控制优秀个人	黑龙江省卫计委	2017年4月
75	企业文化处（党委宣传部、团委、机关党委）	秦志斌	男	2012—2017年度全国企业文化建设先进工作者	中国企业文化研究会	2017年10月
76	消防支队	王俊山	男	龙江最美人物（消防员）	中共黑龙江省委宣传部 黑龙江省公安消防总队	2017年11月
77	总经理办公室（党委办公室）	张清军	男	办公室系统先进个人	集团公司	2017年11月
78	总经理办公室（党委办公室）	李箐泉	男	办公室系统先进个人	集团公司	2017年11月

序号	单位	姓名	性别	所获荣誉称号	授予单位	授予时间
79	法律事务与企管处	薛瑞艳	女	黑龙江省推进企业管理现代化创新优秀工作者	黑龙江省企业联合会	2017年11月
80	离退休管理中心管理科	刘锦祎	男	老年人体育活动先进个人	集团公司离退休职工管理局	2017年12月
81	离退休管理中心管理科	李长贵	男	老年人体育活动先进个人	集团公司离退休职工管理局	2017年12月
82	离退休管理中心	雒艳红	女	离退休系统思想政治宣传工作先进个人	集团公司离退休职工管理局	2017年12月
83	炼油厂安全技术环保科	何敬菊	女	2017年度环保先进个人	集团公司	2017年12月
84	计划处	李吉庆	男	2016—2017年度统计工作先进个人	集团公司规划计划部	2017年12月
85	离退休管理中心	李伟萍	女	集团公司离退休系统思想政治宣传工作先进个人	集团公司离退休职工管理局	2017年12月
86	计划处	刘彦霞	女	2016—2017年度统计工作先进个人	集团公司规划计划部	2017年12月
87	纪委（监察处）	韩永和	男	纪检监察系统先进工作者	集团公司党组	2018年1月
88	工程质量监督站	王浩洋	男	2017年度石油天然气工程质量监督工作先进个人	集团公司质量安全环保部石油天然气工程质量监督总站	2018年1月
89	工程质量监督站	侯明辉	男	2017年度石油天然气工程质量监督工作先进个人	集团公司质量安全环保部石油天然气工程质量监督总站	2018年1月
90	化工一厂	王威	男	党的十九大召开期间特别重点阶段集团公司维稳信访安保防恐特别贡献个人	集团公司	2018年2月
91	维稳办（武装部）	王发胜	男	党的十九大召开期间特别重点阶段集团公司维稳信访安保防恐特别贡献个人	集团公司	2018年2月
92	维稳办（武装部）	贾英	女	党的十九大召开期间特别重点阶段集团公司维稳信访安保防恐特别贡献个人	集团公司	2018年2月
93	维稳办（武装部）	刘召鹏	男	党的十九大召开期间特别重点阶段集团公司维稳信访安保防恐特别贡献个人	集团公司	2018年2月

序号	单位	姓名	性别	所获荣誉称号	授予单位	授予时间
94	维稳办（武装部）	田 野	男	党的十九大召开期间特别重点阶段集团公司维稳信访安保防恐特别贡献个人	集团公司	2018年2月
95	维稳办（武装部）	祝清林	男	党的十九大召开期间特别重点阶段集团公司维稳信访安保防恐特别贡献个人	集团公司	2018年2月
96	法律事务与企管处	吴小龙	男	2017年度管理提升信息报送先进个人	集团公司改革与企业管理部	2018年2月
97	审计处	罗亚凤	女	2015—2017年度审计工作先进工作者	集团公司	2018年3月
98	审计处	潘月福	男	2015—2017年度审计工作先进工作者	集团公司	2018年3月
99	法律事务与企管处	孙洪星	男	中国石油天然气集团有限公司法律工作先进个人	集团公司	2018年3月
100	法律事务与企管处	薛瑞艳	女	黑龙江省企协优秀联络员	黑龙江省企业联合会	2018年3月
101	党委宣传部	秦志斌	男	集团公司十佳宣传部长	集团公司新闻宣传工作领导小组	2018年3月
102	党委宣传部	陈 瑞	男	集团公司十佳网评员	集团公司新闻宣传工作领导小组	2018年3月
103	热电厂动力车间	丛殿国	男	五一劳动奖章	黑龙江省总工会	2018年4月
104	化工三厂苯乙烯车间	田兴国	男	石油天然气集团有限公司2017年度节能节水先进个人	集团公司	2018年5月
105	离退休管理中心管理科	付亚东	女	生活补贴（过渡年金）直发工作先进个人称号	集团公司人事部	2018年6月
106	党委宣传部	秦 伟	男	2017年度《中国石油报道》优秀一线记者	集团公司思想政治工作部	2018年6月
107	党委宣传部	谢文艳	女	中国石油报社三星级记者	中国石油报社	2018年10月
108	党委宣传部	张敬霞	女	中国石油报社模范特约记者	中国石油报社	2018年10月
109	离退休管理中心管理科	蒋艳玮	女	2018年度集团公司离退休职工管理信息系统办公平台推广应用工作优秀管理用户	离退休职工管理局	2018年11月

续表

序号	单位	姓名	性别	所获荣誉称号	授予单位	授予时间
110	离退休管理中心管理科	付亚东	女	2018年度集团公司离退休职工管理信息系统办公平台推广应用工作优秀统计员	离退休职工管理局	2018年11月
111	离退休管理中心管理科	王雁涛	男	2018年度集团公司离退休职工管理信息系统办公平台推广应用工作优秀统计员	离退休职工管理局	2018年11月
112	离退休管理中心龙凤服务站	王丹	女	2018年度集团公司离退休职工管理信息系统办公平台推广应用工作优秀统计员	离退休职工管理局	2018年11月
113	离退休管理中心兴化服务站	赵秀娟	女	2018年度集团公司离退休职工管理信息系统办公平台推广应用工作优秀统计员	离退休职工管理局	2018年11月
114	离退休管理中心	雄桂珍	女	"重家教、传家风"征文活动二等奖	离退休职工管理局	2018年11月
115	离退休管理中心	黄玉珠	女	"重家教、传家风"征文活动一等奖	离退休职工管理局	2018年11月
116	离退休管理中心党群工作部	雒艳红	女	2018年度集团公司离退休系统宣传思想工作优秀通讯员	离退休职工管理局	2018年12月
117	离退休管理中心党群工作部	路永涛	男	2018年度集团公司离退休系统宣传思想工作优秀通讯员	离退休职工管理局	2018年12月
118	离退休管理中心党群工作部	于庆国	男	2018年度集团公司离退休系统宣传思想工作优秀通讯员	离退休职工管理局	2018年12月
119	离退休管理中心党群工作部	雒艳红	女	2018年度集团公司离退休系统宣传思想工作优秀通讯员	离退休职工管理局	2018年12月
120	离退休管理中心	苑枫	男	2018年度集团公司离退休系统宣传思想工作优秀通讯员	离退休职工管理局	2018年12月
121	离退休管理中心	梁炳文	男	2018年度"我看身边变化、点赞伟大成就——庆祝改革开放40年"征文活动二等奖	离退休职工管理局	2018年12月
122	离退休管理中心	杨云庆	男	2018年度"我看身边变化、点赞伟大成就——庆祝改革开放40年"征文活动三等奖	离退休职工管理局	2018年12月
123	离退休管理中心	魏柏芝	女	2018年度"我看身边变化、点赞伟大成就——庆祝改革开放40年"征文活动三等奖	离退休职工管理局	2018年12月

序号	单位	姓名	性别	所获荣誉称号	授予单位	授予时间
124	离退休管理中心	宋海滨	男	2018年度"我看身边变化、点赞伟大成就——庆祝改革开放40年"征文活动二等奖	离退休职工管理局	2018年12月
125	离退休管理中心	段德发	男	2018年度"我看身边变化、点赞伟大成就——庆祝改革开放40年"征文活动一等奖	离退休职工管理局	2018年12月
126	炼油厂党群工作部	鞠涛	女	第五届全国石油和化工行业新闻宣传"十佳领导人"	中国化工报	2018年12月
127	工程质量监督站	王浩洋	男	2018年度石油天然气工程质量监督工作先进个人	集团公司质量安全环保部石油天然气工程质量监督总站	2019年1月
128	工程质量监督站	侯明辉	男	2018年度石油天然气工程质量监督工作先进个人	集团公司质量安全环保部石油天然气工程质量监督总站	2019年1月
129	炼油厂安全环保科	于洪	男	集团安全生产先进个人	集团公司	2019年1月
130	计划处	李振国	男	2018年黑龙江省采购经理调查先进个人	黑龙江省调查总队	2019年1月
131	计划处	姜雪枫	男	2018年度集团公司节能节水统计先进工作者	集团公司	2019年1月
132	法律事务与企管处	吴小龙	男	2018年度管理创新信息报送先进个人	集团公司改革与企业管理部	2019年1月
133	法律事务与企管处	胡泊	男	2018年度管理创新信息报送先进个人	集团公司改革与企业管理部	2019年1月
134	质量检验中心	孙彩霞	女	集团公司远程培训网络课件炼油化工类三等奖	集团公司	2019年1月
135	化建公司	王冠峰	男	集团公司远程培训网络课件炼油化工类三等奖	集团公司	2019年1月
136	化工一厂	王炳含	男	集团公司远程培训网络课件炼油化工类三等奖	集团公司	2019年1月
137	化工一厂	徐睿	男	集团公司远程培训网络课件炼油化工类三等奖	集团公司	2019年1月
138	化工一厂	韩志芳	男	集团公司远程培训网络课件炼油化工类三等奖	集团公司	2019年1月

续表

序号	单位	姓名	性别	所获荣誉称号	授予单位	授予时间
139	化工三厂	张 目	男	中国石油天然气集团有限公司2018年度安全生产先进个人	集团公司	2019年1月
140	化工三厂	陈光颖	女	集团公司改革与企业管理部2018年度管理创新信息报送先进个人	集团公司改革与企业管理部	2019年1月
141	人事处	石 伟	男	集团公司人力资源管理系统优秀关键用户	集团公司	2019年2月
142	水气厂	周福胜	男	集团公司宣传思想文化工作先进个人	集团公司党组	2019年2月
143	化建公司	姚海辉	男	集团公司宣传思想文化工作先进个人	集团公司党组	2019年2月
144	党委宣传部	王为哲	男	集团公司宣传思想文化工作先进个人	集团公司党组	2019年2月
145	党委宣传部	符立萍	女	集团公司宣传思想文化工作先进个人	集团公司党组	2019年2月
146	党委宣传部	祝丽茹	女	集团公司宣传思想文化工作先进个人	集团公司党组	2019年2月
147	党委宣传部	周胜国	男	集团公司宣传思想文化工作先进个人	集团公司党组	2019年2月
148	工会	徐 辉	女	集团公司宣传思想文化工作先进个人	集团公司党组	2019年2月
149	法律事务与企管处	门亚男	男	2019年度管理创新信息报送先进个人	集团公司改革与企业管理部	2019年3月
150	法律事务与企管处	薛瑞艳	女	2018年度黑龙江省企协优秀联络员	黑龙江省企业联合会	2019年3月
151	文体活动中心	韩 阳	女	第三届全省女职工"最美家庭角色"	黑龙江省总工会女职工委员会	2019年3月
152	法律事务与企管处	薛瑞艳	女	2018年度全省推进企业管理创新工作先进个人	黑龙江省企业联合会	2019年4月
153	法律事务与企管处	吴小龙	男	2018年度全省推进企业管理创新工作先进个人	黑龙江省企业联合会	2019年4月
154	法律事务与企管处	谢 迪	女	2018年度全省推进企业管理创新工作先进个人	黑龙江省企业联合会	2019年4月

序号	单位	姓名	性别	所获荣誉称号	授予单位	授予时间
155	人事处	宋凯	女	2018年度集团公司人事信息报送工作先进个人	集团公司	2019年4月
156	人事处	高萍	女	中国石油天然气集团有限公司人事档案工作先进工作者	集团公司	2019年4月
157	炼油厂人事科	王景绥林	女	中国石油天然气集团有限公司人事档案工作先进工作者	集团公司	2019年4月
158	化工三厂	王晶	女	中国石油天然气集团有限公司人事档案工作先进工作者	集团公司	2019年4月
159	炼油厂质管科	张国静	男	2018年度集团公司质量管理先进个人	集团公司	2019年4月
160	财务处	鲍英	女	集团公司资金管理先进个人	集团公司	2019年5月
161	财务处	于慧敏	女	集团公司资金管理先进个人	集团公司	2019年5月
162	财务处	张立梅	女	集团公司资金管理先进个人	集团公司	2019年5月
163	财务处	张艳华	女	集团公司资金管理先进个人	集团公司	2019年5月
164	财务处	孙红卫	女	集团公司司库推广先进个人	集团公司	2019年5月
165	财务处	杨洪利	男	集团公司司库推广先进个人	集团公司	2019年5月
166	化工二厂	陈宝泉	男	集团公司优秀党务工作者	集团公司党组	2019年6月
167	化工一厂	王威	男	集团公司优秀党务工作者	集团公司党组	2019年6月
168	水气厂	戴岩	男	集团公司优秀党务工作者	集团公司党组	2019年6月
169	水气厂	谢志松	男	集团公司优秀党务工作者	集团公司党组	2019年6月
170	总经理办公室	孟凡伟	男	集团公司优秀党务工作者	集团公司党组	2019年6月
171	炼油厂	张继才	男	集团公司优秀党务工作者	集团公司党组	2019年6月
172	纪委办公室	韩永和	男	集团公司优秀党务工作者	集团公司党组	2019年6月
173	人事处（党委组织部、机关党委）	王慧勇	女	集团公司优秀党务工作者	集团公司党组	2019年6月
174	物业管理中心龙凤保洁公司	刘鹏	男	集团公司优秀党务工作者	集团公司党组	2019年6月
175	大庆石化分公司	陈树相	男	集团公司优秀共产党员	集团公司党组	2019年6月
176	机动设备处	刘文智	男	集团公司优秀共产党员	集团公司党组	2019年6月

序号	单位	姓名	性别	所获荣誉称号	授予单位	授予时间
177	炼油工程指挥部	司大滨	男	集团公司优秀共产党员	集团公司党组	2019年6月
178	化工一厂	王焱鹏	男	集团公司优秀共产党员	集团公司党组	2019年6月
179	化建公司	柏成	男	集团公司优秀共产党员	集团公司党组	2019年6月
180	化工三厂	娄玉良	男	集团公司优秀共产党员	集团公司党组	2019年6月
181	机械厂	李乃森	男	集团公司优秀共产党员	集团公司党组	2019年6月
182	腈纶厂	曹志	男	集团公司优秀共产党员	集团公司党组	2019年6月
183	热电厂	丛殿国	男	集团公司优秀共产党员	集团公司党组	2019年6月
184	实业公司	颜炳仁	男	集团公司优秀共产党员	集团公司党组	2019年6月
185	塑料厂	曹景良	男	集团公司优秀共产党员	集团公司党组	2019年6月
186	人事处（党委组织部、机关党委）	陈开奎	男	集团公司优秀共产党员	集团公司党组	2019年6月
187	人事处（党委组织部、机关党委）	盛开	男	集团公司优秀共产党员	集团公司党组	2019年6月
188	炼油厂	宋树林	男	集团公司优秀共产党员	集团公司党组	2019年6月
189	职工医院	吴岩	男	集团公司优秀共产党员	集团公司党组	2019年6月
190	质量检验中心	王立明	男	集团公司优秀共产党员	集团公司党组	2019年6月
191	计划处	赵春晖	男	集团公司优秀共产党员	集团公司党组	2019年6月
192	财务处	李宜辉	女	集团公司优秀共产党员	集团公司	2019年6月
193	腈纶厂	汪小光	女	集团公司党建平台建设优秀先进个人	集团公司	2019年7月
194	党委宣传部	白如冰	女	2018年度《中国石油报道》优秀一线记者	集团公司思想政治工作部	2019年7月
195	化肥厂	宋巍	男	优秀党务工作者	集团公司党组	2019年7月
196	工会	马振祥	男	中国石油先进美术工作者	中国石油美术家协会	2019年7月
197	物业管理中心	刘鹏	男	优秀党务工作者	集团公司党组	2019年7月
198	化工三厂	岳云鹏	男	公安部"护网2019"网络攻防演习集团公司成功防守突出贡献奖	集团公司信息管理部	2019年8月
199	水气厂	陈福霞	女	中央企业劳动模范	中华人民共和国人力资源和社会保障部、国务院国有资产监督管理委员会	2019年9月

续表

序号	单位	姓名	性别	所获荣誉称号	授予单位	授予时间
200	离退休管理中心兴化服务站	赵秀娟	女	中国石油天然气集团有限公司第二届"孝亲敬老好儿女"	离退休职工管理局	2019年9月
201	法律事务与企管处	谢迪	女	集团公司物资、招标与装备管理先进个人	集团公司	2019年9月
202	法律事务与企管处	王洪刚	男	招标专业岗位能手	集团公司	2019年9月
203	文体中心	李婷婷	女	第七届中国石油职工艺术节舞蹈大赛优秀编导	中国石油舞蹈家协会	2019年9月
204	文体中心	王珊珊	女	第七届中国石油职工艺术节舞蹈大赛优秀编导	中国石油舞蹈家协会	2019年9月
205	工会	马振祥	男	国画作品《花开盛世迎华诞》入展首届中国石油职工美术作品展	中国石油美术家协会	2019年9月
206	职工医院	吕光	男	维稳信访安保防恐工作特别贡献个人	集团公司	2019年11月
207	法律事务与企管处	李丽艳	女	集团公司自主创新重大技术装备推广应用工作先进个人	集团公司	2019年11月
208	维护稳定工作办公室（武装部）	王永波	男	新中国成立70周年中国石油天然气集团有限公司维稳信访安保防恐工作特别贡献个人	集团公司	2019年11月
209	维护稳定工作办公室（武装部）	张永林	男	新中国成立70周年中国石油天然气集团有限公司维稳信访安保防恐工作特别贡献个人	集团公司	2019年11月
210	维护稳定工作办公室（武装部）	田野	男	新中国成立70周年中国石油天然气集团有限公司维稳信访安保防恐工作特别贡献个人	集团公司	2019年11月
211	维护稳定工作办公室（武装部）	刘克怀	男	新中国成立70周年中国石油天然气集团有限公司维稳信访安保防恐工作特别贡献个人	集团公司	2019年11月
212	机械厂	张惠海	男	自主创新重大技术装备推广应用工作先进个人	集团公司	2019年11月
213	机械厂	刘斌	男	自主创新重大技术装备推广应用工作先进个人	集团公司	2019年11月
214	机械厂	李乃森	男	全省优秀工会之友	黑龙江省总工会	2019年12月
215	计划处	王仁南	男	2019年度生产经营管理先进个人	集团公司	2019年12月

序号	单位	姓名	性别	所获荣誉称号	授予单位	授予时间
216	计划处	李吉庆	男	2015—2019年度集团公司统计分析能手	集团公司规划计划部	2019年12月
217	计划处	张海燕	女	2018—2019年度集团公司统计先进个人	集团公司规划计划部	2019年12月
218	财务处	李宜辉	女	全国先进会计工作者	财政部	2019年12月
219	热电厂	张骁	男	集团公司安全先进个人	集团公司质量安全环保部	2019年12月
220	热电厂	刘晓峰	男	集团公司节能节水先进个人	集团公司	2020年1月
221	储运中心	樊三林	男	集团公司安全管理先进个人	集团公司质量安全环保部	2020年1月
222	安全环保工程监督站	林伟琪	男	中国石油天然气集团有限公司2019年度安全监督先进个人	集团公司质量安全环保部	2020年1月
223	安全环保工程监督站	王浩洋	男	2019年度石油天然气工程质量监督工作先进个人	集团公司质量安全环保部石油天然气工程质量监督总站	2020年1月
224	安全环保工程监督站	张翼	男	2019年度石油天然气工程质量监督工作先进个人	集团公司质量安全环保部石油天然气工程质量监督总站	2020年1月
225	安全环保工程监督站	梁晓杰	女	中国石油天然气集团有限公司2019年度质量管理先进个人	集团公司	2020年1月
226	生产运行处	明利鹏	男	中国石油天然气集团有限公司2019年度质量管理先进个人	集团公司	2020年1月
227	实业公司	施雄	男	中国石油天然气集团有限公司2019年度安全生产先进个人	集团公司	2020年1月
228	生产运行处	刘彬彬	男	中国石油天然气集团有限公司2019年度HSE管理体系审核优秀审核员	集团公司	2020年1月
229	生产运行处	李伟	男	中国石油天然气集团有限公司2019年度HSE管理体系审核先进审核员	集团公司	2020年1月
230	法律事务与企管处	谢迪	女	2019年度管理创新信息报送先进个人	集团公司改革与企业管理部	2020年3月
231	法律事务与企管处	门亚男	男	2019年度管理创新信息报送先进个人	集团公司改革与企业管理部	2020年3月

序号	单位	姓名	性别	所获荣誉称号	授予单位	授予时间
232	法律事务与企管处	谢迪	女	2020年度全省推进企业管理创新工作先进个人	集团公司改革与企业管理部	2020年3月
233	党委宣传部	何剑镔	男	集团公司宣传思想文化工作优秀工作者	集团公司思想政治工作部	2020年3月
234	党委宣传部	刘秋雁	女	集团公司宣传思想文化工作优秀工作者	集团公司思想政治工作部	2020年3月
235	科技与规划发展处	王颖	女	2015—2019年度"后评价工作先进个人"	规划计划部	2020年3月
236	化工一厂	赵玉龙	男	2020年黑龙江省五一劳动奖章	黑龙江省总工会	2020年4月
237	化工三厂	郦巍	女	2018—2019年度集团公司优秀共青团干部	思想政治工作部	2020年5月
238	总经理办公室（党委办公室）	钟国强	男	《中国石油天然气集团有限公司年鉴》工作优秀个人	集团公司	2020年8月
239	大庆石化分公司	马铁钢	男	中国石油天然气集团有限公司抗击新冠肺炎疫情先进个人	集团公司	2020年9月
240	总经理办公室（党委办公室）	孟凡伟	男	中国石油天然气集团有限公司抗击新冠肺炎疫情先进个人	集团公司	2020年9月
241	生产运行处	张洪波	男	中国石油天然气集团有限公司抗击新冠肺炎疫情先进个人	集团公司	2020年9月
242	人事处（党委组织部、机关党委）	刘斌	男	中国石油天然气集团有限公司抗击新冠肺炎疫情先进个人	集团公司	2020年9月
243	党委宣传部	王德伟	男	2019年度《中国石油报道》优秀一线记者	集团公司思想政治工作部	2020年10月
244	财务处	李宜辉	女	中国石油天然气集团有限公司2019年度研发费加计扣除先进个人	集团公司财务部	2020年11月
245	财务处	张茂生	男	中国石油天然气集团有限公司2019年度研发费加计扣除先进个人	集团公司财务部	2020年11月
246	财务处	高岩	男	中国石油天然气集团有限公司2019年度研发费加计扣除先进个人	集团公司财务部	2020年11月
247	财务处	高俊海	男	中国石油天然气集团有限公司2019年度研发费加计扣除先进个人	集团公司财务部	2020年11月

续表

序号	单位	姓名	性别	所获荣誉称号	授予单位	授予时间
248	财务处	肖玉军	男	中国石油天然气集团有限公司2019年度研发费加计扣除先进个人	集团公司财务部	2020年11月
249	财务处	张志杰	女	中国石油天然气集团有限公司2019年度研发费加计扣除先进个人	集团公司财务部	2020年11月
250	财务处	张艳华	女	中国石油天然气集团有限公司2019年度研发费加计扣除先进个人	集团公司财务部	2020年11月
251	财务处	贾巍	女	中国石油天然气集团有限公司2019年度研发费加计扣除先进个人	集团公司财务部	2020年11月
252	科技与规划发展处	孙启虎	男	中国石油天然气集团有限公司2019年度研发费加计扣除先进个人	集团公司财务部	2020年11月
253	总经理办公室（党委办公室）	雷雪峰	男	全国关心下一代工作先进个人	中国关工委、中央文明办	2020年11月
254	离退休管理中心	李景春	男	"同心奔小康、奋进新时代"系列主题征文活动一等奖	集团公司离退休职工管理中心	2020年12月
255	离退休管理中心	宋宁宁	女	"同心奔小康、奋进新时代"系列主题征文活动二等奖	集团公司离退休职工管理中心	2020年12月
256	离退休管理中心	楚凤芬	女	"同心奔小康、奋进新时代"系列主题征文活动二等奖	集团公司离退休职工管理中心	2020年12月
257	离退休管理中心	于淑珍	女	"同心奔小康、奋进新时代"系列主题征文活动三等奖	集团公司离退休职工管理中心	2020年12月
258	离退休管理中心	王志华	男	"同心奔小康、奋进新时代"系列主题征文活动三等奖	集团公司离退休职工管理中心	2020年12月
259	离退休管理中心	孙江	男	"同心奔小康、奋进新时代"系列主题征文活动三等奖	集团公司离退休职工管理中心	2020年12月
260	离退休管理中心	刘广文	女	"同心奔小康、奋进新时代"系列主题征文活动三等奖	集团公司离退休职工管理中心	2020年12月
261	炼油厂	潘大龙	男	中国石油天然气集团有限公司特等劳动模范	集团公司	2020年12月
262	培训中心	边骥	男	集团公司"党课开讲啦"优秀党课三等奖	集团公司党组	2020年12月

序号	单位	姓名	性别	所获荣誉称号	授予单位	授予时间
263	化工二厂	刘长富	男	集团公司劳动模范	集团公司	2020年12月
264	工程管理部	郑　铁	男	集团公司劳动模范	集团公司	2020年12月
265	科技与规划发展处	李传明	男	集团公司劳动模范	集团公司	2020年12月
266	化工一厂	李英俊	男	集团公司劳动模范	集团公司	2020年12月
267	化工三厂	郝志军	男	集团公司劳动模范	集团公司	2020年12月
268	机械厂	赵玉龙	男	集团公司劳动模范	集团公司	2020年12月
269	热电厂	王更河	男	集团公司劳动模范	集团公司	2020年12月
270	水气厂	黎才斌	男	集团公司劳动模范	集团公司	2020年12月
271	计划处	李吉庆	男	集团公司"十三五"统计工作先进个人	集团公司规划计划部	2020年12月
272	计划处	张海燕	女	集团公司"十三五"统计工作先进个人	集团公司规划计划部	2020年12月
273	炼油厂	刘那新竹	女	集团公司"十三五"统计工作先进个人	集团公司规划计划部	2020年12月
274	党委宣传部	谢文艳	女	中国石油报社四星级记者	中国石油报社	2020年12月
275	党委宣传部	刘莉莉	女	中国石油报社四星级记者	中国石油报社	2020年12月
276	党委宣传部	张敬霞	女	中国石油报社三星级记者	中国石油报社	2020年12月
277	法律事务与企管处	谢　迪	女	2020年度管理创新信息报送先进个人	集团公司改革与企业管理部	2021年1月
278	炼油厂	李东清	女	2020年度维稳信访工作先进个人	集团公司	2021年3月

第十三节 技能竞赛优胜选手名录

序号	单位名称	姓名	参加赛事名称	工种	荣誉称号	授予单位	取得时间
1	炼油厂仪表车间	陆 杨	黑龙江省青年职工岗位技能大赛	仪表	全省杰出青年岗位能手	共青团黑龙江省委员会、黑龙江省人力资源和社会保障厅	2016年4月
2	炼油厂仪表车间	贾成琪	黑龙江省青年职工岗位技能大赛	仪表	全省优秀青年岗位能手	共青团黑龙江省委员会、黑龙江省人力资源和社会保障厅	2016年4月
3	塑料厂仪表车间	张 燕	黑龙江省青年职工岗位技能大赛	仪表	全省优秀青年岗位能手	共青团黑龙江省委员会、黑龙江省人力资源和社会保障厅	2016年1月
4	炼油厂仪表车间	周志国	黑龙江省青年职工岗位技能大赛	仪表	全省优秀青年岗位能手	共青团黑龙江省委员会、黑龙江省人力资源和社会保障厅	2016年4月
5	炼油厂仪表车间	王 达	黑龙江省青年职工岗位技能大赛	仪表	全省优秀青年岗位能手	共青团黑龙江省委员会、黑龙江省人力资源和社会保障厅	2016年4月
6	炼油厂重油催化二车间	夏天啸	黑龙江省青年职工岗位技能大赛	催化裂化	全省优秀青年岗位能手	共青团黑龙江省委员会、黑龙江省人力资源和社会保障厅	2016年4月
7	炼油厂重油催化二车间	高庆和	黑龙江省青年职工岗位技能大赛	催化裂化	全省优秀青年岗位能手	共青团黑龙江省委员会、黑龙江省人力资源和社会保障厅	2016年4月
8	炼油厂重油催化二车间	孙 祺	黑龙江省青年职工岗位技能大赛	催化裂化	全省优秀青年岗位能手	共青团黑龙江省委员会、黑龙江省人力资源和社会保障厅	2016年4月
9	炼油厂重油催化一车间	张 兵	黑龙江省青年职工岗位技能大赛	催化裂化	全省杰出青年岗位能手	共青团黑龙江省委员会、黑龙江省人力资源和社会保障厅	2016年4月
10	炼油厂重油催化一车间	陈陆阳	黑龙江省青年职工岗位技能大赛	催化裂化	全省优秀青年岗位能手	共青团黑龙江省委员会、黑龙江省人力资源和社会保障厅	2016年4月

序号	单位名称	姓名	参加赛事名称	工种	荣誉称号	授予单位	取得时间
11	水气厂污水一车间	程鑫	黑龙江省青年职工岗位技能大赛	污水处理	全省杰出青年岗位能手	共青团黑龙江省委员会、黑龙江省人力资源和社会保障厅	2016年4月
12	水气厂污水一车间	王诗凯	黑龙江省青年职工岗位技能大赛	污水处理	全省优秀青年岗位能手	共青团黑龙江省委员会、黑龙江省人力资源和社会保障厅	2016年4月
13	水气厂污水一车间	郑昭旭	黑龙江省青年职工岗位技能大赛	污水处理	全省优秀青年岗位能手	共青团黑龙江省委员会、黑龙江省人力资源和社会保障厅	2016年4月
14	水气厂污水一车间	李玉倩	黑龙江省青年职工岗位技能大赛	污水处理	全省优秀青年岗位能手	共青团黑龙江省委员会、黑龙江省人力资源和社会保障厅	2016年4月
15	水气厂污水一车间	何美薇	黑龙江省青年职工岗位技能大赛	污水处理	全省优秀青年岗位能手	共青团黑龙江省委员会、黑龙江省人力资源和社会保障厅	2016年4月
16	质量检验中心化工化验车间	刘秀华	第八届全国石油和化工行业职业技能竞赛	化学检验员	全国石油和化工行业优秀技能人才	全国石油和化学工业职业技能竞赛组委会	2016年10月
17	质量检验中心树脂化验车间	庞明	第八届全国石油和化工行业职业技能竞赛	化学检验员	全国石油和化工行业优秀技能人才	全国石油和化学工业职业技能竞赛组委会	2016年10月
18	质量检验中心水气化验车间	吴琼	第八届全国石油和化工行业职业技能竞赛	化学检验员	全国石油和化工工业行业技术能手	中国石油和化学工业联合会	2016年10月
19	化工一厂乙烯车间	孙宏文	全省青年职工岗位技能大赛	乙烯	全省杰出青年岗位能手	共青团黑龙江省委员会、黑龙江省人力资源和社会保障厅	2017年6月
20	化工一厂加氢抽提二车间	李震	全省青年职工岗位技能大赛	丁二烯	全省杰出青年岗位能手	共青团黑龙江省委员会、黑龙江省人力资源和社会保障厅	2017年6月
21	化工一厂裂解车间	乔广伟	全省青年职工岗位技能大赛	乙烯	全省优秀青年岗位能手	共青团黑龙江省委员会、黑龙江省人力资源和社会保障厅	2017年6月
22	化工一厂裂解车间	冯姗姗	全省青年职工岗位技能大赛	乙烯	全省优秀青年岗位能手	共青团黑龙江省委员会、黑龙江省人力资源和社会保障厅	2017年6月

续表

序号	单位名称	姓名	参加赛事名称	工种	荣誉称号	授予单位	取得时间
23	化工一厂裂解车间	张春宇	全省青年职工岗位技能大赛	乙烯	全省优秀青年岗位能手	共青团黑龙江省委员会、黑龙江省人力资源和社会保障厅	2017年6月
24	化工一厂裂解车间	黄峰	全省青年职工岗位技能大赛	乙烯	全省优秀青年岗位能手	共青团黑龙江省委员会、黑龙江省人力资源和社会保障厅	2017年6月
25	化工一厂碳四联合车间	王冰	全省青年职工岗位技能大赛	丁二烯	全省优秀青年岗位能手	共青团黑龙江省委员会、黑龙江省人力资源和社会保障厅	2017年6月
26	化工一厂碳四联合车间	杨涛	全省青年职工岗位技能大赛	丁二烯	全省优秀青年岗位能手	共青团黑龙江省委员会、黑龙江省人力资源和社会保障厅	2017年6月
27	化工一厂加氢抽提二车间	李友利	全省青年职工岗位技能大赛	丁二烯	全省优秀青年岗位能手	共青团黑龙江省委员会、黑龙江省人力资源和社会保障厅	2017年6月
28	化工一厂加氢抽提二车间	石岩	全省青年职工岗位技能大赛	丁二烯	全省优秀青年岗位能手	共青团黑龙江省委员会、黑龙江省人力资源和社会保障厅	2017年6月
29	热电厂电气车间	杨敏健	2017年黑龙江省青年职工岗位技能大赛	电工	优秀青年岗位能手	共青团黑龙江省委员会	2018年5月
30	炼油厂催化重整车间	江金世	集团公司职业技能竞赛	催化重整装置操作工	铜牌	集团公司人事部	2018年11月
31	炼油厂催化重整车间	李建锋	集团公司职业技能竞赛	催化重整装置操作工	铜牌	集团公司人事部	2018年11月
32	炼油厂催化重整车间	李莜	集团公司职业技能竞赛	催化重整装置操作工	铜牌	集团公司人事部	2018年11月
33	炼油厂延迟焦化车间	王蕴超	集团公司职业技能竞赛	炼油装置班组长	银牌	集团公司人事部	2018年11月
34	炼油厂加氢二车间	刘行	集团公司职业技能竞赛	炼油装置班组长	铜牌	集团公司人事部	2018年11月

序号	单位名称	姓名	参加赛事名称	工种	荣誉称号	授予单位	取得时间
35	炼油厂延迟焦化车间	陈骁	集团公司职业技能竞赛	炼油装置班组长	铜牌	集团公司人事部	2018年11月
36	质量检验中心	刘秀华	第十届全国石油和化工行业职业技能竞赛	化学检验员	全国石油和化工行业技术能手	全国石油和化学工业行业职业技能竞赛组委会	2018年11月
37	质量检验中心	高媛	第十届全国石油和化工行业职业技能竞赛	化学检验员	优秀技能人才	全国石油和化学工业行业职业技能竞赛组委会	2018年11月
38	炼油厂重油催化二车间	李晨烨	中国石油2019年职业技能竞赛	催化裂化装置操作工	银奖	集团公司	2019年8月
39	炼油厂重油催化一车间	刘瑶	中国石油2019年职业技能竞赛	催化裂化装置操作工	铜奖	集团公司	2019年8月
40	水气厂污水联合车间	李险峰	第十一届全国石油和化工行业职业技能竞赛	污水处理工	中国石油大庆石化分公司2队获得团体三等奖	全国石油和化工行业职业技能竞赛组委会	2019年11月
41	水气厂污水联合车间	宫文宇	第十一届全国石油和化工行业职业技能竞赛	污水处理工	中国石油大庆石化分公司1队获得团体三等奖	全国石油和化工行业职业技能竞赛组委会	2019年11月
42	水气厂污水联合车间	高波	第十一届全国石油和化工行业职业技能竞赛	污水处理工	中国石油大庆石化分公司1队获得团体三等奖	全国石油和化工行业职业技能竞赛组委会	2019年11月
43	水气厂污水联合车间	李险峰	第十一届全国石油和化工行业职业技能竞赛	污水处理工	全国石油和化工行业优秀技能人才	全国石油和化工行业职业技能竞赛组委会	2019年11月
44	水气厂污水联合车间	宫文宇	第十一届全国石油和化工行业职业技能竞赛	污水处理工	全国石油和化工行业优秀技能人才	全国石油和化工行业职业技能竞赛组委会	2019年11月
45	水气厂污水联合车间	高波	第十一届全国石油和化工行业职业技能竞赛	污水处理工	全国石油和化工行业优秀技能人才	全国石油和化工行业职业技能竞赛组委会	2019年11月

续表

序号	单位名称	姓名	参加赛事名称	工种	荣誉称号	授予单位	取得时间
46	炼油厂污水车间	李妍月	第十一届全国石油和化工行业职业技能竞赛	污水处理工	全国石油和化工行业优秀技能人才	全国石油和化工行业职业技能竞赛组委会	2019年11月
47	质量检验中心环保监测站	李梅	集团公司2019年职业技能竞赛	环境监测专业	2019年环境监测专业职业技能竞赛银牌	集团公司	2019年12月
48	炼油厂重油催化二车间	李晨烨	集团公司2019年职业技能竞赛	催化裂化装置操作工	2019年500万吨/年炼油企业催化裂化装置操作工技能竞赛银牌	集团公司	2019年12月
49	炼油厂重油催化一车间	刘瑶	集团公司2019年职业技能竞赛	催化裂化装置操作工	2019年500万吨/年炼油企业催化裂化装置操作工技能竞赛铜牌	集团公司	2019年12月
50	炼油厂重油催化一车间	黄鹏飞	集团公司2019年职业技能竞赛	催化裂化装置操作工	2019年500万吨/年炼油企业催化裂化装置操作工技能竞赛优秀选手	集团公司	2019年12月
51	化工一厂乙烯车间	刑通达	2020年全国行业职业技能竞赛—乙烯装置操作工竞赛	乙烯装置操作工	金牌	乙烯装置操作工职业技能竞赛组委会	2020年10月
52	化工一厂裂解车间	段玉琼	2020年全国行业职业技能竞赛—乙烯装置操作工竞赛	乙烯装置操作工	银牌	乙烯装置操作工职业技能竞赛组委会	2020年10月
53	化工一厂技术科	刘晓旭	2020年全国行业职业技能竞赛—乙烯装置操作工竞赛	乙烯装置操作工	银牌	乙烯装置操作工职业技能竞赛组委会	2020年10月

序号	单位名称	姓名	参加赛事名称	工种	荣誉称号	授予单位	取得时间
54	化工一厂裂解车间	宫玉婷	2020年全国行业职业技能竞赛—乙烯装置操作工竞赛	乙烯装置操作工	金牌	乙烯装置操作工职业技能竞赛组委会	2020年10月
55	质量检验中心水气化验车间	吴　琼	第十二届全国石油和化工行业职业技能竞赛	化学检验员	全国石油和化工行业技术能手	全国石油和化学工业行业职业技能竞赛组委会	2020年11月
56	化肥厂仪表车间	林前前	第十二届全国石油和化工行业职业技能竞赛仪器仪表维修工赛项	仪器仪表维修工	全国石油和化工行业技术能手	全国石油和化学工业行业职业技能竞赛组委会	2020年11月
57	炼油厂仪表车间	陆　杨	第十二届全国石油和化工行业职业技能竞赛	仪器仪表维修工	全国石油和化学工业行业技术能手（金牌）	全国石油和化学工业行业职业技能竞赛组委会	2020年12月
58	塑料厂	宋光伟	第十二届全国石油和化工行业职业技能竞赛	仪器仪表维修工	优秀教练团队	集团公司	2020年12月
59	塑料厂	马宏伟	中国石油天然气集团有限公司首届一线生产创新大赛	聚乙烯装置操作工（溶液）	一等奖	集团公司	2020年12月
60	塑料厂	赵炳阳	中国石油天然气集团有限公司首届一线生产创新大赛	安全环保科科长	一等奖	集团公司	2020年12月
61	塑料厂	吴明亮	中国石油天然气集团有限公司首届一线生产创新大赛	低压聚乙烯车间工艺副主任	一等奖	集团公司	2020年12月
62	塑料厂	秦晓隆	中国石油天然气集团有限公司首届一线生产创新大赛	低压聚乙烯车间工艺工程师	一等奖	集团公司	2020年12月
63	塑料厂	李井军	中国石油天然气集团有限公司首届一线生产创新大赛	低压聚乙烯车间聚合外操	一等奖	集团公司	2020年12月

第十四节　当选黑龙江省、大庆市党代表及委员名单

序号	姓名	性别	民族	当选时职务名称	当选时间	任职届次及名称	所在代表团	当选职务
1	王德义	男	汉族	大庆石化分公司 总经理、党委副书记	2012.3	中共黑龙江省 第十一届党代表	大庆油田	
2	王东军	男	汉族	大庆石化分公司 党委副书记、纪委书记、 工会主席	2012.3	中共黑龙江省 第十一届党代表	大庆油田	
3	朱连勋	男	汉族	大庆石化分公司 副总工程师	2012.3	中共黑龙江省 第十一届党代表	大庆油田	
4	王德义	男	汉族	大庆石化分公司 总经理、党委副书记	2012.1	中共大庆市 第八届党代表	主席团	委员、 常委
5	杨大明	男	汉族	大庆石化分公司 党委书记、副总经理	2017.3	中共黑龙江省 第十二届党代表	大庆油田	
6	王德义	男	汉族	大庆石化分公司 总经理、党委副书记	2017.3	中共黑龙江省 第十二届党代表	大庆油田	
7	张继才	男	汉族	大庆石化分公司 化工一厂党委书记	2017.3	中共黑龙江省 第十二届党代表	大庆油田	

第十五节　当选全国、黑龙江省、大庆市人大代表名单

序号	姓名	性别	民族	出生年月	当选时职务名称	当选时间	任职届次及名称	所在代表团	当选职务
1	李庆河	男	汉族	1968.11	化工一厂 裂解车间操作工	2013.1	第十二届全国人民 代表大会代表	黑龙江省	
2	王德义	男	汉族	1963.7	大庆石化分公司 总经理、党委 副书记	2013.1	黑龙江省第十二届 人民代表大会代表	大庆市	

序号	姓名	性别	民族	出生年月	当选时职务名称	当选时间	任职届次及名称	所在代表团	当选职务
3	黄宝岩	女	汉族	1975.5	塑料厂成品二车间党支部书记	2016.12	大庆市第十届人民代表大会代表	龙凤区	
4	李宜辉	女	汉族	1968.8	财务处处长	2016.12	大庆市第十届人民代表大会代表	龙凤区	财经委委员
5	刘国海	男	满族	1970.10	炼油厂厂长	2016.12	大庆市第十届人民代表大会代表	龙凤区	
6	张宇辉	男	汉族	1974.10	化工一厂乙烯车间主任	2016.12	大庆市第十届人民代表大会代表	龙凤区	
7	孟祥山	男	汉族	1971.3	法律事务与企管处处长	2017.1	大庆市第十届人大代表	龙凤代表团	大庆市十届人大常委会委员、法治委员会委员
8	刘召鹏	男	汉族	1978.3	公司维护稳定工作办公室信访接待科科长	2017.1	大庆市第十届人大代表	龙凤代表团	
9	康志军	男	汉族	1966.4	大庆石化分公司总经理、党委副书记	2018.1	第十三届全国人民代表大会代表	黑龙江省	

第十六节 担任大庆市政协委员名单

序号	姓名	性别	民族	出生年月	当选时职务名称	当选时间	任职届次及名称	所在代表团	当选职务
1	柳迎斌	男	汉族	1967.7	总经理助理、纪委副书记、监察处处长	2016.12	第九届大庆市政协委员	中共	常委
2	张义斌	男	汉族	1971.5	工会副主席	2016.12	第九届大庆市政协委员	工会	委员
3	董文霞	女	汉族	1965.6	安全环保处高级主管	2016.12	第九届大庆市政协委员	经济	委员

续表

序号	姓名	性别	民族	出生年月	当选时职务名称	当选时间	任职届次及名称	所在代表团	当选职务
4	马廷连	男	汉族	1964.12	腈纶厂工艺副总工程师	2016.12	第九届大庆市政协委员	无党派	委员
5	孙 康	男	汉族	1965.12	开发公司销售服务中心班长	2016.12	第九届大庆市政协委员	民革	委员

第十七节　党组织及党员情况统计表

项目 年份	党委（个）	党总支（个）	党支部（个）	党员（人）	其中：女（人）	其中：少数民族（人）	发展党员（人）
2016	29	6	462	13391	3171	468	230
2017	29	5	455	13376	3229	506	130
2018	28	4	430	13364	3257	505	130
2019	26	4	384	13300	3268	500	146
2020	25	15	292	7957	1754	324	131

后　记

历时 5 年的辛勤工作，《中国石油大庆石化组织史资料》（2016—2020），通过初审、复审、终审，最终得以出版发行。本次编纂的《中国石油大庆石化组织史资料》（2016—2020）为《中国石油大庆石化组织史资料》第三卷，全书总计 6 章 76 节 53 万多字，真实记录了大庆石化 2016 年至 2020 年以来的组织沿革、人事更迭、机构变化等状况。

2017 年，按照集团公司要求，大庆石化分公司成立了《中国石油大庆石化组织史资料》编纂委员会，并由人事处牵头成立了编纂领导小组，领导小组下设编纂办公室，秉持"广征、核准、精编、严审、及时"的工作方针，形成了以编纂组工作人员、基层单位采编人员为主，以领导、专家学者为辅的众手成志的编纂局面。参编工作人员以高度负责的态度搜集参考资料，查阅各类文件资料 2000 多份，征集资料约 80 万字，做了大量的基础工作，去伪存真、精心打磨，保证了征编资料的完整和翔实。

2017 年至 2021 年期间，编纂领导小组及办公室对各部门、各单位上报的征编资料进行多次审核，先后组织基层单位和机关部门对接审核稿件几十次，修改上报稿件百余份，80 余万字。至 2021 年 9 月底，顺利完成了整个初稿。初稿形成后，编纂人员进行多次统稿工作，对机构变革、人员变动时间、人名的出入等进行反复核准、认真鉴别，反复推敲、字斟句酌，最终完成了这部组织史资料。

《中国石油大庆石化组织史资料》（2016—2020）的出版，是众多参与编纂工作人员集体智慧和汗水的结晶。从初拟到成书，得益于大庆石化分公司各级领导的高度重视和关怀；得益于集团公司编纂办公室的鼓励和指导；得益于大庆石化部分老领导的参与和帮助；得益于大庆石化分公司各单位、各部门的大力支持和配合。在整个组织史资料的征集和编纂过程中，还有很多机关、基层及相关人员，也为这项工作付出过辛勤的努力。借此机会，谨向所有关心、支持和参与《中国石油大庆石化组织史资料》（2016—2020）编纂工作的单位及人士致以崇高的敬意和诚挚的感谢！

虽然在编纂过程中，全体编纂人员付出了大量的艰辛努力，但是由于编纂人员自身业务水平有限等诸多因素制约，难免会有疏漏，敬请广大员工和读者理解，并予以斧正。

《中国石油大庆石化组织史资料》编纂办公室

2021 年 9 月

出版说明

为充分发挥组织史"资政、存史、育人、交流"的作用，2012年3月，中国石油天然气集团公司（以下简称集团公司）全面启动《中国石油组织史资料》的编纂工作，并明确由集团公司人事部负责具体牵头组织。《中国石油组织史资料》系列图书分总部卷、企业卷、基层卷三个层次进行编纂出版。首次编纂出版以本单位成立时间作为编纂上限，以本单位编纂时统一规定的截止时间为编纂下限。

《中国石油组织史资料》总部卷由集团公司人事部负责组织编纂，石油工业出版社负责具体承办。总部卷（1949—2013）卷本分第一卷、第二卷、第三卷和附卷一、附卷二共五卷九册，于2014年12月出版。2021年，集团公司决定对《中国石油组织史资料（1949—2013）》进行补充与勘误，并在此基础上将编纂时间下限延至2020年12月。《中国石油组织史资料（1949—2020）》卷本分第一卷、第二卷、第三卷、第四卷和附卷一、附卷二共六卷十二册，于2021年6月正式付梓。此后，总部卷每五年续编出版一卷。

《中国石油组织史资料》企业卷系列图书，由各企事业单位人事部门负责牵头组织编纂，报集团公司人力资源部编纂办公室规范性审查后，由石油工业出版社统一出版。企业卷规范性审查由集团公司人力资源部编纂办公室白广田、于维海、傅骏雄、麻永超负责组织，图书出版统筹由石油工业出版社组织史编辑部马海峰、李廷璐负责，由鲁恒、孙卓凡、李昕航具体负责。企业卷首次续编一般按"2014—2015"和"2014—2018"两种方案编纂出版，此后每五年续编出版一卷。

《中国石油组织史资料》基层卷由各企事业单位人事（史志）部门负责组织下属单位与企业卷同步编纂，并报集团公司人力资源部编纂办公室备案，由石油工业出版社组织史编辑部负责提供具体出版和技术支持。

企业卷统一出版代码：

CNPC-YT——油气田企业　　　　　　CNPC-LH——炼化企业

CNPC-XS——成品油销售企业　　　　CNPC-GD——天然气与管道企业

CNPC-HW——海外企业　　　　　　　CNPC-GC——工程技术企业

CNPC-JS——工程建设企业　　　　　CNPC-ZB——装备制造企业

CNPC-KY——科研单位　　　　　　　CNPC-QT——金融经营服务等企业

编纂《中国石油组织史资料》系列图书是集团公司组织人事和基础管理建设工作的大事，是一项政策性、业务性、技术性、规范性很强的业务工作，是一项艰巨浩繁的系统工程。该系列图书以企业的组织沿革为线索，收录了编纂时限内各级党政组织的成立、更名、发展、撤并以及领导干部变动情况等内容，为企业"资政、存史、育人、交流"提供了可信的依据。这套系统、完整的中国石油组织史资料，既丰富了石油企业的历史资料，又增添了国家的工业企业史资料，不仅为组织人事、史志研究、档案管理等部门从事有关业务提供了诸多便利，而且为体制改革和机构调整提供了历史借鉴。在此，谨向对该套图书出版工作给予支持和帮助的所有单位和人员表示衷心的感谢！

由于掌握资料和编纂者水平有限，丛书难免存有错漏，恳请读者批评指正。对总部卷的意见建议请联系集团公司人力资源部编纂办公室或石油工业出版社组织史编辑部；对各单位企业卷、基层卷的意见建议请联系各单位编纂组或组织史资料编辑部。对书中错漏之处我们将统一在下一卷续编时一并修改完善。

中国石油组织史资料编纂办公室联系方式

联系单位：中国石油天然气集团有限公司人力资源部综合处

通信地址：北京市东直门北大街 9 号石油大厦 C1103，100007

联系电话：010-59984340　59984721，传真：010-62095679

电子邮箱：rsbzhc@cnpc.com.cn

中国石油组织史编辑部联系方式

联系单位：石油工业出版社人力资源出版中心

通信地址：北京市朝阳区安华西里三区 18 号楼 201，100011

联系电话：010-64523611　62067197

电子邮箱：cnpczzs@cnpc.com.cn

《中国石油组织史资料》系列图书目录

总部卷			
编号	书名	编号	书名
第一卷	国家部委时期（1949—1988）（上中下）	第四卷	中国石油天然气集团公司—中国石油天然气集团有限公司（2014—2020）（上中下）
第二卷	中国石油天然气总公司（1988—1998）	附卷一	组织人事大事纪要（1949—2020）（上下）
第三卷	中国石油天然气集团公司（1998—2013）（上下）	附卷二	文献资料选编（1949—2020）

企业卷

编号	书名	编号	书名
油气田企业（16）			
CNPC-YT01	大庆油田组织史资料	CNPC-YT09	青海油田组织史资料
CNPC-YT02	辽河油田组织史资料	CNPC-YT10	华北油田组织史资料
CNPC-YT03	长庆油田组织史资料	CNPC-YT11	吐哈油田组织史资料
CNPC-YT04	塔里木油田组织史资料	CNPC-YT12	冀东油田组织史资料
CNPC-YT05	新疆油田组织史资料	CNPC-YT13	玉门油田组织史资料
CNPC-YT06	西南油气田组织史资料	CNPC-YT14	浙江油田组织史资料
CNPC-YT07	吉林油田组织史资料	CNPC-YT15	煤层气公司组织史资料
CNPC-YT08	大港油田组织史资料	CNPC-YT16	南方石油勘探开发公司组织史资料
炼油化工单位和海外企业（32）			
CNPC-LH01	大庆石化组织史资料	CNPC-LH17	华北石化组织史资料
CNPC-LH02	吉林石化组织史资料	CNPC-LH18	呼和浩特石化组织史资料
CNPC-LH03	抚顺石化组织史资料	CNPC-LH19	辽河石化组织史资料
CNPC-LH04	辽阳石化组织史资料	CNPC-LH20	长庆石化组织史资料
CNPC-LH05	兰州石化组织史资料	CNPC-LH21	克拉玛依石化组织史资料
CNPC-LH06	独山子石化组织史资料	CNPC-LH22	庆阳石化组织史资料
CNPC-LH07	乌鲁木齐石化组织史资料	CNPC-LH23	前郭石化组织史资料
CNPC-LH08	宁夏石化组织史资料	CNPC-LH24	东北化工销售组织史资料
CNPC-LH09	大连石化组织史资料	CNPC-LH25	西北化工销售组织史资料
CNPC-LH10	锦州石化组织史资料	CNPC-LH26	华东化工销售组织史资料
CNPC-LH11	锦西石化组织史资料	CNPC-LH27	华北化工销售组织史资料
CNPC-LH12	大庆炼化组织史资料	CNPC-LH28	华南化工销售组织史资料
CNPC-LH13	哈尔滨石化组织史资料	CNPC-LH29	西南化工销售组织史资料
CNPC-LH14	广西石化组织史资料	CNPC-LH30	大连西太组织史资料
CNPC-LH15	四川石化组织史资料	CNPC-LH31	广东石化组织史资料
CNPC-LH16	大港石化组织史资料	CNPC-HW01	中国石油海外业务卷
成品油销售企业（37）			
CNPC-XS01	东北销售组织史资料	CNPC-XS13	河北销售组织史资料
CNPC-XS02	西北销售组织史资料	CNPC-XS14	山西销售组织史资料
CNPC-XS03	华北销售暨北京销售组织史资料	CNPC-XS15	内蒙古销售组织史资料
CNPC-XS04	上海销售组织史资料	CNPC-XS16	陕西销售组织史资料
CNPC-XS05	湖北销售组织史资料	CNPC-XS17	甘肃销售组织史资料
CNPC-XS06	广东销售组织史资料	CNPC-XS18	青海销售组织史资料
CNPC-XS07	云南销售组织史资料	CNPC-XS19	宁夏销售组织史资料
CNPC-XS08	辽宁销售组织史资料	CNPC-XS20	新疆销售组织史资料
CNPC-XS09	吉林销售组织史资料	CNPC-XS21	重庆销售组织史资料
CNPC-XS10	黑龙江销售组织史资料	CNPC-XS22	四川销售组织史资料
CNPC-XS11	大连销售组织史资料	CNPC-XS23	贵州销售组织史资料
CNPC-XS12	天津销售组织史资料	CNPC-XS24	西藏销售组织史资料

编号	书名	编号	书名
CNPC-XS25	江苏销售组织史资料	CNPC-XS32	湖南销售组织史资料
CNPC-XS26	浙江销售组织史资料	CNPC-XS33	广西销售组织史资料
CNPC-XS27	安徽销售组织史资料	CNPC-XS34	海南销售组织史资料
CNPC-XS28	福建销售组织史资料	CNPC-XS35	润滑油公司组织史资料
CNPC-XS29	江西销售组织史资料	CNPC-XS36	燃料油公司组织史资料
CNPC-XS30	山东销售组织史资料	CNPC-XS37	大连海运组织史资料
CNPC-XS31	河南销售组织史资料		
天然气管道企业（13）			
CNPC-GD01	北京油气调控中心组织史资料	CNPC-GD08	京唐液化天然气公司组织史资料
CNPC-GD02	管道建设项目经理部组织史资料	CNPC-GD09	大连液化天然气公司组织史资料
CNPC-GD03	管道公司组织史资料	CNPC-GD10	江苏液化天然气公司组织史资料
CNPC-GD04	西气东输管道公司组织史资料	CNPC-GD11	华北天然气销售公司组织史资料
CNPC-GD05	北京天然气管道公司组织史资料	CNPC-GD12	昆仑燃气公司组织史资料
CNPC-GD06	西部管道公司组织史资料	CNPC-GD13	昆仑能源公司组织史资料
CNPC-GD07	西南管道公司组织史资料		
工程技术企业（7）			
CNPC-GC01	西部钻探公司组织史资料	CNPC-GC05	东方物探公司组织史资料
CNPC-GC02	长城钻探公司组织史资料	CNPC-GC06	测井公司组织史资料
CNPC-GC03	渤海钻探公司组织史资料	CNPC-GC07	海洋工程公司组织史资料
CNPC-GC04	川庆钻探公司组织史资料		
工程建设企业（8）			
CNPC-JS01	管道局组织史资料	CNPC-JS05	中国昆仑工程公司组织史资料
CNPC-JS02	工程建设公司组织史资料	CNPC-JS06	东北炼化工程公司组织史资料
CNPC-JS03	工程设计公司组织史资料	CNPC-JS07	第一建设公司组织史资料
CNPC-JS04	中国寰球工程公司组织史资料	CNPC-JS08	第七建设公司组织史资料
装备制造和科研企业（12）			
CNPC-ZB01	技术开发公司组织史资料	CNPC-KY02	规划总院组织史资料
CNPC-ZB02	宝鸡石油机械公司组织史资料	CNPC-KY03	石油化工研究院组织史资料
CNPC-ZB03	宝鸡石油钢管公司组织史资料	CNPC-KY04	经济技术研究院组织史资料
CNPC-ZB04	济柴动力总厂组织史资料	CNPC-KY05	钻井工程技术研究院组织史资料
CNPC-ZB05	渤海石油装备公司组织史资料	CNPC-KY06	安全环保技术研究院组织史资料
CNPC-KY01	勘探开发研究院组织史资料	CNPC-KY07	石油管工程技术研究院组织史资料
金融经营服务及其他企业（14）			
CNPC-QT01	北京石油管理干部学院组织史资料	CNPC-QT08	运输公司组织史资料
CNPC-QT02	石油工业出版社组织史资料	CNPC-QT09	中国华油集团公司组织史资料
CNPC-QT03	中国石油报社组织史资料	CNPC-QT10	华油北京服务总公司组织史资料
CNPC-QT04	审计服务中心组织史资料	CNPC-QT11	昆仑信托中油资产组织史资料
CNPC-QT05	广州培训中心组织史资料	CNPC-QT12	中油财务公司组织史资料
CNPC-QT06	国际事业公司组织史资料	CNPC-QT13	昆仑银行组织史资料
CNPC-QT07	物资公司组织史资料	CNPC-QT14	昆仑金融租赁公司组织史资料